中华传世藏书

【图文珍藏版】

国学智慧全书

马肇基⊙主编

線裝書局

目　录

处世智慧

第一篇　《菜根谭》智慧通解

第二篇　《小窗幽记》智慧通解

第三篇　《围炉夜话》智慧通解

第四篇　《呻吟语》智慧通解

第五篇　《忍经》智慧通解

资政智慧

第一篇 《鉴人智源》智慧通解

第二篇 《贞观政要》智慧通解

第三篇　《反经》智慧通解

第四篇　《了凡四训》智慧通解

第五篇　《冰鉴》智慧通鉴

国学智慧全书

处世智慧

马肇基◎主编

导　语

宋高濂说:“天地有万古,此身难再得。人生只百年,此日最易过。幸生其间者,不可不知有生之乐,亦不可不怀虚生之忧。”

鲁迅曾感叹:“中国是古国,历史长了,花样也多,情形复杂,做人也特别难。”

生命,一个人只有一次。每个人都是在对人生茫然无知的时候,就匆匆踏上人生的旅途。等到对人生有所感悟时,人生的某一阶段已经过去,从中获得的人生经验只能供今后参考,走过的路不可能再走一遍了。

人生是一个充满艰难选择的人生。而人生舞台又没有彩排,也没有重演,所以人生路上我们的每一个选择和决定,都必须深思熟虑,三思而行,对自己负责,对命运负责,对不能重新来过的人生负责。

至于对人生全面透彻的了解,需要有人生的全部阅历,只能走完人生的全程后才能做到;但那时生命之光已经熄灭,对人生的比较全面的经验只能供后人参考,自己不可能重新开始人生的旅程了。

要想把握住匆匆而过的人生岁月,处理好人生的各种问题,我们不能不利用前人的人生经验和智慧。

人类个体的生命诚然有限,人类绵延不绝的群体生命却是无限的。如果我们善于利用人类群体的人生经验,就可以减少人生旅途中的失误,避免“虚生之忧”,创造出有价值、有意义的人生。

可喜的是,古国、历史长也有好处,留给我们的人生经验也特别多。中国文化以人为中心,重视人生的意义与价值,重视处理人际关系的礼义道德。诸如本篇所收录的《菜根谭》《忍经》《小窗幽记》《围炉夜话》《呻吟语》《厚黑学》,这六种书可以说是对中国处世智慧的高度概括。我们多么向往人生的路,能像那落满秋红的林荫道一样笔直,可历尽沧桑后,方才感悟到,无论是谁,都要走出九曲十八弯才能到达终点。本篇所要告诉你的,就是让人生少走弯路,其实所谓的成功与成就,就我看来,就是少走弯路的人生。

第一篇 《菜根谭》智慧通解

导读

《菜根谭》融儒、道、佛三家思想为一体，是中华民族传统文化的结晶，既体现了儒家的中庸思想，道家的无为思想，还体现了佛家的出世思想。成为一种涉身处世，待人接物的方法体系。在今天，当现代生活带给我们与日俱增的焦虑、烦躁、不安乃至困惑时，《菜根谭》如一溪清泉，能涤去我们心灵的尘灰，化解我们心中的积烦。

古人云："性定菜根香!"奋斗的时候，困惑的时候，成功的时候，休闲的时候，你都可以带上一本《菜根谭》，耐心品读，细心体悟，调整好前进的方向，追求人生的真正目标。

《菜根谭》是一部需要人们放在床头、案头来静心品读的旷世奇书。其简单明了的语言，跌宕起伏的故事情节，传达出一种深刻的人生感悟，帮助人们破解人生中遇到的诸多难题。

本篇通过对《菜根谭》的深刻感悟，阐述了《菜根谭》的深刻的人生哲学。看似随手写就，实则是将《菜根谭》的各种珍藏本整合在一起，拾遗补漏，着重将精神修养和为人处世相结合，精选世界古今之经典事例，让广大读者从中体味人生中的难题。只要定心于自身之锤炼修培，难题便可以在一片自由挥洒中迎刃而解。

第一章　细节决定成败

★盛满之功,常败于细微之事

酷烈之祸,多起于玩忽之人;盛满之功,常败于细微之事。

——《菜根谭》

最大的火灾,多数因为有人不负责不细致;接近于圆满的成功,常常败在细节问题上。

东晋末年,桓玄为楚王,他心怀不轨,有篡位的野心。他的堂兄卫将军桓谦私下问建武将军、彭城内史刘裕说:“楚王的功勋和德行受到了大家的一致赞叹,都说朝廷应该把帝位授予他,你有何看法呢?”

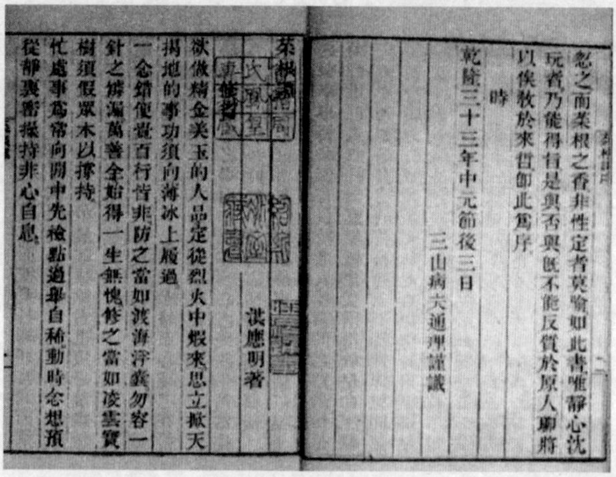
忽之而菜根之香非性定者莫喻如此書唯靜心沈
玩者乃能得旨是與否與既不能反質於原人聊將
以俟教於來哲卽此爲序
時
乾隆三十三年中元節後三日
三山病夫通理謹識

洪應明著
欲做精金美玉的人品定從烈火中煅來思立掀天
揭地的事功須向薄冰上履過
一念錯便覺百行皆非防之當如渡海浮囊勿容一
針之罅漏萬善全始得一生無愧修之當如凌雲寶
樹須假衆木以撐持
忙處事爲常向閑中先檢點過舉自稀動時念想預
從靜裏密操持非心自息

《菜根谭》书影

刘裕其实是反对桓玄的,但嘴上却说:“楚王是宣武(桓温)的儿子,若论勋德,无人能比!晋朝早就有所败落了,谁还重视他们?楚王如果接受禅让,那真是上应天命,下顺人情,有何不妥呢?”桓谦听后,很高兴地说:“既然你说是可以的,那当然就可以了。”

桓谦的问话,刘裕很清楚是对他进行的试探。

元兴二年(403)十二月,桓玄篡位称帝,把司马德宗遣送到了寻阳。刘裕随着桓玄的堂兄桓修到建康朝见桓玄。桓玄的妻子刘氏告诉桓玄说:“刘裕龙行虎步,视瞻不凡,怕是不会甘心久居人下的,以我之见还是早除后患。”但桓玄不同意,说:“我正想如何扫荡中原呢,除刘裕没有谁能担此重任。等到关、陇地区平定以后,再从长计议吧。”

桓修在建康停留了一段时间以后,决定返回京口(今江苏镇江)。刘裕借口伤痛,不能走路,改走水路坐船,而没有与桓修同行。在船上,他与何无忌、刘毅、孟昶、诸葛长民等共同密谋好了反对桓玄的整套行动计划。

元兴三年(404)二月的一天早晨,刘裕以外出游猎为借口,率领何无忌、檀道济等人,待城门打开后,立即冲入,出其不意地展开突然袭击,杀掉了桓修。就在这时,刘毅等人也杀掉了坐镇广陵(今江苏扬州)的征虏将军、青州刺史桓弘(桓修的弟弟)。桓玄这才觉得刘裕是心腹大患,可为时已晚,他的军队根本不是刘裕的对手。桓玄坐船往南奔逃到寻阳,挟持司马德宗去了江陵,最后被人暗杀。刘裕建立了刘宋王朝。

刘裕胸怀大志,当然不会甘居桓玄之下。他在时机尚未成熟时先保持低调,不透露自己的意图,尽量不引人怀疑,为的就是一举成功。

深藏不露是自我保护的重要方法,它会减少遭到别人暗算或报复的机会。如果别人根本不知道你的内心想法,别人怎么攻击你?如果你不说让人讨厌的话,别人怎么会报复你呢?

管理学上有一个“塔马拉效应”,塔马拉是捷克雷达专家弗·佩赫发明的一种雷达,它与其他雷达的最大区别是不发射信号而只接收信号,也不会被敌方反雷达装置发现。

这一理论常用来指导商务谈判。在同对方的谈判中,要把自己的目标隐蔽起来,把一些次要的问题渲染成很重要的问题,用来掩人耳目而让对方多占些便宜,你也表示很“勉强”地让步。

这一策略在于把对方的注意力放在我方不甚感兴趣之处,使对方增加满足感。这是谈判中常常使用的重要策略之一,它能使我方与对方保持良好的关系,在谋得我方利益的同时,使对方也深感巨大的满足。

如我方得知对方最注重的是价格,而我方最关心的是交货时间,那么我们进攻的方向可以是支付条件问题,这样,就可以分散对方的注意力,以实现我方最终要达到的目标。

这种策略如果运用得很熟练,对方是很难反攻的,它可以成为影响谈判的积极因素,而不必冒重大的风险。

说是扮猪吃虎也好,韬光养晦也罢,这一战略其实是商场中的奇兵,它确实有助于隐藏自身实力,从而给对手以出其不意的攻击。

古人说“三缄其口”,就是告诫人们不要妄言妄语。“祸从口出”,也是此类道理。一个干大事业的人怎么可能没有心机?怎么能轻信别人,随便宣扬,授人以口实,受制于别人呢?

★无事常如有事时，提防才可以弥意外之变

无事常如有事时，提防才可以弥意外之变。

——《菜根谭》

没有事时应该像有事时一样，注意防范才能在发生意外时临危不乱。

晋惠帝年间，齐王司马冏发兵攻打篡夺皇位的赵王司马伦。郗隆此时身为扬州刺史，接到齐王发来的檄文，深感为难，因为他不得不为自己亲属的生命安全着想：他的侄儿郗鉴是司马伦的属下，他的子女也都在洛阳，司马伦如果得知他率兵助齐王，肯定不会饶过他们的；但他如果对齐王的檄文无动于衷，齐王一旦得势，也会以逆敌的罪名加罪于他，所以他不知道该如何办才好。

郗隆甚至没有多少时间进行分析，他帐下那些来自中原的军人得知齐王诛讨司马伦的消息都非常高兴，早已跃跃欲试，按捺不住。

主簿赵诱向他献上三条计谋，他要么亲自率兵赴京师（上策），要么派精兵猛将相助齐王（中策），下策则是做出即将派兵声讨司马伦的姿态，其实按兵不动，观望形势。

郗隆帐下别驾顾彦认为赵诱所谓的下策其实是上上策，劝郗隆不必插手，坐观成败。可是也有下属认为诛讨司马伦是众望所归，只宜速战，快遣精兵，助齐王一举夺取大权，如果犹豫不决，很可能马上就会遭祸。郗隆在这个非常时刻，不知采纳哪一种建议为好，决定暂时不发檄文，看一看形势再说。

那些想效力齐王的军人急不可待，纷纷私出军营转投到宁远将军王邃麾下。郗隆严令阻止，触犯众怒，一些将士便串通王邃，夜袭郗隆，把郗隆父子全部杀害。

郗隆本来是有时间采取对策避祸自保的，可他在犹豫间失去了机会。

李世民为了争夺帝位，与他的兄弟进行了非常残酷的斗争。当时，太子李建成和齐王李元吉妒忌李世民功高，多次谋害李世民。李世民率长孙无忌等人在玄武门设下圈套，诛杀了二王。二王已死，李世民忙安抚二王的部将，只要放下武器，可以保证不杀，愿意归附者一律保持原职不动。大多数人弃戈投降。只有薛万彻不肯归附，带着少数人冲杀。李世民命人放开一条生路，让他奔终南山去了。

李世民如果不抢占先机，先下手为强，太子李建成则会抢先行动，到那时胜负就难下定论了。果断做事，很多时候就是在和时间赛跑。

权力场上的斗争是非常残忍的，李世民兄弟不惜相残。商场上的斗争也是如此，丧失先机可能会导致决定性的失败。

做事情不要等到具有百分之百的把握才去下手。形势变化得太快了，容不得你深思熟虑，你考虑周全了，可能机会已经丧失了。

比尔·盖茨刚创业的时候,得到了与 IBM 公司合作开发 PC 机的机会。微软将他们的 DOS 操作系统加入 PC 机里,从此 DOS 的影响也日新月异,以后很多应用软件也是基于 DOS 环境开发的,从而更加稳定了它的基础地位。这就形成了一种“路径依赖”,微软最终获得了巨大的利益。

早期的 DOS 当然是不完美的,但盖茨先用不完美的产品抢占市场,形成微机领域的标准,以后再不断改善,又一代一代地开发 Windows 系统。现在 Windows 的地位谁能撼动?

★大处着眼,小处着手

小处不渗漏,暗处不欺隐,末路不怠荒,才是真正英雄。

——《菜根谭》

在小处没有漏洞可寻,在暗处不行欺骗,在落难时不慌乱,这样才是真正的英雄。

有成就的人取得进步的方法,很大程度上都是从小事做起的,如同我们的日常生活,惊天动地的大事很少,天天面对的都是一些小事。但是如果我们认真地对待这些小事,就会发现其中的巨大价值。人们都有这样一种想法:只想做大事。然而多数人所做的工作仍是一些具体而琐碎并且很单调的事,也许这些过于平淡,显得太鸡毛蒜皮,但这就是工作,就是生活,它是成就大事不可缺少的基础。所以无论做人、做事,都要谨小慎微,从小事入手。一个不愿从小事做起的人,是不可能成功的。老子曾告诫人们:天下难事,必做于易;天下大事,必作于细。要想比别人优秀,只有在小事上下功夫。正所谓一屋不扫,何以扫天下?不会做小事的人,又怎能做出大事来呢。

日本狮王牙刷公司的员工加藤信三便是一个范例。有一次,加藤为了赶去上班,刷牙时急急忙忙,没想到刷得牙龈出血。他为此大发牢骚,走在上班的路上仍是非常气愤。

到了公司,加藤把心思集中到工作上,硬把心头的怒气给平息下去了,他和几个要好的伙伴相约一同设法解决牙刷容易伤及牙龈的问题。

为此他们想了很多办法,如把牙刷毛改为柔软的狸毛;刷牙前先用热水把牙刷泡软;多用些牙膏;放慢刷牙速度等。但是效果都不是太明显,后来他们进一步仔细检查牙刷毛,在放大镜底下,发现刷毛顶端并不是像肉眼看到的那样尖,而是四方形的。加藤想:“把它改成圆形的不就行了!”于是他们着手改进牙刷。

通过多次实验获得成功后,加藤正式向公司提出了改变牙刷毛形状的建议,公司领导看罢,也觉得此法可行,欣然把牙刷毛的顶端改成了圆形。改进后的狮王牌牙刷在广告媒介的影响下,销路很好,销量直线上升,最后其销量占到了全国同类产品的 40%左右,加藤也由普通职员晋升为科长,十几年后成为公司的董事长。

牙刷用起来不舒适，在我们看来都是司空见惯的小事，一般很少有人想办法去解决这个问题。而加藤不仅发现了这个小问题，还对此小问题进行了细致的分析，并提出了问题的解决方法，从而使自己和公司都取得了成功。

生活其实就是由一些小事构成的，而我们往往太倾心于远大的理想和宏伟的目标，觉得那些微不足道的小事不足以放在心上，由于我们平日总是忽略了不该忽略的小事情、小细节，从而在接踵而至的小事面前穷于应付。

★气象要高旷，而不可疏狂

气象要高旷，而不可疏狂。

——《菜根谭》

人生的志气要高远旷达，却不能轻狂。

“凡事预则立，不预则废”。危机总是一点一点积累的，到了一定程度，才会猛然爆发出来。做事情要善于未雨绸缪，如果事到临头才去应对，难免会疏漏百出。

拓跋焘

北魏太武帝拓跋焘狩猎于吕梁山一带，召集司徒崔浩到其行营共商军机大事。崔浩上表陈述安邦定国之计：“以往汉武帝多次受匈奴侵扰，因而开发凉州五郡，通西域，鼓励老百姓种粮储粮，以作为剿灭敌人的物质基础。待到自己的力量积蓄强大之后，频频东西出击，因而汉未疲而匈奴已劳顿不堪，终于臣服。凉州前些时候虽已被我们平定，但北贼尚未彻底心服，征役频繁，这个时候不适合迁移当地老百姓充塞内地。从长远考虑，若将当地人内迁，则反使其地空虚，纵使有边镇戍兵，唯可守御，若大举北进，军资必乏。依我之见，不如按以前议定之计行事，招募北魏的豪强大族徙居凉州，充实凉州人力物力，到大举北进之日，东西一齐进发，此方法算得上安邦定国之计。”

向边境移民，增加那里的人口，发展那里的经济，这样才能从根本上巩固边防。崔浩居安思危，才提出具有远见卓识的建议。

宋真宗时，李沆为宰相，王旦任参知政事。当时正值西北边境战况紧急，往往到了很晚才能吃饭，王旦长叹：“唉！我们这些人，怎样才能等到天下太平、悠闲无事的时候啊！”李沆说：“稍有忧虑辛苦，方能使人警惕。假使哪天四方无事，则朝廷里也未必安宁。”

后来，宋与契丹议和，王旦问李沆：“如何？”李沆说：“议和当然是好事。但一旦边疆无事，恐怕皇上又会渐渐生出恐慌。”王旦不以为然，李沆则每天搜集一些水旱灾害、强盗、乱贼以及忤逆不孝的事禀奏皇上，皇上听了，闷闷不乐。

王旦认为不值得拿这些琐碎之事去惊扰皇上。李沆则说：“皇上尚且年轻，应让他知道各方面的艰难，具有忧患意识。不然，他血气方刚，不知百姓疾苦。我老了，看不到这一天了，而这些正是你参政之后的愁事啊！”李沆死后，宋真宗看到与契丹讲和了，西夏也对宋称臣了，真的在泰山封岱祠，在汾水建宗庙，大肆营造宫殿，搜集研究已废弃了的典籍，没有闲暇之日。

王旦亲眼看见王若钦、丁谓等奸臣的言行举止，想进言劝谏，而自己却已经陷进去了；想离开朝廷，但念及皇上对他的厚爱，不忍告辞。此时，王旦才认识到李沆的先见之明，感叹道：“李文靖真是一位圣人啊！”

未雨绸缪，这个道理看似平淡，但并非每一个人都能做到。当事人有的是“愚”：贪图安逸，头脑已经糊涂；有的是“怕”：害怕损害自己的利益，干脆睁一只眼闭一只眼。

福特是汽车事业的创始人之一，他的公司生产黑色T型车，在欧美有很大的影响力。这款车型简直成了汽车的象征，19年来竟然没有修改过一次。老福特不禁得意忘形了。

有一次，他的儿子和一些工程师对T型车做了一些改进，于是得意地去请福特参观，眨巴着眼等待被夸奖。老福特围着新车转了三圈，然后突然抡起一把斧子就朝新车砍去！在众人目瞪口呆、还没回过神来的时候，福特扔下斧子，一句话不说就背着手走了……“谁也别想碰我的T型车！”所有人都听到了这句老福特并没有说的话。

就这样，老福特开始众叛亲离，连帮助他创业、功勋卓著的顾问库兹恩斯也不得不向他告辞。从此，福特公司的生产与经营不断滑坡，甚至一度几乎要破产！

此时，他的对手通用汽车在阿尔弗雷德·斯隆领导下大力实施内部改革，实现了“经营集权，生产分权制”，做到了集权与分权的协调统一。这大大调动了各公司的积极性，又保持了整个公司目标的一致。于是，适应社会各阶层需求的新车型不断出现在市场，满足市场需求的技术创新层出不穷。当时的街景是：富豪坐凯迪拉克，穷人坐雪佛莱。但谁还坐守旧的福特车呢？此时，福特才感到大势已去。失去了大部分市场，眼看一席之地（不到20%）也没有占到，又加上爱子患癌症去世，内外打击，使年过八旬的福特一筹莫展。老福特只好把经营权授予另一个儿子。但作为10多年来每况愈下、积重难返的福特汽车公司，要想复兴谈何容易。

“当局者迷，旁观者清”，身处在局中的人常常难有远见。如宋真宗生活安逸，周围拍马屁的人又多，他难免会觉得天下太平；而老福特对自己开发的T型车爱之太深，“自己的孩子怎么看都是最好的”。当人失去理性，不能用发展的眼光看问题之时，不妨多听听别人的意见，及时补救。

第二章　与人交往，要拿捏好分寸

★人无完人，不能苛求

好丑心太明，则物不契；贤愚心太明，则人不亲。

——《菜根谭》

如果分辨好坏的心太明显了，那么事物就会和自己不默契；如果分辨贤愚的心太分明了，那么人就会和自己不亲近。

那些堆满污物的地方，往往容易滋生许多生物，而极为清澈的水中反而没有鱼儿生长。所以真正有德行的君子应该有容纳他人缺点和宽恕他人过失的气度，千万不可以自以为是，独来独往。

曹操用人的一大特点是全面客观地看待人才，宽容人的错误及过失。他冲破了固有的迂腐标准的禁锢，具有创新的见地，他认为“人无完人，慎无苛求，才重一技，用其所长”。

曹操

东汉建安四年，曹操与实力最为强大的北方军阀袁绍战于官渡，袁绍拥兵70万，兵精粮足，然而曹操的兵力却只有袁绍兵力的十分之一，又缺粮，明显处于劣势，当时众人都认为曹操这一次是必败无疑。曹操的部将以及留守在后方根据地许都的好多大臣，都纷纷暗中写信给袁绍，准备一旦曹操兵败便归顺袁绍。

曹操采用了许攸的奇计，袭击袁绍的粮仓，一计转败为胜，打败了袁绍。曹操打扫战场时，从袁绍的书文案卷中拣出一束书信，竟全是曹营里的人暗中写给袁绍的投降书信。当时有人向曹操建议，要严肃追查这件事，对凡是写了投降信的人，全部都抓起来问其罪行。然而曹操的看法与众不同，他说：“当时袁绍强盛，我都没有信心保全自己，何况别人呢？”于是，他连看也不看，下令把这些密信全都付之一炬，一概不予追查。这样，那些曾写过投降信的人便全都放心了，并对曹操心存感激，军心、臣心稳定，使原本处于弱势的曹操集团迅速巩固了胜利的战局。

从古到今，由中国至外国，大凡善用人者必有容人之心，容人之度。

现代社会科技飞速发展，变化日新月异，人的思维能力与判断能力都是非常有限的，容人之错对今天的领导者来说是必备的素质。大连有个女企业家，专门聘用刑满释放人员，她的 40 多名员工，无一例外都有过前科。她对待这些特殊员工自有准则："忘其前愆，取其后效。""即其新，不究其旧。"她用信任帮助这些人找回失去的尊严，她甚至将保管仓库的重任交给曾经偷摸盗窃的人。面对这样的信赖，稍有良心的人都会感动，都会尽心尽力回报，十几年来，这个仓库连一个螺丝钉也没丢过。这些人在这里找到了心灵的回头之岸，开始了新的人生。

在认知人才的观点上，除了要有气量，还应用人之所长，不求全责备。只要有一方面专长，就应取其所长。因势而用人，为制势而择人，这是统治者御将用人的基本出发点。善于用人要不从个人印象的好恶出发，能够大胆采用并不怎么优秀的人，用其所长，避其所短，不讲资历，不论出身，只要有功绩、有本事就提拔重用。

古语云："水至清则无鱼，人至察则无徒。"想要成就一番伟大的事业，必须要有这样的用人意识。天下奇才，偏于一面者，十有八九。金无足赤，人无完人。很多人只一味地注意别人的过错和不足而无法赏识别人的长处，如果这样的话，就很难成就什么大事业了。

★记人之善，忘人之怨

人有恩于我不可忘，而怨则不可不忘。

——《菜根谭》

人对我有恩，一定不能忘记；我对人有怨，一定不要长久。

一个对别人施予过恩惠的人，不应总将此事记挂在内心，也不能到处宣扬你的施恩，那么即使是一斗粟的恩惠也可以得到万斗的回报；以财物帮助别人的人，爱计较对他人的施舍，而要求别人予以报答，那么即使是付出万两黄金，此施舍也不会有任何价值。

隋朝李士谦把几千石粮食借给了同乡的人。而恰巧这年粮食没有丰收，借粮的人家无法偿还。李士谦把所有的借粮人请来，设下了酒席招待他们，并当着他们的面把债券都烧了，说："债务了结了。"第二年粮食大丰收，那些人都争着来还债，李士谦一概拒绝不受。有人对他说："你积了很多阴德。"李士谦说："做了人们不知道的好事才叫阴德。而我现在的行为，几乎尽人皆知。怎么算阴德呢？"

在历史上也有同样的例子，战国时齐国的冯谖为孟尝君"市义"，笼络了人心，使孟尝君的根基稳固，大业遂成。

李士谦没有乘人之危，逼债逞狂，慈怜为本，以爱心示人，一是焚券了债，二是拒绝别

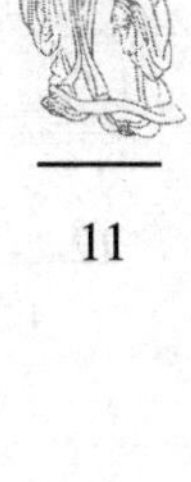

人还债，有恩于人不居恩自播，才能得到人们的拥戴，他死后百姓恸哭不已便是明证。拔一毛而利天下可为，自产利他人亦可为，施者不寄望于厚报，然公道自在人心，他会得到无价的回报。

做人应该具备助人为乐这一品质，助人并以之为乐就上升为一种高尚的道德情操。施恩惠于人而不求回报，“为善不欲人知”，是一种发自内心的真诚。所谓“有心为善虽善不赏，无心为恶虽恶不罚”，若行善为沽名钓誉，即使已经行了善也不会得到任何回报，出于至诚的同情心付出的可能不多，受者却足可感到人间真情。所以，施恩惠给予他人，有所求反而会没有功效。

★待人宽是福，利人实利己

待人宽一分是福，利人实利己的根基。

——《菜根谭》

宽以待人是自己的福气，对他人用利其实是对自己有利的基础。

在大风大雨来临时，飞禽会感到哀伤忧虑，惶惶不安；晴空万里的日子，草木茂盛，欣欣向荣。由此可见，天地之间不可以一天没有祥和之气，而人的心中亦不可一天没有喜悦的神思。

这个世界有能耐的好人本来就不多，应该同心协力为社会多做贡献，不能因为各自的思想方法不同，性格不同，甚至微不足道的小过错而互相诋毁，互相仇视，古人说：“二虎相争，必有一伤。”照这样持续下去，其实谁都不好看。抬头不见低头见，得饶人处且饶人吧！

宋朝的王安石与司马光十分要好，两人在公元1019年与1021年相继出生，似乎上天安排好的一样，年轻时，都曾在同一机构担任同等的职务。两人互相倾慕，司马光仰慕王安石绝世的文才，王安石敬佩司马光谦虚的人品，在同僚中间，他们俩的友谊简直成了一种典范。

做官好像就是与人的本性相违背，两人的官愈做愈大，心胸却慢慢地变得狭窄起来。本来互相尊重、志同道合的两位老朋友竟反目成仇。二人倒不是因为解不开的深仇大恨而结怨，而是因为互不相让而结怨。两位曾经互相倾慕的朋友，成了两只好斗的公鸡，雄赳赳地傲视对方。有一次，洛阳牡丹花开，包拯邀集全体僚属饮酒赏花。席中包拯敬酒，官员们个个善饮，只有王安石和司马光酒量极差，待酒杯举到司马光面前时，司马光眉头一皱，仰着脖子把酒喝了，轮到王安石的时候，他却执意不饮，全场哗然，酒兴顿扫。司马光大有上当受骗，被人小看的感觉，于是喋喋不休地骂起王安石来。王安石竟然也祖宗八代地痛骂起了司马光。一个聪明智慧的人，一旦动怒，开了骂戒，比一个泼妇还可怕。自此两人结怨更深，王安石呢，也得了一个“拗相公”的称号，而司马光也没给人留下好印象，他忠厚宽容的形象在人们心中大打折扣，以至于苏轼都骂他，给他取了个绰号叫“司马牛”。

时光如流水，转眼青年不再，到了人之黄昏，王安石和司马光对他们早年的行为都有所后悔，大概是人到老年，与世无争，心境平和，世事洞明，方可消除一切拗性与牛脾气。王安石曾经对其侄儿说过，以前交的许多朋友，都得罪了，其实司马光这个人是个忠厚长者。司马光也称赞王安石，夸他文章好，品德高，功大于过。仿佛上天又有安排，两人在同一年的五个月之内相继归天。天堂是美好的，“拗相公”和“司马牛”尽可以在那里和和气气地做朋友，吟诗唱和了，任何政治争斗、利益冲突、性格相违，已经变得毫无意义了。

人与人有不同，对于性格、见解、习惯等方面的差异，要以和为重，若“疾风暴雨、迅雷闪电”则易影响朋友之间的关系，甚至导致友谊破裂，反友为敌；而若和气面对彼此的不同，进而欣赏对方的优点，对方便也会对你加以赞美。

★君子应内精明而外浑厚

须是内精明，而外浑厚，使好丑两得其平，贤愚共受其益，才是生成的德量。

——《菜根谭》

做人必须内心精明，而为人处世却要仁厚，使美丑两方都能平和，贤愚双方都能受到益处，这才是上天培育人们的品德与气量。

一个刚踏入社会的人阅历很浅，沾染各种社会不良习气的机会也较少；一个饱经世事的人，经历的事情多了，城府也随着加深。因此与其处事圆滑世故，不如保持朴实的个性；与其事事小心谨慎委曲求全，倒不如豁达一些。

郦食其是秦末陈留高阳人。他从小喜欢读书，但由于家贫无业，乡里称他是“狂生”。沛公刘邦率领起义军经过陈留，郦食其闻讯赶来，向刘邦送上自己的名帖说：“高阳小民郦食其，听说沛公率兵讨秦，想和您见面亲自谈一谈天下事。”侍者通报。刘邦正在洗脚，问来人的长相。侍者回答：“长得看起来是一个很有学问的人，穿戴也正是儒生一样的打扮。”刘邦说：“我不想见这样的人。说我没空接待儒生。”侍者如实转告。郦食其随即改变战略，瞪着大眼，按剑叱喝：“去！再转告沛公，我乃高阳酒徒，绝不是儒者！”侍者听完此话，惊惧得名帖落地，慌忙捡起，立即赶回去禀报刘邦：“来客真算得上是天下壮士！自己说自己是高阳酒徒，还拿剑对我，臣恐惧得竟至名帖失落！”刘邦立刻脸色大变，连忙擦干脚，扶杖起身，叫道：“快请快请！”

“高阳酒徒”最后被重用，使他成功的便是他的尽情而为，率性而作。与其拘谨，反而被人认为气量局促，成就不了什么大事；与其苦心孤诣设计机巧，反而被人视为居心叵测，招人疑忌，倒不如率性而为。无论拙鲁，无论狂放，只要能使人家了解你是性情中人，是真实自然的就行。

在现代化气息浓厚的社会中，追求成功的人们在千方百计地“修炼”技巧，许多人以为用尽机巧，左右逢源，就可以有所成就。然而这是极其表面化的，诚如《菜根谭》所说的那样，是“涉世浅，点染亦浅”而已。所以，无论是练达还是拘谨，若你内心考虑太多，瞻前顾后，亦步亦趋，倒不如率性而为，放开膀子肆意狂傲，纵情狂放。有时这样反而可以让别人放心用你。

★名不独任，过不全推

完名美节，不宜独任，分些与人，可以远害全身；辱行污名，不宜全推，引些归己，可以韬光养德。

——《菜根谭》

美名不一个人独占，分些给人，会远离灾害；过错不应该全推出去，承担一些过错，可以保全自己，也是美德。

完美的名誉和节操，应该分一些给旁人，才不会惹他人忌恨招来祸害而保全生命；耻辱的行为和名声，也不可以完全推到他人身上，自己也应主动承揽几分，才能掩藏自己的才能而促进品德修养。

独孤皇后

独孤皇后是隋文帝的妻子。她虽贵为皇后，且家族世代富贵，但却并不仗势凌人、爱慕虚荣，而是努力做到以社稷为重。突厥与隋朝通商，有价值800万的一箧明珠，幽州总管阴寿准备买下来献给皇后。当她得知此事，即刻断然回绝，说：“明珠不是我急用的。当今敌人屡犯边境，我军将士疲劳，不如把这800万分赏有功将士。”皇后喜爱读书，待人和蔼，百官对她敬重有加。有人引用周礼，提议让皇后统辖百官妻室。皇后因不愿开先例，破规矩，便没有接受。大都督崔长仁是皇后的表兄弟，但因犯了死罪，隋文帝碍于皇后情面，想为他开脱，赦免其罪过。然皇后却能从维护国家利益出发，顾全大局，她说：“国家大业，焉能顾私。”崔长仁最终还是受到了法律的严惩。

我们不妨细细分析独孤皇后这些举动的高妙之处：独孤皇后不收明珠，却把它分赏将士；表兄弟违法犯罪，她却不因权徇私；确实做到了不露锋芒，因此，她也远离了许多祸害，同时也保持了名节。

做领导不能只要美名，而害怕承担责任，敢于担责任、担义务才是做人的基本原则。

从历史上看，一个人有伟大的政绩和赫赫的战功，往往会招来他人的嫉妒和猜疑，此当为常理。历代君主多半都杀戮开国功臣，因此才有“功高震主者身危”这句名言，只有像张良那样功成身退善于明哲保身的人才能防患于未然。所以君子都宜明了居功之害。遇到好事，总要分一些给其他人，绝不自己独享。完美名节的反面便是败德乱行，人人都喜欢美誉而讨厌污名，污名固然能毁坏一个人的名誉，然而一旦不幸遇到污名降身，却不能全部推给别人，一定要自己主动承担一部分，使自己的胸怀显得磊落。只有具备涵养德行的人，才算是最完美而又清高脱俗的人。让名可以远害，引咎便于韬光。

★寻找人生的贵人

凌云宝树，须假众木以撑持。

——《菜根谭》

高耸入云的大树，也要依靠其他树木支撑。

一个人要想成大事，就必须脚踏实地地去努力，然而有的人一辈子实干也并未成功。这大约是缺少“贵人”相助。

“贵人”有很多种。可能是身居高位的人，也可能是令掌权人物崇敬的人。这种人的经验、专长、知识、技能等在其圈子里都非常有分量，说话管用。让贵人扶上一把，有时可以省很多力。

在李鸿章青年的时候，次次考试都落了榜，“书剑飘零旧酒徒”，也曾一度失意痛苦，然而，1859 年他却受到了命运之神的眷顾，从一个潦倒失意书生一跃而成为湘系首脑曾国藩的幕宾，他的宦海生涯翻开了新的一页。

李鸿章拜访了曾国藩，牵线搭桥的是其兄李瀚章，李瀚章乃曾国藩的心腹，当时随曾国藩在安徽围剿太平军。于是，曾国藩把李鸿章留在幕府，“初掌书记，继司批稿奏稿”。李鸿章素有才气，善于握管行文，批阅公文、起草书牍、奏折甚为得体，深得曾国藩的赏识。

有一次曾国藩想要弹劾安徽巡抚翁同书，因为他在处理江北练首苗沛霖事件中做出了不恰当的决定，后来定远失守还弃城逃跑，曾国藩愤而弹劾，指示一个幕僚拟稿，却总是拟不好，亲自拟稿也拟不妥当，觉得无法说服皇帝。因为翁同书之父翁心存乃皇帝的老师，弟弟乃状元翁同龢。翁氏一家在皇帝面前正是“圣眷”正隆的时候，且翁门弟子布满朝野。怎样措辞才能让皇帝下决心破除情面、依法严办，又能使朝中大臣无法利用皇帝对翁氏的好感而去说情呢？大费踌躇。

到最后，此稿由李鸿章来拟。奏稿写完后，不但文意极其周密，而且还有一段刚正的警句，说：“臣职分在，例应纠参，不敢因翁同书之门第鼎盛，瞻顾迁就。”这么一来，不但皇

帝无法徇情，朝中大臣也无法袒护了。曾国藩不禁击节赞赏，就此上奏，朝廷将翁同书革职，发配新疆。

自这件事以后，曾国藩更觉李鸿章乃有用之才。

有人曾在众多公司中做过统计，发现90%的中、高层领导有被贵人提拔的经历；80%的总经理要得贵人赏识才能登上宝座；自行创业成功的老板100%都受恩于贵人。

职场中的“贵人”也许就是此人的师傅、教练、顶头上司。无论是在哪行哪业，都把年轻人“扶上马再送一程”作为传统，这种情况在体育界、演艺界、政界更是如此。没有背景，没有靠山撑腰，不是名门之后，凭自己崭露头角，谁认识你是谁啊？

话又说回来，一无所长之人，是很难得到贵人赏识的。即使侥幸获得高位，也肯定有很多人等着看笑话。贵人也会比较谨慎，选择一个“扶不起的阿斗”，那不明摆着砸自己的台吗？“相马相出一个癞蛤蟆”，那是很让人看笑话的。

“伯乐相马”，同时“良禽择木”，因此双方最好各取所需，以诚相待，投桃报李。

受贵人相助，有利亦有弊。因为有些贵人提携新人只是出于爱才与公心，但也有人是有私心的，是为了培养班底，提高自己的水平，以增强实力。如果贵人倒台，身败名裂，你作为他的党羽，也要小心别受到牵连，影响仕途、财运或名誉。

★警惕“蜜语”如剑

耳中常闻逆耳之言，心中常有拂心之事，才是进修德行的砥石。若言言悦耳，事事快心，便把此生埋在鸩毒中矣。

——《菜根谭》

一个人如果能常听到不中听的话，心里经常想些不如意的事，这才是磨砺品德的好途径。反之，若每句话都好听，每件事都很顺心，它们就像剧毒一样可能葬送自己的人生。

中国有个成语叫“口蜜腹剑”，形容有些阴险之人，表面说话好听，像蜜一样甜，肚子里却包藏祸心。所以往往逆耳的忠言，才弥足珍贵。

假如一个人听到忠诚良言感到反感厌倦，不仅完全辜负了人家劝诫的好意，而最重要的是难以反省自己的缺点，进而督促自己去弥补来保持良好德行。如果逢人夸奖就得意忘形，那你的德行就会变得轻浮，容易沉湎于自我陶醉中而无法自拔，势必会削弱自己的奋斗精神，如此就像泡在毒药里而毁掉了自己的前程。

唐代有一个奸臣叫李林甫，就是“口蜜腹剑”的典型。他逢人总是好听话不绝于口，其实暗地里干尽了害人的勾当。在生活中，像李林甫这样的当面说好话背后捅刀子的人不多，一旦遇上了，也不必担心，需要认真识别，严加防范。如何识别这类不怀好意的“蜜语”呢？其实并不难，因为砒霜要抹上蜜糖才能迷惑人，越假的“蜜语”就越觉得滑腻肉麻。所以，越是说得动听、柔媚，越能暴露其伪诈之处和真实的意图。只要细心辨别，妥善对待，定能防患于未然。

知己才能知彼。你首先必须对自己有一个清晰的认识。包括你的身份，你的地位，你的能力，你的性格，你的长处，你的短处。只有在你对自己有一个较为客观的自我印象之后，你才会分清哪些称赞是真心的，哪些是虚伪的，尤其是要检讨一下自己的缺点。要想别人迷惑不了你，只有对自己有理智的认识。

留心大家的评价。当有较多的人评价某人“别看他平常那么老实，其实精得很”，你就要对此人的言语有所警惕了。

少说多听。成熟老练的高手往往是“听”话的专家，面对别有用心的谈话者正常反应就是“少说多听”，就是要让自己尽量在语言上不暴露自己的喜好和弱点，从而不给“糖衣炮弹”制造者以进攻的机会，然后充分地从对方的语言中听出蛛丝马迹，判断他的真实意图。

如果你是领导，只有既听得懂真诚好意的赞扬，经得住别有用心、溜须拍马地讨好，又顶得住心怀叵测的恭维，才能在工作和生活中游刃有余，无往而不胜。这是一个成熟管理者所应该具备的。

★建立你的“防火墙”

害人之心不可有，防人之心不可无，此戒疏于虑者。宁受人之欺，毋逆人之诈，此警伤予察者。二语并存，精明浑厚矣。

——《菜根谭》

“不可有害人的念头，但不能没有防人的准备”。这是用来劝诫与人交往时警觉性不高、过于乐观的人。“宁可忍受他人欺骗，也不要事先拆穿骗局”。这是用来劝诫那些警觉性过高、过于悲观的人。如果与人相处时能牢记上面两句话，就算得上精明而宽厚的待人之道了。

人不能有害人之心，是因为害人者终害己，但总有些人经不住私欲和名利的诱惑而甘冒风险，从而损害到他人的利益。所以，“防人之心不可无”，这句话固然有其狭隘的地方，会使人变得谨小慎微，但在出现潜在不利的情势下保持一定的警惕还是很有必要的。

“明枪易躲，暗箭难防”，别人要害前他总是在暗处的，除非他处在绝对的优势。例如出卖背叛、中伤诽谤、偷盗诈骗、谋财害命……

在漫长的职业生涯中，不免会遇到出卖、敌意、中伤、陷阱等种种意想不到的事情，如果事先预料到这些事的发生，尽量把危害降到最小，便能使你的工作生涯一帆风顺。

在工作中与人交往时,需要练就人与人之间虚虚实实的应对技巧,自己该如何出牌,对方会如何应对,这可是比围棋、象棋更具趣味的事情。

那么该如何建立自己的“防火墙”呢?

首先要“巩固城池”。把自己保护起来,让人摸不清你的底细,实际做法是不随便露出个性上的弱点,不轻易显露你的欲望和企图,不露锋芒,不得罪人,勿太坦诚……别人摸不清你的底细,自然不会轻易利用你、陷害你,因为你没给他们机会。两军对阵,虚实被窥破,就会给对方可乘之机,“防人”同样如此。

其次要“摸清敌意”。兵不厌诈,争夺利益时人心叵测,因此对他人的动作也要有冷静客观的判断,凡异常的动作都有特别的用意,把这动作和自己所处的环境一并思考,便可发现其中玄机。

最后就是“防患于未然”。在“摸清敌意”后,预测对方将要采取的手段,针对性地采取措施免于自己受到损害。俗话说:“人无打虎心,虎有伤人意。”如果我们在与人相处时,心中先存几分戒心,那么世界上绝大多数骗局都将被识破。

但遗憾的是,我们很多人自幼受的教育并不是要我们存有防人之心,而是被灌输了很多不恰当的“人与人之间应相互信任”“人性是善良美好的”等观念。这种人由于心地非常坦荡,总觉得自己所言所行没有什么不可告人的,于是,不分轻重,不看对象,结果被别人抓住把柄和利用,这种人就犯了太相信人的大忌。

但防人是有前提的,对坏人、小人、俗人,是非防不可。如果“草木皆兵”,人便成为“套中人”,限制了自己的空间,丧失了自由和乐趣。

第三章　做人不可锋芒毕露，方可避祸全身

★舌存齿亡，刚不敌柔

舌存常见齿亡，刚强终不胜柔弱。

——《菜根谭》

舌头在可牙齿却不在，所以说刚强不如柔弱长久。

如果立身不能站在更高的境界，就像在灰尘中抖衣服，在泥水中洗脚一样，是不可能做到超凡脱俗的。如果为人处世不退一步着想，就如同飞蛾投入烛火中、公羊用角去抵藩篱一样，是不会有安乐的生活的。

卓茂是西汉时宛县人，他的祖父以及父亲都当过郡守一级的地方官，他自幼就生活在书香门第中。汉元帝时，卓茂来到首都长安求学，是在朝廷任博士的江生的学生。在老师指点下，他熟读《诗经》《礼记》和各种数学著作、历法，对人文、地理、天文、历算都很精通。从此以后，他又对老师江生的思想细加揣摩，在微言大义上下苦功，最后成为一位儒雅的学者。在所熟悉的师友学弟中，他的性情仁厚是出了名的。他对师长礼让恭谦；对同乡同窗好友，不管其品行能力怎样，都可以和睦相处，相敬如宾。

卓茂的学识以及人品备受称赞，丞相府知道以后，特意来征召，让他侍奉身居高位的孔光，可以看出其影响之大。

有一次卓茂赶马出门，对面走来一人，那人指着卓茂的马说："这马是我丢失的。"卓茂问道："你的马是什么时候丢失的？"那人答道："1个多月以前。"卓茂心想，这马跟着我已经好几年了，那人一定搞错了。尽管如此，卓茂笑着解开缰绳把马给了那人，自己拉着车走了。走了几步，又回头对那人说："假如不是你的马，希望到丞相府把马还给我。"

过了几天，那人在其他的地方找到了他丢失的马，于是到丞相府把卓茂的马还给了他，并且叩头向卓茂道歉。

一个人要做到像卓茂那样，确实很难。这种胸怀，不是一时一事所能造就的，它是在长期的熏陶、磨炼中逐渐形成的。俗话说，退一步不为低。能够退得起的人，才会做到不计个人得失,才能与人和睦相处,才能站在更高的境界。

★做事留有余地,不可太绝

御事而留有余,不尽之才智,则可以提防不测之事变。

——《菜根谭》

做事要留有余地,不要把智慧尽展无余,这样才能预防突发的事件。

再聪明的人也不宜锋芒毕露,不如装得笨拙一点。即使十分清楚、明白也不要过于表现,宁可用谦虚来收敛自己。志节非常也不要孤芳自赏,要随和一点。在有能力时也不要过于激进,宁可以退为进,这才是真正安身立命、高枕无忧的处世法宝。

南朝刘宋王朝的开国皇帝宋武帝刘裕在死之前托孤给中书令傅亮、司空徐羡之、领军将军谢晦、镇北将军檀道济。并且告诫太子刘义符,在这些人中,最难驾驭的是谢晦,要对他加以小心。

刘裕是个有作为有识见的开国皇帝。但是不幸的是,他不仅没选好继承人,而且没有完全正确估计这几位顾命大臣。

刘裕

刘裕死后,他的长子刘义符即皇帝位,史称营阳王。被称作少帝。

刘裕的次子名义真,官至豫州刺史,封庐陵王。

刘裕的第三个儿子名义隆,封宜都王。即后来的南朝宋文帝。

刘义符做上皇帝后,不遵礼法,行为荒诞得令人发笑。

徐羡之在刘义符登基两年后,准备废掉刘义符另立皇帝。凭刘义符的行为,废掉他是对的。但是徐羡之等人因为怀有私心,谋权保位,贪权恋位,竟把事情做绝,惹来了杀身之祸。

要废掉刘义符,就得有别人来接皇帝的班。按顺序是刘义真,但是刘义真和谢灵运等人交好,谢灵运是徐羡之政治上的对手。为了不让刘义真当上皇帝,徐羡之等人挖空心思,先借刘义符的手,将刘义真废为庶人。接着,徐羡之、谢晦、傅亮、王弘、檀道济五人合力,发动武装政变,废掉了刘义符,以皇太后的名义封刘义符为营阳王。

更糟的是,还没有等新皇帝即位,谢晦竟和徐羡之主谋分别将刘义符、刘义真先后杀死。

他们拥立的新皇帝是刘义隆。刘义隆面临的是杀死自己两个哥哥、控制朝廷大权的几个主凶。

新皇帝那时正在江陵郡(治所在今湖北江陵)。徐羡之派傅亮等人前去接他。徐羡之这时又藏了个心眼,担心新皇帝即位后将镇守荆州重镇的官位给他人,赶紧以朝廷名义任命谢晦做荆州刺史、行都督荆湘七州诸军事,想让谢晦做自己的外援,将精兵旧将都给了谢晦。

刘义隆面临着是不是回京城做皇帝的选择。听到庐陵王、营阳王被杀的消息,刘义隆的部下很多人劝他不要回到京城。但是他的司马王华中精辟分析了当时的形势,认为徐羡之、谢晦等人不会马上造反,只是怕庐陵王为人精明严苛,将来算旧账才将他杀死。现在他们以礼来相迎,就是为了讨您欢心。而且徐羡之等5人同功并位,谁都不会让谁,就是有谁心怀不轨,也因为其他人掣肘而不敢付诸行动。殿下只管放心前往做皇帝吧!

因此,刘义隆带着自己的属官以及卫兵出发前往建康,结果顺利做上了皇帝,但是朝廷实权仍在徐羡之等人手中。

刘义隆先升徐羡之等人的官,王弘进位司空;徐羡之进位司徒;傅亮加“开府仪同三司”,也就是享受和徐羡之、王弘相同的待遇;谢晦进号卫将军;檀道济进号征北将军。

而且认可徐羡之任命的谢晦做荆州刺史。谢晦还担心刘义隆不让他离京赴任。但是刘义隆若无其事地放他出京赴荆州。谢晦离开建康时,觉得从此算是没有危险了,回望石头城说:“今得脱危矣。”

当然,刘义隆也不动声色地安排了自己的亲信,虽然官位不高,但侍中、将军、领将军等要职都由他的亲信充任,因此稳定了自己皇帝的地位。

第二年,即宋文帝元嘉二年(425)正月,傅亮、徐羡之上表归政,就是将朝政大事交由宋文帝刘义隆做。徐羡之请求离开官场回府养老。但是几位朝臣认为,这样不妥,徐羡之又留下。后人认为这几位挽留徐羡之继续做官的人,事实上加速了徐羡之的死亡。

当初发动政变的5个人中,王弘一直表示自己做不了司空,推让了一年,刘义隆才准许他不做司空,而且是做车骑大将军、开府仪同三司。

直到这一年年底,宋文帝刘义隆才准备铲除徐羡之等人。因为担心在荆州拥兵的谢晦造反,先声言准备北伐魏国,调兵遣将。在朝中的傅亮认为这件事有迷惑,写信给谢晦通风报信。

宋文帝元嘉三年(426)正月,刘义隆在动手前,先通报情况给王弘,又召回檀道济,认为这两个人当初虽然附和过徐羡之,但是没有参与杀害刘义符、刘义真的事,应区别对待,并且要利用檀道济带兵去征讨准备在荆州叛乱的谢晦。

正月丙寅(公元426年2月8日),刘义隆在准备好以后,发布诏书,治傅亮、徐羡之擅杀两位皇兄之罪,而且宣布对付可能叛乱的谢晦的军事措施。

就在这一天,徐羡之逃到建康城外20里的一个叫新林的地方,在一陶窑中自杀。傅亮也被捉住杀死。

谢晦举兵造反，先小胜而后大败，但在逃亡路上被活捉，然后被杀死。

所以，做人不要过于暴露锋芒，学会潜藏，要善于韬光养晦，男子汉大丈夫能屈能伸，就可以成就大业。以退为进，以守为攻，同样能把主动权掌握在手里，潜藏不露，胜券在握，才是人生的真正智慧。

藏巧于拙，用晦而明，寓清于浊，以屈为伸，真涉世之一窟、藏身之三窟也。

★聪明的人知道处阴敛翼

愚夫徒疾走高飞，而平地反为苦海；达士知处阴敛翼，而巉岩亦是坦途。

——《菜根谭》

平常人走得很快，平坦的大道也成了苦海；明智者懂得藏拙，在陡峭的山坡上也会如履平地。

鹰立如睡，虎行似病。在现实生活中以不扬才华的方法来隐蔽自己的行动，可以达到一鸣惊人的效果。做事太张扬，就会让对手警觉，就会过早地把目标显现出来，成为对手攻击和围剿的“靶子”。保护自己的最好方式就是不暴露，尽管这样做会有损失，却能避免更多不可预知的风险。

1998 年，华为以 80 多亿元的年营业额，雄霸当时声名显赫的国产通信设备四巨头的首位，势头正猛。华为的总裁任正非则以此跻身明星企业家的行列，但他对各种采访、会议、评选一直躲避，直接有利于华为形象宣传的活动甚至政府的活动也一概坚拒，并给华为高层下了死命令：除非重要客户或合作伙伴，其他活动全部拒绝，谁来游说我就撤谁的职！整个华为由此上行下效，全体以近乎本能的封闭和防御状态面对外界。

前两年的北京国际电信展上，华为总裁任正非正在公司展台迎接客户。一位上了年纪的男子走过来向他询问：“华为总裁任正非在哪儿？”任正非问：“你找他有事吗？”那人回答：“也没什么事，就是想一睹能带领华为走到今天的传奇人物的风采。”任正非说：“实在不好意思，他今天没有过来，但我一定会把你的意思转达给他。”

关于任正非还有很多故事。有人去华为办事，模模糊糊地换了一圈名片，坐定之后才发现自己手里居然拿着一张任正非的名片，急忙四处寻觅，那人已不见踪影。有人在出差去美国的飞机上，与一位和气的老者天南地北神侃一通，事后才知道他就是任正非，于是遗憾不已。这些多少有点传奇的故事说明，想认识任正非的人太多，而真正认识任正非的人却很少。

近两年来，华为的堡垒有所松动，出于打开国外市场的需要，华为与境外媒体来往密切，和国内媒体的接触也灵活不少，华为的一些高层也开始谨慎露面。唯一没有任何解禁迹象的，是任正非本人。

在《我的父亲母亲》这篇文章中,展现了任正非理性和激情背后温情的一面。他在文中总结说:“由于家庭原因,‘文革’中,不管我怎样努力,一切立功、受奖的机会都离我很远。在我领导的集体中,战士们立三等功、二等功、集体二等功,几乎每年都有很多,唯我这个领导者从没有受过嘉奖。我已习惯了我不应得奖的平静生活,这也造就了我今天不争荣誉的心理素质。”

正是由于任正非的低调做人,他有更多的时间和精力打理公司,每年花大量时间游历全球,在各个发达市场与发展中市场上发现机遇,在通信设备国际列强间合纵连横,寻觅有利的力量与资源。在深刻领悟西方文化的同时,充分发挥东方人的聪明才智,带领着华为再创辉煌。

过分地表现自己,就会经受更多的大风大浪,暴露在外的椽子自然要先腐朽。一个人在社会上,如果过分地显露头脚,那么不管多么优秀,都难免会遭到明枪暗箭的打击和攻讦。

★话说半句留半句

事事留个有余不尽的意思,便造物不能忌我,鬼神不能损我。若业必求满,功必求盈者,不生内变,必召外忧。

——《菜根谭》

做事都要给自己或他人留有余地,就是不要做得太绝,这样遗物的上帝不会嫉妒我,鬼神也不会伤害我。假如一切事物都要求达到尽善尽美的地步,一切功劳都达到登峰造极的境界,即使不为此而发生内乱,也会因为这导致招来外面的伤害。

要友善的与人交往,做事不能太绝。因此,有碰触的地方不妨退一步,让对方先过;宽阔的道路,分给别人三分便利未尝不可呢?

再给大家讲个故事,处长把一项采购工作交给这位朋友,这件采购工作是有相当困难的,处长问他:“有没有问题?这件事办砸了是要扣工资的哟!”他拍着胸脯回答说:“没问题,包你满意!”过了三天,没有任何动静。处长问他进度如何,他才老实说:“不如想象中那么简单!”虽然处长同意他继续努力,工资还是扣了。

还有一位朋友和同事闹不愉快,他向同事说:“从今天起我们断绝所有关系,彼此毫无瓜葛……”说完话还不到两个月,他的同事成为他的上司,这位朋友因讲过这样的话,无奈辞职了。

上面尴尬的例子都是话说太绝早成的。把话说得太绝就像杯子倒满了水,再也滴不进一滴水,再滴就溢出来了;也像把气球灌饱了气,再也灌不进一丝丝的空气,再灌就要爆炸了。当然,也有人话说得很绝,而且也做得到。不过凡事总有意外,使得事情产生变化，而这些意外并不是人人能预料的，话不要说得太绝，就是为了容纳这个“意外”，为了自己，为了他人，说话前想一想。

各国政府开新闻发布会的时候，新闻发言人面对记者的询问，都偏爱用这些字眼：“可能、尽量、或许、研究、考虑、评估、征询各方意见……”诸如此类，都不是肯定的字眼，他们之所以如此，并非不负责任，而是为了留一点空间好容纳“意外”，否则一下子把事情说死了，结果却发生了意外，就会很尴尬，说得难听点，自己在打自己的脸。

因此以下几方面是你在说话时不得不注意的。

做事方面：

别人向你求助的时候，如果能够做到，可以答应，但不要“保证”，应该说“我尽量，我试试看”。如此，即使将来不能帮别人办成事，别人也不会对你有什么想法。

给领导办事的时候，当然要接受，但不要说“保证没问题”，应该说“应该没问题，我会全力以赴”。这是为了防止万一自己做不到所留的后路，事实上这样说并无损你的诚意，反而更能让领导觉得你是一个谨慎的人，成熟的人，所以，事情办成了，就会更信赖你；即使事没做好，也没有什么。

做人方面：

朋友之间不要把话说死了。特别是不要说出“势不两立”之类的话，除非你与对方有深仇大恨。不管谁对谁错，最好是闭口不言，或者即使说话也留有余地，不要把对方一棍子打死，防止将来与你为敌。

不要急于对别人说出自己的评价。比如说“这个人完蛋了”“这个人一辈子没出息”之类的话，都是不合适的，人一辈子很长，有很多变数，谁知道一个人哪天碰到好运气呢？同样的，也不要说“这个人前途无量”或“这个人能力高强”，总之，应多用“考虑……不过……假如”之类的话语，为以后长期做个打算。

虽然有时话说必须要说绝，但是除非必要，还是保留一点空间的好，这样既不会得罪人，也不会使自己陷入困境，总之，多用些中性的、不确定的词句，让你可进可退自如。

★装糊涂是聪明者的选择

好察非明，能察能不察之谓明。

——《菜根谭》

“明”不能代表善于洞察，可以洞察但却好像没有洞察，这才是真正的“明”。

“能不察”体现出了一种玄妙的智慧。什么叫“能不察”呢？意思就是在一群人中，唯有自己洞察了这件事的本质，而又偏偏有人不愿让你把事实的真相说出来，于是只好装作不知，避免自己过于聪明而遭到陷害。

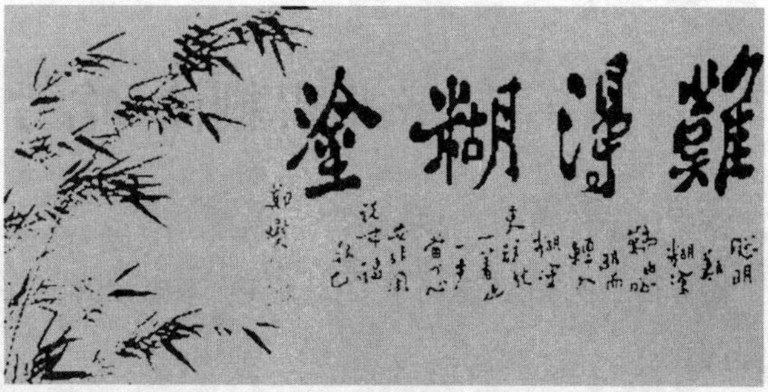

难得糊涂

人都喜欢聪明，不喜欢糊涂。但是有时候还需要一些“难得糊涂”的精神。因为这种“糊涂”才是顶级的聪明。其实，有的时候，一点点的“糊涂”和人情味比十足的“太精明”更容易得到回报。表面“憨厚”的你才是最后的赢家！

年轻气盛的我们总是好打不平。长大后才知道，很多事情是非无法分明，好恶也需要时间验证，多数事情非此亦非彼，走了一条中间路线。是非就让时间去验证吧。

举个例子：

战国时，齐国有位智者叫隰斯弥。当时当权的大夫是田成子，颇有窃国之志。一次，田成子邀他谈话，两人一起登临高台浏览景色，东西北三面平野广阔，风光尽收眼底，惟南面却有一片隰斯弥家的树林蓊蓊郁郁，挡住了他们的视线。隰斯弥在谈话结束后回到家里，立即叫一家仆带上斧锯去砍树林。可是刚砍了几棵，他又叫仆人停手，赶快回家。家人望着他感到莫名其妙，问他为什么颠三倒四的？隰斯弥说“国之野惟我家一片树林突兀而列，从田成子的表情看，他是不会高兴的，所以我回家来急急忙忙地想要砍掉。可是后来一转念，当时田成子并没有说过任何表示不满的话，相反倒十分的笼络我。田成子是一个非常有心计的人，他正野心勃勃要谋取国位，很怕有比他高明的人看穿他的心思。在这种情况下，我如果把树砍了，就表明了我有知微察著的能力，那就会使他对我产生戒心。所以，不砍树，表明不知道他的心思，尚算不上有罪而可避害；而砍了树，表明我能知人所不言，这个祸，闯了大祸。”

糊涂的人没有人喜欢，聪明的人人人都争抢。但人生在世，许多时候逼得你不能不这样做，因为这种“糊涂”才是顶级的聪明，与其与人情味十足的“太精明”比起来，“糊涂”回报更快。

才智很高而不露，表面看起来蠢笨，从另一个角度来说，也可说是小事是愚人，大事明事理，从某个角度来说，也可理解为小事愚，大事明。对于个人来说是一种很高的修养。所谓愚蠢就是自己骗自己。

该糊涂的时候就要糊涂，就不要顾忌自己的面子、自己的学识、自己的地位、自己的权势，一定要糊涂；而该聪明、清醒的时候，则一定要聪明，由聪明而转糊涂，由糊涂而转聪明，则必左右逢源，不为烦恼所扰，不为人事所累，这样你会拥有一个快乐幸福的人生。

★难得糊涂，吃亏是福

福莫福于少事，祸莫祸于多心。惟少事者方知少事之为福；惟平心者始知多心之为祸。

——《菜根谭》

最大的幸福莫过于不为琐事而烦恼，最大的灾祸莫过于疑神疑鬼。唯有整日劳碌奔忙的人，才知道轻松是最大的幸福；只有那些心如止水平静安详的人，才知道多心猜疑是最大的灾祸。

一位外国学者这样说：“会快乐生活的人，并不一味地争强好胜，在必要的时候，宁肯装一下糊涂，吃一点亏。”

明朝正德年间，朱宸濠起兵反抗朝廷。朝廷派王阳明率兵去征讨，由于他出色的指挥，一举擒获朱宸濠，立下了大功。当时的总督江彬——是位受到正德皇帝宠信之人，十分嫉妒王阳明的功绩，认为他夺走了自己大显身手的机会。于是，他广布流言说：“最初王阳明和朱宸濠是同党，后来听说朝廷派兵征讨，才抓住朱宸濠为自己解脱。”想以此嫁祸于王阳明，并除掉他，把这个功劳夺为己有。在这种情况下，王阳明和好友张永不得不对这不白之冤讨论对策：“如果退让一步，把擒拿朱宸濠的功劳让给江彬，就可以避免不必要的麻烦。假如坚持下去，不做妥协，那江彬等人就要狗急跳墙，做出伤天害理的勾当。”为此，他将朱宸濠交给张永，使之重新报告皇帝：“朱宸濠捉住了，是总督大人的功劳。”就这样，王阳明堵住了江彬的嘴，使其不再乱说话。随后，王阳明就以病体缠身为由，回家休养去了。张永回到朝廷后，大力称颂王阳明的忠诚和慷慨推功的高尚事迹。正德皇帝明白了事情的始末后，就重新给予了王阳明应得的封赏。

王阳明以退让之术，避免了横祸的发生。由此可见，有时候懂得吃亏是很必要的。

一个人只有愿意吃小亏、敢于吃小亏，不去事事占便宜、讨好处，日后才有大便宜可占。相反，那种事事处处要占便宜、不愿吃亏的人，到头来反而会吃大亏。许多历史故事都能证明这一点。

春秋末年，齐国的国君横征无度，苛捐杂税严重，害得民不聊生。田成子看到这种情况后说：“公室用横征暴敛的手段榨取民脂民膏，‘取之犹舍也’。”于是他就派人做了大小两种斗，把自己粮食用大斗借给饥民，用小斗回收还来的粮。田成子这种惠民的政策深得民众拥护。于是，很多人纷纷前来投靠田成子，给田成子种地。一时民归如流水，最终齐国国君宝座为田氏家族所得。

史学家范晔说：“天下皆知取之为取，而不知与之为取。”其实，田成子看似失去了很多粮食，吃了大亏，但是他得到了比粮食更重要的人心。得与失是相互转化的，失只是一时的，随之而来的便是收获。

无独有偶，孟尝君也是一个尝到了“吃亏”甜头的君子。冯谖是孟尝君门下的一个谋士，感于孟尝君在自己落魄时候的真诚相待，决心为孟尝君效力。

正德皇帝

一次，孟尝君要派人到封地薛邑去收租，问谁愿意去。冯谖便自告奋勇地说他愿意去。临走时，冯谖问孟尝君回来时要买点什么，孟尝君告诉他说：“你看家里缺点什么就买点什么东西吧。”冯谖去了薛地后，把民众召集到一起，对大家说：“孟尝君知道大家生活困难，所以特意派我来告诉大家，以前欠的债一律作废。”百姓都目瞪口呆的，怎么也不相信。冯谖为了使大家相信他说的话，他当着百姓的面把债条烧了。百姓都感动地跪下，高呼孟尝君是好人。冯谖两手空空地回来了，并报告说债已经收完了。孟尝君很高兴，问他买了点什么回来。冯谖说买了义回来，接着便讲了事情的来龙去脉。孟尝君听后很不高兴，说：“好贵的义！”数年以后，孟尝君被谗言所害，逃到薛地。薛地的百姓成群结队地走出数里来迎接孟尝君。至此，孟尝君才真正体会到冯谖给他“种下”的义。所以说，好予者，必多取。暂时的损失，会带来更大的收获，吃亏并不是祸。

商场如战场，要想在当今这个竞争激烈的商战中取得胜利，懂得“吃亏”也非常重要。

美国的亨利·霍金士是一位国际著名的企业家。亨利·霍金士性格淳朴厚道，他的成功很大一部分在于他性格上的这种诚实可靠。亨利·霍金士在经营食品加工的初期，美国的《食纯正品法》还没有制定，于是有不少食品加工企业往食品里面加了各种添加剂。加了添加剂后的食品不仅色泽好，而且香味十足，深得人们的青睐。但是，这些添加剂会严重危害人们的健康。因此，亨利·霍金士一直坚持自己的原则，不往食品中加入添加剂。如果一定要加的话，必定要经过专家验证，保证对人体绝对无害。他的这种做法遭到同行们的非议和排挤，使得他的工厂效益很不景气。

后来经过验证，防腐剂对人体的危害达到惊人的地步。结果公布以后，在社会上引起了轩然大波。因为为了存放和保鲜，往食品中添加防腐剂已经成为一种习惯，很多消费者食用了太多含防腐剂的食品。为了保护自己的利益，很多食品加工企业联合起来，举行了声势浩大的集会，说亨利·霍金士别有用心，因为报告是他发布的。他们还联合起来在业务上排挤亨利·霍金士，想把亨利·霍金士彻底打倒。这确实给亨利·霍金士的企业带来不小的打击，可谓吃了不小的亏。但是美国《食品纯正法》的颁布，给亨利·霍金士的公司带来了生机。他从事业的低谷逐步发展壮大，随着消费者对他们公司的信任，他很快步入了事业的黄金时代。

郑板桥有一传世风行的条幅：“难得糊涂。”他还说：“聪明难，糊涂难，由聪明而变糊涂更难。”孔子也曾说过：宁武子在国家安定时是一个智者，在国家动乱时是一个愚人。很多人能赶得上他智的一面，但几乎没有人赶得上他愚的一面。

这里孔子说的“愚”和郑板桥的“糊涂”之所以难做到，是因为要想真正做到，需要的是勇气和毅力，以及行为上的忍辱负重和殚精竭虑，只有这样，才能达到“大智若愚，大巧似拙”的境界，也不会被琐事缠身，不会为闲言困扰，才能成为一个有为之人。

一个普通人，也应该是以一生平安无事、没有任何祸端为幸福的。所有祸端多半是由多事而招来，多事又源于多心，多心是招致灾祸的最大根源。所谓“君子坦荡荡，小人长戚戚”，一个光明磊落的人自然俯仰无愧，根本不用怀疑别人对我有过什么不利的言行。只有整日无所事事的小人、闲人才会为无聊的闲事、琐事忙碌，为依附权势、争夺名利奔波，为闲言碎语费尽心神地猜疑。这些人的思想境界很低，难以意识到自己的可笑、可悲。所以古人云：“吃亏是福。”太多的人不懂得吃亏，邻里之间为了一点鸡毛蒜皮小事，常常闹得不可开交。遇事忍一忍，暂时或许会吃点小亏，但以后会有更多的大便宜在等着自己去捡。如果做每一件事情都权衡得失，吃亏的事情一点不干，那么以后很难有大便宜到手。

★傻人自有傻福，不是空话

奢者富而不足，何如俭者贫而有余；能者劳而府怨，何如拙者逸而全真。

——《菜根谭》

陶觉说：“做人须带一份憨，一份痴，不憨不能犯大难，不痴无以处浊世。凡患得患失之人，正是太聪明耳。”

所以，领导者无论是初涉世事，还是位居高官，无论是做大事，还是一般人际关系，都须带一份憨，一份痴。

我们在说一个人迂腐的时候，往往讲这个人不开窍。不开窍固然不好，但开的窍过多就好吗？

古时候，南海的大帝叫倏，北海的大帝叫忽，中央的大帝叫混沌。倏与忽经常在混沌的家里相见，混沌很热情。于是，倏和忽商量如何报答混沌的深厚情谊，说：“人人都有七窍，用来视、听、吃和呼吸，唯独混沌没有，让我们试着为他凿开七窍吧。”于是他们每日凿出一个孔窍，凿到第七日混沌就一命呜呼了。

混沌没有一窍，倏与忽好心帮助他开窍，却害死了混沌，这说明什么道理呢？

所以，做人要“大巧若拙”。为什么呢？因为懂得越多，看的越透彻，要求得到回报的欲望就越高，对社会越不满，人生就越痛苦。知道得越多就越虚伪，不断盘算，把生活变成了生意，计较得失，学会在讨价还价中得到乐趣。做人还是“屈”一点好，“拙”一点好，

“讷”一点好。

曾经有人将世间各色人划分，按其精明与否的程度分为四个等次、四种类型。

第一个等级是表面看起来老实巴交，对人处事绝不以精明自居，甚而让人感觉有些傻乎乎，但骨子里却是十分精明者。这种人，往往让人产生一种高度的信任感。这种精明，是最高层次的精明。所谓“精明不外露”，以及“大巧若拙，大辩若讷”，就是这个意思。

第二个等级是浑身上下都透着一股机灵劲儿，而内底子也确实相当精明的人。但“精明外露”已非上品，不免让人处处防范，其“精明”的效果也就有限，充其量只能算是二等货。

第三个等级是确实没有什么真本事，一眼望去也就是傻帽一个，正因其内外都“傻”，本人既无“自作聪明”之举，他人对其也全不设防，进而有不忍欺之者，故尚可安居，是为三等。

第四个等级是表面看起来很厚道，亦往往自认为精明过人，但实际上是个十足的大傻帽。此等角色人见人厌，成事不足败事有余，是为末等。

上述四色人等，不是一成不变的，属第二等者，一旦“精明”过头，聪明反被聪明误，往往会沦入末等而不复，而原为第三等者，如能在世事磨炼中逐渐悟出人生真谛，则摇身一变而跻身头等行列者亦不乏其人。

我们说，再聪明的人都无法完全认清世间万象，运转再快的头脑也跟不上世界万物的变化。所以，做人不妨“屈”一点，“拙”一点，“讷”一点，这样才能掌握世间万物，掌握我们自己。

很多人还对金庸笔下郭靖的“傻里傻气”记忆犹新。结果呢？他却成了受人尊敬的武林高手。

从某种角度看《天下无贼》，也许我们能看到的傻根更像是对金庸笔下郭靖的翻版。傻根说他们家乡，在山里见到牛粪，用小石子绕着画个圈，隔个三五天没人会去动它，因为他们都知道这已是别人的了。就像剧中人物说的那样，我们走了那么远的路，就遇到傻根一个对别人没有设防、没有戒心的人。

在浩荡的列车上，老谋深算的黎叔，保护傻根的王薄、王丽，想篡位的老二，争风吃醋的小叶，其实每个人都在勾心斗角，暗中窥探，于是，长夜漫漫，所有的聪明人都无法安然入睡，却只有心无旁骛的傻根睡得香甜。

这正是傻人有傻福的真实写照。傻人的福气主要体现在：

傻人不过多的利用权术。他们没有精明人的一些算计和设想，凡事都要策划一番。有想法虽是好事情，可好事情的另一面常常就是陷阱，就造成人为的过失。而傻人没有乱七八糟的想法，就自然地避免了那样的过失。

傻人往往不患得患失。他们一般情况下不会主动出击，这样反而可以避免使危险扩大，做到了顺其自然。他们天性的忍让、宽容和视而不见，使他们结得好的人缘。

傻人的眼光往往不够深，不够透，所以，也就不会百般挑剔。一个不去挑剔生活和别人的人，谁能怀疑他的幸福呢？

在傻人的眼里，过去的就过去了，没有什么大不了的，什么吃亏了，占便宜了，他都不去计较。因此，在生活里，只有傻人活得最痛快、最轻松，似乎也就最完备。而精明人却不同，他们看不起傻人，为防止自己做傻事，每一步都谨小慎微，恐怕有一点闪失，其结果却总是让他们不满意。甚至不但干了错事傻事，还招来许多危险，落入怪圈或陷阱。如果世上真有什么巨大损失的话，往往发生在精明人身上。傻人由于没有那么多“智慧”的利箭，自然也不会被射中。

总结一下，我们不难发现，其实，傻人为人处世的心态往往是最正常、最符合常理的，也是最安全的。倒是精明的人常常陷入自己所挖的陷阱。于是许多傻人哲学经常见于世面。而傻人哲学确实又战胜了精明人的度日方式，成了人们争相模仿和研习的学问。

傻人有傻福，这绝对不是句空话。傻一点往往会比十足的精明带来更多的好处。尤其是在这个人与人信任程度逐渐降低的社会里，装傻，做傻人说傻话，更容易取得别人的信任，从某种意义上说，傻人比精明人更容易在社会上生存。

★藏巧于拙，才能够成就人生

藏巧于拙，用晦而明，寓清于浊，以屈为伸，真涉世之一壶，藏身之三窟也。

——《菜根谭》

既然任何人都不可能在现实生活中达到处处称心事事如意的理想状态，那么我们在为人处世的具体过程中，也就不应该去盲目追求一种绝对意义上的尽善尽美了。毕竟在每一个人的身上，总是或多或少地存在着一些不足和缺憾，这就要求我们能够在正确认识自己的基础上，既要做到以百分之百的努力去争取成功，也要懂得用谦虚谨慎的态度去面对可能出现的一切情况。至于说时时被世人挂在嘴边的所谓“韬光养晦”“狡兔三窟”等等的生存之道和立身之法，也正是为了告诫我们不要凡事都追求一种锋芒毕露的效果，而是应该善用谦虚谨慎的这种态度，去实现人生的最终梦想罢了。

既然在我们并不漫长甚至是极为有限的生命中，需要去付出精力努力做好的事情已经很多很多，那么也就不该为那些毫无价值的蝇头琐事而整天劳心伤神，更不应该因为得到了一点小小成绩就得意忘形地夸耀自己。更何况在这个日益复杂多变的现实社会中，如果一个人总是在日常生活中呈现出一种咄咄逼人的架势，那么到了千钧一发的紧要关头，就很有可能因为众叛亲离，而把自己置身于一种“中流失船”，“一壶千金”的尴尬处境之中，最后也只能被迫吞下自己酿成的所有苦果了。与之相反的是，如果一个人要想像“狡兔”一样拥有自己用以安身立命的所谓“三窟”，以求平安自保的话，那就应该凡事都给自己留有一定的余地，既要学会把自己的优势在某些时候刻意地隐藏起来，甚至还要懂得在某些情况下利用缺陷来取得成功的道理。

在日本的柔道历史上，就曾经有过这样的典型事例：那是一个从小就立志要成为柔道高手的男孩。尽管在他10岁的那一年里，因为一场车祸而失去了左臂。可不愿放弃梦想的他，最终还是成了一位著名的柔道大师的徒弟。在此后的很多年里，这个男孩每天都苦练师父教给自己的唯一的一招本领。直到他在正规的大型比赛中真的得到了冠军，才终于明白了师父为什么只传授给自己一招本领的全部秘密。原来男孩掌握的不仅是柔道技巧中最难学会的一招，而且更重要的是要想破解这一招，对手的唯一办法就是必须抓住男孩早已在车祸中失去了的左臂。这样一来，原本无法弥补的缺陷，自然也就变成了制服对手和求得胜利的最为有力的武器。

这个男孩的成功经历，使我们不仅看到了一份勇于追求梦想并最终实现梦想的坚毅品质，更加深刻领会到了弥补缺陷甚至是善用缺陷所能带来的巨大作用。其实世界上的事情往往就是如此，在我们已经存在或是刻意制造出的一些缺陷中，很有可能就潜藏着某些巨大的力量，并且极有可能就是我们取得成功的重要因素或是必要途径。从这种意义上来说，有缺陷往往并不一定就意味着失败。只要我们能够准确地掌握自己的能力和才干，并且能够以一种谦虚谨慎的态度，来面对和处理自己遇到的任何事情，那么就完全可以在这样的基础上适当地隐藏起自己的实力，直到最为有利的时机里才发挥出自己的一切能量，以实现最终意义上的那种成功。

即便是从一种最为功利的角度来看，这种谦虚谨慎的态度，对于我们更加及时而又充分地调整自己和保护自己来说，也是极为有利的。这就像是在雨天里被淋湿的往往不是那些忘记了带伞的人，而在崎岖的山道上跌倒的也不一定就是手扶双拐的人一样。因为在生活中的很多情况下，一时的失去并不代表着最终的失去，一时的示弱更不意味着真正的软弱可欺。要知道，在所谓的人生道路上，很多人往往都是倒在了那些看上去不该倒下的地方。

★该藏则藏，该露则露

清能有容，仁能善断，明不伤察，直不过矫，是谓蜜饯不甜、海味不咸，才是懿德。

——《菜根谭》

一个领导者，若能做到清正廉洁而又有容人之量，心地善良而又能当机立断，做事精明而又不苛求，性情刚直而又不矫枉过正，就像浸在糖里的蜜饯却不过分的甜，腌在缸里的鱼虾却不过分的咸，这种不偏不倚、收放有度、藏露得当的做法是最佳的处世方法。

苏东坡年轻时，聪明而富有才华，就因为如此，他有时会表现出一副恃才傲物、锋芒凌人的架势。

有一天，王安石与苏东坡在一起讨论王安石的著作《守说》，此书主要是把一个字从字面上解释成一个意思。当讨论到“坡”字时，王安石说：“‘坡’字从土，从皮，‘坡’就是土的皮。”苏东坡闻言笑道：“如果照这么说，‘滑’字就是水的骨啦。”王安石又说：“‘鲵’字从鱼，从兒，合起来就是鱼子。四匹马叫‘驷’，天虫写作‘蚕’。古人造字，自有它的含义。”东坡故意说：“‘鸠’字是九鸟，你知道其中的原因吗？”王安石一时想不起来该如何对答，

但是他不知道苏东坡是在开玩笑，连忙虚心向他请教答案。苏东坡笑着说：“《毛诗》说‘鸠鸠在桑，其子七兮’。加上它们的爹妈，一共是九个。”王安石一听解释得很妙，心中暗暗欣赏苏东坡的聪明才智，但是觉得他有些轻狂。

不久，苏东坡遭到贬谪，由翰林学士削级降职，被派往湖州做刺史；三年期满后，他又回到京城。在回来的路上，苏东坡想起自己当年得罪了王安石这位老太师，不知他现在是否生气。于是，他回去便急匆匆地骑马奔往王丞相府。

苏东坡

到达相府门口后，守门官告诉他说，老爷正在休息，让他稍等片刻。守门官走后，苏东坡四下打量起来。他看到砚下有一叠素笺，上面写着两句没有完成的诗稿，题着《咏菊》。他看了笔迹，知是王安石所写，不禁得意起来：“两年前这老头儿下笔几千言，不用思索，两年后怎么江郎才尽，连两句诗都写不完！”于是，他取过诗稿念了一遍：“西风昨夜过园林，吹落黄花满地金。”

念完之后，他连连摇头：“原来这两句诗都是胡说八道。一年四季的风都各有名称，春天为和风，夏天为薰风，秋天为金风，冬天为朔风。而这首诗的开头说‘西风’，西方属金，应该是说的秋季，可是第二句说的‘黄花’正是指菊花，它开于深秋，能够与寒风搏击，即使焦干枯枝，也不会掉落花瓣，显然，诗中‘吹落黄花满地金’是错误的。”

他为自己发现的这个谬误而得意不已，兴奋之余，不由得举笔蘸墨，依韵续了两句诗：“秋花不比春花落，说与诗人仔细吟。”写完后，他又觉得有些不妥，心中暗想，如果老太师出门款待，却见自己这样当面抢白他，恐怕脸面上过不去。但是如果把诗藏起来也不妥，老太师出门寻诗不见，可能要责怪他的家人。最后他决定把诗原样放好，然后走出

门来，对守门官说：“一会儿老太师出堂，你禀告他，说苏某在这里伺候多时。现有一些事没有办妥，明天再来拜见。”然后告辞离去。

不多时，王安石出堂，看到自己的菊花诗稿后，马上皱起眉头问道：“刚才有谁到过这里？”下人们忙禀告：“湖州府苏老爷曾来过。”王安石认出了苏东坡的笔迹，心下直犯嘀咕：“这个苏轼，遭贬三年仍不改轻薄之性，不看看自己才疏学浅，竟敢来讥讽老夫！”但转念一想：“他不曾去过黄州，见不到那里菊花落瓣也难怪他。”于是，他细看了一下黄州府缺官名单，那里单缺一个团练副使。于是，王安石第二天便奏明皇上，将苏东坡派到了黄州。

尽管苏东坡才高八斗，学富五车，可是他锋芒太盛、过于自负。他知道，自己得意之余改诗，触犯了王安石，无奈之下，只得领命。王安石惜才，只给了他一点小小的惩罚，如果是冒犯其他人，可能会受到极大的打击与报复。

一个人的锋芒应该在关键时候或必要时候展露给众人，而不是经常拿出来挥舞一番，杀得别人片甲不留，其实做人必须要学会“藏巧于拙，用晦而明”的为人处世之道。

三国时的杨修，在曹营中任曹操的主簿。他思维敏捷，颇具才华，但他总是锋芒毕露，不知伴君如伴虎。

曹操曾命属下为自己建造一处花园，属下尽心尽力，很快将花园建好，请曹操前去观看。曹操去后，面无表情，没有对所建花园发表看法，只是提笔在门上写了一个“活”字，便匆匆离开。属下人苦苦思索，仍然觉得茫然。杨修对众人说道：“门上添一‘活’字，自然为阔，丞相觉得花园不够大而已。”于是，主管此事的人立即对已建花园进行翻修，建好后再次请曹操前来观看。曹操见后，心里很高兴。不过得知是杨修解其意后，心中不是滋味。

事后不久，塞北给曹操送来了一盒酥饼，曹操即兴在盒子上写下了“一合酥”三个字，然后将其置于台上。杨修看到后，即刻将酥饼取来与众将士同享美味。曹操问杨修为何不经过自己的允许便将酥饼分与众人，杨修却解释说：“‘一合酥’乃‘一人一口酥’之意。既然丞相如此命令，不敢不从。”曹操听后，脸上虽然高兴，心中却暗暗妒忌杨修的才能。曹操猜忌心很重，他怕别人会暗杀他。于是常对手下说，他睡觉时总是做一些杀人的梦，告诫他们不要在他熟睡时靠近他。一日，曹操睡觉的时候将被子蹬到了地上，一侍从慌忙拾起被子准备给他盖上。这时，曹操一跃而起，拔剑就刺，侍从一命呜呼。曹操继续上床睡觉，醒后，假意不知其事，召人问之。待知实情后，曹操大哭，甚为痛苦，随后厚葬被杀侍从。杨修一语点破曹操的心思：“丞相非在梦中，而君在梦中。”曹操对其更加忌恨，欲找借口杀了杨修。

作战期间，曹操先带兵驻扎汉水一带，本想速战速决，不想竟与刘备大军形成对峙局势。曹操心中极为矛盾，进退难定。一天，厨师送上鸡汤，曹操见碗底有鸡肋，顿时心生感慨，暗自沉吟。适逢夏侯惇前来禀请夜间号令，曹操脱口而出：“鸡肋！鸡肋！”夏侯惇误以此为号令，将其传出，众人皆知。作为行军主簿的杨修立即令随行军士整理行装，为撤退做好准备。夏侯惇不明白杨修所为，急忙赶往其帐内。杨修说道：“鸡肋者，食之无肉，弃之可惜。今进不能胜，退恐人笑，在此无益。来日魏王必班师矣。”听了杨修的一番解释，夏侯惇甚感有理。曹操知道事情缘由后，异常愤怒，以造谣惑众的罪名将杨修处死。

杨修恃才傲物，屡次引发曹操忌恨，得此下场也是必然。历史上不乏类似杨修之人。

木秀于林，风必摧之；堆出于岸，流必湍之；行高于人，众必非之。有才，并不意味着能仕途通达，它需要有德来约束。这里的德，乃是掩盖锋芒。

曾国藩的前半生，处处锋芒太露，因此处处遭人忌妒，受人暗算，连咸丰皇帝也不信任他。1857 年 2 月，他的父亲曾麟书病逝，清朝廷给了他三个月的假，令他假满后回江西带兵作战。曾国藩伸手要权，遭到了皇帝的拒绝。同时，曾国藩又要承受来自各方面的舆论压力。此次曾国藩离军奔丧已属不忠，此后又以复出作为要求实权的砝码，这与他平日所标榜的理学家面孔大相径庭。因此，招来了种种指责与非议，再次成为舆论的中心。对于朋友的规劝、指责，曾国藩还可以接受，如吴敏树致书曾国藩谈到“曾公本以母丧在籍，被朝命与办湖南防堵，遂与募勇起事。曾公之事，暴于天下，人皆知其有为而为，非从其利者。今贼未平，军未少息，犹望终制，盖其心态有不能安者。曾公诚不可无是心，其有是心而非讹言之者，人又知之。……奏折中常以不填官衔致被旨责，其心事明白，实非寻常所见”。吴敢把一层窗纸戳破，说曾国藩本应在家守孝，却出山，是“有为而为”，上给朝廷的奏折有时不写自己的官衔，这是存心“要权”。

在内外交困的情况下，曾国藩忧心忡忡，遂导致失眠。在经历了一段时期的自省自悟以后，曾国藩在自我修身方面有了很大的改变。及至复出，为人处世不再锋芒毕露，日益变得圆融、通达。

生活中，他也尽量做到不露锋芒，将才华深藏。他曾说过：“吾平生短于才，爱者或以德器相许，实则虽曾任艰巨，自问仅一愚人，幸不以私智诡谲凿其愚，尚可告后昆耳。”

这里有一封他写给陈源兖和郭嵩焘的信：

易念园归，称岱老有《之官诗》四章，未蒙出示。（近各省有拐带幼儿之案，京城亦多，尊处有之否？若有，须从严办也。）杜兰溪于闰月杪奉母讳，将以八月出都，留眷口在京。胡咏芝来京，住小珊处。将在陕西捐输，指捐贵州知府万余金之多。不费囊中一钱，而一呼云集，其才调良不可及，而光芒仍自透露，恐犹虞缺折也。岱老在外间历练，能韬锋敛锐否？胡以世态生光，君以气节生芒。其源不同，而其为人所忌一也。尚祈慎旃！（陕甘番务办毕，尚为妥善。云南回务尚无实耗，大约剿抚兼施耳。镜海丈尚在南京。）比移广信，士友啧啧以肥缺相慕，眼光如豆，世态类然。

在这封信中，曾国藩提到陈源兖凭着个人气节引人注意，胡咏芝凭着擅长交际露出不俗气息，虽然二人才能出众的途径不同，但都没有掩盖锋芒，都会招人忌恨的。

曾国藩认为，为人与书法有相通之处。书法有藏锋之说，藏锋收尾才能笔落惊鸿，写出上乘的作品，做人也是如此。

锋芒不露讲的就是一个“藏”字，仅这一个“藏”字，却包含着无穷意味。“藏”的目的，是不让别人发现自己的长处，不引起别人的妒忌，更好地保护自身，是等待时机，在最

有把握的时候出击，令敌人大吃一惊，防不胜防。

古今多少人，他们目光短浅，急于求成。他们不愿意放过任何可以表现的机会，一旦表现自己，力求做到淋漓尽致，恨不得将心掏出来给别人看。殊不知，他们犯了激进的毛病，这样做的结果只能让自己陷入被动。如果自己有才，不一定能够得到别人赏识，有时候反而会让掌权者产生妒忌，如曹操妒杨修之才，炀帝妒薛道横之才；如果自己无才，却在大庭广众之下极力自我表现，无异于班门弄斧，拙笨之处暴露无遗，给别人留下可乘之机。

处世中，有人锋芒毕露，有人藏锋露拙。曾国藩则属于后者，他虽有才干，却不轻易外露。毕竟，才华横溢会遭人忌恨和打击，最终导致事业上的失败。

《易经》上说："君子藏器于身，待时而动。"这里的"器"，便可引申为才华、实力。没有才干，想要有大作为，无疑是很困难的。但有了才干，却不加掩饰，锋芒尽露。这些"锋芒"或者"器"便如同带刺的玫瑰，它很可能触痛人的不平衡心理，于是，人们便会反击，将其"锋芒"拔掉，将其"器"缴械。

该藏则藏、该露则露实乃领导者做人处世的最高境界。如果将自己的锋芒应用不当，就可能会刺伤别人或者刺伤自己。因此，领导者应用锋芒时应该小心谨慎，以免惹来麻烦。聪明的领导者很会把握好藏露的尺度，不仅善于在恰当的时候露出自己的锋芒，还善于在恰当的时候藏匿锋芒。

巧妙地隐藏是为了更好地释放，适时地暴露是为了充分地表现自己，使自己脱颖而出，能够做到这一点，首先要把握好藏露的尺度。

隐藏主要有两种情况：一种是隐藏自己的笨拙，藏住自己的弱点，不给他人乘虚而入的机会，同时将自己的长处与优点展示出来，给他人形成一种威慑力；另一种是隐藏自己的才学与目的，不要不合时宜地过分显示自己，以防使自己处于不利地位或者招来攻击。总之，不要让他人轻易地摸清自己的虚实，应该提前准备好防范措施和对策，待机而动。

第四章 能屈能伸，退步即是向前

★月盈则亏，该退就退

花看半开，酒饮微醉，此中大有佳趣。若至烂漫酕醄，便成恶境矣。履盈满者宜思之。

——《菜根谭》

含苞待放时的花最值得观赏，略有醉意的感觉最为美好。这其中蕴含着极高妙的学问。而如果花已开得娇艳，酒已喝得烂醉，那么不但没有美妙可言，还会让人感到大煞风景。所以事业达到巅峰阶段的人，应该好好想想这其中的含义。

1862 年，曾氏家族处于鼎盛时期。曾国藩身居将相之位，曾国荃统领的人马达二万之众，曾国华统领的人马也达五千之多；曾国荃在半年之内，七次拜受君恩。尽管这还不是曾氏家族最为辉煌的时期，但面对如此浩荡皇恩，曾国藩早已心满意足，甚至有点喜出望外，他禁不住骄然慨叹：近世似此者曾有几家？近世似弟者曾有几人？

他把自己的感觉和心情告知家人，又以自己的学识、阅历和权威规劝家人："日中则昃（太阳偏西），月满则亏。我们家现在到了满盈的时候了！"管子云："斗斛满则人概（削平）之，人满则天概之。"曾国藩以为，天之平人原本无比形，必然要假手于人。比如霍光氏盈满，魏相来平灭他，宣帝也来平灭他；诸葛恪盈满，孙峻来平灭他，吴主也来平灭他。待到他人来平灭而后才悔悟，就已经晚了。我们家正处于丰盈的时期，不必等到天来平、人来平，我与诸位弟弟应当设法自己来平。

"功成身退"的思想在今天对许多人来讲已经不太灵验。它会使人失去积极的进取心，从而满足于现状，当一天和尚撞一天钟。这是其糟粕之处。事实上，这里提出的"功成身退"仅是一种退守策略，是指一个人能把握住机会，获得一定成功后，见好就收。

老子的知足哲学也包括了"功成身退"的思想。所谓"持而盈之，不如其已；揣而锐之，不可长保。金玉满堂，莫之能守；富贵而骄，自遗其咎。功遂身退，天之道也。"其含义为，过分自满，不如适可而止；锋芒太露，势难保长久；金玉满堂，往往无法永远拥有；富贵而骄奢，必定自取灭亡。而功成名就，急流勇退，将一切名利都抛开，这样才合乎自然法则。因为无论名或利，在达到顶峰之后，都会走向其反面。

曾国藩本来是一个虔信程朱理学的学者，不幸的是那个时代把他造就成了一代中兴名将。从1852年奉旨兴办团练开始，到1872年他死前的一二年，他一直在过问军事。他仿照明代戚继光创建了一支不同于绿营军（官兵）的新型军队，这支军队纪律严明，战斗力强，为他立下了赫赫战功。然而，正当它处于威震四海的顶峰时期，曾国藩下令解散它。他为朝廷创建了一支军队，却为自己解散了这支军队。

曾国藩自从“特开生面，赤地新立”拉起一支从团练改编而成的军队——湘军时，便汹汹然地冲在对抗太平天国的最前列，此时他完全被维护皇朝的义务感和炫耀自己的功业心交融在一起。但在以后的征战生涯中，不仅战事棘手，屡屡受挫，而且也时常受到来自清政府内部的多方掣肘，真可谓身陷炼狱，备尝艰辛，但他毕竟都咬牙立志地坚持了下来。

因此，当他在1858年再次出山时，则变得十分注意自我克制，特别注意调整自己和清廷之间的关系，尤其注意历史上那些顾命大臣功高震主的问题。

曾国藩

曾国藩时常提醒自己要注意“富贵常蹈危”这一残酷的历史教训，他更清楚“狡兔死，走狗烹，飞鸟尽，良弓藏，敌国破，谋臣亡”的封建统治之术。只有推美让功，才能持泰保盈。

当天京合围之后，李鸿章、左宗棠先后攻下了苏、杭，五万大军陈兵于天京城外，却难以将天京攻下，来自朝廷上下的各种议论纷起，这不能不引起曾国藩的注意和思考。尤其是在与沈葆桢争夺江西厘金问题上，更引起他的警觉，他已十分清楚地意识到，朝廷有意偏袒沈葆桢而压抑自己，使之处于极难的处境之中。

在攻克天京前，曾国藩对于如何处理大功后他所面临的政治危机，已有了充分的思想准备。当天京陷落的消息传至安庆以后，他更是绕室彷徨，彻夜思考，对于可能出现的种种情况进行预测并做出相应的处理办法。

当曾国藩从安庆赶到江宁的时候，持盈保泰的解决方案已完全成熟，那就是裁军不辞官。

曾国藩裁军不辞官，在攻破天京后，皇帝封他为一等毅勇侯，世袭罔替。他是事实上的湘军领袖，凡是湘军出身的将领，无论是执掌兵权抑或出任疆吏，都视他为精神和思想上的领导者，而湘军在裁遣之后，被裁者多至数万，功名路断，难免有很多人感到心怀不满。

曾国藩如果在此时请求解官回籍终制，皇帝当然不能不接受他的要求。但如他在回到乡间之后，以一个在籍乡绅的地位，忽然为一群图谋不逞之人所挟制，并被奉之为领袖人物，即使曾国藩知道如何应付，而对清朝政府来说，也仍然不是保全功名之道。如果清政府怀有过分的恐惧，以为曾国藩之辞卸官职，正表示他有不愿继续为朝廷效力的意愿，那就更容易发生不必要的猜忌了。

所以，曾国藩在此时一方面自动解除兵柄，一方面更留在两江总督上继续为清政府效力，他的这种做法无疑正是使清政府绝对放心的最好办法。试看他在两江总督任内因奉旨剿捻而不以劳苦为辞，逢到军事失利，立即趁机推荐李鸿章自代，亦无非仍是远权势而避嫌疑的做法，不过在表面上不太显露痕迹而已。至此，我们当然要相信曾国藩之功成不居与远嫌避位，正是他的一贯作风了。

曾国藩自动裁撤湘军，是在退一步为自己谋出路，也可以说是谋条生路，这一“该退则退”的做法真的非常值得人们效仿和学习。

《列子·仲尼》中有段精辟的比喻，列子说：“眼睛将要失明的人，先看到极远极微小的细毛；耳朵将要聋的人，先听到极细弱的蚊子飞鸣声；口将要失掉味觉的人，先能辨别极微小的雨水滋味的差别；鼻子将失掉嗅觉的人，先嗅到极微小的气味；身体将要僵硬的人，先急于奔跑；心将糊涂的人，先明辨是非。所以事物不到极点，不会回到它的反面。”

这是在告诉领导者，无论什么事情都不能欲望太强，贪婪只会迫使人们走上绝路，而见好就收往往能给人们带来更大的利益，这是做人最基本的常识。人生总会面临无数次的选择与无数次的放弃，在选择与放弃之间，必须正确地权衡利害关系，否则只会置自己于进退两难的境地。

因为“月盈则亏，物极必反”是天理循环的规律，也是处世的盈亏之道。领导者应该遵循这一规律。

★退却并非逃避

处世让一步为高，退步即进步的张本。

——《菜根谭》

楚庄王刚即位不久，整天与妻妾寻欢作乐，不理朝政，还下了一道命令：如果有敢议论国君的得失者，格杀勿论！朝中大臣们都噤若寒蝉，有话也不敢说。这天，楚庄王在后宫左搂右抱，手下的伍举再也看不过去，说要觐见，楚庄王一脸的不高兴，就对伍举说：“你有什么要紧的事赶快说，没看见本王正忙着吗？”伍举笑着对楚庄王说：“倒也不是没什么大不了的事，只是微臣听说大王特别喜欢猜谜语，臣这里有一个，许多人都猜不出来，所以今天特地来献给大王，看大王能否猜出来。”楚庄王很不耐烦：“快讲给我听！”伍举看楚庄王已经中了自己的圈套，知道自己的生命无忧，当下一字一顿地说：“山上有只鸟，三年不飞，三年不鸣，请问大王这是什么鸟？”楚庄王明白伍举是在说自己，就说：“我以为是什么样的谜语呢，原来是这个呀，这有什么可奇怪的呢？三年不飞，一飞冲天；三年不鸣，一鸣惊人。”

实际上，楚庄王只是表面上寻欢作乐，却无时无刻不在寻找忠臣。后来，大夫苏从直言敢谏，楚庄王才告诉大家真相：我整整等了三年，才遇到像伍举、苏从这样的忠臣，你们是楚国振兴的希望所在啊！之后下令，杀掉所有那些只会拍马屁的人，重用伍举和苏从，全力发展生产，整顿军队，使楚国日益壮大起来，终于打败了晋国，成为春秋五霸之一。

原来楚庄王用三年的时间来等待时机，目的就是使晋等一些国家放松警惕，然后，得到贤臣，壮大自己的实力，最终“一飞冲天，一鸣惊人”。这可谓是楚庄王得以胜出的杰作，此中，让自己的国家停滞三年，这也就是“退让”巧妙之所在了。大家可以看出，楚庄王并不是一味地退让隐忍，也不是因为害怕而逃避，而是为了让自己的国家，能够得到更大的发展，这也就是在退步中等待进步的时机了。

在当今社会中，与人交往也好，与人共事也好，如果一味地强调自己该怎么样进步，该怎么样出人头地，因为社会是大家的社会，也不可能万事一帆风顺，当遇到逆境的时候，还硬着脖子，不让不退，那是多么危险的事。

荀子认为，做人处世要恪守“中庸”之道。聪明人做事，在富有的时候要能想到自己不足的时候；平稳的时候要能想到自己也会陷入艰难的时候；安全的时候要能想到危难的时候。自己十分小心的行事，还恐怕有祸及身，这样，无论做什么事都不会陷入困境了。从这个意义上说，凡事都要谦虚谨慎，应退让时就得退让，这样就不会因为自己的偏激而走上极端，也就不会在与人交往中处处受人辱骂、抵牾、陷害了。

中庸处世讲的是不管在什么样的情况下，都要能做到“中”，“中”者，不偏不倚，恰到好处，不能只想着怎么“进”，也不能因为顺利而忘乎所以，要适当地“退”，但前面已经讲过，“退”并不是完全放弃，更不能是逃避，而是要等待时机而更进一步。

所谓适中的“退让”，说白了就见好就收手，不能贪得无厌，因为社会的存在，就有它存在的规律，这是自然法则，谁也打破不了。好人不可做完，好事不能做尽，懂得这一点，不管是进还是退都有尺度，才不会因此而失去更多的原本属于自己的东西。

在退让的同时，要时刻提醒自己要增强自己的实力，以备进步之用。“得寸进尺”即是要“先得一寸而后再进一尺”，得不到的时候就暂且退让。可能在现实社会中有很多人会觉得，在与人交往的时候退让，是懦弱的表现，是自己不自信，这无疑是一个思想认识上的误区。不管怎么说，退让并非是因为自己做不到或是做不好而逃避，也并非是害怕别人，或是不自信不坚强什么的。这个道理也得分情况、分时间、分场合，退让也要符合“中”的尺度，要不别人还真以为你是脓包。

★让一步，自然海阔天空

人情反复，世路崎岖。行不去，须知退一步之法；行得去，务加让三分之功。

——《菜根谭》

在漫长的人生道路上，不仅存在着一马平川的顺境，也可能出现举步维艰的逆境，以至于每一个置身其中的人，都难免会在人生的路上遭遇高低起伏的诸多变化。再加上所谓“人情冷暖，世态炎凉”等至理名言也一再提示我们人情世故本身就具有复杂多变的显著特点，所以在人生这条随处都可能布满陷阱的前进之路上，我们就应该学会一些适时退让的生存策略，既不能处处争强好胜，更不要事事出头抢先。即便是在人生得意、一帆风顺的时候，也应该懂得一些谦逊谨慎的人生智慧，既不要居功自傲，更不可得意忘形。

这种退让的美好品德不仅需要静下心思来慢慢体味，更需要我们在日积月累的现实生活中慢慢养成。但如果真的能够做到这一点，那么不仅可以使我们得到一种安身立命的最佳方法，同时也可以让我们拥有一份受益无穷的美好品德。而这种在一进一退或是一争一让之间可以看开、放手的态度和做法，本身更是一份人生境界的具体体现。其中不仅包含着历尽世事变迁后的一份淡泊，更是寄存着饱经人间沧桑后的一种超越。就在这样的一退一让之间，我们失去的可能只是纷繁俗世中的名利苦恼，可得到的却是精神世界里的快乐人生。

曾经官拜宋朝尚书的杨玢，就是这样一个非常懂得运用退让之法的典型人物。

据历史记载，辞官还乡后的杨玢一直过着一种与世无争的田园生活。即便是在自家的旧宅，曾被居心不良的邻居们侵占了多数后，杨玢还是及时地制止了家人打算要将此事告上官衙的行为，同时告诫他们，既然每个人都会有生老病死的那一天，那么为了一点儿宅地而争个天翻地覆，显然也就没有任何的实际意义了。杨玢的这种懂得退让之法的处世智慧和人生境界，不仅让他的家人们备感羞愧，同时更是让读到这段历史故事的每一个人都深受启迪：在纷繁复杂的现实生活中，我们确实应该像杨玢一样，学会适时地做出退让。这种退让，不仅不是一种软弱和无能的体现，相反倒是为了在人生中取得更大更好的发展和进步，所做出的一种必要的让步罢了。

更为重要的是，这种所谓的退让还会适时地提醒我们：不要去贪图现实生活中的那些眼前利益，更不应该因为在细枝末节上过于斤斤计较，以至于丧失了对于整个大局的准确把握和从容处理。因为一旦我们只知道为了这些事情而去煞费苦心地盘算计较，那么我们的心灵势必就会由于长此以往被这些蝇头小利所纠缠，从而最终变得麻木，到头来反而是失去了自己的健康身心和快乐生活，只能落得个得不偿失的可悲结果。

与之相反的是，如果我们在这种退让的过程中，能够摆脱世俗名利的束缚与羁绊，除去物质欲望对于自身的支配和左右，那么不仅会让自己显得坦然得多、宽容得多，也会因此而拥有一份更为淡泊的心境，以及一个更加开阔的心胸。当我们可以用更为宽广的视野和更为周全的思虑，去面对周围的人或事的时候，即便在未来的人生道路上，还会出现再多的风雨或再大的困难，我们也同样都能做到泰然地走好自己的每一步，直至最终迈向理想中的成功方向。

让一步，自然海阔天空。虽然这句话总是会让我们不免联想到所谓的交通法则，但假如真的因为不具备这样的一种人生原则，就让自己在人生之路上有所闪失的话，那么最终的结果，往往也就比那些违反了交通法则的人强不到哪里去了。

★不争强好胜才能避免灾祸

争先的经路窄，退后一步自宽平一步；浓艳的滋味短，清淡一分自悠长一分。

——《菜根谭》

觉得道路很窄是因为总和人争先，只要退后一步让人先走自然觉得路面宽平许多；人生总是容易腻于太过浓艳的味道，只要清淡一分自然会觉得滋味历久弥香。

《道德经·第六十六章》有言："以其不争，故天下莫能与之争。"这是什么意思呢？这是说由于他不与人争抢什么，因此，天下就没有人能与他竞争了。如果你与全国人去争国家，与全天下人去争天下，与所有领域中的人去争成败，结果必然是一无所获。你如果不与他人去竞争，恬静淡泊无所求，或许会有所得，不去争取的竞争反而使天下没有人能与你竞争。

高川秀格，日本的围棋高手，"流水不争先"曾是座右铭。他在围棋比赛时，将阵形布置成像水一样的悠散，不让对方感到畏惧。一旦开战，原本沉静的波澜立即发挥出所蕴含着的威力，迅速击溃对方的攻势，这就是"争先的经路窄，退后一步自宽平一步"的道理。

当然，"不争"不是任何条件、场合、限度都可以使用的，所以它并非要求人在任何情况下都绝对不争以致甘受欺侮。不然，矜无所矜，就成为阿 Q，成为懦夫了。那也不符合我们做人需要修养的内容。

不与人相争，就能亲近于人，不与物相争，就能育抚万物，不相争于名，名就自动到来；不相争于利，利就聚集而来。祸患的到来，全是争的结果。如果能与人无争，则获得人生的安全；与世无争，则获得事物的安宁；人事无争，则世界也会和平安定。

也就是说，你的能力并不决定你的行为，是你的身心所处的状态决定的。

你可曾有过突然记不起熟悉的朋友的姓名这样的经历？何以会有这样的现象？你明明知道那个人的姓名，可当时就是记不起来了，难道说你笨吗？当然不是，那是当时你笨的状态影响的结果。

一位射箭世界冠军的心态很大程度上决定了他的成功。每次射击，他都会举起他的弓，眼睛锁定三十码外的靶心。此时此刻，除了红心以外，没有任何事可以吸引他的注意力。他拉紧了弦，眼睛注视目标，沉静而迅速地把自己的身心状态审视一遍，若有一点儿感觉不对，他就放下弓，放松，再重新拉一次。假如一切都检视无误，他只需瞄准靶心，放心地飞出箭，就有信心射中红心。

是否仅是体坛的超级巨星才持有这种冷静的信心、十足的状态呢？倒也不尽然。只是当体坛明星拥有这种最佳竞技心态时，他才有赢得胜利的可能。

而当心态不佳时，他可能会一扫平日的威风甚至会输给默默无闻的小字辈。同样，即使一位平时成绩平平的运动员，当他处于最佳心态时，他也可能干出惊人的成就，打败那些技术水平虽高但状态不佳的明星们。事实上我们可以随时调整我们的心态，只不过常常被自己遗忘罢了。

所以你如果是想改变自己做事的能力，那么就调整好自己当时身心所处的状态，这样便可以把蕴藏的无限潜能逐一发挥出来，取得惊人的成绩。

★功成就应身退

谢世当谢于正盛之时，居身宜居于独后之地。

——《菜根谭》

一个人要是有不再过问世事的想法，最好是在事业辉煌的时候急流勇退，这样就能保全你的名节；一个人平时注重修身养性，最好是去那些与世无争的清静地区，这样才能收到实效。

《道德经》第九章中有言：“功成名遂身退，天之道。”

做为好事的“功成名就”倘若你处理不好的话也会引发祸端。物极必反，凡事发展到顶峰，随后而来的必然是衰退和败落，聪明的人是不会因为贪图虚荣而放不下功名利禄这些身外之物的，否则便可能招致灾祸。

因而奉劝人们要见好即收。事情做好后，不要再贪婪权位名利，而要收敛意欲，急流勇退。

君子看重的不是结果的功成名就，而在努力过程中的尽力而为，就能够做到急流勇退，急流勇退是一种睿智的生活态度。

能够“功成身退”，古人的理解是颇深的，而得益于此的更是不乏其人。

西汉时期的疏广，任太子太傅。疏广哥哥的儿子叫疏受，是太子少傅。任职五年以后，疏广对疏受说：“我听人说，如果知道满足就不会受到侮辱，也不会遭到危险，能够成就功名隐退，是一种明智之举。而今你我已功成名就，倘若现在不离开，恐怕是会后悔的。”

因此他们叔侄二人假以身体有病为由，向皇帝请求告老还乡，回家安度晚年。皇帝同意了他们的请求，并赐给他们黄金 20 斤，太子赐给他们黄金 50 斤。临走那天，大臣和朋友们在京城外举行送别仪式，送他们车子有 100 多辆，路边看热闹的人也都说：“这两个大夫，真是贤明的人。”

疏广叔侄二人能够做到功成身退，一旦条件有变就先退下来从而保全自己已经获得的成就。正是由于他们知道及时归隐，不仅保全了自己的利益，还获得了世人的称赞。

功成身退也是合乎自然界的法则和规律。只知道一味地前进，而不懂得退守之意，那就有可能盛极而衰。寒尽暑来，变化更替不止，这是自然界的变化规律。然而可悲的是有些人在鼎盛时期不知及时醒悟，到最后就像羊撞在藩篱上一样进退两难。

秦国丞相李斯便是一个很好的例子。李斯在秦国为官，位高丞相，可谓富贵集于一身，也曾叱咤风云不可一世，然而其结果却沦为阶下囚。

临刑时他对自己儿子说，“吾欲与若复牵黄犬，出上蔡东门，逐狡兔，岂可得乎？”到最后丞相做不成了，连做一个布衣百姓和儿子出去狩猎的机会也没有，这是多么典型而又可悲的一个事例！

这正是由于李斯在没有身败名裂的时候没领会“谢世当谢于正盛之时”的真谛的可悲之处。

李斯

任何事都不能超过自己的尺度，做官也是一样，倘若一个人的官位到了一定程度就要及时急流勇退，否则到了否极泰来的时候，后悔已晚。正像前面说的，疏广叔侄二人功成身退则常让后人感叹称赏；李斯为秦国建大功却身亡，发出“出上蔡东门逐狡兔岂可得出”的哀鸣，正好印证了俗语所说的：“爬得越高，摔得越重。”权力最能腐化人心，而常常人们由于贪恋名利，便会招致身败名裂的悲剧下场。

第五章 头脑清醒，冷眼看世界

★不妨冷眼看世界

冷眼观人，冷耳听语，冷情当感，冷心思理。

——《菜根谭》

用冷静的眼光观察别人，用冷静的耳朵来听言论，用冷静的情感来主导意识，用冷静的头脑来思考道理。

袁枚说过：“一双冷眼看世人，满腔热血酬知己。”

常言道“万物静观皆自得”。古人强调的“忍”“恕”等等修身之理无不和“冷”带些关系，因为只有情冷才能心静。热情如火可以给人以生命力和无限温暖，但是冷静如水却有助于思考精深判断准确。

“冷眼看世界”是一种高超的生存哲学和处事谋略。以冷静的眼光看人就不会被其外表所欺骗；以冷静的耳朵倾听别人的话语就不会偏听偏信，更不会误信小人的谗言被小人算计陷害；用冷静的态度对待外界给予自己的职责或表扬，就不会大喜大悲；用冷静的头脑思考各种道理，更是一种智慧。

一个成熟的人是冷静的，处世是明智的，这样遇事才不会感情冲动不知所措，做事才会有条不紊循序渐进。

人生在世，常常会遇到令人迷惑和苦恼的境况，自己无法弄明白的时候，或无须、不值得为此自己花费太多精力的时候，要能够学会等待，学会冷眼观察，不要玉石俱焚，不要纠缠不清。

唐代苏州寒山寺的两位名住持寒山和拾得对此有过一番很精彩的对话。

一日，寒山问拾得：“今有人侮我，冷笑笑我，藐视自我，毁我伤我，嫌恶恨我，诡谲欺我，则奈何？”

拾得曰：“子但忍受之，依他，让他，敬他，避他，苦苦耐他，装聋作哑，漠然置他。冷眼观之，看他如何结局？”

这可算是冷眼处世的最高境界了。虽然这种忍耐是消极避世的办法，但“冷眼观之，

看他如何结局”，却别有一番正气在，包含了一种俯视人生的姿态和淡泊处之的风骨。

《旧唐书·娄师德传》记载，娄师德是一个既有学识又气量宽宏的人，名相狄仁杰就是他举荐的，但狄仁杰入相后，并不知此事，还因为看不惯娄师德而经常排斥他，以致后来娄师德只好出京城而远到边地去任职。武则天知道后，就拿出往日娄师德举荐狄仁杰的表章给狄仁杰看，说你怎么这样对待有恩德于你的人呢？狄仁杰看了，大为惭愧地说：“他从来也不与我辨是非，也不对我说这件事，我受娄公如此包涵还不知，我比他真是差得太远了！”娄师德在朝廷身居要职，为官几十年，谦恭勤谨，从不懈怠，严于律己，宽以待人，在矛盾重重的中枢机构中从未有过帮派之争，也未有大起大落的经历，始终备受推崇，这与他稳重的处世风格是息息相关的。

因此，适时地“冷眼看世界”也是一种有效的自我保护措施，是一种智者之举。

★发现真实的自我

矜高倨傲，无非客气，降服得客气下，而后正气伸；情俗意识，尽属妄心，消杀得蓦沁尽，而后真心现。

——《菜根谭》

人之所以有骄傲无礼的脾气，无非是虚荣心在作怪，只要能把这种虚荣心消除，光明正大的气概就可以出现；人的所有欲望和念头，都是由于虚幻无常的想法所造成的，只要能铲除这种虚幻无常的想法，善良的本性就会显现出来。

正气：至大至刚之气。孟子说：“吾善养吾浩然之气，”这种浩然之气就是正气。

客气：言行虚娇，不是出于至诚。

妄心：妄，虚幻不实，指人的本性被幻象所蒙蔽。

真是什么呢？其实妄就是真。因妄以真起，有真才有妄，如果没有真，怎么能起妄呢？比如，必须有水，风一吹才起波浪。假如没有水，风再吹，波浪从何而生呢？这个真不在别处，就在妄处！

一般的人正气、客气都有，但一个智慧的人都要以正气为主心骨，因为正气乃天地之气，也就是孟子所谓的浩然之气。我们的身体如同小天地，在身体中支配我们的主人就是正气，这种正气光明正大，绝不被利害所迷失。所谓“情欲意识尽属妄心”乃是指各种情感、欲望，以及念头、想法，都是由虚幻的妄心所产生的，不消除这种妄想，真心就不会出现，来支配我们。

一个人假如真能不受虚荣心的支配，同时不但不为七情六欲所左右，而且又能逐渐将它们淡化，那正气和真心自然会出现。也就是人们所说的邪不压正，在人身上也是如此，只有正气得到了伸张，那么邪气就才不会支配你的思想行为。

正是由于一般的平凡人不识真性，所以才被迷妄所惑，妄动不停。一旦明悟一心，息下狂心，就是菩提。心本无所生。既无所生，何有真、妄之分呢？就因为我们执着了法相，认为世间一切相，形形色色都是有，才分别美丑、真假。假如你知道一切相都空无自性，宛如水月镜花，不是真实的，无可舍取而彻底放弃，你就于离念处荐取真心，不复有真、妄之分了。

这里要注意的是，这里提到的正气、客气以及所谓的妄心、真心，就是让人们把世俗的欲念、虚伪的造作去掉，才能显出本性，显出一个本我。

★待人之道和气谦逊

节义之人济以和衷，才不启忿争之路；功名之士承以谦德，方不开嫉妒之门。

——《菜根谭》

崇尚节义的人容易有偏激的行为，所以须调剂以温和平缓的胸怀，温和平缓就不会与人有意气之争；功成名就的人容易有自大的心理，所以须辅助以谦恭和蔼的美德，谦恭和蔼就不会招致人们的嫉妒。

《尚书·皋陶谟》："同寅协恭，和衷哉。"又说，"以五礼为正诸，同敬，合恭，使能和善"。

《国语·鲁语下》："夫苦匏不材于人，共济而已。"

"和衷"就是和合善良的美德。"忿争"则是"怒争"，"忿"有怒之意。严格遵守"节义"的人，为保持情操，必须与他人有所区别，这样容易产生对立抗争的印象，并使人产生怨恨。

坚持节义操守的人，容易陷于"唯我独尊，行动特出"的孤高境界中。为了弥补因固守节义而产生的与众人之不协调，应以和善之德修身，才不会与他人起纷争。

恪守情操没有非难的地方，只是严格遵守节义的人，为了实行它遵守的道义，必然会显得与他人格格不入。由于社会是个多数人共同生活的团体，无人不能离群索居，因此，尊崇节义时，如何与众人相处融洽时首先应注意的问题。

惨痛的历史教训历历在目。东汉末年，后宫宦官兴起，扰乱朝政，于是节义之士便起而结党，因而引起政治改革运动，展开了与统治者争权的纷争。后来，这些改革派的名节之士受到控制，被处以死刑，禁锢、流刑、除籍，牺牲者多至数百人，此即历史上的"党锢之祸"。这样的大纷争也是因为标榜节义而引起的。

一个看重功名的人，向来都比较自信，甚至有炫耀自身功绩的缺点。这样的人士被他人所钦慕，如能辅助以谦逊的品德，便可避免招来他人的嫉妒。

"谦德"即是谦虚、知让的美德。《史记·太史公自序》有言："景公谦德，荧惑退行。

剔成暴虐,宋乃灭亡。”意思是说:齐景公谦让的美德,甚至使荧惑星都自然退隐。而剔成暴虐无道,宋国因此而灭亡。“荧惑”,《史记》中将之解释为显示兵乱征兆的星星。所谓荧惑“出则有兵,入则兵散”。也就是说:有谦让美德的君王,象征兵乱之星也能退走。

谦让的美德可以弥补防患自古以来具功名之士常招小人嫉妒的缺陷。

总之,做人不能凭借自己的优点以待人接物,不能因一方面有优点就忽视另一方面的不足。

对恪守情操的节义之士而言,因为其性格刚强就可能导致偏激地看问题。就刚强而言是优点,就激烈而言是缺点。为了取长补短,平日要养成温和的处世态度,注意激烈的个性的缓和,才能与人维持良好的关系才能与世无争。

对于身份地位的人,做人更应明白树大招风,功大招忌的道理。保持一种谦恭和蔼的态度,才能维护功业的长久。做人不论处于什么位置都应谦和谨慎,避免无情的人际纷争,做自己应做的事情。

★居安思危是正道

老来疾病,都是壮时招的;衰后罪孽,都是盛时造的。故持盈履满,君子万兢兢焉?

——《菜根谭》

年老的时候体弱多病,都是因为年轻时不注意爱护身体;一个人事业失意以后还会有罪孽上门,那都是得志时种下的祸根儿。因此一个修养高深的人,即使生活在幸福环境处,在事业巅峰,也会兢兢业业,戒骄戒躁,小心谨慎,为今后打好基础。

《小窗幽记》中有这样一句话:“成名每在穷苦日,败事多因得志时。”

一个人到老年的时候,不仅没有健康的身体,反而体弱多病,这些现象我们司空见惯。这都是因为在自己年轻的时候,不注意保养身体,因为那时候年轻力壮,对什么都满不在乎无所谓,我行我素,依然故我。这样日积月累,最后导致了体弱多病的后果。

同理,如果一个人的事业到后来越来越衰败,甚至到了一败涂地的地步。那都是由于在事业非常鼎盛时期,不注重修养自己的品德,胡作非为,傲慢无礼,不能够勤勤恳恳、脚踏实地做事情,所以才会有这样的结局。

繁盛的时候要考虑到衰败的时候。就像是人的体格,青壮年时不注意保养锻炼,老来多病又能怪谁呢?而一个有修养有道德的人,在顺境、在有势时,总是小心翼翼,居安思危,今朝有酒今朝醉的市井之徒那样的生活态度绝不会是他们所有的。来自农民家庭的福特汽车公司创始人亨利·福特,16岁时,他离家到底特律,在爱迪生照明公司当工人。当时,汽车刚诞生不久,他被这新奇的玩意吸引住了,从1899年起,他凭着一股初生牛犊不怕虎的劲头,两次创办汽车公司,但都以失败告终。

福特在1903年，用15万美元与几个同行合伙，再一次办起了福特汽车公司。这次，他吸取了教训，聘请了一位专家——詹姆斯·库兹恩斯担任公司的经理。

库兹恩斯不愧于专家的称号。他一上任，立即采取了两项重大措施。一是进行市场调研，通过调研，他得出只有生产出价廉且美观耐用的产品才能打开销路的结论。二是为价廉的目的，通过提高劳动生产率来降低生产成本。

施行措施后，福特公司马上在汽车行业崭露头角。1906年，当其他竞争对手集中精力，生产专供有钱人乘坐的高级汽车时，福特公司推出一种能大量生产、售价便宜的汽车。这种汽车每辆仅售500美元，出产后，立刻占据了大部分汽车市场。

福特公司在两年后，又推出既便宜又高效的旅行车，每辆850美元，后来又逐步降价到450美元。价廉自然多销，旅行汽车一时风靡市场，畅销世界各地。在短短7年的时间里，福特公司赫然成为世界上最大的汽车制造公司，亨利·福特本人也被冠上"汽车大王"的称号。

成功和荣誉虽然会促使一个人更加奋发，但也会使一个人得意忘形。

福特汽车公司因为聘请了詹姆斯·库兹恩斯担任公司的经理，业绩蒸蒸日上，销售形势十分喜人。面对频频传来的捷报，被繁荣冲昏了头脑的亨利·福特，开始变得独断专行。

为了独揽公司的一切，他取消了经理制。公司的高级领导人员不过是虚设的组织形式，或不如说只是他的私人秘书，他一人决定了公司的一切决策、一切人事安排、一切生产和买卖事务。公司没有经理部，没有开过任何像样的讨论会或研究会，这种家长式的领导体制造成公司管理极度混乱。任人唯亲导致在公司担任高级职员的500余人中竟没有一名大学毕业生；机械、厂房陈旧，无人过问技术更新；财务报表像杂货店账本一样原始，没有预决算，早已死亡的员工名字还列在工资单上……此外，他还一意孤行，不听逆耳忠言。凡有异议者，他视作眼中钉、肉中刺，必欲除之而后快，因而落得众叛亲离的境地。

1915年，连库兹恩斯也失去了信心，对他也产生了厌倦之感，被迫离开他经营近10年的福特公司，另觅出路。

亨利·福特在企业的组织管理、产品更新换代上，则表现得故步自封、因循守旧。旅行车问世后的19年里，他一直以这单一的车型献给消费者，借此维持市场，公司业务的发展被大大阻碍了。

它的老对手通用汽车公司在福特公司停滞不前时，迅速地赶超了上来。面对通用公司咄咄逼人的攻势，福特公司大量的业务和市场被通用公司抢走，而福特公司只有招架之功，而无还手之力。1928年，福特公司无可奈何地让出了世界汽车销量第一的宝座，通用公司则戴上了这顶桂冠。1929年，福特公司在美国汽车市场的占有率降为31.3%。到1940年，更跌至18.9%，真是凄惨不堪。

记住，我们办好事情的前提条件是谨慎。"如临深渊，如履薄冰"，有了这种小心谨慎的态度，跌的跤就肯定要少一些。所以，真正有智慧的人，总是以虚心谨慎的态度面对自身，面对事业。所以，每个人必须都要有居安思危的思想，要遵循"持盈覆满，君子兢兢"的道德原则。

第二篇　《小窗幽记》智慧通解

导读

明代文人陈继儒所著的《小窗幽记》是一部促人警世、微言大义的人生哲言小品集，被称为“人生的回味和处世的格言书”。《小窗幽记》与《菜根谭》《围炉夜话》一起被称为“中国人修身养性之三大奇书”。

《小窗幽记》中几乎每一句话都可视为铭言，蕴涵着深刻的哲理，警世醒世，富含人生真味。言辞简洁，优美隽永。大多是总结了坎坷人生的多种经验，教人如何避开锋芒，如何免遭灾祸，如何以礼待人，如何规范行止，以及生活的方法、处世的良策等。内容教育性强，劝人勤学，导人向善，立正直之品行，树清廉之威望。

细品《小窗幽记》，可品出人生之味。其一味淡。富贵功名、荣辱得失，皆如过往云烟；人生匆匆、韶华易逝，转瞬已生命无多。还不如豁达一些，举杯邀明月，皎洁自己一生的心境。其二味闲。“拙之一字，免了无千罪过；闲之一字，讨了无万便宜。”看了这类话，让人不免开颜，拍案叫绝，真是一针见血。其三味清。卷中有这样一句话：“佳思忽来，书能下酒；侠情一往，云可赠人。”静心读书，是一种享受，读书又能佳思，真可谓人生一种超然物外的绝美境界。

第一章　胸怀大志，才能成就大业

★珍惜时间的人，才会有凌云壮志

惜寸阴者，乃有凌铄千古之志；怜微才者，乃有驰驱豪杰之心。

——《小窗幽记》

珍惜时间的人，才会有凌云壮志；爱惜人才的人，才会有领袖绝伦的豪情。

高效做事的人，往往惜时如金。通常，工作紧张的人都会拒绝与人海阔天空闲聊，他们不希望因此浪费自己宝贵的光阴而受到损失。

与人洽谈生意能以最少的时间产生最大效力的人，在美国现代企业界里，首推金融大王摩根。

摩根直至晚年仍一如以前是每天上午 9 点半进入办公室，下午 5 点回家。有人对摩根的资本进行了计算后得出，他每分钟的收入是 20 美元，但摩根自己说好像还不止。

除了与生意上有特别重要关系的人商谈外，他还从来没有与人谈过 5 分钟以上。通常，摩根不像其他的很多商界名人，只和秘书待在一个房间里工作。他总是在一间很大的办公室里，与许多职员一起工作，这样便于随时指挥他手下的员工，按照他的计划去行事。如果你走进他那间偌大的办公室，是很容易见到他的，但如果你没有重要的事情，他绝对不会欢迎你的。

摩根有极其超人的判断力，他能够轻而易举地猜出一个人要来接洽什么事。当你和他说话时，一切转弯抹角的方法都会失效，他能够在很短的时间内猜出你的真实意图。具有这样卓越的判断力，使摩根节省了很多宝贵的时间。有些人本来就只是想找个人来聊聊天，却耗费了工作繁忙的人许多宝贵的时间，摩根最无法容忍的就是这种人。

善于应付客人的人在得知来客名单之后，便会相应地预备出时间来。老罗斯福总统就是一个典范：当一个分别很久只求见上一面的客人来拜访他时，他总是在热情地握手寒暄之后，便很遗憾地说他还有很多客人需要接见。这样一来，那位客人就会很简洁地道明来意，告辞而返。

某位大公司的老总待客谦恭有礼而美名远扬，他每次与来客把事情谈妥后，便很有礼貌地站起来，与其握手道歉，说自己很遗憾没有更多的时间多谈一会儿。那些客人也都非常理解他，对他的诚恳态度也都特别满意，所以并不会埋怨他不肯赏脸。

有很多实力雄厚、目光敏锐、深谋远虑的大企业家，都是以沉默寡言与办事迅速而著称的。他们所讲的话，每一句都十分准确、到位，都有一定的目的。他们从来不愿意在这上面多耗费一点时间。当然，有时一个做事和待人简捷迅速、斩钉截铁地人特别容易引起一些人的不满，但他们绝对不会把这些放在心上。为了事业上能有所成就，为了要恪守自己的原则，他们不得不减少与某些人的来往。只有那些注重时间的人才能高效地做事。

一个人只有真正认识到时间的宝贵，他才能有意志力去防止许多打扰。因此，一个高效做事的人，肯定也是一个惜时如金的人。

★只有因地制宜，才能事半功倍

事忌脱空，人怕落套。

——《小窗幽记》

事情最怕没有着落，人最怕流于凡俗。

人处事应因地制宜，而不应因循守旧。因地制宜，指的是具体问题具体分析。诸葛亮就善于因地制宜，总能想出许多精彩的金点子，把事情办得妥妥帖帖。

早年，李冰在成都平原完成了名垂千古的工程——都江堰。这不仅是当时最大的水利设施，也是益州农民的生活命脉。诸葛亮极为重视都江堰，认为它是发展农业生产的重要保证。为此，他专门设置了堰官，负责保养、整修及管理，并派1800多名壮丁常驻在堰区中，以保证都江堰能够永远维持“最佳状况”，提高灌溉能力，在蜀中农业生产上，能发挥最大的作用。

当时新增的水利设施也很多，现在成都市西北郊的柏河上，有一条九里多长的长堤，名叫“诸葛堤”。这是当年诸葛亮为了防止洪水冲坏低洼地区农作物而特别让人修建的。当时，成都平原被称为“天府之国”，牛羊遍野，禾苗茁壮，旱涝保丰，一片丰饶景象。

盐和铁一直都是益州的特产，也是民生经济发展的重要资源。东汉时期曾废止盐铁经营禁令，将其交由民间经营，结果地方官吏勾结豪强，从而掌握了其经营权，哄抬价格，不但造成民生困难，也为国家减少了大量收入。

刘备定益州后，在诸葛亮的建议下，重新设立了盐铁公营机构——“司盐校尉”（第一任是王连）以及“司金中郎将”（第一任为张裔），专门负责管理盐铁的生产以及农器、兵器等的制造，不准豪强或官商勾结，私占国家资源。

在汉朝时蜀中的煮盐业已经十分发达，蜀中出产的盐来自井盐。在临邛、广都、什邡等地也都有盐井，蜀地居民已熟练掌握了煮盐的技术，有些地方甚至已懂得使用火井（天然气）来煮盐。据张华的《博物志》记载，临邛有“火井”一所，深二三丈，纵广五尺……诸葛丞相曾亲自前往去视察，“后火转盛热，以盆盖井上，煮盐得盐”。

刘备

蜀中有一片山区，叫仁寿，因其蕴藏着大量铁矿，故有铁山之称。诸葛亮利用这里的铁矿来铸造兵器和农器，即历史上记载“采金牛山铁”铸剑的故事。诸葛亮还特别重视技术的改良，益州人蒲元是一个炼钢的好手，以“熔金造器，特异常法”著名，诸葛亮便提拔他为蜀汉官吏，以全面提升蜀汉兵器的品质。

罗锦也是蜀中地区的特产，锦文分明，绮丽多彩，非常美丽。“织机”的图像，都可以看出在东汉时代四川早已广种桑树，丝织手工业已特别发达。

刘备平定益州后，在赏赐诸葛亮、法正等功臣时，其所赐物品中便有大量的“蜀锦”。后来诸葛亮上刘禅的议奏中，也曾讲到：现在百姓还贫穷，国家还空虚，要想有足够的财力资源，只有依靠发展织锦业。为了抓好织锦的经营管理，诸葛亮还专门设置了锦官，组织人力贩运至曹魏、孙吴控制下的广大地区，赚回了大笔的物资和货币等。在诸葛亮的支持与鼓励下，蜀锦生产空前地发展起来，产销两旺、民殷国富。百姓们为了歌颂诸葛亮，称蜀锦为“武侯锦”，而经常用于濯洗蜀锦的南河，因此而又被称为“锦江”，成都亦被誉作“锦城”。

范晔在《后汉书》中，记载曹操曾派人到蜀买锦的事。另外，裴松之在《三国志》注引中，也有以蜀锦作为国礼而赠送孙权的记载，足见蜀锦在当时的名声之高。蜀锦的顺利发展无疑给蜀汉经济发展添了一臂之力。

尊重经验是人进取的捷径，但在特殊的环境下，只有因地制宜，才能事半功倍。若一味亦步亦趋，不仅落套，也不利于自己事业的发展；相反，锐意改革，不仅能令观者耳目一新，诸多难题也会因你思维的转变迎刃而解。

★忍人所不能忍，做人所不能为

必能忍人不能忍之触忤，斯能为人不能为之事功。

——《小窗幽记》

能忍他人所不能忍的悖逆，才能做他人不能做成的事业。

公元616年，李渊被诏封为太原留守。当时北边的突厥用数万军马多次进攻太原城池，李渊遣部将王康达率军队出战，几乎全军覆灭。后来他巧使疑兵之计，才勉强吓跑了突厥兵。然而，在突厥的支持和庇护下，郭子和等纷纷起兵闹事，李渊防不胜防，项上人头随时不保。

李渊

在常人看来，李渊当时处在内外交困的局势，必然会奋起反击，与突厥决一死战。不料李渊竟派遣谋士刘文静为特使，向突厥屈节称臣，并愿将其全部金银珠宝统统送给始毕可汗！

原来李渊根据天下大势，已决定起兵反隋。要起兵成大气候，太原虽是一个军事重镇，但不是理想的发家基地，必须西入关中，才能号令天下。而西入关中，太原又是李唐大军绝对不能丢失的根据地。那么用什么办法才能保住太原并顺利西进呢？

当时李渊手下不过三四万人马，即使全部屯驻太原，应付突厥与盗寇的随时出没，已是捉襟见肘。而现在要进伐关中，显然不能留下重兵把守。唯一的办法便是和亲，让突厥“坐受宝货”。因而李渊才不惜俯首称臣。

李渊的退步策略获得了大丰收。始毕可汗果然十分赞成与李和亲。后来，李渊派李世民出马，不费周折便收复了太原。

而且，李渊还得到了突厥的不少资助，始毕可汗一路上送给李渊很多马匹及士兵。李渊还乘机购来数以万计的马匹。这不仅为李渊拥有一支战斗力极强的骑兵奠定了重要基础，而且因为汉人素惧突厥兵英勇善战，李渊军中有突厥骑兵，这为他增加了不少的声势。

李渊让步的行为，虽在名誉及物质上都有很大损失，但在当时的情况下，不失为一种明智的策略，它使原本弱小的李家军既平安地保住了后方根据地，又顺利地西行打进了关中。

很多时候，成功只是一种结果。为了最后的成功，暂时让步妥协，绝不是不求上进，而是为了我们更有把握赢得成功。

★事在人为，求人不如求己

休委罪于气化，一切责之人事；休过望于世间，一切求之我身。

——《小窗幽记》

不要将一切归罪于命运，一切都在于人为；不要将希望寄托在他人身上，求人不如求己。

认识自己的缺点是非常必要的，可借此谋求改进。而若仅认识自己的消极面，就会陷入混乱，对自己毫无信心，看不到自己的价值。所以，我们应该学会客观、全面地认识自己，决不要看轻自己。

经济学博士、拥有 14 家上市公司、拥有极高经济才能的亿万富翁艾尔宾·菲特纳先生曾说：“无论是获得财富或其他各领域的成功，冒险都是不可避免的。”

菲特纳先生有个下属，深通说服之术，并且，他对于自己所销售的商品都充满信心，所以再有难度的业务，他也能成功洽谈下来。在进入公司很短的时间内，他便展现了极其惊人的业务能力和相应的成绩。菲特纳先生破例地除了周薪之外，另外发给他一笔 800 美元的奖金。当天，那人高兴地回家了。不料第二天那人却做了件令菲特纳先生十分震惊的事，因为那人竟然对菲特纳先生说：

“董事长，昨晚我和妻子长谈了一夜，认为我上周的业绩有很多运气成分。我想，运气不会一直这样眷顾我的，我太太也很担心，万一这礼拜我一笔业务都谈不妥，那该怎么办？她甚至担心得哭了起来。所以，我想请您收回本周的奖金，不要按件计酬，能不能固定每周给我 300 美元的周薪？当然，我还是会像上周一样那么努力地去工作的。因为我认为，我是有家室的人，安定的生活是最重要的……”

后来，菲特纳先生毫不犹豫地说：

“当然要开除他！一个对自己的能力一点自信都没有的人，迟早是会失败的。他努力工作，只是想要过安定的生活。而事实上，除了那种能力之外他还具备更多的能力，而他却只为了‘安定’，要求较低的报酬。除此之外，并无其他。别为了退休后少许的退休金而迷惑，要有一种激情去迎接所遭遇的一切挑战。”

过分高估自己的能力，盲目自大，注定会碰得头破血流；同样，过分低估自己的能力，遇事战战兢兢，也会让自己因丧失机会而取得的实际成就比你应该达到的要小得多。

★坚持不懈，才能获得最后的胜利

士人有百折不回之真心，才有万变不穷之妙用。

——《小窗幽记》

一个人只有真正具备百折不挠的坚强意志，才能碰到任何变化都有应付自如的办法。

失败是对一个人人格的最大考验，在一个人除了生命以外的一切都已丧失的情况下，内在的力量到底还有多少？有没有勇气继续奋斗？若自认失败，那他本来所具有的能力便会全部消失。而只有毫不畏惧、勇往直前、永不放弃的人，才会在自己的生命里有伟大的进展。有时候环境是可以改变的，只要你以顽强的信念对待一切，就能为自己创造辉煌的前程。

拿破仑年幼时，生活极其清贫。他的父亲出身贵族，虽然后来家道中落而一贫如洗，但他的父亲仍保持着贵族的身份，依然多方筹措费用，把拿破仑送到柏林市的一所贵族学校去念书，借以维持自己家门的尊严。但是那所学校的学生大部分家境优裕、丰衣足食，拿破仑自己则十分贫寒，所以常受到那些贵族子弟的嘲笑和欺负。

刚开始他还勉强忍耐着那些同学的作威作福，但后来实在忍不住了，便写了一封信给父亲，诉说他的苦处。信上他这么说：“因为贫穷，我已经受尽了同学们的冷嘲热讽，我真不知应该怎样对付那些妄自尊大的同学。其实他们只是比我有钱罢了，但在其他方面，他们远不及我。难道我一定要在这些奢侈骄纵的纨绔子弟面前忍气吞声地继续学习吗？”

他父亲的回信只有短短的两句话：“我们虽然穷，但是你非在那里继续读下去不可。等你成功了，一切都将改变。”就这样，他在那个学校里继续读了 5 年，直到毕业为止。在这 5 年里，他受尽了同学们的百般歧视，但每受到一次欺负和嘲弄，他的志气就增长一分，他决心要把最后的胜利拿给他们看。

当然，要达到这个目标并不是那么容易的。那么拿破仑是怎样做的呢？他只有在心里暗自计划，决定下一番苦功夫，充实自己，使自己将来能够远远超过那些人。

但成长多磨难，拿破仑又受到了另一个严重的打击：20 岁那年，他那孤高自傲的父亲去世了。家里只剩下他和母亲两人。那时他只是一名少尉，所得仅够他们母子两人勉强维持生计。

他在队伍中，由于体格衰弱、家境贫困，不但上司不愿提拔他，就连同事也瞧不起他。因此，每逢同伴们利用闲暇时间娱乐时，他则独自苦干，把全部精力都放在书本上，希望用知识和他们一争高下。好在读书对于他是一种享受，他可以不费分文地向各图书馆借得他所需要的读物，从而获得宝贵的学问。拿破仑读书有一个原则，他不读那些平凡无用的书来消遣解闷，而是专心寻求那些能使他提高能力的书来读。他的“书房”是一间又闷又小的陋室，在那里他终日闭门苦读。

他克服了各种困难，从不间断地苦学了好几年，单是从各种书籍中摘录下来的文摘，就可印成一本 4000 多页的巨书了。此外他更把自己视为正在前线指挥作战的总司令，把科西嘉当作双方的战场，画了一张当地最详细的地图，用极精确的数学方法，计算出各处的距离远近，并对某地应该怎样防守、某地应该怎样进攻给出了详细的解答。这种练习，使他的军事知识大大进步，终于得到上级的赏识，给他开辟了一条晋升之路。

他的上级在得知他的才学之后，将他升任为军事教官，专教需要精确计算的种种课程，结果成绩十分优秀。从那以后，他便逐渐被人们所认识，直至获得全国最高的权力。

真正伟大的人，对于世间所谓的种种成败并不放在心上，他们不因外物的好坏或喜或悲。这种人无论面对多么大的失望，坚持不懈，终能获得最后的胜利。

★欲“大有”的领导者，不可太偏激

气节激昂者，当以德性融其偏。

——《小窗幽记》

志向和气节激烈昂扬的人，应当加强品性道德的修养来消融他偏激的性情。

人的一生离不开形势和位置的限制，而它们能决定人将来的走向和结果。所以，是否能顺应它们，按部就班去行事，关系到“大有”和“一无所有”两种完全不同的结果。春秋时期晋国权臣荀瑶的行为及其结局，就是很好的一例。

春秋末年，晋国的四大家族控制着朝政，国君形同虚设。在荀、韩、赵、魏四大家族之中，势力最强的是荀家。

荀家的当权者荀瑶是个极其贪婪之辈，他自恃兵强马壮，便想消灭其他三家，独霸晋国。荀瑶的谋士一致认为时机未到，向他进言说：

“我们目前的这种强大，还没达到足以把他们三家全部消灭的程度，如果现在动手，万一他们联合起来，我们就是弱者了，恐怕连自保都难。不如暂缓此事，抓紧扩充实力，那时一定可以成功。”

荀瑶急不可耐地说：

“我们的强大是世人有目共睹的，他们三家若是日后强大起来，我们还有机会下手吗？我不会安于现状、坐失良机的。”

荀瑶便开始向三家索取土地，韩、魏两家敢怒不敢言，依照要求照办；赵家却坚决拒绝，不肯听命。

赵家当权者赵无卹这样对其手下人说：

“荀家太欺负人了，他们无理索要土地，没有人会真心奉献。尽管我们弱小，只要有所坚持，韩、魏两家一旦改变主意，荀家就不足为患了。”

赵无卹的手下却没有这么乐观，其中一人劝他不要铤而走险，忧心如焚地说：

“答应荀家的要求，祸患是将来的事；如果立即回绝，祸患马上就会降临。我们现在保命要紧，否则硬打硬拼，我们甚至可能会丧失一切，再难图存。”

赵无卹坚持己见，荀瑶一意孤行，于是荀瑶联合韩、魏二家共同攻打赵无卹，约定灭掉赵家之后，三家共享赵家的土地。

赵无卹连连失利，最后困守晋阳城。晋阳城兵精粮足，易守难攻，三家联军围了两年也没有攻下。后来他们采取水攻，引汾水灌城，眼见大水就要淹过城墙的时候，赵无卹派人潜入韩、魏两家军营，说服他们反叛荀家。赵无卹的人对他们说：

“荀瑶恃强凌弱，并非一两次。你们恐遭祸患，方才无奈出兵相助。如此一来，一旦赵家灭亡，荀家的实力增强了，你们岂不更会受其压迫？荀瑶志在灭我等三家。忍气吞声不是真正的自保之道，与其日夜恐惧被他吞并，不如大家联合起来，灭此大患呢？”

韩魏两家被说中了要害，经过一番思索，他们毅然倒戈，和赵家合力剿杀荀家。荀瑶不料有此突变，来不及采取任何措施，荀家兵团全军覆灭，荀瑶满门被诛，他的族人也无一幸免。

自命不凡的荀瑶之所以没能得到“大有”的结果，反而祸及族人，就是因为他一味贪心，不知给对手留些余地。

人们建功立业，当然希望取得圆满结果。而这一切的取得，当然不是随便就能得来的，关键还取决于能否把握和遵循事物的规律和方向。当然，这种遵循必须是积极的，尽力把它往有利的方向引导和应用。

★对一个人而言，胸怀大志至关重要

蒲柳之姿，望秋而零；松柏之质，经霜弥茂。

——《小窗幽记》

蒲草和弱柳，每到秋天就枯黄了；只有松柏，才能在秋雨冬霜中更显苍翠。

万事万物，都有一个潜藏、萌发、成长、全盛，然后由盛至衰的发展过程，人的行为应当遵循这一自然规律。在自强不息的同时，把握时机，善知进退。当力量薄弱的时候，应该厚积薄发，切忌轻举妄动；当可以出世而又羽翼未丰的时候，应该以诚待人，积聚力量；在成长阶段，一方面应该奋发有为，另一方面要戒骄戒躁，谨慎处事；当机会来临时，应该抓住最有利的时机，一举成功。

澳门富豪何上舟曲折的奋斗史，正是这种规律的最好解释。

20 世纪 30 年代末，何上舟以优异的成绩进入香港名校——香港大学，专修理科。1941 年太平洋战争爆发，新港督规定香港大学生都有参军义务。1941 年 12 月 8 日，日军大举进攻香港。何上舟被分配到防空警报室做电话接线生。警报室设在他叔公何甘棠花园洋房的地下室里。

自从战争爆发以来，物价一天高过一天，母亲做工的积蓄应付不了昂贵的米价。母亲唉声叹气，不知日子怎么过，但更担忧何上舟的安全。与母亲商量后，怀揣 10 元港币的何上舟在一天晚上搭一艘小船前往澳门，加入由葡、日、中三方合办的联昌公司——澳门的最大公司之一，主要业务是借战争之机利用机船运送粮食货物供应市民，而获取利润。

到澳没几天，何上舟便遇到来澳避难、极负盛名的何东爵士。他虽是何东的侄孙，在香港却很少有见他的机会。在何上舟看来，何东一直是高高在上的大人物。现在都是避难，因此爷孙俩见面格外亲切。何东鼓励何上舟：“年轻人出来做事，要想成功，须记住两条：一是要勤奋、肯干；二是钱到手里要抓紧，不要乱花钱。”

从这以后，何上舟铭记着何东的鼓励，发誓要在澳门干出一番事业！他在联昌公司任秘书期间，还负责粮油棉纱生意。原有的中、英两种语言应付不了，他就拼命学习日、澳两种语言。凭着努力，不多久他就学会了简单的日常用语。

何上舟在联昌公司只做了一年职员，因为他的成绩突出，才干出众，就被公司吸纳为合伙人。他的主要职责是押船，就是把货物运到海上，与贸易伙伴在海上交易。

他凭借着自己良好的作风与机敏的反应力，深受老板赏识。有一次押船，不是平常的以货易货，而是以钱易货，老板当时让他身揣 30 万港元现金——相当于今日的好几千万元港元。

当他的船到达交易海面时，没有见到对方船只。天上没有月亮，海面一片漆黑。到凌晨 4 点，才听到由远而近的马达声。为慎重起见，他吩咐水手过去验船。水手回答道："对方吃水这么深，不会有问题。"话音刚落，机关枪就扫射过来，水手当场身亡。就在这时，从漆黑的海面上跳过来数个海盗，缴去了船上的枪支。面带凶相的几个家伙用枪顶着船员，叫道："把衣服统统脱光！"

当何上舟脱光了衣服时，30 万元巨款暴露了出来。海盗们从未见过这么多钱，个个眼珠发绿。海盗老大命令一个海盗守住他，其他人把钱抱回海盗船。船上的水手一丝不挂，被海风吹得瑟瑟发抖。

海盗分完钱后，又吵又闹。看守何上舟的海盗坚持不住了，也跳上海盗船去抢钱。此时，海浪已把两艘船分开。何上舟吩咐水手开船逃跑。海盗船上的机枪一阵扫射，但因联昌船是空载，速度很快，一会儿就消失了。

与往常不同，这次出海多用了好几天。联昌公司的老板见船未准时回港，知道事情不妙，就一直等候在码头。

正当众人无奈准备离开的时候，船终于回港了，只有何上舟与舵手穿着雨衣，其他水手皆赤身躲在舱里不敢出来。公司的日方主管齐藤等抱着何上舟热泪盈眶。

何上舟冒死入海，成为联昌公司赚钱的头号功臣。这一年，联昌公司为何分红，股金高达 100 万港元。此时，何上舟才 22 岁。为了开创自己的事业，何上舟意欲离开公司改换另一种工作。就在这个时候，梁基浩邀请他去做澳府贸易局供应部主管，何上舟欣然前往。

由于长期战乱，农田荒芜，粮食匮乏，澳门经常闹米荒，于是，何上舟就召集一批人前往广州购米。广州黑市里出售的米非常昂贵，但是他凭着出色的才能，得到了市政府囤积的官粮。数天之后，何上舟已经率领 4 艘满载大米的船队到达澳门。船抵码头，上千澳民站在岸边拍手欢呼。此时令何上舟激动的不是那一沓沓花花绿绿的钞票，而是他已经成为澳门人民的英雄！

战后，时局平稳，很多香港人乘船来澳门赌钱。何上舟不失时机地创办了一间船务公司，购置了一艘载客 3000 人的客轮，这是当时港澳航线上最大最先进的客轮。此后不久，他又将经营范围扩大至当时的各行各业。次年 3 月 30 日，他正式与澳门政府签订承办博彩业的新合约。

签约两个月后,4 人合办的澳门旅游娱乐有限公司正式挂牌成立。当时霍英东任董事长,叶汉、叶德利任常务董事,何上舟则作为股东代表人和持牌人担任总经理,主管公司事务。何上舟成了澳门赌业名正言顺的掌门人。

此后,澳门的赌场生意一天好过一天。1970 年,娱乐公司扩大赌场,何上舟斥资 6000 万澳元修建葡京酒店。至此,白手起家的何上舟终于成为澳门叱咤风云的人物。

何上舟的身上始终有一股不屈不挠、坚持向上的阳刚之气,这股阳刚之气,指引着他一生的发展走向。透过他的人生历程,我们可以看到成功的真义:只有奋发图强,自强不息,才是走向成功的唯一途径。

对一个人而言,是否胸怀大志是至关重要的。只有胸怀大志,才会得到大的发展,才能成就一番宏伟事业。一开始所有人都是平凡的,但是只要拼搏进取、自强不息,弱小终会变得强大起来。这是一种指引人生方向的大谋略。当然,我们做任何事也必须审时度势。它包括两方面的内容,一方面是客观现实,另一方面是客观规律。如果客观条件不允许,就得先创造条件,顺应并利用客观规律,否则,只靠盲目的努力,恐怕未必如愿。

第二章　淡定自如，做目光长远的领导者

★对权力与金钱不可欲望太浓

将难放怀一放，则万境宽。

——《小窗幽记》

能把最难放怀的事情放在一边，那么心境永远会平静豁达。

严子陵

严子陵是我国古代著名的隐士之一，浙江会稽余姚人。他原名叫严光，子陵是他的字。严光年轻时就是一位名士，才学和道德都很令人推崇。那个时候，严光曾与后来的汉光武帝刘秀一道游学，两人是同窗好友。

后来刘秀当了皇帝，严光便改了名字，退隐山林。待到朝政稍微稳定之后，光武帝刘秀想起了自己的这位老同学。因为找不到这个叫严光的人，所以他就命画家画了严光形貌，然后派人“按图索骥”，拿着严光的画像到四处去寻问。过了一段时间之后，在齐国那个地方有人汇报说：“发现了一个男人，与画像上的那个人长得很相似，整天披着一件羊皮衣服在湖边悠闲地钓鱼。”

刘秀听完，猜想这个钓鱼的人就是严光，于是就派了使者，驾着车，带着厚礼前去聘请。使者一共去了三次才把这个人请来。此人果然就是严光。刘秀高兴极了，立刻给严光安排房子住下，并派了专人侍候。

司徒侯霸和严光是老朋友，听说严光来到朝中，便派了自己的下属侯子道拿自己的亲笔信去请严光。侯子道去时，严光正在床上躺着。他伸手接过侯霸的信，坐在床上读了一遍。然后问侯子道：“君房（侯霸的字）这人是不是有点痴呆，是不是还经常出点小岔子呀？”侯子道回答：“曹公现在身处一人之下万人之上，已经不痴了。”严光又问：“他叫你来干什么呀？来之前都嘱咐你些什么话呀？”侯子道说：“曹公听说您来了，非常喜悦，特

别想找您聊聊天，但因为事太忙，抽不出身来。所以想请您晚上亲自去见见他。”严光笑着说：“你说他不痴，可是他教你的这番话还不是痴语吗？君主派人请我，千里迢迢，往返三次我才来。我人主还不见呢，何况曹公只是人臣，难道我就一定该见他吗？”

侯子道请求严光给自己的主人写封回信，严光说：“我的手不能写字。”然后口授道：“君房足下：位至鼎足，甚善。怀仁辅义天下悦，阿谀顺旨要（腰）领绝。”侯子道嫌这封回信太简单了，请严光再多说几句。严光说：“这又不是买菜！”

侯霸收到严光的回信很气愤，第二天一上朝便在刘秀面前告了一状。光武帝听了侯霸告状却只是哈哈大笑，说：“这可真是狂奴故态呀！你不用与这种书生一般见识，他这种人就是这么一副德性！”侯霸见皇上如此袒护严光，也只有无语了。

刘秀劝过侯霸，亲自坐车去见严光。

严光仍是卧床不起，更不出迎。光武帝明知严光作态，却并不道破，径直走进他的卧室，把手伸进被窝，触摸着严光的肚皮说：“好你个严光，我费尽周折把你请来，难道竟不能得到你一点帮助吗？”

严光仍然装睡不回答。过了好一会儿，他才睁开眼睛对刘秀说：“以前，帝尧要把自己的皇位让给许由，许由不做；帝尧和巢父说到禅让，巢父赶快到河边洗耳朵。人各有志，你为什么总要让我为难呢？”光武帝连连叹气道：“子陵啊，子陵！以咱俩之间的交情，我竟然还不能让你放下你的臭架子吗？”严光此时竟又翻身睡去了。刘秀无奈，摇摇头转身返回宫廷去了。

几天后，光武帝派人把严光请进宫里，两人推杯换盏，把酒话旧，说了好几天的知心话。

刘秀问严光：“我和以前相比，有什么变化吗？”

严光说：“好像比以前胖了些。”

这天晚上，二人抵足而卧，睡在一个被窝里。严光熟睡以后，把脚放在了刘秀的肚子上。第二天，主管天文的太史启奏道：“昨夜有客星冲撞帝星，圣上好像特别危险。”刘秀听了大笑道：“没事，没事，那是我的朋友严子陵和我共卧而已。”

刘秀封严光为谏议大夫，想把严光留在朝中。但严光坚决不从，他离开了身为皇帝的故友，躲到杭州郊外的富春江隐居去了。后来汉光武帝刘秀又曾多次下诏征严光入宫为官，但都被严光拒绝了。严光一直隐居在富春江的家中，直到80岁时终老于此。

为了表达对他的崇敬，人们将严光隐居钓鱼的地方命名为“严陵濑”，将严光钓鱼时蹲坐的那块石头称为“严陵钓坛。”

南宋抗金将领韩世忠也是一个能全身远害、淡泊守身的智者。当时将帅的权力特别大，宋高宗赵构担心他们有野心，深存疑惧。韩世忠特意在新淦买了大片田地，表示告老后准备在此养老。赵构见他求田问。舍，心无大志，便高兴地把这片田地无偿赐给他。

韩世忠解除兵权后，闭口不谈其战功，也不和以前的部下来往。甚至就连春节时，也谢绝老部下看望他。他非常憎恶秦桧，每次见面，拱手问候而已，从不与之亲近，更绝口不谈论国事。为了表示自己对故乡清凉山的怀念，他自号清凉居士。他经常骑头骡子在西湖一带游赏流连，读读书，写写诗词。

就这样，韩世忠在消权后，平安地度过了晚年。

韩世忠

人生最难放下的欲望，是权力与金钱。人生苦短，这是自然规律，想要青春永驻般的长生不老，那是不可能的。所以，现在人们越来越重视生活的质量，在有限的人生里过得充实快乐、有意义。可是人生真正的成功还在于快乐呀！然而，很多人由于种种原因，非常重视金钱与权力。其实，真正能给人带来长期快乐的却不是金钱，而是对生活的享受。历史上，在拥有了金钱和权力之后，就都选择了隐退，这样的情况说明他们才真正懂得人生的真谛，他们是最快乐的人，也是最成功的人。搜集有关动物的故事。这些故事既是她创作的素材，又使她从中受到激励，成为她勇敢抗击癌症恶魔的最大力量。后来，她的《动物真情录》成功出版，成为轰动一时的畅销书。而她自己在被诊断出癌症十年后，却依然身心健康、生活幸福，甚至比开始治疗前更好。她感动于动物的真情而著书，著书的过程又使她凭着动物的真情成功地与癌症顽强抗争，战胜了癌症带来的死亡威胁以及由此而来的消沉。

多少悲观主义者因害怕他们一直害怕的事情而丧生，可结果却只是证明自己的害怕是正确的。

我们可以用快乐的事物代替不快乐的事物，就好像是打扫出一间空的房子，为了不让恶人占据，最好的办法是让好人住进去。这就是替换律。驱除肮脏的念头，不只是决不去想它，而是让新东西替代它，培养新兴趣、新思想；排除失望，仅仅接受失望是不够的，一个希望失去了，应该去找另一个希望来代替；忘记自己忧伤的最好的也是唯一的办法，是用他人的忧伤来代替，分担别人的痛苦时便可以忘记自己的痛苦了。因此，当我们心情不愉快时，最好的解决方法是敞开自己的心扉，打破沉默，去做任何可以给我们带来快乐的事情，在做其他事情的过程中使我们从受挫折的事情中解放出来。

★不要为眼前的名利所累，目光长远

淡泊之守，须从秾艳场中试来。

——《小窗幽记》

是否有淡泊宁静的志向，一定要经过富贵奢华的场合才能检验得出来。

别人拥有富贵，我拥有仁德；别人拥有爵禄，我拥有正义。倘若是一个有高尚心性的正人君子，就不会被统治者的高官厚禄所束缚；人的力量可以战胜自我，意志坚定一定能够发挥出无坚不摧的精气，所以君子自然也不会被造物者所局限。

公孙瓒

管宁不仅拒绝公孙瓒授予的高位，而且还谢绝了公孙瓒的挽留，不住公孙瓒为他准备好的华丽住宅，而决定到人迹罕至的深山定居度日。当时，来到辽东避难的士民百姓都随时关注中原局势，多居住在辽东郡的南部，准备在中原安定之后，重返故居。独管宁定居于辽东北部深山，以表明终老于此地，不复还家之志。刚入住山中时，他居住在临时依山搭建的草庐之中。然后，马上着手凿岩为洞，作为自己永久的居室。

管宁道德高尚，远近闻名。他在深山定居不久，许多仰慕他的人都追随他到山中开辟田地谋生。不久，在管宁定居的地方，居然鸡鸣狗叫，炊烟袅袅，自成邑聚。

管宁是笃信好学、守死善道的儒生。他以为任何时间任何地方，都应该按照儒学礼制规范人们的言行。因而，在他的周围聚集了众多的避难者之后，他就向人们宣讲《诗经》《尚书》等儒家经典的深奥内涵，其中包括陈设俎豆，饰威仪，讲礼让。他自己则身体力行，以高尚的道德感化民众。在他们居住的深山中，凿井不易，地下水位很低。仅有的一口水井又很深，汲水困难。因此，每当打水人多的时候，总是男女错杂，有违儒家礼制并且因争先恐后而吵闹以至械斗之事时有发生。管宁看在眼里，忧在心中。于是，他自己出钱买了许多水桶，命人悄悄地打满水，分置井旁，以待来打水的人随时取走。那些年轻气盛的粗莽撞汉，见到井边常有排列整整齐齐盛得满满的水桶，个个十分惊讶。他们终于打听到是管宁为避免邻里争斗而为之，不由得反躬自省而羞惭万分，遂各自自责，相约不复争斗。从此之后，邻里和睦，安居乐业。

有一次，邻居家的一头牛，践踏管宁的田地，啃吃田中的禾苗。管宁不但没有把牛打跑，甚至担心这头无人管束的牛被山中野兽咬死。他命手下人把牛牵至阴凉之处，饮水喂食，照料得比牛的主人还要细心。牛的主人失牛之后，四处探寻牛的下落。当他看到自己的牛非但没有被殴打，而且受到无微不至的照料时，十分愧疚，千恩万谢地牵牛离去了。就这样，周围的民众被管宁宽容礼让的节操感化了。他的名声也传遍了辽东郡。原本因管宁不愿与自己合作而心怀不满、进而又被对其来意疑虑重重的公孙瓒，也理解了管宁隐居求志的初衷，如释重负，不禁轻松愉悦起来。

一个活得洒脱的人，应当不被身外之物所累，不被富贵名利所惑。具有高风亮节的君子，胜过争名夺利的小人的一个重要因素，在于君子保持自我的人格和远大的理想，超凡脱俗，不为任何权势所左右，甚至连造物主也无法约束他。所以佛家才有“一切唯心造，自力创造非他力”之语。遵从大义，相信自我，一个有为的人理应开阔自己的心胸，锻炼自己的意志，铸造自己的人格，不为眼前的名利所累，目光长远。

★做领导必须心静气沉

才舒放即当收敛，才言语便思简默。

——《小窗幽记》

刚刚放松就应该想到收敛，刚刚说话就应该想到沉默。

老子崇尚稳重而排斥轻浮、狂躁，认为前者才是自然之道，后者则是逆自然之道而行，应给予摒弃。

其实，老子的思想很简单。就自然界的现象看，没有边际的天空因其高远而达成稳重，辽阔苍茫的大地因其厚重而达成稳定，一座高山因其庞大而达成稳定，一块巨石因其沉重而亦能达成稳定；而天上的游云虽然可以一时遮天蔽日，却因其轻飘而转瞬即逝；至于风雨来势汹汹，却因其轻飘而不能长久。

所以，老子说得"道"的圣人行事，虽然有美丽和华彩的楼亭，但他们却毫不因此而轻浮狂躁、自以为是，始终安于平静。圣人治理天下更是如此谨慎地待之，从不敢轻率行事。反之，轻浮就会失掉根基，浮躁就会丧失君位。

老子给了我们一个极其深刻的提醒，告诫我们无论做任何事，要保持冷静，从容镇定，不要急急忙忙，心慌意乱。要知道"心急吃不了热豆腐"，急切慌乱不但解决不了问题，还会拖延时间，忙中出错。

《晏子春秋》中有一则关于"临难铸兵"的故事：

鲁昭公亡命于齐。一日，齐景公问昭公说："你少年就即位，即位没几天就亡命于他国，为何？"

昭公回答说："我一向为众人所喜爱，但是，现在喜爱我的人都离我远去。因为，他们都曾极力劝谏过我，而我左耳进右耳出，不认真听；听了，也是应付了事，不去付诸行动。结果，四周只剩下逢迎拍马、曲意奉承之辈，而没有一个真正关心我的人了。我的情形就犹如一棵秋草，当秋风劲吹时，我就不堪其力而折断了。"

景公将这话传给后来升为宰相的晏婴，并问："我想竭尽所能助昭公返回王位，该如何是好？"

晏婴回答："这是不可能的。失败了才知道后悔的人，是愚蠢的人。如走路事先不知问路而随便乱走，迷了路才向别人打听；过河不知事前测量水的深浅，溺水后才大呼后悔。这就像遇到强敌了呀！"

有人说"边干边想""做起来再说"，看起来似乎是积极的态度，但无事前准备，实际的效果常以失败告终。

"养军千日，用军一时""有备无患"的道理，正是告诫那些急躁的朋友的。

走出急躁的心性，你会沐浴温暖和煦的春风。

人不能沉静做事，将会一事无成。荀况在《劝学》中说：蚯蚓没有锐利的爪牙、强壮的筋骨，但却能够吃到地面上的黄土，往下能喝到地底的泉水，原因是它用心专一；螃蟹有六只脚和两个大钳子，但它不靠蛇鳝的洞穴，就没有寄居的地方，原因就在于它浮躁而不专心。轻浮、急躁，对任何事都深入不了，往往知其然而不知其所以然，只会损失惨重，以失败而告终。

★无论追求什么，都要适可而止

填不满贪海，攻不破疑城。

——《小窗幽记》

填不满的是人的欲望之海，攻不破的是人心的疑惑之城。

老子说："不尚贤，使民不争；不贵难得之货，使民不为盗；不见可欲，使民心不乱。"这是老子提出的安民政策，他还给统治者提出了具体的安民措施："虚其心，实其腹；弱其志，强其骨。常使民无知无欲，使夫知者不敢为也。"许多人认为老子"常使民无知无欲"的主张是愚民思想，其实不然，事实上老子并不主张人放弃其正常欲望，他的目的是使社会安定、人民安居乐业，事实上，他是主张"少私欲，视素保朴"。这一主张对我们的立身处世也有指导意义。

人都有欲望，贫穷的人想变得富有，低贱的人想变得富贵，默默无闻的人想变得闻名，没有受过赞誉的人想得到荣誉，这是无可厚非的，但问题在于欲望和能力之间是必须成正比的。修身养性的一个重要内容，就是寻求欲望与能力之间的和谐。当欲望和能力之间发生不协调时，或者增加自己的能力，或者抑制欲望的膨胀。世界上，美好的东西实在太多，我们总是希望得到尽可能多的东西，其实贪得无厌，反而会成了累赘，没有什么比拥有淡泊的心胸，更能让自己充实满足的了。

清朝乾隆、嘉庆年间，辽阳城里出了一位才子，名叫王尔烈，他从小就擅长诗文，书法也写得很好，天资聪颖，才赋出众，长大做官以后，清廉为政，有双肩明月、两袖清风之誉。有一次，王尔烈从江南主考回来，恰逢嘉庆皇帝登基继位，皇帝召见他说："老爱卿家境如何？"王尔烈回答："几亩薄田，一望春风一望雨；数间草房，半仓农器半仓书。"嘉庆说："老爱卿为官清廉，朕心知肚明，朕现在派你去安徽铜山铸钱，几年之后，光景就会不错了。"王尔烈到了铜山铸钱，因为那里有座清朝御制通宝的铸钱炉。他在那里铸钱达 3 年之久，又奉诏回到京城。嘉庆召王尔烈上殿，问："老爱卿，这次可以安度余年了吧？"言外之意是，这一回和钱打交道，该有不少"收获"吧。王尔烈听了以后，笑了笑："臣依然是两袖清风，一无所得。"嘉庆说："不会吧，你再查查看！"王尔烈只好顺手一掏，从袖套里掏出 3

个铜钱来,只见一个个磨得光溜溜的,原来是铸钱时用的模子。嘉庆皇帝见王尔烈两袖清风,十分感动地说:“卿真可谓老实!”

王尔烈虽然家境甚贫,可他过得充实满足。但生活中的许多人都并非如此,他们追求的太多。著名作家林清玄曾在文章中讲过这样一个故事:自己一位朋友的亲戚的姑婆从未穿过合脚的鞋子,她常穿着巨大的鞋子往来于路。晚辈如果问她,她就会说:“大小鞋都是一样的价钱,为什么不买大的呢?”

许多人不断地追求巨大,其实只是贪欲所使,就好像买了特大号的鞋子,忘了不合自己的脚一样。无论买什么鞋子,合脚最重要;无论追求什么,总要适可而止。

现在许多人似乎觉得只有钱财才能带给自己安全感,所以疯狂地聚敛财富。这种人认为“钱比命贵”,为了钱什么事情都敢干,投机取巧,徇私舞弊,贪赃枉法,玩忽职守,殊不知,等待他的将是严惩不贷。

★领导者的涵养现于喜怒之时

临喜临怒,看涵养。

——《小窗幽记》

碰到喜怒之事的时候,可以看出一个人的涵养。

在紧急关口,出于本能许多人都会做出惊慌失措的反应。然而,仔细想来,惊慌失措非但于事无补,反而会添许多乱子来。

所以,突遭事变,处变不惊、临危不乱、镇定自若,冷静地分析形势,才是明智之举。

唐宪宗时期,有个中书令叫裴度。一天,手下人匆匆忙忙地跑来向他报告说他的大印不见了。为官的丢了大印,岂非大事?可是裴度听了报告之后不惊不慌,只是点头表示知道了。然后,他告诫左右的人万万不可张扬这件事。

左右之人看裴中书并没他们想象的那般惊慌失措,都大惑不解,猜不透裴度心中是怎样想的。而更使周围人吃惊的是,裴度似乎完全忘掉了丢印的事,竟然当晚在府中大宴宾客,和众人饮酒取乐,十分逍遥自在。

就在酒至半酣之际,有人发现大印又被放回原处了。左右又迫不及待地向裴度报告这一喜讯。裴度依然毫不在意,好像根本没有发生过丢印之事一般。那天晚上,宴饮愉快,直到尽兴方才罢宴,然后各自安然歇息。

没人知道裴中书为什么能如此胸有成竹。事后好久,裴度才向大家提到丢印当时的处置情况。他对左右说:“丢印的缘由想必是被管印的官吏私自拿去用了,恰巧又被你们发现了。此时,如果大闹开来,偷印的人担心出事,惊慌之中必定会想到毁灭证据。如果他真的把印偷偷毁了,印就真的找不到了。而如今我们处之以缓,不表露出惊慌,这样也不会让偷印者感到惊慌，他就会在用过之后重归原处，而大印也会失而复得，不会发生什么意外了。”

裴度

遇到突发事件，每个人都难免产生一种惊慌的情绪，应该想办法控制。

楚汉相争的时候，有一次刘邦和项羽在两军阵前对话，刘邦历数项羽的罪过。项羽大怒，命令暗中潜伏的弓弩手几千人一齐向刘邦放箭，一支箭正好射中刘邦的胸口，伤势严重，痛得他伏下身。主将受伤，群龙无首，若楚军乘机发起进攻，汉军必然全军溃败。猛然间，刘邦突然镇静起来，他巧施妙计：马上用手按住自己的脚，大声喊道：“不幸被你们射中了！幸好伤在脚趾，并无大碍。”军士们听了，顿时军心稳定，终于抵抗住了楚军的进攻。

每临大事都应镇静，而镇静首先来自胆识和勇气。胆识和果断是双胞胎，遇事犹豫不决，患得患失，顾虑重重，优柔寡断，甚至被敌人的气势吓倒，就谈不上胆识！只有敢担责任、当机立断者，方能解危。

红军四渡赤水时，炮队拖着重炮行进在桥上，炮车陷进板桥中，道路堵塞，队伍前行受阻。毛泽东赶到，为了疏通道路，毅然下令将重炮推入江中，大军顺利行进。那时，一门重炮对红军来说，简直是珍宝！可是，让它堵塞了道路，影响行军，有可能造成严重的后果，那就因小失大了。毛泽东果断决定舍炮抢时间，这种临危决断的魄力，显示了他非同常人的胆识。

当意外发生时，通常也是最需要我们果敢定夺的时候，如果没有冷静思考的头脑，是很难做出正确的决定的。虽然做出决定有很多方法，但当意外状况发生时，如果不能保持一颗冷静的心，其他一切的法则和技巧都是毫无用处的。只有冷静下来，才能看清眼前的事情，做出正确的决断。

冷静是知识、智慧的独到涵养，更是理性、大度的深刻感悟。我们面临着一个日新月异的世界，必须具有临危决断的能力。

第三章　藏而不露，才是全身避祸的妙诀

★藏巧于拙，用晦而明

藏巧于拙，用晦而明。

——《小窗幽记》

将巧藏在拙中，隐藏方能明显。

清代中兴名臣曾国藩计深谋远。他既有较高深的修养，又有超人的才能，很善于分析形势，做出对策。

攻下金陵以后，曾氏兄弟的声望如日中天，达于极盛，曾国藩被封为一等侯爵，世袭罔替；曾国荃被封为一等伯爵。湘军所有大小将领及有功人员，都论功封赏。湘军人物官居督抚位子的有10人；长江流域的水师，全在湘军将领控制之下；曾国藩所保奏的人物，没有一个不如奏所授。

树大招风，朝廷的猜忌以及朝臣的妒忌也随之而来。颇有心计的曾国藩从容应对，马上就采取了一个裁军之计。还没等朝廷的防范措施下来，他就先来了一个自我裁军。

曾国藩的计谋手法，自是超人一等。他在战事还没有结束时就计划裁撤湘军。他在两江总督任内，已经开始拼命筹钱，两年之间，已经筹到550万两白银。钱筹好了，办法拟好了，战事一结束，便即宣告裁兵。不要朝廷一文，裁兵费用早已经筹妥了。

同治三年(1864年)六月曾国藩攻下南京、获得胜利，七月上旬就开始裁兵，一月之内，裁去25000人。人说招兵容易裁兵难，但是曾国藩早就有计划、有准备，所以招兵容易裁兵亦容易了。

曾国藩精通老子的哲学。他明了地把握了清朝政治形势，对自己的仕途也有一套有用的哲学理念。他在给其弟的一封信中说：

“余家目下鼎盛的时候，沅(曾国荃字沅辅)所统差不多二万人，季(指曾贞干)也有四五千人，近世似弟者，又有几家？日中则昃，月盈则亏。吾家盈时矣。管子云：斗斛满则人概之，人满则天概之。余谓天之概无形，仍假手于人以概之。待他人之来概，再后悔

已经晚了。”

在封建社会，每个朝代都有君臣互相猜忌而上演皇上杀权臣的悲剧，特别是当国家大难已过，臣下功高盖主之时，这种情形会更加严重。平定了太平天国运动，曾国藩拥有重兵，遭到皇室的猜疑是十分自然的事。但是，由于曾国藩有谋略，计划周密，早就安排好了怎样消除朝廷的顾虑，主动把能征善战的湘军裁撤掉，以消除清廷的猜疑，因此取得了朝廷的信任，保全了官位。这是曾国藩精于韬光养晦的大智慧。

假如你的实力比较强大，就可能会对别人构成威胁或者潜在威胁，此时你就应该藏巧于拙，消除对方的敌意。假如这时你能够主动退守，显示弱势，让别人看到你已经弱小了，他就不会千方百计地算计你了，这样，就可以保全自己。

★聪明不可尽用，做事不可太绝

留七分正经，以度生。

——《小窗幽记》

留七分聪明智慧不要外露，作为危难之处的求生之计。

人得意时，也不能活得太猖狂，因为所有的事不是你都能料到，将来是永远不可预期的。所以聪明人做事会给自己留有余地，以便自己困难的时候能进退自如。

严嵩

明代的奸相严嵩是江西人。亭州人刘巨塘是宜春县令，到京城拜见皇帝，就随其他的人前往严府为严嵩祝寿。寿礼结束以后，严嵩疲倦了。他的儿子严世蕃叫人关上大门，严禁出入。这时，刘巨塘因为没来得及出门便被关在严府内。中午了，刘感到饥饿难忍时，有个叫严辛的人，自称是严家的仆人，请刘从一条小路来到他自己的住所吃了饭。吃完饭，严辛说：“以后希望阁下多多关照。”刘巨塘说：“你的主人正当显赫昌盛，我能帮你什么呢？”严辛说：“太阳不会总是当午，愿您记住今日我的托嘱。”没过几年，严嵩垮台，刘巨塘正在袁州当政，严辛由于窝赃2万两银被押在狱中。刘巨塘想起当年的话，减轻了罪，改判为发配边疆。

一时之爽的举动多是在逞能。聪明的人都会看到以后，并为自己留下退路。楚庄王也是其一。

战国时期，楚庄王亲自统率大军出外讨伐，大获全胜。在他班师回京城郢都时，百姓夹道欢迎，场面十分壮观。

庄王在渐台宴请群臣，以庆祝赫赫战功，文武百官谈笑风生，喜形于色。庄王举杯祝贺，并召集嫔妃和群臣同席畅饮。这时候，渐台上钟鼓齐鸣，歌舞升平，人们猜拳行令，非常高兴。不知不觉中日落西山，而庄王及群臣还没有玩尽兴，于是命点起蜡烛夜宴，又命宠妃许姬斟酒助兴。

饮酒正酣之时，忽然刮来一阵大风，蜡烛都被吹灭了。黑暗中，一个人趁着酒兴，拉住了许姬的衣袖。许姬非常恼怒，但是不便声张，挣扎之中衣袖被扯破。她机警地扯断了那人帽子上的缨带，那人才惊慌地溜掉。许姬走到庄王跟前，附耳禀报了实情，并且请庄王严加查办那个色胆包天之人。

庄王听罢，沉吟片刻，他想到在座的都是出生入死的将领，喝了酒可能会做一些傻事。他觉得不能就因为一个女人而失掉一个将领，所以没有追究。于是，他吩咐左右先不要点灯，然后命令众人解开缨带，摘下帽子，尽情畅饮。群臣听了之后，纷纷解开缨带，摘下帽子，这时庄王才命人掌灯点烛。在烛光之下，只见群臣绝缨饮酒，已经辨认不出来谁的缨带被扯断了。这件事就像没有发生一样，众人痛饮至深夜方散。此后，庄王再也没有提起此事。

后来，楚庄王在一次同敌人的战斗中身陷险境，一位将领冒死相救。庄王事后不胜感激，那人说道："请大王原谅罪臣，那晚被扯下帽缨的，正是我。"庄王听了，不但没有治他的罪，反而嘉赏了他拼死相救的行为。

当我们无法全面预料事情时，不要把事情做绝，要给自己留下一条后路，留点余地是较为妥当的做法。因为事事周全的计划不可能有，因此狡兔也会有三窟，何况人呢！

★该智则智，当愚则愚

留三分痴呆，以防死。

——《小窗幽记》

表现出三分的平庸，以免遭人嫉恨，可以防大难临头。

世事诡谲，风云变幻，并不是人的力量可以把握控制的；而且差不多的事物都存在人所看不透彻、无从预料的一面。所以，只有让自己心如明镜，顺应事物变化的规律，才会赢得自己做人的主动，不被无常的大势裹挟。

今天的苏杭一带，在公元前5世纪，有吴、越两国。两国尽管相邻，但为了争夺霸业，互不相让，相互对抗。后来，越王勾践败于吴王夫差之手，只有逃往会稽山。后忍辱负重与吴国谈和。在几经交涉后，吴国才同意让勾践回国。勾践回国后一直没有忘记自己所受的耻辱，卧薪尝胆，立誓雪耻。20年后，灭掉吴国。帮助越王成功的就是范蠡。范蠡不仅是一个忠心耿耿的臣子，而且是一个能明哲保身的智者。

范蠡做了大将军后，自忖：长久在得意之至的君主手下做事是危机的根源。勾践这个人虽然臣下可以与他分担劳苦，但不能同他共享成果。因此他便向勾践表明自己的辞意。但是勾践并不知道范蠡的真实意图，因此拼命挽留他。但范蠡去意已定，搬到齐国居住，从此与勾践不再往来。

移居齐国后，范蠡不再过问政事，与儿子共同经商，很快成为富甲一方的大富翁。齐王也看中他的能力，想请他当宰相。但是他婉言谢绝。他知道“在野拥有千万财富，在朝荣任一国宰相，这确实是莫大的荣耀。可是，长久荣耀反而会成为祸害的根源”。因此，他将财产分给众人，又悄悄离开了齐国到了陶地。没过多久，他又在陶地经营商业成功，积存了百万财富。

范蠡才智过人，并且具有过人的洞察力。他离开越国，拒绝齐王的招聘，并成功地经营事业，这些都在于他深刻敏锐的洞察力。成语“明哲保身”中的“明哲”就是指深刻的洞察力。范蠡正是能够明哲保身的人。

郑板桥有句话：聪明难，糊涂更难；由聪明而转入糊涂特别难。这里面包含了对人生把握的态度之难的感慨。实际上，不管人自身的素质——诸如情商、智商等各种做人做事的本领如何，相对于强大的外部环境，都比较弱小。特别是当局势动荡变化，人们看我只是其中一枚身不由己的小棋子时更是如此。在生活中，我们一定要采取适当的态度和手段，该智则智，当愚则愚，只有这样才能保住身家平安，才能图谋机会以求发展。话的道理，是要我们做人一定要时刻向别人学习，多听别人的意见，因为每个人都有自己的长处，只有不断学习、善于听取，才可以提高自己、完善自己。

★心高不可气傲

拙之一字，免了无千罪过；闲之一字，讨了无万便宜。

——《小窗幽记》

正因为拙，所以才免了无数的罪过；正因为闲，所以才享受到很多人生乐趣。

春秋时期，郑庄公准备伐许。开战以前，他先在国都组织比赛，挑选先行官。各位将士一听露脸立功的机会来了，都准备一显身手。

第一个项目是剑格斗。各位将士使出浑身解数，只见短剑飞舞，盾牌晃动，争斗不休。几轮之后，选出六个人，参加下一轮比赛。

第二个项目是比箭，获胜的六名将领每个人射三箭，以射中靶心者为胜。前四位有的射中靶心，有的射中靶边。第五位上来射箭的是公孙子都。他武艺高强，年轻气盛，从来不把别人放在眼里。只见他搭弓上箭，三箭连中靶心。于是他昂着头，瞟了最后那位射手一眼，退下去了。

最后那位射手是个老人，胡子有点花白，他叫颍考叔，曾经劝庄公与母亲和解，庄公很看重他。颍考叔上前，不急不慢、不慌不忙，“嗖嗖嗖”三箭射出，连中靶心，与公孙子都射了个平手。

郑庄公

只剩下两个人了，郑庄公派人拉出辆战车来，说：“你们二人站在百步以外，同时来抢这部战车。车先抢到手的人就是先行官。”公孙子都轻蔑地看了对手一眼。不料跑到一半时，公孙子都脚下一滑，跌了个跟头。等爬起来时，颍考叔已经抢车在手。公孙子都哪里服气，拔腿就来夺车。颍考叔一看，拉起来飞步就跑，郑庄公连忙派人阻止，宣布颍考叔为先行官。公孙子都因此怀恨在心。

颍考叔不负郑庄公之望，进攻许国都城，手举大旗先从云梯冲上许都城头。颍考叔马上可以大功告成，公孙子都嫉妒得心里发急，竟然抽出箭来，搭弓瞄准城头上的颍考叔射去，一下子把颍考叔射了个“透心凉”，从城头栽下来。另一位大将瑕叔盈认为颍考叔被许兵射中牺牲了，连忙拿起战旗，又指挥士卒冲城，结果拿下了许都。

在这个故事中，悲剧的发生或许应归罪于公孙子都有太强的嫉妒之心。但是颍考叔的锋芒太盛、傲气争功也是一方面。作为一个已经有功在身的老臣，他其实没有必要再去同年轻的将领争功了，但是他总想立功求赏，结果被一记暗箭伤了性命，可悲可叹。

作为一个人，特别是一个自认为有才华有前程的人，应该做到心高气不傲，不仅要有效地保护自己，而且要充分发挥自己的才华，战胜盲目自大、盛气凌人的心理和作风，任何事不要太张狂、太咄咄逼人，并养成谦虚让人的美德。这是有修养的表现，也是生存发展的策略。巧妙的掩饰是赢得赞扬的最佳途径，这是因为人们对不了解的事物有好奇心，不要一下子展现你所有的本事，一步一步来，才能获得扎实的成绩。如果你处处表现卖弄，志得意满时趾高气扬，目空一切，不可一世，这样就会成为别人的靶子！因此无论你有如何出众的才智或高远的志向，都要时刻谨记：心高不可气傲，不要把自己看得太高大了。

★不鸣则已，一鸣惊人

伏久者，飞必高。

——《小窗幽记》

藏伏很久的事物，一旦腾飞则必定飞得高远。

鸟潜伏得越久，飞得越高；花朵盛开得越早，凋谢越快。明白了这个道理，就可以免去怀才不遇的忧愁，消除急躁求进的念头。

所有懂得这个道理的人都会待时而动，从而不丧失一切可能的机会。衡量人的能力大小高低的标志是把握火候。北齐文宣帝高洋就是靠待时而动而得以成功的。

高洋是在他长兄高澄被杀、形势非常复杂的情况下显露出才华的。北周政权的基业是由高欢开创的。高欢本是东魏大臣，他在镇压尔朱荣剩余势力后掌握了东魏的实权，掌管朝政长达 16 年之久。高欢死后，长子高澄袭爵为渤海文襄王。高澄心毒手狠，且上无礼君之意，下无爱弟之情。高欢之次子高洋当时 18 岁，已通晓政事，走上了政治舞台，并已经对高澄的地位构成威胁。假如他精明强干、才华外露的话，其兄必定会猜忌防范。

高洋字子进，史书上说他颇有心计，且有见识，遇事明断。小时候，高欢为试验几个儿子的才器智能，让小哥儿几个拆理乱线："帝（指高洋）独抽刀断之，曰：'乱者须斩'，高祖是之。"高洋因为这件事就深得高欢的喜欢以及重视。后封为太原公。

高欢死，高澄袭爵为渤海文襄王，因为年长，阴有戒心。高洋"深自晦匿，言不出口，常自贬退，与澄言无不顺从"，给人一种软弱无能的印象，高澄有些瞧不起他，经常对人说："这样的人也能得到富贵，相书还如何能解释呢？"

高洋妻子李氏貌美，高洋为妻子购买首饰服饰，好一点的，高澄就派人去要，李氏很生气，不愿意给，高洋却说："兄长需要怎能不给呢？这些东西并不难求！"高澄听到这些话，也觉得不好意思，以后就不去索取了。有时，高澄给高洋家送些东西来，高洋照收不误，决不虚情掩饰，所以兄弟之间相处还相安无事。

每次退朝回到家，高洋就关上宅院门，深居独坐，对妻子也很少说话，能终日不发一言。高兴时，竟光着脚奔跑跳跃。李氏看到诧异地问他在干什么，高洋则笑着说："没啥事儿，逗你玩儿的！"他终日不言谈，因为担心言多有失。如此跑跳更有深意，不仅可以彻底使政敌放松对自己的警惕，一个经常在家逗媳妇玩的人能有怎样的大志呢？而且借经常光脚跑跳之机，锻炼身体，磨炼意志，一举两得。因此，高澄和文武公卿都把高洋看成一个痴人，没有放在眼中。东魏武定七年（549 年），渤海文襄公高澄在和几人密谋篡位自立的时候，被膳奴也就是负责做饭进餐的兰京杀害，谋士陈元康以身掩护高澄，身负重伤。当时事起仓促，震惊了高府内外，高洋正在城东双堂，听说变起，高澄已经被杀死，毫不惊慌，颜色不变，忙调集家中可指挥的武装力量去讨贼。他部署得当，而且有条不紊。兰京等几人本是乌合之众，出于气愤才杀死高澄，没有任何预谋的政治目的，所以不堪一击，片刻间全部被斩首。

接着，高洋就在其兄府中办公，召集所有知情人训话，说膳奴造反，大将军伤势不重，但不准对外走漏任何消息。众人都未料到这位痴人在危急时刻如此果决。夜里，陈元康断气而亡。高洋命人在后院僻静处挖个坑埋掉，诈言他奉命出使，并虚授一个中书令的官衔给他。

高洋稳住了局面，高澄的府第和在邺都的武装力量直接受高洋控制。当夜，高洋又召大将军都护太原唐巴，命他立即分派部署军队，控制各要害部门及镇守四方。高澄的宿将故吏都倾心佩服高洋的处事果断和用人得当，真心拥护并辅佐高洋。

高澄的死讯渐渐被东魏主知道了，他私下里和左右幸臣说："大将军（指高澄）已死，好像是天意，威权应复归帝室了。"高洋左右的人，劝高洋早日去晋阳全部接管高欢及高澄的武装力量。高洋认为此话有理，于是安排好心腹控制住邺都的整个局面。其后，高洋进朝面君，带领8000名全副武装的甲士进入昭阳殿，一起登阶的就有200多人，都手持利刃。东魏孝静帝元善一看，心中恐惧。高洋只叩了两个头，对魏主说："臣有家事，须诣晋阳。"然后下殿转身就走，随从侍卫也跟着走了。魏主目送之，说："这又是个不相容的人，不知我会死在什么时候了。"

晋阳的老将宿臣，当时还不知高澄的死信，一直轻视高洋。高洋到晋阳后，马上召集全体文武官员开会。会上，高洋英姿勃发，侃侃而谈，处理事情、分析事理全都恰如其分，而且才思敏捷，口齿流利，根本不像以前的他。文武百官对他皆刮目相看而倾心拥戴。一切就绪，高洋返回邺都为高澄发丧。

高洋代魏称帝的想法早就有了，一直在窥测风向蠢蠢欲动，但是他没有明目张胆死打硬拼，或者拉帮结派打击异己。这样的话就会目标大，而且容易被人所制，而是"守正"待时。平日里自贬自谦，与兄长融洽相处。养尊处优时不忘锻炼自己，而且能注意时局之变化，注意人才，确是有心计之人。高澄之死，他秘不发丧，临事不慌，很快控制了局面。他隐瞒陈元康之死而虚授中书令之职以显其有识人之明。他在高澄死后不到三天内就果断前往晋阳先声夺人，控制高澄的全部武装力量，足见其善谋而且能断。半年后，高洋于梁简文帝大宝元年（550年）五月代东魏自立，建立了北齐政权。

一个有事业心的人，一定要学会等待时机。儒家很有名的一句话是："穷则独善其身，达则兼济天下。"不能因为自己眼下的处境地位不如意而丧志，不能因为时间的消磨而灰心，因而放弃成事之志。古往今来功成者，有少年英雄，也有大器晚成。无论如何，急于显露头角很难成气候，急功近利不足成大事，急躁者容易失望悲观，容易患得患失。只有守正而待时，善于抓住机会而又坚定志向，才有可能走向成功。

★屈伸之道，不可不知

寓清于浊，以屈为伸。

——《小窗幽记》

将清高藏在浑浊里，将伸展隐在屈服中。

很多人都有过这样的体验：刀刃钝的刀子怎么用力也切不下去，刀刃锋利的刀子很好切，但是一不小心反而容易切伤自己。因此，在待人处世中不要锋芒毕露，以免惹火烧身。

南宋时期的秦桧，是一个奸诈的无耻之徒，他有一个下属，也具有"秦桧之风"。有一

次,此人为了讨好上司送给秦桧一条名贵的地毯。秦桧把这条地毯往屋里一铺,恰好合适。秦桧由此想到:这个人太精明了,他连我屋子的大小都已经测出来了,还有什么事情能瞒得了他呢?秦桧惯于在背后算计人,怎么可能容忍别人对自己的心思掌握得这样透彻呢?所以,有了这个想法后,那个"聪明"下属的命运也就可想而知了。

在封建时代,统治者最忌讳他人参与为自己选择接班人,因为这是一个极为严肃的问题。每一个有希望接班的人,无论是兄弟还是叔侄,可说是个个都红了眼,因此这种斗争经常是最凶残、最激烈的。但是,杨修却在如此重大的问题上不识时务,犯了卖弄自己小聪明的毛病。

曹操准备选择长子曹丕、三子曹植中的一人做继承人。曹植能诗赋,善应对,深得曹操欢心,曹操想立他为太子。曹丕知道后,就秘密地请歌长(官名)吴质到府中来商议对策,但是害怕曹操知道,就把吴质藏在大竹片箱内抬进府来,对外说抬的是绸缎布匹。杨修发现后,就去向曹操报告,因此曹操派人到曹丕府前进行盘查。曹丕听说以后十分惊慌,赶紧派人报告吴质,并且请他快想办法。吴质听后很冷静,让来人转告曹丕说:"没关系,明天只要你用大竹片箱装上绸缎布匹抬进府里去就行了。"结果可想而知。曹操因此事怀疑杨修想帮助曹植来陷害曹丕,非常气愤,就更加讨厌杨修了。

曹丕

曹操为考曹丕和曹植的才干,经常拿军国大事来征询两人的意见。杨修替曹植写了十多条答案,曹操的所有问题,曹植都能根据条文来回答,因为杨修为相府主簿,深知军国内情,曹植按他写的回答每个题都答对了,曹操心中又产生了怀疑。曹丕后来买通曹植的亲信随从,把杨修写的答案呈送给曹操,曹操非常生气地说道:"匹夫安敢欺我耶!"

又一次,曹操让曹丕、曹植出某城的城门,暗地里告诉门官不要放他们出去。曹丕碰了钉子,乖乖回来了。曹植听说以后,又向他的智囊杨修问计,杨修很干脆地告诉他:"你是奉魏王之命出城的,谁敢拦阻,杀掉就行了。"曹植领计而去,杀了门官,出了城。曹操知道以后,先是惊奇,得知事情真相后,愈加气恼。

曹操性格多疑,总担心有人暗中谋害自己,因此开始找岔子要除掉这个不知趣的家伙。

机会不久就来了!建安二十四年(219年),刘备进军定军山,曹操的亲信大将夏侯渊被黄忠斩杀,曹操亲率大军迎战刘备于汉中。战事进展很不顺利,双方在汉水一带形成对峙状态,曹操进退两难,前进害怕刘备,撤退又怕遭人耻笑。一天晚上,心情烦闷的曹操正在大帐内想心事,恰逢厨子端来一碗鸡汤,曹操看碗中有根鸡肋,感慨万千。这时夏侯惇入账内禀请夜间号令,曹操随口道:"鸡肋!鸡肋!"因此人们便把这句话当作号令传了出去。行军主簿杨修马上让随军收拾行装，准备归程。夏侯惇万分惊恐，把杨修叫到帐内询问详情。杨修解释道：“鸡肋鸡肋，丢掉可惜吃起来又没有味。今进不能胜，退恐人笑，困在这有什么用，来日魏王必班师矣。”夏侯惇听了十分佩服他说的话，营中将士都开始打点行装。曹操知道这种情况后，差点气坏心肝肺，大怒道：“匹夫怎敢造谣乱我军心！”因此，喝令刀斧手，将杨修推出斩首，并把首级挂在辕门之外，好让不听军令的人以此为戒。

俗话说得好：“聪明反被聪明误。”杨修是一个绝顶聪明的人应该肯定，问题在于他被聪明所误，处处都要露一手。“恃才放狂”，不顾及别人受了受不了，不考虑别人讨厌不讨厌，而这一个别人，却是曹操这个同样聪明过人、恃才傲物的顶头上司。因此，针尖对麦芒，杨修终于送掉了自己的性命。

如果你对公司的内情非常了解，当那些弄不清楚真相的人在谈这件事的时候，有些人是想借机探听消息的，而你却毫无戒心，把自己所知道的一五一十全说了出去。那么，本来对这件事并不是十分了解的人，却从你嘴里得到了情报。假如你恰好碰到的是别有用心的人，他再跑到上司面前去搬弄是非，让上司以为你是在随便散播小道消息，本来是对自己非常有利的情报，反而成为自己的绊脚石，这可真是不划算。

看到这里，你肯定会说：“不用说我早就已经知道这个道理了！”但是，你是不是真的能时刻地记住这个原则，还随时谨记在心呢？

一般来说，每个公司都会有能力强与能力一般的人，主管总是喜欢把工作交代给能力比较强的人，认为能力强的人能够不负所托完成任务。因此，这一类的人多半容易骄傲自满，容易锋芒毕露，容易遭人嫉妒。所以，在待人处世中，聪明的人都懂得明哲保身、不显露自己全部的实力这个道理，不让人了解自己究竟有多少战斗力。

在决斗一开始的时候宝刀不可随便出鞘，如果决斗刚开始你就先亮出自己的宝刀，那么这一场决斗你就输定了。在最后关头宝刀方可出鞘，你这样才可能有反败为胜的机会。无论何时都不可让对方从一开始就追着你打，否则到最后你只有弃城投降一条路。如果不知道对方的实力，就不能掉以轻心。

说话时显露自己的聪明，锋芒毕露、咄咄逼人，事事都想显示自己高人一筹，这样做即使不为人所嫉，也会为人所伤。

★沉默是金，善默即是能语

善默即是能语，用晦即是处明。

——《小窗幽记》

善于沉默也是能说话，常常隐势即是懂得张扬。

在和人交往中，为避免恶语伤人，殃及无辜，要注意问话的技巧和分寸，从而达到顺利沟通的目的，让交谈的局势与结果对自己有利。就算初次见面的人也不例外。有的人问话一出，便立即打开了对方的话匣子，大家相见恨晚，成了很要好的朋友；有的人话一出口，便让对方无言以对，场面尴尬，双方只得以说“再见”收场。

一些领导到某处开会，当地习惯早餐是稀饭、馒头、每人一个鸡蛋。这天清晨，一个领导剥开鸡蛋，发现是坏的，就和服务小姐说：“给我换一个，这个鸡蛋坏了。”

一会儿，小姐就回来了，可是不记得想换鸡蛋的是哪个人了。就大声喊了起来：“谁的蛋坏了？”

众领导都不说话。小姐又喊了一句：“谁的蛋坏了？”

还是无人答应。

此时，餐厅主任过来对服务员说：“你这小姑娘真没礼貌，应该这样问：‘哪位领导的蛋坏了？”’忽然，餐厅主任回过神来也觉得不对劲，赶紧又高声喊了一句：“哪位领导是坏蛋？”

这个故事中的服务小姐与餐厅主任都没有注意问话的分寸，闹出了笑话。

可见，发问也是说话艺术，对“拉近”双方的距离有至关重要的作用。

一家饭店招聘服务员，有两位年轻人来应聘。

第一位应聘者如此招呼光临的顾客：“您好，您吃鸡蛋吗？”

顾客摆了摆手，对话就此结束了。

第二位应聘者如此招呼光临的顾客：“您好，请问您要一个鸡蛋还是两个鸡蛋？”

顾客笑着回答：“一个鸡蛋。”

可见，第二位应聘者的说话方式相当成功。他在这里采用的是限制性提问。此类提问有两个特点：

首先，在提问中便限制了对方可能做出的回答，刻意地把对方的思路引向提问者所希望的答案上。

其次，这类发问使对方从中感受到提问者的诚意，有亲切之感，觉得盛情难却，不好意思拒绝，就算原来想拒绝，有时也会顺着问话人的意思做出答复。

这类提问一般只适用于预期目的非常明确的情况，在情况不是很了解又无明确目的的时候，提问的范围宜大、宜活，必须给对方的回答留有自由选择的余地。例如，倘若你在办公室上班，别人用完了扫描仪忘记了关掉，你可以很随意地问一句：

“请问您现在还用扫描仪吗？”

这样就比直接说“扫描仪用完之后怎么不及时关掉”委婉一些。

无论如何，问话一定要把握分寸，掌握技巧，不能乱开金口，否则会伤人无数。

第三篇 《围炉夜话》智慧通解

导读

西方人有他们的壁炉，中国人有自己的炭盆，还有一部《围炉夜话》。

《围炉夜话》一书是清人王永彬所著。此书不以逻辑严密的专论见长，而以短小精辟、富于哲理的格言取胜。本书以“安身立业”为总话题，分别从道德、修身、读书、安贫乐道、教子、忠孝和勤俭等十个方面，揭示“立德、立功、立言”“皆以”立业为本的深刻含义。

《围炉夜话》正如其名，疲倦地送走喧嚣的白昼，炉边围坐，会顿感世界原来是这样的宁静。在如此宁静而温暖的氛围下，白昼里浊浊红尘蹇塞的种种烦闷，会不自觉地升华为对生活、对生命的洞然。

夜是这样的美妙，更何况围坐在暖暖的炉边呢？静夜炉边独坐，品味清朝王永彬先生的《围炉夜话》，体味作者以平淡而优美的话语，讳讳叙出的琐碎的生活中做人的道理，就如炎夏饮一杯清凉的酸梅汤，令人神清气爽，茅塞顿开。

中国传统文人是快乐是超速，抑或痛苦、压抑，现在难以说得清楚。那代文人即使在生活安逸、仕途得意时，心中也常存为天地立心为万民请命的忧患意识，而在陡遭不测，倾家荡产时，又能常常保持一份无怨无悔的淡然心态。这就是中国传统文化的底蕴，因其博大，受其滋润的中国文人的心胸也是宽广大度的，其精神世界更是丰富多彩。

纵观现实生活中的一些人和事，王永彬先生在《围炉夜话》中的一些词句让人读后回味无穷，受益匪浅。

第一章 诚信乃领导者立身之本

★做本分人,听稳当话

稳当话,却是平常话,所以听稳当话者不多;本分人,即是快活人,无奈做本分人者甚少。

——《围炉夜话》

如果心中平静,以自己想要的生活为乐,就能够寻找到一片属于自己的天空,达到人生的快乐境界。北宋著名的文学家苏东坡就是一位能够将“说平常话,做本分人”的道理运用到自己生活中的典范。

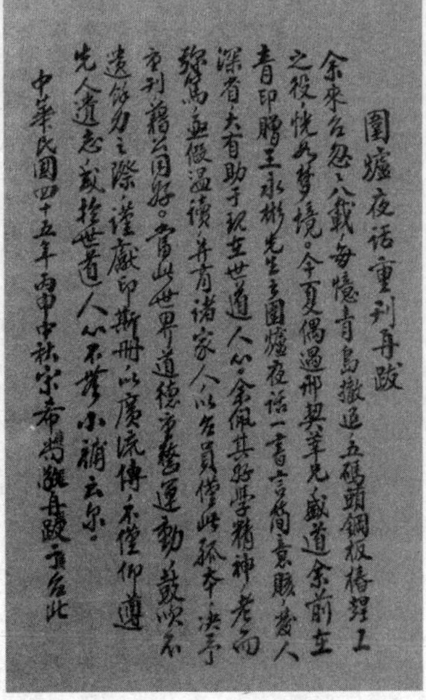
圍爐夜话重刊再跋

《围炉夜话》书影

苏东坡因为受到奸臣的诽谤,由杭州通判改任密州通判。密州地处古时的鲁地,交通闭塞,环境很差,和号称“人间天堂”的杭州简直没法比。而且密州适逢连年干旱,收成不好,吃的东西十分欠缺。东坡和家人有时候甚至以枸杞、菊花等野菜作为口粮。人们都认为东坡生活得肯定很苦闷。

谁知,苏东坡到了密州一年后,不仅没有郁郁消瘦,相反,还长胖了,甚至过去的白头发有的也变黑了。这奥妙在哪里呢?苏东坡旷达的性格起了主要的作用。

看看苏东坡自己是怎么说的吧。他说,我很喜欢密州淳厚的风俗,这里的官员百姓也都乐于接受我的管理。于是我有闲情自己整理花园,清扫庭院,修整破漏的房屋;在我家园子的北面,有一个旧亭台,稍加修复后,我就能够时常登高望远,放任自己的思绪,做无穷遐想。往南面看,是隐隐约约、若近若远的马耳山和常山,大概是有隐君子吧!向东看是卢山,这里是秦时的隐士卢敖得道成仙的地方；往西望是穆陵关，隐隐约约像城郭一样，姜尚父、齐桓公这些古人好像都还存在；向北可俯瞰潍水河，想起淮阴侯韩信过去在这里的辉煌业绩，又想到他的悲惨命运，不免慨然叹息。这个亭台既高又安静，夏天凉爽，冬天暖和，一年四季，早早晚晚，我时常登临这个地方。自己摘园子里的蔬菜瓜果，捕池塘里的鱼儿，酿高粱酒，煮糙米饭吃，真是乐在其中。

苏东坡以一颗平常旷达之心，身处险地而仍然能够处处找到使自己欢乐的事，可谓是深得人生三昧呀！

苏轼一生坎坷，但他却总以一颗旷达的心来适应不同的处境，不仅寻找到了自己人生的幸福，而且在事业上也取得了辉煌的成就。苏轼的经历给予我们当今领导者这样的启示：真正的幸福不在于拥有多少财富，做了多高的官，而在于以自己的生活为乐。做本分人，说本分话，这是最为平凡的一种人生态度。然而只有在平凡中才能够保持人的纯真本性，进而在平凡中获得真正的人生幸福。

★立信才能立身

一信字是立身之本，所以人不可无也；
一恕字是接物之要，所以终身可行也。

——《围炉夜话》

信，是人立身处世的根本。“人而无信，不知其可”。《说文》中对“信”的解释是：“人言也，人言则无不信者，故从人言。”这就是说，“信”就是人所讲的话，不是人讲的话才会无“信”。一个人如果无“信”，别人就不会把你当人看待，那么，你又有什么颜面和别人交往呢？

《全唐诗补逸》卷二中有首诗说：“立身在笃信，景行胜将金。”诚挚守信，是做人的一种高尚品行，是立身创业的根本所在，它胜过手中的黄金，是金钱不能换来的无价之宝。信又是精诚团结、“化干戈为玉帛”的良药。《傅子·义信篇》中说：“以信待人，不信思信；不信待人，信思不信。”也就是说，对人诚恳守信用，即使别人原先不信任的，也会转为信任；对人虚伪不讲信用，即使别人原先信任的，也会转为不信任。

恪守道义的信，不仅能使自己实现心灵的净化和品行的升华，而且可以化解矛盾，消除别人的戒心，赢得真诚的信赖和友谊。而那些虚伪失信、圆滑处世的伎俩，虽然可以一时骗取到别人的信任而得到意外的“收获”，但谎言不会长久，伪饰破处，便是身败名裂。

“恕”，是为人处世之要，是人值得终生奉行的高尚品德。将心比心谓之诚，推己及人谓之恕。清朝金兰生在《格言联璧·持躬》中说：

以恕己之心恕人则全交，以责人之心责己则寡过。

这就是说，用宽恕自己的心思去宽恕别人，就能够和别人保全友好关系；用责备别人的心思来责备自己，自己就可以减少过错。

人往往喜欢指责别人的过错，而原谅自己的过错，由此引出无尽的口角纷争和不快。如果严己宽人，责己容人，则会和睦相处，增进友谊，携手共进。"恕"不是权宜之计，也不必图一时实用，而要诚挚为怀、奉行一生。正如《格言联璧·处事》所说的：

以真实肝胆待人，事虽未必成功，日后人必见我之肝胆；

以诈伪心肠处事，人即一时受惑，日后人必见我之心肠。

日久见人心，真心真意地待人，有时不一定马上被人理解，但终究会被人理解。虚情假意地为人处世，即使别人一时受蒙蔽，但终究会被别人识破，也就会"与人以实，虽疏必密；与人以虚，虽戚必疏"。

领导者在生活中，不免有喜有忧有怨，喜时不忘忧人之虑，忧时要做到"己所不欲，勿施于人"，怨时要做到以德报怨。孟子主张"忧人之忧，乐人之乐"。你把别人的快乐作为自己的快乐，别人也会将你的忧愁和快乐当作自己的忧愁和快乐。这样就会广结善缘，形成良好的人际关系，形成积极向上的进取动力。

第二章　做事光明正大，做人光明磊落

★光明正大，做个有“涵养”的领导

不忮不求，可想见光明境界；勿忘勿助，是形容涵养功夫。

——《围炉夜话》

领导者当别人强于自己时，就使用卑鄙的手段，来攻击别人，这就不是君子所为了。不嫉妒别人，没有奢求的心理，这才是一个光明正大的领导者。

郑庄公约定齐、鲁二国，会师伐许，先在国中行大阅告天之礼，特制一幅方一丈二尺，竿长三丈三尺的大旗，建于铁车上，下令有能举大旗行走者，拜为前锋，并赐以战车。大夫瑕叔盈先举起，后颍考叔拔旗挥舞，观者惊服。庄公即以车赐颍考叔，不料子都自谓也能舞旗，与颍考叔争夺，几乎用武决斗，幸亏郑庄公从中间进行调解，三人各得赐车而散。

待到七月，兵临许城，攻打了两天都没有攻下来。到第三天，颍考叔奋勇举旗，率先跃上城墙，子都嫉妒其功，暗中发箭射死颍考叔，大军几乎溃败。瑕叔盈愤极，随亦挟旗登城，众军望见大旗，奋勇争先，攻下许国。

后班师归国，郑庄公厚赏瑕叔盈，并思念颍考叔，深恨阴伤颍考叔之人，却不知是谁。乃使随征各将士宰鸡犬猪羊，召巫史为文，以咒诅之。受到诅咒的公孙子都，蓬头垢面来到郑庄公面前，跪地哭诉事件经过。说完即以手自扼其喉而死。

有宽阔的胸怀，可称得上是光明正大；而能够设身处地为他人着想，这就是有涵养的领导者了。

在17世纪，丹麦和瑞典发生战争，一场激烈的战役下来，丹麦打了胜仗，一个丹麦士兵坐下来，正准备取出壶中的水解渴，突然听到哀哼的声音，原来在不远处躺着一个受了重伤的瑞典人，正双眼看着他的水壶。

“你的需要比我大。”

丹麦士兵走过去，把水壶送到伤者的口中，但是对方竟然伸出长矛刺向他，幸好偏了一边，只伤到他的手臂。

“嗨！你竟然如此回报我。”丹麦士兵说：“我原来要把整壶水给你喝，现在只能给你

一半了。”

这件事后来被国王知道了，特别召见这个丹麦士兵，问他为什么不把那个忘恩负义的家伙杀掉？

他轻松地回答：“我不想杀受伤的人。”

嫉妒是一把双刃剑，伤害了别人的同时，也伤害了自己，所以不可怀有嫉妒之心。只有不怀嫉妒心，不为名利累，才可以见其光明境界。一个领导者要有光明境界，还必须讲究内在的涵养。这要能够尽其力为别人做事，哪怕是细小之事。只要精诚所至，切实做来，就会被世人誉为有“涵养”的人。

★德高才能望重

人之足传，在有德，不在有位；世所相信，在能行，不在能言。

——《围炉夜话》

要做一个有声望的领导者，品德是根本，只有德高才能望重。一个品德高尚的领导者，就能够得到大家发自内心的尊重。

晋灵公

晋灵公有一次用餐的时候，厨师没把熊掌炖烂，灵公一生气就杀死他，并让人把厨师的尸体扔出去。当手下抬着尸体经过朝堂的时候，在内议事的赵盾、随会看见了人手，就准备劝谏灵公。以前二人曾多次劝谏，灵公早已不耐烦二人的聒噪了。这次随会先来劝谏时，他不但不听，还大发雷霆，把随会赶走了。晋灵公还怕赵盾接着来，就命令诅麑去行刺。诅麑来到赵盾寝室外，看见他在只身一人时，也能端身正坐、合乎礼节，就退下了。诅麑叹一声：“杀死忠心耿耿的大臣，与违抗国君的命令同罪。”就撞树自杀了。

九月，灵公请赵盾入宫中饮宴，暗中埋伏武士，想再次刺杀他。宫中有一个厨师亓眯明知道后，担心赵盾酒醉不能起身，就进去说：“国君赐酒，臣子依礼不应喝过三巡。”于是忙扶赵盾下堂，让他走在前面，逃离险境。

灵公的伏兵还未集合，只好先放猛犬扑咬赵盾，亓眯明奋力杀死了它们。赵盾说：“用狗而不用人，虽然它们凶猛，又有什么用呢？”这时，他还不知道亓眯明这么做是为报答他的施食之恩。一会儿，灵公的武士追杀上来，亓眯明挡住他们，赵盾才得以脱身。赵盾问他为何如此，亓眯明只说：“我是桑树下那个快饿死的人。”再问其姓名，他没有回答，就逃亡去了。

原来以前赵盾在首阳山下打猎，看见桑树下饿倒了一个人，就是亓眯明。赵盾送给他食物，他只吃一半。问他为什么这么做，回答："我在外做臣仆三年，不知道母亲还在不在，所以想留一半食物给她。"赵盾敬佩他的孝义，又给了他许多食品。后来，亓眯明做了晋国王宫中的厨师，赵盾还不知道这件事。没想到他竟救了自己一命。

具备了高尚的道德，别人即使舍了性命也会来报答你。所以说，德是做人之本，但是道德并不是凭借口头上说说就可以了，关键是要有真正的行动。

明朝的罗伦，为人刚正，严于律己，对于有道义的事情必竭力为之。但是他对于名声却看得很淡。他辞官回乡后，订立了乡约，当地百姓一同遵守，不敢违犯。

罗伦衣食俭朴，有人以好衣服相赠，他见路上有将冻死的人，就脱下来盖在那人身上。罗伦早晨留客人吃饭，妻子到邻家借米，中午才回来做饭，家中贫困如此，他也不以为意。后来，罗伦在金牛山人迹罕至之处筑屋，隐居其中著书立说，四方学者闻名而来求学的特别多。

罗伦进京赶考。由于路上遇事耽搁，眼看就要延误考期了，于是罗伦就带着书童匆匆赶路。一天，他们来到客栈住宿。罗伦发现盘缠已不多了。正在他发愁的时候，书童却拿出了一只金光闪闪的镯子。原来五天前在山东境内，他们路经张员外家的大门口时，书童捡到了这只镯子，自己悄悄地收了起来。罗伦训斥了书童，并且让其立即返回山东归还镯子。书童劝他："这一去一回就要十天，会延误考期的！"但罗伦果断地说："考试耽误了还有下一次，而要昧了良心可是要悔恨终生的！"

他们日夜兼程，赶回了山东张员外家。张员外拿到了镯子，激动地说："你可救了两条人命啊！"原来，夫人在洗脸时，不小心将镯子落入水盆中，而谁也没发觉。丫鬟泼水时，把镯子一同泼到了门外。夫人发觉镯子丢了，先是怀疑丫鬟偷了，就鞭打拷问。丫鬟几次想投河寻死。后来夫人又怀疑另一人，闹得另一人也要上吊。就在这时罗伦赶到，才真相大白。

"桃李不言，下自成蹊"，一个具有高尚道德的领导者，就是出身卑微，身居陋巷，也会赢得别人的万分尊重。做善事之善者，方为世人称道。但是这一切靠的并不是口头宣扬，而是要有真切的行动。一个领导者要赢得尊重，关键是要处世有方、才华卓越，有一颗济世助人的心。

★低调行事，高调做人

自奉必减几分方好，处世须退一步为高。

——《围炉夜话》

人不要把自己看得太高，过高则易折，过满则易溢。所以，无论是在物质还是精神上，人还是要低调一点为好。

苏轼在湖州做官，三年任满，回到京城，"未去朝天子，先来谒相公"，先去拜见当朝宰相王安石。正值王安石午睡未醒，他只好在书房等候。苏东坡在书房里东张西望，发现砚匣底下有王安石写的题为《咏菊》的未完诗稿。他拿起诗稿念了一遍："西风昨夜过园林，吹落黄花遍地金。"他不禁叫道："这两句诗都是乱道。"苏东坡心想：菊花开于深秋，最能耐久，随你老来焦干枯枝，花瓣并不落。"吹落黄花遍地金"岂不是胡说八道吗？兴之所发，他就举笔续诗两句："秋花不比春花落，说与诗人仔细吟。"王安石看罢苏东坡的续诗，不动声色。后来就找了个借口把苏东坡派到黄州去当团练副使。苏东坡到了黄州，一次去花园赏花，时值重九之后，前几天又连刮大风。苏东坡来到菊花棚下，只见"满地铺金，枝上全无一朵"，惊得目瞪口呆，半晌无语。这时，他才觉悟到王安石把他调到黄州，就是要他来看"菊花落瓣的"。这位翰林学士，目穷万卷，见多识广，可是也并不知道有的地方的菊花是会落瓣的。他自恃聪明，卖弄才学，讥笑王安石，谁知道反而闹出笑话，暴露了自己的无知。不过东苏坡的可贵之处在于，他也感悟到自以为"无所不知"，实则是"有所不知"。

苏轼

俗话说得好：低调行事，高调做人。一个人的品质要高洁，但一个人的处事方法要低调。与人相处，要谦和礼让，淡泊名利，用博大的胸怀，赢得别人的尊重。

《史记》上有个"将相和"的故事。蔺相如在出使秦国和参加两国国君相会时，多次挫败秦国的阴谋，维护了赵国的尊严，为赵国立了功。尤其是因"完璧归赵"立大功而被赵惠文王封为相，官比廉颇大，地位比廉颇高。廉颇出身贵族，资格老，自恃有攻城野战的大功劳。而蔺相如只是凭着会说立功，职位却在他上面，况且蔺相如一向是个低贱的人。他感到很羞耻，忍受不了职位在蔺相如下面。并公开扬言说："我遇见蔺相如，一定羞辱他。"蔺相如听说以后，就想方设法不肯和他见面。每逢上朝的时候，他经常称病，不愿与廉颇争先后。出门的时候，他遇到廉颇，就让赶车的掉转车子避开。于是他的门下客人一起劝谏说："我们所以离开家人亲戚来服侍您，只不过是为了爱慕您崇高的品德啊。现在您和廉颇将军地位相等，廉颇将军又公开说您的坏话，您却害怕和躲避他，恐惧得特别厉害，就是一般的人尚且感到羞愧，何况是做将相的人呢？"蔺相如耐心地说服他们："像秦王那样的威风，我都敢在朝廷上斥责他，侮辱他的大臣们。我虽然愚钝无能，偏偏怕一个廉将军吗？我考虑的是秦国现在所以不敢对赵国用兵进犯，是因为赵国有我们俩人在。如果'两虎相斗，其势不俱生'，对国家就不利了。我之所以这样忍辱退让，就是因为要把国家的急难放在首位，而把个人的私怨放在后头。"这话传到廉颇那里，他十分感动，认识到自己错了，便脱衣露体，背着荆条，向蔺相如"负荆请罪"，并说："我是个见识低的人，不知道将军竟宽容我到这样的地步。"两人终于和好如初，成为誓同生死的朋友。

蔺相如为人谦虚，顾全大局，维护了将相之间的团结。廉颇骄狂自大，险些儿破坏了将相间的团结。不过，这位大将一旦认识到自己骄傲的错误，就勇于认错，坚决改正，倒是十分可取的。

“忍一下风平浪静，退一步海阔天空”，领导者与人相处，要谦和礼让，淡泊名利。这样，才会带来精神上的愉悦，更会赢得事业上的成功和别人的尊重，否则，即会落入俗套。故做人应牢记“以减求增”“以退为进”的道理。

★该进则进，该退则退

事当难处之时，只让退一步，便容易处矣；
功到将成之候，若放松一着，便不能成矣。

——《围炉夜话》

人之做事，有难易之分，有缓急之别。容易事自不必说，难事为难，倒是值得思索的。让退一步，是常用之法。让退一步不是知难而退，不去成事；而是另辟蹊径，再求他法，更好地做事。

难事成难，一是条件不成熟，二是方法不对路。条件不具备而勉强行事，不是成之极难，便是代价太大，成一事而损太多。事之成败自有定数，非人力所能为。所谓人的主观能动性，必然是在认识事物发展规律之时，对规律的主动驾驭，而不是超越它，破坏它。苏俄的“垦荒”之败，中国“大跃进”之灾，无不警示人们：条件不成熟，让退一步，培育条件，“创造条件再上”；水到渠成，瓜熟蒂落，事自成矣。

事之有成，非一途径。钻牛角，认死理，固执一法，只能是事倍功半。更重要的，是贻误了时机。让退了一步，转求他法，从死胡同里退出来。看似前功尽弃，实则是最好的方法。因为此法既为不通，仍一味求之，必然再度空耗人力、物力，浪费时间，何时有止，何时得成呢？求于他法，才可能舍死求活，转败为胜，少走弯路。转求他法，也并不仅是弃一法再求一法。若有可能，综合数法，开辟全新的道路，乃是上乘之法，即所谓的“异途原理”。

“功到将成之候，放松一着，便不能成矣。”亦如人们常言：行百里者半九十。为何功到将成之时，却放松一着，而至功不能成呢？盖因功到将成之时，人之心力已惫，以为大势已定，功将既成，便生懈怠之心，松喘气息，以至功败垂成。故有志者举事，必是一鼓作气，进行到底。

再者，功到将成之时，往往亦是最为困难之际。心志不坚者，容易心生怯意，畏难而退，而与成功失之交臂，功亏一篑。做事犹如登山，山脚路好走，山腰路易攀。及至顶峰，则崎岖坎坷，艰难异常。越是接近顶点，越是困苦倍加。是故，必得有十分努力和百倍信心，才能登上顶峰，取得成功。

前者“让退一步”，是做事方法、灵活，“后退一步自然宽”，是智者的选择；难处“若放松一着”，则是逃避困难，是懦夫的表现，因为“前进十里未必窄”。

究竟何时为退，何时为进，当事者应审时度势，恰当选择。当退不退，是为蛮干；该进不进，则是矫揉，世人当警之慎之。

★强忍为下，智忍为中，无忍为高

莫大之祸，起于须臾之不忍，不可不谨。

——《围炉夜话》

人生再大的祸事，都因于一时的不能忍耐，所以凡事不可不谨慎。

人生在世，世事纷争。不如意事常有，不自在处常遂。不如意时忍且过，不自在处忍则安。唐代苏州寒山寺里两位名寒山与拾得的高僧，两人有一番很精彩的对话。寒山问：“今有人侮我，冷笑笑我，藐视自我，毁我伤我，嫌恶恨我。”拾得曰：“子但忍受之，依他，让他，敬他，避他，苦苦耐他，装聋作哑，淡漠置他，冷眼观之，看了如何结局？”

这可谓“能忍人间难忍之事”了。如此忍耐，虽有消极避世的一面，但“淡漠置他，冷眼观之”却有一番凛然正气，包含了一种俯视人生的姿态，显示了一种清冷于荣华纷利的风骨。

忍，绝不仅仅是指忍下怒气求安、吞下苦怨求恕，而更重要的是忍怒制胜，忍怨图成。当韩信受到“胯下之辱”的时候，他以巨大的忍耐力忍受了难忍之辱，其后宏图大展。当司马迁遭受宫刑后，他以常人难忍的毅力，顽强地抵住了巨大的不幸和痛苦，终于完成了旷世之作《史记》。足见，百忍成金。人身处横逆，最可怕的是失去信念，意志沮丧，耐不住横逆。失去忍耐横逆之力，不仅无法脱困于横逆，反而会堕人万劫不复的境地。这也就是“小不忍则乱大谋”的道理所在。

人在大难当头，忍之弥坚，求得大成；在顺境安乐时，也要居安思危，保持冷静的心境。不欣羡荣华纷利，不专注花开满庭的时境。要知道花开满庭终无长，落花飘零是定数。人在生活中要忍得贫寒，不以不义手段求荣华；在为官时要忍得寂寞，得到重用忍不亢，得不到重用忍不卑。三国时的蜀国重臣杨仪，因未受到重用，而忍不住乱发牢骚，结果被小人告发，被贬为庶人。对此结局更不能忍，自刎而死，何苦，何惨！

忍又有可忍、不可忍或值得忍、不值得忍的区别。对个人的一己私利尽可忍得，忍后心地自宽；对一时的意气冲动切忌不忍，不忍则祸端遂起。但当国家和人民的利益受到损失，则不能忍，忍了则失大义；对有损国格、人格、民族气币的恶劣行为和衰败现象，则不能忍，忍了则辱人格；对社会腐败现象、邪恶奸佞，则不能忍，忍了则纵恶邪。因此，大义之忍，并非不怒。

忍，有境界高下之分。强忍为下，即勉强、克制、被动地忍，而不是主动自觉地忍。这种较之不能忍是可贵的，但境界不高，难以做谨慎自为；智忍为中，即理智自觉，争辩是非曲直，当忍则忍，可不忍则不忍；“是可忍孰不可忍”；无忍为高，即“从心所欲而不逾矩”，忍内化为一种高尚品质和行为习惯。这是忍的最高境界，亦应成为人们忍性修养的远大目标。

第三章　济世利民，方可名垂青史

★不比俸禄比学问

不与人争得失，唯求己有知能。

——《围炉夜话》

真正在事业上有所成就的领导者，无不是一心只追求学业知识，而不顾及名利得失的人。只有如此，才能够获得大学问，成就大事业。

英国物理学家和化学家法拉第(1791~1867)，原是一个学装订的学徒工。1812 年 10 月，大名鼎鼎的英国化学权威戴维教授，准备在伦敦大不列颠皇家学院举办讲座。法拉第知道后，弄到了一张听课证。在课堂上他认真听讲，认真做笔记。回到店里又一笔一画地抄写清楚，还不厌其烦地做化学试验。他立志在化学事业上有所作为。

法拉第这样做，引起了店主的不满，说他整天不务正业，胡思乱想，并下令不许他再在店里看科学书籍，否则就开除他。这个突然的打击，曾一度使法拉第非常苦恼，后来他索性给戴维写了一封信，说明自己对化学发生了浓厚的兴趣，并希望在他的身边做一些事情。几个月后，他出乎意料地得到戴维的答复，同意他到皇家学院当一名实验室的助手。

翌年 10 月，戴维教授要带着刚结婚的夫人离开英国，去欧洲大陆旅行，并让法拉第随行。戴维夫人是一个傲慢的女人，她待人苛刻，旅行的路上，把法拉第当仆从使唤，有时还不给他饭吃，气得法拉第好几次想中途离去。可是，为了实现自己的志向，他只好忍气吞声。就这样，他虽然在旅途中受到戴维夫人的凌辱，但却大大地开了眼界，认识了当时欧洲大陆上的不少科学家，学到了许多在实验室里学不到的知识。

回到伦敦，他依然勤勤恳恳地帮助戴维做化学实验，久而久之，法拉第从戴维教授那里学到了一手精湛的实验技术，后来，在物理和化学领域做出了重要贡献。

一名学徒工成为大科学家，这期间要经受多少艰辛和磨难。法拉第成功了，因为他是一个有志者。

“人之有心，犹舟之有舵；舵横则舟横，舵正则舟正。”领导者勿与人争物质之高下，只

求得学问之高深。唯其如此，才能够超越自我，求得自己智慧和能力上的渊博和有为。

★甘于吃亏，“吃亏”亦是福

十分不耐烦，乃为人之大病；
一味学吃亏，是处事之良方。

——《围炉夜话》

人生既如登山涉河，又是一个竞技场。登山、涉河、竞技者，唯有不堕浩气，遇险不畏其险，处逆境而弥坚，持“志”以恒，才有可能登上风光无限的高峰，抵达“风景这边独好”的彼岸，才能做人之所难为之事，获得最甜蜜的果实。相反，如若见难就避，遇险即弃，怠慢消极，就会一事无成。因为世界上的任何事情，都不可能是无险无阻、唾手可得的。

古人说：“有为者譬若掘井，掘井九轫而不及泉，就为弃井也。”“行百里者半九十”，“行险者不得履绳，出林者不得直道”。志在获得成功者，应该有勇往直前，奋然前行的耐心。经验证明，有许多本来可以取得成果，摘取某一领域桂冠者，由于缺乏做最后也是最艰难的冲刺，最终导致功亏一篑，一无所获。

与人相处也是如此，一个缺乏耐心的人，就会与本来可以有益于己的朋友失之交臂，也会在商场的谈判桌上，在纵横捭阖的交际场上一败涂地。没要必要的耐心，就会显得浮躁冒进，就难免在工作中造成不应有的损失。

王国维

“天将降大任于斯人也，必先苦其心志，劳其筋骨，饿其体肤，行拂乱其所为，增益其所不能”。不为苦中苦，难做人上人。不经过艰苦卓绝的锻造，不历经风霜苦雨的洗礼，梦想天发慈悲，事事皆称心如意，是幼稚、愚蠢、不切合实际的。

清末著名学者王国维在《人间词话》中说：

古今成大事、大学问者，必经三种境界：昨夜西风凋碧树，独上高楼，望断天涯路。此第一境也；衣带渐宽终不悔，为伊消得人憔悴。此第二境也；众里寻他千百度，蓦然回首，那人却在灯火阑珊处。此第三境也。

此处对有作为者人生道路的总结，可谓切中肯綮，一语中的。要有大作为，就须耐得住寂寞，经受得起意志的磨砺，要不急不躁，无怨无悔，于千挫百折中练就吃苦耐劳的坚强意志，最后必是柳暗花明，走向成功的坦途。

“梅花香自苦寒来”，没有耐心，是许多人的一大缺点。同时，只想获利而不愿吃亏，也是某些人身上存在的诟病。见蝇头小利，便忘却大义，只求人人为我，事事以我的利益为轴心精打细算。“拔一毛而利天下，不为也”，这种极端自私自利的人生观，是不足取的。做人要常抱甘于吃亏的态度，这样，才能方便他人，与人方便，也于己方便。

当然，我们说甘于吃亏，并不是要姑息养奸，纵容恶德败行。与之相反，而是要用自己甘于吃亏的思想品德，去感化他人，树立“亏了我一个，幸福十亿人”的高风亮节。顾全大局，把集体、国家的利益视为高于一切的利益，自觉地矫正大家与小家的利害关系。不断地以超然的风标，完美的人生，勇做一个“纯粹的、脱离低级趣味的、有益于人民的”人。

★拥有济世心，虑事多甚微

济世虽乏赀财，而存心方便，即称长者；生资虽少智慧，而虑事精详，即是能人。

——《围炉夜话》

能够仗义疏财，扶危救困，固然值得称道。但是，有许多事情，不是单靠资财就可以解决、化解的。对于有些事、有些人，需要的更多的是精神方面的救助。

德高望重的现代文学巨匠郭沫若，有一次到黄山旅游，发现一女青年站在悬崖边，神情颓丧。细心的郭老便立即上前询问根由，经过交谈，郭老才闹明白。原来，这位女青年因数次高考未中而觉得无颜活在人世，准备告别人世，她还做了一副对联：

年年高考年年落榜，事事难成事事无望。

郭老听后，首先夸奖女青年的古文功底不错，对联写得工整。然后郭老语重心长地对这个女青年说，只是这对联过于消极了。女青年被眼前这位忠厚长者的言行感染了，便开始与郭老探讨她的对联，郭老说，你这副对联对得虽然工整，但是太消极，不妨改成这样：

年年高考年年考，事事难成事事成。

在郭老的鼓励下，这位女青年便打消了自杀的念头，发奋努力，最后终于跨进了大学校门，并成为小有名气的作家。

世界上的许多益言善行，就都发生在我们的身边，只要处处留心，善于助人为乐，抵达忠厚有德的长者的境界，并非可望而不可即的事情。而做事之前如果能够考虑周全，辨明是非功过，就是能干的人。

意大利商人邓肯走进一家银行的贷款部，大大咧咧地坐下来。“请问，有什么需要帮忙的吗？”贷款部经理一边问，一边打量着一身名牌穿戴的邓肯。

“我想贷款。”

“好啊，您要贷多少？”

“1 美元。”

“啊？只需要 1 美元？”

“不错，只贷 1 美元。难道不可以吗？”

“当然可以。只要有担保，再多点也无妨。”

"好吧,这些担保可以吗?"邓肯说着,从豪华的皮包里取出一堆股票等等,放在经理的写字台上。说:"这些东西的总价值大概有50多万美元。够了吧?"

"当然,当然!不过先生,您真的只要贷1美元吗?"

"是的。"说着,邓肯接过了1美元。

"年息为6%。只要您付出6%的利息,一年后归还,我们就可以把这些股票还给您。"

"谢谢。"说完,意大利人就准备离开银行。

银行的行长这天正在这里,他一直在旁边冷眼观看。他怎么也弄不明白,一个拥有50万美元的有钱人,怎么会来银行贷1美元。他匆匆忙忙地赶上前去,对邓肯说:"啊,这位先生请留步!"

"有什么事情吗?"邓肯问。

"我实在搞不明白,您拥有50万美元,为什么只贷1美元呢?要是您想贷个三四十万美元,我们也会很乐意的……"银行行长说。

"谢谢你的好意。看在你这么热情的份儿上,我不妨将实情告诉你。"邓肯微笑着说,"我是来贵地做生意的,感觉随身携带这么多的钱很碍事,就想找个地方存放起来。在来贵行之前,我问过好几家金库,他们保险箱的租金都很昂贵。所以嘛,我就准备在贵行寄存这些股票。租金实在太便宜了,一年只需花6美分……"

中国传统文化中,劝人以资财济世者并不是很多,更多的是从心灵上给人以教导。以资财济世只是一时之功,而救治人的精神使其自立,其功效则更为有益。这样的人就能够称得上一个忠厚的长者。智与愚是相对而言的,只要能够正确地认识自我,善于扬长避短,谨小慎微,做事之前仔细计划,思虑周全,这样也就是一个能干的人。

★生时济世民,声誉载史册

但作里中不可少主人,便为于世有济;必使身后有可传之事,方为此生不虚。

——《围炉夜话》

人的一生,不追求轰轰烈烈,只要能够平平淡淡做对他人有益的事,就是一个对社会有用的人。

杨荣是明朝时代福建省建宁县人,他的祖宗三代都是划渡舟的船夫,直到杨荣这一代才读书。

杨荣的曾祖及祖父,虽是贫穷的渡舟夫,却不为满河的横财而动心,一次也没有捞取河中的财物,只是全心全力救助水灾中沉溺的人们。那许多从沉溺中被救出的灾民,因为都是家破人亡,也无法报答救命的恩德。因此其他捞取财物的渡舟夫都成了富人,独有杨荣的曾祖及祖父,只救人而不捞财,还是贫穷依然。但是他们在社会上名望很高,人们都很尊敬他们。

使自己名留千古，并不是一件容易的事。只要自己努力，能够使自己的名声流传下来，此生便没有虚度。

社会也需要这样的人，因为一个社会总是由无数个“乡里”集成的。“为官一任，造福一方”。虽然身不在宦途，但都不可无“造福一方”的抱负。以自己的力量扶弱济困，以自己的德义教化乡里，使风俗淳厚，道德四布；老者乐于晚年，壮者安守其业，幼者勤于学问。虽只是济世一方，却也是对社会的大贡献。因为，如果乡乡里里都有这样“不可缺少之人”，整个社会自然就会安享太平了。

将个人融入群体，使他人感到自己就像这个群体每个人体内的血液一样不可须臾短缺。这样一来，生前死后都可以名垂乡里。

人之于历史、社会、时代，都是很渺小的。能做到“身后有可传之事”，绝非易事。但不易却并非不能，水无定势，事在人为。只要自身肯于努力，肯做他人不愿或不屑做的事，肯做他人不能做却有福于众的事。潜心固态，奋然不懈。即使是助饥者一饭、济寒者一衣，也会得到人们的传颂。这样的益事做得多了，就会像小溪汇入汪洋，愈流愈广。就是到了人生的尽头，回首往事，也不会觉得自己虚度了一生。

有一首诗写道：

有的人死了，他还活着；

有的人活着，他已经死了。

常做有益于人的事，常为他人谋福利。即使不在人世，人们却会永远记住他，他的佳言善行永远活在活人的心中。而那些自私自利，横行乡里，把自己的幸福建立在他人的痛苦之上的人，虽然还苟活于世，但他在人们的心目中早已死掉。

江河不可塞，人心不可违，凡做顺乎民心人意之事的领导者，其生命的价值将与日月同在。

★静能生悟，俭可养廉

俭可养廉，觉茅舍竹篱，自饶清趣；

静能生悟，即鸟啼花落，都是化机。

一生快活皆庸福，

万种艰辛出伟人。

——《围炉夜话》

人都想生活得快活一些，然而又活得很累，缘故何在呢？根子则在于贪慕物欲而失去了清趣，羡慕浮华而丢掉了宁静。

淡泊以明志，勤俭而养廉。即使住在竹篱围绕的茅屋里，也别有一番情趣在。

《菜根谭》中指出：“人生减省一分，便超脱一分。”在人生的旅程中，如果能够在物欲上减省去一些，便能够在精神上超脱一分。人贵在不为欲望所驱使，心灵一旦为欲望所侵蚀，就无法超脱红尘，反而会为欲火所吞灭。

只有把欲望之火泯灭，才能在现实生活中获得人生的真正快乐。人们若是过惯了俭约勤劳的生活，就不会为贪欲所困扰，也不会被物欲浮华的扰乱而改变自己的心志。这就是“俭可养廉”“茅舍竹篱，自有清趣”的道理。

“沉静是美质”，“宁静以致远”。吕新吾以“沉静是美质”来描绘他心中的理想人格，他说：沉静的人，“他的内心是很沉稳的”；而不沉静的人，“当自己无聊寂寞的时候，或是遭遇到什么难题，便无法克制地喋喋不休，大发谬论。这种人，即使本身非常孤傲，也不能称得上是一个有德行的人”。

是的，人心在纷争扰攘中，最容易为外界五光十色所迷惑，无法酝酿出深刻的道理来。只有在心情宁静时，一方心湖澄澈清明了，才能够照亮天光云影与万化的生机。此时，即使是听一声鸟鸣，或是观一朵花的凋落，都能悟得出生命的至理。可见静能出神入化。正如王维《鸟鸣涧》中说的：

人闲桂花落，夜静春山空。

月出惊山鸟，时鸣春涧中。

那种清静的境界，真不知有多少的奥妙。不在其中的人，的确很难以理会。要想领略那王维的境界，最好是进入那真正的清静之中。

“快活出庸福，艰辛出伟大”。一辈子快活无忧地过日子，几乎是所有平常人的心愿。只是那些“平常人”欲显贵显荣达非凡的人，才会带来烦恼和不快。更有一些“身为下贱，心比天高”的狂想者，则更感到苦闷不安，万事不顺。因此，还是脚踏实地，立于平凡，清清白白做人，老老实实做事，才有快活和福气。

至于出于平凡而成为伟人或名人的人，他们则是在历经万种艰辛、万般磨难之后才造就不凡的。不凡的造就，需要有不凡的勇气、非凡的毅力和非凡的作为。他们的艰辛为一般人所难以承受，因此他们得到的快活也是一般人望尘莫及的。这又告诉我们，不劳而获无快活，不义而求是罪过。陶渊明荷锄而种，嵇叔夜树下锻炼，何等艰辛，然而却自有快活。他们万世流芳之精神，令后人可歌可泣，得奋进之快活。

★尊敬他人，依靠自己

敬他人，即是敬自己；

靠自己，胜于靠他人。

——《围炉夜话》

孟子曰：“仁者爱人，有礼者敬人。爱人者，人恒爱之；敬人者，人恒敬之。”中国人崇尚“礼尚往来”“投桃报李”，尊重别人的人，常常会得到别人的尊重，有时会得到更多人的回报。所以说，敬他人，即是敬自己。

儒家强调“敬为大”。敬，不仅要用于修身、齐家，而且特别要用于治国、平天下。尊重别人是一种美德，尊重别国，尊重天下，是国君的职责。君不见，古代所谓“睦邻友好”“礼仪之邦”“秦晋之好”，哪一个不是建立在相互尊重的基础上？“人敬我一尺，我敬人一丈”，向来是君子为人之准则。

尊重他人，并不是满口虚话，阿谀奉承，而是要以诚相待、以礼相待，“身不用礼，而望礼于人；身不用德，而望德于人，乱也”。没见过你待人客客气气，他却对你横眉冷对的。除非或有前嫌，或是误会，那自然是例外。如果老是论人是非，攻讦他人隐私，却想让人尊重于你，那可能吗？

靠他人做事，莫若靠自己。因为，依赖于别人，就要仰人鼻息。别人帮你做事，不见得完全合你的意。即使令你满意，也亏欠了人情，总有一种负疚感，老想找机会报答别人。如找不到机会，倘见了面，也老不自在，弄得自己很被动；靠别人，自然会给人家添麻烦，若是他乐意，自然更好。若不乐意，难免使双方处于尴尬境地。既伤面子，又伤感情。

由此看来，自己的事情还是自己做好，一来能完全按自己的意图去办，做好做歹怨不得别人；二来亲自实践，增长能力，多一份见识；三来免于亏欠人情。有句俗话说得好：

靠山山会倒，靠人人会跑，靠自己最好。

可不是吗？靠他人做事，无论是不是至亲好友，总不太好。许多事情，除非是万不得已，自己能做的，还是尽量靠自己。当然，为了争取时间，节约物力、人力、财力，相互帮助把事情办好，那是另一码事了。

第四章　做事需勤勉，临乱而不惊

★泰山崩于前而色不变，大英雄也

陶侃运甓官斋，其精勤可企而及也；谢安围棋别墅，其镇定非学而能也。

——《围炉夜话》

要想成为一个有所作为领导者，就要平时注意锻炼自己的意志，有意识的自我检束，自我加压，以勤督行，逐步养成吃苦耐劳、踏实为事的生活作风和良好的习惯，为以后的成功打下良好的基础。

青年时代的毛泽东为了以后的成功，就很注意锻炼身体，在他看来，锻炼身体就是锻炼自己的意志。毛泽东解释说："我'身亦不强'。"因而他和他的朋友都成为热心的体育锻炼者。

在寒假当中，毛泽东和他的同学们徒步穿野越林，爬山绕城，渡江过河。遇到下雨，就脱掉衬衣让雨淋，说这是雨浴。烈日当空，就脱掉衬衣，说是日光浴。春风吹来的时候，他们高声叫嚷，说这是叫作"风浴"的体育新项目。在已经下霜的日子，他们就露天睡觉，甚至到11月份，还在寒冷的河水里游泳。这一切都是在"体格锻炼"的名义下进行的。这一切对于增强青年时代毛泽东的体格很有帮助，后来在华南多次往返行军中，从江西到西北的长征中，这样的体格可是帮了毛泽东大忙。

毛泽东当时最喜欢的一种锻炼方式是每天洗冷水澡，他从未间断过，冬天也如此。按照传记的说法，在师范学校的最后两年，他组织20多人，每天清晨起来就来到井边，大家脱光衣服，各人从井里提起一桶桶冷水从头浇淋全身。自己淋，也彼此对着淋。

即使在下雨、下雪和寒风刺骨的秋冬季节，他们还经常赤着上身，在学校的后山跑动……有次学校开运动会，忽然大雨倾盆，大家都急着跑回屋内，唯有他毫不在乎，等候大家走尽，才回教室，全身都湿透了。

另一项喜爱的运动是游泳。毛泽东常与蔡和森等几个朋友课后到湘江游泳，暑假他们结伴住在岳麓山时，常常在夕阳西下的时候，到湘江中一狭长的沙洲那儿去游泳。游完后，他们"就在沙滩上或坐、或睡、或赛跑，兴之所至，随意漫谈，他们的身体淋浴在流光晚照之中，他们的心却驰骋在人生的战场上”。

青年时代的毛泽东完全是在实践孟子的教诲：“天将降大任于斯人也，必先苦其心志，劳其筋骨，饿其体肤，空乏其身，行拂乱其所为，是以动心忍性，增益其所不能。”

能够成就一番大事业的领导者，不仅要注意平时多锻炼自己，还要具有镇定的品质。谢安的镇定就是千古传诵的典范。

咸安二年(372)，即位不到一年的简文帝就在忧惧中死去，太子司马曜即位，是为孝武帝。原来满心期待着简文帝临终前会把皇位禅让给自己的桓温大失所望，便以进京祭奠简文帝为由，于宁康元年(373)二月率军来到建康城外，准备杀大臣以立威。他在新亭预先埋伏了兵士，下令召见谢安和王坦之。

当时，京城内人心惶惶，王坦之非常害怕，问谢安怎么办。谢安神情坦然地说：“晋祚存亡，在此一行。”王坦之硬着头皮与谢安一起出城来到桓温营帐，紧张得汗流浃背，把衣衫都沾湿了，手中的朝板也拿颠倒了。谢安却从容不迫地就座，然后神色自若地对桓温说：“我听说有道的诸侯设守在四方，明公何必在幕后埋伏士卒呢？”桓温只得尴尬地下令撤除了埋伏。由于谢安的机智和镇定，桓温始终没敢对二人下手，不久就退回了姑孰。迫在眉睫的危机，被谢安从容化解了。

谢安是当时著名的围棋爱好者。苻坚率军侵犯晋国，打到淮河时，京师震动。晋帝当即提升谢安为征讨大都督。前方战局吃紧，谢安的侄子、将军谢玄前来请示退敌的办法。谢安面无惧色，不以为然，说是自有办法。让谢玄随他与亲友一道去山中别墅游玩。到了山中，谢安摆开棋盘邀侄儿对局。谢玄原本棋高一筹，这时因为紧张，糊里糊涂败给了谢安。谢安很高兴，晚上回家后，便开始指示如何对敌作战的方案。这一仗把苻坚打得溃不成军。捷报传来，又碰上谢安在下棋。谢安扫了一眼捷报，顺手放在床上，声色未动，继续下棋。客人们忍不住问他仗打得怎么样。他这才慢慢地说：“孩子们仗打胜了。”谢安临危不乱，坚定沉着，风度令人叹服。

有抱负的领导者总是严格要求自己，养成吃苦耐劳、踏实做事的生活作风和良好的习惯，以使精勤的人生为妙事，从不好高骛远，从不因善小而不为，这种态度实在是难能可贵。若一味沉浸在自己的黄粱美梦中，不知实践，天长日久，就会眼高手低、疏懒成性。能够成大事的领导者，能够做到山崩于前而眉不皱，镇定自持，临事不乱，遇到各种情况都能够冷静、正确地泰然处之，显得成竹在胸，运筹帷幄。只有做到了这一点，才会在社会生活中、事业上进退自如，通行无碍。

★勤能补拙，俭能养德

贫无可奈唯求俭，拙亦何妨只要勤。

——《围炉夜话》

领导者难免有穷困潦倒的时候。处于贫寒困苦之时，只要自己能够勤俭节约，终会战胜暂时的困难，成就自己的功业。

宋仁宗时，张知白任宰相，但他仍保持着过去在地方做小官时的生活水平，有人劝他说："您的收入也不少了，何苦如此清苦？外面人都说您是为博取虚名，在这儿装穷呢。"张知白叹道："我今天的收入，不可能永久保持，一旦收入不如今天，而家人已过惯奢侈的生活，就可能要败家了。还不如总保持这样一种家风，免得后世子孙奢侈受害！"张知白的头脑是相当清醒的，他一言道出了节俭的根本。

人的天资有高低之分，但这并不是成才的决定因素。大凡取得成功的人士，成功的诀窍只有两个字：勤奋。晋代大文学家左思就是一个以勤补拙的典型。

宋仁宗

左思自幼反应迟钝，长得也比较丑陋，又不善于说话。父亲让他学习书法和弹琴，他都没有学成。一次，他父亲当着他的面对朋友说：这个孩子脑子太慢，不如我小时候。左思听后很不服气，于是发愤读书，经过刻苦努力，果然有很大进步。他自知脑子慢，就以勤补拙，不怕多花时间，曾用一年的时间写成《齐都赋》。

虽说花费的时间长了一些，但由于经过反复推敲，文章可谓满篇锦绣，字字珠玉，气势宏伟，壮丽无比。

写完《齐都赋》后，左思又着手写《三都赋》（三都指三国时魏都邺城，在今河南境内；吴都建业，今南京；蜀都成都）。当时，江东著名才子陆机在洛阳做官，他也正在搜集材料想做《三都赋》。他听说这件事后，觉得很可笑，写信对其弟陆云说：这里有个丑八怪想做《三都赋》，他写的文章怕只配给我拿来盖酒瓮。

左思没有被陆机的名气吓住，写《三都赋》的决心毫不动摇；他自知读的书不多，就请求担任掌管国家图书经籍的秘书郎，并充分利用这个条件，夜以继日地苦读。他没有到过成都，就上门请教阅历丰富的张载，向他了解那里的山川地理、风土人情。为了写好这篇文章，左思像着了魔一样，办公、读书、走路、吃饭，就连做梦想的都是《三都赋》。官府办公的地方，家中门里门外，就连茅厕里都放着纸和笔。只要琢磨出一个好句子，就随时随地记下来，就这样，经过10年的努力，他终于写成了《三都赋》。

左思的10年苦功没有白费，他的《三都赋》震动了京都洛阳，不少名士为《三都赋》作序、作注。陆机看了左思的《三都赋》，佩服得五体投地，认为自己再写《三都赋》，怎样也无法超过左思，只好搁笔。于是，洛阳城中的达官显贵之家都竞相抄写《三都赋》，洛阳的纸价都上涨了。后来"洛阳纸贵"成了一句成语。

贫穷和愚笨是困扰人生的两大不幸，但如果能够以俭济贫、以勤补拙，同样能够获得成功。贫穷无奈时，要摆脱贫困，最可贵的就是甘于贫困，安于节俭，就能够摆脱贫困、创造幸福。要想成就一番功业，领导者就要付出很大的努力。天资愚钝并不可怕，只要能够勤奋学习，就能够弥补先天资质的不足，使自己能够获得成功。

★身体力行，集思广益

凡事勿徒委于人，必身体力行，方能有济；凡事不可执于己，必集思广益，乃罔后艰。

——《围炉夜话》

实践出真知，凡事只有经过实践，才能够深明其中的道理，才能够有所收获。

一个人有天晚上碰到一个神仙，这个神仙告诉他说，有大事要发生在他身上了，他有机会得到很大的财富，在社会上获得卓越的地位，并且娶到一个漂亮的妻子。

这个人终其一生都在等待这个奇迹，可是什么事也没发生。

这个人穷困地度过了他的一生，最后孤独地老死了。

当他上了天堂，他又看到了那个神仙，他对神仙说："你说过要给我财富、很高的社会地位和漂亮的妻子的，我等了一辈子，却什么也没有。"

神仙回答他："我没说过那种话，我只承诺过要给你机会得到财富、一个受人尊重的社会地位和一个漂亮的妻子，可是你却让这些从你身边溜走了。"

这个人迷惑了，他说："我不明白你的意思?"

神仙回答道："你可曾记得你有一次想到一个好点子，可是你没有行动，因为你怕失败而不敢去尝试?"这个人点点头。

神仙继续说："因为你没有去行动，这个点子几年后被给了另外一个人，那个人一点也不害怕地去做了，你可能记得那个人，他就是后来变成全国最有钱的那个人。还有，你应该还记得，一次城里发生了大地震，城里大半的房子都毁了。好几千人被困在倒塌的房子里，你有机会去帮忙拯救那些存活的人，可是你却怕小偷会趁你不在家的时候，到你家里去打劫、偷东西?"

这个人不好意思地点点头。

神仙说:“那是你的好机会,去拯救几百个人,而那个机会可以使你在城里得到多大的尊荣和荣耀啊!”

神仙继续说:“你记不记得有一个头发乌黑的漂亮女子,那个你曾经非常强烈地被吸引的,你从来不曾这么喜欢过一个女人。之后也没有再碰到过像她这么好的女人?可是你想她不可能会喜欢你,更不可能会答应跟你结婚,你因为害怕被拒绝,就让她从你身旁溜走了?”

这个人又点点头,可是这次他流下了眼泪。

神仙说:“我的朋友啊!就是她!她本来应是你的妻子,你们会有好几个漂亮的小孩。而且跟她在一起,你的人生将会有许许多多的快乐。”

由于不能立刻行动,导致了事情的失败,所以做事情必须身体力行,不可拖延。不仅如此,还要注意集思广益,多听取别人的意见,这样才能够成功。

周恩来总理就善于兼听各方面的意见。新中国成立初期,政务院有两位副总理是民主人士,政务院各部委的部长、主任中,民主人士将近1/2。因此,在政务院召开的会议上,有各种不同的意见:有资产阶级的、有开明绅士的、有小资产阶级的,有正确的、有错误的。周恩来总是善于听取各方面的意见,充分发扬民主。他批评有些同志不愿意接触党外人士,总是跟党员在一起,说的话都是相同的,所以思想有点闭塞。1956年,社会主义三大改造基本完成后,他对发扬民主听取不同意见的问题讲得比较多,也更为深刻。他说:既有不同的党派,就有不同的意见。大前提是搞社会主义,具体问题有出入,也允许有出入。共产党清一色,只能有一个意见,只能听一种话,发展会停滞。在一次讨论郭沫若的剧本《屈原》时,一位同志说:没有意见,同意总理说的。周恩来说:“我不喜欢你们一来就同意我的意见。那还要讨论什么?领导者要善于听取各种不同意见,这样才能受启发,才能把问题看得更全面。领导人都那样聪明?都那样正确?”

周恩来在对待民主人士方面,格外重视同他们深交朋友。刚进城时,周恩来陪同毛泽东登门拜访了张澜、李济深、沈钧儒、郭沫若等一些知名的民主人士。在和党外人士交往中,他诚恳热情、谦虚谨慎、诚以待人、平等协商、推心置腹、求同存异、不摆派头、取信于人,通过对党外人士的关心、交往,把党的温暖送到他们心中,被人们赞誉为中共党内一块具有强大吸引力、凝聚力的“磁石”。

周恩来兼听各方面意见,其中格外重视反面批评意见。建国初期他就指出:在党和政府中,要造成一种民主空气,使同志敢于对首长提意见。当面不好讲,就写个条子放在他的桌子上。对首长的缺点敢于提出,刺激他一下,搞得他不好受就改了。他希望别人“将”他的“军”,如果下边的同志群而递条子就好了。他还提出要为听到不同意见创造条件,要从各方面发扬民主,唱对台戏,“找岔子”。1962年他进一步提出:共产党员要有畏友、诤友。主张每个共产党员都得有几个敢于提出不同意见,敢于批评对方短处的畏友。习惯了,畏友就成为诤友了。他称赞唐太宗李世民能听取魏征的反对意见,把唐朝搞得兴旺发达。李世民看到魏征一来,就如坐针毡,但是听了他的意见,好像吃了一剂良药,而我们有些领导人往往爱听赞美之词，甚至喜欢阿谀奉承，对批评的忠言则很反感，有的还打击报复，这就很值得我们深思了。

“君子之学，未尝离行以为知”，“行一事即得一事”的说法，都是强调“行”是人们获得知识学问的本源。“纸上得来终觉浅，绝知此事要躬行”，凡事身体力行，也是一个不断克服困难，获取事物真谛，提高自己辨物理、识人事的过程。集思广益能够汲取他人的智慧，以保证决策的正确性，否则，固执己见，独断专行，不做调查研究，就会误人误事。

第五章　未雨绸缪，做领导要有忧患意识

★人无远虑，必有近忧

人虽无艰难之时，却不可忘艰难之境；
世虽有侥幸之事，断不可存侥幸之心。

——《围炉夜话》

人无远虑，必有近忧。记得有这样一则故事：从前一座佛寺旁，住着一户有钱富足的人家。他们每顿要让厨子煮很多饭，做很多好菜。吃不完就倒在门前阴沟里，任其漂流。流经寺院门前的时候，寺里有一位老和尚便把饭捞起来，在太阳下晒干，然后存在粮仓里。过了几年，适逢旱灾，久旱无雨，颗粒绝收。那个富户，家财粮食也已挥霍浪费一空，一贫如洗，沦为穷汉乞丐。这时，寺里老和尚很大方的送他一仓大米接济，同时对那“富人”说：“你不必感谢我，因为这些大米本来就是你家的。”这个乍穷的富人知道底细以后，除了发深深的感激外，就是无言的惭愧。

听了这则故事，很容易使人想到《朱子家训》中“一粥一饭，当思来之不易；半丝半缕，恒念物力维艰”这句话。可见，人即使处在顺遂幸福的环境中，也不可穷奢极欲，纸醉金迷。要明白好花不常开，好景不常在，人生的漫长道路上还有荆棘和暗礁。正所谓“天有不测风云，人有旦夕祸福”，我们怎能乐而忘忧，不察不防呢？

“宜未雨而绸缪，毋临渴而掘井”。就是说，我们应当在还没有下雨的时候，预先把房子修好，门窗安结实；要事先把井挖好，如果拖到觉得口渴的时候，再开始挖掘水井就来不及了。这就说明，不论做任何事情，在顺遂的时候要想到遇到困难后如何处置。只有事先有所谋划和准备，才可能防止各种意外情况的发生。《中庸》中也讲过：

凡事预则立，不预则废：言前定，则不验。事前定，则不困。行前定，则不疾。道前定，则不穷。

世上有侥幸之事，碰到它只是偶然的巧遇。如果我们因此存有侥幸心理，则必然误己误事，被人耻笑。那个“守株待兔”的寓言之所以流传百代而常新，就因为它像一口警

钟时常晓谕世人莫存侥幸心，莫做呆愚夫；认真耕耘自己的田园，开垦自己的收获。

所以，自古以来劝世良句中就有“莫贪意外之财，莫存侥幸之心”的警句。因为不劳而获的东西，往往不易珍惜，而且往往会使人丢弃勤恳、踏实的品格。

★忧先事无忧，事至愁而无救

忧先于事故能无忧，事至而忧无救于事，此唐史李绛语也，其警人之意深矣，可书以揭诸座石。

——《围炉夜话》

如果事前考虑，事到临头就会有应对的策略。如果事情已经来临再去忧虑，就会于事无补了。这是唐史上李绛所说的话。它对我们的警示很多，可以作为领导者的座右铭，时时提醒自己不要犯这方面的错误。

其实，不管任何事只有认真仔细去做才不会犯错误，并且还要在事先充分估计到可能遇到的问题，想好应对之策，做好充分的准备，我们才不至于在遇到问题时手忙脚乱，而不知该何去何从。有高瞻远瞩的眼光，我们才会在竞争中取得事半功倍的效果，从而赢得优势，立于不败之地。就像一些领导者，在他们的身旁总要有深谋远虑的智囊辅佐，为他们出谋划策，使他们带领好自己的队伍，做好自己的工作。

由此可知，做事只要计划周全，以防万一，即使出现错误领导者也能应对自如，防患于未然，才能以不变应万变。如果以此当作我们人生座右铭的话，领导者便可以从中悟得：具有远见卓识的目光和审时度势的能力，我们才会在做事中少些失误，多些平坦。

第六章 通权达变，顺应潮流

★见人所不见，为人所不为

为人循规矩，而不见精神，则登场之傀儡也；
做事守章程，而不知权变，则依样之葫芦也。

——《围炉夜话》

“没有规矩，不成方圆”。说的是，凡事物都有其内在的联系、固有的规律。人们要想实现预期的目的，就必须按其规律行事，否则就会遭到惩罚。订立规矩、章程的意义，就在这里。

但是，如果只知道死守章程，循规蹈矩，而不明白规矩、章程的本质意义，不领会其精神实质，那么，规矩章程就不是正确引导人们行为的准绳，而是束缚人的思想的羁绊。任何规矩章程，都是针对特定的情况而制订的。离开了相应的情况，规矩章程就失去其应有的意义；而企图将纷繁复杂世事的各种可能的情况都订一个规矩，立一个章程，则又是不可能的。

任何规矩章程，又都是一定时间条件下的产物。离开了特定的历史条件，规矩章程同样也会失去应有的意义。对发展变化了的事物，仍死抱旧有的规矩章程，则注定要遭到失败。傀儡的悲剧就在于徒具外壳，而没有生命，没有精神，只能在固定的格式里摆动。依样画葫芦的不幸，就在于不懂精神，没有灵活性，只会人云亦云。

为什么本来是人订的、具有积极意义的规矩章程，掉过头来反而成了束缚人的行为，禁锢人的思想的枷锁呢？究其原因有二：一是不懂规矩章程的意义，只知死搬教条；二是不愿开发创新，只想墨守成规。规矩章程，是人们对事物内在规律在一定条件下的反映。任何规矩章程，大到国家法律，小到做事原则，都是一种思想，一种精神的体现。不知其精髓要义，只得其只言片语，就盲目行事，到处搬套，则必然遭到失败。

“兵置死地而后生”，本是一条积极的用兵法则。说的是如果把军队布置在危险的境地，那么，士兵们就会因为地险而奋力求生，不存任何幻想，杀一条血路，便能取得战斗的胜利。这一法则的条件是，必须是可以杀出一条道路，能够绝处求生。这里的死地，不是完全意义上的死地，而是通过努力可以使之成为“生地”。

但是，不懂其要义的马谡，却真的把蜀兵置于“死地”，并也说什么：“兵置死地而后生。”死搬教条的结果，只能是兵败被杀。多数人之所以成为规矩的傀儡，就在于不能领会规矩的精神。规矩章程是往事的经验总结，而变化发展则是人类社会的主要特征。因此，遵守规矩的同时，改革创新，发现新的规律就十分重要了。

实际上，凡有所作为的有识之士，就在于能打破常规，见人所不能见，为人所不能为，从而取得惊人的创举。若依旧说，“日心说”就不能出现；若从旧制，“一国两制”就不会诞生；若顺常理，“社会主义市场经济”就不能得到推行，等等。

可见，变化发展，通权达变，乃是做个人事，做国家事之要旨。照着葫芦画葫芦，就在于死板不变，不得要领。其实，真正懂得画法、线条和色彩的人，有什么不能画呢？

★通权达变，是领导者做事的要旨

为人循矩度，而不见精神，则登场之傀儡也；

做事守章程，而不知权变，则依样之葫芦也。

——《围炉夜话》

宋襄公

领导者做人应该遵循一定的道德准则，才能够赢得他人的尊重。但是，如果只懂得死守这些准则，而不明白其中的深刻内涵，就失去了这些道德准则的意义。

宋国与楚国打仗，宋国军队已经在泓水岸边列好了阵，楚国军队正准备渡过泓水来交战。宋国的右司马走出队列，对宋襄公说：“楚军比我军人数多，我们应该趁他们正在渡河，马上发起进攻，那样楚军必败。”宋襄公说：“我曾经听君子说：‘不能攻击已经受伤的敌人，不能擒获须发已经斑白的敌人；敌人处于险地，不能乘人之危；敌人陷入困境，不能落井下石；敌军没有做好准备，不能突施偷袭。’现在楚军正在渡河，我军就发起进攻，有害于仁义。等楚军全部渡过河，列好阵，我们再进攻。”右司马说：“主公如此不爱惜宋国军民的生命财产，等到兵败国灭，还有什么仁义可言？”宋襄公喝道：“你再不退回队列，就要以违反军法论处。”右司马只好退回队列之中。等楚军全部渡过河，列好阵，宋襄公击鼓进攻。结果，失去了作战良机的宋军大败，宋襄公也受了伤，二天后死去。

“没有规矩，不成方圆”，做任何事情都要有一定章程，才能够成功。但若死守这些章程，就会适得其反。

东郭先生和狼

东郭先生和狼的故事大家都不陌生。故事说,有一位书生东郭先生,读死书、死读书,满脑子的“仁义道德”,十分迂腐。一天,东郭先生赶着一头毛驴,背着一口袋书,到一个叫“中山国”的地方去谋求官职。突然,一只带伤的狼窜到他的面前,哀求说:“先生,我现在正被一位猎人追赶,猎人用箭射中了我,差点要了我的命。求求您把我藏在您的口袋里,将来我会好好报答您的。”东郭先生当然知道狼是害人的,但他看到这只受伤的狼很可怜,考虑了一下说:“我这样做会得罪猎人的。不过,既然你求我,我就一定想办法救你。”说着,东郭先生让狼蜷曲了四肢,然后用绳子把狼捆住。尽可能让它的身体变得小些,以便装进放书的口袋中去。

不一会儿,猎人追了上来,发现狼不见了,就问东郭先生:“你看见一只狼没有?它往哪里跑了?”东郭先生说:“我没有看见狼,这里岔路多,狼也许从别的路上逃走了。”猎人相信了东郭先生的话,朝别的方向追去了。狼在书袋里听得猎人的骑马声远去之后,就央求东郭先生说:“求求先生,把我放出去,让我逃生吧。”仁慈的东郭先生,经不起狼的花言巧语,把狼放了出来。不料,狼却嗥叫着对东郭先生说:“先生既然做好事救了我的命,现在我饿极了,你就再做一次好事,让我吃掉你吧。”说着,狼就张牙舞爪地扑向东郭先生。

东郭先生徒手同狼搏斗,嘴里不断对狼喊着“忘恩负义”。正在这时,有一位农民扛着锄头路过,东郭先生急忙拉住他,向他讲述自己如何救了狼,狼忘恩负义要伤害自己的事,请农民评理。可是狼却一口否定东郭先生救过它的命。老农想了想说:“你们的话,我都不相信,这只口袋这么小,怎么可能装下一只大狼呢。请再装一下,让我亲眼看一看。”狼同意了,它又躺在地上,蜷作一团,让东郭先生重新用绳子捆起来,装进了口袋里。老农立即把口袋扎紧,对东郭先生说:“这种伤害人的野兽是不会改变本性的,你对狼讲仁慈,简直太糊涂了。”说罢,抡起锄头,把狼打死了。

东郭先生恍然大悟,非常感谢农民及时救了他的命。现在,“东郭先生”和“中山狼”已经成为汉语中固定词语,“东郭先生”专指那些不辨是非而滥施同情心的人,“中山狼”则指忘恩负义、恩将仇报的人。

变化发展,通达权变,乃是领导者做人做事的要旨。

第四篇 《呻吟语》智慧通解

导读

《呻吟语》是明代吕坤用三十年时间写成的著作，作者写这本书意在“医天下人内心之病”，书中渗透着作者自己对人生、社会的反思。

《呻吟语》是一位饱经人世忧患、富有人生经验的儒哲以儒家的中庸之道为立足点，扬弃释道，冲破宋明理学的牢笼，独辟蹊径探索人生、思考宇宙的思想结晶。

《呻吟语》反映了作者深刻的哲学思想以及他对人生的思考和探索。

作为一部探讨人生的哲学著作，作者说得最多的还是修身养性、处事应物的道理和方法，他从十几个不同的侧面展示了他的体会和心得，或者是人生经验的总结，或者是深思熟虑的格言，读这样的书，你像听一位厚道正直的长者娓娓而谈，亲切有趣，个中意味，使人回味无穷。《呻吟语》的很多人生观点和处世方法是对中华民族优良传统的弘扬，体现了中国古代优秀的知识分子的本质特征。

第一章　创造生命的价值

★积极入世，为现实奋斗

异端之语入人骨髓，将死而惧，故常若有见。若死必有召之者，则牛羊蚊蚁之死，果亦有召之者耶？大抵草木之生枯，土石之凝散，人与众动之死生、始终、有无，只是一理，更无他说。万一有之，亦怪异也。

——《呻吟语》

异端邪说之所以能够蛊惑人心，好比人们认为死的时候会见到鬼神，是由于深受传说的影响，因此在即将死亡时就会感到害怕。如果在死时一定会有人来召唤，那么牛羊、蚊蚁在死时，也会有人去给它们招魂吗？总的来说，花草树木的生死，泥土岩石的聚散，包括人在内的各种生物之生死、起源与灭绝，都出自同一道理，再也没有什么别的解释。万一有个别的说法，也是异端邪说而已。

《论语》中记载："子不语：怪、力、乱、神。"儒家主张积极入世，为现世奋斗。如果你不能明白生命，又怎么能明白死亡？故孔子说："未知生，焉知死。"太阳每天傍晚都会落下，第二天清晨又会升起，与此相同，生与死只是生命在不同阶段的不同自然形态，是自然的循环代谢。古人云：死，或重于泰山，或轻于鸿毛。如果我们能够充分发挥出自己生命的价值，面对死亡的时候又有何畏惧！

★让精神永存世间

气,无终尽之时;形,无不毁之理。

——《呻吟语》

精神,是永恒存在的;形体,是无法长存的。

根据物质不灭定律,宇宙万物新陈代谢,周而复始,但宇宙间的质量和能量永远是恒定的,这样才能维持宇宙间的平衡。中国古代就已经产生这样的朴素唯物观点,《庄子》中说道:"不形之形,形之不形",后人所做的疏注中解释这句话的意思是:"气聚而有其形,气散而归于无形也。"在老庄的思想传统中,形体是有限的,而精神无限,只有超越有限形体的束缚,才能获得真正的自由,也就是老子说的"大象无形"。所以,历史上那些正直、无私、勇敢、坚毅的英雄虽然形体已经销毁,但他们的精神长存世间,并为后人不断称颂,代代流传。

★约束过分的欲望

性分不可使亏欠,故其取数也常多,曰穷理,曰尽性,曰达天,曰入神,曰致广大、极高明。情欲不可使赢余,故其取数也常少,曰谨言,曰慎行,曰约己,曰清心,曰节饮食、寡嗜欲。

——《呻吟语》

不要使人的天性有所亏缺,所以提到它时,总要加上多的意思。如要穷究道理,要尽知本源,要通达天意,要出神入化,要极为广大、十分高明。不可以让人的情绪过分表露,所以说到它的时候,总要加上少的意思。如谨防语失,要慎重行事,要约束自我,要清静心地,要控制饮食、抑制欲望。

人的天性是自然的馈赠,其中与其他动物一样,都有为种族生命生存延续的本能,但是人还有追求精神与道德的自觉。按照马斯洛的理论,人的欲望可以分为五个层次:生理的需要,安全的需要,社交的需要,尊重的需要,自我实现的需要。生理的需要是最基本的,如吃饭、穿衣、居住等等。在底层的需要满足以后,就应当向着高层需要上升。但在现实生活中,许多人却只停留在最基本的欲求上,而物质的欲望永无止境,若是沉溺于其中，只会将生命消耗在无谓的事物上。所以要注意约束过分的欲望，不要忘记人与动物的区别在于人对知识与道德的向往与追求。

★固有一死，死得其所

兰以火而香，亦以火而灭；膏以火而明，亦以火而竭；炮以火而声，亦以火而泄。阴者，所以存也；阳者，所以亡也。岂独声色、气味然哉？世知郁者之为足，是谓万年之烛。

——《呻吟语》

幽香因为有火的点燃才会散发出来，也因火的点燃才使它走向毁灭；油膏因为有火的点燃才使它发出光亮，也因火的点燃才使它走向衰竭；爆竹因为有火的点燃才会发出响声，也因火的点燃才使它化为碎片。也就是说，经火的点燃，它们就能够灭亡；没有火的参与，它们就得以存在。其中的道理难道是仅适用于声音、颜色、气味吗？世界上的人都知道知足者常乐的道理，它就像在千百年来黑夜中的一支永远不灭的蜡烛，给我们带来光明。

蜡烛因火的点燃，才能发出光与热，但燃烧到最终是耗尽所有的烛油，也就是死亡；茶叶因开水的冲泡，才能舒展开来放出芳香与清醒，但一杯茶泡到最后，就会淡而无味，与一杯白水没有什么区别。让它们释放生命的能量然后死去，还是束之高阁无所作为？它们生命的意义就在燃尽烛油、泡淡色香味，如果束之高阁，岂非暴殄天物？人的生命亦是如此，古人云：人固有一死，或重于泰山，或轻于鸿毛。人生短短几十年，最终是谁都逃不过死亡。那么，何不让生命发光发热，奉献出所有的能量，这样，即使面对死亡，也是死得其所。

★寻找良师益友共度此生

一则见性，两则生情。人未有偶而能静者，物未有偶而无声者。

——《呻吟语》

事物单独时，能见出其本性；两相对待时，则生出感情。人没有与他人共处而能够安静的，物没有与他物共处而不发出声音的。

单独的事物，除了它的本性，就不能再有其他的表现。但若不是单独的存在，互相之间就不会产生某种关系，也就是作者所说的“情”。比如，单独的一个苹果，它所表现出的一切，色、香、味、形，都是苹果的本性；如果两个苹果放在一起，就会有比较，产生大小、生熟、酸甜等关系了。生物更是如此，两个人相处就会发生感情，不论是亲情、友情、爱情，还是好、恶、厌、憎等等情绪；秋虫候鸟到了求偶的时候，则会鸣叫出各种各样的声音。所以，当一个人需要保持自己的本性，比如读书的时候，就应该独处；而与人交往时，就应寻找良师益友，才能免受不好的影响。

★做君子，不做小人

命本在天。君子之命在我，小人之命亦在我。君子以义处命，不以其道得之不处，命不足道也；小人以欲犯命，不可得而必欲得之，命不肯受也。但君子谓命在我，得天命之本然；小人谓命在我，幸气数之或然。是以君子之心常泰，小人之心常劳。

——《呻吟语》

常人的命运由上天的掌握。但是君子的命运是由自己掌握，小人的命运也是由自己掌握。君子从道义的角度来看待命运，不用非道义的方法来控制它，认为这样是没有价值的；小人以欲望的眼光来看待命运，虽然不能用道义的方法来左右它，但却一定要控制它。所以说君子的命运尽在自己掌握，是因为他的生活与上天赋予的相同；而所谓的小人的命运在自己掌握，是企图违背上天的安排。因此，君子的内心总是安然自若，而小人的心中常常劳累。

每个人对于生命都有不同的看法，不同的生活态度与方式，使得每个人的生命在发展的过程中呈现出不同的形态。古人说："君子喻于义，小人喻于利。"明朝方孝儒说："君子之为利，利人；小人之为利，利己。"君子专注于自身的道德修养，为人处事利己利人，而小人只为自己的私欲算计，甚至不惜伤害他人的利益。君子努力领悟天地之道，与万物合一，顺应生命的自然；小人为了牟取私利，经常会做出违反天理人伦的事情，这就违反了自然赐予生命的初衷。

第二章　洁身自爱，才能修成正果

★洁身自好，成就大业

无屋漏工夫，做不得宇宙事业。

——《呻吟语》

没有洁身自好的工夫，就做不成天下的大事。

古人在室内的西北角设小账，放置神主，《诗经·大雅》篇中说："尚不愧于屋漏。"也就是无愧于祖先的意思。屋漏地方偏僻，是不容易被人看到的地方。屋漏工夫，说的是君子在不被人看到的地方，做事仍当谨慎，不能因为别人看不到就为所欲为。孔子说："君子慎其独。"独处时最能考验人的道德修养，而且修身者在独处之时，也最容易松懈，所以做好了屋漏工夫，说明一个人的修养已经到了相当高的境界。

★不怕人只怕理，不恃人只恃道

大丈夫不怕人，只是怕理；不恃人，只是恃道。

——《呻吟语》

真正的男人谁也不怕，只怕违背真理；真正的男人不恃仗他人，而是恃仗正义。

大丈夫以义不以利。义字当头，该做的，知其不可而为之；不该做的，就像孔子说的，"不义而富且贵，于我如浮云"。君子见了平民百姓不会去欺负，见了万乘之君也不会畏缩，就是因为其价值的核心是理，除了理之外，再没有什么值得怕的。曾子对弟子子襄谈论"勇"，说自己曾经在孔子那儿听到过什么才是真正的勇：真正的勇，就是道之所在，就算有千军万马在前面阻挡，我也义无反顾，勇往直前。

★得意之时切莫忘形

殃咎之来，未有不始于快心者。故君子得意而忧，逢喜而惧。

——《呻吟语》

所发生的祸殃，都是萌生于令人心中愉快的事情。所以君子在得意时会感到忧虑，在喜悦时会感到恐惧。

老子

老子曰："将欲歙之，必固张之。将欲弱之，必固强之。将欲废之，必固兴之。将欲取之，必固与之。"事物都有好坏两面，而这两面总是会互相转化，"福兮祸所倚，祸兮福所伏"。塞翁丢失了马匹，却并不因此而悲伤；马匹跑回来，还带了野马回来，也并不因此而高兴。正所谓"塞翁失马，焉知非福"，事情也发展得正像塞翁所预料的，福祸之间发生了转化。而我们常人的认识，却常常到不了这个境地。获得一笔意外横财，大多数人都会欣喜若狂，又哪想到这也许是生活上腐化堕落的开始。遭遇了意想不到的挫折，就灰心丧气，一蹶不振，却不知这正可以作为一种磨炼，来求得更大的进步。

★心忧天下，死而后已

小人亦有坦荡荡处，无忌惮是已；君子亦有常戚戚处，终身之忧是已。

——《呻吟语》

小人也有心灵坦荡的时候，这是因为他们在为自己谋取利益时没有丝毫的顾虑。君子也常有忧心忡忡的时候，就是因为他们总是担心无法为大众谋求利益。

孔子说过："君子坦荡荡，小人常戚戚。"君子待人处事，循一个"理"字，该做的就做，不该做的就不做。俗话说：不做亏心事，不怕鬼敲门。所以君子能始终保持坦荡的胸怀。小人往往被物欲蒙蔽，在物欲的驱使下，做一些伤天害理的事；即使当时得了好处，但回头想起来，不免心中不安。但小人也有能够"坦荡"的，那是天良丧尽，无所忌惮，做了坏事也不知内疚的禽兽之辈。而君子常戚戚，是因为君子心怀仁爱，以世人的痛苦为痛苦，心忧天下，死而后已。就像范仲淹说的那样，“先天下之忧而忧，后天下之乐而乐”。

★给他人留余地

恶恶太严，便是一恶；乐善甚亟，便是一善。

——《呻吟语》

如果讨厌丑陋的事物达到了十分严肃的地步，其本身就是一种丑恶；如果喜欢积德行善到了积极热心的地步，其本身就是一种善良。

疾恶如仇固然是一种美好的品德，但如果过于严厉，对于犯错误的人恨不得置之死地而后快，连改过的机会都不给别人，那就成了一件坏事了。犯了罪的人，自有法律的制裁；违背道德的人，自有舆论的约束。至于我们，除了站在正义的立场上，进行批评指责之外，还应该给人留一些余地，给人机会让他改过自新，甚至在这一过程中尽量提供帮助。佛家慈悲为怀，有位高僧曾说：“我不入地狱，谁入地狱？”只要地狱里还有一个人没有解脱，就有责任下去帮助他。对待打入地狱的十恶不赦之徒，都应该有这样的宽容，更何况那些只是在生活中犯了一点小错的人呢？

★言与行都需谨慎

士君子一出口，无反悔之旨；一动手，无更改之事。诚之于思故也。

——《呻吟语》

士君子不说则已，说出口就没有反悔的话；不动手则已，一动就没有更改的事。这是因为说话做事之前，早已深思熟虑的缘故。

君子慎言。古语有云，“君子一言，驷马难追”，这虽然是说君子重诺守信的品德，但换个角度，我们也可从中看出君子慎言，不轻易许诺的特点。因为人的能力总有个限度，总是轻易地许诺，又哪有那么多时间精力去实现？慎言还可以免祸，俗话说“祸从口出”，心直口快、口无遮拦的人，说话之间容易得罪人，自己虽然没有恶意，别人却会在心里记仇；而慎言之人，三思而后出口，便可以免去许多不必要的麻烦。人们常说“修身莫过于慎言行”，除了慎言，做事更需谨慎。要在还没做的时候，就反复斟酌，考虑周全，尽量做到万无一失的地步。否则轻举妄动，把事情做坏，再想修补就来不及了。

★不要放纵自己的“心”

人心是个猖狂自大之物，陨身败家之贼，如何纵容得他？

——《呻吟语》

人心是个狂妄自大之物，又是害命败家之贼，怎么能够纵容他任意胡为呢？

法国作家伯格森说过一句十分深刻的话：“虚荣心很难说是一种恶行，然而一切恶行都围绕虚荣心而生，都不过是满足虚荣心的手段。”人们努力地生活，都是为了追求属于自己的幸福。丰富的物质、完美的名节都是有益于人生的，但若是为了追求它们而无所不为，这时候已经不是你自己在主动地追求，而是欲望与虚荣控制了你，当你到达时，才发现那其实并不是你要的幸福。做人最关键的是要清醒，《克雷洛夫寓言》中说得好：“出头露面的人是有福的。知道世人一定在瞧着他必须完成的事业，他从头到尾干得挺有劲儿。然而这样的人更值得尊敬，他默默无闻地躲在暗地里，在漫长的辛苦的日子里无报酬地劳动，得不到光荣也得不到表扬；只有一种思想鼓舞着他的勤劳，他的工作对大众是有益的。”

★敢于担当，胸怀天下

大事、难事看担当；逆境、顺境看襟度；临喜、临怒看涵养；群行、群止看识见。

——《呻吟语》

当遇到大事、难事时，要看一个人能否承担起来；在逆境、顺境中，要看一个人的气度大小；当遇到高兴事、可气事时，要看一个人的涵养如何；当大家一起行动、一起歇息时，则能看出一个人的见识如何。

《后汉书》记载，“光武谓霸曰：‘颍川从我者皆逝，而子独留努力！疾风知劲草。’”“光武”是汉光武帝刘秀，“霸”指的是刘秀的大将王霸，他随刘秀起兵复汉，打败了王寻与王邑的军队，又北击匈奴、乌桓，屡建战功，是刘秀的重臣。《后汉书》中记载的这段话是刘秀为避刘玄之害，北渡黄河时对王霸所说的。《新唐书·萧瑀传》记载唐太宗与萧瑀诗云：“疾风知劲草，版荡识诚臣。”“版荡”指困难或政局动乱。判断一个人的能力或品德，要在关键的当口看他的表现，一个人平日里也许可以将自己伪装成另外的样子，但事到临头再伪装就很困难了。如古希腊哲学家宾达尔所说：“检验一个人的最好方法是看他的行为。”

★用“心”主宰天下

大其心，容天下之物；虚其心，受天下之善；平其心，论天下之事；潜其心，观天下之理；定其心，应天下之变。

——《呻吟语》

使自己的心胸开阔，以容纳天下之物；使自己的心胸敞开，来接受天下的善良；使自己的内心平易，来议论天下的事情；使自己的内心专一，来观察天下的事理；使自己的内心稳定，来应付天下的变故。

《社会》一书中说：“知识如同光芒四射的烛光，把人生之路照得耀眼通明；来者从亮光中认识了人生的意义，去者似蜡烛燃尽，照亮了别人。”人在一生中都必须坚持不断地学习，否则，他就会被时代抛在后面。知识不仅能够开阔人的视野与思路，还能够丰富人的心灵。一个人不可能亲自体验世界上所有的事情，但通过读书、向别人讨教，他能够感同身受地获得类似的体验。像高尔基说的那样，“应该尽可能知道得多些。经验越是多种多样，人就越得到提高，人的眼界就越广阔”。人的心灵越宽容，人的智慧就越丰富。《论幸福》中说道：“学习是幸福，而人们总在学习，人们知道得越多，学习的能力就越大。”这是一个相互促进的循环上升的过程。

★做本色人，说真心话

做本色人，说真心话，干近情事。

——《呻吟语》

做人要本分，说话要真心，干事要近人情。

莎士比亚的戏剧《查理二世》中曾说：“无瑕的名誉是世间最纯粹的珍宝；失去了名誉，人类不过是一些镀金的粪土，染色的泥块。忠贞的胸膛里一颗勇敢的心灵，就是藏在十重键锁的箱中的珠宝。”有信念的人，在任何情况下都坚持自己心中的理想与准则，不会为了某些利益扭曲自己以迎合世俗的要求，他们深深地明白自己，能够把握住自己，正如歌德所说：“一个人怎样才能认识自己呢？绝不是通过思考，而是通过实践。尽力去履行你的职责，那你就会立刻知道你的价值。”君子正是以行动来表明自己的价值准则，不虚伪，不矫饰，不做违背道德的事。

★有过不辞谤，无过不反谤

君子有过不辞谤，无过不反谤，共过不推谤。谤无所损于君子也。

——《呻吟语》

君子有了过错对别人的指责不推托，没有过错也不会反驳别人的责怨；共同所犯的错误，也不会推到别人的身上。因为承担责任并不能给君子带来任何伤害。

《吕氏春秋》中说道："欲胜人者必先自胜，欲论人者必先自论，欲知人者必先自知。"意思是说想制服别人，先要克服自己的弱点；要评论别人先正确地评价自己；想了解别人必须首先了解自己。君子犯了什么错误，首先会检讨自己的问题，而不是把责任全部推到别人身上。要苛责别人，就要先扪心自问，如果换作自己又会怎么处理，是否会和对方犯一样的错误呢？正如肯尼斯·古德所说："先别骤然采取任何行动，不妨先冷静下来，把你对自己的关心和对他人的冷漠，相互比较一下，能够做到这层将心比心的功夫，你在与人应对的时候，就不至那么唐突和鲁莽了。"

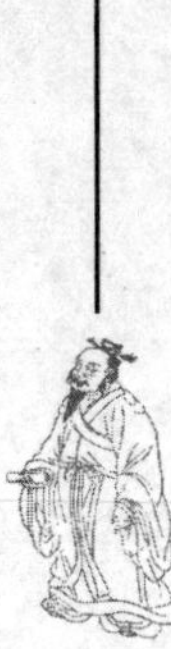

第三章　交人有道，做事有方

★知人者智，自知者明

知彼知我，不独是兵法，处人处事一些少不得底。

——《呻吟语》

既了解别人也能认清自己，不光是兵法如此，就是为人处事也是一点也不能少的。

老子说："知人者智，自知者明。"人贵有知人之智，而尤其贵有自知之明。若能知己知彼，用在战场上可以百战百胜，用在待人处事上，又何尝不能无往而不利呢？管仲年少时家里贫困，曾和鲍叔牙一起做生意，赚了钱管仲就多拿一些，鲍叔牙知道管仲有才而且家贫，也不在意。后来齐国的公子纠和公子小白争位，鲍叔牙追随小白，管仲追随公子纠。最后小白当上齐国国君，就是齐桓公。管仲因追随公子纠而获罪入狱，鲍叔牙又向桓公推荐管仲，桓公免去管仲的罪而加以任用。鲍叔牙又因为自知才能比不上管仲，就自动让贤，自居于管仲之下。后来在管仲的辅佐下，桓公成为一代霸主。鲍叔牙可以称得上既有知人之智，又有自知之明的人了，桓公能够称霸诸侯，又何尝不是他的功劳呢。

★果断决策，行动迅速

断则心无累。或曰："断用在何处？"曰："谋后当断，行后当断。"

——《呻吟语》

决断之后，心中就没有牵挂。有人问："什么时候应当决断？"回答说："谋划之后应当决断，行动之后应当决断。"

古人说"谋定而后断"，其实谋定之后更是应当决断。当断不断，必为其乱。谋划之后还不决断的，毛病在瞻前；行动之后还无法决断的，毛病在顾后。瞻前顾后的人，是不足以成大事的。项羽摆下鸿门宴，是和范增谋划之后，已经定下计谋，想要借机杀掉刘邦。但项羽为人优柔寡断，后来听了别人的话，又不打算杀刘邦了。宴会上范增几次暗示，项羽都不作理会；派了项庄上前舞剑，借机行刺，项羽也没有表示。结果被刘邦从容逃去，范增气得直骂，说项羽是“竖子不足与谋”。后来项羽被刘邦打败，自刎乌江，正是当年当断不断的恶果。

★做事不可拖泥带水

实见得是时，便要斩钉截铁，脱然爽洁。做成一件事，不可拖泥带水，靠壁依墙。

——《呻吟语》

确实认为是对的，就要斩钉截铁，爽快利落。要做成件事，不可以拖泥带水，瞻前顾后。

决断事情，最关键的是要干脆利落，不要患得患失，犹豫不决，否则，在你犹豫的时候，机会就已经悄悄溜走，想再碰到天时地利的时机就很困难了。罗曼·罗兰在他的小说中说过：“如果有人错过机会，多半不是机会没有到来，而是因为等待机会者没有看见机会到来，而且机会过来时，没有一伸手就抓住它。”更多的时候，人们是在磨磨蹭蹭，不能下定决心的当口，看着机会白白地逝去。丢失的东西可以找回来，但失去的时间和机会却再不会回头。人们总说成大事者有一种王者气概，其实就是他们干脆的决断力，以及坚毅的信念，不畏惧失败的勇气。

★理直也应婉言

理直而出之以婉，善言也，善道也。

——《呻吟语》

道理正确，还要委婉地表达，才是好的言辞，好的方式。

爱因斯坦在《对苏联科学家的答复》一文中写道：“要在人类事务中理智地行动，只有做这样的努力才有可能，那就是努力充分了解对方的思想和忧虑，做到设身处地地从对方的角度去观察世界。一切善良的人都当尽可能献出力量来增进这种相互了解。”人最宝贵的品质是宽容，这个世界是多彩的，意味着要求人以宽容的胸怀才能包容这个世界，容忍异端的存在，是人类品德的表现。即使真理握在你的手中，并不意味着你拥有凌驾众人的权力，中国有句俗话说“有理不在声高”表达的也是这个意思，因为“谅解也是一种勉励、启迪、指引，它能催人弃恶从善，使歧路人走入正轨，发挥他们的潜力”。

★任难任之事，处难处之人

任难任之事，要有力而无气；处难处之人，要有知而无言。

——《呻吟语》

当承担那些难以处理的事情时，需要的是力量而不是气魄；在与那些难以相处的人打交道时，要具备智慧而不要多说话。

碰到障碍的时候，不仅需要智慧，更需要耐心与毅力。有时候，只要你再多坚持一会儿，情况就会好转，但有多少人是在成功前的一刹那放弃的呢？池田大作曾语重心长地告诫年轻人，“真正的忍耐是需要勇气的。古今的勇士都掌握了这种人生的智慧。在应该忍耐的时候，青年要做善于忍耐的勇士。处于一筹莫展的困苦中，以为它将永远缠身，那是可怕的错觉。其实，过后一想，那不过是瞬间的事。我要向将来做大事业的青年进一言：切忌急躁，不要忘记忍耐的勇气。”在与人相处的时候，最重要的不是你说什么，而是你能明白对方的想法，这样你的话语才能有的放矢，起到作用，否则就是白费唇舌。

★善待他人，则得人心

善处世者，要得人自然之情。得人自然之情，则何所不得？失人自然之情，则何所不失！不惟帝王为然，虽二人同行，亦离此道不得。

——《呻吟语》

善于处世的人，要能够理解人的自然之情。理解了人的自然之情，那么还有什么做不到的？离了人的自然之情，那么还能得到什么？不光是帝王治理国家要这样，即使两个人相处，也不能离了人情之自然。

作为群居动物，人渴望被理解、被包容、被接纳。如果我们希望别人体谅自己，首先要先去体谅别人，只有站在他人的角度上，设身处地地为对方着想，才能真正理解他人的意图。茨威格在他的作品中说：“个人的力量是很难应付生活环境中无边的苦难的，所以我们要人帮助，也乐于助人。一个人如果知道自己救助了一个人，得到一个人的信赖，完成了一件事情，会有说不出的满足愉快……如果能使别人的生活因我而有所改善，就是自己受点苦都很值得。”从某种意义上说，帮助别人就是帮助自己，佛家称之为结善缘，你希望别人如何对待你，就要将心比心，考虑别人希望如何被对待。

★察言观色,度德量力

察言观色,度德量力。此八字处世处人,一时少不得底。

——《呻吟语》

察言观色,度德量力。对于为人处事来说,这八个字一会儿也不能少。

为人处世,最要紧的一是完善自我,一是善待他人。能够做到这两点,就是大善大智之人。马尔雅有一段话说的十分中肯:“人格优美,品格可爱的人,到处受人欢迎;他们到处能得到别人的扶助。所以他们虽然没有雄厚的资产,而其在事业上成功的机会,却较之那些虽有财产,但是缺乏吸引力,失却‘人和’的人为多。”这就是我们平日里所说的人格魅力,一个具有人格魅力的人可以为自己创造许多机会。接下来,他接着论述了如何做这样的人,“你可以将自己化作一块磁石,而吸引你所愿意吸引的任何人物到你的身旁,只要你能在日常生活之间,处处表现出爱人与善意的精神,表示出乐于助人,愿意援手的态度。一个只肯为自己打算盘的人,到处受到人鄙弃”。

★听人言语,先识人品

凡听言,要先知言者人品,又要知言者意向,又要知言者识见,又要知言者气质,则听不爽矣。

——《呻吟语》

凡是听取别人意见,要先知道说话人的人品,又要知道说话人的立场态度,又要知道说话人的见识水平,又要知道说话人的个性气度,那么听取意见时就不会出错了。

爱因斯坦在《论教育》一文中说到:“人格绝不是依靠所听到的和所说出的言语,而是靠劳动和行动来形成的。”一个无知的人可以伪装出博学的样子,但让他开口解答疑难的时候,他的假面就会被撕破。1589年,一个据说是炼金大师的人来到威尼斯,他住的地方堆满了黄金制品,手里任何时候都有金币在叮当作响。威尼斯的贵族请他居住在威尼斯,并许诺提供给他奢华的生活,希望他能为王室炼造黄金,以挽救威尼斯的衰落。其实,他本来就是威尼斯一个普通的平民,几年前他去国外旅行,用炼金的骗局骗到了一些钱,于是返回威尼斯。虽然连参议院都上了当,但当市民们要求他立刻生产出黄金的时候,他只好离开了威尼斯。

★不要跟小人计较

与小人处，一分计较不得，须要放宽一步。

——《呻吟语》

与小人相处，一点小事也不能和他计较，遇事还要让他几分。

巴士卡里雅的《爱和生活》中说道：“我在一生中应该怎样才可以挽救别人的生命？答案是：‘我必须学会宽恕。’宽恕别人，也宽恕自己。”《圣经》中记载了一个故事，一群人抓住一个行淫的妇人，要按风俗用石块打死她。耶稣说，你们当中谁是没有罪的，就用石块打她吧。人们听后都散去了。没有人不会犯错误，那么为什么不能将心比心去原谅别人的错误？尤其是与气量小的人打交道的时候，这些人本来就比普通人多心，凡事都要计较一番，与这样的人相处，不妨在小处多退让一点，因为这些人过于计较，而且眼界狭窄，盯着不放的都是眼前的蝇头小利。小处多让一步，于自己不会有大的损失，也免得招致小人的怨恨。

★不要意气用事

使气最害事，使心最害理，君子临事平心易气。

——《呻吟语》

凭义气处事最有害，凭心计处事最伤理，所以君子遇到事情时，总是保持平心静气。

待人接物的过程中，最需要的是冷静的态度与理智的头脑，感情用事从来不能圆满地解决问题，却反而会使事态恶化。其实，说到底，不过是人的虚荣、自负或者自卑等心理在作怪。人们都愿意听到赞扬而不是批评，人们都愿意受到欢迎而非责难，这是人的天性，所以，当有人批评或非难的时候，人的头脑就开始不能保持冷静。茨威格在《异端的权力》一书中说：“试一试吧，如果可能，怀疑一下你自己是否十全十美。那样你就可以看到别人所能看到的东西。摆脱你那自毁的自负吧；摆脱你对那么多人、特别是对我的仇恨吧。”古语云：良药苦口利于病，忠言逆耳利于行。谁不愿接受忠告，不就等于要接受谴责？

★用人不以成败论之

临义莫计利害，论人莫计成败。

——《呻吟语》

大义当前不要计较利害得失，评论一个人不要计较成败。

一个人一旦确立了自己的价值准则，就应当为自己的理想付出所有的力量，而不是在考验的关头因为现实利益犹豫不决。苏联一部小说《青春激荡》中写道："我们应该弄清楚自己坚持的信念是否正确。不过，信念绝不是手套，可以随便扔掉一副，再戴上另一副。信念、原则、信仰，只有经过多年，说得重一些，要经过毕生的考验才能在一个人的身上扎根。为了信念，人们曾不惜赴汤蹈火。"在真理与道德的面前，并不能说成者为王败者为寇，因为这两者都是人类智慧与精神的结晶，不是凭一人之力可以完成的。许多成果都是建立在几代人无数次失败的基础上，没有那些失败的英雄就不可能有今天的人类文明。

★知退得福，强进招祸

富贵，家之灾也；才能，身之殃也；声名，谤之媒也；欢乐，悲之藉也。故惟处顺境为难。只是常有惧心，退一步做，则免于祸。

——《呻吟语》

富贵，是家族的灾难；才能，是人身的祸殃；名声，是遭到诽谤的媒介；欢乐，是产生悲哀的基础。所以顺利的环境难于把持。所以，要常怀有恐惧之心，凡事都退一步去做，才能免于灾祸。

《易经》中说："物禁太盛，极则必反。"凡事不要做得太满，要留下可供进退的余地，俗语云"满招损，谦受益"的道理是不错的。有偈语道："忍得淡薄可养神，忍得饥寒可立品，忍得语言免是非，忍得争斗消仇恨。事来之时最要忍，事过之后又要忍。"这里说的"忍"其实也是指不要太过太满。弗洛姆说过："贪婪是一种会给人带来无限痛苦的地狱，它耗尽了人力图满足其需要的精力，可并没有给人带来满足。"在但丁所著的《神曲》中记载了要下地狱的七宗罪，之一就是贪婪。古训曰：知足常乐。

★用人之道，量才度能

善用人底，是个人都用得；不善用人底，是个人用不得。

——《呻吟语》

善于用人者，无论是谁都能令其人尽其才；不善于用人者，无论是谁他都觉得一无是处。

左宗棠评价胡雪岩是“商贾中奇男子也”，他的一生是传奇的一生，从一个小学徒到正二品的红顶商人，短短十年间富甲天下，其中不乏各种因素，而他的用人之道当是最重要的因素之一。他有一句话说：“篾片有篾片的用处。”在别人眼里是小流氓、小混混的人，在他手下都发挥了独特的作用。金无足赤，人无完人，每个人都有比较擅长的方面，也必定有比较薄弱的方面。胡雪岩用人的时候，并不为世俗偏见所左右，而是去发现常人看不到的长处。清人顾嗣协有诗云：“骏马能历险，犁田不如牛。坚车能载重，渡河不如舟。舍长以就短，智高难为谋。生才贵适用，慎勿多苛求。”

★知其不可而为之

势之所在，天地圣人不能违也。势来时即摧之未必遽坏，势去时挽之未必能回。然而圣人每与势忤，而不肯甘心从之者，人事亦然也。

——《呻吟语》

时势所趋，天地圣人也难以违背。势头来时，即使努力遏制也未必能立刻使之扭转；大势去时，努力挽救也未必能够挽回。然而圣人往往宁愿与时势相抵触，而不肯心甘情愿地顺从它，人事方面也是如此。

孙中山先生有一段名言，“世界潮流，浩浩荡荡，顺之者昌，逆之者亡”。这虽然是说进步潮流，但这也是得等进步的潮流形成之后，才无法阻挡。推广开来说，一切潮流，一切势头，一旦已经形成之后，凭个人的力量是很难改变的，即使圣人也不例外。在社会发展时，进步的潮流无法阻挡；在王朝衰落时，衰败的潮流也无法阻挡。身处末世的人，即使心怀大志，想要挽回颓势，也常常有无力回天之感。孔子生当春秋末季，想要实现治世，施展抱负，最后也是处处碰壁。然而他的伟大之处，也正在于不甘心顺从颓势，而是“知其不可而为之”，这是一种关怀天下人，而置一己成败于度外的大慈悲情怀。

第四章　学习圣贤，外王之道

★以仁慈之心施予天下

孔、颜穷居，不害其为仁覆天下何则？仁覆天下之具在我，而仁覆天下之心，未尝一日忘也。

——《呻吟语》

孔子、颜渊一生贫困，却不妨碍他们以仁施予天下。是因为以仁施予天下的本领在自己，而施仁之心，没有一天敢忘的缘故。

孟子说过，人都有仁、义、礼、智之端，而“人之有是四端也，犹其有四体也”。孟子见梁惠王，向他讲解仁政而王的道理，并打比方说：“挟着泰山跳过北海，对别人说‘我做不到’，这是真的做不到。为长辈按摩，对别人说‘我做不到’，这是不肯做，而不是真的做不到。”施行仁政，就像为长辈按摩，不是做不到，而是不肯做。仁心是每一个人天生所具有的，做好人，还是做坏人，选择在自己，责任也在自己。想做好人，却成了坏人，责任还是在自己，因为这只说明你没有做，而不是能够用“做不到”来搪塞的。

★只尽人事，不信天命

圣人有功于天地，只是人事二字。其尽人事也，不言天命，非不知回天无力，人事当然，成败不暇计也。

——《呻吟语》

圣人有功于天地的，只在于“人事”二字。他为尽人事，就不再考虑天命，不是不知道有的事已经回天无力，只是就人事而言应当这样做，成败就不在考虑之列了。

孔子身当末世，周游天下，想寻找一个地方实行他的理想。他并非不知道在这样的时代，他的理想是不可能实行的，只是为了尽人事，所以不言天命罢了。当时有一个智者，评价孔子说：“是知其不可而为之者与？”孔子也有过隐逸的念头，曾说：“道不行，乘桴浮于海。”但终究没有这样做，也是人事还没有尽到的缘故。隐士长沮、桀溺一起耕田，孔子经过时，让子路向他们问渡口的位置。桀溺知道他是孔子弟子后，就劝他说：“与其跟从避人之士，不如跟从避世之士。”子路告诉孔子，孔子也为之黯然，但还是说：“天下有道，丘不与易也。”

★犯错并不可怕

有过不害为君子。无过可指底，真则圣人，伪则大奸，非乡愿之媚世，则小人之欺世也。

——《呻吟语》

有过错，不妨碍人成为君子。没有过错可指摘的，如果是真的，则是圣人；如果是假的，就是大奸，不是媚世的乡愿，就是欺世的小人。

人孰无过，偶尔犯错并不是一个人的大毛病，错误地对待犯错才是大毛病。像孔子的弟子子路那样，听到别人指出他的错误，就很高兴，因为明白了自己的错误，就有机会去改正，就能提高自己的修养。而有的人，犯了错误不敢去面对，也不允许别人向他指出，或者百般狡辩，掩饰错误，甚至怀恨在心，伺机报复。这样的人，是不求上进，自居于小人。还有一种人，就是装作道貌岸然，一脸正经的样子，但背地里却无恶不作，这样的人就叫作“乡愿”。孟子向弟子解释“乡愿”，说他们“行不顾言，言不顾行”，内外不一，言行不一，而“阉然媚于世”，因此孔子称他们是“德之大贼也”。

★无心者公，无我者明

无心者公，无我者明。当局之君子不如旁观之众人者，有心有我之故也。

——《呻吟语》

不怀己心者为公，抛开我见者为明。如果在处理问题时君子看得还不如旁边的众人，那就是因为他既怀己心，又带我见的缘故。

要想客观公允地看待事物，就要做到无心无我，也就是说，把自己的立场、好恶、先见等等都放到一边，才有可能就事论事，不生偏见。梁启超写过一篇《论正统》，谈到古代史家论三国正统，往往说法不同，梁启超说，这里面并不是有对错的问题，只是各人立场不同罢了。比如写《三国志》的陈寿，认为魏是正统，那是因为他生在西晋，西晋是司马家篡曹魏而来的，若认为曹魏篡汉就不是正统，那西晋的正统地位也要难保了；而写《汉晋春秋》的习凿齿，因为生在东晋，东晋是自西晋继承而来的，他就认为继承汉朔的蜀汉才是正统了。同样，后来的司马光认为魏是正统，朱熹认为蜀是正统，也是因为他们一个生在北宋，一个生在南宋的缘故。

第五章　为政以勤，为民以仁

★为政不可懒散

天下之患，莫大于苟可以而止。养颓靡不复振之习，成亟重不可反之势，皆“苟可以”三字为之也。是以圣人之治身也，勤励不息；其治民也，鼓舞不倦。不以无事废常规，不以无害忽小失。非多事，非好劳也，诚知夫天下之事，廑未然之忧者，尚多或然之悔；怀太过之虑者，犹贻不及之忧；兢慎始之图者，不免怠终之患故耳。

——《呻吟语》

世上的祸患，没有比“苟可以”更大的了。养成颓靡不复振作的习气，造成积重难返的形势，都是“苟可以”三个字害的。所以圣人修身，勤勉不知停息；治理百姓，鼓舞不知疲倦。不因为无事而忽略日常工作，不因为无害而忽略小的过失。不是多事，也不是喜欢辛苦，只是深刻认识天下之事，勤防可能出现的危害的，还会因意外发生的变故而后悔；考虑得再仔细的，也会担忧还有疏忽的地方；这就是因为从一开始就提防的，也可能免不了在最后失败。

天下并不缺少天才，却缺少勤奋严谨的天才。每个人的天赋其实相差无几，套用美国成功学学者拿破仑·希尔的一句话，“人与人之间只有很小的差异，但是这种很小的差异却造成了巨大的差异！很小的差异就是所具备的心态是积极的还是消极的，巨大的差异就是成功和失败。”一个智力平平的人，如果十分勤奋而且严谨，努力杜绝无谓的错误，会比一个聪明却懒散的人取得更大的成就。

★虐民自虐，爱民自爱

势有时而穷，始皇以天下全盛之威力，受制于匹夫，何者？匹夫者，天子之所以恃以成势者也。自倾其势，反为势所倾。故明王不恃萧墙之防御，而以天下为藩篱。德之所渐，薄海皆腹心之兵；怨之所结，衽席皆肺腑之寇。故帝王虐民，是自虐其身者也；爱民，是自爱其身者也。覆辙满前，而驱车者接踵。可恸哉！

——《呻吟语》

势头到了一定的时候就会穷尽，秦始皇以一统天下的威势，却受制于平民百姓，为什么呢？百姓，是天子依仗而成其威势的。自己倾覆自己所依仗的，结果反被所依仗的力量倾覆。所以圣明的君主不依赖宫墙内的防御，而把天下作为屏障。德政所施，到了海边也都是腹心之兵；施行暴政，结天下之怨，那么卧榻旁也会出现敌人。所以帝王对百姓施虐，其实就是对自己施虐；爱护百姓，就是爱护自己。前面暴政的路上已满是翻车，而后车不鉴，还接踵向前，真让人感到可悲！

贾谊

西汉的贾谊写过一篇脍炙人口的《过秦论》，对秦朝的灭亡做了非常精彩的分析。他说，秦国偏居函谷关外的雍州，却能在战国群雄中崛起，并吞六国，一统宇内。但是等到拥有天下之大，却因为一个小小的陈胜起义，导致天下豪杰并起，最后倾覆了大秦王朝。陈胜的兵器不如六国利，军队不如六国强，秦国当年能灭六国，后来却因陈胜而覆亡，为什么呢？那正是因为“仁义不施，而攻守之势异也”。

★公私两字，人鬼之关

公、私两字，是宇宙的人鬼关。若自朝堂以至闾里，只把持得公字定，便自天清地宁、政清讼息。只一个私字，扰攘的不成世界。

——《呻吟语》

公、私二字，是天地间区别人与鬼的关口。如果上起朝廷，下至街巷，大家都能坚持一个“公”字，那天下自然太平，政治自然清明。就是这个“私”字，把世界搅得不成样子。

法国作家乔治·桑在小说中这样写道，“如果对自己的爱未与对别人的爱紧紧联系起来，这种雄心壮志在待人忠诚的情况下本可以战胜一切，但当它处在自私的境地就会受到损害，变得乖戾，随时都有失败的危险”。当一个人被私心纠缠，他就看不到除了自己的利益以外的世界，他所做的一切都是为了牟取自己的利益，至于是否会伤害他人或者国家，也是不在他考虑范围内的。这对于外部世界来说是危险的，对于他自身来说也十分糟糕，因为他的眼睛只盯在自己身上，这就注定了他不会得到快乐。当他个人的力量无法与外界力量抗衡而无法满足欲望的时候，他就会陷入更严重的疯狂之中。

★用人以长，知人善任

哪怕再愚蠢再迟钝的人，也一定有可用之处，关键是要有善用之人。

——《呻吟语》

造物是公正的，有句谚语说，当上帝为你关上一扇门时它一定为你打开另一扇窗。没有完美无缺的人，再优秀的人也有他的缺点，再愚钝的人也有别人所不及的地方。春秋初期，管仲与鲍叔牙从小就是好朋友，两人一起做生意，管仲因为家贫，分利的时候总要多占一点。后来他去参军，挂念家中唯一的老母，三次临阵脱逃。大家都说这个人人品太差，然而鲍叔牙却向齐桓公力荐管仲。管仲上任以后，大胆推行改革，制定新的制度，使齐国国力大为增强，后来又帮助齐桓公大会诸侯，成为春秋时期第一个霸主。古语曰："生才贵适用，慎勿多苛求。"天下没有不可用之人，只有不会用之人。

★不做劳民伤财之事

事有大于劳民伤财者，虽劳民伤财，亦所不顾；
事有不关利国安民者，虽不劳民伤财，亦不可为。

——《呻吟语》

有比劳民伤财更重要的事，那么即使要劳民伤财，也要去做而不必顾惜。而与利国安民无关的事，即使不劳民伤财，也不应该去做。

一件事的好坏，往往不能孤立地看待，而应该把它放到与其他事的比较中来衡量。因为我们并不总能在好与坏中做选择，有时不得不在两个坏中选，那就得两害相权取其轻。如果不去选择，听之任之，那么上天就会替我们选择一个更坏的结果。比如对于国家来说，劳民伤财当然是坏事。但有时虽然是坏事也得去做。治理黄河要不要劳民伤财？如果不治理，黄河会泛滥，百姓会受更大的损失。修治武备要不要劳民伤财？如果武备不修，外敌就会入侵，百姓连安定的生活都会受到破坏。历史上有很多类似的例子，大禹治水要劳民伤财，李冰父子修都江堰也要劳民伤财，但这些都是功在当代、利在千秋的伟大业绩，哪怕劳民伤财也是不必顾惜的。

★责人不可太过

攻人者有五分过恶，只攻他三四分，不惟彼有余惧，而亦倾心引服，足以塞其辩口。攻到五分，已伤浑厚，而我无救性矣。若更多一分，是贻之以自解之资，彼据其一而得五，我贪其一而失五矣。此言责家之大戒也。

——《呻吟语》

批评人的，见人有五分过错，而只批评他三四分，这样被批评的人不光心有忌惮，而且完全服气，足以塞住他狡辩的话头。批评到五分，已失之浑厚，而我也没有回旋的余地了。如果再多一分，是送他给自己辩解的理由，他靠这多出的一分批评，挽回了原先的五分过错，而贪那过多的一分批评，而失去那合理的五分。这是批评者的大戒。

当你责备对方的时候，心里一定要先想一下自己也并非十全十美，再努力从对方的角度上考虑一下，然后再指责对方所犯的过错，这样对方才会乐意接受你的意见。车尔尼雪夫斯基说："一个陷在错误中的人，不管他的思想多么顽固，假如另外有个修养更好，对事情认识得更清楚、理解得更透彻的人经常努力，把他从错误中引拔出来，错误也就不会再持续下去。"其实，在劝告的过程中，态度比事理更为重要，人的天性会维护自己，即使对方明白你说得对，但也许因为你的态度让他受到伤害而拒绝承认。同时，因为人总是下意识从自己出发去考虑别人，难免使自己的批评过于主观。批评是一门艺术，运用得当不仅能推动工作的进展，更可以为你赢得他人的尊敬。

第五篇 《忍经》智慧通解

导读

元朝著名学者许名奎所撰的《忍经》分为一百个小箴集，以忍为话题，分别从道德、修身、读书、安贫乐遗、教子、忠孝和勤俭等方面，揭示了为人处世之真谛。从事各行各业都离不开一个“忍”字，赋予“忍”极高的精神境界和深刻含义。阐述儒家思想的精髓。

成败荣辱、福祸得失，人生不如意十之八九。面对挫折、苦难，我们是否能保持一份豁达的情怀，是否能保持一种积极向上的人生态度，这就需要博大的胸怀和非凡的气度了。许多时候，我们需要的不是四处提供建设，而是在不受干扰的环境中理清思路、享受生活。

作者对社会现实洞若观火，疾呼政治改革和道德建设，探求修补世道人心的捷径，企图在自己的心灵之光照射下探索出一条摆脱精神困境的道路，让每个人能根据自身的实际情况，灵活把握“忍”的要义，从而避免失败，从中获益。

第一章　不可迷恋声色，贪心过重

★红颜祸水，亡国害己，怎能不忍

桀之亡，发妹喜；幽之灭，以褒姒。

晋之乱，以骊姬；吴之祸，以西施。

汉成溺，以飞燕，披香有“祸水”之讥。

唐祚中绝于昭仪，天宝召寇于贵妃。

陈侯宣淫于夏氏之室，宋督目逆于孔父之妻，败国亡家之事，常与女色以相随。

伐性斤斧，皓齿蛾眉，毒药猛兽，越女齐姬。枚生此言，可为世师。

噫，可不忍欤！

——《忍经·色之忍》

夏朝君主桀的灭亡，是因为宠爱美女妹喜；周幽王的灭亡，是因为用烽火戏诸侯来博褒姒一笑。

晋国发生的内乱，是因为晋献公宠幸骊姬而起；吴国的灭亡，是因为吴王沉溺于西施的美色所致。

汉成帝喜爱能歌善舞的赵飞燕，已经到了执迷不悟的程度，以至于披香阁大学士讥讽飞燕：“此祸水，灭火必矣。”

唐朝的国运也几乎因为武昭仪（武则天）而中断，天宝年间的安禄山入侵，也由杨贵妃而起。

陈灵公因在夏氏家中公开淫乱而惹下杀身之祸，宋国的华父督因目送孔父嘉之妻离去而终遭杀身。这些亡国败家的事情，大多是因为迷恋女色所致。

西汉的枚乘说，年轻的美女是砍伐性命的斧子，越女齐姬更是毒药猛兽。枚乘这番话，可以成为后世的警句。

面对美色，怎敢不忍住自己的淫欲之心呢？

中国自古就有“红颜祸水”一说。人们认为，粉黛知己、温柔乡是英雄冢。事实上，倾家败国、自取灭亡，也常常和女色联系在一起。周幽王烽文戏诸侯的故事就是因沉湎女

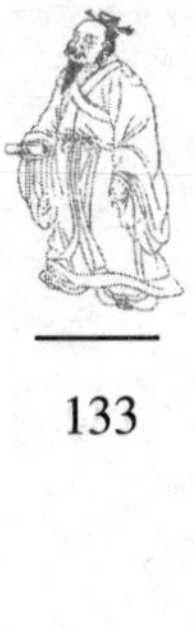

色而误国的最好例证。

周幽王时，褒地的人有罪，就把一位叫褒姒的女子进献给幽王，幽王很宠爱她。褒姒不爱笑，幽王用各种方法取悦她，还是不笑，最后，幽王终于黔驴技穷，不得不张榜悬赏：谁能让褒姒笑一笑，就赏千两黄金。

周幽王

人们争相献计献策，可是那些办法并不能让褒姒笑，只能使她生气。倒是有一个极会奉迎的奸佞小人出了个主意，他让幽王点燃烽火台，等诸侯们的兵马来到，看到并无敌兵，就会垂头丧气地乱哄乱窜，褒姒看到那种情景，肯定会笑的。

可是，烽火并不能随便点。只有当外敌进犯时，才能举起烽火，用来招集援兵。但幽王为博美人一笑，还是听信了谗言。

骊山下有二十多座烽火台，周幽王带褒姒来骊山这天，周幽王的叔叔郑伯友知道了此事，怕扰乱军心，失去诸侯的信任，就赶来阻止。周幽王反而振振有词，认为通过放烟火解闷是件微不足道的事。就这样，周幽王终于点燃了烽火。邻近的各小诸侯急忙带兵赶到都城镐京，听说大王在骊山，又急忙赶到骊山，可一看不像打仗的样子，根本没有任何敌情。周幽王站在高台上对他们喊："你们辛苦了，没有敌人，你们回去吧！"诸侯们被如此戏弄一番，十分气愤，他们的兵马也像无头苍蝇一样在骊山下嗡嗡乱转，各诸侯国不同的旗帜和军服交错混杂，显得十分滑稽。褒姒看到这种场面，真的冷笑了一声说："亏你想得出这种主意！"

后来申侯因为幽王宠幸褒姒、废除了申侯以及太子宜臼，以此来勾结犬戎攻打幽王。幽王于是又举起烽火招引援兵，但这次诸侯们却以为和上次一样而没有来。于是犬戎把幽王杀死于骊山脚下。

后人皆把周的灭亡归罪于褒姒，正如《小雅·正月》里所云："赫赫宗周，褒姒灭之。"但古今中外，因贪色而败国丧生的确实很多，可那是咎由自取，板子是不能只打在女子身上，因为女子在更多的情况下是受害者。"天作孽，犹可违；自作孽，不可活。"历史终究是历史，只能作为教材，给后人指路，为人提醒，若等铸成大错后再去思考恐怕为时已晚。

★酒能误国，招祸遗患，怎能不忍

禹恶旨酒，仪狄见疏；周诰刚制，群饮必诛。

窟室夜饮，杀郑大夫；勿夸鲸吸，甘为酒徒。

布烂覆瓿，箴规凛然；糟肉堪久，狂夫之言。

司马受阳谷之爱，适以为害；灌夫骂田蚡之坐，自贻其祸。

噫，可不忍欤！

——《忍经·酒之忍》

禹时，仪狄很会酿酒。禹尽管深感美酒的甘甜，但因为深谙“后世必有以酒亡其国者”的道理，因而疏远了仪狄。周成王为了社稷天下，更是严正告诫康叔要严禁酗酒，对于那些聚众饮酒的人，一律全部处斩。

郑国伯有嗜酒如命，后因在酒窖里日夜饮酒而被人打死。唐朝李适之曾任玄宗的左相，每天起来就饮酒，就如大海中的鲸鱼吞吸百川的水一样。其实，对酒应有克制，切莫自夸能像鲸吸水一样豪饮，也不要成为一个遭人唾弃的酒徒。

晋朝王导曾劝诫生性好酒的孔群：“你常喝酒，难道没看见盖酒坛的那块布很快就会腐烂吗？”孔群不但不听劝，反而理直气壮地反驳道：“你没有看见过用酒糟腌的肉保存时间更长吗？”在这番对话中，明眼人一听就能知道什么是箴言，什么是狂语。

司马子反用谷阳进献的酒来解渴，结果醉卧不起，贻误军情，招致杀害；西汉灌夫因饮酒过量，居然在丞相田蚡的婚礼上借酒风大骂田蚡，结果给自己酿成了祸患。

酒能误国招祸，怎敢不忍住酒的诱惑啊！

皮日休在《酒箴》中写道：“饮酒的道理，哪仅止于填充肚子、消愁取乐啊！甚至能够使在上位的人沉溺于淫靡，在下位的人成为酒鬼。因此圣人用献酒来节制它，用告训来让人明白。可是还是有身居高位的人被酒淫溺所腐化，以致国家灭亡。”

陈后主名叔宝，字元秀，是宣帝的嫡长子。

太建元年，后主被立为皇太子。太建十四年正月甲寅，宣帝崩。

三天后，太子在太极前殿即位。

当时的局面似乎比较稳定，后主便日益骄纵，不思外难，沉溺在酒色中，不理朝政。

隋文帝对仆射高颖说：“我为百姓父母，岂可限于一衣带水而不加拯救？”

命令大造战船。有人建议秘密建造，隋文帝说：“我要替天行道，何须秘密办理？假使把造船木投入江中，而他能改过，我又有何求！”

听说后主接纳了西梁的萧岩等人后，隋文帝更为愤怒，任命晋王杨广为元帅，督帅八十位总管进行讨伐。

他又将揭露后主二十项罪行的玺书送到陈朝；同时，书写三十万张诏书，分传到江南

各地。

诸军南下，江滨镇戍相继报告。新任命的湘州刺史施文庆、中书舍人沈客卿掌握机密大权，对这样的报告都压下不上奏。

隋文帝

此前，萧岩等人来投奔时，德教学士沈君道梦到殿前有一巨人，红色衣服，武士冠带，头伸到栏上，挥动胳臂发怒道："哪能忍受叛萧误大事！"

后主听说后，很忌讳萧岩等人，便任命萧岩为东扬州刺史，把他的人都分散到远处。

接着又命沿江边守的舰船都返回都城，向归附的梁人显威，因此江中没有一艘作战船只。

上流各州兵马，都被杨素大军拦阻不能东下。都城士兵尚有十余万人。

听到隋军渡江的消息，后主说："王气在此，齐兵来了三次，周兵也来了二次，无不被摧败。虏今若来必自取灭亡。"依旧奏乐纵酒不停。

三年春正月初一，朝会时，大雾弥漫，吸入鼻内都感到辛酸。后主一直昏睡，该吃午饭时才起身。

这一天，隋将贺若弼自广陵渡江，韩擒虎自横江渡江，利用清晨顺利地攻克了采石，进而攻下姑孰。这时贺若弼也攻下了京口，沿江戍守者望风而逃。贺若弼分兵切断通往曲阿的要道后，攻入曲阿城。采石戍主徐子建到京城告急。

很快，韩擒虎率兵自新林抵达石子冈，镇东大将军任忠投降，并引导韩擒虎由朱雀航到达宫城，自南掖门进入。

城内的文武百官都逃出来了，只有尚书仆射袁宪、后阁舍人夏侯公韵侍奉在后主身边。

迫于无奈，后主在井中躲了起来。接着隋军士兵对着井口呼叫后主，后主不应。

他们便要往里面扔石头，这才听到后主的叫声。当隋军士兵用绳子把后主拉出井后，才发现原来后主与张贵妃、妃贵人俱在一起。

三月，后主与王公百官由建邺出发，来到长安。被宽赦后，隋文帝给了他丰厚的赏赐，几次引见，在三品官员的行列。

每次有后主参与的宴会，隋文帝怕后主伤心，令不奏吴地乐曲。后来，监守后主的官员报告道："叔宝说，既然没有官职，每次参与朝拜时，请求能有一品官的名号。"

隋文帝说："叔宝全无心肝。"监守官员又说："叔宝常沉醉，很少有醒的时候。"隋文帝让人限制他的饮酒，但接着又说："任其性，不然，何以度日。"不久，文帝又问监守官员叔宝的嗜好。回答说："嗜酒。"

"饮酒多少？"回答道："与子弟们一天能吃一石。"隋文帝大惊。

后主随从文帝往东方巡视时，登芒山，陪文帝饮酒，赋诗道："日月光天德，山川壮帝居。太平无以报，愿上东封书。"

上表请文帝封禅，文帝答诏谦让不许。后来隋文帝来到仁寿宫，常陪同宴饮，到后主出去时，隋文帝看着他说道：“此人败亡难道不是由于酒吗？有作诗功夫，何如思虑时事。”

当贺若弼渡江到京时，有人用密信向宫中告急，叔宝因为饮酒，便不拆阅。高颖进到宫中时，那封密信还在床下，未开封。这真可笑，大概是天亡陈国。是啊，酒这种东西，少饮一点，只要无伤大雅，也未尝不可。但若像陈后主那样沉溺于酒，则轻者伤身，重者误事。

汉朝扬雄作《酒箴》劝诫汉成帝，足见酒为害之烈。

★妖曲未终，死期已至，怎能不忍

恶声不听，清矣伯夷；郑声之放，圣矣仲尼。

文侯不好古乐，而好郑卫；明皇不好奏琴，乃取羯鼓以解秽，虽二君之皆然，终贻笑于后世。

霓裳羽衣之舞，玉树后庭之曲，匪乐实悲，匪笑实哭。

身享富贵，无所用心；买妓教歌，日费万金；妖曲未终，死期已临。

噫，可不忍欤！

——《忍经·声之忍》

不听邪恶的音乐者，是为人清高的伯夷；禁止郑国的靡靡之音者，是圣人孔子。

魏文侯不喜欢古乐，而偏爱郑、卫两国的靡靡之音。唐明皇不爱听奏琴，而是拿外族音乐来解闷。以上两位君主不喜欢古代圣哲的雅乐，却偏爱市井俗乐。可表面上还假装爱听雅乐的做法终成为后人的笑柄。

《霓裳羽衣曲》这样的舞乐导致朝政疏离，祸乱发生，唐明皇的欢快之声不正是变成了一曲悲歌吗！《玉树后庭花》这样的歌曲导致朝政松懈而亡国，陈后主一时的欢笑不是变成了永久的哭泣吗！

身为富家，享尽荣华富贵，却无所用心，买来女子教她们唱歌跳舞，挥霍无度。结果不仅惹祸被斩，而且殃及父母兄弟与妻儿。这正是“妖曲未尽，死期已至”。

扰乱人心的声色如此祸国殃民，难道不应该拒绝它的诱惑吗？

健康的音乐，可以陶冶性情，激励人奋发向上；淫邪的音乐，可以破坏人良好的情绪，使人沉沦。石崇被斩、杨玉环误国，可谓明证：“妖曲未终，死期已至”，确非危言耸听。

杨玉环除了有出众的容貌，还具有高超的音乐舞蹈艺术修养，史载她是一位“善歌舞，通音律”的女子。这适可与多才多艺的玄宗相匹，结为艺术知音。玄宗自小在深宫中与乐工为伴，长大后“万知音律”。

在作曲方面，他可以即事谱曲，达到随心所欲的境地，比一般的乐工还要技高一筹。

杨玉环

他会弹奏多种乐器，尤其精通羯鼓。羯鼓本是从西域传入中原，鼓声雄健，能给许多乐种伴奏。

玄宗曾多次在宫廷宴会或小范围的欢娱场合亲自击鼓尽欢，成为当时宫廷音乐界的一大盛景。

唐玄宗曾经研习印度佛曲《婆罗门曲》，加上自己的想象和感受，创作了《霓裳羽衣曲》，用以咏唱众仙女翩翩起舞的意境。唐玄宗将此曲交给杨玉环，命她依韵而舞。玉环稍加浏览，便心领神会，当即载歌载舞地表演起来。歌声婉转若凤鸣莺啼，舞姿翩跹如天女散花，使观者仿佛身临众仙齐舞、缥缈神奇的瑶池之会。

她对乐曲领悟之深，表现力之强，令玄宗兴奋不已。玄宗亲自击鼓伴奏，两人都沉浸在灵犀贯通的音乐意境之中。

于是，玄宗懈怠于国家政事，致使"安史之乱"发生。那时候，中原纷扰，唐明皇有幸逃到四川，所以白居易《长恨歌》中写道："渔阳鼙鼓动地来，惊破霓裳羽衣曲。"这难道不是"非乐实悲"吗？"歌舞教成心力尽，一朝身支不相随"说的不也是这个道理吗？所以说，享乐不是错，若一味沉湎其中便会铸成错，任何事都需要节制。

★专讲吃喝，必遭贬斥，怎能不忍

饮食，人之大欲，未得饮食之正者，以饥渴之害于口腹。人能无以口腹之害为心害，则可以立身而远辱。

鼋羹染指，子公祸速；羊羹不遍，华元败衄。

觅炙不与，乞食目痴，刘毅未贵，罗友不羁。

舍尔灵龟，观我朵颐。饮食之人，则人贱之。

噫，可不忍欤！

——《忍经·食之忍》

吃喝是人的最大欲望。一个人饿了，吃什么都香；一个人渴了，喝什么都甜，这其实是失去了饮食的正常滋味，是一种错觉，它是由饥渴造成的。饥渴可以使人正常的口腹感觉被破坏，贫贱可以使人正常的心志遭到损伤。如果面对钱财仍能做出符合道义的选择，那么就可以保持自身高洁，成家立业并远离耻辱了。

子公只因用手指蘸鳖汤尝尝，差点招致杀身之祸；华元因没有分羊肉汤给车夫喝，也因此而播下祸种。

庾悦不给刘毅熟肉吃，是因为他还没有做官。刘毅忍不下这番羞辱，便记恨在心，显贵后对庾悦挟怨报复。罗友被人看作是讨饭吃的傻子，实际上他却有非凡的才能。

《易经》所言："丢弃自己如同灵龟般的智慧，却观望别人手中的食物，此卦为凶。"因此，在饮食方面不懂得适可而止，为求美食不择手段，甚至丧失人格的人，人们就会鄙视他。

唉，注重口腹之欲会使人卑贱，失去智慧和人格。面对它的诱惑时，怎能不忍一忍呢？

人在非常饥渴的时候，突然得到吃喝，即使不香甜也觉得很香甜。这是因为人一旦饥渴到这种境地就没有选择的余地了。不但口腹会被饥渴所损害，甚至人的心性也会被贫困卑下所扭曲。一个人一旦在面对钱财利益时，没有时间选择如何利用它的正确道理，就会胡作非为。因此，一个人如果能够不为口腹饥渴所害，不因贫富变化而动摇他的心志，那么就不会担忧自己不如他人了。所以说："可以立身而远辱。"

宣公四年，楚国人进献给郑灵公一只鼋。子公宋和子家正要见灵公，子公的食指动了动，指给子家看说："哪天只要我食指动了，一定会尝到美味。"

进入宫中后，厨子将要收拾鼋，两人相视而笑。等到吃鼋时，郑灵公把子公叫来，却不给他吃。

子公将手指伸入锅鼎蘸了一下，尝了一口后便出去了。灵公为此很生气，想杀子公。然而，子公却与子家谋划好了。夏天时，杀了灵公。无独有偶。《左传》载，宣公二年，宋国将要和郑国交战，宋国大将华元杀羊给士兵吃，没给他的车夫羊斟。

等到交战时，羊斟说："从前吃羊，都是你做主；今日的事，是我做主。"他擅自把车驾入郑国军队中，宋国被打败了。此事的起因实际上很简单，羊斟是华元的驾车人，因为没有分到羊汤而生气，于是把战车直接赶进了郑国军队中，因此华元被郑国所擒获。

所以皮日休《食箴》写道："羊羹不及，华元受其谋；鼋羹不均，子家肆其祸。"说的就是上面的事情。

华元杀羊犒赏士兵，独独遗忘了自己的车夫，正是由于华元平时的疏漏或是看不起车夫，而使羊斟觉得受到了歧视，受到了侮辱，于是就在战斗中报私仇，不顾及国家的利益，这实在是小人的做法。但口腹之欲不忍，招致的灾祸，这恐怕是最严重的吧。

饮食男女，人之大欲，吃饱喝足是人生存的最起码的条件，本无可非议。

也只有在满足了口腹之后，人才能从事他所希望从事的事业，才能有精力去战胜各种困难。但是人活在世上，不要贪那一点美味佳肴，要忍耐住、抵受住美食的诱惑。口腹之忍：

一是要忍住自己贪图美食的欲望，口腹由于不忍饥渴会受到损害，人的志向如果不注意进行培养，也会像口腹受害那样逐渐地丧失。

二是要忍耐那种只因为没有得到食物就仇视别人，甚至于不顾大局，不顾及国家利益去报仇的行为。这是非常卑鄙的做法，应该忍住不去做，这样才能成为一个品行端正的人。

★沉溺淫欲，遭人鄙视，怎能不忍

淫乱之事，易播恶声。能忍难忍，谥之曰贞。

路同女宿，至明不乱；邻女夜奔，执烛诗旦。

宫女出赐，如在帝右，面阁十宵，拱立至晓。

下惠之介，鲁男之洁，日磾彦回，臣子大节。百世之下，尚鉴风烈。

噫，可不忍欤！

——《忍经·淫之忍》

淫乱最能动摇人的性情，也最易败坏名声。对那些能够忍住淫乱之欲的人，人们相当敬佩并称他们为贞节之人。

柳下惠旅途中与女人同宿，到天亮也没有越轨行为；邻居家的女子跑到颜叔子那里夜宿，颜叔子持烛至天明也没生邪念。

柳下惠

金日磾对待赐予的宫女，如同在皇帝身边时那样严肃；褚渊在西阁山阴公主处住了十夜，始终恭敬地站着。

柳下惠有特立之行，鲁国男子能洁身自好，金日磾和褚渊都不失臣子之节操。千百年来，风节犹为人楷模。

唉，淫欲是难忍之忍，沉溺其中会遭人鄙视，洁身自爱则会受人尊敬。面对情欲的诱惑时，人们怎能不忍一忍淫邪之心呢？

完颜亮是一个有着多重性格的怪才，野蛮与才智在他身上奇妙地结合着；他勇猛、果敢、能画、工诗，是擅立威福的独裁帝王，也是多情而好色的风流浪子。

他打破了祖宗们迈向文明的戒律，变“同姓不可为婚”为同姓可以婚配，选美纳妃，供他淫乐的有封号的妃子就有十二名：昭妃至充媛九位，婕妤、美人、才人三位。他羡慕汉家皇帝占尽天下美女的特权，他的后宫，美女如云，不限名额。此外，他还规定官吏在正妻之外，可娶次室二人，庶民百姓也可纳妾。

完颜亮的结发妻子徒单氏，是太师徒单斜也的女儿。他当宰相时，徒单氏封岐国妃；他登基后，又封其妻为惠妃；惠妃生子光英，被立为皇后。完颜亮搜奇猎艳，自迁都中都，沉湎于后宫美女之中，伴随皇后的只有寂寞、忧愁和惶恐。

驸马都尉蒲察没里野的女儿蒲察阿里虎，体形丰腴，姿色迷人，先嫁给宗磐的儿子，因宗磐父子被完颜亮以谋反罪诛杀，即改嫁同宗族人完颜南家。南家病死，阿里虎寡居时住在元帅都监的公公完颜突合速家中。

当时，完颜亮随梁王宗弼军到南京，顺便至突合速家中做客，他对极富女性韵味的阿里虎一见钟情，便提出要娶她，但遭到突合速的拒绝。当上皇帝后，完颜亮没有忘记对阿里虎的那段旧情，他便遣使召阿里虎回归娘家，两个月后正式娶她入宫，封贤妃，不久晋封为昭妃。

昭妃有个女儿名重节，正值十五六岁的妙龄，也随母入宫。重节长得端丽可爱，完颜亮便伺机占有了她。阿里虎得知，痛哭流泪，不仅打了重节的耳光，还大骂完颜亮丧尽人伦。完颜亮得知后，恼羞成怒。

不久，便因昭妃送衣物给前夫之子，斥责其不忠，想借机处死她。幸而贤惠的皇后率众妃子下跪求情，阿里虎才暂免一死。从此，阿里虎与完颜亮的感情日趋恶化。最后，完颜亮还是以杀害宫婢三娘之罪，处死了他昔日做梦也想得到的阿里虎。他的新欢昭妃的女儿重节，被晋封为蓬莱县主。

完颜亮还是熙宗朝的臣子时，就常与完颜乌带的妻子唐括定哥私通。当上皇帝之后，仍对定哥的旧情难断。为了去掉对手乌带，同时得到定哥，他对定哥的侍婢说："自古帝王都有两个皇后，去问她是否愿意杀死丈夫与朕同享富贵？"

定哥听后，惶恐地令侍婢回禀："年轻时的事已成过去。而今子女都已成人，岂能再干那些不该干的事？"完颜亮再次捎口信给她说："你不忍心杀死丈夫，朕就找借口杀你全家。"定哥推说儿子不离父亲左右，不便动手。

情火中烧的皇帝随即赐她儿子一个官职，诏令立即赴任。天德四年七月初十夜，乌带醉入梦乡，定哥乘机与心腹家奴一起将他勒死在卧榻上。朝廷得到奏报：崇义节度使暴病而死。

完颜亮装出痛失爱臣而无限惋惜的样子，以隆重的礼节安葬了乌带。不久，皇帝就将定哥纳入后宫，呼为娘子。迁都中都之后，又封贵妃。他对贵妃特别宠爱，每入情意绵绵的温柔之乡，便再三许诺将来要立她为皇后。定哥意欲专宠，便特别忌讳皇帝亲幸其他妃子。后来，她竟以与人通奸来发泄不满。完颜亮一怒之下抛尽旧情，一刀杀死了曾令他销魂落魄的情妇定哥。

定哥有个妹妹名石哥，也是绝色佳人，嫁给秘书监完颜文为妻。定哥入宫后，石哥常去看望姐姐，皇帝即利用方便占有了她，并表示要娶她为妃。不久，皇帝即令完颜文的庶母传旨：石哥选入后宫，完颜文等待皇上另赐新妻。

完颜文对石哥情意深厚，实在不忍心离开爱妻。但为了避免杀身之祸，夫妻俩只好抱头痛哭一场，然后分手。石哥被召入后宫，不久便被封为丽妃。

天德二年，礼部尚书萧拱迎合新皇帝征美女入后宫的旨意，将自己妻子的妹妹耶律弥勒从汴京送到上京，推荐给皇帝。入宫前，经体检发现弥勒已不是处女，被遣出宫。皇帝怀疑萧拱曾与弥勒发生过肉体关系，醋意大作，先对萧氏降职处分，仍不解恨；后来干脆找借口杀死他，以泄心中之怨。

为了表示君王无戏言，他即"践诺"将萧拱之妻赐给了完颜文。不久，再召弥勒入宫。

又借口说弥勒思念姐姐，召其姐入宫，皇帝同时占有了这对姐妹花。故弥勒被封为柔妃。

完颜亮的御剑、佩刀和“圣旨”，曾经使宗室无数兄弟子侄无辜被杀身亡，有的至死仍不明白为何招来杀身之祸。而对这些死者的妻、女、姐、妹，皇上却大发善心，刀下留情。事后，他还授意心腹大臣上奏，请求皇上将被杀的宗室大臣、封王们的遗孀、孤女、姐妹选拔入宫，以示“抚慰”。经萧裕等大臣“奏请”，秉德的弟妻、宗本的儿媳以及宗固的两个儿媳都召入后宫。

此外，完颜亮还全然不顾天理人伦，不仅将没有出“五服”的同姓姊妹纳入后宫，以泄淫欲，还把自己母亲表兄的两个妻子召入宫中，占为己有。完颜亮任意玩弄她们，并分别赐给她们妃子位号。

好色的完颜亮虽然最终得到了应有的惩罚，但他那些丑恶行径将永遭后人的唾骂。人固有七情六欲，若不克制自己，纵欲过度，乃至因搜奇猎艳而不择手段，为享尽风流而不惜败坏人伦，就会失去节操，臭名远扬。

★玩物丧志，人之通患，怎能不忍

楚好细腰，宫人饿死；吴好剑客，民多疮痏。

好酒好财好琴好笛好马好鹅好锻好履，凡此众好，各有一失。人惟好学，于己有益。

有失不戒，有益不劝，玩物丧志，人之通患。

噫，可不忍欤！

——《忍经·好之忍》

楚王喜欢细腰的女人，因此就有许多宫女饿死；吴王喜欢剑客，所以百姓为此而习剑以致身留创伤。

喜爱饮酒，喜爱钱财，喜爱弹琴，喜爱吹笛，喜爱马，喜爱鹅，喜爱打铁，喜爱木鞋，大凡在这诸多爱好中，每一种都会让人有所失。一个人只有喜好学习，才会对自己有益。

心中明白嗜好会带来过失，却不戒除掉；明明看到对己有益的东西，也不愿努力学习，结果玩物丧志，自甘堕落，这是人类的通病。

唉，面对爱好的选择时，人们怎能不忍一忍轻率而择的心呢？

一个人只要本心清净，不执着于外物浸染，虽处于利欲狂流的境界中，亦能洁净自身，自得其乐，犹居于清幽静寂的仙境中。但若心中有所迷恋，有所执着，即使人间仙境，亦成苦海。

晋人华卓，字茂世，为吏部郎。年轻时举止豪放，特别喜欢喝酒，曾说：“得到美酒数百斛，就有了四季的美味。左手拿酒杯，右手抓蟹螯，漂荡在酒缸里，这一生也知足了。”一天，邻居家酿的酒熟了，他晚上跑到酒瓮边偷酒喝，被酿酒人发现，捆了起来。邻居第二天一看，原来是华卓，于是放了他。他后来因喝酒而被撤职。这种生活中的爱好，看似平常，却能影响人一生的政治前途。

号称“山水诗人”的谢灵运，系出名流，承堂叔谢混之名，被封为康乐侯，生活奢侈华美，衣裘、坐骑及日常器皿，皆属上品，当时，有“谢康乐式”之称。闲来便驱数百仆从，入山垦辟，修建别墅。生活尽管极尽奢华，却颇是迷恋山林，因而时时不满朝廷对他的待遇，行为不逊，终遭谗言被处斩。谢灵运就是过于迷恋山林，无法超越世俗，而招致此种悲惨下场。

《尚书》说：“玩物丧志，不做无害有益。”人其实心中相当明白什么爱好对自己有利，什么爱好对自己无益，却总是戒不掉会给自身带来过失的嗜好，也不愿努力去学习对己有益的东西，结果自毁前程。这是多么令人痛惜的事啊！

★穷奢极欲，必遭大祸，怎能不忍

天赋于人，名位利禄，莫不有数。人受于天，服食器用，岂宜过度。乐极而悲来，祸来而福去。

行酒斩美人，锦幛五十里。不闻百年之石氏，人乳为蒸豚，百婢捧食器，徒诧一时之武子。史传书之，非以为美。以警后人，戒此奢侈。

居则歌童舞女，出则摩聪结驷。酒池肉林，淫窟屠肆。三辰龙章之服，不雨而雷之第。

厮养傅翼之虎，皂隶人立之豕，僭似王侯，薰炙天地。

鬼神害盈，奴辈到财。巢覆卵破，悔何及哉！

噫，可不忍欤！

——《忍经·侈之忍》

石崇王恺斗富

天赋予人们的东西，如功名利禄等都是有一定的数量。人们从上天所接受的衣服、食物和器具，岂能超过限度？乐极则生悲，祸来则福去。

晋人王恺用美女劝客饮酒，如客人不饮，就杀死劝女；石崇与王恺斗富，王恺作紫丝步障长达四十里，石崇则作锦步障五十里来比，但也没听说石崇一族延续百年呀！晋人王济用人乳蒸猪，一百多名丫鬟手捧食器侍奉宴席，但他也只不过是让世人惊诧于一时。这些事情都详细地记载在史书上，不是赞誉，而是为了警示后人戒除奢侈。

晋人贡谧居家则有歌童舞女相伴，出门则有车辆结队，后被人所杀；商纣以美酒作池，用肥肉作林，作长夜之饮遭百姓怨恨；唐王元宝以金银砌房子，以铜钱铺小路，时称

“富窟屠肆”；更有人虽无一官半职，却穿着皇帝诸侯般华丽的服饰，住着皇帝诸侯般豪华的住宅，没有雨水却在宅第上装饰漏雨的装置。

富家豢养的家丁如虎狼一般凶狠，即使是服侍他们的奴仆，气焰也是极其嚣张。这样的人富贵似王侯，气盖天下。

鬼神降祸于奢侈者，奴仆见财眼开。若等到巢翻蛋破之际，则已后悔莫及了。

唉，骄者生淫逸，淫逸遭祸患，怎能容忍自己的奢侈之心呢？

一个人若能在权高位重、物质充裕的情况下，仍能忍住骄奢之心，不挥霍浪费，那么他就能将现状保持得更长久。如若不然，他必遭天谴人怨，不能寿终。

杨广

杨广在做皇太子前后，不得不矫情饰节，以取悦父母和掩住天下人耳目。一旦登上帝位，他的穷奢极欲的真面目就完全暴露出来，奢侈程度，不仅杨坚和独孤氏万万料想不到，就是古今一切贪婪、昏庸、暴虐的帝王，相形之下，也会自叹不如。

大业元年三月，杨广命宰相杨素和将作大匠宇文恺，在洛阳旧城之西十八里处，开始营建新都。每月役使民工二百万人，劳累而死的不可胜计。

东都的重要部分为宫城、皇城和外郭城。外郭城也称为大城，周围七十三里一百五十步；皇城为文武官衙所在处；宫城东西五里二百步，南北七里，周围三十余里，高四十尺。建成后，又效法秦始皇，将天下富商大贾数万户迁来东京。

三月，又命宇文恺和内史舍人封德彝督修显仁宫。规模宏大，南接皂涧，北跨洛滨，周围十余里。几处大殿的木柱都要从豫章运来，两千人拖一柱，下面用生铁滚筒。估计一根大柱就要费数十万钱。

同时，又下令修筑西苑。周围二百里。苑内挖人工湖，叫积翠池，周围十余里。湖中堆积蓬莱、方丈、瀛洲三山，高出水面百余尺，楼台殿阁，遍布山上山下。积翠池北岸有龙鳞渠，迂回曲折，沿渠建筑十六院，每院设一名四品夫人管理。院中树木苍翠，春兰秋菊，四季如春。杨广最喜欢在月明之夜，携带宫女数千人游西苑，往往弦歌达旦。

显仁宫和西苑还未落成，杨广仿佛成了修宫狂，简直无时无处不在修筑行宫。大业元年，在临淮营造都梁宫；三年八月，太原造晋阳宫；四年四月，汾州造汾阳宫；十二年正月建毗陵宫。此外，还有涿郡的临朔宫，北平的临榆宫，渭南的崇业宫，鄠县的太平、甘泉二宫，江南有丹阳宫。修造的行宫，遍布全国，百姓苦不堪言。

为了悠游享乐和加强对江南人民的剥削，从大业元年起，杨广下令开挖运河。

运河的主体工程是通济渠、邗沟和承济渠。通济渠由河南、淮北百余万人所开，邗沟由淮南十万人所开，承济渠由河北百万人所开。南起余杭，北抵涿郡，全长两千七百余里，宽十余丈。通济渠直通东都西苑，为方便杨广冶游江南，沿渠修建离宫四十余所。

全国百姓即使竭尽所有，卖儿卖女也满足不了杨广的穷奢极欲。再加上杨广不自量力，认为是天下第一强国，要对外耀武扬威，掠夺奇珍异宝，在慑服了东、西突厥之后，又于大业八年、九年、十年，连续发动征服高丽的战争，每次动众百万，死伤累累，国力耗尽。这时国内的阶级矛盾就异常尖锐起来，民不堪命，唯有铤而走险。全国上下已布满了干柴，只要有一星火种，就会燃烧起来。

大业十四年，各路义兵大军压境。江都粮食耗尽，宫中警卫大多是关中人，都想叛乱西归，隋统治者已经走投无路了。

三月的一天，虎贲郎将司马德戡、直阁裴虔通等，利用卫士的不满情绪，推举右屯卫将军宇文化及为首，发动兵变，杀进内宫。

杨广见被持刀的乱兵包围住了，叹息道："我有什么罪，会有如此下场？"马文举说："你不顾国家安危，外事征伐，内极奢淫，天下死于战争、劳役者无以计数，四民百姓苦不堪言，怎能说无罪？"

杨广对司马德戡说："我实在是有负于百姓，但你们身为朝官，荣禄兼备，为什么也这样呢？"又回头对封德彝说："你不是我身边的旧臣吗？我向来待你不薄，为何今天也在这里啊！"封德彝竟唯唯而退。

人群中引起一阵骚动。

这时，杨广的爱子，12岁的赵王杨杲，在旁边号哭起来。裴虔通见杨广继续玩弄阴谋，企图软化众人意志，就挥刀朝杨杲砍去，鲜血溅在杨广的御袍上。

众人又向杨广围拢过来，杨广口中说："天子自有死法。"急忙向左右索要早已准备好的毒药，但慌忙中哪里找得着？杨广索性解下身上的练巾。众人早已按捺不住了，一拥而上，就在房中将杨广勒死。之后，肖后和宫人就拆下床板，将尸身裹着，在后园中草草埋葬。

一个靠阴谋诡计起家，登位后又置天下百姓于不顾，极其穷奢极欲的一代暴君，就得到这样可耻的下场。隋朝的统治，也到此结束了。

★贪利忘害，因小失大，怎能不忍

利者人之所同嗜，害者人之所同畏。利为害影，岂不知避！贪小利而忘大害，犹痼疾之难治。鸩酒盈器，好酒者饮之而立死，知饮酒之快意，而不知毒入肠胃；遗金有主，爱金者攫之而被系，知攫金之苟得，而不知受辱于狱吏。

以羊诱虎，虎贪羊而落井；以饵投鱼，鱼贪饵而忘命。

虞公耽于垂棘而昧于假道之假，夫差豢于西施而忽于为沼之祸。

匕首伏于督亢，贪于地者始皇；毒刃藏于鱼腹，溺于味者吴王。

噫，可不忍欤！

——《忍经·利害之忍》

"利"是人们都喜爱的，"害"是人们都畏惧的。"利"就像"害"的影子，形影不离。如果人们不知回避,只贪求眼前的小利小益而忘却了潜藏其中的大祸害,那么就像生了痼疾一样难以治愈。毒酒装满酒杯,好饮酒的人喝下去会立刻死亡,这是因为他只知道喝酒的痛快而不知毒酒会毒坏肠胃。遗失在路上的金钱自有失主,爱钱的人夺取而被抓进监牢,这是因为他只知道获取金子,却不知被抓住后受狱吏侮辱的痛苦。

老虎是凶猛的动物,很难捕捉。但是用羊作诱饵,致使它掉入陷阱后,只能摇着尾巴乞怜了;把诱饵扔给鱼,鱼往往因贪饵食而忘了性命。

虞公贪爱晋国所献垂棘之地出产的美玉,而不能察觉晋国借路攻打虢国的计谋;夫差沉溺西施的美貌而收留她,却忽略了亡国的灾祸。

匕首藏在督亢的地图中,贪图土地的人是秦始皇;毒刃藏在鱼腹里,沉溺美味的人是吴王。

唉,贪小而失大。在小利小益面前,人们怎能不忍住贪婪之心呢?

人不能过于贪图眼前的利益,更不能因为被眼前的利益所迷惑而忘记了做人的根本,这其实是使利益遭受到更大的损失。

夫差就是一个不懂得透过眼前利益去揭示背后的祸害,从而真正做到趋吉避凶的人。

勾践

勾践被夫差放回国后,为了不忘耻辱,他在自己的居室里铺上干草,以做被褥,在门口悬挂着一枚苦胆,每天吃饭前尝一尝。

一天,勾践同大臣文种商量富国强兵以灭吴国的方法。文种说出了七条灭吴计策,其中一条就是送美女给吴王,诱其荒淫无道。夫差依计而行,让范蠡去找美女。

范蠡说:“我早就替大王找到了,她名叫西施,是越国出名的美人。她甘愿以身事吴,为国捐躯。另外我还给她找了一个帮手叫郑旦,她们一定能完成大王的使命。”

于是,勾践就派人把西施和郑旦送到了吴国。

西施和郑旦来到吴国,夫差一见她们的美貌即刻着迷,从此整天沉醉于美女怀中,不理朝政之事。一年后郑旦病死,吴王更加宠幸西施了。

西施知道,只靠色相迷住吴王是不行的,还得力争在参政中寻找机会祸乱吴国。一天,当吴王陪着她玩兴正浓时,西施乘机对吴王说:“英雄好汉不应该过于贪恋美色,应当驰骋疆场,为国争光。”

吴王夫差听了西施的话,不禁肃然起敬。时值北方的齐国和鲁国正在交战,吴王夫差想显显威风,就帮着鲁国打齐国。结果齐国一片混乱,齐国的大夫杀了齐悼公,向吴国求和,愿意年年进贡。吴王没想到听了西施的话后能旗开得胜,这使他颇为得意,也就更加喜欢西施了。

有一年,为了掏空吴国的国库,勾践派大夫文种到吴国借十万石粮食。吴国的大臣们议论纷纷,在议而未决的时候,吴王就去问西施。西施旁征博引地说了一通,吴王十分佩服，当时就答应借粮食给越国。

第二年，越国如数归还粮食，并都是颗粒饱满的稻谷。夫差下令把这些稻谷全部做种子种到地里。

伍子胥

其实，越国已经把这些稻谷蒸煮过了，吴国人种上后，迟迟不发芽，再补种已经误了农时，结果这一年吴国几乎颗粒未收。勾践想掏空吴国国库的计划逐步得到实现。

勾践的计谋被伍子胥识穿了，他多次劝谏吴王早做提防，但吴王不听，并借机疏远了他。西施深知伍子胥的利害，虽然暂时被吴王疏远，只要不杀死他，他还会有复出的机会，那将对越国极为不利，她决心除掉这个强敌。

西施对夫差说："伍子胥是什么人，他连自己的国家都想灭，连楚平王的尸首都要用鞭子抽，难道还会怕什么人吗？伍子胥主张灭掉越国，我也是个越国人，请大王先把我杀了，要不，就不能留着伍子胥。"

说着说着，西施的心口病犯了，表现出极其难过的样子。吴王夫差被西施这一番话说得下了决心，立即决定赐伍子胥属镂剑令其自杀，西施终于帮助越国除去灭吴的一大障碍。

西施见伍子胥已经除掉，又鼓励吴王北上逐鹿中原，争夺霸权，目的是进一步消耗吴国的人力、物力和财力。夫差又听信了西施的话，不多久，吴国的国力就已衰败不堪了。

公元前 478 年，越国趁吴王夫差北上争霸、国内大旱的有利时机，举兵伐吴。这时吴国已难以抵挡越军的攻势，吴王只得退守姑苏城。越国采取了长期围困的战术。

公元前 473 年，姑苏城破，吴王自杀，全国土地被越国据为己有。曾多年称霸南方的吴国最终中了越国的美人之计，导致灭亡。

西施摆出种种可以获"利"的理由，吴王夫差便因贪求这些"利"而忘却了潜藏其中的"害"，致使国破家亡。所以说，利益是祸害的影子，若不知回避，不仔细权衡一番，迟早会自掘坟墓。

因此，聪明人看到名利，就考虑到灾害；愚蠢的人看到名利，就忘记了灾害。考虑到了灾害，灾害就不会发生；忘记了灾害，灾害就会出现。

第二章　切忌意气用事，惹火烧身

★祸从口出，言多必失，怎能不忍

恂恂便便，侃侃訚訚，忠信笃敬，盍书诸绅。讷为君子，寡为吉人。
乱之所年也，则言语以为阶。口三五之门，祸由此来。
《书》有起羞之戒，《诗》有出言之悔，天有卷舌之星，人有缄口之铭。
白圭之玷尚可磨，斯言之玷不可为。齿颊一动，千驷莫追。
可不忍欤！

——《忍经·言之忍》

诚实恭顺，能言善辩，刚正不阿，和颜悦色；竭心尽力，诚实不欺，忠厚严肃，恭敬谨慎，这些是为人处世的基本准则，你为何不把它们写在衣带的下摆上呢？说话谨慎的人才称得上是君子，言语少的人才称得上是吉人。动乱和灾祸的产生是以言语作阶梯的。一个在语言表达上把关不严的人，则会使自己的处境混乱不堪。

《尚书·说命上》说："只有口是产生羞辱的。"《诗经》上也有关于因说话失误所导致的悔恨。因此天上有卷舌星能识别谗言，在那金铸人像的背后更有闭口不言的铭文。

白圭缺损了，还可以通过磨砺使其臻于完美，但因说话不当所导致的过失可是无法补救的。嘴巴一张，话一出口，千匹马也难以追得回来。

唉，祸从口出，言多必失，怎敢不忍住自己的多嘴多舌呢？

孔子说："君子说话言辞要慎重迟缓。"《易·系辞》中也记载了孔子的话："动乱的产生，往往是由于出言不逊而引起的。"为此，古时有个姓蔡的人也感慨道："人招惹祸害，其中言语是最厉害的。"历史上，因一句话而惹来杀身之祸的例子不胜枚举。

贾南风出身于功臣名门，她的父亲贾充颇有刀笔之才，能观察帝王的旨意，因而倍受宠信。泰始八年二月，贾南风被册立为太子妃。贾南风的丈夫尽管身为太子，但他实在才德均差。当他在洛阳皇城中看到那些饥肠辘辘的穷人时，竟然好奇地问："这些人为什么不吃肉呢？"由此可见这"阿斗"太子毫无社会知识，迟钝得近乎痴呆。与太子相反，贾妃则是精明、果敢、早熟的人。她性妒忌而多权诈，太子既敬畏她，又盲目依附于她，因此,太子宫中的其他嫔妃侍御,极少有人能得到他的宠幸。

司马炎

司马炎是统一三国、建立晋朝的开国之君,然而一提到继统的这位皇太子,他心中总有些不安。满朝文武大臣也都把对太子的异议藏在心底,不敢明言。但是,在凌云台一次盛大的宴会上,功臣卫瓘忍不住了。他借酒装醉,一边摸索着靠近御座,一边酒话喃喃道:“臣想对陛下谈一件事。”晋武帝说:“卫公想说的是什么呢?”卫瓘几次欲言又止,只是用手抚摸着那御座,继续喃喃自语:“这么精美绝伦的御座,多可惜啊!”晋武帝顿时明白了,卫瓘是怀疑太子资质鲁钝,将来不能亲理政事。但是,聪明的武帝只是笑着说:“卫公呀,你真的是喝多了吧!”卫瓘自知劝谏无用,也就不再进言了。

作为太子的司马衷,对这一切毫无反应。而贾南风则因此对酒后吐真言的卫瓘恨得咬牙切齿,但她只能把这份怨恨隐藏在内心深处。因为从当时的形势上看,她还不具备抛头露面在复杂的权力斗争中与人角逐的实力。

司马炎一死,白痴太子司马衷便沿例登上了皇位,贾南风利用皇后的地位想除掉卫瓘。

她审时度势,周密分析各藩王之间关系的亲疏,权衡各家实力的强弱,终于选准了一个突破点:她发现司马亮与司马玮感情不和,而司马亮又与昔日借酒发过“御座可惜”的慨叹的卫瓘交往密切。于是,贾南风决定拉拢司马玮,斗倒司马亮,同时去掉卫瓘。

永平元年六月,贾南风秘密指使心腹将密诏火速送到司马玮府中,诏称司马亮与卫瓘二人预谋篡夺皇位。司马玮遵照密旨率兵包围了司马亮和卫瓘府邸。司马亮被杀,卫瓘及其子孙九人同时遇害。

想必卫瓘至死也不明白自己的谋反之罪从何而来!他怎么能想到,这一切灾难都是因为一句话呢?因此,人们应谨言慎行,否则将铸成无法挽回的过错,甚至会给亲朋好友带来飞灾横祸。

正如《诗·大雅·抑》中所言:“白圭之玷,尚可磨也;斯言之玷,不可为也。”当宝玉缺损时,尚且还可以把它磨平,一旦说话不当,可就无法补救了。这更进一步深刻地告诫人们说话要谨慎。

★放纵粗暴,气大伤身,怎能不忍

燥万物者,莫熯乎火;挠万物者,莫疾乎风。风与火值,扇炎起凶。

气动其心,亦蹶亦趋,为风为大,如鞴鼓炉。养之则君子,暴之则为匹夫。

一朝之忿,忘其身以及其亲,非惑欤?

噫,可不忍欤!

——《忍经·气之忍》

在能使万物干燥的东西中,没有比火更炽热的;在能使万物弯曲的东西中,没有比风更猛烈的。风火相遇,风助火势,火壮风威,便会发生难以预料的灾祸。

气能动人心志,可以使人跌倒,也可以使人快走。这正如风能使火变大,用皮囊向火炉鼓风,越鼓火势越旺的道理一样。一个能培养"浩然之气"的人才能成为君子,那些放纵粗暴之气的人便是匹夫。

如果因一时的愤怒,而忘记了自己以及自己的亲人,这难道还不叫糊涂吗?!

为人处世怎敢不学会忍住愤怒之气呢?

人在发怒时,如果不压抑忍耐,而是由着性子妄自行事,必招致杀戮之刑,还要拖累自己的亲人。所以朱熹说:"知道一时的怒气很微小,而祸患延及他的亲人才是大事,于是就可以辨清糊涂而抑制住怒气了。""冲冠一怒为红颜"的故事说的不就是这个道理吗?

陈圆圆

崇祯十六年,正当屡有战功的吴三桂与爱妾陈圆圆如胶似漆之际,崇祯帝的圣旨到:吴三桂迅速出关。两个有情人只好洒泪告别。

崇祯十七年,李自成率农民军进入北京,他的手下刘宗敏便捕捉和拷打吴襄,除了追赃,还勒令其交出陈圆圆。

农民军严重伤害了吴三桂一家的切身利益,他当然不能置若罔闻。他出身行伍,是在同清(后金)的战争中成长起来的一员骁将,年岁正轻,血气刚烈,在爱妾遭人凌辱的情况下,他怎能忍住心中的怒火?想到国仇家恨,吴三桂再也按捺不住对农民军的极端仇恨。他怀着满腔愤怒,于四月四日突然返至山海关,向唐通部发动袭击。唐通受李自成指使,曾给吴三桂写过招降信。虽然没有得到吴三桂明确的回答,他也没料到吴三桂会中途变卦,所以唐通毫无防备,仓促迎战,被吴军杀得人马几尽。山海关重新被吴军占领。

四月二十日,李自成兵临山海关,双方进行了一些零星的战斗。

吴三桂处境十分危急,他见多尔衮迟迟不出兵,决定亲自出关谒见多尔衮。二十一日,这两位同年所生的当世枭雄相会于欢喜岭上的威远台。两人立誓为盟,达成了借兵的协议。四月二十二日,清军入关,山海关战役全面打响。

真是兵败如山倒,李自成山海关一败,被清、吴联军一直追至永平才稍微稳住阵脚。随即农民军政府尚书张若麒前往吴三桂营中请和。

双方盟誓之后，吴三桂撤退了包围水平的军队。四月二十六日，李自成率兵回京。

四月二十七日，吴三桂传帖京师，声称义兵不日进城，凡大明臣民为先帝服丧，整肃迎候东宫。北京城内一时人心思变。

为此，李自成急令刘宗敏、李过、李岩等统兵出城，布阵以防吴军。刘宗敏军在北京城下连兵十八营与吴军交战，被吴三桂连拔八营，刘宗敏负伤败回。四月二十九日，李自成匆忙举行登基大典，杀吴三桂全家三十余口后西撤。

全家被戮，吴三桂悲痛欲绝，泣不成声，举哀兵穷追不舍，在西山、定州两败李自成农民军。

定州之战后，吴三桂立即停止追击李自成，班师回京，准备扶立太子即位。

五月一日，吴三桂在回师途中，传谕军民准备迎接太子入继大位。檄文至京，明朝遗老们弹冠相庆，为复辟大明而忙活起来。就在同一天，吴三桂行至梅河时，接到多尔衮传来的檄文，要求他继续西追李自成。

吴三桂一直担心而又不敢深思的事情终于发生了——多尔衮准备背弃山海关之盟。

现在已经无可奈何了。经山海关一战，吴军消耗过大，五万之众仅剩二万，多尔衮虽然拨给他一万精锐八旗兵，但那是为了控制他。清军入关时已有十四万之众，加上后来陆续入关的，其兵力已超过关宁军十倍，甚至几十倍。要想以微弱兵力驱逐清军，重建明室，那无异于用鸡蛋碰石头。

同时，追击李自成既是引清兵入关的初衷，又是报旧恨新仇的举措，是不得不为的，加上他得知圆圆并未被杀，派人在北京城内也没有找到，或许尚在李自成军中。种种因素促成了吴三桂决定暂时与清军妥协，引兵西追李自成。

吴三桂满含忧虑与伤感率兵缓缓西进，五月底行至降州，准备在此休整部队与调节心境。不料，此时北京传来消息，部将胡国柱找到了陈圆圆。这真是喜从天降，吴三桂一扫心中的阴郁，喜不自禁地等待陈圆圆的到来。

六月五日，在降州南洋河畔吴三桂的军营里，举行了隆重、热烈的军中婚礼。苍茫的暮色中传来隆隆礼炮声，这是吴三桂一生中听到的最美妙的炮声。

吴三桂在降州一住就是三个月，整日与圆圆畅饮聚首，百事不问，驻兵不进。这可急坏了部将杨坤、夏国相等人。他们觉得如此下去，势必引起清廷的怀疑，便提醒吴三桂，商议长久之计。吴三桂新婚之过，自忖是考虑大事的时候了，便聚集部下一起商量，是继续追剿李自成，还是班师回京。大多数人主张率师回京，不能再打下去了，要保存实力，以观清廷动静。此时，多尔衮已派人去迎接顺治迁都了，一旦清朝定鼎北京，吴三桂引狼入室，必将成为千古罪人。

多尔衮在北京听说吴三桂久驻山西，且有回北京的动议，大为惊恐。吴三桂目前已是天下众望所归的英雄，只要他振臂一呼，必将应者云集，切不可等闲视之。多尔衮急忙一面令阿济格等加强控制监视，使其不敢轻举妄动，一面赐封吴三桂为平西王，并派洪承畴奉旨携冠服金帛，前去犒劳吴军。

后来，吴三桂为顾及身家性命及部将利益，终于投降了清朝。

顺治二年闰六月，李自成农民军主力部队被彻底击败，李自成死于湖北九宫山。消息传入北京后，多尔衮认为心腹大患已除，逐下令各征剿大军班师回朝。天下初定之后，多尔衮对吴三桂的去留颇费心思。经过再三考虑，一方面晋封吴三桂为平西亲王，以示笼络；一方面令吴三桂率其所部离开京师，出镇锦州，部将分屯于锦州、宁远、中右、中后、中前等地。

在多尔衮的眼中，吴三桂至今仍未真心归降，会不会起兵抗清实在难说，只能把这样的危险人物逐出关外，以束缚吴三桂的举动。

吴三桂一生从成到败，轨迹复杂。但关键的一点是他为红颜而怒，失去了理智，失去了分辨力，所以反戈一击，尽管暂时得到了些利益，但又产生了新的问题，不得不去做出一些出人意料的人生抉择。实际上，吴三桂因冲动而做出的决定，是其一生越来越窄的开始，因此在他面前无出路而有绝路。

★气量狭小，容易制怒，怎能不忍

怒为东方之情而行阴贼之气，裂人心之大和，激事物之乖异，若火焰之不扑，期燎原之可畏。

大则为兵为刑，小则以斗以争。大宗不能忍于蕴古、祖尚之戮，高祖乃能忍于假王之请、桀纣之称。

吕氏几不忍于嫚书之骂，调樊哙十万之横行。

故上怒而残下，下怒而犯上。怒于国则干戈日侵，怒于家则长幼道丧。

所以圣人有忿思难之诫，靖节有徒自伤之劝。惟逆来而顺受，满天下而无怨。

噫，可不忍欤！

——《忍经·怒之忍》

怒属于东方的性情，怒极了就会干阴险盗窃的事情。它破坏人内心的和谐，激化事物走向极端，像火焰若不被扑灭，就有燎原的可怕后果。

怒气会产生冲突、导致战争，小的怒气也会引发纠纷、导致争吵和殴斗。唐太宗不能制怒而斩杀了张蕴古和卢祖尚，汉高祖则能息怒而满足了韩信的假王之情，并容忍了萧何称其为桀纣的批评。

吕后因不堪忍受单于的书信谩骂，而险些欲斩来使，调樊哙十万去拼夺。

所以在上位的人，如果不善于控制自己的情绪，凡事不能容忍，就会使在下位的人遭难；如果居于下位的人不顾礼义，逞强发怒，就会冒犯上位的人。国家之间积怨会使战事不断，家庭内不和则使人丧失伦理。

因此孔圣人有“忿思难”的告诫，陶潜有“徒自伤”的规劝。只有逆来顺受，才能行遍天下而不受怨恨。

唉，发怒会产生如此可怕的后果，面对不顺之事时，人们怎能不克制一下自己的怒气呢？

深谙兵法的诸葛亮，曾巧妙地用计激怒周瑜，实现了孙刘联合抗曹的计划，也为三国鼎立奠定了基础。周瑜为人气量狭小，容易致怒，所以才能被诸葛亮利用。

周瑜

东汉建安十三年，曹操亲率80万大军，沿长江摆开阵势，想一举拿下东吴，实现他统一天下的夙愿。面对强敌压境，东吴众臣有主战的，也有主降的，弄得吴主孙权也不知该何去何从。诸葛亮为了实现他在隆中时对天下形势的分析，造成三国鼎立的局面，巩固孙刘联盟，他自告奋勇地去江东游说孙权，共同抗击曹操。

来到东吴以后，他知道周瑜是东吴举足轻重的人物，只有说服了周瑜，才能坚定孙刘抗曹的决心。

周瑜是他这次出访的重点。此时的周瑜，虽心存抗曹的念头，可在诸葛亮面前故作深沉，不露痕迹，同时也想试探诸葛孔明，故而谈及抗曹之事，周瑜总是以言语搪塞。足智多谋的诸葛亮便针对周瑜气量狭小，故意曲解曹植的《铜雀台歌》中的两句话，激起周瑜对曹操的满腔怒火，痛下不灭曹操誓不为人的决心。

一天晚上，鲁肃引诸葛亮会见周瑜。鲁肃问周瑜："今曹操驻兵南侵，是战是和，将军欲如何？"周瑜说道："曹操挟天子以令诸侯，难以抗命。而且，兵力强大，不可轻敌。战则必败，和则易安，我的意见是以和为上策。"鲁肃大惊道："将军之言错啦！江东三世基业，岂可一朝白白送给他人？"周瑜说道："江东六郡，千百万生命财产，如遭到战祸之毁，大家都会责备我的，因此，我决心讲和为好。"诸葛亮听完东吴文武两大臣的一段对话，觉得周瑜若不是抗曹的决心未定，也是一种有意试探，此时如果不另辟蹊径，只是讲一通吴蜀联合抗曹的意义，或是夸耀周瑜盖世英雄，东吴地形险要，战则必胜的道理，肯定难以奏效。于是，他巧用周瑜执意求和的"机缘"，编出一段故事，激怒了周瑜。

诸葛亮说："我有一条妙计，只需差一名特使，驾一叶扁舟，送两个人过江，曹操得到那两个人，百万大军必然卷旗而撤。"周瑜急问是哪两个人。诸葛亮说道："曹操本是一名好色之徒，打听到江东乔公有两位千金小姐，大乔和小乔，长得美丽动人，曹操曾发誓说：'我有两个志向，一是要扫平四海，创立帝业，流芳百世；二是要得到江东二乔，以娱晚年。'目前曹操领兵百万，进逼江南，其实就是为乔家的两位千金小姐而来的。将军何不找到乔公，花上千两黄金买到那两个女子，差人送给曹操？江东失去这两个人，就像大树飘落一两片黄叶，如同大海减少一两滴水珠，丝毫无损大局；而曹操得到两个人必然心满意足，欢欢喜喜班师回朝。"

周瑜说道:“曹操想得大乔和小乔,有什么证据说明这一点呢?”诸葛亮答道:“有诗为证。曹操的小儿子曹植,十分会写文章,曹操曾在漳河岸上建造了一座铜雀台,雕梁画栋,十分壮丽,并挑选许多美女安置其中,又令曹植作了一篇《铜雀台赋》。文中之意就是说他会做天子,立誓要娶‘二乔’。”周瑜问:“那篇赋是怎么写的,你可记得?”诸葛亮说道:“因为我十分喜爱赋中文笔华丽,曾偷偷地背熟了。”接着就朗诵起来:“从明后以嬉游兮,登高台以娱情……临漳水之长流兮,望园果之滋荣。立双台于左右兮,有玉龙与金凤。揽‘二乔’于东南兮,乐朝夕之与共。”

周瑜听罢,勃然大怒,霍地站立起来指着北方大骂道:“曹操老贼欺我太甚!”诸葛亮表面上是急忙阻止,其实是火上浇油说道:“都督忘了,古时候单于多次侵犯边境,汉天子许配公主和亲,你又何必可惜民间的两个女子呢?”周瑜说道:“你有所不知,大乔是孙策将军夫人,小乔就是我的爱妻!”诸葛亮佯作失言,请罪道:“真没想到是这回事,我真是胡说八道了,该死该死!”周瑜怒道:“我与曹操老贼势不两立!”诸葛亮却故作姿态地劝道:“请都督不可意气用事,望三思而后行,世上绝无卖后悔药的。”周瑜说道:“我承蒙伯符重我,岂有屈服曹操之理?我早有北伐之心,就是刀剑架在脖子上,也不会变卦的。劳驾先生助我一臂之力,同心合力共破曹操。”于是孙、刘结成的抗曹联盟得到巩固,取得了赤壁之战的重大胜利。

诸葛亮首先了解到周瑜的气量比较小,容易被人激怒,再者他也知道,大丈夫连自己的妻子都不能保全,是人生的一大耻辱,周瑜绝不会忍受这样的耻辱。尽管这一切不过是诸葛亮假借曹操的诗赋牵强附会的一说,却达到了激怒周瑜联合抗曹的目的。

★不满生怨,忤则失人,怎能不忍

驰马碎宝,醉烧金帛,裴不谴吏,羊不罪客。

司马行酒,曳遐坠地。推床脱帻,谢不瞋系。诉事呼如周,宗周不以讳。是何触生,姓名俱改避?

盖小之事大多忤,贵之视贱多怒。古之君子,盛德弘度。人有不及,可以情恕。

噫,可不忍欤!

——《忍经·忤之忍》

骑马不慎摔坏宝物,裴行俭未加罪于小吏;喝醉酒误烧金帛,羊侃未责怪宾客。

司马劝酒曳拉裴遐,不料将裴遐拖倒,但裴遐也没有恼怒。谢安被从座上推下,帽子和头巾都快掉下来了,他并不怪罪蔡系。有人上诉犯了直呼其名之讳,宗如周丝毫不介意。因为什么产生了触犯忌讳这一说法,而使人的姓名都要改易呢?

小人物侍奉大人物时常常会有不小心或有抵触之处,高贵者对待卑贱者也常常会生气。如果大人物能宽宏大度,体识他人,那么他就有君子的品行了。

唉，何不忍住心中的不满，原谅别人的过失，与人为善呢？

如果大人物能为人宽宏大度，善解人意，那么他就有君子之腹了。晋代卫蚡常说："别人有不好的地方，可以凭人情宽恕；别人如果无理取闹，可以据理来解决。"

楚庄王

楚庄王就是一位能容人之过的国君。一次，他设宴招待群臣和众武士喝酒，席间命令他所宠爱的美人劝酒。喝到傍晚，众人喝得颇有醉意，突然一阵狂风吹过，把灯烛吹灭了，大厅里一片漆黑。黑暗中有人拽住了这个美人的衣袖，美人急中生智，一把扯断了那人系帽子的带子。那人松手去保护自己的帽子，美人乘机逃脱。她来到楚庄王身旁，哭诉被人调戏的经过，并要求点上灯烛，抓住那位帽带已断者。

楚庄王却说："酒醉失礼是难免的，我不能因为一个妃子侮辱臣下和武士！"于是他在黑暗中大喊："今天大家喝酒要尽兴，谁的冠缨不断，就是没喝足酒，再罚他三大碗！"众臣众将为了讨好楚王，纷纷领命。等重新点上灯烛后，大家的冠缨都断了。就是美人想自己查出调戏她的那个人，也无从下手了。

三年后，晋国与楚国发生战争。战场上有一位武士英勇善战，奋勇杀敌，五次交锋都是第一个冲向敌人，最后楚国大获全胜。楚庄王很奇怪，便问他为什么如此拼命。那位勇士答道："末将该死。那次酒醉失礼，大王不但不治我的罪，还为我掩盖过失，我总想找个机会报答您。"

楚庄王爱美人更爱英雄。作为至高无上的国君，他原本可以对武士严惩不贷。但聪明贤达的国君却巧妙地化解了这场尴尬，他能体谅武士的酒醉失礼是难免的。

每个人都会有糊涂的时候，而且每个无意犯错之人都希望得到别人的谅解。所以，对别人的过失，我们要忍住不满之心，先为他人想一想。

★一笑虽微，可招祸患，怎能不忍

乐然后笑，人乃不厌。笑不可测，腹中有剑。

虽一笑之至微，能召祸而遗患。齐妃嗤跛而郤克师兴，赵妾笑躄而平原客散。

蔡谟结怨于王导，以犊车之轻诋；子仪屏去左右，防鬼貌之卢杞。

人世碌碌，谁无可鄙。冯道兔园策，师德田舍子。

噫，可不忍欤！

——《忍经·笑之忍》

因快乐而发笑，别人就不会讨厌他的笑容。然而笑得不合时宜或莫名其妙，心里好像藏着剑一样凶,就会引起别人的厌恶或警惕了。

笑一笑是件很平常的小事,却也能招致灾祸,留下隐患。齐妃笑话却克足跛致使晋国发兵伐齐;赵平原君的美妾笑话跛脚之客而使宾客离座而去。

蔡谟以牛车这种无足轻重的话题开玩笑,因而得罪了王导;郭子仪支开妻妾陪坐,是担心她们笑话卢杞貌丑而招来灭族之祸。

世间多是碌碌俗人,谁会没有可鄙视之处呢?冯道因《兔圆册》的玩笑而贬了刘岳的官,娄师德却不因被讥为庄稼汉而恼怒。

一笑可以结怨,一笑亦可以泯仇。对那些恶意的笑,是不是该忍一忍呢?

战国时的赵胜,人称平原君。他家的楼高踞在老百姓的房子上面。邻居家有一个跛子,一瘸一拐地去打水。

平原君的美人在楼上居住,看见此景后,大声嘲笑他。第二天早上,跛子到平原君家里请求说:"我听说平原君爱惜有才之士,智者不远千里拜见您,就是因为您把士看得很珍贵,而把女子看得很低贱。我不幸残废,您的后宫看见了便笑我,我想得到那个笑我的人的头。"

平原君回答说:"好!"后来平原君嘲笑地说:"看这个小子,居然因为被笑了一次想杀掉我的美人,不是太过分了吗?"

始终没有杀那个美人。过了一年多,他门下宾客渐渐离去了。平原君很奇怪,就问个中原因。一个人回答说:"因为您不杀那个嘲笑跛子的美人,所以人们都说您喜爱女色并且看轻有才之士,因此宾客们都离开了您。"

于是平原君感到很惭愧,杀了那个笑跛子的美人,并且到跛子家谢罪。这样一来,那些士人又渐渐回来了。

东晋的王导非常畏惧大老婆,暗地里用牛车将小妾们安置别处。司徒蔡谟知道此事后,当面笑谑几句,王导勃然大怒,两人结下了仇怨。

郭子仪

唐朝的郭子仪在宰相卢杞来访时,总是将常伴身边的小妾、丫鬟打发走。别人很奇怪,问原因,他说:"卢杞长得十分丑陋,我怕女人们见到他会忍不住发笑。依卢杞那凶残歹毒的心肠,一旦他得势,必定会残害我家族的。"

世本俗世,人生平庸,也多是碌碌之人,有谁会没有鄙俗之处呢?五代的冯道,担任宰相等要职,因农民出身,故外貌较为粗野质朴。

有一次上朝时,任赞和刘岳用"兔园册"来取笑他(《兔园册》是当时一本乡野读物),

冯道大怒并将二人贬官。唐人娄师德在武则天时任宰相，为人性敦厚，不计较别人的冒犯。

有一次和李昭德上朝时，因身体肥胖行动缓慢而被李昭德埋怨为“庄稼汉”，而娄师德却笑着说道：“我不做庄稼汉，谁来做呢？”从而化解了一场口舌恶斗。

同是笑却产生不同的后果，可泯恩仇也可结怨恨，面对可笑之事或人时，人们怎能不忍住欲笑为快之心，三思而后笑呢？

★无义之勇，君子为耻，怎能不忍

暴虎冯河，圣门不许；临事而惧，夫子所与。

黝之与舍，二子养勇，不如孟子，其心不动。

故君子有勇而无义，为乱；小儿有勇而无义，为盗。圣人格言，百世诏诰。

噫，可不忍欤！

——《忍经·勇之忍》

不用武器而徒手与老虎搏斗，不用船只而徒步渡河，这种有勇无谋的做法孔子不赞成。孔子认为，遇事谨慎思考而不轻举妄动的人才能把事情做好。

北宫黝的勇气在于与人一拼，志在必胜；孟施舍培养勇气的特点是保存自己则无所畏惧。这两个人对于勇气的培养都带有片面性，他们哪里能比得上孟子的尽心知性，无所疑惑呢？孟子道明德立，一举一动，尽合礼义，自然无畏怯之心。

孔子说：“君子有勇而无义，必作乱；小人有勇而无义，必作盗。”圣人告诫人们的格言，人们应该牢记于心。

唉，义理之勇不可无，血气之勇不可有。怎能不忍耐而逞一时的无谋之勇呢？

公元前645年，秦晋大战于龙门山。结果秦胜晋败，晋惠公也做了秦军的俘虏。

晋国失败的原因有很多，其中至关重要的便是晋惠公的无义之勇。

晋惠公是在秦穆公、齐桓公的支持下登上国君之位的，事先曾答应割五城给秦国以求得秦穆公的支持。但他即位之后，却赖了账。

即便如此，在晋国天灾流行的危急时刻，秦国给晋国送去了大批粮食。

可是，当秦国也遇灾荒，向晋国买粮时，晋惠公竟一粒粮食也不愿卖，这便激怒了秦国。秦穆公以晋国忘恩负义为名，出师讨伐晋国。

而对这一紧急事态，晋惠公是怎样对待的呢？

第一，他根本不承认理在秦国一边，拒绝和谈。大臣庆郑建议“割五城以全信，免动干戈”。他怒不可遏地说，晋国作为堂堂千乘之国，根本谈不上什么割地求和，下令要先斩庆郑，然后发兵迎击秦军。众大臣建议让庆郑将功折罪，庆郑才免于一死。

第二，他视不同意见如洪水猛兽，多方压制。秦军已渡河向东，三战全胜，长驱而进，直至大将韩简案下。韩简向他报告，秦国军队虽少，但状态却是十倍于晋军。晋惠公询问其中原因，韩简分析说："大王当初以秦近而奔梁，继以秦授而得固，又以秦赈而免饥，三受秦施而无一报，秦国君臣积愤已深，所以才来伐晋。秦军都怀有讨伐大王之心，所以斗志特别高。"晋惠公一听，大为恼火，并对他加以斥责。

第三，他根本不考虑实际战斗的危险程度，他坐的一匹小驷根本不适用于战斗，臣下建议他换一匹国产的战车，但他偏爱小驷，非它不用。

战争开始了，混战之中，晋惠公虽然不乏勇敢，无奈那小驷未经战阵，惊吓乱窜，陷入泥泞之中，他终于被秦军俘获。晋军失了主帅，也投降了秦军。

★疏忽大意，祸患必至，怎能不忍

勿谓小而弗戒，溃堤者蚁，螫人者虿。

勿谓微而不防，疽根一粟，裂肌腐肠。

患尝消于所慎，祸每生于所忽。与其赞赏于焦头烂额，孰若受谏于徙薪曲突。

噫，可不忍欤！

——《忍经·忽之忍》

不要认为事情小而不提防。千里之堤，常因蚁穴而溃坏；蜂蝎虽小，却能伤人。

不要认为微小就掉以轻心，恶疮初发时不过像米粒那么大，却能使肌肤破裂，肠胃腐烂。

人若能保持谨慎的状态，祸患就会消失，隐患也会因谨慎而消除，祸难皆因疏忽而生。与其在大火后奖赏救火者，不如听从别人改灶移柴的建议。

唉，只有未雨绸缪，防患于未然，才能将灾祸消灭在萌芽状态。面对细微之事时，怎能不忍住疏忽大意之心呢？它们便走飞了。人心叵测，难辨真伪。欺骗愚弄人以陷害之，君子对此已有先知。偏颇、淫荡、邪僻、逃遁四种人情，皆可反映在言辞之中。

唉，欺人总欺不过天，人们怎能不忍伍欺人之念呢。

祸患在人谨慎时往往会消失，这是《易经》中所说的。考虑得周到，谨慎小心就没错。

唐朝郭子仪爵封汾阳王，王府建在首都长安的亲仁里。汾阳王府自落成后，每天都是府门大开，任凭人们自由进进出出，而郭子仪不允许其府中的人对此加以干涉。

有一天，郭子仪帐下的一名将官要调到外地任职，来王府辞行。他知道郭子仪府中百无禁忌，就一直走进了内宅。恰巧，他看见郭子仪的夫人和他的爱女正在梳妆打扮，而王爷郭子仪正在一旁侍奉她们，她们一会儿要王爷递毛巾，一会儿要他去端水，使唤王爷就好像奴仆一样。

这位将官当时不敢讥笑郭子仪，回家后，他禁不住讲给他的家人听。于是一传十，十传百，没几天，整个京城的人都把这件事当成笑话来谈论。

郭子仪听了倒没有什么,他的几个儿子听了却觉得大丢王爷的面子,他们决定对父亲提出建议。

他们相约一齐来找父亲,要他下令,像别的王府一样,关起大门,不让闲杂人等出入。郭子仪听了哈哈一笑,几个儿子哭着跪下来求他,一个儿子说:"父王您功业显赫,普天下的人都尊敬您,可是您自己却不尊重自己,不管什么人,您都让他们随意进入内宅。孩儿们认为,即使商朝的贤相伊尹、汉朝的大将霍光也无法做到您这样。"

郭子仪听了这些话,收敛了笑容,对他的儿子们语重心长地说:"我敞开府门,任人进出,不是为了追求浮名虚誉,而是为了自保,为了保全我们全家人的性命。"

儿子们感到十分惊讶,忙问其中的道理。

郭子仪叹了一口气,说道:"你们光看到郭家显赫的声势,而没有看到这声势有被丧失的危险。我爵封汾阳王,往前走,再没有更大的富贵可求了。月盈而蚀,盛极而衰,这是必然的道理。所以,人们常说要急流勇退。可是眼下朝廷尚要用我,怎肯让我归隐;再说,即使归隐,也找不到一块能够容纳我郭府一千余口人的隐居地呀。可以说,我现在是进不得也退不得。在这种情况下,如果我们紧闭大门,不与外面来往,只要有一个人与我郭家结下仇怨,诬陷我们对朝廷怀有二心,就必然会有专门落井下石、陷害贤能的小人从中添油加醋,制造冤案。那时,我们郭家的九族老小都要死无葬身之地了。"

由此可见,正因为郭子仪具有很高的政治眼光和德性修养,才能善于忍受各种复杂的政治环境,必要时牺牲掉局部利益,确保全家安乐。

人们若能像郭子仪那样时刻保持谨慎状态,祸患自然不会产生。所以,未雨绸缪,防患于未然是很有必要的。

第三章　不可玩权弄势，得宠而骄

★贪恋权柄，险象环生，怎能不忍

子孺避权，明哲保身；杨李弄权，误国殄民。

盖权之物，利于君，不利于臣；利于分，不利于专。

惟波愚人，招权入己，炙手可热，其门如市，生杀予夺，颐指气使，万夫胁息，不敢仰视。

苍头庐儿，虎而加翅，一朝祸发，迅雷不及掩耳。

李斯之黄犬谁牵，霍氏之赤族奚避？

噫，可不忍欤！

——《忍经·权之忍》

张良身居高位却懂得明哲保身，最后跟从赤松子云游天下。杨国忠、李林甫却因玩弄权柄，贻误国事，也殃及百姓。

权力对于各阶层的人所意味的职责是不一样的，它对君主有利，对臣子不利；对等级名分有利，对大臣专权不利。只有蠢人才会将权招揽到自己手中，才会专权。那些握有大权的人，得势时门庭若市，人人巴结奉迎；他们手中掌握着生死予夺的大权，用眼色和盛气就可以指使别人。众人见他们都屏住呼吸，没有人敢抬头看他们一眼。

其实，这些人弄权时，早已播下了灾祸的种子，一旦势去，灾祸来临时便如迅雷不及掩耳。

李斯的黄狗有谁再牵？霍氏一家遭到株连，谁能逃脱？

权力会误身害人祸国，面对它的诱惑时，怎么能不忍耐呢？

过于贪恋权柄，集大权于一身不肯轻易松手的人，实际上是很愚蠢的人。他不知道不忍贪权的害处，或是已经知道其害处，仍执迷不悟地疯狂占有权势，败亡之祸也就临头了。南宋时的韩侂胄就是这样的人。

韩侂胄在南海县任县尉时，曾聘用了一个贤明的书生，韩侂胄对他十分信任。韩侂

胄升迁后，两人就断了联系。宁宗时，韩侂胄以外戚的身份，任平章，秉国政。当他遇到棘手的事情时，常常想起那位书生。

一天，那位书生忽然来到韩府，求见韩侂胄。原来，他早已中进士，为官一任后，便赋闲在家。韩侂胄见到他，十分喜欢，要他留下做幕僚，给他丰厚的待遇。这位书生本不想再入宦海，无奈韩侂胄执意不放他走，他只好答应留下一段时日。

韩侂胄视这位书生为心腹，与他几乎无话不谈。不久，书生就提出要走，韩侂胄见他去意甚坚，便答应了，并设宴为他饯行。两人一边喝酒，一边回忆在南海共事的情景，相谈甚欢。到了半夜，韩侂胄退左右，把座位移到这位书生的面前，问他："我现在掌握国政，谋求国家中兴，外面的舆论怎么说？"

这位书生立即皱起了眉头，端起一杯酒，一饮而尽，叹息着说："平章的家族，面临着覆亡的危险，还有什么好说的呢？"

韩侂胄知道他从不说假话，因而不由得心情沉重起来。他苦着脸问："真有这么严重吗？这是什么缘故呢？"

这位书生用疑惑的眼光看了韩侂胄一下，摇了摇头，似乎为韩侂胄至今毫无察觉感到奇怪，说："危险昭然若揭，平章为何视而不见？册立皇后，您没有出力，皇后肯定在怨恨您；确立皇太子，也不是出于您的努力，皇太子怎能不仇恨您；朱熹、彭龟年、赵汝愚等一批理学家被时人称作'贤人君子'，而您欲把他们撤职流放，士大夫们肯定对您不满；您积极主张北伐，并没有不妥之处，但战争中，我军伤亡颇重，三军将士的白骨遗弃在各个战场上，全国到处都能听到阵亡将士亲人的哀哭声，军中将士难免要记恨您；北伐的准备使内地老百姓承受了沉重的军费负担，贫苦人几乎无法生存，所以普天下的老百姓也会归罪于您。平章，您以一己之身怎能担当起这么多的怨气仇恨呢？"

韩侂胄听了大惊失色，汗如雨下，一阵沉默后，又猛灌了几杯酒，才问："你我名为上下级，实际上我待你亲如手足，你能见死不救吗？你一定要教我一个自救的办法！"

这位书生再三推辞，韩侂胄仗着几分酒意，固执地追问不已。这位书生最后才说："有一个办法，但我恐怕说了也是白说。"

书生诚恳地说："我亦衷心希望平章您这次能采纳我的建议！当今的皇上倒还洒脱，并不十分贪恋君位，如果您迅速为皇太子设立东宫建制，然后，以昔日尧、舜、禹禅让的故事，劝说皇上及早把大位传给皇太子，那么，皇太子就会由仇视您转变为感激您了。太子一旦即位，皇后就被尊为皇太后，那时，即使她还怨恨您，也无力再报复您了。然后，您趁着辅佐新君的机会，刷新国政。您要追封在流放中死去的贤人君子，抚恤他们的家属，并把活着的人召回朝中，加以重用，这样，您和士大夫们就重归于好了。你还要安靖边疆，不要轻举妄动，并重重犒赏全军将士，厚恤死者。这样，您就能消除与军队间的隔阂。您还要削减政府开支，减轻赋税，使老百姓尝到起死回生的快乐。这样，老百姓就会称颂您。最后，您再选择一位当代的大儒，把平章的职位交给他，自己告老还乡。您若做到这些，或许可以转危为安，变祸为福了。"

韩侂胄一来贪恋权位，不肯让贤退位；二来他北伐中原，统一天下的雄心尚未消失，所以，他明知自己处境危险，仍不肯急流勇退。他只是把这个书生强行留在自己身边，以便及时应变。这位书生见韩侂胄不可救药，岂肯受池鱼之殃，没过多久就离去了。

后来，韩侂胄发动“开禧北伐”，遭到惨败。南宋被迫向北方的金国求和，金国则把追究首谋北伐的“罪责”作为议和的条件之一。开禧三年，在朝野中极为孤立的韩侂胄被南宋政府杀害，他的首级被装在匣子里，送给了金国。那位书生的话应验了。

★恣意奔权，朝荣夕悴，怎能不忍

迅风驾舟，千里不息；纵帆不收，载胥及溺。

夫人之得势也，天可梯而上；及其失势也，一落地千丈。朝荣夕悴，变在反掌。炎炎者灭，隆隆者绝。观雷观火，为盈为实，实天收其声，地藏其热。高明之家，鬼瞰其室。

噫，可不忍欤！

——《忍经·势之忍》

人在得势时，可以步步登天；一旦失去权势，就会一落千丈。一个人的势力变化在翻掌之间，早上还身居卿相，晚上失势时却是穿着麻布的百姓。熊熊大火是将要熄灭，隆隆雷声也暗示着雨即将停止。观察那雷和火，有满耳之声，有耀眼之火，可是天要收去雷声，地要藏去火热。地位显赫的人家，鬼也会来窥视他的内屋。

杨国忠

势力如此变幻无常，面对炙手可热的势力怎敢不忍？

得势之时，飞扬跋扈，目中无人，甚至借权来谋一己之私利，以便攫取更大的权势、更多的利益，那么这势如同“朝荣夕悴”，谋势者到头来只落得个身败名裂！

杨国忠，原名钊，山西蒲城永乐人。他本是无赖出身，学识浅薄，才能平庸，仅因族妹杨玉环得宠于玄宗，才得以重用，由金吾兵曹参军跃居右相，并身领四十余使。杨国忠生活腐败，黩武贪功，专横跋扈。他得势之后，一些寡廉鲜耻、趋骛奔竞之徒纷纷投靠他，以图分得一杯羹。但也有一些明智之士对这个暴发户的前途看得十分清楚，陕州进士张彖就是一个。张彖学问广，名气也很大，有人劝他何不去找杨国忠，谋取荣华富贵。张彖说：“你们以为他稳如泰山，在我看来，他只不过是一座冰山罢了，一旦太阳出来，这座冰山就会融化，还能做你们的靠山吗？”目睹时局的纷乱后，他便隐居到嵩山去了。

杨国忠当上宰相后，为了培植自己的势力，即就官员铨选问题向吏部做出指示：“文部（吏部）选人无问贤与不肖，选深者留之，依资据阙注官。”就是说，不管贤才、庸人，升级一律按资排辈。这样一来，那些候补多年、不能升级的人，一个个得到了满意的官职。杨国忠这样做，既廉价收买了人心，又挑选出一辈庸庸碌碌、俯首听命的奴才，可谓一举两得。

为满足奢侈、豪华已极的生活，杨国忠还利用职权大肆贪污，聚敛财物。在他家中，光是缣这种丝织品就积存了三千万匹。

杨国忠曾对人说：“我本来出身清寒，是靠了后宫的关系才到了今天这样的地位，以后也不会有什么好名声，倒不如生前尽情享乐。”杨国忠这番话道出了这个无赖出身的政治暴发户内心世界的丑恶。

杨国忠所干坏事较之前任李林甫犹有过之。由于他的窃朝乱政，致使玄宗后期政治更加黑暗，阶级矛盾、民族矛盾日益尖锐，从而导致了“安史之乱”的爆发。

当时潼关陷落，长安指日可下，形势万火危急。玄宗依杨国忠的建议放弃了长安逃往蜀中。在前行的途中，随从护驾的禁军将士经过一天多的紧张行军，已无比饥渴劳困，不愿再走。龙武将军陈玄礼对杨国忠早有不满，这时他对将士说：“今天下分崩离析，皇上蒙此大难，都是由于杨国忠的胡作非为一手造成的。如不诛之以谢天下，怎能平息四海的怨愤？”

众军士回答：“我们早就有这个打算了，除掉了这个奸臣，即使我等身获死罪，也不后悔！”

这时，有二十多位吐蕃使者因得不到食物，饥饿难忍，围住杨国忠的坐骑在诉苦。禁军士兵突然大呼：“杨国忠与吐蕃人在谋反！”

有人发箭射中了杨国忠的马鞍，杨国忠翻身下马，逃到马嵬驿的西门内。众军士将西门团团包围，一齐追上，将杨国忠斩首。为雪心中愤怒，并将其尸体肢解，用枪挑着他的脑袋挂在西门外示众。

世上没有长久不变的事情，今日你可能享尽荣华富贵，明天却又沦为阶下囚，世事无常啊！所以，身居高位的人，就该多加小心，不要仗势欺人，要救济百姓，为国家鞠躬尽瘁。

★大富大贵，并非是福，怎能不忍

贵为王爵，权出于天；洪范五福，贵独不言。

朝为公卿，暮为匹夫。横金曳紫，志满气粗，下狱投荒，布褐不如。

盖贵贱常相对待，祸福视谦与盈。鼎之覆饯，以德薄而任重；解之致寇，实自招于负乘。

讼之鞶带，不终朝而三褫；孚这翰音，凶于天之躐登。静言思之，如履薄冰。噫，可不忍欤！

——《忍经·贵之忍》

有些自居爵位的贵人，早上还在威风凛凛地做着公卿，到晚上却变成了一介平民。他们得势顺达时，就会穿紫衣佩金玉；失势时却被投入监狱，或是被流放到僻远之地，这样就连平民百姓也不如了。

大凡贵与贱并非是一成不变的，它们时刻在相互转化，而祸与福则全视一个人的傲慢与谦逊而定。《易经》曰：“鬼神害盈而福谦，人道恶盈而好谦。”人鬼同心，都是憎恶骄傲自满，喜欢谦虚谨慎。如果一个人道德浅薄却窃居高位，智慧不多却谋划大事，能力不足却担当重任，就像是背负东西的人却要乘坐君子之车，自然会招来强盗。

《易》中说：“王侯也许赐给他衣带，但一天之内下三次命令夺回。”所以说因争讼得到的东西不会长久。声音本不是登天的东西，却硬要飞上天，怎么能够长久呢？静想这种情况，就好像“战战兢兢，如临深渊，如履薄冰”呀！

贵并不是福，怎能不忍住追求富贵之心呢？

杨雄在《解嘲文》中说：“早上还大权在握当着卿相，傍晚就失去权势成了匹夫。”

那些身居公卿高位的人，腰缠万贯，身穿紫衣，志得意满，气势很盛。但一等到福去祸来时，却坐牢流放，灾难便接踵而至。宋朝的蔡京，也是个“得势时权力比皇帝还大，失势时被流放死在僻远的地方”的人。

蔡京当上宰相后，鱼肉百姓，民怨丛生。他将搜刮来的民脂民膏用来满足自己的奢侈、挥霍。

他在崇宁元年命童贯在苏杭设立“造作局”，役使工匠数千人打制象牙、犀角、金玉、织绣等工艺品进奉朝廷。崇宁四年，他又命人在苏杭设立应奉局，主持收罗各种奇花异石和稀贵珍品，由水路运往汴京，作为修建皇家园林之用。每十船组成一纲，称“花石纲”。凡是百姓家有可供欣赏的一石一木，应奉局则命令健卒掠取，有时为了搬运出来拆屋破墙，不少民家为此弄得家破屋毁。

蔡京的生活以豪奢出名。他家的厨师分工很细。

据《鹤林玉露》记载，有一位士大夫在汴京买得一妾，她自称原来是蔡京府中的厨人。一天，她丈夫要她做一顿包子，她说不会。

丈夫问她，既然当过蔡太师的厨师，为什么连包子都不会做？她回答说：“我只是蔡太师包子厨内负责加工葱丝的。”

一次，蔡京召集僚属到府中来议事，会后留下来饮酒，蔡京命厨师做蟹黄馒头招待。宴会结束后，府吏略算费用，一个蟹黄馒头费钱高达三百多文！

对于蔡京搜刮挥霍民膏的行径，人民群众怨声载道，当时流行的歌谣唱道：“打破筒（童贯），泼了菜（蔡京），便是人间好世界。”

宣和七年十月，金兵大举南犯，镇守太原的童贯玩忽职守，弃城逃回汴京。徽宗惊慌

蔡京

失措，急忙将帝位给儿子赵恒（钦宗），自己却带着一帮侍从、官僚到江南避难去了。

在民族矛盾日益危急的时刻，士大夫们纷纷起来抨击蔡京等人专权误国的罪行，并将蔡京列为“六贼”之首。

太学生陈东率诸生上书，指出今日之事系奸臣一手酿成，要求诛杀蔡京等六贼，“传首四方，以谢天下”。

靖康元年二月，钦过下诏将蔡贬为秘书临，分司南，后又接连将他贬为崇信、庆远军节度副使，最后将他贬到儋州。蔡京南窜途中，惶惶然若丧家之犬。他饥饿难忍，要购买食物，百姓听说是蔡京要买，都不肯出售。蔡京一路上遭到百姓的诟骂，围观之人不绝。最后，由州县官吏出面，才将人们赶散，骂声稍为平息。蔡京在轿中看到这番情景叹息道：“想不到我蔡某失去民心竟到了这个地步！”

这年七月，蔡京行至潭州郊外东明寺而死，死前数日作词一首说：“八十一年住世，四千里外无家，如今流落向天涯，梦到瑶池阙下。玉殿五回命相，彤庭几度宣麻，只因贪恋此荣华，便有如今事也！”这是蔡京的绝笔，也是这个老奸臣临死之前的哀鸣。他在穷途末路之时不胜凄凉地回顾了自己的一生，认识到这种可耻的下场是罪有应得的。

蔡京死后，人们拍手称快，数日内他的尸体无人营葬，后来被随行的人用青布草草裹尸埋葬。人们都说这是奸臣的报应。

蔡京得势时，权倾天下，无人能及；失势时却万分凄凉，死后连收尸的人都没有。由此可见，权出于天，但权并不是最高的。如果凭借权力搜括百姓，中饱私囊，这样的人迟早会有蔡京一样的下场。一个高贵的人才能掌握统御他人的权柄，而这个权柄就是德性。所以《荀子·正论》篇说：“人具备了所有的德性，十全十美，所以也拥有权衡天下的器具。”

★愈受宠幸，愈不安全，怎能不忍

婴儿之病伤于饱，贵人之祸伤于宠。

龙阳君之泣鱼，黄头郎之入梦。

董贤令色，割袖承恩，珍御贡献，尽入其门。尧禅未遂，要领已分。

国忠娣妹，极贵绝伦；少陵一诗，画图丽人；渔阳兵起，血污游魂。

富贵不与骄奢期，而骄奢至；骄奢不与死亡期，而死亡至。思魏牟之谏，穰侯可股栗而心悸。

噫，可不忍欤！

——《忍经·宠之忍》

婴儿生病常是因为吃得太饱，富贵的人招祸是因为受宠。

《战国策》载，魏王和龙阳君乘舟钓了十多条鱼。龙阳君哭了，魏王问其原因。龙阳君说，他担心自己会像多余的鱼一样被抛弃。西汉邓通无功而受汉文帝的宠爱，最后他却因受宠而饿死。

董贤英俊潇洒，得宠于汉哀帝。两人恩爱无比，昼夜同寝，哀帝曾为不惊动他睡眠而割断被压的衣袖。皇上用的珍宝和各地进献的物品，都放在董贤家中，哀帝甚至想学尧将帝位禅让给他。可汉哀帝一倒台，董贤也未能逃脱身亡家破的命运。

杨国忠的妹妹杨贵妃宠幸于唐玄宗，全家承受恩泽，权倾天下，势盖朝野。诗人杜甫作《丽人行》："就中云幕椒房亲，赐名大国虢与秦。御厨络绎送八珍，炙手可热势绝伦。"就是描绘这番景象。可是在天宝十四年，安禄山在渔阳起兵反叛，玄宗逃到马嵬驿时，敌不过众怒，将杨贵妃赐死，杨门败落。

富贵没有和骄奢相约，但骄奢自动会来；骄奢没有和死亡相约，死亡也会自动到来。想想魏牟的临别诤言，穰侯两腿就会发抖，内心惊惧。因宠而贵，因贵而富，因富而骄，因骄而亡命，这是一条必然的归宿啊！

唉，宠之害如此，怎么不忍一忍对宠幸的向往之心呢？

汉末王符在隐居时写道："婴儿常常生病是因为吃得太饱，富贵的人常常因受宠而遭祸。"

的确是这样，倘若一个人没有真才实学，只是靠别人的宠爱才出人头地，那么即使是帝王之爱也靠不住。

西汉董贤，凭借自己俊俏的容貌得宠于汉哀帝。他出门与哀帝同坐一车，入宫则陪伴哀帝食宿，他的妻子也住在宫中，妹妹当了皇妃，父亲董恭当了少府，富贵震动朝廷，权力与哀帝相等。

董贤曾经和哀帝一起睡觉，压住了哀帝的袖子。哀帝想起来，但董贤没醒，为了不惊动董贤，于是割掉袖子起床。

哀帝为他在北阙修了大府第，精巧到极点，还赏给他国库中的珍宝。元寿元年，司隶校尉鲍宣向哀帝上书说："董贤本来和皇上不是亲戚，不过是凭着美貌往上爬，而您对他的赏赐竟如此之多，简直要用尽国库中的珍宝。国内各地的进献物品，应该供养皇上一人，现在却都到了董贤家，这难道符合天意和民意吗？"

哀帝对董贤的宠爱简直到了无以复加的程度，他甚至想学尧将帝位禅让给董贤。

有一天，哀帝在麒麟殿摆酒，平静地看着董贤，笑着说："我想效仿尧舜禅让之事，你觉得怎么样？"

这时王谭的儿子王闳进谏说："君子一言驷马难追。皇上应三思而后行。况且，天下是百姓的天下，是高祖皇帝和无数将领不惜生命夺来的，不是您独有的。"哀帝听后默不作声，心里很不高兴。

第二年，哀帝去世，董贤因为犯罪被罢免，第二天和妻子一起自杀了。

人们怀疑他是假死，就打开他的棺材送到牢房验尸，见他真的死了才将其埋葬。他的家人被流放到偏远地区。

受宠时，董贤真可谓集世间荣华富贵于一身，可是汉哀帝一倒台，他也逃不了身亡家破的命运。由此可见，愈受宠幸，愈不安全。

★富贵而骄，自遗其咎，怎能不忍

金玉满堂，莫之能守。富贵而骄，自遗其咎。

诸侯骄人则失其国，大夫骄人则失其家。魏侯受田子方之教，不敢以富贵而自多。

盖恶终之衅，兆于骄夸；死亡之期，定于骄奢。先哲之言，如不听何！

昔贾思伯倾身礼士，客怪其谦。答以四字，衰至便骄。斯言有味。

噫，可不忍欤！

——《忍经·骄之忍》

金玉满堂，没有谁能守得住。富贵而骄奢，必定会为自己种下祸根。

国君对人傲慢会失去政权，大夫对人骄慢会失去领地。魏文侯接受了田子方对他的一番规劝教导，不敢以富贵而狂妄自大。

恶果以骄傲自夸为先兆，灭亡以骄奢出现而注定。古代圣贤的至理名言，世人怎能不听从遵循呢？

贾思伯声望极高，却性情谦逊、礼贤下士，当别人评论他过于谦虚时，他只回答了四个字：“襄至便骄！”这句话让人回味无穷。

唉，谦虚使人进步，骄傲使人落后，怎能不忍呢？

《老子·持而盈之章》说：“金玉满堂，但没人能守得住。富贵了就骄奢，自己给自己作孽。功成名就之后就抽身隐退，这是很自然的道理。”

其意为，富贵而致于金玉满堂，必然不能长久保住王公之位。至于骄盈，必然会给自己种下恶果。

邓绥是东汉和帝刘肇的皇后。东汉永元七年邓绥被选入宫，成为和帝的贵人。

第二年，另一个贵人阴氏身为贵戚被立为皇后。从此，邓绥格外谦卑小心，一举一动皆遵法度。

对待与自己同等身份的人，邓绥常常克己下之，即使是宫人隶役，邓绥也不摆主子的谱。

有一次，邓绥得了病。当时宫禁甚严，外人不能轻易进宫，和帝特别恩准邓绥的母亲

兄弟进宫照顾，并且不做时间上的限制。邓绥知道后，便对和帝说："宫廷禁地，对外人限制极严，而让妾亲久留宫内很不合适，人家会说陛下私爱臣妾而不顾宫禁，也会说我受陛下恩宠而不知足，这对陛下和臣妾都没有好处，我真不愿意您这样做。"

和帝听后非常感动，说："别的贵人都以家人多次进宫为荣，只有邓贵人以此为忧，这种委屈自己的做法是别人比不了的。"从此对邓绥更加宠爱了。

邓绥得到和帝越来越多的宠爱，不但没有骄傲，反而更加谦卑。她知道皇后阴氏的脾气，也隐隐约约感到阴氏对她的忌恨，所以对阴氏更加谦恭。每次皇帝举行宴会，别的嫔妃贵人都竞相打扮，金簪耀目，玉珥放光，服装艳丽，只有邓绥独穿素服，丝毫没有装饰。

当她发现自己所穿的衣服颜色有时与阴氏的相同时，立即就会更换。若与阴氏同时晋见，从不敢正坐。和帝每次提问，邓绥总是让阴氏先说，从不抢她的话头。

邓绥以自己的谦恭，进一步赢得了和帝的好感，也反衬出皇后阴氏的骄横。面对邓绥的地位一天比一天高，自己一天天失宠，阴氏十分恼怒。永元十四年，阴氏制造巫蛊之术，企图置邓绥于死地，不料阴谋败露，阴氏被幽禁，后忧愤而死。

阴氏死后，和帝有意立邓绥为皇后。邓绥知道后，自称有病，深处宫中不露，以示辞让。

这下反而坚定了和帝立后的决心，他说："皇后之尊，与朕同体，上承宗庙，下为天下之母，只有邓贵人这样有德之人才可承当。"永元十四年冬，邓绥终于被立为皇后。

邓绥以谦让的态度赢得了和帝的宠爱，而阴氏骄横，吃不得眼前之亏，结果却是失宠、愤愤而死。从这一成败之间，我们不难看出谦让者的智慧。

第六篇《厚黑学》智慧通解

导读

《厚黑学》被誉为民国第一奇书。作者李宗吾,他提出的“厚黑”二字当时不绝于耳、脍炙人口。他在这部奇书中写道:“古之为英雄豪杰者,不过面厚心黑而已。”他自称“用厚黑史观去读二十四史,则成败兴衰,了如指掌;用厚黑史观去观察社会,则如牛渚燃犀,百怪毕现”。

“厚黑教主”李宗吾是旷代文化奇人,几十年间目睹人间冷暖,看透宦海浮沉,愤而写出《厚黑学》一书,并冠以独尊之笔名,旨在取“天上地下,唯我独尊”之意。

《厚黑学》一书认为中国历史上所谓的英雄豪杰成功的秘密,无非“面厚、心黑”。面厚、心黑第一步是“厚如城墙,黑如煤炭”,第二步是“厚而硬,黑而亮”,最后要达到“厚而无形,黑而无色”的境界。“才华再高,脸不厚心不黑也难成气候;相反地,才华加厚黑等于天下无敌!”

李宗吾认为“厚黑学这种学问,法子很简单,用起来却很神妙,小用小效,大用大效,刘邦司马懿把它学完了,就统一天下;曹操刘备各得一偏,也能称孤道寡,割据争雄;韩信、范增,也是各得一偏,不幸生不逢时,偏偏与厚黑兼全的刘邦,并世而生,以致同归失败。但是他们在生的时候,凭其一得之长,博取王侯将相,烜赫一时,身死之后,史传中也占了一席之地,后人谈到他们的事迹,大家都津津乐道,可见厚黑学终不负人。”

第一章 浑厚无形，赢得不留痕迹

★皮厚才能成大业

厚黑学共分三步功夫，第一步是“厚如城墙，黑如煤炭”。起初的脸皮，好像一张纸，由分而寸，由尺而丈，就厚如城墙了。最初心的颜色，作乳白状，由乳色而炭色、而青蓝色，再进而就黑如煤炭了。到了这个境界，只能算初步功夫；因为城墙虽厚，轰以大炮，还是有攻破的可能；煤炭虽黑，但颜色讨厌，众人都不愿挨近它。所以只算是初步的功夫。

——《厚黑学》

有些人脸皮太薄，自尊心太强，经不住打击，只要略一受阻，他们就脸红，感到羞辱、气恼，拂袖而去，再不回头，甚至与对方争吵闹崩。

表面看来这种人似乎很有几分“骨气”，其实这是心理素质过于脆弱的表现，只顾面子而不想千方百计达到目的的人，很难办成事情，对事业的发展更是不利。因此，我们在求人办事时，不要抱着自尊不放，为了达到目的，必须增强抗挫折的能力，碰个钉子脸不红心不跳，不气不恼，照样笑容可掬地与人周旋，只要还有一丝希望就要全力争取，不达目的决不罢休。有这种缠住不放的意志，才能把事情办成。另一方面，软缠硬磨消耗的是时间。而时间恰恰是一种办事武器。时间对谁都是宝贵的。人们最耗不起的是时间。所以，如果你以足够的耐心，摆出一副“打持久战”的姿态与对方对垒时，就会让对方的心理产生震慑，足以促其改变初衷，加快办事速度。所以，你要沉住气，耐心地牺牲一点时间，这样就可以争取到更多的时间。

俗话说：“人心都是肉长的。”不管双方认识距离有多大，只要你耐心周旋，缠住别放，用行动让对方感到你十分有诚意，就会促使对方去思索，进而理解你的苦心，从固执的框子里跳出来，那时你就将“缠”出希望了。

采用软缠硬磨的办法求人办事时，还可以把同样的意思反复渲染，反复强调，把你的要求反复申请，不达目的誓不罢休。面对顽固的对手，这是一种有力的武器。

李泌在唐代中后期政坛上，是一位颇有名气的人物，他历仕玄宗、肃宗、代宗、德宗四代皇帝，在朝野内外很有影响。

唐德宗时，他担任宰相，西北的少数民族回纥族出于对他的信任，要求与唐朝讲和，结为婚姻，这可给李泌出了个难题。从安定国家的大局考虑，李泌是主张同回纥恢复友好关系的，可德宗皇帝因早年在回纥人那里受过羞辱，对回纥怀有深仇大恨，坚决拒绝。事情僵在那里。正巧在这时，驻守西北边防的将领向朝廷发来告急文书，要求给边防军补充军马，此时的大唐王朝已经空虚得没有这个力量了，唐德宗一筹莫展。

李泌

李泌觉得这是一个可以利用的时机，便对德宗说："陛下如果采用我的主张，几年之后，马的价钱会比现在低十倍！"

德宗忙问什么主张，他不直接回答，先卖了个关子，说："只有陛下出以至公无私之心，为了江山社稷，屈己从人，我才敢说。"

德宗说："你怎么对我还不放心！有什么主张就快说吧！"

李泌这才说："臣请陛下与回纥讲和。"

这果然遭到了德宗的拒绝："你别的什么主张我都能接受，只有回纥这事，你再也别提。只要我活着，我决不会同他们讲和，我死了之后，子孙后代怎么处理，那就是他们的事了！"

李泌知道，好记仇的德宗皇帝是不会轻易被说服的，如果操之过急，言之过激，不只办不成事情，还会招致皇帝的反感，给自己带来祸殃。他便采取了逐渐渗透的办法，在前后一年多的时间里，经过多达15次的陈述利害的谈话，才算将德宗皇帝说通。

李泌又出面向回纥的首领做工作，使他们答应了唐朝的五条要求，并对唐朝皇帝称儿称臣。这样一来，唐德宗既摆脱了困境，又挽回了面子，十分高兴，唐朝与回纥的关系终于得到和解。

宋朝的赵普曾做过太祖、太宗两朝皇帝的宰相，他是一个性格坚韧的人。在辅佐朝政时自己认定的事情，就是与皇帝意见相左，也敢于坚持，皇帝也拿他没有办法，最后都会答应他的请求。

有一次赵普向太祖推荐一位官吏，太祖没有允诺。赵普没有灰心，第二天临朝又向太祖提出这项人事任命请太祖裁定，太祖还是没有答应。

赵普仍不死心，第三天又提出来。连续三天接连三次反复地提，同僚也都吃惊，赵普何以脸皮这样厚。太祖这次动了气，将奏折当场撕碎扔在了地上。

但赵普自有他的做法，他默默无言地将那些撕碎的纸片一一捡起，回家后再仔细粘好。第四天上朝，话也不说，将粘好的奏折举过头顶，立在太祖面前不动。太祖为其所感动，长叹一声，只好准奏。

赵普还有类似的故事。某位官吏按政绩已该晋职，身为宰相的赵普上奏提出，但因太祖平常就不喜欢这个人，所以对赵普的奏折又不予理睬。但赵普不计皇上的好恶，前番那种韧性又表现出来。太祖拗不过他,勉强同意了。

太祖又问:“若我不同意,这次你会怎样?”

赵普面不改色:“有过必罚,有功必赏,这是一条古训,是不能改变的原则,皇帝不该以自己的好恶而无视这个原则。”

也就是说,你虽贵为天子,也不能用个人感情处理刑罚褒赏的问题。这话显然冲撞了宋太祖,太祖一怒之下拂袖而去。赵普死跟在后面,到后宫皇帝入寝的门外站着,垂手低头,良久不动,下决心皇帝不出来他就不走了。据说太祖很为此感动。

同样的内容,两次、三次不断地反复向对方说明,从而达到说服的效果。运用这种说服法,须有坚韧的性格才行,内坚外韧,对一度的失败,绝不灰心,找机会反复地盯上门去。

需要注意的是,运用此法要有分寸,超过限度,伤害了对方的感情,反而会起到反效果。所以要谨慎处理,以不过度为限。像赵普的死缠,是以太祖对他的宠信为基础的。

求人办事运用软缠硬磨的招法,看起来简单,但要真把它做好,也不是很容易的事。任何事都讲究一个方法问题,软缠硬磨也不例外。要把它在求人办事过程中艺术性的运用,达到上文所说的“缠而不赖”的良好效果,总的来说,要做好以下三点:

第一,要彬彬有礼,笑容可掬,经常出现在能让对方看到的场合,例如,他的办公室、家里等等。而且每次都要准时无误,让对方感到你好像是在上班一样,一到点你就赶来了。让对方总能看到你,对方才能时常想起你所求之事。对付软缠硬磨中的尴尬,笑声和幽默是最好的润滑剂。有道是“伸手不打笑脸人”,受缠者很难翻脸正是继续缠下去的有利条件。

第二,要运用煽情的招法,引起对方的注意,使对方为你而感动。要积极主动地向对方解释,与对方沟通,一而再,再而三地软化对方的意志。因此,必须是全身心投入,有百折不回的精神。

第三,“缠”不是要无赖,可以是一种静静地礼貌的等待,用缠着等待的方式使对方尽快给予答复。不要让对方感到你是在故意找麻烦,故意影响他的工作和休息。要尽量显得通情达理,尽量减少对对方的干扰,这样,才能缠成功。缠可以不露锋芒,不提要办的事,只是不停地接近对方,使双方关系渐近,让对方更多地了解你,同情你,从而产生帮助你的愿望。换句话说,就是要想尽办法接近对方,通过各种办法与他们搞好关系,从感情上贴近。这种感情上的缠,对方是难以拒绝的。

有些领导喜欢让人缠,不愿轻易同意任何事情。你缠他,使他从精神上得到一种满足,即权力欲得到满足。在这种情况下必须去缠,如果怕苦怕麻烦,存有虚荣心,不仅不利于办事,同时也会被对方见笑,他会说:“本来他再来一次我就同意了,可是他没来。”

香港华人首富李嘉诚就是一位懂得“好事多磨”,并善于运用软缠硬磨艺术来求人办事的聪明人。

李嘉诚兴建大型屋村独树一帜,使其在香港房地产界开始站稳脚跟。但在这之前有一个问题,也就是最关键的困难,就是获得大面积地皮。为此,李嘉诚胸怀全局,动了不少脑筋。

1985年，李嘉诚收购港灯公司，港灯的一家发电厂位于港岛南岸，与之毗邻的是蚬壳石油公司油库，蚬壳另有一座油库在新界观塘茶果岭。李嘉诚于是煞费苦心地开始了一连串复杂的迁址换地计划。

1986年底，和黄与太古各占一半股权的联合船坞公司，与蚬壳公司达成协议：将青衣岛的一片庞大油库地皮，与蚬壳在茶果岭和鸭脷洲的两个油库地皮交换。同时，港灯的这个电厂迁往南丫岛。

这样，李嘉诚就腾出两块可供发展大型屋村的地皮。1988年1月，李嘉诚用长实、和黄、港灯、嘉宏4家公司，向联合船坞公司购入茶果岭、鸭脷洲油库，即宣布兴建两座大型屋村，并以8亿港元收购太古在该项计划中所占的权益。这样，两大屋村地皮归长实全资拥有。

茶果岭屋村定名为丽港城，鸭脷洲屋村定名为海怡半岛。两大屋村盈利100多亿港元。两大屋村的构想萌生于1978年李嘉诚着手收购和黄之时。之后，经历了长达10年的耐心等待、精心筹划，其间1985年收购港灯，使其构想向前迈了一大步，1988年才推出计划。

李嘉诚是名副其实的“十年磨一剑”，因为李嘉诚深知，成大事者，不可操之过急，而应有足够的耐心等待机会和创造机会。一旦选定了目标，同样又无法很快达到，这时就不能心急，应像“熬”中药一样，文火慢攻，一点一点地把中药里的精华熬出来。

李嘉诚推出嘉湖山庄计划，同样花费了10年。嘉湖山庄原名天水围屋村。1978年，长实与会德丰洋行联合购得天水围的土地。1979年下半年，中资华润集团等购得其大部分股权，共组巍城公司开发天水围。华润占51%的公司股权，长实只占12.5%。华润雄心勃勃，计划在15年内建一座可容50万人口的新城市。李嘉诚当时正忙于收购和黄，未参与天水围的策划。整个开发计划，由华润主持。华润缺乏地产发展经验，亦不懂香港游戏规则。港府介入使华润的庞大计划胎死腹中。华润骑虎难下。其他股东纷纷欲打退堂鼓。

李嘉诚则看好天水围的前景。他稳坐钓鱼台，不慌不忙逐年以低价从其他股东手上接过他们亟待抛出的“垃圾”股票。经过10年马拉松式的吸股，到1988年，李嘉诚控得除华润外的49%股权，成为与华润并列的仅有两家的股东之一。有人估计，李嘉诚与华润事先达成默契，故丧失信心的华润没有抛投。

1988年12月，长实与华润签订协议，长实保证在天水围发展中，华润可获纯利7.52亿港元，并即付其中的3.4至5.64亿港元给华润。如将来楼宇售价超过协议范围，其超额盈利由长实与华润共享，华润占51%。今后，天水围发展计划及销售工作均由长实负责，费用由长实支付，在收入中扣回。风险全部由长实负担，华润坐收渔利。当然，风险大，盈利也大。全部工程分7期到1995年完成，至今仍是香港最大的私人屋村。仅仅第一期售楼，华润就已赢得协议范围中的7.52亿港元利润。以后6期，华润等于“额外”所得，而长实的利润，远在华润之上，更是不可斗量。由此足见李嘉诚软缠硬磨功夫之老到了。

★沽名然后成霸王

第二步是“厚而硬，黑而亮”。深于厚学的人，任你如何攻打，他一点不动，刘备就是这类人，连曹操都拿他没办法。深于黑学的人，如退光漆招牌，越是黑，买主越多，曹操就是这类人，他是著名的黑心子，然而中原名流，倾心归服，真可谓“心子漆黑，招牌透亮”，能够到第二步，固然同第一步有天渊之别，但还露了迹象，有形有色，所以曹操的本事，我们一眼就看出来了。

——《厚黑学》

自抬身价，一贯为人所批评。但我们不能因此而感到不好意思，要做得理直气壮，吹起来脸不红、心不跳。在竞争如此激烈、人人都想出人头地的现代社会，自抬身价实在是种生存手段。因为其他人也许没有时间来评价你、掂量你，或者对你估量不足，在这种情况下，你只好自我推销，抬高一下自己。

其实，在现实生活中，自抬身价的行为随处可见。例如，有些影星提高片酬，主持人提高主持费，演讲者提高出场费等，这些都是自抬身价的行为。当然，其中有些人确实名副其实，与他们所称的身价相当，但有些人则是夸大其词，根本没有那么高的价值。可是，只要他们敢自抬身价，多半能够如己所愿。事实上，能不能够立刻如己所愿这并不重要，重要的是，经过如此抬高身价，你可以为自己定下一个基准，好比为商品标价一般，这有“昭示众人”的味道，以便下回“顾客”上门时，能按新的价格“成交”！

在现代职业生涯中，人也成了一种商品，每个人的身价都不同，有的人年薪五千，有的人可能年薪数十万甚至上百万。在一定条件下，商人们也会根据市场情况适当调整商品的价格。有些顾客就是那么奇怪，商品低价时他们偏偏不买，等价格提高了，非得抢着买，并且称赞质量好，其实东西完全一样。人也是如此。身价太低，别人看不起；身价提高了，别人反而觉得你真了不起，是个大人才！

自抬身价有两种情形，一种是自己本身确有价值，而别人评价不足。这种情形下，你更应该自抬身价，不能固守传统的“谦虚为上”，否则别人会认为你根本没有那份才能。当然，你不一定非得把自己抬得很高，但至少要和你的才能等值。第二种情形是，你本来只有一分的才能，却抬出了八分的身价，例如你本来只是个中专毕业，却跟人家说自己研究生毕业，或者你目前年薪只有五千，却对他人声称有四万，别人也会高估你的价值。

只顾自己痛快尽说些假话、大话，就容易把“牛皮”吹破，会给别人留下笑柄。吴趼人的小说《二十年之目睹怪现状》里，就描述了一个破落户，穷困潦倒，却还要装样子充阔，结果在众目睽睽之下丑态百出。故事讲的是：有一天，高升到了茶馆里，看见一个旗人进来泡茶，却是自己带的茶叶，打开了纸包，把茶叶尽情放在碗时，那堂上的人道：“茶叶怕少了吧？”

那旗人哼了一声道：“你哪里懂得，我这个是大西洋红毛法兰西来的上好龙井茶，只要这么三四片就够了，要是多泡了几片，要闹到成年不想喝茶呢。”

堂上的人，只好给他泡上了。高升听了，以为奇怪，走过去看看，他那茶碗中间，飘着三四片茶叶，就是平常吃的香片茶。那一碗茶的水，莫说没有红色，连黄也不曾黄一黄，竟是一碗白冷冷的开水。高升心中已是暗暗好笑。

后来他又看见他在腰里掏出两个京钱来，买了一个烧饼在那里撕着吃，细细咀嚼，像很富有的样子。吃了一个多时辰方才吃完。忽然又伸出一个指头儿，蘸些唾沫，在桌上写字，蘸一口，写一笔。高升心中很以为奇，暗想这个人何以用功到如此，在茶馆里还背着临字帖呢。细细留心去看他写什么字。原来他哪里是写字，只因为他吃烧饼时，虽然吃得十分小心，那饼上的芝麻，总不免有些掉在桌上，他要拿舌头舔了，拿手扫来吃了，恐怕人家看见不好，失了架子，所以在那里假装着写字蘸来吃。看他写了半天字，桌上的芝麻一颗也没有了。他又忽然在那里出神，像想什么似的；想了一会，忽然又像醒悟过来似的，把桌子狠狠地一拍，又蘸了唾沫去写字。你道为什么呢？原来他吃烧饼的时候，有两颗芝麻掉在桌子缝里，任凭他怎样蘸唾沫写字，总写不到嘴里，所以他故意做忘记得样子，又故意做成忽然醒悟的样子，把桌子拍一拍，那芝麻自然震了出来，他再做成写字的样子，芝麻就到了嘴里了。

烧饼吃完了，字也写完了，他又坐了半天，还不肯去。天已晌午了，忽然一个小孩子走进来，对着他道：“爸爸快回去吧，妈妈要起来了。”

那旗人道：“你妈要起来就起来，要我回去做什么？”那孩子道：“爸爸穿了妈的裤子出来，妈在那里急着没有裤子穿呢！”

旗人喝道：“胡说！你妈的裤子，不在皮箱子里吗！”说着，丢了一个眼色，要使那孩子快去的光景。

那孩子不会意，还在那里说道：“爸爸只怕忘了，皮箱子早就卖了，那条裤子，是前天当了买米的，妈还叫我说：屋里的米只剩了一把，喂鸡儿也喂不饱了，叫爸爸快去买半升米来，才能做中饭呢。”

那旗人大喝一声道：“滚你的吧！这里又没有谁跟我借钱，要你来装穷做什么？”

那孩子吓得垂下手，连应了几个“是”字，倒退了几步，方才出去。

那旗人还自言自语道：“可恨那些人，天天来跟我借钱，我哪里有许多钱应酬他，只能装着穷，说两句穷话，其实在这茶馆里，哪里用得着呢。老实说，咱们吃的是皇上家的粮，哪里就穷到这个份儿呢！”说着，站起来要走。

那堂上的人，向他要钱。他笑道：“我叫这孩子气错了，开水钱也忘了开发。”说罢，伸手在腰里乱掏，掏了半天，连半根钱毛也掏不出来。嘴里说：“欠着你的，明日还你罢。”

那个堂上不肯，无奈他身边真的半文都没有，任凭你扭着他，他只说明日送来，等一会送来，又说那堂上的人不长眼睛：“你大爷可是欠人家钱的吗？”

那堂上说：“我只要你一文钱开水钱，不管你什么大爷二爷。你还了一文钱，就认你是好汉；还不出一文钱，任凭你是大爷二爷，也得留下个东西来做抵押。你要知道我不能为了一文钱，到你府上去收账。”

那旗人急了，只得在身边掏出一块手帕来抵押。那堂上抖开一看，是一块方方的蓝洋布，上头齷齪的了不得，看上去大约有半年没有下水洗过了，便冷笑道：“也罢，你不来取，好歹可以留着擦桌了。”那旗人方得脱身去了。

这个故事让人忍俊不禁，就在于别人早就看破了他的吹牛，他还在那里神吹不已，只能给人当作笑柄，此为吹牛办事者的大忌。

另外，如果“抬”得太厉害，别人也信以为真，高价“买”下了你，后来还是会发现你是个“劣质品”。如果这样，你的自抬身价会使你“破产”！抬高自己的身价还要参考行情。低于行情有“低价倾销”的味道，别人会把你当成廉价品。如果你能力也够，可把身价抬得高出行情一点；但如果高出行情太多，除非你是个天才，能很快提高自己，而且也有业绩做后盾，否则会被当成疯子。如果你有事没事都在谈你的“身价”，反而没人相信了。因此要在适当的时候去抬，例如有人问的时候，大家讨论到的时候，有人准备“买”的时候。

不管你从事的是哪一种行业，担任什么职务，不必过于谦虚客气，适度地自抬身价吧，就算被人笑，也比自贬身价要好。而且只要“抬”成功，你会从中受益。你以后的身价只会上升，不会往下掉，除非你不自爱而自毁自灭。自抬身价还有另外一个好处——肯定自己，并成为敦促自己不断进步地动力，因为身价抬上去了，你就应该使自己各方面都跟上去，否则你的身价就保不住了。

★虚张声势，迷惑对手

冲，普通所谓之“吹牛”，四川话是“冲帽壳子”。冲的工夫有两种：一是口头上，二是文字上的。口头上又分普通场所及上司的面前两种；文字上又分报章杂志及说贴条陈两种。

——《厚黑学》

“冲”是“求官六字真言”之一，被李宗吾解释为“吹牛”。虚张声势是“冲”的一种形式，也是现代各个行业中竞争取胜地有效手段之一。

虚张声势法，就是竞争者在其经营活动中，运用各种有效的手段，假装出实力强大的声势，迷惑对手，影响顾客，以达到制胜的目的。在实际应用中可采用以下几种具体形式。

1970 年，郑周永投资创建蔚山造船厂，要造 100 万吨级超大型油轮。对于造船业来说，当时的郑周永可以说是一个完完全全的门外汉，但经过专家多番论证分析，他对这个

项目信心十足。不久，郑周永就筹措了足够的贷款，只等客户来订货了。

但订货单可没有那么容易拿到，因为，没有一个外商相信韩国的企业有造大船的能力。为此，郑周永一连几天茶饭不思，苦思冥想。

终于，郑周永想出了一招。他从一大堆发黄的旧钞票中，挑出一张5000元的纸币，纸币上印有15世纪朝鲜民族英雄李舜臣发明的龟甲船，其形状极易使人想到现代的油轮。而实际是，龟甲船只是古代海战中使用的一种运兵船，朝鲜民族英雄李舜臣就是用这种船打败日本海盗，粉碎了日本倭寇丰臣秀吉的数次侵略。郑周永随身揣上这张旧钞，在外商面前大说特说，宣称他们国家在400多年前就已具备了造船的能力。经郑周永这么一宣传，许多外商果然信以为真，郑周永很快就签订了两张各为26万吨级的油轮的订单。

订单一到手，郑周永立即率领职工日夜不停地苦干。两年过后，两艘油轮竣工了，蔚山船厂也建成了。

人在谈恋爱的时候，为了得到心上人，总是把自己最好的一面展现给对方，目的就是为了获取对方的好感。商场上同样非常看重合作伙伴的实力，大多数商家都是通过各种假象迷惑对方，让对方对自己的实力深信不疑，从而促成交易的完成。

美国豆芽大王普洛奇的发家故事也很奇特，当时普洛奇听说生产中国豆芽很赚钱，而且利润很大。于是他便从墨西哥购进了大量的毛豆，开始生产人工豆芽。为了宣传，他大造声势，不惜重金聘请专人在杂志上撰写有关"毛豆历史"的文章，并到处散发有关豆芽的美味食谱。然后，他与几个有经验的食品包装商商谈，将他的豆芽卖给食品包装公司，并由他们直接卖给各个餐馆。就这样，普洛奇的豆芽一经上市，便非常畅销。

后来，普洛奇又突发奇想，如果把豆芽制成罐头，更加方便食用，就可以赚到更多的钱。于是他又给威斯康辛州的一个食品包装公司打电话，食品包装公司回答只要普洛奇能提供。

后来二战爆发，金属供给十分紧张。普洛奇的豆芽罐头生意又面临危机。一天，普洛奇突然跟到华盛顿，冲进战争生产部门，用他的三寸不烂之舌，推销他的豆芽罐头。他还给他们的公司取了个名字叫作"豆芽生产工会"，使人听起来像是个什么农民工会，而谁也没想到这其实是只有两个人的公司。就这样，他们从战争生产部门买走了几百万个稍有毛病，但不影响正常使用的罐头盒。

普洛奇的生意越做越大，后来他和他的合伙人皮沙买下了一家老罐头厂，开始自己装罐。他还把豆芽与芥菜等其他蔬菜混在一起，做成了一道深受美国人喜爱的中国"杂碎菜"，他还在罐头外面贴上"芙蓉"中国式字样的标签，并把罐头压扁，使美国人觉得这些罐头来自遥远的中国。结果，他的豆芽罐头销路非常好，供不应求。普洛奇继续扩大生产，并把公司名改叫"重庆"，并以"食品联会"的名义组织了大规模的全国联销市场，使"重庆"生产的食品行销全国，造成了很大的声势。就这样，普洛奇很快便赚了一亿美元。

这种手法被众多的商家作为迷惑对手的手段反复应用，屡试不爽，他们或者以弱示强，或者以强示弱，最终都如愿以偿达到了自己的目的。

将"虚张声势"用在政治军事上，取得成功者，大不乏人。而用在军事上并干得十分出色的可能要算唐太宗李世民疑兵救驾一事了。

隋炀帝

隋炀帝杨广夺位不久，就出巡塞北，企图向北方的邻国炫耀武力。突厥国王得知隋炀帝此行护驾的兵力不多，认为这是个千载难逢的机会，可以趁机除掉杨广。于是他秘密调动几十万大军，亲自统帅，把隋炀帝及御林军团团围住，困在雁门关，打算把隋炀帝及其随从活活饿死。杨广见此情况，十分惊慌，想下诏书给附近各郡县，让他们前来救驾，可是他们已经被突厥团团包围住了，没有任何出路可寻。杨广经过苦思冥想，只好把写好的一张求救诏书，刻在一块木板上，投入汾河，希望援兵看到。

说来也巧，当时山西太原留守李渊的儿子李世民，听到士兵在河里捞到了皇上的诏书，知道皇上在雁门关被困，情况万分危急，立即率兵前往救驾。他对同去的将领云定兴说：突厥之所以敢把皇上危围，就是认为没有援军去救驾。现在就凭我们这点兵力，也很难解围，我们就来个虚虚实实，把队伍前后拉长几十里，多张旗帜，猛敲战鼓，让突厥国王看见到处是军队，认为救援大军已到，这样，他们自然会知难而退，不然的话，很可能救驾不成反而遭到敌人的围歼。

云定兴依计而行，把行进队伍拉长几十里，旌旗络绎不绝，鼓声震耳欲聋。突厥探子远远就看见了，以为是隋朝几十万援军开到，就飞马回去禀报，突厥国王闻讯大惊，立刻下令全军撤退，杨广的雁门之围才得以解除。

这个故事说明，在以劣势之兵抗击敌优势兵力进攻之时，以虚张欺骗、威慑敌人，借以挫伤敌人的士气，造成敌人的错误，不失为一个克敌制胜的良策。

“虚张声势”是兵家诡道，但它并不仅限用于战事。历史上有的人在行刑、审讯之中，巧妙地运用此术，以帮助破案，更是湛为称道。

★揣着明白装糊涂

聋，就是耳聋：“笑骂由他笑骂，好官我自为之。”但，聋字中包含有瞎子的意义，文字上的谩骂，闭着眼睛不看。

——《厚黑学》

厚黑者不仅有具备优秀的硬件，还需要有良好的心理素质和沉着应战的能力。他们知道有些事情用心去做就够了，没必要挑明，因为他们的如意算盘早已打好，表面上让人看起来糊涂至极，其实他们心如明镜。他们的打算长远，计划周密，不会自乱阵脚。

有人做过统计，世界上百分之八十的财富掌握在百分之二十的人手里，这是一个真理。为什么大多数的人都是穷人，而只有少数人是富人呢？那是因为只有少数人能够敏捷地抓住商机。人都说“无商不奸”，其实不然。

1955 年，包玉刚花了 377 万美元，买下一艘已经使用了 27 年的旧货船，成立了环球航运公司，开始了经营船队的生涯。当时，世界航运界通常按照船只航行里程计算租金的单程包租办法，世界经济又处于兴旺时期，单程运费收入高，一条油轮跑一趟中东可赚 500 多万美元。

然而，包玉刚并不打算为暂时的高利润所动。他坚持一开始所采取的低租金、合同期长的稳定经营方针，避免投机性业务。这在经济兴旺时期的许多人看来，他实在是“愚蠢之举”。许多人都劝他不要“犯傻”，改跑单程。

其实包玉刚心里早已盘算得非常清楚：靠运费收入的再投资根本不可能迅速扩充船队，要迅速发展，必须依靠银行的低息长期贷款。而要取得这种贷款，必须使银行确信他的事业有前途，有长期可靠的利润。他把买到的一条船以很低地租金长期租给一家信誉良好、财务可靠的租船户，然后凭这份长期租船合同，向银行申请到了长期低息贷款。

依靠这些长期的可靠的贷款，包玉刚发展壮大了船队。在这种稳定经营方针之下，他只用了 20 年的时间，就把公司发展成为拥有总吨位居世界之首的远洋船队，登上世界船王的宝座。

包玉刚的成功秘诀，就归之于他当初的“装疯卖傻，假痴不癫”。

厚黑者表面上给人以不思进取、碌碌无为的印象，隐藏自己的才能，掩盖内心的抱负，以便于等待时机，筹备实施计划，而不露声色。古代兵书告诉我们，真正善于打仗的，决不会炫耀自己的智谋和武力。

“糊涂战术”在商战中常能有效地迷惑对方，使对方麻痹大意，从而抓住时机，出奇取胜。

在企业管理上，聪明的经营者对待下属的宽容，同样也是对厚黑学“做官六字真言”中“聋”的灵活运用，这同时也是每个领导应具备的素质。没有一个下属愿意为那种对下属斤斤计较、小肚鸡肠，对一点小错抓住不放，甚至打击报复的领导去卖力办事。

俗话说：“将军额头能跑马，宰相肚里可撑船。”当领导的要能容人、容事，容得不同意见，容得下属的错误。领导的宽容大度，可以使下属忠心耿耿，为自己效力，从而为事业奠定了良好的基础。

领导者不仅要对部下示以宠信，同时还要向他们显示自己的大度，尽可能原谅下属的过失，这是一种重要的笼络手段。对那些无关大局之事，不可同部下锱铢必较，“大人不计小人过”，当忍则忍，当让则让。要知道，对部下宽容大度，是制造向心效应的一种手段，有时会产生意想不到的神奇效果。

西汉末年，刘秀大败了王郎，率军攻入邯郸。在检点前朝公文时，竟发现了大量奉承王郎、侮骂刘秀甚至上书谋划企图诛杀刘秀的信件。当时，很多大臣都上书建议追查这些书信，严惩写这些书信的人。可刘秀却对此视而不见，他不顾众臣反对，将这些书信全部付之一炬。大臣们百思不解，忙问刘秀缘故，刘秀回答说："如果追查下去，势必会使许多人感到恐慌，最后只会逼得他们投靠我们的敌人，成为我们的死敌。但如果我不计前嫌，他们就会心生感激，会更加死心塌地跟随我们，这样就壮大我们自己的力量。"刘秀的这种宽容终于使他众望所归，最终建立了东汉王朝。

宋太宗时，有一天官拜殿前都虞候的孔守正和另一位大臣王荣在北陪园侍奉太宗酒宴，不料想孔守正喝得大醉，和王荣在皇帝面前争论起守边的功劳来，二人越吵越厉害，竟忘了太宗就在一边，完全失去了为臣应有的礼节。侍臣实在看不下去，就奏请太宗将两个人抓起来送吏部去治罪，而太宗没有同意，而是让人把他们两人送回了家。第二天，二人酒醒后，回想起昨天的事不禁害怕起来，于是一起赶到金銮殿向皇上请罪。谁知太宗却不以为然，对昨天的事并不追究，并说道："昨天朕也喝醉了，记不清发生了什么了。"

宋太宗这种做法既没有丢失朝廷的面子，而又让两位大臣警觉自己的言行，从此看出宋太宗的宽宏大度。现代商场上，厚黑学的聋字诀被人们广泛地运用。聪明睿智的厚黑经营者往往拥有众人皆醉我独醒的自信，他们坚信自己的行销策略是正确的，不顾众人的非议，坚持到底，这样的行销者便是把聋字发挥到了极致。

作为全世界最大的软件公司，微软公司的 WINDOWS 系统在 IT 业一直处于全行业的垄断地位。然而正是由于微软始终站在全行业无可争议的霸主地位上，以至于蜷缩在微软大树下的中小公司无法生存，他们联合状告微软公司破坏了公平竞争的原则，使得竞争无法产生，造成创新意识的衰退，损害到国家的利益以及消费者的利益。

全世界 90%的电脑都在使用微软的 WINDOWS 视窗作业系统，而所有的应用程式如果不与微软的程式相容，便无法在市场上立足。与此同时，为了更大限度地占领市场，微软公司还推出了捆绑式销售，将微软自产的 OFFICE 等办公软件与 WINDOWS 视窗作业系统一起出售，这样就使得其他的软件商根本无法在市场上立足，微软极大地伤害了自由经济环境下的公平竞争原则，这就难怪全世界的软件行业和消费者都视微软为可爱又可憎的 IT 巨鳄，对其既无奈又割舍不开。

尽管遭受了如此多的非议，状告微软的人越来越多，但是盖茨还是不为所动，依然我行我素，按照自己的意愿全力发展他的软件帝国。他坚信只要是全世界 90%的人都还在用他的微软视窗，那么无论是法官还是美国政府都不能把他怎么样，这就是盖茨所仰仗的筹码。

在全球的责难声中，在无数的起诉中间，盖茨装聋作哑，继续进行他的强势销售，使得微软公司成为股票市值大到上千亿美元的超级巨头，而盖茨本人也连续十年登上了全球首富的宝座。这就是盖茨和他统领下的微软帝国。他们向全世界的行销者证明了事实是检验真理的最佳办法，微软用事实证明他们是最赚钱的 IT 公司，这一点即便是他的敌人也不得不承认。这便是装聋作哑，坚持自己的行销方法，从而取得巨大成功的典范。

在现实中能够顶住压力、坚持自己信念的人毕竟不多，因为这些压力与非议可能来自你的直接领导、下属，甚至是投资人。在他们的非议之下如何坚持自己的信念便成了最困难的问题。这需要拥有最坚强的信心，要么尽力说服他们，要么就装聋作哑，只管走自己的路，让别人去说吧。

当你陷于被动境地的时候，为了拖延时间，找出对方的破绽，或者故意装作不懂、不明白，让对方放松警惕，消磨对方的锐气，这样便利于己方的反击活动。兵法有云：“上兵伐谋，夺气为伐谋之本。”“兵不钝而利可”全才是战场上的上上之策。厚黑学中的“聋”并不是盲目的聋，而是有选择的聋，并且也不能毫无反应，要积极地让别人理解你，并且以最快的速度做出成绩，才能使反对之声戛然而止。

厚黑者在形势的发展不利于自己时，经常采用“痴而不癫”的招数应付，他们隐藏自己的才能，掩盖内心的抱负，以便于等待时机，筹备实施计划，而不露声色。

战国时期的楚庄王，在爱妾被一位陪宴的将军调戏的情况下，竟然也能假装糊涂，不追究犯上者的罪，而且遮掩了这位风流将军的罪过，更是厚得难能可贵。

周定王二年（公元前605年），楚庄王经过艰苦作战，平定了令尹斗越椒发动的叛乱之后，大摆酒宴，招待群臣，欢庆胜利，名曰“太平宴”。

酒宴开始，庄王兴致很高，说：“我已六年没有击鼓欢乐了，今日平定奸臣作乱，破例大家欢乐一天，朝中文武官员，均来就宴共同畅饮。”于是，满朝文武，与庄王欢歌达旦。夜深之后，庄王仍然兴致不减，令人点起蜡烛，继续欢乐，并要宠妾许姬前来祝酒助兴。忽然一阵大风吹过，将灯烛吹灭。这时，有一人见许姬长得美貌，加之饮酒过度，难于自控，便乘黑灯瞎火之际，仗着酒意暗中拉住了许姬的衣袖，大概想一亲芳泽吧。

许姬大惊，左手奋力挣脱后，右手顺势扯下了那人帽子上的系缨。许姬取缨在手，连忙告诉庄王说，刚才敬酒时，有人乘烛灭欲有不轨，现在我把他帽子的系缨抓了下来，大王快命人点蜡烛，看看是哪个胆大包天的家伙干的。谁知庄王听后，却对许姬说：“赏赐大家喝酒，让他们喝酒而失礼，这是我的过错，怎么能为要显示女人的贞节而辱没人呢？”不但不追究，反而命令左右正准备掌灯的人说：“切莫点烛，寡人今日要与众卿尽情欢乐，开怀畅饮。如果不扯断系缨，说明他没有尽兴，那我就要处罚他！”

众人一听，齐声称好，等十百多人全都扯掉了系缨之后，庄王才命令点燃蜡烛，不声不响地把那个胆大妄为的人隐瞒了过去。

散席之后，许姬仍然愤愤不平地问庄王：“男女之间有严格的界限，况且我是大王您的人。您让我给诸臣敬酒，是对他们的恩典，有人竟敢当着您的面调戏我，就是对大王您的侮辱，您不但不察不问，反而替那小子打掩护，这怎么能肃上下之礼，正男女之别呢？”庄王笑着说：“这你妇道人家就不懂了。你想想看，今天是我请百官来饮酒，大家从白天喝到晚上，大多带有几分醉意。酒醉出现狂态，不足为怪。我如果按照你说的把那个人查出来，一会损害你的名节，二会破坏酒宴欢乐气氛，三也会损我一员大将。现在我对他宽大为怀，他必知恩图报，于国于家于我于他都是有利的事情啊。”许姬听了庄王的一番话，十分佩服。从此，后人就把这个宴会叫作“绝缨会”。

一个将领对自己爱妾的调戏，对于至尊无上的君主来说，无疑是极大的羞辱。这在当时的社会里，绝对属于大逆不道的犯上之举。谁要是犯了这方面的罪过，不丢掉小命那才叫怪哩！可是楚庄王却能假装糊涂，原谅属下的过错，并且还设法替他打马虎眼，的确是厚黑大家。这段“绝缨会”的千古佳话，如果没有后来的善报结尾，恐怕还是要逊色许多。

七年之后，周定王十年(公元前597年)，楚庄王兴兵伐郑，前部主帅襄老的副将唐狡，自告奋勇带百余名士卒做开路先锋。唐狡与众士卒奋力作战，以死相拼，终于杀出一条血路，使后续部队兵不血刃杀到郑都，这使得庄王非常高兴，称赞说：“老将军老当益壮，进军如此迅猛，真是大长我军威风，为楚国立下大功啊！”

襄老答道：“这哪里是老臣的功劳？都是老臣副将唐狡的战功啊。”

于是，庄王下令召来唐狡，准备给他重赏，谁知唐狡却答道：“为臣受大王恩赏已很多，战死亦不足回报，哪里还敢受赏呢？”

庄王很奇怪，以前并没赏赐他，何以如此说呢？唐狡接着说道：“我就是‘绝缨会’上捉了许姬袖子的人，大王不处置小臣，小臣不敢不以死相报。”楚庄王感叹地说：如果当初明烛治他的罪，怎么会有今天效力杀敌的猛士啊！

战国“四公子”之一的孟尝君的下属做了类似的事情，他门下养了许多食客，其中有一个门客与孟尝君的爱妃私通，早已为外人发觉。有人劝孟尝君杀了那个门客，孟尝君听后笑着说：“爱美之心人皆有之，异性相见，互相悦其貌，这是人之常情呀！此事以后不要再提了。”

过了近一年，一天，孟尝君特意将那个与自己妃子私通的门客召来，对他说：“你与我相交已非一日，但没有能封到大官，而给你小官你又不要。我与卫国国君的关系甚笃，现在，我给你足够的车、马、布帛、珍玩，希望你从此以后，能跟随卫国国君认真办事。”那个门客本来就做贼心虚，听孟尝君召唤他，以为这下大祸临头了，现在想不到孟尝君给他这样一份美差，激动得什么话也说不出，只是深深地、怀着无限敬意地为孟尝君行了个大礼。

那个门客到了卫国后，卫国国君见是老朋友孟尝君举荐过来的人物，也就对他十分器重。没过多久，齐国和卫国关系开始恶化，卫国国君想联合天下诸侯军队共同攻打齐国。那个门客听到这一消息后，忙对卫国国君说：“孟尝君宽仁大德，不计臣过。我也曾听说过齐卫两国先君曾经刑马杀羊，歃血为盟，相约齐卫后世永无攻伐。现在，国君你要联合天下之兵以攻齐，是有悖先生之约而欺孟尝君啊！希望国王您能放弃攻打齐国的主张。如果国王不听我的劝告，认为我是一个不仁不义之人，那我立时撞死在国君你的面前。”一句话刚说完，那个门客就准备自戕，被卫国国君立即上前制止了，并答应不再联合诸侯军队打齐国了。就这样，齐国避免了一场灾难。

消息传到齐国后，人人都夸孟尝君可谓善为人事。当初不杀门客，如今门客为国家建下了奇功。

五代时，梁朝的葛周曾与他所宠爱的美姬一道饮酒作乐，有个在葛周身边担任侍卫的小兵一直目不转睛地盯着那个美姬，乃至于葛周问他话时，他都忘记了回答，可见他入神到了何等程度。这个小侍卫也觉得自己在主人面前失态了，十分惶恐，害怕葛周惩罚他。葛周见了，并没有说什么，只是很慈善地向他笑了笑，并还让自己宠爱的美姬亲斟一杯酒赐给了那个小侍卫兵，意思是让他压压惊。

后来，葛周与后唐的军队交战，战事屡屡失利。葛周就大声呼喊那个小侍兵，命他前去迎敌。小兵见这正是报效主子的机会，就奋不顾身，冲锋陷阵，击退了敌人的一次次进攻，并还生擒了一名敌人的小头目。战斗结束后，葛周就将那个自己宠爱的美姬赐给了那个小兵做妻子。

北宋初年，苏慕恩的部落是整个胡人中最强大的一支。当时，镇守边关的是种世衡将军。一天晚上，种世衡与苏慕恩在种世衡的营帐中共同饮酒，并唤出一个很美丽的侍妾为他俩斟酒。席间，种世衡起身进屋有点事，苏慕恩就趁机偷偷地调戏那个侍妾。正在他得意忘形之际，种世衡突然从里面出来，出其不意地捉住了苏慕恩的不轨行为。苏慕恩十分窘迫、惭愧，忙向种世衡请罪。那位侍妾也给吓得哭了起来。种世衡见状，对苏慕恩说："你喜欢她吗？如果你想要她，我成全你们。"当即同意将那侍女送给了苏慕恩。苏慕恩对种世衡的宽宏大量感谢不尽，连连行了三个大礼。

从那以后，凡是其他部落中有怀二心的逆臣，种世衡就派苏慕恩前去讨伐，每次都大胜而归。胡人部落再也不敢随便寻衅滋事了。

★巧踢皮球善推诿

锯箭法。有人中箭，请外科医生治疗，医生将箭干锯下，即索谢礼。问何不将箭头取出？他说这是内科的事，你去寻内科好了。现在各军政机关，与成大事者，都是用着这种方法。譬如批呈词云："据某某呈所之情，实属不合已极，特令该县知事，查明严办"等语。"不合已极"四字是锯箭杆，"该知事"已是内科。抑或云"转呈上司核办"，那"上司"就是内科。又如有人求我办一件事。我说："此事我很赞成，但是还要同某人商量。""很赞成"三个字是锯箭杆，"某人"是内科。又或说："我先把某部分办了，其余的以后办。""先办"是锯箭杆，"以后"是内科。此外有只锯箭杆，并不命寻内科的，也有连箭杆都不锯，命其径寻内科的。种种不同，细参自悟。

——《厚黑学》

"王顾左右"的完整表述为"王顾左右而言他"，这是一个历史典故。《孟子·梁惠王下》记载：孟子谓齐宣王曰："王之臣有托其妻子于其友而之楚游者，比其反也，则冻馁共妻子，则如之何？"王曰："弃之。"曰："士师不能治士，则如之何？"王曰："已之。"曰："四境之内不治，则如之何？"王顾左右而言他。

齐宣王

从上述记载可以看出,“王顾左右而言他”是一种言辩对答之术。它产生于孟子与齐宣王的一次谈话。孟子问齐宣王,有一个人要到楚国去,将自己的妻子儿女托付给一位朋友照顾,可当这个人从楚国回来时,却看到那位朋友让他的妻子儿女受冻挨饿。对这样的朋友该怎么办?齐宣王说,抛弃他。孟子又问,司法官员管不了他的下级,怎么办?齐宣王说,罢免他。孟子又问,国家治理得不好,怎么办?由于这个问题涉及齐宣王自己的责任,因此,齐宣王左右张望了一下,把话题扯到其他方面去了。后来,人们就把故意转移话题,或以其他言语搪塞掩饰正题的做法,称作“王顾左右而言他”。

有40多年工作经验的司徒先生说:“人不能表现得过于冰雪聪明,假如无论别人给予你什么样的暗示,你都一点就透,就难免给你的各种关系蒙上阴影,是一件十分糟糕的事。”对于别人给你的暗示,只要你认为将对你的工作和社交活动产生不良影响的话,最好的办法就是佯装听不懂。听不懂确实是其妙无穷。

小李与他的第一任上司曹先生颇有芥蒂,曹极不喜欢小李的办事古板和求真,小李在他的手下做秘书工作,特别是在小李奉命为单位起草向上级的汇报材料时,常常为一些数字上的事与曹先生争得不可开交,使他很恼火。很多次,他都想调换小李的工作,只是因为人事安排权力不在曹先生的手上,小李才得以幸免。曹先生与他的上司之间由于历史的原因,简直就是冤家对头,他们俩人的心里都有置对方于死地的念头。

一次意外的事情使他上司的机会来了,但就事情本身还不足以让曹先生一败涂地。为了加重曹先生的罪名,他的上司找到了小李,对他说:“工作还好干吗?有什么委屈吗?实在不行可以把你调到上面来工作嘛!”那意思是说:“曹先生对你不好,我是知道的,他有什么问题都对我说出来,我会为你撑腰的。”当时小李就意识到这件事是万万不可牵连进去的,如果他对曹先生落井下石,必将损害他的人格,同事一定会认为他是个卑鄙小人,他的社交圈将受到莫大的损害,其患无穷。于是小李做出一副愁眉苦脸的样子,淡淡地说:“工作上的事哪能那么顺心呢?”对他的暗示佯装听不懂,只当作一个平常的问话,他见小李没有明白他的暗示,但又不好明确地跟他说让他“揭发”曹先生的问题,也就只好作罢。小李也避开了把自己卷进事件中去,夹在中间,左右不好做人的尴尬局面。

工作时间长了,社交面宽了,难免有人要参与你的政务,想方设法影响你。大多数情况下,想参与你政务的人都摆出一副为你着想的架势,暗示你应该怎么做。比如:“对下属不要表现得软弱了;谁和谁最会干工作了;人家那种干法是如何得到领导赏识了。”等等,以期你按照他们的暗示去做。假如你表现得冰雪聪明,接着他们话去说:“可不是吗,×××就应好好地整治他。”“×××领导那里确实应该多走动走动。”那么就正中了他的下怀,可能他与

×××有着仇怨,你为他报了仇;可能他正需要×××领导为他办什么事,当你同××领导关系处好后,他就要提出让你向×××领导进言,完成他的心愿。如果你对他的暗示采取否定的态度,他就会怀恨你,特别是想参与你政务的人,一定是比较亲近的人,最好的办法就是听不懂,宁可让他说你是木头一块,也不能让他干扰你的工作。

模糊,泛指反映事物属性的概念的外延不清晰,事物之间关系不明朗难以用传统的数学方法量化考察。模糊思维是人脑的一种思维方式,被誉为"电子计算机之父"的冯·诺依曼在1955年曾指出:人脑是这样一台"计算机",它的精确度极低,只相当于十进制的2~3倍,然而它的工作效率和可靠程度却很高,现在,我们还不能制造出一台人脑这样的电子计算机。领导活动中的大量问题,都属于复杂问题,具有模糊性质。现代领导活动系统涉及因素众多,这些因素之间的联系多向交错,性质多样,使得事物与事物之间的关系不明朗、不清晰,这些联系和关系又处在瞬息万变之中,人们对这些联系和关系及其变化的判断又受着人的感觉、感情、非理性因素的影响,因而使领导者所要处理的许多问题都具有模糊性质。

为了使领导活动中许多模糊概念明朗化,模糊关系清晰化,使领导者在处理具有模糊性质问题过程中处于主动地位,领导者应当了解掌握模糊思维艺术,以增强解决各种棘手问题的能力,善于正确地处理日常碰到的复杂问题。

模糊思维方法最根本的特征是,在模糊条件下取大取小原则,即利取最大,害取最小。这是模糊思维方法的灵魂。

掌握模糊逻辑,在坚持原则的前提下,以"难得糊涂"的思维方法去灵活处理模糊事物。下面介绍几种运用模糊思维的艺术。

一、处理模糊性问题中"粗"与"细"的艺术。对于重大决策、原则问题,领导者须细细调查研究,分清是非,决断处理,但对许多具有模糊性问题的处理,却是粗比细好。比如中共中央在总结建国以来的历史问题时,邓小平就提出"宜粗不宜细","每个细节都弄清,不可能,也没必要"。"不可能",就是说事物本身复杂不清晰,"没必要""宜粗不宜细"就是一种领导艺术。实际上对于众多情况下的模糊性问题,诸如各单位的具体问题,常见的领导班子不团结问题,下属间的隔阂、积怨问题,群众中存在的各种情绪问题,采取"宜粗不宜细"的模糊方式去处理,其效果往往胜于精细深究一筹。

二、处理模糊性问题中容忍与原谅的艺术。面对重大原则问题,领导必须旗帜鲜明严肃处理,对领导班子内部、上下级之间、群众之间,许多具有模糊性的问题,则以容忍、原谅态度去处理,才能达到领导目的。前面我们谈过"金无足赤,人无完人",表示人处在"绝对好"与"绝对坏"之间的某种状态,皆有优点与缺点,这与模糊思维逻辑相一致,既然如此,领导者就应当容忍他人的缺点,原谅他人的过失。著名心理学家斯宾诺莎说:"心不是靠武力征服,而是靠爱和宽容大度征服。"

三、处理模糊问题中拖延与沉默的艺术。领导者处理重大、紧急情况,明朗的问题,无疑应果断、坚决,态度鲜明,但在处理某些模糊问题时,则可以采用拖延与沉默的艺术,能推则推。比如对"可做可不做的事","可开可不开的会","可发可不发的文件",有意拖延，不会影响大局，反而会大大提高领导工作的效率，这就是拖延艺术。对“可管可不管的事”，对“可说可不说的话”，保持沉默，效果反倒更好。古希腊作家普卢塔克说：“适时的沉默，是极大的明智，它胜于任何言辞。”

所以，在领导工作中，处理具有模糊性的工作或问题过程时，须把原则性和灵活性结合起来。原则性是质的体现，它是确定的，但是在一定条件下，它又是模糊的，须通过灵活性为其镶上一圈“模糊的灵光”。灵活性是量的体现，它是不确定的，须在原则性形成的质的磁场中为其排定“是”与“非”的方向。思维艺术是领导艺术的内在功力，它的成功将带来领导活动的成功。

在一些特殊场合，领导者往往会碰到一些咄咄逼人的提问，或者是问题内容属于机密不能泄露，或者问题过于敏感使领导者无法正面作答。如何巧妙地避开话题，挡住笑容后面的利刃呢？

一是巧妙闪避。绕开实质性问题，转移提问重心，扯远话题，使问题难以深究。

一年夏天，著名数学家华罗庚率中国数学家代表团到香港参加东南亚数学双年会。会议期间应邀在香港大学做演讲。有人特地问他成功的要素是什么？他反问道：“我成功了吗？我成功不成功还不知道……”华罗庚的回答，既风趣、谦虚，又使提问者难以深究，立即引起了一阵笑声。有一家香港报纸评论说：华罗庚“实在谦虚得令人不可不笑。”

二是诱导否定。当对方提出不该知道答案的问题时，先顺着话题提出一些条件或设问，诱使对方落入圈套，走向自我否定的结局。1978 年 10 月，邓小平访问日本，在 25 日下午一次为世人瞩目的“西欧式”的记者招待会上回答日本记者提出的所谓“尖阁列岛”的归属问题。邓小平神态自若地回答说：

“‘尖阁列岛’我们叫钓鱼岛，这个名字我们叫法不同，双方有着不同的看法，实现中日邦交正常化的时候，我们双方约定不涉及这一问题。这次谈中日和平友好条约的时候，双方也约定不涉及这一问题。”“倒是有些人想在这个问题上挑些刺，来阻碍中日关系的发展。……这样的问题放一下不要紧，等十年也没有关系。我们这一代缺少智慧，谈这个问题达不成一致意见，下一代总比我们聪明，一定会找到彼此都能接受的方法。”本来，日本记者提出这一微妙又困难的问题时，会场内刹时间紧张了起来，大家都屏住了呼吸，等着看邓小平怎样回答。他们怎么也没想到，邓小平竟把许多国家多年来一直为此大动干戈的领土归属问题以如此容易、如此巧妙的中国方式给“解决”了。于是会场又恢复了轻松的气氛。

三是反口诘问。有些问题不能明确作答，可以采取反问式。罗斯福在当选美国总统前，曾任海军要职。一次他的朋友问他关于某军事基地的建立计划，这是个很让人为难的问题。当时罗斯福环顾一下四周，低声问：“你能保密吗？”朋友赶紧说：“当然能”。罗斯福松了一口气说：“那么，我也能。”一场尴尬就在轻松幽默而含蓄委婉中消失了。

四是模糊对答。避实就虚，避重就轻，用模糊的但又是积极的话语来摆脱困境。一外国参观者问某厂飞机发动机的年产量，这属于机密，但直接回绝又显得生硬，该厂总工程师非常巧妙地答道：“计划下达多少，我们就生产多少。”

总之，面对棘手提问，需要机敏和智慧，只有这样，才能在困难窘迫面前应付自如。

第二章 果敢决断，成万事的绝杀

★以强硬手段先发制人

三国英雄，首推曹操，他的特长，全在心黑。他杀吕伯奢，杀孔融，杀杨修，杀董承伏完，又杀皇后皇子，悍然不顾，并且明目张胆地说："宁我负人，毋人负我。"心子之黑，真是达于极点了。有了这样本事，当然称为一世之雄了。

——《厚黑学》

自古，凡厚黑者在与对手过招时，总会拿出"杀手锏"，不给对方任何喘息之机，置对方于死地，出手既准又狠，让人不得不佩服他们的胆略和谋略。他们通过调查、分析，掌握对手的弱点，直接命中对手致命之处或薄弱环节，就是克敌制胜的一种谋略。

邓艾

三国时，魏将邓艾与钟会兵分两路于公元263年8月讨伐西蜀。当钟会的10万大军与姜维带领的蜀军对峙于剑阁时，邓艾向司马昭提出了一个"奇兵冲其腹心"的建议，得到了司马昭的批准。于是，这年10月，邓艾挑选了1万精兵，轻装前进，在荒无人烟的高山深谷中连续行军700余里，突然出现在蜀军的大后方江油城下，守卫江油城的蜀军大将马邈以为魏军从天而降，惊恐万状，不战而举城而投降。到了11月间，邓艾又突然出现在成都城下，西蜀的后主刘禅只好降魏，西蜀遂亡。

当今，提起世界首富比尔·盖茨，就会让人想起"微软暴君"这个词。说他是微软暴君，指的是他把自己的软件解决方案强加于人，并且通过高利贷式的授权协议盘剥着整个世界。

软件业是一块赤裸裸的野蛮之地，只有第一没有第二。因为要立足此地，必须无情地打击对手，灭之而后快。而比尔·盖茨发挥出炉火纯青般的竞争艺术，创造出"前无古

人，后无来者”的软件奇迹。

这些年来，凡向微软挑战的，比如 Sun、甲骨文公司，Lotus、Netscapte 等，均被比尔·盖茨用技术“后发”、商业“先发”战略击败，将其彻底“消灭”。为了构建他的微软帝国，比尔·盖茨不知道吞并了多少家公司，打垮了多少以此为生的人。

有人说比尔·盖茨对软件的贡献，“就像爱迪生对灯泡的贡献一样，集创新者、企业家、推销员和全能的天才于一身”。而 Lotus 公司创始人米切尔·卡普尔则说：“精明干练、飞黄腾达、冷酷无情，是个欺凌弱小的人。”

比尔·盖茨在竞争中只遵守一点：对于对手，如果任其发展，不加制约，其他有限的资本可以形成无限的权力与影响力。不如先下手为强，削弱他们的势力与能力，免得养虎为患，尾大不掉。

创立微软时，盖茨有一个梦想，那就是要让“每一个办公桌上摆上一台个人电脑”。今天，盖茨的梦想不仅得以实现，而且是超额实现，不仅办公桌有个人电脑，而且手掌机上也有微软的操作系统。盖茨在软件行业打造的霸主地位，给硅谷的天才们上了一课，在非营利的纯科技领域，科技天才们尽可能去创新，以获得技术上的“先发制人”，但要在创造利润的商业世界称雄，盖茨却取用了技术上“后发之势”、商业上“先发制人”的策略，这便是盖茨技术“后发”、商业“先发”的全面竞争战略。

依照客观规律，如果只有绝对公正的市场规则，而没有相应的调控与平衡机制的话，自由竞争的必然后果就是财富的集中与垄断。而在一切垄断者看来，垄断就是最公正的制度，是自由与正义原则运行的必然后果。显然比尔·盖茨与一切垄断者一样对于自由竞争的态度，就是只打算利用它消灭竞争对手，获取垄断利润，决不会无条件地将它奉为至高无上的原则——尤其是为了坚持这个原则，需要他自我克制或者做出牺牲。

微软给人最深的印象就是其好战的本性及一贯咄咄逼人的策略，用比尔·盖茨的话来说：“任何会动的东西，都是我们的猎物。”也正是非凡的野心和一往无前的气势，成为微软不断成功的动力源泉。20 多年来，微软如同一头风度翩翩的大白鲨，游进了金鱼池中，令对手闻风丧胆。在比尔·盖茨的率领下，不但在原有的业务领域内巩固了垄断地位，也频频开拓可供占领的全新疆界。

稍了解一点儿微软历史的人都会知道，只要比尔·盖茨看重的业务，竞争对手绝难逃脱，他总能用捆绑免费的办法，让对手死无葬身之地。

对竞争对手的“心狠手辣”，并不足以概括盖茨的“狼性”。更关键的是，他对自身业务的专注，对战略执行的坚决。比尔·盖茨一做视窗就是很多年，虽然从 Windows98 变动到 2000，到 XP，其实都是一个东西。

有人说“这个世界对比尔的憎恨是如此普遍，以至于‘暴君’所有的公关活动和慈善事业都不能挽回他的形象”。盖茨需要敌手就像人们需要水一样。他的公司就是在一连串的“战争”中成长起来的，他到处寻找他认为值得打击地敌手，分析之，然后战胜之。

盖茨并非总是获胜，但他却从每一次战役中学到了一手可以用于下一次战役，因此他很少会犯同样的错误。

最早的时候，他的敌手是CP/M，这是那个时候用于第一台IBM PC的操作系统，也是当时的工业标准。后来，敌手是Novell的NetWare，当时一度曾是局域网操作系统的工业标准。然后是应用软件，被盖茨用WordPerfect，也就是闻名遐迩的Word所取代。IBM收购的领先的电子表格厂商Lotus 123，成了Excel的手下败将。我们当然还不会忘记OS/2与Windows之战。

数年前，当互联网先锋Netscape推出划时代的互联网浏览器时，盖茨并没有重视，认为互联网浏览器只不过是一个上网的工具。在互联网时代真正来临的时候，Netscape竟然占有80%的市场份额，几乎成为所有人通向互联网的门户，并且，Netscape展开了其通过浏览器来掌管操作系统和应用软件的宏大战略。那时，盖茨方才醒悟，大呼不好，急忙调整战略，动用人力财力，尽快推出了微软浏览器。终于，仗着财大气粗，经过几年的奋战，微软浏览器抢下市场80%的份额，从而将Netscape一举击败，并将微软就此转到以互联网技术为核心的技术平台。

如果微软当年没能赢得浏览器之争，今天的软件业界也许就是另一番格局。盖茨应该庆幸当年醒悟还算及时，但是，因为盖茨的疏忽，微软也因此付出了巨大的代价，包括巨大的开发费用和因免费在浏览器上失去的收入。从此，盖茨“先发制人”的战略出台，多年来，许多潜在的竞争对手均被盖茨“先发制人”的战略扼杀在摇篮之中。

比尔·盖茨在竞争中利用一切合法与非法手段的作风，表明这个人坚决以自我为中心，毫不顾及他人的存在与感受，这种权威性格与独占倾向正是极权主义的重要的表现之一。任其发展，不加制约，他有限地资本可以形成无限的权力与影响力。不如先下手为强，削弱他的势力与能力，免得养虎为患。

事实上微软公司已经在相关行业占有垄断地位，并且在它势力所及的范围内造成了恶劣影响。造成这种结果的原因究竟是微软在技术、经营与管理方面的创新以及向消费者提供了良好的服务；还是微软在剽窃技术、捆绑销售与玩弄消费者，其间的区别已无重要意义，真正重要的是要打倒霸权，恢复自由竞争的市场格局。

★厚黑得天下

宗吾述古人不传之秘以立言，首明厚黑之本原出于天而不右易，其实厚黑备于己而不可离，次言存养厚黑之要，终言厚黑功化之极。盖欲学者于此，反求诸身而自得之，以去夫外诱之仁义，而忘其本然之厚黑。

——《厚黑学》

光有厚或光有黑是不够的，厚和黑必须结合起来才能获得最终的成功。成功的经营者必须同时具备“厚”和“黑”的功夫。在商场竞争如此激烈的现代社会，被动就会挨打，仁义就会被人算计。在竞争中一定要拿出不达目的誓不罢休的劲头才可以击倒对手或者吓退对手,赢得最终的胜利。只要不违反法律,在商场中其实什么招数都可以运用。

在商场上,小到企业,大到一个国家的商业活动,都离不开厚黑手段,对厚黑经济原理运用得巧妙与否,直接关系到一个企业甚至一个国家的经济运行。

1984 年洛杉矶奥运会以前,历届奥运会都无一例外地让承办国在经济上不堪重负。1976 年,加拿大蒙特利尔市承办奥运会,亏损达 10 亿美元,至今加拿大人还要为此交纳“奥运特别税”,预计到 2030 年才能还清全部债务。1980 年在莫斯科举行的奥运会,据说苏联当局也花费了 90 亿美元。

1979 年,46 岁的尤伯罗斯临危受命,被任命为筹委会主任,承担起筹备 1984 年第 23 届奥运会这项艰巨任务。筹委会一成立明确宣布,本届奥运会不由政府主办,完全“商办”。组委会是独立于美国政府以外的“私人公司”。为了筹集资金,尤伯罗斯绞尽脑汁,决定利用一切可以利用的力量。盛况空前的洛杉矶奥运会,没花东道主美国一分钱,反而盈余 1500 万美元的奇迹就是成功运用厚黑学的典范,他奉行的策略是:在开支方面要“厚”,在收入方面须“黑”。

这次奥运会最大的一笔收入,是靠出售电视实况转播权筹集的。组委会开出的国内独家转播权的价格是 2.2 亿美元。这个价格是蒙特利尔奥运会电视转播权价格的 6.6 倍,是莫斯科奥运会电视转播价格的 20.6 倍,价格开出,美国三家最大的电视广播网都认为价格过高,一时难以定夺。曾经拥有莫斯科奥运会电视转播权的全国广播公司召开五次董事会都举棋不定。美国广播公司请了几十位经济专家仔细计算,认为有利可图,于是,先下手为强,抢在全国广播公司前买下了电视转播权。

各公司赞助款项也成为收入的重要来源。在这方面尤伯罗斯吸取了 1980 年纽约冬季奥运会的教训。那届奥运会没有规定每个单位最低赞助金额和单位数目,结果赞助厂商虽有 200 家,却一共只给了 1000 万美元的赞助费。本届奥运会规定,正式赞助单位为 30 家,每家至少赞助 400 万美元,在每一项目中只接受一家赞助。而赞助商都可取得本届奥运会上某种商品的专供权。这样一来,各厂商为了宣传自己,互相竞争,出高价抢夺赞助权。

尤伯罗斯运用他的卓越的推销才能,挑起同行业间的竞争。当国际商业机器公司决定不参加赞助的时候,尤伯罗斯打电话给该公司的主席,指出赞助洛杉矶奥运会的公司,可以在下一代青年脑海中留下全球的形象。同时,他不会忘记警告对方,另一家名称只有三个英文字母的规模巨大的电脑公司也有兴趣。这一个电话逼得对方乖乖签约。

柯达公司也认为赞助费太昂贵,表示没有一家摄影器材公司愿意付出 400 万美元赞助费时,尤伯罗斯警告他们,外国竞争者同样可以争夺本届奥运会赞助权,该公司仍然执迷不悟。尤伯罗斯毫不迟疑地把赞助权售给日本的富士摄影器材公司。于是,日本富士公司以 700 万美元的赞助费,战胜柯达,取得本届奥运会专用胶卷供应权,这令柯达公司追悔莫及。

“百事可乐”和“可口可乐”两家饮料公司的竞争也十分激烈。“可口可乐”抢先一步

开价 1300 万美元，成为本届奥运会开价最高的赞助，取得了饮料专供权，总收入 1.3 亿美元。

本届奥运会的门票价格是相当高的，开幕式和闭幕式门票售价分别为 200、120、50 美元三种，门票总收入达 8000 余万美元。

奥运会火炬是在希腊点燃的，这一届洛杉矶奥运会在美国国内的传递仪式，由东至西，全程 15000 公里，沿途经过 32 个州 1 个特区，在 7 月 28 日奥运会开幕时准时到达洛杉矶纪念体育场。火炬接力采取捐款的办法，火炬传递权以每公里 3000 美元出售。不少厂商花钱买下 1000 公里，雇人参加火炬接力，来宣传自己公司，仅这一项收入就达 4500 万美元。

通过这些办法，尤伯罗斯筹集到 5 亿美元。然而，奥运会开支十分惊人，尤伯罗斯精打细算、厉行节约，上届奥运会花费所以大，是因为使用了很大一笔经费去建奥运村。尤伯罗斯却是尽量利用旧的，适当建造新的。本届奥运会 23 个比赛地除游泳、射击、自行车赛场新建外，其余全是旧地翻新的。5 万名工作人员中有一半是不领薪水的志愿者。他尽可能把钱都用在刀刃上，使这次奥运会不仅没有亏损，还盈余 1500 万美元。

尤伯罗斯就是凭借这种"厚黑"策略，创造了震惊世界的奇迹。尤伯罗斯的名字，因此永载奥运会的史册。

★兵不厌诈，商也亦然

第三步是"厚而无形，黑而无色"。至厚至黑，天上后世，皆以为不厚不黑，这个境界，很不容易达到，只好在古之大圣大贤中去寻求。有人问："这种学问，哪有这样精深？"我说："儒家的中庸，要讲到'无声无臭'方能终止；学佛的人，要讲到'菩提无树，明镜非台'，才算正果；何况厚黑学是千古不传之秘，当然要做到'无形无色'，才算止境。"

——《厚黑学》

在厚黑学中，要做到"厚而无形，黑而无色"，才是最高境界。自古兵书里说兵不厌诈，其实商战亦如此。在商战中，厚黑经营者善于准确把握市场动向和消费者的心理，这对于成功地运用厚黑谋略，有着重要的意义。

厚黑经商者强调吃小亏，占大便宜。何谓小亏，即眼前利益，这在历史上是兵家常用之计。无论是在政治军事领域，还是在商战中，许多有成就的人运用此谋略而大获成功。

1915 年，美国南部的俄克拉荷马州的塔尔萨有几处地方勘测出有石油，塔尔萨一夜之间成了冒险家们涉足之地，其中亨利·史格达家族，壳牌石油公司和乔治·格蒂家族是当地较有势力的石油开采商。

保罗·格蒂是家族的唯一继承人，他刚从英国牛津大学回来，说是去留学，却没拿回任何一张文凭，倒是要了老爹不少钱付给了欧洲不少有名的旅店。

由于名声太坏，老格蒂让他只在家族事业中充当一名副手。

“这太委屈我了。”他认为自己的能力绝不是只能当一名副手。

此时的他正站在泰勒农场的土地上，因为塔尔萨已盛传泰勒农场有着丰富的石油，塔尔萨最有实力的三家石油商都在打着它的主意。农夫泰勒放出风声，他将把土地交给拍卖行，谁出最高的价他就把农场卖给谁。

格蒂来到了一个别墅区，在一幢豪华的别墅前停了下来。敲开了门，见到了他要见的人，塔尔萨地区最有名望的地质学家，艾强·克利斯。

“你代表哪一家？”克利斯兜圈儿。

格蒂取出了一沓钞票数着，边说：“我代表我自己。”

“我的观点你可以在《塔尔萨世界报》上看到。”

“《塔尔萨世界报》给你多少稿酬？”

克利斯犹豫了一会儿，说：“12 美元。”

“12 美元买了你 30%的真话，我出这个价钱的 10 倍能不能买下另外 70%的真话。”

格蒂驾驶着福特经过一家酒吧时，正巧碰到一位店主把一个中年人撵了出来，不用问，一定是个来赊酒喝的穷光蛋。

格蒂把这个中年人请上了车，请他到别的更好地地方去喝酒。

这位中年人名叫米露斯克里，是一名普通的掘井工人。

第二天，一辆豪华的四轮马车驶进了塔尔萨，车上坐着一名态度傲慢的中年绅士。马车所经过的地方人们都驻足观望，孩子们则蜂拥追随车后，那个中年绅士，一把一把地抓着硬币向孩子撒去，孩子们越聚越多。

隔一天《塔尔萨世界报》头版刊登了一份报道，《塔尔萨来了位大富翁》，说一个名叫巴布的从北方来的大富翁，看中了塔尔萨的泰勒农场，决定在那里投资一笔钱开采石油。他还到农场探望了那个老泰勒，许诺将用 2 万美元买下农场。

几天后，一辆福特又来到了泰勒农场，车上走出了一个头发油黑、两撇胡子高翘的年轻人，来人声称是大银行家克里特的私人秘书谢尔曼。谢尔曼找到了泰勒，请求他以 2.5 万美元买下泰勒农场。如此高价，泰勒有些心动了，可是他老婆踩了他一脚，他忙说：“老兄，只能在拍卖场碰运气了。”

第二天，《塔尔萨世界报》又刊登了一篇配有大幅照片的文章，《泰勒农场把风引鸟，塔尔萨又来了个大银行家克里特》。

一个星期后，拍卖会如期召开，那三家石油商都退出了竞争，因为介入只能得罪克里特，只有巴布和克里特的代理人谢尔曼一争高低。会场围满了等着看好戏的观众。

拍卖师的锤声响了。

“500 美元。”

“600！”

“700！”

竞价升到 1100 美元时,突然巴布不作声了,拍卖师叫了三声后,仍没有人应价,锤声响了,克里特以 1100 美元获得了泰勒农场。

在场的人都出乎意料的大吃一惊,没想到泰勒农场竟以 1100 美元就卖出了。

克里特购得泰勒农场后,忽又改变了生意,以 5000 美元转手给了格蒂家族。

许多年以后,人们才识穿这场骗局,原来那个中年绅士巴布是掘井工米露斯克里,那个银行家的代理人谢尔曼当然就是化了妆的保罗·格蒂。人们当然非常气愤,送给这个日后格蒂家族的当家一个“骗子”绰号。

然而,这样的骗局在当时并不算犯法,格蒂毫无愧色地作为成功者占有了泰勒农场。

格蒂的这次成功,最主要的是使他的父亲改变了对他的看法,同意他经营家族的石油业,从此他青云直上,最后成为拥有 60 多亿美元的巨富。

的确,在商战中,大家你争我夺,各施奇招,各种奇招、怪招,甚至坏招都层出不穷。只要能达到目的,又不违反法律,几乎没有什么招是不能用的。难怪有人说:“商业没道德,只有成功与失败。”

日本著名大亨山本未发迹的时候,经营着一个不景气的小煤炭店,却又想做大生意赚大钱,整日苦思冥想,终于想出了一个点子。

他用自己的小煤炭店作抵押,向银行借了一笔款项作活动经费,开始实施他的计划。他打听到大阪新开张的一家煤炭商行的老板松山依靠他父亲河野的巨资经营,很有实力。山本想和松山做生意,但位卑财弱,挨不上边。于是,他拐弯抹角,认识了松山的父亲河野从前的一个老部下秋原,并请秋原修书一封,去走松山的后门。山本拿到秋原的信后,先是来到大阪最豪华的西村饭店,订了一桌宴席,然后请饭店服务员拿上他的请帖和秋原的信去请松山。松山看了秋原的信,二话没说来到西村饭店。

山本热情地迎接了松山,并把松山称颂了一番,然后才谈到正题上。他的意思是要松山向他提供大批煤炭,由他转卖给阿部老板开办的煤炭零售店。松山害怕受骗,犹豫不决。因为这样干,山本不付分文,不承担任何风险,有风险的人是他松山。

山本早预料到松山会犹豫,他把一位女服务员唤了过来,对她说:“明天我到大阪炮兵工厂去办事,请你帮我买点神户特产瓦煎饼来。”说着从怀里掏出一大沓 10 万元一张的钞票来,随手抽出两张递了过去,然后又抽出一张来,递过去说:“这是给你的小费。”松山在一旁看了,暗中吃惊,断定自己是遇上了一位百万富翁.于是当场表示愿意发货。生意成交了。

山本向松山表示了感谢,便推说有点小事,急步走出餐厅来,追上了那位服务员,把那 30 万元全总都要了回来。晚宴过后,他立即启程赶回横滨,他住不起西村饭店的豪华房间。

从此以后,松山把煤炭发给山本,山本再转给了阿部,收款后再交给松山。就这样,年复一年,山本发了大财,并当上了日本的煤炭大王。松山也成了日本电力企业巨子。当年山本演的那场“精彩的欺骗”,不仅成了俩人茶余饭后的笑料,而且成了松山赖以战胜商场艰险的精神动力和经营谋略。

成功的经营者必须同时具备“厚”和“黑”的功夫。在商场竞争如此激烈的现代社会，被动就会挨打，仁义就会被人算计，在竞争中一定要拿出不达目的誓不罢休的劲头才可以击倒对手或者吓退对手，赢得最终的胜利。只要不违反法律，在商场中其实什么招数都可以运用。

★该出手时就出手

宗吾曰：“有失败之事于此，君子必自反也，我必不厚；其自反而厚矣，而失败犹是也，君子必自反也，我必不黑；其自反而黑矣，其失败犹是也，君子曰：反对我者，是亦妄人也已矣！如此则与禽兽奚择哉！用厚黑以杀禽兽，又何难焉？”

——《厚黑学》

厚黑者不仅要懂得“知己知彼，方能百战百胜”的道理，还要会运用“以己之长，攻人之短”的谋略，这对于为政者，或为商者而言，都是一个必不可少的竞争手段。看看自己在哪些方面占有绝对的优势，在哪些方面又处于相对的劣势；竞争对手对自己最大的威胁是什么，自己战胜竞争对手的机会又有多大。只有以己之长攻人之短，避己之短守人之长，发挥自身的竞争优势，找准攻击对方的突破口，才能在竞争中处于不败之地。

“黑马骑士”是华尔街股市中极其凶狠的投资者，他们的共同特点是自我意识极强，在交易中富有进攻性。作为这帮“黑马骑士”中大哥级人物，博纳·皮根斯是开采石油起家的，但人说博纳·皮根斯的井架不是竖在石油产地而是耸立在华尔街，博纳·皮根斯开采的不是黑色金子的石油，而是花花绿绿的股票。作为标购的大买家，博纳·皮根斯把竞争的紧张激烈、决战的强暴残忍和下棋的细腻微妙揉成一体，石油产业的董事长、总经理们提起博纳·皮根斯就心惊胆战。

1956年，博纳·皮根斯创建了梅萨石油公司，1964年，把它改为股份公司。身为梅萨石油公司的董事长兼总经理的博纳·皮根斯年轻气盛，一眼就看出公司最迅速最简便的发展方式莫过于吞并另一家公司。

经过细心策划和准备，博纳·皮根斯瞄准了哈戈通公司，它的实力和潜力都比他的梅萨石油公司大得多，但哈戈通目光短浅，放着探明石油储量的大事不管，只顾天然气的廉价出售。

博纳·皮根斯先礼后兵的约见了该公司的总裁到梅萨石油公司参观，借机提出了两家公司“友好合并”的建议，哈戈通公司总裁竟让博纳·皮根斯“见鬼去吧”！博纳·皮根斯见他没有意思合并，立即转为强攻。博纳·皮根斯对哈戈通的股票大施调虎离山之计，频频用梅萨公司的股票换取哈戈通的石油股权。由于哈戈通的石油还只是未开采的储量，股票面值自然很低，因而博纳·皮根斯只需用不多的股票即可大批换得。

哈戈通的总裁坐不住了，一遍一遍地打电话给博纳·皮根斯要求中止这种行为。

博纳·皮根斯告诉他："如果您要求跟我合并的话，我倒乐意听听。"

哈戈通的总裁四处寻找白马骑士解围。但因为他的公司暂时还看不到太多的利润，愿意冒险的人寥若晨星。于是，他不得不全力寻找买主，这正好中了博纳·皮根斯的调虎离山之计。利用他四处奔走之际，博纳·皮根斯悄悄地说服几个大股东，把哈戈通的石油股票高价卖给自己。博纳·皮根斯迅速获得控股权，堵死了可能出现的白马解围之路。哈戈通内无粮草，外无援兵，只得向博纳·皮根斯俯首称臣。

通过此举，博纳·皮根斯开了美国野蛮标购的先河，不过也落下了"石油界金融鲨鱼"的诨名。其实，博纳·皮根斯只不过把许多人以前用来遮掩他们凶狠残忍的那块遮羞布拿了下来，把他们的行径赤裸裸地表现出来而已。

博纳·皮根斯生性喜欢袭击，但他专门袭击那些不善于也不会管理、独断专行的董事长、总经理。因此，博纳·皮根斯一个接着一个地将那些管理不善的公司收归自有。直到今天，到底有多少公司被博纳·皮根斯吃掉了，连他自己也不知道。

博纳·皮根斯利用哈戈通总裁没有戒备之心的空隙，用调虎离山之计将他置于不知所措的地步，他找到哈戈通总裁的短处，使自己的"阴谋"得逞。

自古商场如战场，厚黑者总是尽可能地以最小的代价来赢得"战争"，于是通过各种手段来攻击对于，以强凌弱，以长击短，都是厚黑者常用的计谋，他们充分发挥自身的竞争优势，找准攻击对方的突破口，才使自己在竞争中处于不败之地。

1940 年 8 月 15 日，德国在出动 100 多架次飞机轰炸太恩河地区的同时，还出动 800 多架次飞机猛烈轰炸英国南部的空军机场，企图一举摧毁英国的战斗机群。但是，英国空军早已采取措施，把 7 个战斗机中队转移到北方机场。结果，德机不仅扑了空，还被击落了 30 架。9 月 7 日，德国出动了 372 架次轰炸机和 642 架次战斗机，分两批连续向伦敦做集中攻击。英国空军改变战术，用少数"喷火"式战斗机去对付在高空掩护的战斗机，而集中"飓风"式战斗机攻击德国缺乏防御能力的轰炸机，取得了显著的战果。

以长击短，是历代军事家指挥作战的取胜之道，是劣势装备者战胜强大敌人的有效战法。一支强大的军队可由胜转败，另一支弱小的军队，虽然处境危急，仍可转危为安，转败为胜。制胜的因素是多方面的，就军事谋略而言，以长击短是其中之一。

厚黑者必须具备高深的厚黑功夫，具备了这种功夫，就是一种长处，以己之长攻人之短，就会所向无敌，无往不利。厚黑者也可以凭借实力，恃强凌弱，使胜利倾向自己这方，这虽然不合乎情，但合乎理，实力就是自己的长处。

明代冯梦龙的《警世通言》卷三有言："那桀纣有何罪过？也无非倚贵欺贱，恃强凌弱，总来不过是使势而已。"在厚黑者看来，以长击短，恃强凌弱，都只不过是一种竞争的手段和策略，成功才是最重要的。

★厚黑手要辣

俗话说“勇猛的老鹰就不该隐藏自己的利爪”。如果为人内向腼腆，不能忍受各种在处世交往中的屈辱，过于顾及自己的虚荣心，就不能够与朋友和敌人相处，更不可能抓住机会显示自己，即使本身有出众的才智，也会淹没在芸芸众生里面，这是非常可惜的。

——《厚黑学》

厚黑学的“法宝”之一就是“厚脸皮”。它集中表现在为了达到克敌制胜的目的，对自己的自尊心加以克制，对各种耻辱熟视无睹。从古到今许多杰出的政治家、军事家、经营者都以脸厚而著称，而且都借厚黑之术得以成功。

1997年，对亚洲特别是东南亚各国来说，是步履艰难的一年。脆弱的经济结构在国际投机商的恶性炒作之下发生了崩溃性波动，这场危机首先从泰国开始，进而波及整个亚洲。亚洲经济危机不仅对亚洲各国经济发展产生严重的冲击，而且对世界其他国家和地区也产生了一定影响……

以索罗斯为代表的投机集团，不受保守主义的限制，采用极其冒险性的技巧，实施令人眼花缭乱的贷款投机或投资。虽担风险，但仍有许多诱人之处，有吸引人获取巨大财富的广阔前景。

他们的具体操作是：为了获取利润，合伙投资公司通过利用全球利率的走势，而对那些由此而产生波动的货币进行准确的投机经营，收获巨大利润。

他们往往利用有些国家金融制度的不健全，以巨资操纵市场，哄抬利率，当其他投资者跟风而至时，这些金融炒家就抓准时机抛售，不但获利而且容易造成那个国家的经济崩溃。

亚洲经济危机爆发后，亚洲各国迅速采取了多项严密防御和坚决打击投机行为的措施，但面对强大的国际投机资本和国内市场的剧烈动荡，仍显得无能为力。

亚洲经济危机表明，一个国家经济的持续发展不能对短期外来资金过分依赖。据国际货币基金组织粗略统计，目前国际金融市场上流动的短期银行存款和其他短期证券至少72万亿美元，每天有一万亿美元的游资在全球金融市场寻找投资机会，因此，只要哪个国家对此有所松动，这些资金便会迅速涌入。而这些资金由于其短期性质，隐藏着巨大的风险，这种风险一旦发生，一个发展中国家是很难单独对付的。

从法律上来看，索罗斯没错，他没有犯罪，他是在合法的情形下操控资金的转移。正如他事后辩解的那样，“这不是我的错，我是合法公民”。

★看准软肋下狠脚

凶，只要能达到我的目的，他人亡身灭家，卖儿贴妇，都不必顾忌。但有一层应当注意，凶字上面，定要蒙一层道德仁义。

——《厚黑学》

聪明人运用脚上的"踢功"求人办事，有一个诀窍：抓住对方的心理弱点，攻其一点，在对方最重要、最害怕的地方下脚，这样，他就乖乖听话了。因为第一，当事关生死时，对方只能让步。

例如，战国时，齐国人张丑被送到燕国做人质，后来两国关系紧张，燕国人就想把张丑杀掉。张丑得到了这个消息，立即寻机逃走，但尚未逃出燕国边境，就被燕国一官吏抓住了。张丑见硬拼不行，急中生智，开始运用"踢功"了，他镇定了一下，便对官吏说："你知道燕王为什么要杀我吗？"

"因为有人向燕王告了密，说我有许多财宝，但我并没有什么金银财宝，燕王偏偏不信我。"张丑说到这里，接着又说："我被你捉到了，你会有什么好处呢？"

"燕王悬赏一百两捉你，这就是我的好处。"

"你肯定拿不到银子！如果你把我交给燕王，我就对燕王说，是你独吞了我所有的财宝。燕王听到后一定会找你要宝，你拿不出，他自然会暴跳如雷，到时候你就等着陪我死吧！"张丑边说边笑。

官吏听到这里，心就慌了，他越想越害怕，最后只好把张丑放了。

张丑得以死里逃生，全靠他的这番话，他成功的原因在于找准了这个官吏的心理弱点，然后一击而中。

第二，当事关名誉和自尊时，对方没有选择一定会让步。例如，美国第六任总统亚当斯有一个特点，那就是不愿轻易表露自己的观点，往往使报社的记者失望而去。有位叫安妮·罗·亚尔的女记者一直很想了解总统关于银行问题的看法，可屡次去白宫，都采访不到亚当斯，一连几个月空手而归。后来她了解到总统有个习惯，就是他喜欢在黎明前一两个小时起床、散步、骑马或去河边裸泳。于是她心生一计。

一天，她尾随总统来到河边，先藏身树后，待亚当斯下水以后便坐在他的衣服上喊道："游过来，总统。"

亚当斯满脸通红，吃惊地问道："你要干什么？"

"我是一名记者"。她回答道，"几个月来我一直想见到你，就国家银行的问题采访一下。我多次到白宫，他们不让我进，于是我观察你的行踪，今天早上悄悄尾随你从白宫来到这里。现在我正坐在你的衣服上。你不让我采访就别想得到它，是回答我的问题还是在水里呆一辈子,随便”。

亚当斯本想骗走女记者:“让我上岸穿好衣服,我保证让你采访。请到树丛后面去,等我穿衣服。”

“不,绝对不行”,罗亚尔急促地说,“你若上岸来抱衣服,我就要喊了,那边有三个钓鱼的”。

最后,亚当斯无可奈何地呆在水里回答了她的问题。

总统的面子大,丢不起,而女记者针对名流要人极力维护面子的心理,利用“紧急刺激物”(女性和钓鱼人)的压力,即暗示可能造成总统自我形象的损害,迫使总统乖乖就范。

海瑞刚开始做官时,在浙江淳安县当县令。有一次,浙闽总督胡宗宪的儿子带着一帮人到淳安县来闲逛。海瑞嘱咐管接待的冯驿丞说:“按照朝廷的章程,本来不应该接待,不过他们既然来了,就让他们住下,一日三餐供食就行了。如果他们仗着胡宗宪权势,无法无天,你们要及时告诉我。”

胡公子在淳安县住下后,穿上华丽的衣服,东游西逛,横冲直撞,调戏妇女,惹是生非。开饭时,看到不是酒席,他大发雷霆:“这种东西是请我吃的吗?”伸手把饭桌掀了。

冯驿丞一听就有气,只好小心地说:“这饭菜比我们‘海大人’吃的好多了。”

胡公子一听“海大人”三个字,更是火冒三丈,破口大骂:“哼,想拿小小的七品芝麻官吓我。告诉你,我是胡总督的公子,知道吗?”并叫手下人把冯驿丞捆起来,乱打了一顿。

海瑞知道了这件事,立即叫几个衙役把胡公子一伙绑起来,送到衙门。海瑞升堂处理。胡公子蛮横地说:“我是胡总督大人的儿子,你们不要有眼不识泰山。要让我父亲知道了,别说丢了你的乌纱帽,怕是性命也难保。”

海瑞

海瑞心里想:真是有什么样的老子就有什么样的儿子。胡宗宪仗势欺人,徇私舞弊,儿子就目无法规,胡作非为。可他嘴上却和气地说:“你可知道朝中严高太师奖誉胡大人奉公守法吗?”

胡公子一听神气了,说:“你既然知道我父亲是个大清官,就该马上松绑,摆宴赔罪。”

“赔罪!胡大人既是清官,你是他的公子,又没有一官半职,怎么能带这么多人出来胡作非为?你哪一点像胡大人?”海瑞气愤地说:“你老实说,你是哪家的恶少,竟敢冒充胡大人的公子,败坏胡大人的名声?”说罢,海瑞将惊堂木一拍,喝道:“左右,将这歹徒痛打四十大板!”

一声令下，只听噼噼啪啪一阵响，直打得胡公子龇牙咧嘴，来回滚动，像猪似的嚎叫。

有一个胡宗宪的家奴，为了讨好胡公子，对海瑞威胁说：“我们随公子到你这里游玩，总督大人写了亲笔信，可不是冒充的。胡大人要怪罪下来，怕你后悔也晚了。”

海瑞一听，又把惊堂木重重地一拍，说：“你们好大胆，还敢假造胡大人的信件，再重重打四十板。”

胡公子一伙，吓得魂不附体，跪在地上，磕头求饶。海瑞看看他们那个丑态，就叫住手，把这伙胆大妄为的“游民”都关进了牢房。

当晚，海瑞给总督府写了一个公文，说明淳安县查办了一起冒充胡大人亲属的案件，特别提到这伙歹徒伪造了总督府的朱印信件，要求严加惩办。接着就命人带着公文，押着犯人，连夜解往总督府。把胡公子一伙押走后，衙门的一些官吏告诉海瑞，这胡公子的确是总督的儿子。海瑞说：“正因为这样，我才说他是假冒的，要不，怎能惩办这伙歹徒，这四十大板也就打不成了。”官吏们听了，个个钦佩海大人的智谋，可又为他捏着一把汗。

胡公子回到总督府闹着要他爸爸狠狠地治一治海瑞。总督夫人看到儿子被打成这个样了，痛哭流涕地威逼丈夫严惩海瑞。可是胡总督看了海瑞的公文，又气又恨，却又无可奈何。他对夫人说：“你不知道海瑞说他办的是冒充官亲的游民，是一伙为非作歹的无赖之徒。要是不把实情说穿，孩子白白受屈；要是说穿了，那不是自己打自己的脸吗？”看来，这胡总督虽有些蛮横，倒也还明智，因为他看出了海瑞这一手的厉害。

★斩草要除根

厚黑救国，古有行之者，越王勾践是也。会稽之败，勾践自请身为吴王之臣，妻入吴宫为妾，这是厚字诀。后来举兵破吴，夫差遣人痛哭乞情，甘愿身为臣，妻为妾，勾践毫不松手，非把夫差置之死地不可，这是黑字诀。由此知：厚黑救国。其程序是先之以厚，继之以黑，勾践往事，很可供我们的参考。

——《厚黑学》

异姓诸侯王是西汉王朝建立前后分封的非刘姓的诸侯王。消灭异姓王，是汉高祖为巩固专制主义中央集权所采取的重大方略。

当时的异姓诸侯王共有七个：即楚王韩信、梁王彭越、淮南王英布、赵王张耳、燕王臧荼、长沙王吴芮和韩王信。其中除吴芮和韩王信外，其他五人在楚汉战争中协助汉王刘邦争夺封建统治权力都立汗马功劳。异姓诸侯王的分封，除了当时政治、军事需要外，还有着相当深远的历史背景。

秦始皇统一六国后，废除周代以来的分封制，在全国范围内确立了郡县制。诸子和功臣仅赐以爵禄，不封授土地。然而，分封制的社会基础并未因此而消除，割地封侯的思想还相当普遍地存在于人们的头脑中。秦末农民大起义爆发后，六国贵族的残余势力纷纷乘反秦之机割地称王。当时，齐国的田儋自立为齐王，魏咎立为魏王，韩广为燕王，武臣为赵王等等。秦朝灭亡后，反秦武装中力量最强的项羽，为了巩固自己的盟主地位，不仅承认了六国并立为王的局面，还自封为西楚霸王，并继续分封自己的亲信为王。于是，形成了所谓十八路诸侯。在楚汉战争过程中，汉王刘邦为了分化瓦解项羽的势力，一方面拉拢项羽分封的诸王，如张耳、英布、吴芮、臧荼等；另一方面也不得不满足其重要将领割地分封的要求，陆续封了一些诸侯王。如汉四年（前 203）春，韩信在平定齐地后，请求立为假齐王。刘邦当时处境狼狈，听到这一消息十分气愤，但为了笼络利用韩信，就听从张良的意见，索性封他为真齐王。随后，为了调动兵力围歼项羽，于同年七月封英布为淮南王；次年十月，又划睢阳以北至谷城封给彭越。这些诸侯王因为不是刘姓宗室，故史称异姓诸侯王。到汉五年五月刘邦称帝时，这些异姓诸侯王大抵占据了战国时期东方六国的大部分疆域。

西汉初年，由于社会经济凋敝，封建统治秩序尚待重建，汉高祖不得不暂时维持现状。但是，对异姓王势力的膨胀也保持着高度的警惕。如垓下之战结束、项羽败死后，刘邦立即夺韩信的兵权，同时将他由齐王徙为楚王，都下邳。汉高帝五年（前 202）七月，张耳病死。不久，燕王臧荼谋反，刘邦亲自领兵讨平。剩下的五人中，楚王韩信、梁王彭越、淮南王英布对西汉王朝的建立立有汗马功劳，且手握重兵，成为汉高祖的心腹之患。于是，刘邦在吕后的协助下，采取强硬的对策，一一消灭除了异姓王的势力，甚至不惜采用肉体消灭的残酷手段。

汉高帝六年（前 201），刘邦以韩王信壮武，封国北近巩、洛，南迫宛、叶，东有淮阳，皆天下劲兵处。于是，另以太原为韩国，徙信以王之，为防备匈奴的侵扰，原都晋阳，后徙治马邑。这年秋天，匈奴冒顿单于率大军包围马邑，韩王信多次派使者去匈奴求和。汉高祖怀疑韩王信有二心，赐书责备。韩王信心中恐慌，就索性投降匈奴，并与匈奴约共攻汉。次年，刘邦亲自领兵征讨，韩王信逃入匈奴，后来与匈奴联兵侵扰边郡，被汉军杀死。

楚王韩信刚到封国时，巡行县邑，经常陈兵出入，于是被告发谋反。汉高祖采用陈平的计策，借口巡游云梦，会诸侯于陈，乘机逮捕韩信，带至洛阳，贬为淮阴侯。刘邦仍不时与他讨论用兵之道。汉高帝十一年，陈稀谋反后，韩信与陈暗通声气；并于次年乘高祖率军平叛之机，图谋诈诏赦诸官徒奴，袭击吕后和太子，结果为人告发。吕后在萧何的策划下，将韩信骗至长乐宫钟室处死，夷三族。汉高祖听说这消息，且喜且哀之。

陈稀谋反，汉高帝亲自率兵平叛。他向梁王彭越征兵。彭称病，不愿前往，从而引起刘邦的不满。后梁太仆告发彭与其将扈辄谋反，遂逮捕彭越，废处蜀地。途中彭越遇见吕后，向吕后哭诉，自言无罪，请求改徙昌邑。吕后假意许诺，将彭越带到洛阳，对汉高祖说："彭越壮士也，今徙之蜀，此自遗患，不如遂诛之。"于是指使彭越的舍人出面告发彭越谋反，由廷尉审理后夷越宗族。又命人将彭越尸体剁成肉酱，遍赐诸侯，于是更引起了其他异姓王的恐慌。

淮南王英布本来是项羽的部下，与刘邦并无渊源。他见韩信被诛，心中本已不安，收到彭越的"肉醢"后，更是惊恐万状，立即私下集合部队，加强警戒。结果被人告发谋反。汉高帝十一年七月，英布起兵谋反。刘邦发兵征讨，并于次年十月平定淮南地。

取代臧荼立为燕王的卢绾，与刘邦的关系最为亲密。因为陈稀谋反的事受到怀疑，刘邦派使者召绾。卢绾称病不行。他对幸臣说的一番话倒很能说明问题："非刘氏而王者，独我与长沙耳。往年汉族淮阴，诛彭越，皆吕后计，今上病，属任吕后。吕后妇人，专欲以事诛异姓王者及大功臣。"汉高祖得知报告，非常愤怒，认定卢绾谋反。高祖死后，卢绾遂将其众亡人匈奴。其实，卢绾的话并不全面，诛灭异姓出自刘邦的本意，只是吕后更心狠手辣而已。

刘裕当了两年皇帝便一命呜呼了。临终他以徐羡之、傅亮、谢晦、檀道济为顾命大臣，辅佐其长子、少帝刘义符。他私下对刘义符说：

"檀道济有才干谋略，但无大志，不像他哥哥那样难以驾驭。徐羡之、傅亮当无异图。只有谢晦随我征伐，识机变，有才干，如将来有人反你，那必定是他。"谢晦是谢安的后代，出身东晋头号名门世家，奋起寒微的刘裕对他的猜忌特别深。

少帝继位后，贪图玩乐，亲狎小人，不理政事，朝臣担忧。徐羡之、傅亮、谢晦、檀道济为了社稷，废杀少帝，并杀死不满他们执政的刘裕次子刘义真，立其第三子刘义隆为宋文帝。他们担心文帝继位后，追究弑君之罪，在其未到京前，任命谢晦为荆州刺史，都督荆湘七州军事，精兵强将全部调拨给他，又派檀道济镇守广陵，徐羡之、傅亮在内掌握朝政，以便内外呼应。

谢晦上任前与蔡廓话别，问："我能免祸吗？"

蔡廓答道："你是顾命大臣，以社稷为重，废昏君立明主，在义理上没什么不对，但杀刘氏二兄弟而执掌朝政，又挟震主之威，据上游重地，从这两点看又难免祸难。"

谢晦惶恐。待离开建康，回头望着石头城，欣喜地说："今天总算脱离是非之地了。"到荆州后，他又将两个女儿嫁给了宋文帝的两个兄弟刘义康和刘义宾，希冀以此免祸。

文帝刘义隆见其二兄被杀，自己被迎立为帝，心存疑惑，不敢进京继位。司马王华说："先帝刘裕有功于天下，四海臣服，惟嗣位的少帝不守纲常，刘家的天下还是稳固的，徐羡之出身寒士，才能平平，傅亮也是布衣诸生起家，不敢像司马懿、王敦那样贸然篡夺刘家天下。只是因为刘义真严厉果断，立之将来必不见容；而殿下您宽容仁慈，远近皆知，所以越过刘义真而立您。再说，他们担心少帝若存，将来终受其祸，所以杀他。这些都说明他们贪生怕死，想握权自固，不是想篡位自立。殿下尽可放心东下，以继大统。"

于是，刘义隆留王华在荆州，自己东下继位。一路上派兵严密保卫，参军朱容子抱刀侍卫在侧，数旬不解带就寝，京城文武难以靠近半步。到京以后，以王昙首、王华等为心腹，委以领军之任。

元嘉二年末，宋文帝扬言伐魏，整顿兵马舟舰，准备诛杀徐羡之、傅亮，讨伐谢晦。京城人心惶惶。傅亮写信给谢晦说："讨魏国一事纷纷攘攘，朝野之士多反对北征，皇帝可能会派万幼宗前来征求意见。"言下之意是告诉谢晦，朝廷将有所动作。谢晦的弟弟谢舜也派人告诉谢晦，朝廷将有异常行动。谢晦还不相信，要参军何承天起草答书以应付万幼宗。

何承天也说："外面传言纷纷，都说朝廷发兵已成定局，万幼宗哪里会来征求什么意见。"

谢晦惶恐，问："如果真的这样，我该怎么办？"

何承天劝他投奔北魏，以求自全。谢晦考虑良久，说："荆州是用武之地，兵多粮广，决一死战，如失败，再投北魏不晚。"于是下令戒严，要司马庚登之率三千兵守城。庚登之说："我一家老小在京城，又素不带兵，不敢接受这项任务。"南蛮司马周超自告奋勇，接替庚登之，严阵以待。

元嘉三年，宋文帝以弑杀刘义符、刘义真之罪，下诏杀徐羡之、傅亮，并率军伐谢晦。为分化顾命大臣，宋文帝说："檀道济只是胁从，并非主谋，弑君之事与他无关，我将安抚使用他。"

他将檀道济召至建康，问他讨伐谢晦的策略。檀道济说："我与谢晦一起北征后秦，入关后所定十策，有九条是谢晦的主意，可见其才略过人，很少有人能与之相比。但他从未决战沙场，军事非他所长。我知谢晦有智谋，谢晦亦知我勇武。今奉命讨伐，可不战而胜。"

谢晦得知徐羡之、傅亮等人被杀，即集合精兵三万，发文为他们申冤，并说："我等如志在当权，不为社稷国家考虑，武帝刘裕有八个儿子，当初尽可以立个年幼的皇帝，然后发号施令，谁敢反对。何必虚位七旬，从三千里迎立文帝您呢？再说不废昏君何以立明主？我何负于宋室！这次祸乱全是王弘、王昙首、王华猜忌诬陷造成的，我举兵以清君侧。"

谢晦率二万人马自江陵出发，舟舰浩浩荡荡，旌旗相望。他原以为檀道济也被杀了，不料，道济却率众来攻，不由惶惧失措。士卒见道济率兵前来，四下溃散。谢晦乘小船逃回江陵，携其弟谢遯等七人逃奔北魏。谢肥壮，不能骑马，谢晦为等他耽误了不少时间，以至在黄陂被捉，送建康被杀。临刑前，其女儿、刘义康妃，披发赤脚与之诀别，说："阿父，大丈夫当横尸战场，为何狼藉都市。"言毕大哭昏厥，行人为之落泪。

功勋重臣在帝王眼里都是一个个潜在的威胁，他们既然能与自己一道从别人手里夺来天下，安知他们又会不会利用自己的威望和权势从自己手里夺走天下？于是，在恩赐的死亡面前，悲剧便上演了。

明朝，直接有丞相官职的只有四个人，他们是明朝开国初期的徐达、李善长、汪广洋、胡惟庸。徐达是个英勇善战的大将军，由于卓著战功，晋封为中书右丞相。不过，徐达虽名为丞相，但春出冬归，常年征战在外，并没有参与多少朝廷政务，而且他对于朝廷政务也不大有兴趣。所以明太祖常常称赞徐达："受命而出，成功而旋，不矜不伐，妇女无所爱，财宝无所取，中正无疵，昭明乎日月，大将军一人而已。"后来，徐达死后，追封中山王，赠三世王爵，明太祖还亲自制碑文赞颂徐达。

徐达这个在其位不谋其政的丞相，留下了好名声，而李善长、汪广洋、胡惟庸三人，在其位又谋其政的丞相，命运就十分悲惨。

李善长是开国元勋之一，学问渊博，富有智谋，明太祖攻克滁州后，李善长就一直在明太祖身边担任军师。明太祖登基以后，李善长被封为左丞相，因为右丞相徐达常年征战在外，朝廷政务事无巨细全由李善长处理。李善长历史知识丰富，处事干练、裁决如流，又善于文辞，明初许多重要条令均出自他手。所以，洪武三年大封功臣时，明太祖对大臣们说："李善长虽无汗马功劳，然而跟随我这么久，出了不少好主意，这个功劳不是一般军功可以相比的。"于是便授李善长为"开国辅运推诚守正文臣，特进光禄大夫、左柱国、太师、中书左丞相，封韩国公，岁禄四千石，子孙世袭"。

李善长

李善长外表宽和，但处理朝政极为认真。有一次，参议李饮冰、杨希圣稍有点越权办事，侵犯了丞相的权限，李善长认为这是绝对不允许的事，便向明太祖奏报，要贬黜李饮冰、杨希圣。御史中丞刘基为此与他争论法律问题，他争辩不过，竟出口大骂刘基。刘基见李善长摆出丞相的架子，惹不起他，便向明太祖辞职。明太祖虽然没有因这件事怪罪李善长，但对李善长如此看重丞相的权限而且有点骄傲的态度，心里颇有点厌恶。李善长是个聪明人，觉察到明太祖对自己的态度已发生微妙变化，便急流勇退，于洪武四年正月以生病为由，向明太祖辞去左丞相的职务，明太祖亦顺水推舟，未加挽留，同意李善长辞职，还赐了临濠地方若干顷土地给他。

明太祖开始对李善长不信任时，曾打算提拔杨宪为丞相，便向御史中丞刘基征求意见。刘基虽与杨宪私人关系很好，却认为不可。明太祖感到很奇怪，刘基解释道："杨宪有当丞相的才能，但没有当丞相的器量。当丞相，须持心如水，以义理为权衡，个人利益应置之度外才行。杨宪是做不到这一条的。"

明太祖又问道："你看汪广洋这个人怎么样？"

刘基答道："汪广洋人品和器量都是好的，就是才能上差了一些。"

明太祖再问："那么，胡惟庸这个人你以为如何？"

刘基笑了笑道："他始终不过是个牛犊，要拉丞相这副犁恐怕是吃不消的！"

于是明太祖道："我看丞相这副担子还是由先生来挑吧！"

刘基忙推辞道："不可，不可！臣自己知道，我这个人容易得罪人，且身体也不好，丞相这样的责任是担当不起的。其实天下何患无才，愿陛下悉心求之。目前诸人，在臣看来都不大合适。"

明太祖权衡再三，结果挑了才能不强的汪广洋担任右丞相。汪广洋当了两年丞相，既没有出过什么差错，也没有什么政绩，更没有向明太祖提供过什么新鲜建议。明太祖觉得汪广洋当丞相没有建树，便调任汪广洋为广东参政。后来，明太祖总觉得汪广洋是个忠厚人，四年后又恢复汪广洋当右丞相。直到洪武十二年贬谪广南，汪广洋又当了两年右丞相。

洪武六年七月，明太祖起用胡惟庸为右丞相。刘基叹道："假使我的话不验，这是百姓的福；若是应验的话，百姓可要遭殃了。"

刘基

刘基为此病情更加重了。胡惟庸早就嫉恨刘基，见刘基病重，佯装关心，亲自带了医师来为刘基诊治，结果，刘基吃了药，病情迅速恶化，送回原籍不久，刘基便死了。

胡惟庸是个很会用权的丞相，自从总理中书省后，内外诸司有什么奏章，必须先经他审看，若有牵涉到自己的奏章，他就藏匿起来不报告给明太祖。于是，文武大臣有失职的人，都先到胡惟庸那里送礼，这样就可以得到开脱，胡惟庸身边迅速集聚起一股势力，胡惟庸当初被召为太常卿是因为李善长的推荐，所以他同李善长关系密切，而且还与李善长的弟弟太仆寺丞李存义结为亲家。所以胡惟庸生杀黜陟，朝廷中无人敢言。

有一次，胡惟庸的家人仗势欺人，竟然殴打了地方上的小官吏。事情告到明太祖那里，明太祖大怒，将胡惟庸的家人杀了，还把胡惟庸找来责问。胡惟庸推脱自己并不知道家人殴打地方官的事。明太祖还追问刘基病重后的一些情况，胡惟庸搪塞过去之后，心里不无担心：皇上是不信任自己了，皇上连勋臣都会杀，说不定哪天也会找个由头杀了自己。与其等死，不如先做准备，不能束手待毙。

当时吉安侯陆仲亨、平凉侯费聚曾犯法，明太祖斥骂他们。胡惟庸是朝中红人，二人便到胡惟庸府上来求情。胡惟庸屏去左右后，对他二人说："你们平时所作所为太不检点，一旦事发，可就麻烦了。"

二人非常惶恐。胡惟庸乃同他们商议谋反的事，要他们在外收集军马。胡惟庸还同御史陈宁一起暗中物色拉拢军队里的将领，同时通过亲家李存义去探听李善长的意见。李善长以自己年老为由拒绝加入，但也没有告发他们的阴谋。胡惟庸还派遣明州卫指挥林贤下海招用倭兵，又遣元朝的旧臣封绩修书称臣于元朝嗣君，请兵为外应。一切都计划停当，不料此时发生了一件意外事，胡惟庸的儿子坐车出外被摔死在车下，胡惟庸一怒之下，杀了赶车的车夫。此事传到明太祖耳朵里，明太祖十分生气，说："杀人者要偿命！"

胡惟庸害怕了，乃与陈宁、涂节等人商议提前谋反，并暗中派人通知四方心腹。洪武十三年正月初五，胡惟庸向明太祖报告说，家中宅院里有口井涌出竹笋，奇异非常，邀明太祖前去观看。明太祖很有兴趣地答应了，乘车出西华门奔胡惟庸府第。正在此时，内使云奇挡道勒马，因为气急，一时说不清什么，明太祖见有人挡道，大怒，令左右捶打。云奇右臂被打断，仍指着胡惟庸府的方向不肯缩回。明太祖觉得奇怪，便下车登城观看，才看到胡惟庸府第有不少兵甲，于是赶紧派侍卫军前去掠捕。胡惟庸遂以谋反罪名被杀。

僚属羽党被杀的达一万五千人。再说,中丞涂节揭发右丞相汪广洋,说刘基当年被胡惟庸毒死的事,汪广洋是知道的。明太祖将汪广洋召来当面责问。汪广洋一口否认知道这事。明太祖大怒,将汪广洋贬谪到广南。汪广洋到了太平府后,明太祖又以汪广洋当年在中书省时不揭发杨宪的罪行为名,干脆下了道赐死令要汪广洋自杀。

不久,又有人揭发说,胡惟庸谋反事,曾经征得李善长的同意。明太祖更是找到了借口,下令将李善长并其妻女弟侄家人七十余人全都斩首。李善长死后第二年,有人上书为李善长辩白,明太祖未加理会。

自杀了胡惟庸、汪广洋、李善长三个丞相后,明太祖认为丞相权力太大,干脆将中书省这级权力机构撤销,从此不再设置丞相,自己大权独揽,直接领导吏部、兵部、户部、刑部、礼部、工部等六个部门。虽然仿效宋代官制设了殿阁大学士,但大学士没有具体实权,只是一些顾问而已。直到明仁宗以后大学士常常兼职各部尚书,才相当于汉唐时代的宰相。在整个中国古代史上,像朱元璋这样心狠手辣,得天下后痛下杀手的帝王,一人而已,可谓黑之深者也。

国学智慧全书

资政智慧

马肇基◎主编

导语

宋代的欧阳修说过:“立身以立学为先,立学以读书为本。”读书学习,是人们获取知识、增广见闻、提高才干、加强修养的必要途径。作为现代领导,要做到与时俱进,完善自我,履行好自己的职责,不仅需要读书学习,而且不能忘了从古籍中研读智慧。

中华文明,博大精深,优秀典籍,浩如烟海。古籍,作为祖先留给我们最宝贵的遗产,犹如一艘艘满载着思想和智慧的航船。古籍,是古代圣哲、先贤、才俊包括思想家、政治家、军事家、教育家、文学家、艺术家乃至农工医商各界杰出人才留下来的宝贵精神财富。它在治国安邦、兴业理政、生财富民,乃至修身齐家、敦睦邻里、化育子孙等方面,都饱含着深邃的思想和广博的知识。古籍闪耀着睿智的光芒,它告诫我们应该怎样做人、做事,应该怎样去认识世界、改造世界。古往今来,无数志士仁人在阅读、研习、参悟古籍的过程中,无不得益于优秀传统思想文化的滋养和熏陶。

历史典籍营养丰厚,若熟读精思,不仅能使人知兴替、明大义、辨是非、别得失,而且能陶冶情操、开阔眼界,增长知识、提高修养水平。比如,就本篇《资政智典》而言,你可以从《反经》中读到反面的历史;读《贞观政要》,可以明了“君臣之道,励精图治”的经验;读《战国策》,可以领略纵横家和谋士那巧舌如簧的论辩以及深不可测的智谋;读《鉴人智源》和《冰鉴》可以学到如何识人、用人,更好发展事业;读《了凡四训》可以明了“命由我做,福自己求”的深意以及“趋吉避凶”的方法;读《曾国藩全书》可以让你在困境时学会挺,在屈辱时学会忍;等等。

总之,本篇能使人识天地之大、知环宇之广,能明古今之事、晓人生之理。当然,对自己也就会有清醒而客观的认识,对外界的人和事也易于正确把握,“不以物喜,不以己悲”,从容面对花开花落、云卷云舒、潮起潮退,坦然面对人生的得失沉浮、荣辱成败。正如清人萧抡所言:“人心如良苗,得养乃滋长,苗以水泉溉,心以理义养。一日不读书,心臆无佳想,一月不读书,耳目失精爽。”多读一些古籍,能使我们心胸博大,思想丰富,人格完善,益处多多。

第一篇　《鉴人智源》智慧通解

★导读

《鉴人智源》是三国时魏国人刘邵的代表作，又被称为《人物志》。刘邵是三国时期著名的政治家、思想家、文学家，在魏国担任多种官职，官拜散骑常侍，赐爵关内侯，死后追赠风禄大夫。刘邵思想睿智、博学多才，特别擅长品评人物，他总结了周文王、孔子等前人有关鉴别人物的思想理论和实践经验，汲取了儒、道、名、法、阴阳诸家思想，并将这些融汇在一起用来考察人物。形成了一整套从言语、体貌、行为等特征鉴别人才的学问。

《鉴人智源》以古为鉴，纵论得失成败，专讲识人之术，是历代成功者的枕边秘籍，素有“识人宝鉴”“识人用人宝典”等雅誉。如果说《论语》为处世之书，《孙子兵法》为伐战之书，《韩非子》为统治之书，那么《鉴人智源》则当之无愧地为识人之书。反躬自省者读之，可以知运势；心系天下者读之，可以成大局；淡然自处者读之，可以明清浊；游戏人间者读之，可以正进退。

第一章 从相貌鉴别人才

★科学的“相面术”

盖人物之本，出乎情性。情性之理，甚微而玄，非圣人之察，其孰能究之哉？

凡有血气者，莫不含元一以为质，禀阴阳以立性，体五行而著形。苟有形质，犹可即而求之。

凡人之质量，中和最贵矣。中和之质，必平淡无味，故能调成五材，变化应节。是故，观人察质，必先察其平淡，而后求其聪明。

聪明者，阴阳之精，阴阳清和，则中睿外明。圣人淳耀，能兼二美。知微知章，自非圣人，莫能两遂。故明白之士，达动之机，而暗于玄虑；玄虑之人，识静之原，而困于速捷。犹火日外照，不能内见；金水内映，不能外光。二者之义，盖阴阳之别也。

若量其材质，稽诸五物，五物之征，亦各著于厥体矣。其在体也：木骨、金筋、火气、土肌、水血，五物之象也。五物之实，各有所济。是故：

骨直而柔者，谓之弘毅；弘毅也者，仁之质也。

气清而朗者，谓之文理；文理也者，礼之本也。

体端而实者，谓之贞固；贞固也者，信之基也。

筋劲而精者，谓之勇敢；勇敢也者，义之决也。

色平而畅者，谓之通微；通微也者，智之原也。

五质恒性，故谓之五常矣。

五常之别，列为五德。是故：

温直而扰毅，木之德也。

刚塞而弘毅，金之德也。

愿恭而理敬，水之德也。

宽栗而柔立，土之德也。

简畅而明砭，火之德也。

虽体变无穷，犹依乎五质。故其刚、柔、明、畅、贞固之征，着乎形容，见乎声色，发乎情味，各如其象。

故心质亮直，其仪劲固；心质休决，其仪进猛；心质平理，其仪安闲。夫仪动成容，各有态度：直容之动，矫矫行行；休容之动，业业跄跄；德容之动，颙颙印印。

夫容之动作，发乎心气；心气之征，则声变是也。夫气合成声，声应律吕：有和平之声，有清畅之声，有回衍之声。夫声畅于气，则实存貌色。故：诚仁，必有温柔之色；诚勇，必有矜奋之色；诚智，必有明达之色。

——《鉴人智源》

大概人身上最根本的特性都是从情性中生发出来的。情性的道理十分玄妙，除非具有圣人的特殊洞察力，有谁能搞得清楚呢？

凡是有气血的东西，莫不包含着混沌元气作为本质，秉承阴阳二气以确立性情，身体容纳金、木、水、火、土五种元素构筑体形。只要他具备了形貌气质，人们就可以据此了解他内在的情性。

人的素质以中正平和最为可贵，中正平和的素质必定是"平淡无味"的，所以能够调和金、木、水、火、土五种元素，使它们和谐地发展变化，又不违背客观规律。所以考察一个人的素质时，一定要先看他是否具有平淡的气质，然后再看他是否聪明。

聪明那是因为具有阴阳的精华，一个人身上的阴阳二气协调了，就既有睿智，又能明辨是非。圣人内具淳朴之质，外具聪明之形，所以兼具平淡与聪明两种美德。因此，只有圣人才能对隐蔽的事和明显的事观察得明白清楚，做到两全其美。所以，明白事理的人，能通晓随机应变的关键，但缺乏深思熟虑；而那些深思熟虑的人，知道"一静胜一动"的道理，但却不能随机应变。这好比太阳和火焰的光辉可以照见物体的外部，却不能照见内部；金属和水可以把物体映照在自身的内部，却不能向外发光。以上二者的区别，就是阴阳二气的不同功用所造成的。

如果衡量一个人的材质时，按照金、木、水、火、土五种元素的性质为标准，五种元素的特征就会从他的身上表现出来。五行在人身体中的表现是：骨是木的特征的表现，筋是金的特征的表现，气是火的特征的表现，肌肤是土的特征的表现，血是水的特征的表现。木、金、火、土、水各自的特性对应成就了骨、筋、气、肌、血的特征。因此：

骨骼挺直而柔韧，叫作弘毅，弘毅是仁的木质。

神气清高而爽朗，叫作文理，文理是礼仪的根本。

体态端庄而结实的，叫作贞固，贞固是诚信的基础。

筋肌强劲而精练的，叫作勇敢，勇敢是成就义气的途径。

神色平和而舒展的，叫作通微，通微是智慧的本源。

仁、礼、信、义、智这五种品质对应五种体质，具有恒定的规律性，所以叫作五常。

五常之间的区别，可以用金、木、水、火、土五种不同的品德来表示。因此：

温和而直率、驯顺而刚毅是木的品德。

刚强而诚实、宏大而坚毅是金的品德。

内心恭敬、文雅理智是水的品德。

宽厚而严肃、柔和而坚实是土的品德。

简明畅快、针砭弊病是火的品德。

即使人身上各种品性变化无穷，但归根到底，还是这五种品质的范围。所以，一个人的刚、柔、明、畅、贞固的特征，必定表现在形体容貌上，流露在话语表情中，体现在情感品味上。总之，一个人内在的品性都会通过外在的形象表现出来。

因此，品质磊落耿直的人，其仪容必定强劲稳固；品质果决的人，其仪容必定有奋进勇猛之气；品质平和理智的人，其仪容必定安详从容。人的仪态外表在活动中就会呈现出不同的容色和神态：仪态率直的人，其行为举止的特征为矫健有力；仪态美善的人，其行为举止的特征为谨慎有节；仪态高尚的人，其行为举止的特征为气宇不凡、令人仰慕。

人的容色的变化是由心气支配的，比如，人的声音就是心气特征的表现。心气合成为声音，不同的声音应合不同的音调，有柔和平缓之声，有清扬舒畅之声，有回荡绵延之声。心气舒畅则声音舒畅，那么，真实的品质就必然会在外在的容色上表现出来。所以，具有仁爱品质的人，其容貌特征必定是温柔的；具有勇敢品质的人，其容貌特征必定是强毅奋进的；富于智慧的人，其容貌特征必定是聪明通达的。

鉴别人才其实与选择木材有异曲同工之妙。伐木工人在选料时，先从外形上打量，看树木是否笔直挺拔；再考察质地，是缜密结实，还是疏散松脆；然后再敲敲打打听一听，鉴别其品种质地，用这一系列方法来判断树木能否堪当大用。

鉴别人才也是如此，第一步是目测，见一见面，有一个初步印象后，再进一步考察其品德和才能。老板招员工、岳父选女婿都是由这一步开始的。还从未听说连某人的模样都不知道，就鉴别其品行才学了。选才、招生中的目测这一关，实际上就是从人的外貌形象上来考察人才。这种方法不一定准确，也没有科学依据，但使用频率却很高。青年男女间的一见钟情，志趣相投者的一见如故就是如此。

历史给我们留下了很多从外貌就能辨人的故事：

楚成王想立商臣为太子，征求令尹子上的意见。子上说：“商臣这个人两眼像胡蜂，声音像豺狼，这是生性残忍的标志。这样的人不能立为太子。”楚成王不听他的话，后来商臣果然谋反，率领东宫的甲士包围了楚成王，逼他自缢而死。

楚国的司马子良生了儿子越椒。他的兄长令尹子文说：“一定要杀死他。这小子长得像熊又像虎，声音如豺狼，现在不杀，将来必然会使若敖氏一族灭亡。民谚说‘狼子野心’，这孩子就是狼，怎么能抚养他呢?”子良不同意。后来，越椒果然造反围攻楚庄王，被楚王击鼓进军打败，若敖氏因此被灭族。

平原君看了白起的面相后对赵王说：“白起头小下巴尖，双目黑白分明，看东西目不转睛。头小下巴尖，说明这人行动果断；两眼黑白分明，说明他处事明白；目不转睛，说明意志坚强。这种人只能与之打持久战，不能与他针锋相对地抗衡。”

曾帮助越国雪耻复国的范蠡说：“越王这个人脖颈长，嘴长得像鸟啄。这种人只能与之共患难，不能同安乐。”

与商鞅一同参与秦国变法的尉缭说：“秦始皇鼻梁高，眼睛长，胸脯像老鹰，声音像豺

狼，寡恩薄信，心如虎狼。处境困难的时候甘居人下，一旦得志就会杀人如麻。这种人不能与之长期相处。”

以上几个故事说明，可以通过人的外貌特征，由表及里地识别一个人的内心世界。

所谓相术，就是根据人的面貌、五官、骨骼、气色、体态、手纹，以及声音、动静、威仪、清浊、精神等等来预测人的吉凶、祸福、贫富、贵贱、穷通、荣枯、得失、寿夭、休咎等等的一种技巧。相术看似神奇、神秘，实际上是长期以来对人的外貌特征与内心活动的相互关系的经验总结。人们常说“见面识高低”“看样子就不是一个好人”等等，这里面就包含着很多简易、实用的识人经验，还是有一些合理的成分的，不能说完全是无稽之谈。

★神、精、筋、骨、气、色、仪、容、言

夫色见于貌，所谓征神。征神见貌，则情发于目。故仁目之精，悫然以端；勇胆之精，晔然以强；然皆偏至之材，以胜体为质者也。故胜质不精，则其事不遂。是故，直而不柔则木，劲而不精则力，固而不端则愚，气而不清则越，畅而不平则荡。是故，中庸之质，异于此类。五常既备，包以澹味，五质内充，五精外章。是以，目彩五晖之光也。

故曰：物生有形，形有神精，能知精神，则穷理尽性。性之所尽，九质之征也。

然则：平陂之质在于神；明暗之实在于精；勇怯之势在于筋；强弱之植在于骨；躁静之决在于气；惨怿之情在于色；衰正之形在于仪；态度之动在于容；缓急之状在于言。其为人也：质素平澹，中睿外朗，筋劲植固，声清色怿，仪正容直，则九征皆至，则纯粹之德也。九征有违，则偏杂之材也。

三度不同，其德异称。故偏至之材，以材自名；兼材之人，以德为目；兼德之人，更为美号。是故：兼德而至，谓之中庸；中庸也者，圣人之目也。具体而微，谓之德行，德行也者，大雅之称也。一至，谓之偏材；偏材，小雅之质也。一征，谓之依似；依似，乱德之类也。一至一违，谓之间杂；间杂，无恒之人也。无恒、依似，皆风人末流。末流之质，不可胜论，是以略而不概也。

——《鉴人智源》

神色表现在外貌特征上，就是所谓的“征神”，就是外显的精神特征。如果人的精神气质通过外貌特征表现出来，那么其内在的情怀就会通过眼睛流露出来。所以，仁是眼睛的精气，因此，仁爱之人的目光诚实端庄；勇是胆的精气，因此，勇敢之人的目光灼灼而坚强；然而，这些都是仅在某一方面比较突出的人才，即以比较突出的体貌特征表现其精神本质的人。仅在某一方面比较突出的人，不具备整体的优势，做事就不容易成功。因此，一味刚直而不柔和就会僵直，一味强劲而不精巧就会蛮干，一味固执己见就会愚暗，心气不清做事就会超越特定的规范，思虑通畅而不平正就会流于放荡。因此，具有中庸

品质的人与以上所说的情况都不一样。仁、义、礼、智、信五常在人的身上都已具备，又以平淡无味的外衣包装起来，金、木、水、火、土五种特质充斥体内，心、肺、肝、脾、肾五脏精气外显在体貌容色上。因此，人的眼睛里闪耀着五彩的光芒。

所以说，人生来就有形体容貌，形体容貌体现了其内在的精神，把握了人的精神，也就能够穷尽物理人性。人们性情的内容，有九个方面的体现，叫作“九征”。

其规律是：正直或偏邪表现在人的神色上；聪慧或愚钝表现在人的精气上；勇敢或怯懦表现在人的筋肌上；强健或纤弱表现在人的骨架上；急躁或沉稳的脾气在于气血；悲伤或愉快的情绪显露在脸色上；衰弱或严肃的形象显露在仪表之中；做作或自然的举止在于容貌；缓慢或急切的态度通过言语显示出来。如果一个人的本性平静淡泊，内心聪明而外表清朗，筋脉强劲而骨骼坚挺，声音清朗而神色和悦，仪表庄重，容貌也端正，九种类型的特征都具备了，就是德才兼备的人才。如果这九个方面的特征有达不到的，只能称之为偏杂之才。

把人才分为偏才、兼才、兼德这三种，它们的分类标准不同，因此它们相应的内容也不同。所谓偏才的人，是由于他们的专长才能而获偏才的称号；兼才的人，则是根据他们的德行而获得兼才的称号；而兼德的人，由于德行深厚，从而获得兼德的美称。兼德而又达到完美境界的人，称为中庸，中庸是对圣人的最高评价。九征初具而没有达到完善的人称为德行，德行是对才德高尚的人才的称呼。九征中的某一方面突出的人称为偏才，偏才是对才德有偏重的人的称呼。九征中所体现某一方面的特征而实际上这种表现是种假象，是依靠某方面的才能模仿出来的，具有这种才能的人称为依似，依似的人道德败坏。九征中有某一方面突出，而同时又与某一方面的性质相反，这种相反性情混杂在一起的情况叫作间杂，间杂的人没有恒心与常性。没有恒心的人与依似的人都属于凡夫末流之辈。这一类型的人不能一一讨论，因此就省略不说了。

人物性情的九种表现征象，即神、精、筋、骨、气、色、仪、容、言。由表及里，有经验的领导者能够通过外在的九种征象特点，准确判断一个真实的人的才能性情。人物性情的变化规律，能从这九个方面的特征表现出来：忠直奸邪的在于“神”正直明朗与否，智明愚暗的在于“精”清爽明快与否，勇敢怯懦的在于“筋”劲健与否，坚强柔弱的在于“骨”强硬与否，沉浮静躁的在于“气”沉淀与否，欢喜悲伤的在于“色”悦与否，端庄大方、邪顽卑下的在于“仪”整与否，心怀奸诈、端庄严肃的在于容严与否，性情平和、急进鲁莽的在于“言”急与否。

第二章　从性格鉴别人才

★性格识人最可靠

夫中庸之德，其质无名。故咸而不碱，淡而不匮，质而不缦，文而不缋；能威能怀，能辩能讷；变化无方，以达为节。是以抗者过之，而拘者不逮。

夫拘抗违中，故善有所章，而理有所失。是故：厉直刚毅，材在矫正，失在激讦。柔顺安恕，每在宽容，失在少决。雄悍杰健，任在胆烈，失在多忌。精良畏慎，善在恭谨，失在多疑。强楷坚劲，用在桢干，失在专固。论辩理绎，能在释结，失在流宕。普博周给，弘在覆裕，失在溷浊。清介廉洁，节在俭固，失在拘扃。修动磊落，业在攀跻，失在疏越。沉静机密，精在玄微，失在迟缓。朴露径尽，质在中诚，失在不微。多智韬情，权在谲略，失在依违。

及其进德之日，不止揆中庸，以戒其材之拘抗；而指人之所短，以益其失；犹晋楚带剑，递相诡反也。

——《鉴人智源》

中庸的品德是无法用语言来描述的。它就像加了盐的水一样，虽然咸却并不发苦，虽然淡却并不无味，又像质地朴素的丝织品，并非没有花纹图案，只是色彩亮丽而又不太绚丽夺目；具有中庸品德的人，既有威严，又不乏和蔼，既能机智地进行辩论，也能缄默不语；中庸之德做事没有恒定不变的原则，完全是依据实际的需要，以达到成功为准则。与中庸相比，激昂亢奋的性格就太过分了，而拘谨慎重的性格又有些不及。

无论是一味地奋进还是拘谨无为，都不符合中庸之道，都会因过于注重修饰外表，而丧失了内在的义理。因此，性格坚毅刚直的人，能够善于矫正邪恶，不足的是喜欢激烈地攻击对方。性格柔和宽厚的人，能够宽容忍耐他人，不足的是优柔寡断。性格强悍豪爽的人，能够忠肝义胆，不足的是多忌。性格小心谨慎的人，能做到恭谨，不足的是多疑。性格强硬坚定的人，所起到的是稳固支撑的作用，却过于专横固执。善于论辩的人，能够解释疑难问题，但性格却又过于飘浮不定。乐善好施的人，胸襟宽广，很有人缘，但是交友太多，难免就会鱼龙混杂。清高耿直、廉洁无私的人，有着高尚坚定的节操，却又过于拘谨约束。行动果断、光明磊落的人，勇于进取，却又容易疏忽小事，不够精细。冷静沉着，机警缜密的人，善于探究小事，细致入微，却又稍嫌迟滞缓慢。性格外向、直率质朴的人，可贵的是为人诚恳、心地忠厚，不足的是太过于显露，没有内涵。足智多谋、善于掩饰感情的人，善于运用权术计谋，富有韬略，但在下决断时却又常常犹豫不决。

至于要想不断地提高道德修养，使自己不断地升迁，就应该以中庸为准则来防止各种不良弊端的发展。如果不这样做，反而去指责别人的短处，只会使自己的缺点更加突出，就会像古时候的晋国人和楚国人互相嘲笑对方佩剑的方向反了一样。

性格是指人对现实中客观事物所具有的经常的稳定的态度，性格是人对现实稳定的态度及其与之相适应的习惯行为方式，是人的个性中最重要的心理特征。性格软弱的人显得优柔寡断，性格强悍的人显得叱咤风云，性格文静的人显得文质彬彬，性格活泼的人显得挥洒自如，性格刻板的人显得呆滞沉郁……性格所具有的稳定性，决定了以性格来甄别人才是一种最可靠的手段。

生活中，无论是工作、交友乃至择偶，都会碰到识才识人的问题。不要以为识别人才必须具有火眼金睛，其实，从人的性格所展示出来的外在的行为方式入手，通过细致入微的观察，就能识别好人坏人，避免自己遇人不淑或者交友不慎。

从前，有个捕快坐在茶馆里，卖茶人使用的茶具中，有两只银杯。这时，一个穿着考究的茶客进来喝茶，指定要用那银杯。捕快远远看着，忽然大声向那人说："本大爷在这儿坐着呢，你别想在这里耍手段，留神我抓了你！"那茶客吓了一跳，又惭愧又害怕，灰溜溜地走了。

周围的人们觉得很是奇怪，问捕快是怎么回事。他回答说："这个盗贼体格很魁梧，单手提着一个大包走进来，可是刚才喝茶时，却要用两只手捧着杯子，这一定是在偷偷地测量杯子的大小，准备回去做假杯子来换走这只银杯。"

蔡京

识人，有时候就这么简单！

宋代丁谓写了这样的诗句："天门九重开，终当掉臂入。"意思是说，皇宫中的九道门打开了，我最终会晃着双臂大摇大摆地进去。诗人王禹偁读了后说："进上级衙门尚且应该弯着腰恭恭敬敬的，进皇宫门时怎么能够挥着双臂大摇大摆呢？作这诗的人，虽然志气不小，但一定不是什么忠良之辈。"

后来果然如王禹偁所预料的那样，丁谓成了一代权奸。以一句诗来判断一个人的忠奸，虽然有些牵强。但"诗言志"，由诗句来分析人的性格，还是有一定的道理的。

北宋的陈瓘见蔡京注视太阳，能很长时间而不眨眼睛，他便时常向人说："蔡京的精神能如此集中，他日必定富贵。但是他仗恃自己的禀赋，敢于抵视太阳，我恐怕此人以后得志，必会擅私逞欲，目无君王。"

宋徽宗初年，陈瓘多次进言攻击蔡京。当时蔡京只是一个翰林学士，主管起草朝廷的布告，并没有显山露水，并且到处向人解释，于是人们都认为陈瓘太过分了。后来，到蔡京独揽朝政时，人们才开始想起陈瓘。

世事洞明皆学问，人情练达皆文章。只有细心观察一个人的言谈举止、一举一动，并用心思索，就能目光如炬，发现一个人的品行的高低，因为性格本身就有好坏之分。比如，有的人以劳动为荣，把劳动当作自己的需要；有的人则以劳动为耻，把劳动和工作看成自己的负担。有的人积极、主动、肯干；有的人消极、怠慢。有的人对工作认真负责，一丝不苟；有的人则马虎大意，敷衍塞责。

准确判断一个人的性格是怎样的，对于如何使用人才有着至关重要的作用。比如，自私、傲慢、孤僻的人，就不适合从事与人打交道的职业，如教师、医生、律师等等。如果性格与职业不匹配，一个人再有能力，所能发挥的作用都非常有限，甚至会带来负面影响。

“陶朱公救子”是著名的历史故事，说明的就是这个道理。

陶朱公就是勾践的谋士范蠡，在越国灭吴国之后，他及时淡出了政治舞台，开始做生意。经过他及其子孙们的用心经营，不断地获得厚利，以至拥有上亿金的家产。

一次，陶朱公的二儿子在楚国杀人被抓起来了，为了营救儿子，陶朱公让三儿子带上金子，准备前去营救。范夫人却要大儿子去办理此事，因为老大办事稳重，而三儿子在她眼里，是一个什么正经事也干不了的窝囊废。事实也如此，这个三儿子的确花钱如流水，整天只知道吃喝玩乐，放鹰、遛鸟、斗蛐蛐。

这时候，大儿子也不服气地说：“无论识字、办事、做生意还是勤俭持家，我哪一点不如老三？”陶朱公回答说：“你哪点都比他强，唯有办这件事你不如他。”大儿子感到很委屈，拔出佩剑就要自刎。范夫人连忙劝陶朱公说：“不要二儿子没救成，老大倒先死了！老爷，求求你就答应他吧！”陶朱公毫无办法，只得长叹一声，苦笑道：“罢了，罢了，若是救不回二儿子，你可别怨我。”

临行前陶朱公修书一封，叮嘱大儿子到楚国后直接把钱和信交给楚王的宠臣庄生，一切听庄生安排，绝不能擅作主张。大儿子点头应允了。大儿子来到楚国后，当晚就将金子和信交给了庄生。庄生说：“快点回家去吧，二公子放出来后，你什么也不要打听。”

庄生为了营救陶朱公的二儿子，私下找到楚王说：“臣夜观星相，见我楚国将有一灾，大王要做一些善事，才可保佑平安。”果然，楚王就顺着庄生的意思，下令大赦天下。

大儿子知道这消息后，后悔了：怪不得庄生让我立即回家，什么也莫问呢，原来楚王原本就要大赦！若听他的话，我岂不白花了冤枉钱？于是，就去庄生家要回了金子，自以为办事很成功。

这边的庄生呢是越想越生气，他原本看在与陶朱公的交情上，打算等二公子放出来后，就把金子还给陶朱公。没想到大公子做事如此绝情，庄生一怒之下，又对楚王说：“陶朱公次子在我楚国杀人，仗着自家有钱，贿赂朝臣，干扰朝政，大王大赦也不能饶了他，否则世人会以为大王是看在陶朱公的面子上才大赦呢。”

楚王听后大怒，骂道：“陶朱公算什么东西，胆敢乱我朝政。”立刻令人先斩了范二公子，然后才大赦天下。

大公子一场空欢喜，结果只等到了老二的尸首，他拉着棺材，哭哭啼啼地赶回了家。范夫人见状，哭得死去活来。陶朱公不但没有哭，反而捋着胡子笑得好像很开心。夫人说："儿子死了，你还发笑，太没有人性了吧？"陶朱公说："我早料到老大救不了小二，你偏不信，真是活该！"

接着，陶朱公说出了他让三儿子去营救的原因："小三出生的时候，家境已经很不错了，所以他花天酒地，不吝惜钱财，假如让他去办事，必能依计行事。而老大呢，因为从小与我一起做生意，知道赚钱的辛苦，所以肯定会舍不得钱财，因此害了二儿子啊！"

范蠡不愧是谋略家，如此洞察人之性情且料事如神，可惜在用人上不能坚持己见，最终害了自己的亲生儿子。

品评人才的基本准则是什么呢？那就是中庸。中庸的实质不可名状，正像含盐的水虽咸却并不苦涩，虽淡却非索然无味一样。具有中庸品德的人，望之俨然，即之而温，既能辩说无碍，也能缄默不语，变化无穷，唯以通达为关节。因为不深通中庸之道，人很难在社会中面面俱到，游刃有余，往往在表现出某种才能的同时，也暴露出某种不足，因此难成德才兼备之人。

★十二种典型性格的优缺点

强毅之人，狠刚不和，不戒其强之搪突，而以顺为挠，厉其抗。是故，可以立法，难与入微。

柔顺之人，缓心宽断，不戒其事之不摄，而以抗为刿，安其舒。是故，可与循常，难与权疑。

雄悍之人，气奋勇决，不戒其勇之毁跌，而以顺为恇，竭其势。是故，可与涉难，难与居约。

惧慎之人，畏患多忌，不戒其懦于为义，而以勇为狎，增其疑。是故，可与保全，难与立节。

凌楷之人，秉意劲特，不戒其情之固护，而以辩为伪，强其专。是故，可以持正，难与附众。

辩博之人，论理赡给，不戒其辞之泛滥，而以楷为系，遂其流。是故，可与泛序，难与立约。

弘普之人，意爱周洽，不戒其交之溷杂，而以介为狷，广其浊。是故，可以抚众，难与厉俗。

狷介之人，砭清激浊，不戒其道之隘狭，而以普为秽，益其拘。是故，可与守节，难以变通。

修动之人，志慕超越，不戒其意之大猥，而以静为滞，果其锐。是故，可以进趋，难与持后。

沉静之人，道思回复，不戒其静之迟後，而以动为疏，美其懦。是故，可与深虑，难与捷速。

朴露之人，中疑实硌，不戒其实之野直，而以谲为诞，露其诚。是故，可与立信，难与消息。

韬谲之人，原度取容，不戒其术之离正，而以尽为愚，贵其虚。是故，可与赞善，难与矫违。

——《鉴人智源》

性格坚强刚毅的人，刚愎自用，凶狠而不温柔，他们不以自己强硬地冒犯别人为错，反而将柔顺视为软弱，结果就会变得更加凶狠，变本加厉地抗争不止。因此，这种人可以

设立法制让人遵行，但却难以体察入微。

性格温柔和顺的人，行事迟缓，决断时又犹豫不决，他们不把自己不能治理事物作为缺点，却把刚毅激进当成对别人的伤害，安于无所作为。因此，这种人可以遵守常规，却不能执掌政权，解释疑难问题。

勇武强悍的人，意气风发，勇敢果断，但他们从不认为强悍会造成毁坏与错误，反而把和顺忍耐的行为看成是怯弱，更加任性妄为。因此，这种人可以与他们共赴危难，却不能经受逆境的考验。

小心谨慎的人，做事过于多疑多忌，他们不但不改掉不敢伸张正义的缺点，反而认为勇敢是轻率的表现，于是他们的多疑与畏惧就会有增无减。因此，这种人可以保全自身，却不能树立成为保持气节的榜样。

气势凌厉、性格刚正的人，做事坚毅，为人耿介，他们不认为固执己见是缺点，却认为灵活善辩是虚伪的表现，从而更加主观专断。因此，这种人可以坚持正义，却不能与群众打成一片。

能言善辩的人，能充分地说明事物的道理，他们不觉得自己的文辞泛滥，话语冗长，却把方正守法当作是对他们的束缚，从而助长他们散漫的作风。因此，这种人可以同他们平等相处，却难以设立规章制度来约束他们。

胸怀宽广博大的人，对待他人博爱仁慈，他们不认为交友混杂是缺点，反而把廉正耿直当作是拘谨保守，于是交友就会更加鱼龙混杂了。这种人可以安抚众人，却不能严肃风纪。

偏激固执的人，勇于激浊扬清，惩恶扬善，他们不觉得自己过于清高，心胸狭窄，反而把心胸宽广博大看作是污浊的东西，从而更加拘谨固执。因此，这种人可以坚守节操，却不能随机应变。

好学上进的人，志向高远，他们不认为贪多务得、好大喜功是缺点，却把沉着冷静看作是停滞不前，从而更加锐意进取。因此，这种人可以不断进取，却不甘心落后于人。

沉着冷静的人做起事来深思熟虑，他们不觉得自己太过于冷静以至于行动迟缓。反而把好动进取视为轻率。因此，这种人可以深谋远虑，却难以及时把握机会。

直率质朴的人，他们的心地单纯直露，他们不觉得自己直率到了粗野的地步，却认为机灵是怪异的表现，于是行事更加直率。因此，这种人可以使人信赖他们，却难以去调动指挥和随机应变。

富于谋略、深藏不露的人，善于随机应变，取悦于人，他们不认为施展权术是背离正道的行为，却把真诚当作愚昧，把虚伪看为可贵。因此，这种人可以辅佐善良忠厚的人，却不能去改正邪恶的行为。

以中庸为准则，将外向型性格称之为“亢”，内向型性格称之为“拘”。亢者刚气太过，拘者刚气不足，都有违中和之道，都与中庸的要求有所差距，因此都属于偏才。再细分下去，“拘”有柔顺、惧慎、凌楷、狷介、沉静、朴露六种情形，“亢”有强毅、雄悍、辩博、弘普、休动、韬谲六种情形。这十二种表现不同的偏才，有着各自的特点与得失。

强毅之才

这种人性情硬朗，意志坚定，刚决果断，敢于冒险，善于在抗争性的工作中顽强拼搏，阻力越大，越能激发他们的斗志，个人力量和智慧越能得到淋漓尽致地发挥，这类人属于枭雄豪杰一类的人才。缺点是易于冒进，骄傲于个人的能力，服人不服法，权欲重、有野心，喜欢争功而不能忍。他们有独当一面的才能，也能灵活机动地完成使命，是难得的将才。

唐朝安史之乱中最惨烈的战役是睢阳保卫战，简直可称得上是“惊天地，泣鬼神”。说到睢阳保卫战，就不能不提到唐代名将张巡。

张巡从小聪敏好学，博览群书，为文不打草稿，落笔成章；长成后有才干，讲气节，倾财好施，扶危济困。开元末年，张巡中进士第三名，后调授清河县令，政绩考核为最高等，任期满后回京。当时，有人劝张巡去拜见执掌朝政的杨国忠，但被他拒绝了。因他不愿依附权贵，尽管政绩突出也未能升迁。

安史之乱爆发后，张巡先是独自率众坚守丘雍。经过半年左右的鏖战，城中已是非常地吃紧，箭都已经用完了。不知是不是受“草船借箭”的启发，张巡也上演了一次“借箭”。某个夜晚，叛军守卫忽然发现从城上用绳子放下来1000余名身穿黑衣的人，但是当时黑漆漆的，叛军不敢大意，于是拼命射箭，结果自然是中了张巡之计，白白送出几万支箭。

比诸葛亮草船借箭更加精彩的还在后面。几天后的半夜时分，叛军守卫又发现从城上下来500人，不过这次他们汲取了上一次的教训，认为又是草人，于是哈哈大笑，自以为得计，便置之不理。但这次却是真人，张巡就这样打了他们一个措手不及，一直把叛军追到十余里开外。

不久之后，东平、济阴相继陷落，敌人将要攻打宁陵以切断丘雍的后路，于是张巡退出丘雍，据守宁陵。这期间张巡遇上了睢阳太守许远，二人负责保卫睢阳。许远认为自己才干不足，就把军政大权托给张巡，自己甘事后勤。张巡开始了艰难的睢阳守卫战。

两个月之后，守军仅剩600余人，而睢阳城已是内无粮草外无救兵，许远与张巡商量，决定还是坚守城池。因为睢阳是江淮屏障，如果失守，叛军会大举南下，蹂躏江淮，再说守城士兵已饥惫不堪，但仍决定坚守。

由于城中无粮，茶纸这些替代品也都吃了个精光，守军不得已从吃马开始，然后又吃麻雀，吃老鼠。睢阳城被围时，城内有军民6万，城破后，仅存400人，战争之惨烈古今罕见。

最终，睢阳因士兵已无战斗能力而被叛军攻破，张巡、许远及其他将士都成了叛军的俘虏。叛军主帅尹子奇拿刀架在张巡的喉头上要他投降，但张巡大义凛然，宁死不屈。于是，尹子奇将张巡及其部将等36人同时杀害。张巡终年49岁。

睢阳这座孤城能牵制几十万敌军达数月之久，关键原因是有了张巡这样一位强悍的主帅，在他的坚强指挥下，唐军与占优势的叛军前后进行了400余战，杀死敌军将领300

多人、士兵 12 万多人，有力地阻止了叛军的南下，保全了江淮及江汉，为战争的最后胜利赢得了丰厚的经济来源。

柔顺之才

这种人性情温和，慈忍善良，亲切和蔼，不摆架子，处事平和稳重，能够照顾到各个方面，待人仁厚忠恕，有宽容之德。如柔顺太过，则会逆来顺受，随波逐流，缺乏主见，犹豫观望，不能果决，也不能断大事，常因优柔寡断而痛失良机。因与人为善又可能丧失原则，包容袒护不该纵容的人，许多情况下连正确的意见也不能坚持，对上司有随意顺从的可能。如果果断一些，正确的能极力坚持或争取，大事上把握住方向和原则，以仁为主又不失策略机变，则能团结天下人才共成大事，否则，只是幕僚参谋的人选。

雄悍之才

这种人有勇力，但暴躁，认定“两个拳头就是天下”，恃强鲁莽，为人很讲义气，敢为朋友两肋插刀，属性情中人。他们的优点是为人单纯，没有多少回肠弯曲的心机，敢说敢做敢当，有临危不惧的勇气，对自己衷心折服的人言听计从、忠心耿耿、赤胆忠诚，绝不出卖朋友。缺点是对人不对事，服人不服法，凭性情做事，往往会因其鲁莽而坏事。

周亚夫是西汉名将周勃的次子，他本人也是当时的一员名将。

开始，周亚夫做河内郡守，限于自己的条件，周亚夫没有做王侯、当丞相的野心。但当时有个叫许负的老太太，以善于看面相著名。有次，周亚夫请她到自己的府中，为自己看相。许负对他说：“您的命相比较尊贵，三年之后可以封侯，再过八年，就可以做丞相了，地位显贵。但您再过九年，就会因饥饿而死的。”

周亚夫听了根本不信，他说：“我绝对不可能被封侯的，因为我的哥哥已经继承了父亲的侯爵，即使他死了也会让侄子继承，轮不到我。说我饿死也不可能，因为既然我尊贵了，又怎么会饿死呢？”

许负说她只是根据面相得出的结论，她还指着周亚夫的嘴角说：“您的嘴边缘有条竖直的纹到了嘴角，这是种饿死的面相。”周亚夫听了，惊讶不已。

事情就有这么凑巧，三年后，周亚夫的哥哥周胜之因杀人罪被剥夺了侯爵之位。文帝念周勃对汉朝建国立下战功，所以不愿意就此剥夺了周家的爵位，于是下令推选周勃儿子中最好的来继承爵位。大家一致推举了周亚夫，所以周亚夫就继承了父亲的爵位。

汉文帝六年，匈奴进犯北部边境，文帝急忙调边将镇守防御。为了保卫京师，文帝派三路军队到长安附近抵御守卫：宗正刘礼驻守在灞上，祝兹侯徐厉驻守在棘门，河内太守周亚夫则守卫细柳。

文帝为鼓舞士气，亲自到三路军队里去犒劳慰问。他先到灞上，再到棘门，这两处都不用通报，见到皇帝的车马来了，军营都主动放行。而且两地的主将直到文帝到了才知

道消息，迎接时慌慌张张，送文帝走时也是亲率全军送到营寨门口。

文帝到了周亚夫的营寨，和先去的两处截然不同。前边开道的被拦在营寨之外，在告知天子要来慰问后，军门的守卫都尉却说："将军有令，军中只听将军命令，不听天子诏令。"等文帝到了，派使者拿自己的符节进去通报，周亚夫才命令打开寨门迎接。守营的士兵还严肃地告诉文帝的随从："将军有令：'军营之中不许车马急驰。'"车夫只好控制着缰绳，不让马走得太快。到了军中大帐前，周亚夫一身戎装出来迎接，手持兵器向文帝行拱手礼道："甲胄之士不拜，请陛下允许臣下以军中之礼拜见。"文帝听了，非常感动，欠身扶着车前的横木向将士们行军礼。

汉文帝

劳军完毕，出了营门，文帝感慨地对惊讶的群臣说："这才是真将军啊！那些灞上和棘门的军队，简直是儿戏一般。如果敌人来偷袭，恐怕他们的将军也要被俘虏了。可周亚夫怎么可能有机会被敌人偷袭呢？"很长一段时间，文帝对周亚夫都赞叹不已。

一个月后，匈奴兵退去。文帝命三路军队撤兵，升周亚夫为中尉，掌管京城的兵权，负责京师的警卫。

后来，文帝病重弥留之际，嘱咐太子刘启，即后来的景帝说："以后关键时刻可以用周亚夫，他是可以放心使用的将军。"文帝去世后，景帝让周亚夫做了骠骑将军。

到了汉景帝三年，吴王刘濞联合楚王刘戊、胶东王刘印等七国发动叛乱，打出"诛晁错、清君侧"的旗号。景帝于是升周亚夫为太尉，领兵平叛。周亚夫只用了三个月就平定了叛乱，大家纷纷称赞周亚夫的用兵之道。

后来，丞相陶青有病退职，景帝任命周亚夫为丞相。这说明了景帝对他是非常器重的。但由于周亚夫生性耿直，不会讲政治策略，逐渐被景帝疏远，最后落得个悲剧的结局。

有一次，景帝要废掉栗太子刘荣，刘荣是栗姬所生，所以叫栗太子。但周亚夫却反对，结果导致景帝对他开始疏远。此外，还有两件事导致了周亚夫的悲剧：一件是皇后的兄长封侯；一件是匈奴王封侯的事。

窦太后想让景帝封皇后的哥哥王信为侯，在同景帝和周亚夫商量时，周亚夫说刘邦说过，不姓刘的不能封王，没有功劳的不能封侯，如果封王信为侯，就是违背了先祖的誓约。景帝听了无话可说。

后来匈奴王唯、许卢等五人归顺汉朝，景帝非常高兴，想封他们为侯，以鼓励其他人也归顺汉朝，但周亚夫又反对说："如果把这些背叛国家的人封侯，那以后我们如何处罚那些不守节的大臣呢？"景帝听了很不高兴："丞相的话迂腐不可用！"然后将那五人都封了侯。周亚夫失落地托病辞官，景帝批准了他的请求。

此后，景帝又把他召进宫中设宴招待，想试探他的脾气是不是改了，所以在他的面前未放筷子。周亚夫不高兴地向管事的要筷子，景帝笑着对他说："莫非这还不能让你满意吗？"周亚夫羞愤不已，不情愿地向景帝跪下谢罪。景帝刚说了个"起"，他就马上站了起来，不等景帝再说话，就自己走了。景帝叹息着说："这种人怎么能辅佐少主呢？"

周亚夫

这事刚过去，周亚夫又因事惹祸，这次是由于他的儿子。儿子见他年老了，就偷偷买了五百甲盾，准备在他去世时发丧用，这甲盾是国家禁止个人买卖的。周亚夫的儿子给佣工期限少，还不想早点给钱，结果，心有怨气的佣工就告发他私自买国家禁止的用品，要谋反。景帝派人追查此事。

负责调查的人叫来周亚夫，询问原因。周亚夫不知道儿子做了什么，对问题不知如何回答，负责的人以为他在赌气，便向景帝报告了。景帝很生气，将周亚夫交给最高司法官廷尉审理。

负责审问的官员问周亚夫："君侯为什么要谋反啊？"

周亚夫答道："儿子买的都是丧葬品，怎么说是谋反呢？"

那名官员讽刺道："你就是不在地上谋反，恐怕也要到地下谋反吧！"

周亚夫受此屈辱，无法忍受，开始差官召他入朝时就要自杀，被夫人阻拦，这次又受羞辱，更是难以忍受，于是绝食抗议，五天后，吐血身亡。司马迁在《史记》中对他称赞的同时，也为他惋惜，说他因为过于耿直，对皇帝不尊重，结果导致悲剧结局，令人慨叹。

惧慎之才

这种人办事精细，小心谨慎，很谦虚，但往往也没有骄傲的本钱。他们疑心重顾虑多，多谋少成，前怕狼后怕虎，不敢承担责任，也不敢得罪人，心胸狭窄，会将别人的玩笑话当真。去干某件事，一定要在万无一失的情况下才肯去做。只能在能力范围内圆满地完成任务，一旦情况有变，局面混乱，就有可能头昏脑涨而分不清东南西北，这样就决定了他们难以在竞争严酷的环境中生存。

这种人生活有规律，习惯于井井有条而不愿意随便打破安静平稳的节奏。适合于做办公室、图书室、保管室等按部就班、突变性少的工作，他们会以谨慎心细的特点很好地完成此类工作。这种人活得也够累的：算计别人，怕别人算计，时刻提心吊胆，警惕性很高，神经紧张，小肚鸡肠。

凌楷之才

这种人立场坚定，直言敢说，也有智谋，可以信赖；行得端，走得正，为人非常正统，不论在思想、道德、饮食、衣着上都落后于社会潮流，有保守的倾向，也比较谨慎，该冒险时不敢；过于固执，死抱住自己认为正确的东西，不肯向对方低头，不擅长权变之术。这种人是绝对的内当家，是敢于死谏的忠直大臣。

鲁宗道是宋真宗时太子的老师，他忠厚老实、一生清廉，但最突出的特征还是为人做事耿直，有一说一，有二说二，有着“鱼头参政”的称号。

宋真宗

历朝历代，真正广开言路的皇帝都不多，宋真宗也没有脱俗。有一次，鲁宗道竟一天三次面见宋真宗，要其立即出京对地方官去考察，以扼制渎职害政的现象发展。宋真宗虽觉得其言极是，但心有烦意，鲁宗道话刚说完，就闭目挥手，让其出殿。可等他睁开眼时，鲁宗道已将官服脱了一地，赤脚站立着。

“你?”宋真宗坐直身子，一字刚出，鲁宗道就盯着他问：“陛下委任我当谏官，难道是做做纳谏的样子吗？我对在其位而不负责的行为是羞愧的，否则就把我免职。”说完转身就走。宋真宗急忙起身，向下疾走几步，牵住了鲁宗道的内衣，说：“朝中有你这样直爽的人，我就放心了!”说完哈哈大笑，接着弯腰捡起官袍披在鲁宗道身上。

鲁宗道有次穿着便服去饮酒，正在这个时候，宋真宗派人去召见他。使者到他家等了很久，鲁宗道才回来，使者问他：“要是皇上问你为什么迟到，你如何回答?”鲁宗道说：“我要如实回答。”使者说：“那么你就要得罪皇上了。”鲁宗道说：“喝酒，人之常情，如果欺骗皇上，那就是欺君之罪。”到了宋真宗那里，真宗果然问他为何迟迟而来，鲁宗道从容说道：“有老朋友从家乡来，我家没有像样的杯盘，所以就到外面去招待他。”真宗听了不但未加怪罪，而且认为鲁宗道忠实可委以重用，并把这个意见告诉了刘太后。

宋真宗死后，刘太后临朝时，敬其人品，任命鲁宗道为参政，而鲁宗道却不怎么高兴太后干预朝政。有一次，太后和仁宗皇帝一道坐车同到慈孝寺，太后被安排在皇帝的前边走。鲁宗道一见这阵势，急忙到路中，止住出行的队伍，疾步来到太后的辇前跪谏：“夫死从子，才是妇人之道，太后的车应该在皇帝后面!”太后听见这话，气不打一处来，用手指着鲁宗道说：“好你个宗道，其骨在头，乃鱼头参政!”这就是鲁宗道被称为“鱼头参政”的由来。

虽然鲁宗道坦率、诚直的性格有时候很让皇帝不高兴，但正因为做人实实在在，皇帝还是很敬重他，并让他做太子的老师。鲁宗道临死前，仁宗还亲自前去看望他，并赠白金万两。死后，还追封他为兵部尚书，连“封”他为“鱼头参政”的刘太后也亲临祭奠。

辩博之才

这种人勤于独立思考，所知甚博，脑子转得快，主意多，经常会有奇思妙想让人叫绝，是出谋划策的高手。但要注意到深度，不能博而不精，专一性、深刻性都不够的话，除了夸夸其谈就很难有建树。他们的口才也好，由于懂得多，交谈演讲辩论时能旁征博引、引经据典，让旁人大开眼界、叹为观止。如果再深钻研一些，就有望成为百科全书式的人物。这类人为人豁达，因此能得到上下人士的尊敬。

刘备初入蜀时，知道蜀国毕竟是小国，人才资源相对短缺，因此特别注重挖掘民间的人才。

秦宓很小就有才学，但他自命清高，过去的州郡几次请他为官，都被他拒绝。刘备听人推荐以后，派广汉太守夏纂及部下，抬着酒菜，到秦宓炕头边吃边谈，终于将秦宓拉出来做了从事祭酒的官。

一次，东吴的使者张温来蜀，问秦宓："天有头吗？"

秦宓说："有哇，这个头就在西方，《诗经》这本书里面有句话'乃眷西顾'，我根据这句话推断，天的头不就在西方吗？"

张温又问："天有耳朵吗？"

秦宓回答："有啊，天居于高处而能听到低处的声音。《诗经》中说：'鹤鸣九皋声闻于天'。"

张温再问："天有脚吗？"

秦宓说："有，《诗经》中写道：'天步艰难。'没有脚哪来的步呢？"

张温最后问："天有姓名吗？"

秦宓说："有，姓刘。因为天子姓刘，所以天也姓刘。"

秦宓的回答表面上看是荒诞不稽，但在讲究"皇权天授"的古代，实际上起到了为刘备政权寻找理论根据的作用。

弘普之才

这种人交游广阔，待人热情，出手阔绰大方，处世圆滑周到，能获得各方面朋友的好感和信任。他们善于揣摩人的心思而投其所好，长于与各方面的人打交道，混迹于各种场合而左右逢源。适合于做业务工作和公关，能打通各方面的关节。但因所交之人鱼龙混杂，又有点讲义气，往往原则性不强，受朋友牵连而身不由己地做错事，很难站在公正的立场上看问题、处理事情。

狷介之才

这种人清廉端正，洁身自爱，从本性上讲不愿贪小民之财，负有同情心和正义感，因此看不惯各种腐败而不愿为官，即使为官也是两袖清风，不阿谀奉承，偏激的人就此辞官不做，去过心清神静的神仙日子。由于他们原则性极强，一善一恶界限分明，有可能导致拘谨保守；又因耿直而遭奸人嫉恨陷害，难以在政治上取得卓越成就。有狂傲不羁个性的反而在文学艺术上会有惊人的成就，可以尽情自由地实现自己的理想和抱负。

李白

李白是我国唐朝时著名的浪漫主义诗人，一句“安能摧眉折腰事权贵”表达了他藐视权贵、视富贵如粪土的豪迈气概。但事实上，李白最初的理想是“愿为辅弼，使寰区大定，海县清一”，也就是说，他很想当一个有所作为的好官。

李白青壮年时家境富裕，轻财好施。据说他的父亲李客在西域因经商致富。他学习范围很广泛，除儒家经典、古代文史名著外，还浏览诸子百家之书，并好“剑术”。同时，李白又有建功立业的政治抱负，希望“学得文武艺，售予帝王家”，做一个君主的辅弼大臣。

开元十八年，李白来到了长安，争取政治出路，但失意而归。天宝元年，因受玉真公主等人推荐，被玄宗召入长安，作为文学侍从之臣，参加草拟文件等工作。李白当时心情兴奋，很想有所作为。

不过，那时候已经是玄宗后期，政治日趋腐败黑暗，李林甫把持政权，在朝廷上逐渐形成了一个腐朽的统治集团，贤能之士屡遭排斥和迫害。李白对黑暗势力不能阿谀奉承，因而遭受谗言诋毁，在长安前后不满两年，便被迫辞官离京。

虽然官场失意，但正是这一时期，李白的诗歌创作趋于成熟，名篇迭出，代表作有《蜀道难》《行路难》《梁园吟》等。

李白在长安遭受挫折，心情苦闷。此后十一年内，他继续在黄河、长江的中下游地区漫游。但他仍然关心国事，希望重获朝廷任用。天宝三载，李白在洛阳与杜甫认识，结成好友，同游今河南、山东的一些地方，把酒论文，亲密无间，成为中国文学史上的佳话。

安史之乱爆发之际，李白怀着消灭叛乱、恢复国家统一的志愿，参加了永王幕府工作。不料李璘不听肃宗命令，想乘机扩张自己的势力，结果被肃宗派兵消灭。李白也因此获罪，幸而途中遇到大赦，得以东归，当时已 59 岁。晚年流落在江南一带，但总想报效国家，但都因病半路折回。直到 62 岁病逝，李白一直没有完成当官的理想。

李白疾恶如仇、恃才傲物，这种性格绝不是当官的料。不过，有所失便有所得，这对李白来说也是好事，对中国文学史来说更是好事。因为历史上少了一位庸庸碌碌的官员，而多了一位伟大的诗人。

修动之才

这种人性格开朗外向，作风光明磊落，志向远大，卓尔不群，富有开创精神，凡事都想争前头，不甘落在人后，往往从中产生出莫大的勇气和灵感，不轻言失败，成功欲望强烈，永远希望自己走在成功者的前列。缺点是好大喜功，急于求成，轻率冒进，如果在勇敢磊落的基础上能深思熟虑、冷静应对，则能取得重大成就。又因为妒忌心强，如果不注重自身修养，会为嫉妒而犯错误。如果将嫉妒心深藏不露，得不到宣泄，可能偏失到畸形的程度。大名鼎鼎的初唐四杰，就是因为性格上的缺点而导致了自身的悲剧。

初唐四杰是指王勃、杨炯、卢照邻、骆宾王四人。唐朝著名政治家裴行俭对他们的评价是:“读书人要想实现自己的远大理想,应该首先提高自己的度量和见识,然后才注重文字技艺。王勃等人虽有文才,但浮躁浅薄,怎么能够成为享有官爵俸禄的人呢?杨炯还算沉静,应该能担任地方长官,其他人能够善终就是幸运的了。”后来正如裴行俭预言的那样,王勃在南海溺水而死,卢照邻在领水投河自杀,骆宾王谋反被处死,只有杨炯官至盈川令。

沉静之才

这种人性格文静,办事不声不响,作风细致入微,认真执着,有锲而不舍的钻研精神,因此往往成为某一个领域的专家和能手。缺点是过于沉静而显得行动不够敏捷,凡事三思而后行,抓不住生活中擦肩而过的机会。兴趣不够广泛,除兴趣所在之外,不大关心周边的事物。尽管平常不大爱讲话,但看问题又远又深,只因不愿讲出来,有可能被别人忽略。其实仔细听听他们的意见是有启发的。

朴露之才

这种人胸怀坦荡,性情忠厚淳朴,没有心机,不善机巧,有质朴无私的优点。但为人过于坦白真诚,心中藏不住事,口没遮拦,有什么说什么,太显山露水,城府不够,甚至可能被大家当傻瓜看,作为取笑的对象。与这种人合作,尽可以放心。但因缺乏心眼,办事草率,有时又一味蛮干,不听劝阻;该说的说,不该说的也说。虽说坦诚是为人处世的不二法门,但一如竹筒倒豆子,少了迂回起伏,也未必是好事。如果能多一份沉稳,多一点耐心,正确运用其诚恳与进退谋略,成就也会不小。

西汉人杨恽素有才干,好结交儒生与豪杰,在朝廷中很有名望,宣帝任他为郎官。杨恽样样都好,就是说话口无遮拦,让人难以接受。

宫中有尧、舜、桀、纣的画像,杨恽指着桀、纣的画像对身边人说:“当今天子经过此地时,要是能对他们的过错一一指明,就知道怎样做天子了。”这句话暗含对汉宣帝的嘲讽,说得让人难以接受。廷尉于定国查明属实后,便奏请皇上逮捕治罪。宣帝念杨恽有才,不忍杀害,便把他贬为平民。

杨恽本来官瘾不大,又乐得清闲,虽丢了官却也并不感到十分难过。原先做官时,添置家产多有不便,现在,添置一些家当,这与廉政并无瓜葛,谁也抓不到什么把柄。于是他以置办家产为乐,在每天忙忙碌碌的劳动中得到许多的乐趣。

他的好朋友孙会宗听说这件事后,预感他这样下去可能会闹出大事来,情急之下给杨恽写了一封信说:“大臣被免掉了,应该关起门来表示心怀惶恐,装出可怜兮兮的样子,以免别人怀疑。你这样置办家产,搞公共关系,很容易引起人们的非议。若皇帝知道了,他也不会轻易放过你的。”

杨恽心里不以为然，回信给孙会宗说："我认为自己确实有很大的过错，德行也有很大的污点，应该一辈子做农夫。农夫虽然没有什么快乐，但在过年过节杀牛宰羊，喝酒唱歌，总不至于犯法吧！"

果然，孙会宗的担忧变成了现实，又有人向皇帝诬告，说杨恽被免官后不思悔改，生活腐化。还添油加醋地说，最近出现的那次不吉利的日食，也是由他造成的。于是，皇帝命令迅速将杨恽缉拿归案，以大逆不道的罪名将他腰斩了，他的妻子儿女也被流放到酒泉。

本来，杨恽以不满皇帝而戴罪免官之后，应该听从友人的劝告，装出一副甘于忍受侮辱的逆来顺受的可怜样子，是不会引起别人的注意。杨恽却没有接受教训，他还要置家产、搞活动、交朋友，最终酿成了自己被杀、家人遭流放的悲剧。

韬谲之才

这种人机智多谋又深藏不露，心中城府深如丘壑，善于权变，反应也快。如果邪多于正，就容易蜕变成大恶大奸之人，阴险奸诈，诡智多变，使用一些最卑鄙、最下流的手段。表面上谦让严谨，态度温和，实际上暗藏着报复心，心狠手辣，杀人不眨眼。当然他们不会亲手杀人的，而是假他人之手。如果其人忠诚耿直，一身正气，则会成为姜子牙、诸葛亮一类的旷世奇才。因为这类人过于精明，很有可能气节不够，不宜让他们担任关键部门、关键位置的职务，否则，用人者会很有可能被他们玩于股掌之间而不知。

第三章 从特长鉴别人才

★有特长就是人才

盖人流之业十有二焉：有清节家，有法家，有术家，有国体，有器能，有臧否，有伎俩，有智意，有文章，有儒学，有口辩，有雄杰。

——《鉴人智源》

人才的类型可划分为十二种类别：有清正守节的人，有擅长法令的人，有擅长道术的人，有公忠体国的人，有专能成器的人，有品评人物的人，有擅长奇巧的人，有智谋出众的人，有善于著述的人，有能传圣道的人，有善辩议论的人，有勇力过人的人。

人各有所长，用人者要择才任势，使天资、秉性、特长不同的人在不同的岗位各得其所。作为一个用人的老板，用的就是人才某一方面的长处，并不会要求人才面面俱到，只要你的短处对老板的事业没有妨碍，那么对于老板来说，你就是一个优秀的人才。

某老总手下有两个人，一个人看到地上有张百元大钞，他回公司后就向老总报告钞票的宽度、长度、厚度；而另一个人同样看到百元大钞，他向老总报告的是“这是真钞”这样的一句话。这就说明，前者爱钻研，可以去试试搞研发；而后者富于行动，适合于做销售。

还有这样一个也许是虚构的故事，也说明了如何发现、使用人才的特长。

某家企业的老板招聘时，拿出了个魔方来考察应聘者，要求应聘者隔日把魔方复原。这位老板遇到了五种人：第一种人，把魔方漆上油漆，几乎能以假乱真，老板安排其去做生产；第二种人，智商奇强，当场就把魔方复原了，老板将此人安排到策划职位，因为策划需要聪明人；第三种人，因为自己不能复原魔方，就回去邀亲朋好友帮忙，这种人有人缘，是销售人才；第四种人，小心翼翼地来交还魔方，原来是不小心把魔方弄坏了，并告诉老板，愿意赔偿魔方的费用。这种人安分老实，老板就安排他去搞财务；最后一种人，交上魔方，完完整整。老板仔细一瞧魔方，复原得好好的，一问才知此人到市场买了个全新的魔方来交差。老板拍案叫绝：“此人是模仿的最佳人选！”

所谓人才，就是有一技之长、一专之能的人。比如上面故事中的五个人，可以说个个都是人才。企业家能把一个企业管理得出效益是人才，一个工人开动机床加工出精密的机器部件也是人才，研究电脑的专家是人才，会计人员的“铁算盘”也是人才。

“天生我材必有用”，只要是人，总有他的长处和可用之处。著名的红顶商人胡雪岩就曾说过“篾片有篾片的用处”，其道理就在于此。

胡雪岩在用人的时候，从不为世俗偏见所左右，他认为用人宜取人之长，不应求全责备，并不是长期起作用的人才算是人才。在关键时刻、关键场合能起作用的人更是难得的人才，所以他聘请退居的官绅，启用曾任洋行的代理，重用竞争对手的人才等等，这些人常能起到常人不能代替的作用。

如他手下有一个叫陈世龙的人，外号“小和尚”，原是一个整日混迹于湖州赌场街头，吃喝玩赌无所不精的混混。胡雪岩却将他培养成为一个跑江湖、泡官场的得力助手。又如，另一个手下刘不才从小就是一个纨绔子弟，花花公子一套玩得十分精通，而且嗜赌如命。胡雪岩却能收服他并让他充当一名特殊的“清客”角色，专门培养他和达官阔少们打交道。结果他不负众望，运用自己的应酬技巧，为胡雪岩赢得了黑白两道上的很多朋友。

任何领导人都希望自己手下的人才德才兼备、文武双全，但现实往往是“金无足赤，人无完人”，鱼和熊掌不可兼得。这个时候，到底用什么样的人，以及怎样用人，就得看用人者的用人艺术了。用人大师的高明之处就在于能“不求完人，但求能人；知人善任，用人之长”，所以能产生点石成金、化腐朽为神奇的用人效果。

孟尝君

战国著名的四公子之一的孟尝君曾收留了食客三千人，其间不乏鸡鸣狗盗之徒。当时有人不明白他为何要收留这么多“无赖之人”，可他相信，这些人总有一天会派上用场的。

齐湣王二十五年，秦王软禁了孟尝君，甚至动了杀掉他的念头。在这万分危急的情况下，孟尝君只好向秦王的宠姬幸姬求救，要她为自己窃取出关的官符。幸姬虽然答应了，可她有一个要求，让孟尝君把那件天下绝无仅有、价值连城的白狐裘送给她。可孟尝君早就将白狐裘献给秦王了。这可怎么办呢？

这时，一个平时不出众的食客主动说：“我可以为公子取得这一宝贝。”原来，这个人过去就是小偷，而且是个高手，所以他不费吹灰之力就从秦王的宫殿内盗取了白狐裘。孟尝君马上将它献给幸姬，幸姬也如约为孟尝君送来了官符。

官符到手，孟尝君连夜出城，因为他担心秦王发现官符被盗之后，会发兵前来追杀他。当孟尝君赶到函谷关的时候，追兵已近，可是关门紧闭，因为照当时的规定，每天要等到鸡叫时才开城门。眼看孟尝君一行人的生死悬于一线，这时，有一位除了能学鸡叫什么也不会的食客，再次救了孟尝君。他捏着脖子学了几声鸡叫，立即引得全城的鸡都叫了起来。守关的官兵以为开门的时辰已到，便打开了城门，孟尝君这才得以顺利地出关而去，逃之夭夭。

要是没有“鸡鸣”与“狗盗”两位食客的帮助，孟尝君可能早就命亡秦国了。而他最终能逃此大劫，就是因为两位食客的特殊本领。

傅玄是魏晋时期著名的思想家、文学家、政治家，在文学、史学、哲学等各方面都有相当的见解，他对人才的见解也颇有独特之处。

他说：“人才可分九类：一是有德行的，这类人可用来作为政权的根基；二是治理之才，可以让他们来推究事物变化的规律；三是政务之才，可以让他们从事政治体制的运作；四是学问之才，可以让他们搞学术研究；五是用兵之才，可用以统帅军队；六是理农之才，可以让他们指导农民耕作；七是工匠之才，用以制作器具；八是经商之才，可以用他们来振兴国家经济；九是辩才，可以发挥他们讽谏和议政的长处。”

在本篇中，将人才分成了清节家、法家、术家、国体、器能、臧否、伎俩、智意、文章、儒学、口辩、雄杰这样十二种类型的人才。虽然分法与傅玄的不一样，但其目的却是一致的。告诉人们在用人上要注意这样几个问题：一是每个人都有长处；二是要善于发现人的长处；三是要用人所长；四就是要广纳人才，才能博采众长而成大业。这些，不只是用人者个人胸襟和气度的问题，更是一种用人的大智慧。

诸葛亮在《将苑》中指出，一个将领要有左右心腹可以商量事情，有耳目侦察消息通风报信，有爪牙坚决贯彻自己的命令。而且心腹之人要学识渊博、足智多谋，能提出奇妙的智谋；耳目之人要机智聪明、谨慎保密、具有很强的判断力；爪牙之人要像熊虎一样勇猛、像猿猴一样敏捷，而且性格刚烈如铁石。

这段话也说明了不同的人有各自的特长，不同特长的人有不同的作用。

★下属应当具备的十二种特长

若夫德行高妙，容止可法，是谓清节之家，延陵、晏婴是也。

建法立制，强国富人，是谓法家，管仲、商鞅是也。

思通道化，策谋奇妙，是谓术家，范蠡、张良是也。

兼有三材，三材皆备，其德足以厉风俗，其法足以正天下，其术足以谋庙胜，是谓国体，伊尹、吕望是也。

兼有三材，三材皆微，其德足以率一国，其法足以正乡邑，其术足以权事宜，是谓器能，子产、西门豹是也。

兼有三材之别，各有一流。

清节之流，不能弘恕，好尚讥诃，分别是非，是谓臧否，子夏之徒是也。

法家之流，不能创思图远，而能受一官之任，错意施巧，是谓伎俩，张敞、赵广汉是也。

术家之流，不能创制垂则，而能遭变用权，权智有余，公正不足，是谓智意，陈平、韩安国是也。

凡此八业，皆以三材为本。故虽波流分别，皆为轻事之材也。

能属文著述，是谓文章，司马迁、班固是也。

能传圣人之业，而不能干事施政，是谓儒学，毛公、贯公是也。

辩不入道，而应对资给，是谓口辩，乐毅、曹丘生是也。

胆力绝众，才略过人，是谓雄杰，白起、韩信是也。凡此十二材，皆人臣之任也。

——《鉴人智源》

德行高尚，仪表举止值得人们去效法的人，就称之为清正守节之家，延陵、晏婴就属于此类。

善于建立法制，使国家强盛、百姓富裕的人，就称之为法家，管仲、商鞅就属于此类。

通晓天地间道化万物的道理，善于策划奇谋妙计的人，就称之为术家，范蠡、张良就属于此类。

一身兼其德、法、术三种材质，而且三种材质都已达到很高水平的人，他们的道德的感召力足以整饬和劝勉社会风俗，他们建立法制足以匡正天下，他们施展权谋、运筹帷幄足以决胜千里，这样的人就称之为国体，伊尹、吕望就属于此类。

一身兼具德、法、术三种材质，然而，三种材质的水平却不高，他们的道德的感召力足以成为一国的表率，他们建立法规足以使乡邑大治，他们施展权术能够把具体事宜办好，这样的人就称之为器能，子产、西门豹就属于此类。

还有一些人，兼有德、法、术三种材质，但不是它的全部，而是每一种材质的某一面。

例如，清节家的支流，不能做到宏大宽恕，特别热衷于非难指责，明辨是非，这样的人就称之为臧否，子夏一类的人就属此列。

法家的支流，不能做到开创思路、深谋远虑，却能胜任某一官职，一门心思用在用计巧施仁，这样的人就称之为伎俩，张敞、赵广汉就属于此类。

术家的支流，不能创立制度，垂示法则，遇事却能随机应变，富于施权用谋的智慧，缺乏公正厚重的情怀，这样的人称之为智意，陈平、韩安国就属于此类。

以上八种类型的人，都是以德、法、术三材作为自身才能的基础的。虽然他们彼此有主流与支流的区别，但总体上都属于能够成就一番事业的人才。

擅长著书立说写文章的人，称之为文章，司马迁、班固就属于这种人才。

能传授圣人的事业，却不善于亲身从事政务活动的人，就称之为儒学，毛公、贯公就属于这种人才。

演讲论说虽然未必符合真正的道理，但对答应辩左右逢源、滔滔不绝、自圆其说，这样的人就称之为口辩，乐毅、曹丘生就属这种人才。

胆略超绝出众，材质过人，称之为雄杰，白起、韩信就属于这种人才。

以上十二种类型的人才，都是做臣子的材料。

优秀的人才应该具有德、法、术这样三种素质，就是所谓的“三材”，再根据一个人兼

有德、法、术三种材质的多少，又将人分成了清节家、法家、术家、国体、器能、臧否、伎俩、智意、文章、儒学、口辩、雄杰十二种人才。

清节家：其身正，不令而行

清节家以道德高尚、品行端正著称。他们举止端庄，进退肃敬，为人处世既合法又合礼，是礼节德行的化身，是人们看齐的目标、学习的榜样，传统美德往往就是从他们身上体现出来的，其高风亮节足以感化缺德疏礼的人，能起到“其身正，不令而行”的教化社会、矫正世风的楷模作用。

虽然这类人没有被称为儒家，但是称其代表人物是“子夏之徒”，显然是指儒家，认为他们能“传圣人之业”，就是指能在政治实践中推行儒家道德教化。文中还指出了延陵与晏婴是清节家的代表人物。

延陵就是季札，他是吴王寿梦第四子，与吴王阖闾的爹是亲兄弟。延陵是他的封地，因此又称为延陵季子。《史记》中记载了很多关于他的故事，最为感动人的，不是他几次把吴王的位置让给他的兄弟和侄儿，而是另外的一件事情。

有一次，季札代表吴国出使齐、鲁等国，顺道拜访了当地的名士徐君。徐君非常喜欢季札的佩剑，却又不好直说：“季札，老夫喜欢你的这把剑，你把它送给我吧。”徐君没有这样说，只是啧啧不休地夸季札的剑是好剑。

季札知道徐君的心思，可他是吴国的公使，他还要出访其他的国家，腰里没有佩剑怎么成呢？于是装作不知道。告别了徐君，他开始访问其他的国家，回国的时候，又经过了徐君那里，才知道徐君已死了。季札解下了腰间的剑，挂在了徐君墓旁的大树下。随从的人不解地问季札：“那老头子死了，你把剑挂在这里干吗呢？”

季札说：“不能这样想啊，一开始我的心里就已答应把剑送给徐君了，怎么能言而无信呢？如果因为他不在人世而改变了诺言，与出尔反尔的小人有什么区别呢？”季札对人的承诺可谓鬼神不欺，足以让现代人汗颜。

季札除品德高尚、信守诺言外，他的政治、外交才能也很高，晏婴、郑子产这些历史上有名的政治家都很欣赏他的才干。只因为他身居高位，保持优秀品德更难，人们更关注他的德行，所以，季札留传下来的只有声名，对其才干，人们倒慢慢遗忘了。

法家：定规矩成方圆

法家的特点是“建法立制，强国富人”。其主要工作就是以法规制度治理天下，用“游戏规则”来规范人们的所作所为，以达到治理天下、富民强国的目的。由于法家治国的手段过于严酷，因此在其没有执政时，会引起人们的猜忌，一旦执政则引起人们的恐惧，受到被其伤害者的仇恨。所以“有弊而不常用，故功大而不终”。法家在国家政治生活中具有存在的必要性，但是不能单纯以此治理国家，只能在某种范围内适用。管仲与商鞅是法家的代表人物。

商鞅到秦国后，先劝秦孝公行帝道，不听；再劝其行王道，又不听；再劝其行霸道强术，这一下对了秦孝公的胃口。于是商鞅开始变法，并做了十年宰相。商鞅变法就是“废井田、开阡陌”，就是把奴隶变成自由人、把奴隶主变成地主，奴隶不再被锁起来，可以租地主的地来种、还可以凭借战功拥有属于自己的土地，这样就动摇了奴隶制的经济基础！

因此，秦国虽然渐渐强大了，但宗室权贵多怨恨商鞅。赵良曾劝商鞅：“你官至丞相靠的是强力和法制而不是德行，如能知时而退，还仁政于百姓，你则隐退，如此才能安身立命。如果仍贪慕富贵，一旦有变，天下有你立足之地吗？”商鞅不听。

秦孝公死后，太子即位。因商鞅处罚过太傅和太师，于是二人串通其他权贵告商鞅谋反，商鞅就连夜跑到关下。寻找住处时，房东说：“商鞅有令，留宿客人必须验身，否则主人同罪。”商鞅长叹一声：“我定的法律原来有这么多弊病。”商鞅后来被处以车裂之刑，全族被灭。

齐桓公

司马迁评论说：“商鞅本是天资刻薄之人，为求成功，劝秦孝公行霸道强术，这不是治理天下的根本，终于尝到恶果。”

法家另外一个代表人物管仲却取得了成功，他认为，治国的三种武器是号令、刑罚和赏赐，这实际上就是刚柔并济、恩威并举的治国之道。

齐桓公当初与其兄公子纠争夺王位时，那时纠的老师管仲专程追杀他，并向他狠狠地射了一箭。为此，齐桓公对管仲深恶痛绝，刚登上王位不久便“发兵攻鲁，心欲杀管仲”。然而，当他从恩师鲍叔牙口中得知“欲霸业，非管夷吾不可”时，便毅然摒弃前嫌，接受鲍叔牙的建议，拜管仲为相国。不久又尊称其为“仲父”，甚至向群臣宣布：“国有大政，先告仲父，次及寡人。所有施行，一凭仲父裁决。”

而管仲为相后果真不同凡响，对内，他实行了一系列富国强兵之策，使齐国国力骤增；对外打着“尊王攘夷”的口号，组织齐、鲁等八国，讨伐不向周王进贡的蔡、楚两国，另一方面又帮助燕、卫等国反击少数民族的进攻，终于使齐国成为众诸侯国的领袖。故《史记》称赞说：“齐桓公以霸，九合诸侯，一匡天下，管仲之谋也。”

术家：优秀的参谋

术家的特点是善于用计谋，他们智慧丰富，又多谋善变，是气势昂扬的谋略家，相当于屡次最高的英才，能够运筹于帷幄之中，决胜于千里之外。由于术家计策的奇妙玄微，所以一般人很难认识到其重要性和价值，只有君主可以利用术家来对付各种事变。范蠡和张良是术家的代表人物。

范蠡是春秋末期杰出的政治家、军事家、经济学家。他出身贫寒，但聪敏睿智、胸藏韬略，年轻时，就学富五车，上晓天文、下识地理，满腹经纶，文韬武略，无所不精。

公元前494年，夫差为报父仇与越国在夫椒决战，越王勾践大败，仅剩5000兵卒逃入会稽山。范蠡在勾践穷途末路之际投奔越国，他向勾践概述“越必兴、吴必败”之断言，建议勾践委曲求全以图转机，并陪同勾践夫妇在吴国为奴3年。

勾践

勾践返国后，拜范蠡为相国。范蠡善理内政，是越国“十年生聚、十年教训”的策划者和组织者。他首先在今浙江省绍兴卧龙山下建立了小城，接着又利用这一带的弧丘地形，建立了与小城毗连的大城，这样就建成了国都大越城。

公元前480年，越国对吴国进行了报仇雪耻的征战。范蠡在作战中身先士卒，亲冒矢石。公元前473年，越国军队终于攻克吴南城，灭掉吴国。

在举国欢庆之时，范蠡却急流勇退，遂与西施隐姓埋名、泛舟五湖。后来，他辗转来到齐国，变姓名为鸱夷子皮，带领儿子和门徒在海边结庐而居，垦荒耕作，兼营副业并经商，没有几年，就积累了数千万家产。

范蠡的贤明能干被齐人赏识，齐王把他请进国都临淄，拜为主持政务的相国。但他喟然感叹：“居官至于卿相，治家能至千金；对于一个白手起家的布衣来讲，已经到了极点。久受尊名，恐怕不是吉祥的征兆。”于是，仅仅三年后，他再次急流勇退，向齐王归还了相印，散尽家财给知交和老乡。

范蠡第三次迁徙来到了陶这个地方，陶地居于“天下之中”——东邻齐、鲁；西接秦、郑；北通晋、燕；南连楚、越，是最佳的经商之地。而有着术家之才的范蠡根据时节、气候、民情、风俗等情况，采取“人弃我取、人取我与”“待机而动”等经营谋略，没出几年，经商又成巨富，人们称之为陶朱公，是中国古代的四大财神之一。

时人对范蠡的评价是：“忠以为国，智以保身，商以致富，成名天下”。这也算是对术家人才的评判标准。

国体：最佳的领导者

国体就是国家的栋梁之材，是具备了各类人才优点的“股肱大臣”。他们兼有德、法、术三才，德能整顿社会风气，法能匡正社会秩序，术能制定国策。而且文武兼备，外出能领兵打仗御敌，在家能当宰相治国，是那种能代替君王全权管理国家的人才。国体的代

表人物是伊尹与吕望。

夏桀王是夏朝第十七任君主，也是最后一任君主。传说他身体高大，力大无比，可赤手空拳同虎豹搏斗。但他自负勇武，总认为天下无敌，只知道吃喝玩乐，不管百姓死活。他耗费巨资，动用了成千上万的奴隶，花了七年时间，在洛阳修建了一座宫殿，在宫苑还特建一处酒池，与宫女一起驾舟荡桨在池上嬉戏。他还嗜酒如命，而且一醉酒，就拿人当马骑，骑不尽兴，就把人杀掉。如此昏庸残暴，惹得众叛亲离、天怒人怨。

夏桀

商汤见状，决定顺乎民心，推翻夏朝。但他反复权衡之后，总觉得万事齐备，还缺一位足智多谋的大贤臣来辅佐他。大贤臣在哪儿？他心急如焚、坐立不安。正当他忧心忡忡之际，忽然感到妻子的陪嫁奴隶伊尹这几天做的饭菜，不是淡得没有一点点咸味，就是放盐过多，咸得发苦。

商汤很恼火，就派人把伊尹找来大加训斥。可伊尹不慌不忙地说："我也知道，做菜不能太咸，也不能太淡，只有把佐料放得适当，吃起来才有味道。我这几天做的菜时咸时淡，且咸淡出奇，是我有意借此提醒大王：治理国家也和做菜一样，既不能操之过急，也不能松弛懈怠，只有恰到好处，才能如愿以偿。"

商汤听了大吃一惊：一个做菜的奴隶怎能讲出这番话来？他略加思忖，便开始了解伊尹的身世，并惊喜地发现：他原是一位博学多才的大学士，曾一度做过莘国国王女儿的宫廷教师，由于莘国灭亡而变为他国的奴隶。他还了解到，伊尹很有抱负，很有见解，对夏桀王极为不满，对自己确是位"踏破铁鞋无觅处"的人才。

于是，商汤当即解除了伊尹的奴隶身份，任命他为右相。接着，商汤根据伊尹的建议，先历数夏桀王骄奢淫逸，倒行逆施的种种罪行，规劝那些被夏控制的部族反叛夏朝，归顺商国。又对不听规劝的葛伯族出兵进攻直至消灭还翦除了夏的羽翼韦、顾、昆吾等国。同时，也采用了伊尹"网开一面"的策略，给部族中某些人以改邪归正的出路。于是，商汤美名大震，很快得到了百姓的拥护。

商汤又发表宣言，挥师伐夏，并大获全胜，夏桀王本人也在溃逃中死于南巢。不久，商汤在伊尹的辅佐下建立了商朝，定都于亳。伊尹又帮助商汤制定了各种典章制度，规定官吏要勤于做出政绩，否则就要受罚，甚至罚做奴隶。因此，商朝初期，官吏都遵纪守法、兢兢业业，出现了社会安定、经济繁荣的局面。

商汤死后，因其长子太丁早死，伊尹就辅太丁之弟外丙继位。外丙死后，传位给中壬，伊尹又辅佐中壬继位。中壬死后又把王位传给太丁的儿子太甲，伊尹又辅佐太甲。可惜，太甲开始不遵祖训，不理朝政，满朝文武为此急得团团转。伊尹在关键时刻，毅然将太甲送到桐宫软禁起来，让他悔过自新，同时，自己代他掌管天下。3 年后，太甲果然痛改前非，重新做人。伊尹欣喜异常，亲自迎他回宫，并交还政权。太甲复位后，又做了30年国王，伊尹一直辅佐他，直到太甲死后，又扶立太甲之子沃丁为王，直到去世，伊尹活了100多岁。

伊尹德高才重，先后辅佐了五代商王，不愧为国体人才中的杰出人物，因此后人将他尊崇为中国历史上第一位贤相，成为后世为相者的楷模。

文章：天生的秘书

这种人才就是能够著书立说的人。如果广义地理解，那就是艺术型人才，可统称为文儒之才。他们对生活充满热情，感情丰富，善于用不同的艺术形式来表达对生活的认识和对人生的理解。但文儒之才不一定是管理天下的好人选，也就是说，不一定是当官的料。司马迁、班固是文章之才的代表人物。

历史上著名的文学家、史学家都归入文章之才，但文章并不代表人品，文章漂亮的人有的高风亮节，比如司马迁；有的品格卑下，比如秦桧，文章、书法都写得好，却做了卖国贼，以至于后来人都不取名"桧"字。还有蔡京，书法中的宋体就是他的风格，本应叫蔡体，但因其奸邪，所以人们用宋朝的朝代名称叫宋体。

司马迁

公元前104年，司马迁正式动手写他的伟大著作《史记》，他决心效法孔子编纂《春秋》，写出一部同样能永垂不朽的史著。正当司马迁全身心地撰写《史记》之时，却遭遇了飞来横祸，因直言触怒了汉武帝而被判了死刑。

根据汉朝的刑法，死刑有两种减免办法：一是拿五十万钱赎罪；二是受"宫刑"。司马迁官小家贫，当然拿不出那么多钱赎罪。宫刑既残酷地摧残人体和精神，也极大地侮辱人格，司马迁当然不愿意忍受这样的刑罚，悲痛欲绝的他甚至想到了自杀。

后来，司马迁想：自己如果就这样而死，就像牛身上少了一根毛，是毫无价值的。他想到了孔子、屈原、左丘明和孙膑等人，想到了他们所受的屈辱以及所取得的骄人成果，司马迁顿时觉得自己浑身充满了力气，他毅然选择了宫刑。面对最残酷的刑罚，司马迁痛苦到了极点，但他没有怨恨，也没有害怕。他只有一个信念，那就是一定要活下去，一定要把《史记》写完。

经过16年的努力，到了公元前93年，司马迁终于完成了"究天人之际，通古今之变，成一家之言"的《史记》，全书共约52.6万字。这是他用毕生的精力、艰苦的劳动，并忍受着肉体上和精神上的巨大痛苦，写成的一部永远闪耀着光辉的伟大著作。

儒学:还是做学问的好

这种人博学多才,能够教化民众,传承圣人的思想和学说。但这类人偏重于理论知识,实践能力太差,而且还过于理想化,做事情经常不顾及客观实际。因此他们教书育人可以,但治理国家、干预朝政却不行。

说到儒学,说到教育,自然要提到孔子。孔子的父亲是鲁国著名的战将,《史记》记载,他父亲"与颜氏女野合而生孔子",而且生在一座小土丘上,孔子得名孔丘。孔子两岁,他父亲去世,生活艰难。长大后,给人当粮仓管理员,畜牧员。

35岁时,鲁国内乱,孔子避祸齐国。在那里,他学习《韵》音,到达废寝忘食的程度,留下"三月不知肉味"的典故。齐景公向孔子询问理政之道,孔子说:"君君,臣臣,父父,子子。"齐景公深以为然,说:"如果君不君,臣不臣,父不父,子不子,秩序大乱,我连饭也没得吃。"

不料,前面讲到的那个能言善辩的晏婴,却挡住了孔子的升官之道。他说周朝衰微,礼乐已经缺失,孔子礼节太多,如果以此来改变齐国风俗,这是扰民之道。孔子见待在齐国没有希望了,只好带着大群学生返回鲁国,学习《诗》《书》《礼》《乐》,并教授弟子,远近闻名。

50岁后,孔子受任于危难之间,鲁定公命他当中都宰,一年之后,中都四方平安稳定,升至司空,又升为大司寇,再代行相国职位,鲁国形势渐渐有所好转。齐国与鲁国是邻居,害怕鲁国强大后于己不利,派出间谍去诽谤、离间孔子。

孔子

不得已,孔子在56岁时逃离鲁国,如丧家之犬四处流浪。在外流浪了14年之后,孔子重回鲁国。因年事已高,他就专门教书育人,整理《诗》《书》。后世有《诗》《书》《礼》《易》《春秋》,得孔子之力多矣。孔子回想自己学盖天下、挫折一生,问颜回:"我为什么会落到这般田地呢?是我的道理方法错了吗?"颜回很聪明,是孔子最有天分的学生,说:"夫子之道至大,故天下莫容。"意思是说,老师您的道太高了,因此天下容纳不下。

作为一个大教育家和儒家理论的创始人,孔子对中国历史乃至世界历史的影响都是不可估量的,但生平屡遭坎坷,有时竟如丧家之犬。看来,对儒学之才做"不能干事施政"的评价,还是很中肯与准确的。

口辩:交际的最佳人选

这种人才的特点是,演讲论说虽然未必符合真正的道理,但对答应辩左右逢源,滔滔不绝,常常自圆其说。这种人如果道德高尚还不至于有什么危害,如果品行低下的话,就是一个夸夸其谈、巧舌如簧的小人了。乐毅、曹丘生就属口辩之才。

汉朝初年,楚地有个名叫曹丘生的人,能言善辩,专爱结交权贵。季布和这个人是同乡,很瞧不起他,并在一些朋友面前表示过厌恶之意。而曹丘生偏偏想巴结做了大官的季布,特地请求皇亲国戚窦长君写一封信给季布,介绍自己同季布认识。

窦长君早就知道季布对他印象不好,劝他不要去见季布,免得惹出是非来,但曹丘生坚持要窦长君介绍。窦长君无奈,只好勉强写了一封推荐信,派人送到季布那里。

季布读了信后,很不高兴,准备等曹丘生来时,当面教训教训他。过了几天,曹丘生果然登门拜访。季布一见曹丘生,就显露出厌恶之情。曹丘生对此毫不在乎,先恭恭敬敬地向季布施礼,然后慢条斯理地说:“我们楚地有句俗语,叫作‘得黄金百两,不如得季布一诺’。您是怎样得到这么高的声誉的呢?您和我都是楚人,如今我在各处宣扬您的好名声,这难道不好吗?您又何必不愿见我呢?”

就因为曹丘生能说会道,使季布感觉他说得很有道理,顿时不再讨厌他,并热情款待他,留他在府里住了几个月。曹丘生临走时,季布还送给他许多礼物。

雄杰:冲锋陷阵的实干家

这类人才有超人的胆量和能力,又有过人的才气和谋略,在军事方面是一把好手,可以做到战无不胜、攻无不克;可以以少胜多,以寡击众;可以起到中流砥柱的作用,挽狂澜于既倒,扶大厦之将倾。但他们的缺点是只知打仗,不太懂政治,往往被奸臣小人陷害,死到临头才幡然醒悟。白起、韩信就是典型代表。

“飞鸟尽,良弓藏;狡兔死,走狗烹;敌国灭,谋臣亡”。历代的开国皇帝,大都喜欢诛杀开国功臣,这个可怕的先例,就是从刘邦杀韩信开的先河。

韩信是楚汉之争中叱咤风云的人物。他助刘邦经营汉中,平定关中地区;分兵往北扩张擒获魏王,夺取代地;击败赵国;向东进占领齐地;向南挺进垓下灭项羽……可惜的是如此一个战功显赫的汉开国元勋却落个被灭三族的可悲下场,成了主子刘邦的刀下鬼。

韩信

造成这一悲剧的原因就是,具有杰出军事才能的韩信是一个笨拙的政治家。司马光对韩信的评价很中肯:“以市井之利利其身,而以君子之心望其人。”意思是说韩信以商人的心为自己谋利,以君子的心要求刘邦报恩。

在刘邦称帝之后,韩信更是狂妄自大、自恃功高,庇护刘邦憎恶的项羽部将,不听差遣,羞与绛侯周勃将军同等地位,笑自己后半身与樊哙为伍。不难想象,种种迹象已经让刘邦生厌。刘邦最后杀韩信,不是韩信有罪,而是韩信对他构成了一定的威胁。因此对他削兵权，减爵位，最终将这位如锋芒在背的危险分子引到洛阳成功杀掉，剔除了自己的眼中钉。

其他的四种人才：器能、臧否、伎俩、智意

除了上述八种人才之外，还有器能、臧否、伎俩、智意这四种人才，这四种人才分别与国体、清节家、法家、术家相对应，具体关系是这样的：

器能：与国体相比，器能之才在各方面都要差一些。虽然也是在德行、法令、智谋三方面都有一定的成就，但他们品德不如清节家那么崇高，法令不如法家那么严峻，智谋又没有术家之才那么宏阔奇伟，心胸目光不如国体之才宽广远大。但才能智谋奇快而变通，能够治理一个地区，是独当一面的优秀人选。如郑子产、西门豹等。

陈平

臧否：属于清节家一类人才，但器量稍嫌狭小，不能宽容别人，喜欢审查、盘问别人。这些人为官行政，可以担任以前负责进谏弹劾的御史、台谏等职，治学则可以成为当代的批评家，以便分清是非。子夏就是这样的人才。

伎俩：这种人继承了法家的思想，虽然法制方面的才干不完全具备，但可以成为能干的官吏，做官时能有好的名声，别人也不敢欺侮他。但没有创造性思维，不能深谋远虑，只能担任一官半职。张敞、赵广汉就属于这类人才。

智意：是次一等的术家之才，得到了术家的一技之长，有解救困难应付变乱的才能。他们的才力心胸不如谋略家宏博，不能从全局高度来辅助君王治国平天下，但能功成一方、谋划一事。历史上的陈平、韩安国就属于这类人才。

第四章　从言谈鉴别人才

★语言是心灵的声音

夫建事立义，莫不须理而定。及其论难，鲜能定之。夫何故哉？盖理多品而人异也。夫理多品，则难通，人才异，则情诡；情诡、难通，则理失而事违也。

夫理有四部，明有四家，情有九偏，流有七似，说有三失，难有六构，通有八能。

若夫天地气化，盈虚损益，道之理也。法制正事，事之理也。礼教宜适，义之理也。人情枢机，情之理也。

四理不同，其于才也，须明而章，明待质而行。是故，质于理合，合而有明，明足见理，理足成家。是故，质性平淡，思心玄微，能通自然，道理之家也；质性警彻，权略机捷，能理烦速，事理之家也；质性和平，能论礼教，辩其得失，义礼之家也；质性机解，推情原意，能适其变，情理之家也。

——《鉴人智源》

创建事业与制定规章，必须要依据一定的道理。等到发生争执的时候再去确定依据，就很难确定下来了。为什么呢？因为道理有很多种、人才有很多类。道理有很多种则难以相通，人才有很多类则情怀相悖；情相悖，理不通，就失去了做事的道理，做事就会受到阻碍。

道理有四部，明理有四家，情怀有九种偏颇，似是而非的情况有七种，说理有三种失误，诘难有六种后果，沟通有八种能力。

天地随气而变化，充盈之气有损益之变通，这是道之理。以法令控制事理之端正，这是事之理。以礼教化而因事制宜，这是义之理。知人之情而知关键与机变，这是情之理。

道理、事理、义理、情理各有不同，其所需之材质，须是明智而显明之人，明智须依赖适合之材质者而行。因此，所需之材质须与所需之理相合，材质与其理合而且须有明智之思，其明智才思须足以知见其理，其理须足以自成一家。因此，材质之性能平正清淡，心思能知微妙玄理，能通晓自然之本性者，为道理之家；材质之性能机警通彻，权变谋略能机敏迅速，能够应对繁杂及突发之事者，为事理之家；材质之性和柔平正，能够阐述礼

义教化，论辩何得何失者，为义礼之家；材质之性能机敏而善解人意，推究人情而察知其意，能够适应人情之变化，为情理之家。

“言为心声”出自扬雄的《法言·问神》：“故言，心声也；书，心画也。声画形，君子小人见矣。”意思是：语言是心灵的声音，书法是心灵的图画，从一个人的言谈可以判断他是一个君子还是小人。

人是最高级的动物，人和动物最主要的区别就是人有完整的语言系统。人的说话不是动物的吼叫，而是交流思想的工具。人在说话时同时也是心理、感情和态度的流露，从语速的快慢、声音的大小以及说话时的表情可以看出说话人的心理状态以及个性特征。因此，通过言谈可以来判断一个人的个性、品味、素质。

不要以为从说话中辨别一个人很神秘，其实在现实生活中，我们常常从一个人的说话中来判断他的心理状态。比如，慢性子的人说话慢慢吞吞，不慌不忙，而急性子说话就像打机关枪，一阵儿紧似一阵儿，容不得旁人有插嘴的机会。一个平时伶牙俐齿、口若悬河的人，当他面对某个人时，却突然变得吞吞吐吐，反应迟钝，这时候一定是他有些事情瞒着对方，或者做错了什么事情；当一个平时说话语速很快的人，或者说话语速一般的人，突然放慢了语速，就一定是在强调着什么东西，想引起别人的注意，如此等等。

通过一个人的言语来观察其贤能与不肖、聪明与愚笨、有祸与有福，历史上这样的例子很多，如《左传》记载：

襄公三十一年正月，穆叔从盟会上回来，见到孟孝伯，对他说：“赵孟快死了。他说话毫无远虑，不像是百姓的主人。再说年龄还不到五十岁，说起话来絮絮叨叨像个八九十岁的老人，可见他活不长久了。如果赵孟死了，执政的人恐怕是韩起吧！您何不和季孙说说，可以早点与韩起建立友好关系，韩起是一位君子啊……”孟孝伯说：“人的一生能有多长时间啊！谁能考虑多长多远？早上起来就难以保证活到晚上，又哪里用得着提前去建立友好关系呢？”穆叔出来告诉别人说：“孟孝伯也快死了。我告诉他赵孟缺乏远虑，而他比赵孟的目光更加短浅。”结果九个月之后，孟孝伯也去世了。

公元前622年，晋襄公手下有个大臣叫阳处父，他平时喜欢高谈阔论，好自以为是地教训他人。有一次，他奉襄公之命去卫国访问，回来的时候路过鲁国的宁城，宁城有个叫宁嬴的人陪他同行。可是，刚走了几天，宁嬴离开阳处父独自回家来了。宁嬴的妻子很纳闷，便问他为什么这么快回来。宁嬴回答：“我虽然同阳处父相处只有几天，但我发现他这个人性情偏激，好讲空话，不办实事，这就好比是一株树花开得好看，可就是不结果。”宁嬴叹了口气，颇为感慨地继续说：“华而不实，怨之所聚也。”

宁嬴这后一句话的意思是说，像这样华而不实的人，别人定然都会怨恨他，积怨多了，我再跟着他，不仅不能得到好处，反而会受到连累的。果然，一年以后，阳处父因为只讲空话，不干实事被人杀了。

语言是思维的工具，人的思想及情感往往通过语言表达出来。一个人的品格是粗鲁还是优雅，会在粗鲁或优雅的言谈中自然而然地流露出来，因此言谈是鉴定人的重要依据。

鲁哀公请教孔子说："请教一下选拔人才的原则。"孔子回答说："各取所能而任命以相应的官职，不要选拔花言巧语的人，不要选拔狂言妄语的人，不要选拔多言多语的人。花言巧语的人贪婪无比，狂言妄语的人扰乱是非，多言多语的人喜欢欺诈。所以弓调顺了以后再求它的强劲，马驯服了以后再求它的精良，人一定要诚实，然后才可以要求他具有才能。如果为人不诚实却有很多才能，那就像豺狼一样不可接近。"

清代宋瑾在《古观人法》中，还指出了如何通过言语来确定君子小人的办法：

言语浅近但意义深远，简洁明了，清越激扬，抑恶扬善，表达自然，温和厚道，平实和蔼，出于天性，这种人是身居卜位的君子；言语拘谨，不苟言笑，耻于谈及自己的长处，乐于宣扬别人的好处，不掩饰自己的过失，不攻讦别人的隐私，这种人是身居下位的君子；言语极为奸诈，对事情穷根追底，高谈阔论，旁若无人，时常能控制局面，学问渊博，又能掩饰顺应邪恶之事，不知道自己的过失，别人又不能驳难他，这样的人是身居上位的小人；言语杂乱无序，话多却又没有思想，随声附和别人，轻易改变自己的观点，很少有实话，喜欢打听别人的隐私绯闻，并津津乐道，对有道德仁义的人则百般排挤打击，这样的人是身居下位的小人。

能从言谈中识别一个人还不算识人高手，能从声音中识别一个人那才是高手。

郑国本来是一个小国，它之所以能变成春秋时代的强国之一，依靠的是明主和贤臣。最初是郑庄公成为春秋五霸之一，再后来是郑子产成为千古名臣。但一般人所不知道的是，郑子产会闻声辨人的。

郑子产一次外出巡察，突然听到山那边传来妇女的悲恸哭声。随从们面视子产，听候他的命令，准备救助，不料子产却命令他们立刻拘捕那名女子。随从不敢多言，遵令而行，逮捕了那名女子，当时她正在新坟前面哀哭亡夫。人生有三大悲：少年丧父、中年丧夫、老年丧子，可见该女子的可怜。以郑子产的英明，不会对此妇动粗，其中缘由，是因为郑子产的闻声辨人之术也。郑子产解释说，那妇人的哭声，没有哀恸之情，反蓄恐惧之意，故疑其中有诈。审问的结果，果然是妇女与人通奸，谋害亲夫之故。

为什么闻声就能辨人呢？古人讲"心动为性，性发成声"，意思是声音的产生依靠空气，也与内在的"性"密不可分。声音又与说话者当下的心理活动密切相关，大小、轻重、缓急、长短、清浊都有变化，这与人的特性也是息息相关的。

曾国藩

人的声音各有不同：有的洪亮，有的沙哑，有的尖细，有的粗重。有的薄如金属之音，有的厚重如皮鼓之声，有的清脆如玉珠落盘，字正腔圆。有的身材矮小，声音却非常洪亮，有的高大魁梧，说话却细声细气、有气无力。古人正是对这些情况加以归纳总结，得出了以声辨人的规律。

比如文王"六征"识人法中的"视中"就这样说："心气浮夸诞妄的人，其声音流离散漫；心气谨密诚信的人，其声音和顺有节奏；心气鄙陋乖戾的人，其声音沙哑难听；心气舒阔柔和的人，其声音温柔美好。

诚信的声气中和平易，正义的声气随时舒纵，智慧的声气完美无缺，勇猛的声气雄壮刚直。”

曾国藩在《冰鉴》中这样解释说：“人的声音，跟天地之间的阴阳五行之气一样，也有清浊之分，清者轻而上扬，浊者重而下坠。声音起始于丹田，在喉头发出声响，至舌头那里发生转化，在牙齿那里发生清浊之变，最后经由嘴唇发出去，这一切都与宫、商、角、徵、羽五音密切配合。识人的时候，听人的声音，要去辨识其独具一格之处，不一定完全与五音相符合，但是只要听到声音就要想到这个人，这样就会闻其声而知其人，所以不一定见到其人的庐山真面目才能看出他究竟是个英才还是庸才。”

石勒是古时羯翔族的民族英雄。14 岁的时候，他随同乡经商到洛阳，曾经倚着上东门长啸，太尉王衍恰恰经过遇见，觉得他很不一般，对手下人说：“刚才这个胡雏，我听他的啸声，看他的相貌，是心怀奇志的人，将来恐怕会成为天下的祸患。”当即派人快马追捕，但这时石勒已经离去了。

语言是心灵的声音，这“声音”说出来就是言谈，写出来就是文字。因此，从一个人的文章中也能识别一个人的才能。《文心雕龙·体性篇》就对当时一些文人的文章与性格做了对比分析：

贾谊的才气英俊，所以文辞洁净而风格清新；司马相如行为狂放，所以文理虚夸而辞语浮夸；扬雄的性情沉静，所以他的辞赋含意隐晦而意味深沉；刘向的性情平易，所以文辞的志趣明白而事例广博；班固文雅深细，所以文章的体裁绵密而思想细致；张衡学识广博通达，所以考虑周到而文辞细致；阮籍行为豁达，所以他的文辞音节高超而声调卓越；嵇康豪侠，所以兴趣高超而文采壮丽；潘岳轻浮而敏捷，所以锋芒毕露而音韵流动；陆机庄重，所以情事繁富而辞义含蓄。

为何文辞能与一个人内在的性情相符合呢？《观人学》中说，文字由人类的灵感和技术结合而成，大凡思维的条理缜密，气韵逻辑通顺，形式完美，词语工整，无不是作者本人才能的全部表现，所以当我们研究文心、文情、文理、文气、文采、文华、文品、文致等词语时，作者的心理与情趣、条理与气势、文采与辞藻、品位与风格等都会自然而然地表现在文章中了。

贾谊

马周是唐朝初年的政坛上的一个奇才，在一个偶然的机会里，通过一篇文章，他得到了一代雄主唐太宗李世民的赏识，从此青云直上，并为唐朝初年的政治稳定和经济发展做出了很大的贡献。

马周初入京时，住在一家低档的旅店里，因囊中羞涩经常拖欠店钱。有一次，几个人故意在马周身旁饮酒，还不断发出啧啧之声馋马周。马周马上到市场上买来一斗酒，在那些人旁边坐下用酒洗脚，众人都羞惭而走。店主也看出了他不像一般的人，也不再难为他了。后来，马周投靠在中郎将常何门下做了一名门客。

苦心人，天不负。命运之神终于垂青了这位胸怀大志的青年。贞观五年，唐太宗李世民要求在朝官吏每人都要写一篇关于时政得失的文章。常何是名武将，不会舞文弄墨，见皇帝要他写文章，不禁着急起来。马周得知了这个消息，便本着报恩的想法，主动提出替常何写这篇文章。常何很高兴，便让马周代自己写。

过几天，常何把马周写的这篇关于时政的文章呈给了唐太宗观看。李世民看过后大吃一惊，他知道常何不擅长文才，不会写出这么透彻的文章来，便问常何这到底是不是他写的。常何为人诚实，老老实实地对皇帝说这是门客马周代他写的。李世民一听常何门下居然有这么个奇才，产生了立刻想见见这位人才的想法。他命人到常何府中将马周叫来，可没想到马周架子还很大，唐太宗一连派出了四次使者，才把马周请到了皇宫。

唐太宗见到了这位穿着普通却气质非凡的年轻人时，就感到这个人非同一般，便和颜悦色地和马周谈起了当时政治局势以及为政之道。马周侃侃而谈，从古至今的为政得失谈得非常细致，让李世民大为惊叹，直叹相见恨晚，立刻让马周到掌管机要的门下省任职，没过一年，马周就当上了权力很大的监察御史。

贞观六年，马周对李世民为太上皇李渊大建宫室的做法提出了婉转的批评，说李世民的想法是对的，对待父母就应该尽孝道，但现在百业待兴，老百姓还很不富裕，应该以发展国力为先，等到以后国力有余了，再修建宫室尽孝道也不为晚。李世民看到后觉得马周说得很对，不但没有生气，除了停止了修建宫室之外，还加封了马周的官职。

贞观十一年，马周又上书皇帝，从以前的朝代兴亡开始议论，并重点谈了隋朝灭亡的原因。他认为隋朝在文帝杨坚时的基础雄厚，本来是可以长治久安的，可是隋炀帝杨广当上皇帝以后，开始腐化堕落起来，剥削百姓到了极其严重的程度，最终失去了天下人的心。马周劝李世民要以隋亡为鉴，时时刻刻要记得隋亡的教训，只有让老百姓安居乐业，才能巩固唐朝的统治，才能使唐朝由乱到治。通过这篇奏折，李世民更看到了马周出色的治国才能，于是，更加重用马周。

唐太宗曾经对左右的人说，一天见不到马周就想他。可见马周在李世民心中的地位是很高的。当时的宰相岑文本也说马周的才能可比汉朝的张良，对马周的才能也是深为敬佩。贞观十八年，马周当上了宰相，同时还兼任皇太子李治的老师，对李治谆谆教导，教李治如何治政，对李治继承皇位后的治国起到了很大的作用。

★道理、事理、义理与情理

四家之明既异，而有九偏之情。以性犯明，各有得失：

刚略之人，不能理微。故其论大体则弘博而高远，历纤理则宕往而疏越。

亢厉之人，不能回挠。论法直则括处而公正，说变通则否戾而不入。

坚劲之人，好攻其事实。指机理则颖灼而彻尽，涉大道则径露而单持。

辩给之人，辞烦而意锐。推人事则精识而穷理，即大义则恢愕而不周。

浮沉之人，不能沉思。序疏数则豁达而傲博，立事要则爁炎而不定。

浅解之人，不能深难。听辩说则拟锷而愉悦，审精理则掉转而无根。

宽恕之人，不能速捷。论仁义则弘详而长雅，趋时务则迟缓而不及。

温柔之人，力不休强。味道则顺适而和畅，拟疑难则濡懦而不尽。

好奇之人，横逸而求异。造权谲则倜傥而环壮，案清道则诡常而恢迂。

此所谓性有九偏，各从其心之所可以为理。

若乃性不精畅，则流有七似：

有漫谈陈说，似有流行者。

有理少多端，似若博意者。

有回说合意，似若赞解者。

有处后持长，从众所安，似能听断者。

有避难不应，似若有余，而实不知者。

有慕通口解，似悦而不怿者。

有因胜情失，穷而称妙，跌则掎跖，实求两解，似理不可屈者。

凡此七似，众人之所惑也。

夫辩，有理胜，有辞胜。理胜者，正白黑以广论，释微妙而通之。辞胜者，破正理以求异，求异则正失矣。夫九偏之材，有同、有反、有杂。同则相解，反则相非，杂则相恢。故善接论者，度所长而论之；历之不动则不说也，傍无听达则不难也。不善接论者，说之以杂、反；说之以杂、反，则不入矣。善喻者，以一言明数事；不善喻者，百言不明一意，百言不明一意，则不听也。是说之三失也。

善难者，务释事本；不善难者，舍本而理末。舍本而理末，则辞构矣。

善攻强者，下其盛锐，扶其本旨，以渐攻之；不善攻强者，引其误辞以挫其锐意。挫其锐意，则气构矣。

善蹑失者，指其所跌；不善蹑失者，因屈而抵其性。因屈而抵其性，则怨构矣。

或常所思求，久乃得之，仓卒谕人；人不速知，则以为难谕。以为难谕，则忿构矣。

夫盛难之时，其误难迫。故善难者，徵之使还；不善难者，凌而激之，虽欲顾藉，其势

无由。其势无由,则妄构矣。

凡人心有所思,则耳且不能听,是故并思俱说,竞相制止,欲人之听己。人亦以其方思之故,不了己意,则以为不解。人情莫不讳不解,讳不解则怒构矣。

凡此六构,变之所由兴矣。然虽有变构,犹有所得。若说而不难,各陈所见,则莫知所由矣。

由此论之,谈而定理者眇矣。必也:聪能听序,思能造端,明能见机,辞能辩意,捷能摄失,守能待攻,攻能夺守,夺能易予。兼此八者,然后乃能通于天下之理,通于天下之理,则能通人矣。不能兼有八美,适有一能,则所达者偏,而所有异目矣。是故:

聪能听序,谓之名物之材。

思能造端,谓之构架之材。

明能见机,谓之达识之材。

辞能辩意,谓之赡给之材。

捷能摄失,谓之权捷之材。

守能待攻,谓之持论之材。

攻能夺守,谓之推彻之材。

夺能易予,谓之贸说之材。

通材之人,既兼此八材,行之以道,与通人言,则同解而心喻;与众人之言,则察色而顺性。虽明包众理,不以尚人;聪睿资给,不以先人。善言出己,理足则止;鄙误在人,过而不迫。写人之所怀,扶人之所能。

不以事类犯人之所隐,不以言例及己之所长。说直说变,无所畏恶。采虫声之善音,赞愚人之偶得。夺与有宜,去就不留。方其盛气,折谢不吝;方其胜难,胜而不矜,心平志谕,无士无莫,期于得道而已矣,是可与论经世而理物也。

——《鉴人智源》

四家聪明之处彼此存在着差异,因此随之发生了九种偏失的情况。由于不同的质性决定、干扰了不同的聪明,所以不同的聪明类型有得也有失:

刚强粗略的人,不善于梳理细微的事情。所以,谈论起具有战略性意义的事体来,就显得博大而深远,若梳理起细微的事理来,则显得粗疏潦草,不着边际。

亢奋猛烈的人,做事不懂回旋的余地,能做到严格公正,但根据实际情况做变通处理,则格格不入。

坚定劲直的人,喜欢务求实效,剖析具体事物的道理明了透彻,如果论及大的理论和原则,就显得肤浅。

能言善辩的人,辞令丰富且谈锋锐利,推究人事的道理则见识精明且说理透彻,如果涉及有关大义的道理,就显得粗阔而不周全。

随波逐流的人,不能沉静独思,海阔天空地漫谈显得豁达渊博,如果要他归纳出事物的纲要,那就像火焰那样闪烁不定。

见识肤浅的人，不能深入追究人情物理，听人演讲辩论很容易得到满足，如果审核精微的道理，则颠来倒去，把握不住根本。

心底宽厚的人，做事不会急于求成，论仁义的大道理则博大而高雅，处理起紧迫的事务来，则行动迟缓。

温顺柔和的人，魄力不足，气势不强，慢慢体味道理时则思虑通畅，分析疑难问题时，则思维不顺，理不出头绪来。

追求奇异的人，才华横溢，标新立异，在用权谋方面卓越非凡，奇伟壮观，如果要他们在清正无为之道上用意，则显得不合常规，迂腐无用。

这就是九种性情的偏失，每种偏失都以自身不同的心性为基础而自以为有理。

如果人的质性不纯或不流畅，就会发生七种似是而非的情况：

有的人漫谈陈词滥调，好像能够通行于现时一样。

有的人没有多少的道理却头绪繁多，好像非常广博一样。

有的人没有听懂别人的意思，却假装迎合，好像既理解又赞同别人的意见一样。

有的人发表意见采人所长，采纳多数人的意见，好像他自己颇具听断的能力一样。

有的人对疑难问题避而不答，好像胸有成竹，而实际上他根本不懂。

有的人口头上表示理解，而实际上却似懂非懂。

有的人因求胜心切，本来已经理屈词穷了，还声称自己的道理玄妙，勉强支撑，目的是想求得个平分秋色的结局，好像自己很有道理而不肯屈服一样。

以上七种似是而非的情况，一般人往往被迷惑住。

辩论，有的以有理取胜，有的以言辞取胜。以理取胜，就是先确定是非黑白，然后再加以充分论述，解释清楚细微深奥的部分，使阐释的道理贯通。以言辞取胜，就是要用奇异古怪的例子攻破一般的正理，追求奇异古怪，正理也就随之丧失了。九种偏材，有彼此相同的，有彼此相反的，也有彼此错杂相容的。相同就会相互理解，相反就会相互非难，相杂就会相互包容。善于与人理论的人，充分估量对方的优势来展开论述，打动不了对方就不再谈论下去，没有听懂的人也就不再诘难对方。不善于与人理论的人，是想用对方基本不能接受的观点去说服对方，如此对方当然听不进去。善于做比喻的人，可以用一句话说清很多道理；不善于做比喻的人，一百句话也说不清一个道理。一百句话说不清一个意思，当然也就没有人愿意听了。这是说服人的三种失误。

善于辩论的人，着重解释事情的根本；不善于辩论的人，则舍本而逐末。舍本而逐末，双方的争论就会无休止地进行下去。

善于攻击强硬对手的人，先避开对手的锐气，抓住对方的要点慢慢地进行批驳；不善于攻击强硬对手的人，抓住对方言辞中的某一点失误去挫伤对方的锐气，这样一来，彼此的怨气也就形成了。

善于追究失误的人，仅仅是指出对方失误之所在；不善于追究失误的人，则利用对方一时的失误去攻击他的人格，这样一来，双方就会结下怨恨。

有的人经过长时间的思索得出了一个道理，马上便将这道理讲与人听；别人不能很

快明白这个道理，就以为对方“汝子不可教也”，这样一来，愤怨之气也就随之形成了。

双方发生激烈争论时，很难逼迫对方承认错误。因此善于辩论的人，只是指出对方的错误使他回心转意；不善于辩论的人，则抓住对方的错误加以羞辱，对方虽然内心承认错误，却没有给他台阶下，这样一来，就会造成妄言的状况。

人在思考问题时，耳朵就听不进话。因此当一方要思考问题一方却要和他说话时，双方就会相互制止。你想让别人听你说话，对方因为正在思考问题的原因，听不懂你讲的意思，你就认为他没有理解。人之常情都忌讳说自己不能理解，犯了这样的忌讳，双方的怒气也就形成了。

这“六构”的形成，使其他难以预料的变化也会因此而形成。然而，辩论虽然会引起以上六种后果，但还是有所收获的。如果只是陈述观点而没有相互的辩驳，那么人们就难知道究竟谁的意见是正确的。

由此说来，只是漫谈而不辩论就能形成定论的情况太少了。必须做到的是：能听取各种不同的观点，能够理出事情的头绪，能发现事物发展变化的规律，言辞能把情意表达得明白，敏捷能及时发现失误所在，防守能抵御对手的种种攻击，进攻能攻破对手的防线，善于利用对方的观点来驳倒对方。兼其以上八种能力，然后才能通晓天下的道理，通晓了天下的道理，也就能够通晓人情世故了。如果不能兼备这八种能力，只是具备其中的一种，那么所能通达的只是某个方面，因而对所有问题便有不同之眼光。因此：

能通过倾听理出事物发展的头绪来的，叫作能够辨别事物名称的名物之材。

能通过思索创造采取行动的理由的，叫作能够从宏观上进行谋划的构架之材。

能够明察秋毫，发现事物变化的微妙迹象和关键的，叫作通达慧识的达识之材。

辞令能把情意表达得明白的，叫作赡给之材。

反应敏捷，能够及时发现失误所在的，叫作权捷之材。

善于防守，能够抵御对手攻击的，叫作持论之材。

善于进攻，能够攻破对手防线的，叫作推彻之材。

善于用对方的观点来使对方陷于困境的，叫作贸说之材。

通材之人，兼具以上八种才能，又能在实践中加以实现。这种人跟学贯古今的人谈话，则能彼此心领神会；与普通人谈话，则能察言观色，顺着他的性情去讲。尽管自己通晓天下的道理，却不高居人上，盛气凌人；聪明睿智，资质丰厚，却不居于人先。只把正确的话说出来，把道理讲清楚就可以了；别人有了错误，自己就能避免重蹈覆辙。理解别人的情怀，帮助别人发挥特长。

不用相类似的事情触犯别人的忌讳，也不用语言事例夸耀自身的长处。无论别人说直话说怪话，不畏惧也不嫌恶。像在嘈杂的虫声中选取好听的那样，赞美愚人偶尔的正确观点。夺取给予适宜有度，离去留下不必勉强。当自己气盛的时候，能够克制情绪，慷慨向对方道谢；得胜没有骄矜之色，心底平和，志向明确，没有自适，亦没有痛苦，只期望得到天地间的大道而已，可以与这样的人讨论治国安邦的道理。

“夫建事立义，莫不须理而定”，意思就是天下的万事万物，都是有一定道理的，然后指出了从“四理”中来判断一个人的言谈与性情。哪四理呢？就是道理、事理、义理与情理。

对于这四“理”的内容，解释是这样的：道理——指天地万物自然生化之理，比如科学上的规律、法则等。事理——指事物按照一定的规则运作之理，比如法律。义理——以人伦道德、礼仪教化来为人处世之理，比如孝敬父母、善待朋友。情理——就是从人的情感出发所产生的性情之理，比如听到赞美人人都会高兴。

重道理的代表人群是科学家，他们看问题冷静、客观、精确，凡事都要问个为什么，弄清其来龙去脉，有锲而不舍的精神；思路清晰严谨，逻辑性强，重实证，做事踏实认真，一板一眼，不饰虚假。

重事理的代表人群是法学家，他们善于处理纷繁复杂的麻烦事，机谋权变，应变力强，敢于承担责任，希望通过“游戏规则”来制约人的恶习与不正当行为，谋求一个公正的社会制度与环境。

重义理的代表人群是教育家，他们讲求社会伦理道德，注重自我修养和社会形象，爱护名誉胜过生命，讲信用、守承诺，是道德规范的楷模和表率，对伤风败俗的人事深恶痛绝，主张德政。

重情理的代表人群是艺术家，他们为人行事往往从个人性情出发，感情重于理智，感情变化快而丰富，愤世嫉俗，浪漫又无限热爱生活，与外界交往少，多生活在内心世界里，不太被世人所理解。

第五章 从细节鉴别人才

★古老的识才八法

八观者：

一曰观其夺救，以明间杂。

二曰观其感变，以审常度。

三曰观其志质，以知其名。

四曰观其所由，以辨依似。

五曰观其爱敬，以知通塞。

六曰观其情机，以辨恕惑。

七曰观其所短，以知所长。

八曰观其聪明，以知所达。

——《鉴人智源》

“八观”就是：

第一，观察一个人的恶情夺正与善情救恶两方面的情况，可以了解他性情的本质。

第二，观察一个人在受到刺激下的感应变化，可以了解他平常的状态。

第三，观察一个人的志向、品质，可以了解他的名声。

第四，观察一个人做事的方法，就可以辨别他做人的真假。

第五，观察一个人爱什么敬什么，就能够知道他与人们的关系能否沟通。

第六，观察一个人的情感变化，就能知道他是否不谙情理。

第七，观察一个人的短处，就能够知道他的长处。

第八，观察一个人聪明的程度，就能够知道他今后是否发达。

“世有伯乐，然后有千里马”，懂得了识别人才的方法，才能让自己成为伯乐，才能源源不断地发现人才。“八观”详细阐述了鉴别人才的具体方法，言简意赅，具有很强的实用性。

观其夺救，以明间杂

这是指通过观察一个人本质中善恶两方面的情况，来了解他的本质。“夺救”就是夺取与救助，广泛地理解就是人性的善恶。善与恶是人性的两面，善恶一念间，如果恶战胜了善，就是恶人，反之，则是好人。但善良的人也曾有恶的行径，或是无意为之，或是身不由己；凶恶的人也有做好事的时候，或刻意为之，或偶尔的良心发现。因此，善与恶是难以准确分辨的。辨别人的善恶仁厚，既要看其平常的表现，也要在某些特定的时刻见其真性。这一“观”反映了识才重德的特点。

1258年，忽必烈奉蒙哥大汗命进军围攻鄂州（今武汉市武昌），宋朝派贾似道率军前往救援。不久之后，忽必烈因其兄蒙哥急于回去争帝位，恰好贾似道派使来求和，忽必烈便顺势答应并率大军北返。贾似道却谎报“鄂州大捷”，说蒙古兵已肃清，这事虽能欺骗宋理宗，但朝野上下对此是一清二楚的。

在这件事情上，留梦炎趋炎附势，取悦于贾似道。而叶李当时知道真相后，便上书揭露贾似道的罪恶，责其“变乱纪纲，毒害生灵，神人共怒，以干天遣”。贾似道因此勃然大怒，使其党羽逮捕叶李，叶李便跑到富春山去隐居了。宋朝亡国后，忽必烈多次派人征召叶李，他不得已才入朝为官。忽必烈对他很敬重，经常向他请教治国之道。叶李陈述古帝王的得失成败，深得忽必烈赞许，任命他为资善大夫、尚书左仆射。

叶李在宋时不过是一个平民百姓，忽必烈为何如此破格重用，就是因为欣赏他的忠直，敢弹劾误国欺上的贾似道。而对留梦炎这个宋朝有名的状元，虽然赏识其文才，却认为其人有私心而缺德行，便降级使用。由此可见，忽必烈用人重才学更重德行。

观其感变，以审常度

这种方法是通过观察一个人的感情变化、为人处世的态度和遇事的反应，来了解一个人做人的基本准则。人的表里是不完全一致的，可以控制、掩饰自己的言语行动，不被别人看出真实目的。其实，人总会在不经意之间，通过一些细小的言行举止暴露出内心想法，因此可以通过多渠道的观察，从互相矛盾的表情中，深入分析人的本质。

《吕氏春秋·精喻篇》中记载：齐桓公会合诸侯，卫国国君来晚了。朝会时齐桓公与管仲商量要讨伐卫国。退朝回到后宫，卫姬看到齐桓公，便下堂连拜两次，请求赦免卫君之罪。齐桓公说：“我对卫国没有什么打算，你为什么要为他请求？”卫姬回答说：“臣妾看到国君进来时，趾高气扬，有讨伐别国的意思；国君看到臣妾时，不自觉地颜色有所变化，这说明要讨伐卫国。”第二天，齐桓公主持朝会，拱手让管仲上前。管仲问：“国君要放弃伐卫了吗？”齐桓公问：“仲父怎么知道的？”管仲说：“国君朝会揖拜时态度恭敬，言语和缓，看到臣时又面露惭愧之色，所以臣知道您要放弃伐卫了。”

观其志质，以知其名

这是通过观察一个人的性格和品质，来了解他的名声与实际情况是否相符合。所有人才都有自己突出的资质，这些突出的资质相互激发，就能产生各种不同的素质和能力。这种过程是有规律的，掌握了这种规律，就可以预测某人会得到怎样的名声。

樊姬是战国时期楚庄王的夫人。一天，楚庄王从朝廷回来很晚，樊姬像当今大多数妻子要责问晚归的丈夫一样，问楚庄王为什么晚归。楚庄王说："我今天与贤能的宰相谈话，谈得非常高兴，就忘记了时间。"

樊姬就问："贤能的宰相是谁？"庄王说："是虞丘子。"

樊姬掩口而笑。庄王觉得奇怪，问她为什么笑。樊姬说："我在楚王身边服侍，得到你的宠爱，但我也不敢独占你的宠爱，那样就会损害你的名誉，所以还为你选择了数十个才德貌俱佳的美人来一起侍奉你。现在虞丘子为相数十年，却未曾向你推荐过一个贤能的人。知道有贤能的人而不加以举荐，是对王的不忠；不知道有贤能的人，说明他智谋不足。虞丘子可以说是不忠不智的宰相，怎么能称为贤能的宰相呢？"

樊姬虽为女人，但她却能看出虞丘子是一个名不副实的宰相，真让人刮目相看。第二天，庄王就把樊姬的话告诉了虞丘子，虞丘子羞愧地辞去了宰相职位。

观其所由，以辨依似

依似的意思就是分辨不清楚，难以看清真相。分两种情况，一是似是而非；一是似非而是。

东汉末年，王莽篡权之前，曾经极力伪装自己。他装作谦恭，礼贤下士，经常把家中的马匹、衣服和银两拿出来救济百姓，以至家中的钱财所剩无几；同时，他还常常在汉平帝面前坦言自己克己奉公，诚实待人。当他获得了汉平帝的信任而大权在握时，便露出狰狞面目，专断朝政，最后亲手杀害了汉平帝，篡权自立，对百姓施予暴政。这就是似是而非。

东周时期，周武王的弟弟周公旦是一位辅佐君王的奇才。武王死后，成王年幼无知，由周公旦摄政。而成王的三位叔叔——管叔、蔡叔、霍叔，却企图陷害周公旦。他们散布流言，说周公旦图谋不轨。周公旦为避开谗言，隐居起来，不再过问政事，后来管叔、蔡叔谋反，事情败露，才使成王懊悔不已，亲自迎接周公旦归来。成王几乎错识了贤才，这就是似非而是。

似是而非有六种情况，如下所列：

轻诺：似烈而寡信：轻易地许诺，似乎很讲义气，实际上却不守信用。

多易：似能而无效：说得很容易，好像是多才多艺，但却一事无成。

进锐：似精而去速：急于求成，但遇到困难，就会很快消沉。

诃者:似察而无成:乱发议论之人好像明察是非,实际上却一事无成。

汗施:似惠而无成:当面许愿,好像大方,实际上难以兑现。

面从:似忠而退违:当面服从,好像忠实,但阳奉阴违、两面三刀。

似非而是有四种情况,如下所列:

大权:似奸而有功:大政治家好像奸诈,但实际上在建立功勋。

大智:似愚而内明:有大学问者往往大智若愚。

博爱:似虚而实厚:博爱之人好像虚伪,实际上却心地宽厚。

正言:似讦而情忠:指责缺点酣畅淋漓,但却是忠诚之举。

王莽

"似是而非"让人模棱两可,"似非而是"同样让人莫衷一是。如果将"非",当作了"是",那么就会招来庸才或者小人;如果将"是"当作了"非",就会与真正的人才失之交臂,也是很遗憾的。怎么办呢?最可靠的方法是深追其办事的目的和动机。只要细细查明一个人做事的动机和整个事件的来龙去脉,就不会出现把奸臣当作忠臣,把小人奉为君子了。

战国时,有一次秦军借道韩、魏攻打齐国,齐威王派将军匡章率兵迎战,两军交错扎营。开战之前,双方使者来来往往,匡章借机变更了部分齐军的徽章,混到秦军中待机配合齐国的主攻部队破敌。有人趁机向齐威王打小报告,说匡章可能要带兵降秦,威王听了置之不理。一会儿,前线又传来匡章可能降秦的谣言,威王仍不理睬。果然,时过不久,从前线传来了齐军大胜的捷报。左右很吃惊,问齐威王为什么有先见之明,齐威王说从匡章的平时表现中就可以判断出来。

原来,匡章母亲在世时,因事被其父杀死埋在马栈之下,齐威王任匡章为将时,其父已死。齐威王曾许诺他打了胜仗,就为其母改葬,但被匡章拒绝,理由是生前父亲未做此吩咐。他说:"不得父亡命而葬母,是欺死父也。"这使齐威王对匡章的为人有了较深的了解。认为一个人"为了不欺死父,岂为人臣欺生君哉?"尽管谣言四起,但齐威王都没有相信,坚持放手让匡章指挥作战,终于取得了胜利。匡章知道此事后,十分感动,誓死效忠,北伐燕,南征楚,为齐国屡建战功。

观其敬爱,以知通塞

在人类社会中,爱与敬是最主要的道德规范,通过对一个人在"爱"与"敬"这两方面的实践情况,就能够预测其在社会活动和所从事的行业中的人际关系,是通达还是闭塞。

比如一个公司职员，对领导敬重，对下属关爱，对同事既敬重又关爱，自然人际关系四通八达。

春秋时魏国的大将乐羊，统兵攻打中山国，偏偏他的儿子当时就在中山国。对方的人便把他的儿子绑起来悬在城上，用以威胁乐羊。乐羊看见后并未因此而减弱斗志，反而激发了攻城的决心。中山国人也没客气，把他儿子按到锅里就给煮了，然后舀了一桶汤送给乐羊。

乐羊呢？接汤后，脸不变色心不跳，端坐在中军大帐中一口一口地喝，喝光了一碗之后，便抹抹嘴传令攻城。魏王听到这个消息，感动地说："乐羊竟为我吃下自己儿子的肉！"当时有位名字十分奇异的谋士睹师赞却站出来说："其子尚食，其谁不食？"意思是说，乐羊连儿子都敢吃，犯上作乱还不是小意思。

睹师赞并进一步说：人之所以为人，就在于人能够认识到自己与禽兽的区别，不会为了自己的强大而相互侵食，人先要爱自己的父母、妻子，才可能爱他人、爱君王。魏王听后，如梦初醒，于是大大地犒赏乐羊的战功，但从此不再重用他。

观其情机，以辨恕惑

事实上，一般人都有好胜、逞强和占上风的特性，这就容易产生喜、怨、恶、悦、姻、妒六种情绪。因此，可以通过观察一个人这六种情绪的产生，来判断其胸怀是狭窄还是宽广。人都有喜怒哀乐，但君子与小人的表现是大不相同的。贤人君子质性平淡，甘居人下，虽被侵犯也不斤斤计较，所以能得到人们的尊重。而小人出于一己之欲望，不分场合地要他人服从自己。如果对其利益稍有触犯，就会与对方结下私怨。可见，对一个人情绪表现的观察，足以判断他到底是一个君子，还是一个小人。

宋朝大学士苏东坡，学富五车，才高八斗，不但读万卷书，更是行万里路。苏东坡为人耿直，然而仕途坎坷，为官时一贬再贬。当他被贬到江北瓜州时，和仅一江之隔的高僧佛印交情甚笃，经常高谈阔论。

有一天，苏东坡灵感来了，随即写了一首五言诗偈，诗云：

稽首天中天，毫光照大千。
八风吹不动，端坐紫金莲。

八风是指人生活上所遇到的"称、讥、毁、誉、利、衰、苦、乐"等八种境界，能影响人之情绪，故形容为风。

苏东坡再三吟咏，洋洋自得。自赋如此修辞甚佳的好诗，理当与好友分享，于是派书僮飞速过江，将好诗专程送给佛印禅师分享。

岂料佛印禅师阅毕，只是莞尔一笑，不疾不徐地批了两个字，随即交给书僮原封带回。欣然等待佳音的东坡大师，以为禅师将会赞叹一番，急忙打开等待揭晓的谜底。苏东坡看到他的大作上面，歪歪斜斜地写了"放屁"两个大字，苏东坡非常愤怒："岂有此理！我一定要讨个公道。"随即叫书僮备船渡江。

佛印知道东坡一定不服气，很快会来兴师问罪。果然不出佛印所料，苏东坡看到得意之作上面的两个大字，要佛印还他一个公道。

苏东坡所乘的船刚一靠岸，便发现禅师已经含笑相迎了。苏东坡气冲冲地怒吼道："佛印！我们相交多年，情谊深厚，怎可恶口骂人？"禅师若无其事地问道："我骂您了吗？"只见佛印在门上贴了一张小小的纸条，苏东坡趋前一看："一屁打过江"，他见字恍然大悟，面红耳赤，惭愧万分，只好低头不语。

这是一则脍炙人口的佛门典故，苏东坡夸口"八风吹不动"，结果"一屁打过江"，由此故事中，苏东坡与佛印的胸怀，谁宽谁窄，一目了然。

观其所短，以知所长

这是通过观察一个人的短处，来知道他的长处的一种识人方法。有优点的人，必然以其缺点为优点的征兆，比如温和的人，是以懦弱为和顺的征兆。因此能够从一个人的缺点中认识其优点。

道光皇帝晚年最钟爱的人是六阿哥奕䜣，很想把家国大业交给他。为什么道光皇帝最后还是决定把皇位传给了四阿哥奕詝了呢？

道光皇帝

那是因为四阿哥奕詝得到了老师杜受田的正确指点。杜受田考取过榜眼，老实稳重，博学多才，谋略过人。杜受田从自身利益考虑，他必须全力帮助自己的学生，于是，他苦思冥想，找到了一个"以短显长"的补救办法。

一次，道光皇帝命各位皇子到南苑打猎，实际上是试一试皇子们的武艺怎样。奕詝的老师杜受田向他献计："阿哥到了围场，千万别发一枪一箭，而且要约束手下人不得捕捉一只动物，回来时皇帝一定会问何故。你便回答说：'现在正值春天鸟兽万物孕育的时候，不忍心伤害它们，也不愿用这样的方式与弟弟们竞争。'"

当天狩猎结束时，六阿哥所获猎物最多。正在顾盼自喜之际，见奕詝默坐一旁，其随从也垂手侍立，他感到奇怪就上前问道："各位兄弟都满载而归，四阿哥为何一无所获？"奕詝平静地回答："今天身体欠安不能与诸兄弟驰逐猎场。"天色已晚，各位皇子携所获猎物复命。果然皇上询问缘故，四阿哥就把杜受田教的话说了一遍。道光皇帝龙颜大悦，对身边的大臣说："这真是具有帝王心胸的人说的话啊！"

平心而论，奕詝无论文韬武略还是健康状况都比不上六阿哥奕䜣，因此，道光皇帝直到死前仍对传位之事下不了决心。

后来，道光重病在床，自知无回天之术，临终前最后考察两位皇子的能力和气度，以此来决定继承人。二人接旨后分别请教自己的老师。六阿哥奕䜣的老师卓秉恬有才气，少年得志，办事认真，好发议论。他告诉六阿哥奕䜣："皇帝如果问你的话，'当知无不言，言无不尽。'"而杜受田却告诫奕詝："如果谈国事政务，阿哥是比不过六爷奕䜣的。这时只有一条计策：只要皇上说自己快死了，不等他问国家交给你该怎么办时，你就只管趴在地上哭。"

晋见时，皇上果然询问身后治国大事。六阿哥无视皇上痛苦之状，口若悬河大谈自己治国安邦的见解和抱负。奕詝则谨遵师言，面对父皇的垂问，悲伤得泪流满面以至于不能作答。道光皇帝在病榻上仔细观察两人的言谈举止，被四阿哥奕詝的举动所感染，对身边的大臣说："皇四子仁孝可当大任。"第二天，道光皇帝驾崩，领班大臣宣读密谕："着皇四子奕詝继位。"四阿哥终于击败六阿哥登基做了皇帝，即咸丰帝。

观其聪明，以知所达

这是通过观察一个人是否聪明，来分析他今后会成为何种人才。仁是道德的基础，义是道德上的自我约束，礼是道德的具体表现，信是道德的支柱，智是道德的主导。所以，只要观察一个人的聪明程度，就可以知道他能够成为何等人才。值得注意的是，这个"聪明"不是指智商的高低，也不是指学问的多少，而是指能够建功立业的真才实学。

林则徐大力推荐左宗棠，就是因为在著名的"湘江夜话"中，发现了左宗棠的非凡才干。

道光二十九年底，林则徐告老还乡回归故里的途中，船泊湘江，他遣人到十里开外处请左宗棠来舟中叙谈。俩人虽是初次谋面的两代人，却像神交已久的老朋友，开怀畅谈家事、国事、人物、政事，"无所不及"。通过交谈，65 岁的林则徐对 37 岁的左宗棠"一见倾倒，诧为绝世奇才"，期许良厚。临别时，林则徐举手拍着左宗棠的肩膀说："将来完成我的大志，唯有靠你了！"期望之深，溢于言表。林则徐临终前还命次子代写遗书，一再推荐左宗棠。

"八观"是《人物志》中最核心的内容，也是中国古代比较完整、系统的识人之法。"八观"表达了这样几个识人理念：

重视人才的思想品质。他将"观其夺救，以明间杂"列为"八观"之首，不仅表明这是观察人物的方法之一，而且表明人才的品德是他选择的首要目标。

"聪明"为人才之本。懦懦无能的德吸引不了人们的敬仰之心，也没法产生人才的效益。刘劭将"观其聪明，以知所达"放在最后，是将此作为一锤定音的"压台戏"。

识才之路是由外向内，再由内向外。八观可分成两组，第一组是第一、第二、第六、第七观，强调的是，观察人才要紧紧抓住行为、情绪、应变等现象，进而探测其品行本质。第二组是第三、第四、第五、第八观。这四观强调了观察人才还要注意认识其突出的资质、做事的动机、道德水平和本身所具有的聪明程度。只有掌握了这些内在品质，才能比较确切地分析一个人才今后的发展趋势。

总之，"八观"不是在抽象地研究人才，而是立足于社会和现实，努力将主观因素与客观条件、社会发展趋势与人才的成长规律统一起来，其方法是切实可行的，其思想更是高瞻远瞩的。

★识才要靠火眼金睛

何谓观其夺救,以明间杂?

夫质有至有违,若至胜违,则恶情夺正,若然而不然。故仁出于慈,有慈而不仁者;仁必有恤,有仁而不恤者。厉必有刚,有厉而不刚者。

若夫见可怜则流涕,将分与则吝啬,是慈而不仁者。

睹危急则恻隐,将赴救则畏患,是仁而不恤者。

处虚义则色厉,顾利欲则内荏,是厉而不刚者。

然则慈而不仁者,则吝夺之也。

仁而不恤者,则惧夺之也。

厉而不刚者,则欲夺之也。

故曰:慈不能胜吝,无必其能仁也;仁不能胜惧,无必其能恤也;厉不能胜欲,无必其能刚也。是故,不仁之质胜,则伎力为害器;贪悖之性胜,则强猛为祸梯。亦有善情救恶,不至为害;爱惠分笃,虽傲狎不离;助善者明,虽疾恶无害也;救济过厚,虽取人,不贪也。是故,观其夺救,而明间杂之情,可得知也。

何谓观其感变,以审常度?

夫人厚貌深情,将欲求之,必观其辞旨,察其应赞。夫观其辞旨,犹听音之善丑;察其应赞,犹视智之能否也。故观辞察应,足以互相别识。然则:论显扬正,白也;不善言应,玄也;经纬玄白,通也;移易无正,杂也;先识未然,圣也;追思玄事,睿也;见事过人,明也;以明为晦,智也;微忽必识,妙也;美妙不昧,疏也;测之益深,实也;假合炫耀,虚也;自见其美,不足也;不伐其能,有余也。

故曰:凡事不度,必有其故:忧患之色,乏而且荒;疾疢之色,乱而垢杂;喜色,愉然以怿;愠色,厉然以扬;妒惑之色,冒昧无常。及其动作,盖并言辞。是故,其言甚怿,而精色不从者,中有违也;其言有违,而精色可信者,辞不敏也;言未发而怒色先见者,意愤溢也;言将发而怒气送之者,强所不然也。

凡此之类,征见于外,不可奄违。虽欲违之,精色不从,感愕以明,虽变可知。是故,观其感变,而常度之情可知。

何谓观其志质,以知其名?

凡偏材之性,二至以上,则至质相发,而令名生矣。是故,骨直气清,则休名生焉;气清力劲,则烈名生焉;劲智精理,则能名生焉;智直强悫,则任名生焉。集于端质,则令德济焉。加之学,则文理灼焉。是故,观其所至之多少,而异名之所生可知也。

何谓观其所由,以辨依似?

夫纯讦性违,不能公正;依讦似直,以讦讦善;纯宕似流,不能通道;依宕似通,行傲过

节。故曰：直者亦讦，讦者亦讦，其讦则同，其所以为讦则异。通者亦宕，宕者亦宕，其宕则同，其所以为宕则异。然则，何以别之？直而能温者，德也；直而好讦者，偏也；讦而不直者，依也；道而能节者，通也；通而时过者，偏也；宕而不节者，依也；偏之与依，志同质违，所谓似是而非也。是故，轻诺似烈而寡信；多易似能而无效；进锐似精而去速；诃者似察而事烦；讦施似惠而无成；面从似忠而退违；此似是而非者也。亦有似非而是者：大权似奸而有功；大智似愚而内明；博爱似虚而实厚；正言似讦而情忠。夫察似明非，御情之反，有似理讼，其实难别也。非天下之至精，其孰能得其实？故听言信貌，或失其真；诡情御反，或失其贤；贤否之察，实在所依。是故，观其所依，而似类之质，可知也。

何谓观其爱敬，以知通塞？

盖人道之极，莫过爱敬。是故，《孝经》以爱为至德，以敬为要道；《易》以感为德，以谦为道；《老子》以无为德，以虚为道；《礼》以敬为本；《乐》以爱为主。然则，人情之质，有爱敬之诚，则与道德同体；动获人心，而道无不通也。然爱不可少于敬，少于敬，则廉节者归之，而众人不与。爱多于敬，则虽廉节者不悦，而爱接者死之。何则？敬之为道也，严而相离，其势难久；爱之为道也，情亲意厚，深而感物。是故，观其爱敬之诚，而通塞之理，可得而知也。

何谓观其情机，以辨恕惑？

夫人之情有六机：

杼其所欲则喜，不杼其所能则怨，以自代历则恶，以谦损下之则悦，犯其所乏则媢，以恶犯媢则妒。此人性之六机也。

夫人情莫不欲遂其志，故：烈士乐奋力之功，善士乐督政之训，能士乐治乱之事，术士乐计策之谋，辨士乐陵讯之辞，贪者乐货财之积，幸者乐权势之尤。

苟赞其志，则莫不欣然，是所谓杼其所欲则喜也。

若不杼其所能，则不获其志，不获其志则戚。是故：功力不建则烈士奋；德行不训则正人哀；政乱不治则能者叹；敌能未弭则术人思；货财不积则贪者忧；权势不尤则幸者悲，是所谓不杼其能则怨也。

人情莫不欲处前，故恶人之自伐。自伐，皆欲胜之类也。是故，自伐其善则莫不恶也，是所谓自伐历之则恶也。

人情皆欲求胜，故悦人之谦。谦所以下之，下有推与之意。是故，人无贤愚，接之以谦，则无不色怿。是所谓以谦下之则悦也。人情皆欲掩其所短，见其所长。是故，人驳其所短，似若物冒之，是所谓驳其所乏则媢也。

人情陵上者也，陵犯其所恶，虽见憎未害也。若以长驳短，是所谓以恶犯疢，则妒恶生矣。

凡此六机，其归皆欲处上。是以君子接物，犯而不校，不校则无不敬下，所以避其害也。小人则不然，既不见机，而欲人之顺己。以佯爱敬为见异，以偶邀会为轻。苟犯其机，则深以为怨。是故，观其情机，而贤鄙之志，可得而知也。

何谓观其所短，以知所长？

夫偏材之人，皆有所短。故：直之失也讦，刚之失也厉，和之失也懦，介之失也拘。

夫直者不讦，无以成其直。既悦其直，不可非其讦。讦也者，直之徵也。

刚者不厉，无以济其刚。既悦其刚，不可非其厉。厉也者，刚之徵也。

和者不懦，无以保其和。既悦其和，不可非其懦。懦也者，和之徵也。

介者不拘，无以守其介。既悦其介，不可非其拘。拘也者，介之徵也。

然有短者，未必能长也，有长者必以短为征。是故，观其征之所短，而其材之所长可知也。

何谓观其聪明，以知所达？

夫仁者德之基也，义者德之节也，礼者德之文也，信者德之固也，智者德之帅也。夫智出于明，明之于人，犹昼之待白日，夜之待烛火。其明益盛者，所见及远，及远之明难。是故，守业勤学，未必及材；材艺精巧，未必及理；理意辨给，未必及智；智能经事，未必及道；道思玄远，然后乃周。是谓学不及材，材不及理，理不及智，智不及道。道也者，回复变通。是故，别而论之：各自独行，则仁为胜；合而俱用，则明为将。故以明将仁，则无不怀；以明将义，则无不胜；以明将理，则无不通。然则，苟无聪明，无以能遂。故好声而实不克则恢，好辩而礼不至则烦，好法而思不深则刻，好术而计不足则伪。是故，钧材而好学，明者为师；比力而争，智者为雄；等德而齐，达者称圣，圣之为称，明智之极明也。是故，观其聪明，而所达之材可知也。

——《鉴人智源》

什么叫观察一个人的恶情夺正与善情救恶两方面的情况，可以了解他性情的本质呢？

人的性情本质有好的一面，也有令人恶的一面。假如好的一面不能战胜恶的一面，那么恶的性情就战胜了善的性情。有时情况未必非此即彼，却是似是而非。因此，仁爱的行为本是出于慈善，可是有的人具有慈善之心却没有仁爱之举；有仁爱之心必有体恤之举，可是也有有仁爱之心却没有体恤之举的情况。严厉的人必定刚强，可是也有严厉而不刚强的。

比如看见可怜的人就流泪，但要周济的时候却又舍不得自己的钱物，这就是属于有慈善之心却没有仁爱之举的人。

面对处于危急中的人，恻隐之心油然而生，援救的时候却又害怕危险，这就是属于有仁爱之心却没有体恤之举的人。

坐而论道的时候神色严厉，一旦危及自己的利益便又怯懦起来，这就属于严厉而不刚强的人。

有慈善之心而没有仁爱之举的人，是吝啬之心夺走了仁爱之举。

有仁爱之心而没有体恤之举的人，是畏惧之心夺走了体恤之举。

严厉而不刚强的，是追逐名利的欲望夺走了刚强之心。

所以说，慈善之心战胜不了吝惜之心，就未必能行仁爱之举；仁爱之心战胜不了畏惧之心，就未必能行体恤之举；如果严厉不能战胜利欲，未必能行刚强之举。因此，如果不仁占了上风，那么其技能就会成为害人的工具；如果贪婪悖逆占了上风，那么其坚强威猛就会成为惹祸的阶梯。当然性情纯善的人救助了作恶的人，而没有造成祸害；因友情深厚，虽然发生了傲慢的情况，但并没有因此而分离；扶助善良，发扬光明，虽然疾恶如仇，并无大碍；救济他人十分慷慨，虽然有时也索取他人的财物，但并不是贪婪。因此，通过观察一个人夺、救的行为，去明辨性情中善恶品质间杂的情况，这是能够得知的。

什么叫观察一个人在受到刺激下的感应变化，可以了解他平常的状态呢？

人们总是隐藏自己的真实面貌和情感，要想了解他的内心，就必须先观察他言谈的主旨，观察他对外界刺激的应对。观察一个人的言谈主旨，就好比听音乐的美妙与丑恶；观察一个人对刺激的反应，就好比鉴别他智能的高低。因此从言谈与反应中，就足以识别各种人才。那么，论点鲜明，主题正义的，就是一个明白的人；不善于用语言应对的，就是一个城府玄妙的人；无论深奥的还是浅显的都能看个明白，就是一个通达的人；而变化无常的，就是一个思想混杂的人；能事先预测到还未发生的状况，就是一个圣人；能追思深奥的事理，就是一个见识深远的人；认识超过别人，就是一个聪明的人；隐而不露的，就是一个明智的人；能够识别细微易被疏忽的事情，就是神妙的人；不把美妙之事秘而不宣，就是一个疏朗的人；越测试越感觉他的深奥，就是实实在在有学问的人；借别人的东西到处炫耀，是一个虚伪的人；炫耀自己的长处，就是一个有缺点的人；不夸耀自己的能力，就是一个能力有余的人。

所以说，凡事过度，必有自身的原因。如果内心忧患，容色就显得疲惫；疾病缠身，容色就显得杂乱；欢喜的容色愉悦畅快；愤怒的容色严厉凌人；妒忌疑惑的容色莽撞无常。等到一定的动作出现，必定伴随相应的言辞。因此，如果讲话很愉快，但却没有愉快的神色相伴随，说明内心的情感是相反的；言语与内心不相吻合，但从神色上仍可看出他的本意，说明他不善于言辞；尚未开口就已怒容满面，这是愤怒已经控制不住的表现；讲话之前先用怒气壮胆，这是要发违心之论的表现。

所有这些内心的活动，都会有外在的特征表现，是不可能掩盖住的。即使想掩盖，但神色却不听从自己的指挥，外在形色怎样变化，仍然可以判断内心想法。所以说，观察了一个人的感应变化，就可以推知其平时的常态性情。

什么叫观察一个人的材质，可以了解他的名声呢？

凡是偏材之人都具有这样的特点，如果具有两种以上的优秀材质，这优秀的材质就会相互促进，这样自然会赢得美好的名声。因此，骨质挺直、气质清朗的，就会有美好的名声；气质清朗、力量强劲的，就会有刚烈的名声；智力发达、精通事理的，就会有能干的名声；富于智慧、坚强诚实的，就会有能当重任的名声。以上优秀的材质又有端正的品质的话，就可以成就美好的品德，再加上刻苦学习，就会有深邃的思想。所以说，观察一个人的材质，就可以推知他将会获得什么样的名声。

什么叫观察一个人做事的方法，就可以辨别他做人的真假呢？

一味攻击别人的短处，就不能公正待人；攻击别人的短处看似自己很正直，但不免误及善良之人；放荡不羁貌似流通，实际不能通达正道；放荡而貌似通达，其行为一定傲慢而没有节制。所以说，性格直率的人爱指责别人的短处，专司指责别人隐私的人当然也指责别人的短处，这两种人虽然都在指责别人的短处，但其目的却迥然不同。通达的人有不受拘束的特点，放荡的人也有不受拘束的特点，二者虽然都不受拘束，但其目的却迥然不同。那么，如何辨别二者的不同呢？性格直率而又温和，这是一种美德；直率而好指责别人的短处，则是一种偏极；爱好指责别人的短处却不正直，则是介于“直”与“讦”之间的似是而非。疏导而有节制，叫作通达；通达而时常过分，则叫作偏极；放荡而无节制，是依似；偏极与依似，志向相同，本质却不同，这就是所谓似是而非的现象。因此，随便做出承诺的人，表面上豪爽其实缺少信义；做事多变的人，表面上有能力实际上收不到任何效果；急速进取的人看似精悍，实际上退缩得也很快；爱指斥别人的人，看似洞察能力强实际上烦乱无序；以不恭敬的态度施舍别人，表面上是惠施于人，却收不到施舍的成效；表面上言听计从，好像很忠诚的人，转过脸来就会另做一套。这些都是似是而非的表现。也有似非而是的情况：精通权变的人，表面上看来很奸诈，却能成就大功劳；富于大智慧的人，表面看来很愚蠢，内心却很精明；博爱之人，表面看很虚，实际上却很厚重；正直敢说话的人，表面上看爱指责别人，内心却是一片钟情。洞察似是而非的情况，掌握人情的正反两方面的情况，这有点像审理诉讼案件，是很难辨别是非真伪的。除非天资十分精明的人，谁能得到真实的情况呢？所以说，仅仅听一个人说话或看表面现象，有可能得不到真实的情况；疑神疑鬼，就可能速失贤才。观察一个人是否是贤才，要看他更接近什么样的材质类型。所以说，观察一个人的材质类型，就可以弄清楚他类似什么样的品质。

什么叫观察一个人爱什么敬什么，就能够知道他与人们的关系能否沟通呢？

大概人情世道的最重要的准则莫过于爱与敬了。因此，《孝经》把爱作为最高的德行，把敬作为最重要的原则；《易经》以感应作为最高的德行，以谦虚作为准则；《老子》以无为为德行，以虚无为准则；《礼》以恭敬为根本；《乐》以爱为主体。人情的本质中只要有爱与敬的诚意，就能达到道德的最高境界，从而感动人心，他的为人处世之道也就无不畅通了。但是爱不可少于敬。如果爱少于敬，清廉节俭的人归附于他，而普通大众就不肯为之效命了；爱多于敬，虽然清廉节俭之人不高兴，接受爱的人却乐于效命。这是为什么呢？因为敬的过于严肃从而使人与人之间的距离拉大，关系难以持久；而爱的处世原则，情意亲密深厚，能够感动人心。所以说，观察一个人爱什么敬什么，就能够知道他与人们的关系能否沟通。

什么叫观察一个人情感变化，就能知道他是否不谙情理呢？

人的情感的表露有六种迹象：欲望得到满足就喜悦；才能得不到发挥就埋怨；对自夸炫耀者憎恶；别人在自己面前谦逊卑下就喜悦；触犯了自己的短处就忌讳；既自夸己之所长，又翻他人之所短。

人都想实现自己的志向。所以刚烈之士乐于发奋用力以成就事功，善良之士乐于督察政务的法则，贤能之士乐于拨乱反正的事功，智术之士乐于计策谋划，论辩之士乐于研究富于教训之意的言辞，贪婪之人乐于聚积财货，被宠幸的人乐于掌握权势。

假如人的心愿得到了实现，则莫不开心，这就叫欲望得到满足就喜悦。

如果人的才能不能得到发挥，志向就难以实现，志向不能实现就会有悲伤之情。因此，功力没有得到建树，刚烈之士就会心怀愤恨；德行没有驯化大众，君子就会哀伤；政治得不到治理，贤能之人就会感叹；敌方的实力未能削弱，智术之士就会反思；财货聚积不多，贪婪之人就会忧愁；权势不突出，被宠幸的人就会为之悲哀。这就是所谓其才能得不到发挥就抱怨。

人之常情，都希望走在别人的前面，所以厌恶别人自夸。自夸者都是想超过别人而已。因此，凡自夸者，人们莫不厌恶他。这就是所谓自夸炫耀就会遭到别人的憎恶。

人之常情，都想求胜，所以喜欢别人谦让。谦让表示甘居人下，居下就意味着尊重对方。因此，不管是贤人还是愚人，只要用谦恭的态度与他交往，就没有不表露出高兴的神色来的。这就是以谦恭的态度甘居人下，人就高兴。人之常情，都想掩饰自己的短处，表现自己的长处。因此，假如有人揭他的短处，就好比用东西遮盖了别人的长处。这就是批驳了别人的短处就会招来别人的愤恨。

人之常情，都想凌驾于别人之上。如果你以自夸触犯了别人，虽然会招来别人的厌恶，但还不至于招来嫉妒；如果你以己之长攻人之短，这就叫作用别人厌恶的东西去攻击别人憎恨的东西，这就会使人既憎恶又嫉妒了。

以上几种心理变化，根源在于都想居人之上。因此，君子待人接物，对别人冒犯自己的行为不去斤斤计较，不计较，则时时处处对人恭敬，甘居人下，这样也就避免别人对自己的危害。小人待人接物则不然，既看不到人情变化，又想让别人处处顺从自己，把别人表面上的恭敬看作是发自内心的称道，把别人偶然的邀请看作对自己的轻视；假如别人冒犯了他的短处，就深怀怨恨。因此，观察一个人心理变化的迹象，其道德情操的高尚或卑鄙就可以推知了。

什么叫观察一个人的短处，就能够知道他的长处呢？

偏材之人都有自己的短处。比如，性格直率之人的短处是爱攻击别人，刚正的短处是过于严厉，和善的短处是软弱，耿介的短处是拘泥。

直率而不攻击别人的短处，就不成其为直率。既然喜欢他的直率，就不要指责他爱攻击别人的短处，爱攻击别人的短处正是直率的特征。

刚正而不严厉，就无以成就他的刚正。既然喜欢他的刚正，就不要指责他的严厉，严厉正是刚正的特征。

和善而不软弱，就无以保证其和善。既然喜欢他的和善，就不要指责他的懦弱，懦弱正是和善的特征。

耿介而不拘泥，就无以持守他的耿介。既然喜欢他的耿介，就不要指责他的拘泥，拘泥正是耿介的特征。

然而，有短处的人未必有相应的长处。有长处的人必然有相应的短处为其特征。因此，观察一个人的短处，就可以推知其相应的长处是什么了。

什么叫观察一个人聪明的程度，就能够知道他今后是否发达呢？

仁是道德的基础，义是道德的节制，信是道德的保证，智是道德的统帅。智慧来自聪明，明达对于人来说，就好比白天之需要日光，夜晚之需要烛光一样。日光与烛光越是明亮，就看得越远。能够使人看得远的明辨是很难达到的境界。因此，持守事业、勤奋学习，不一定能够成就某一方面的才能。才艺精巧，不一定把握了根本的道理。精通义理、能言善辩未必富于智慧。能够办好事情，未必能掌握了事物的根本规律。只有对“道”思考得精微深远，学问才算得上周全。这就是学问不及才能，才能不及道理，道理不及智慧，智慧不及规律。道，不是一个僵死的东西，而是循环往复，不断变化的。因此，如果把道这个层次以下的各种材质与道分开而论，在各种材质中，当以仁最为优秀；如果将各种材质结合在一起使用，则当以明辨为将帅。所以，用明辨统帅仁，则无不归顺，用明辨统帅义，则无往而不胜，用明辨统帅理，则无不通达。然而，如果没有聪明，则一切都难以成功。所以，追求名声却没有与名声相符的实质，就显得空泛迂腐；爱好辩论却讲不清道理，就显得言辞烦琐混乱；爱好法制而思虑不深刻，就显得苛刻；爱好权术而计谋不足，就显得伪诈。因此，材质相当的人同样勤奋学习，具有明辨才能的人最终必将成为其他人的老师；力量相当的双方争斗，富于智慧的人必定最终称雄；德行相当的人做比较，通达者将成为圣人。圣人之所以称为圣人，是明智者当中最为明智的人。因此，观察一个人聪明的程度，能够知道他今后是否发达。

王维

唐太宗是中国历史上很有作为的一代帝王，由于他的努力，使得唐朝的政治、经济、文化各方面都处于世界领先的地位。后来人们就用“贞观之治”来表达对唐太宗政绩的肯定和对太平盛世的景仰和向往。对于自己的成功之道，唐太宗有五点经验之谈，其中有四点就是关于如何识人用人的。

有一次，唐太宗让大臣封德彝举荐有才能的人，但他过了好久也没有推荐一个人。面对责问，封德彝回答说：“不是我不尽心去做，只是当今没有杰出的人才啊！”唐太宗说：“用人跟用器物一样，每一种东西都要选用它的长处。古来能使国家达到大治的帝王，难道是向别的朝代去借人才来用的吗？我们只是担心自己不能识人，怎么可以冤枉当今一世的人呢？”这精彩的回答显示出了唐太宗的人才观念：人才总是有的，能不能被发现在于领导者有没有识别人才的能力。

唐代著名的画家韩干小时曾是酒店的伙计。他酷爱学画，一天，他到著名诗人、画家王维家送酒，趁等人的机会，以碎石作笔，把沿途所见在地上画了下来。被王维偶然看到，发现他画的人物、车马，虽不严谨深刻，倒也形象逼真。王维于是对这位小伙计略加打量，认为他虽然幼稚，但颇为机灵，又如此用心、好学，是个可塑之才。于是便问他愿不愿意跟随自己学画。韩干万分惊喜，随即辞去了酒店的差使，搬到了王维院中。王维潜心培养韩干，把自己多年来的经验一一传授给他。韩干凭其聪明才智和勤奋好学，渐渐地“青出于蓝而胜于蓝”。王维十分满意，又把他推荐给大名鼎鼎的画马专家曹霸，让他进一步深造。十多年后，韩干的画马艺术终于达到了炉火纯青的地步，成为中国美术史上著名的画马大师。

如果王维没有一双识才的慧眼，韩干就会继续做他的酒店小伙计，大不了今后成为一个酒店老板，一代大师也许就会这样被埋没了。由此可见，善于鉴才的识人者比人才本身更重要。

清朝嘉庆年间有个怪人龚定庵，当时就预见中国今后会出大问题，特别感慨自己处于一个“朝无才臣，军无才将，校无才士，野无才农，宅无才工，工无才匠，市无才商，巷无才偷，泽无才盗”的时代。他这种偏激的说法说明他只看到了事物的表面现象，实质应该是当时政治昏庸，满朝文武都不会识别人才。

诚然，准确鉴别一个人是很困难的，特别是在品行方面的鉴别，更是难上加难。因为人是能够伪装自己的，以古人的话来说，就是“或以貌少为不足，或以瑰姿为世伟，或以直露为虚华，或以巧饰为真实”。比如王莽，在大权没有巩固之前，始终做温良恭顺态，深得皇室的欢喜，许多大臣和老百姓都把他视为忠臣。

不会识人就会用人不当或者遇人不淑，就会给领导者的事业或者自身带来毁灭性的打击。历史上，因鉴别人才不当而造成用才错误者不乏其人。如元末农民起义领袖张士诚，虽知道“得人才者得天下”的道理，喜欢招贤纳士，但他并不懂得鉴别人才真伪的方法，所以虽然养得一大批“贤人”，但并没有忠义之士，待到朱元璋大兵压境之时，这些人一个个都马上开溜了，或者干脆卖主求荣了。

那么，识别人才的具体方法是什么呢？本章中指出了“八观”的识人之法。“八观”之法在人才的鉴定方面给人们提供了详细的可操作的方法，强调了领导者要根据人性情的变化，去综合地考察一个人的真实情况，这样才能去粗取精，去伪存真，由此及彼，由表及里。在今天看来，“八观”之法未免过于简单，但仍然具有很强的现实意义。

说到“八观”，战国时期齐国的宰相管子也有一个“八观”之说，意思是这样的：

巡视一个国家的田野，看看它的耕耘状况，计算它的农业生产，饥饱之国就可以区别出来了；巡视一个国家的山林湖泽，看看它的桑麻生长情况，计算它的六畜生产，贫富之国就可以区别出来了；进入一个国家的都城，视察它的宫室，看看它的车马、衣服，侈俭之国就可以区别出来了；考查灾年饥馑的情况，计算从军服役的人数，看看楼台亭阁的修建，计量财政开支的费用，虚实之国就可以区别出来了；进入一国的州、县，观察风俗习惯，了解它的人民是怎样接受上面教化的，治乱之国就可以区别出来了；来到一国的朝廷，观察君主的左右，研究一下本朝百官的情况，分析一下朝廷上下重视什么和轻视什么，强弱之国就可以区别出来了；根据君主立法出令和从政治民的情况，考察其刑赏政策是否在人民当中得到贯彻，兴灭之国就可以区别出来了；估量敌国和盟国，了解君主的意志，考察农业的状况，看看人民财产是有余还是不足，存亡之国就可以区别出来了。

管子的“八观”是如何实事求是地去考察一个国家的真实国力，就是要根据多方面的真实情况，去做调查研究，才能得到准确的判断结果。

唐朝的文学家韩愈曾几度遭贬谪，因此对于如何识别人才有其切身感受。他在《说马》一文里，用识马的道理来说明识才者与被识者的关系。他说：“世有伯乐，然后有千里马。千里马常有，而伯乐不常有。”这给后来的领导者提了个醒：只有求贤若渴的爱才之心是远远不够的，还要懂得识别人才的方法，才能练就一双识才的火眼金睛，源源不断地发现德才兼备的人才。

第二篇 《贞观政要》智慧通解

★导读

《贞观政要》，作者是唐代史学家吴兢，写作于开元、天宝之际。当时的社会仍呈现着兴旺的景象，但社会危机已露端倪，政治上颇为敏感的吴兢已感受到衰颓的趋势。为了保证唐皇朝的长治久安，他深感有必要总结唐太宗君臣相得、励精图治的成功经验，为当时的帝王树立起施政的楷模。《贞观政要》正是基于这样一个政治目的而写成的，所以它一直以其具有治国安民的重大参考价值，而得到历代的珍视。

《贞观政要》虽记载史实，但不按时间顺序组织全书，而是从总结唐太宗治国施政经验，告诫当今皇上的意图出发，将君臣问答、奏疏、方略等材料，按照为君之道、任贤纳谏、君臣鉴戒、教诫太子、道德伦理、正身修德、崇尚儒术、固本宽刑、征伐安边、善始慎终等一系列专题内容归类排列，使这部著作既有史实，又有很强的政论色彩；既是唐太宗贞观之治的历史记录，又蕴含着丰富的治国安民的政治观点和成功的施政经验。这部书是对中国史学史上古老记言体裁加以改造更新而创作出来的，是一部独具特色，对领导者富有启发的历史著作。

第一章　管理宗旨

★必先修身，然后治国

贞观初，太宗谓侍臣曰："为君之道，必须先存百姓。若损百姓以奉其身，犹割股以啖腹，腹饱而身毙。若安天下，必须先正其身，未有身正而影曲，上治而下乱者。朕每思伤其身者不在外物，皆由嗜欲以成其祸。若耽嗜滋味，玩悦声色，所欲既多，所损亦大，既妨政事，又扰生民。且复出一非理之言，万姓为之解体，怨讟既作，离叛亦兴。朕每思此，不敢纵逸。"谏议大夫魏征对曰："古者圣哲之主，皆亦近取诸身，故能远体诸物。昔楚聘詹何，问其治国之要，詹何对以修身之术。楚王又问治国何如，詹何曰：'未闻身治而国乱者。'陛下所明，实同古义。"

——《贞观政要·君道第一》

贞观（公元627~649年）初年，唐太宗对身旁大臣说："作为君王的根本，首先应该考虑民众的利益。倘若损害民众来奉养自身，便如同割下自己四肢的肉来填塞腹部，腹部虽然填饱了，人却死了。倘若要安定天下，首先应该是端正自身的行为，世上从没有身正影斜之事，也没有上面治理得好而下面混乱之事。我常想：伤害君王之身的不在外物，而大多由于各种不良的嗜好和欲望所造成的祸患。倘若过度爱好佳肴美味，沉溺于歌舞美女，那么所想得到的越多，所受到的损伤也就越大。这样既妨害了国家政事，又侵扰了全国的民众。另外，帝王说出一句非理的话，民众便会离心；一旦产生怨恨诽谤，叛离之事便会接踵而来。每想到这些，我便不敢放纵嗜欲去追求享乐。"谏议大夫魏征回答道："古代圣明的君主，大都就近加强自己的修养，故此能够体察到其他事物。过去楚庄主礼请贤士詹何，向他询问治国的要领，詹何便举如何进行身心修养来作为回答。楚庄王又问他到底什么是治国的要领，詹何答到：'没听说过自身品行端正而国家还会混乱的。'陛下所明了的，实在符合古时的义理。"

★明君兼听，昏君偏信

贞观二年，太宗问魏征曰："何谓为明君暗君？"征曰："君之所以明者，兼听也；其所以暗者，偏信也。《诗》云：'先民有言，询于刍荛。'昔唐、虞之理，辟四门，明四目，达四聪。是以圣无不照，故共、鲧之徒，不能塞也；靖言庸回，不能惑也。秦二世则隐藏其身，捐隔疏贱而偏信赵高，及天下溃叛，不得闻也。梁武帝偏信朱异，而侯景举兵向阙，竟不得知也。隋炀帝偏信虞世基，而诸贼攻城剽邑，亦不得知也。是故人君兼听纳下，则贵臣不得壅蔽，而下情必得上通也。"太宗甚善其言。

——《贞观政要·君道第一》

贞观二年（公元六二八年），太宗问魏征道："什么叫作明君？什么叫作昏君？"魏征回答说："君主之所以能够明达，是由于能够兼听多方面的意见，掌握多方面的情况；国君之所以昏庸，是由于他的偏听偏信。《诗经·大雅·板》中说：'先辈有这样的话，向割草砍柴的人征求意见。'古代尧、舜的时候，打开四方之门来接纳八方人士，开通四方视听来了解天下事理，故此能够做到圣明的目光无所不照察，故此共工、鲧这类人，无法蒙蔽他；奸佞小人的恭维话和奸计，也无法迷惑他。秦二世胡亥将自己深藏于深宫里，摒弃隔绝所有自己不亲近的人士，偏信于权奸赵高，及至天下已然崩溃离叛，他还一点信息都不知道。梁武帝偏信朱异的话，重用侯景。侯景率领叛军攻打京城，梁武帝竟然不知道。隋炀帝偏信虞世基的话，各路起义军攻取城池、抢掠乡邑，他也不知道。如此看来，君主应该兼听，应该容纳臣下不同的见解。那样，亲贵宠幸的臣子也就无法堵塞耳目、蒙蔽真情，而下情便可以上达了。"太宗非常赞赏魏征的这番议论。

魏徵

★经营治理，唯在德行

圣哲乘机，拯其危溺，八柱倾而复正，四维弛而更张。远肃迩安，不逾于期月；胜残去杀，无待于百年。今宫观台榭，尽居之矣；奇珍异物，尽收之矣；姬姜淑媛，尽侍于侧矣；四海九州,尽为臣妾矣。若能鉴彼之所以失,念我之所以得,日慎一日,虽休勿休,焚鹿台之宝衣,毁阿房之广殿,惧危亡于峻宇,思安处于卑宫,则神化潜通,无为而治,德之上也。若成功不毁,即仍其旧,除其不急,损之又损,杂茅茨于桂栋,参玉砌以土阶,悦以使人,不竭其力,常念居之者逸,作之者劳,亿兆悦以子来,群生仰而遂性,德之次也。若惟圣罔念,不慎厥终,忘缔构之艰难,谓天命之可恃,忽采椽之恭俭,追雕墙之靡丽,因其基以广之,增其旧而饰之,触类而长,不知止足,人不见德,而劳役是闻,斯为下矣。譬之负薪救火,扬汤止沸,以暴易乱,与乱同道,莫可测也,后嗣何观!夫事无可观则人怨,人怨则神怒,神怒则灾害必生,灾害既生,则祸乱必作,祸乱既作,而能以身名全者鲜矣。顺天革命之后,将隆七百之祚,贻厥子孙,传之万叶,难得易失,可不念哉!

——《贞观政要·君道第一》

圣明的大唐天子当机立断,于危乱倾覆当中拯救天下。撑天的八柱倾倒了,能重新扶正过来;系地的四维废绝了,又再次设置起来。远方的人前来朝拜,近处的人安居乐业,不到一年国家就达到了治平;战胜残暴,消除杀戮,也不需要百年。而今隋朝的宫殿楼阁都被皇家占据,奇珍异宝都没收了,美貌的嫔妃都侍奉在您的身边;举国之内,都是君王的臣子与奴婢。如果能借鉴于隋朝失败的教训,常常想想自己是怎样取得天下的,因而一天比一天谨慎,虽有美德而不自恃。下决心焚毁掉商纣王的鹿台宝衣,拆除掉秦始皇的阿房宫殿;畏惧着高楼广宇、雕墙画壁将葬送政权,从而安心于卑宫小殿。那么,自身的精神修养就能对百姓起到潜移默化的教育作用,思想也就暗暗与百姓相通,从而达到无为而治,这是以德治国的最好办法。倘若认为已成之功、已造之物不必毁弃,那就保存原有的这些宫室珍宝之类,去掉其中的不急之务,把耗费压缩了再压缩;简陋房屋与华丽宫室相间杂,玉石栏杆与泥土台阶相掺和也不计较,民众高兴的事就派他们去做,而且不要耗竭他们的精力。常常想想自己住在里面所享受的快乐,再想想建造它的人所付出的辛劳。使亿万民众像为父亲效力一样愉快地来听从使唤,所有的人都仰仗国君而性情归于纯朴,这是以德治国的次等方法。如果君王有一念之差,不善始慎终,忘记了缔造国家的艰难,自以为有天命可以依恃,忽视保持采椽不斫的恭俭之德,追求画栋雕梁的绮丽奢豪,去拓展秦宫隋殿的基地进而增饰它,又随事添加,不知止足,百姓看不到君王的美德,相反只听到不断征发劳役的消息,这是最下等的治国方法。这种办法就像背着木柴去救火,扬起沸水来制止沸腾,用暴乱去代替暴乱,这就与昏乱者走上了同一条道路,后果不堪设想。后世子孙又从哪里找到自己的榜样呢?君主没有可以显示德行的业绩,就会使百姓怨恨、神灵发怒,百姓怨恨、神灵发怒,灾难和祸害就一定会产生,灾害一旦发生,则祸乱发作,祸乱发作而能保全身名的人就极少极少啦!皇上您顺从天意,革除隋氏而创业以后,将不断发展如同周文王周武王那样的不朽基业,并遗留给子孙,使它传到万代。国家的基业难于取得却容易丧失,能够不认真反思吗?

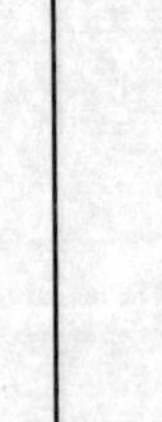

★居安思危，谨慎守业

贞观十五年，太宗谓侍臣曰："守天下难易？"侍中魏征对曰："甚难。"太宗曰："任贤能，受谏诤，即可。何谓为难？"征曰："观自古帝王，在于忧危之间，则任贤受谏。及至安乐，必怀宽怠，言事者惟令兢惧，日陵月替，以至危亡。圣人所以居安思危，正为此也。安而能惧，岂不为难？"

——《贞观政要·君道第一》

贞观十五年（公元641年），太宗对侍臣们说："守天下到底是难呢还是不难呢？"身任侍中的魏征回答说："太艰难了。"太宗说："任用贤能的人，采纳臣下的意见，就可以了，怎么说很难呢？"魏征说："我观察自古以来的帝王，当他们处于忧虑危急的时候，就能任用贤能而接受谏诤；及至安乐之后，一定心怀懈怠，放松自己，谁向他进言就必定弄得对方胆战心惊，惶恐惧怕，这样一天比一天衰退疲惫下去，所以走到危亡的境地。圣人所以能居安思危，正是为了避免这种情况发生。安居时能怀畏惧之心，难道不算难吗？"

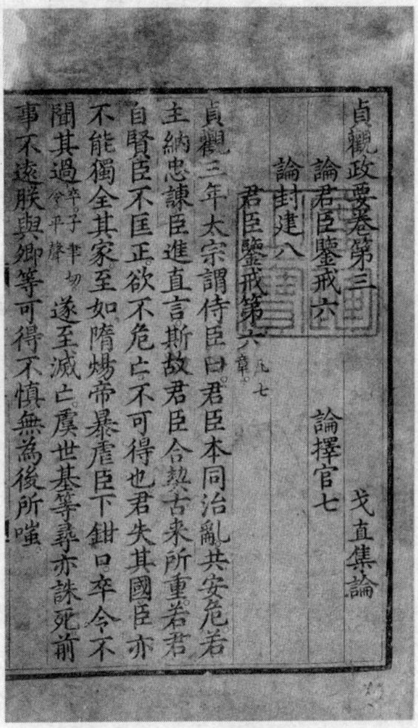
貞觀政要卷第三
論君臣鑒戒六　論擇官七
論封建八　戈直集論
君臣鑒戒第六
貞觀三年太宗謂侍臣曰君臣本同治亂共安危若
主納忠諫臣進直言斯故君臣合契古來所重若君
自賢臣不匡正欲不危亡不可得也君失其國臣亦
不能獨全其家至如隋煬帝暴虐臣下鉗口卒令不
聞其過遂至滅亡虞世基等尋亦誅死前
事不遠朕與卿等可得不慎無爲後所嗤

《贞观政要》书影

第二章　施政纲要

★上下互信，各司其职

贞观四年，太宗问萧瑀曰：“隋文帝何如主也？”对曰：“克己复礼，勤劳思政，每一坐朝，或至日昃，五品已上，引坐论事，宿卫之士，传飧而食，虽性非仁明，亦是励精之主。”太宗曰：“公知其一，未知其二。此人性至察而心不明。夫心暗则照有不通，至察则多疑于物。又欺孤儿寡妇以得天下，恒恐群臣内怀不服，不肯信任百司，每事皆自决断，虽则劳神苦形，未能尽合于理。朝臣既知其意，亦不敢直言，宰相以下，惟即承顺而已。朕意则不然，以天下之广，四海之众，千端万绪，须合变通，皆委百司商量，宰相筹画，于事稳便，方可奏行。岂得以一日万机，独断一人之虑也。且日断十事，五条不中，中者信善，其如不中者何？以日继月，乃至累年，乖谬既多，不亡何待？岂如广任贤良，高居深视，法令严肃，谁敢为非？”因令诸司，若诏敕颁下有未稳便者，必须执奏，不得顺旨便即施行，务尽臣下之意。

——《贞观政要·政体第二》

萧瑀

贞观四年，唐太宗问萧瑀说：“隋文帝是什么样的君主？”萧瑀回答说：“他能克己复礼，勤奋地从事政务，每次坐朝办公，有时要到午后才休止。五品以上的官员，他都要引坐论事，宿卫人员，吃饭也不下岗。这个人虽说天性不属仁爱明智的一类，倒也算得上是一个励精图治的君主。”太宗说：“你只知其一，不知其二。隋文帝这个人性格过于审细，而且不明事理。内心不明就察觉不出自己的过失，过于审细就会对人疑虑多端。再说，他是用欺负孤儿寡妇的手段篡得政权的，总是担心群臣内心不服气，于是不肯信任百官，每事都由自己拿主张。虽则劳碌身体，耗费精神但不可能办得都妥当。朝中大臣既知他的心意，也就不敢直言劝谏，宰相以下官员，只是奉承顺旨罢了。我的看法就不是这样。天下这么大，举国之内人口这么多，事情太复杂了，应该随事取法，有所变通，都交给主管机关去商量，由宰相筹谋策划，对事情合适，这才报告给我，决策施行。怎么把一天中需要处理的许许多多事情，让一个人思考决断呢！况且一天处理十件事，有五件出偏差，处理对的当然好，处理不对的怎么办呢？一天天积累下去，成年累月，乖谬失误也就堆积得多了。这样下去，除去灭亡还会有什么结局？这怎么比得上广泛地任用贤良，自己高居宝座，洞察事理，严肃法令，谁敢做坏事呢？”因而下令朝廷各部门：如果诏敕颁发下去有不稳妥或不便施行的，必须坚持己见上报，不能顺从旨意，随即施行，一定要尽到臣子的责任。

★心存畏惧，国运长久

贞观六年，太宗谓侍臣曰：“看古之帝王，有兴有衰，犹朝之有暮，皆为蔽其耳目，不知时政得失，忠正者不言，邪谄者日进，既不见过，所以至于灭亡。朕既在九重，不能尽见天下事，故布之卿等，以为朕之耳目。莫以天下无事，四海安宁，便不存意。可爱非君，可畏非民。天子者，有道则人推而为主，无道则人弃而不用，诚可畏也。”魏征对曰：“自古失国之主，皆为居安忘危，处治忘乱，所以不能长久。今陛下富有四海，内外清晏，能留心治道，常临深履薄，国家历数，自然灵长。臣又闻古语云：‘君，舟也；人，水也。水能载舟，亦能覆舟。’陛下以为可畏，诚如圣旨。”

——《贞观政要·政体第二》

贞观六年，唐太宗对侍臣说：“我看古代的帝王，有兴盛之时也有衰败之时，就像白天之后有夜晚，都是闭塞了自己的耳目，不知当时的政治得失。忠正的人不说话，奸邪谄媚的人越来越受亲近。帝王既不见己过，所以也就走向灭亡了。我身处九重之上，不能够尽知天下万事，所以安排你们各位，希望能起到耳目的作用。不要认为天下太平无事，四海安宁，就不小心在意。《尚书》说：‘可爱的是国君，可畏的是百姓。’做国君的，如果有道，百姓就拥戴他做国君；无道的话，人民就会抛弃他而不予承认，这才真可怕呢！”魏征回答说：“自古丢掉政权的君主，都因为他们居安便忘危，处治就忘乱，所以不能长久地拥有天下。现在陛下拥有天下，国家内外清平安定，能够留心治国方法，常常像面临深渊、足踩薄冰那样小心谨慎的办事，国家的运数，自然绵延久长。我又听到过古语说：‘君，是船；民，是水。水能载船，也能翻船。’皇上您认为‘可怕’的确是您说的这个道理。”

★小事不做，大事必败

贞观六年，太宗谓侍臣曰：“古人云：‘危而不持，颠而不扶，焉用彼相？’君臣之义，得不尽忠匡救乎？朕尝读书，见桀杀关龙逄，汉诛晁错，未尝不废书叹息。公等但能正词直谏，裨益政教，终不以犯颜忤旨，妄有诛责。朕比来临朝断决，亦有乖于律令者。公等以为小事，遂不执言。凡大事皆起于小事，小事不论，大事又将不可救，社稷倾危，莫不由此。隋主残暴，身死匹夫之手，率土苍生，罕闻嗟痛。公等为朕思隋氏灭亡之事，朕为公等思龙逄、晁错之诛，君臣保全，岂不美哉！”

——《贞观政要·政体第二》

贞观六年，太宗对侍臣们说：“古语讲：‘危险时你不去扶持，跌倒时你不去扶助，哪里还用得上这种助手呢？’君臣之间的道理，能够不尽忠来匡救吗？我曾读书，看到夏桀杀关龙逄，汉景帝杀晁错时，未尝不放下书本叹息。你们只要能义正词严地坦率地劝谏，对国家的政治教化有帮助，我决不会因为犯颜违旨，而随便责备你们。我近来临朝断事，也有违背国家律令的地方，你们各位以为是小事一件，也就不汇报、不进谏了。凡大事都是由小事来的，小事不讨论，到有了大事，就将不可挽救了。政权的倾危，没有不从这儿开始的。隋炀帝残暴，当他被一个普通人杀死时，很少听到全国老百姓中有为他悲痛的。你们为我想到隋朝灭亡的事，我为你们考虑龙逄、晁错是怎样被杀的，这样的君宁臣安，君臣保全，难道不是天地间一大美事吗？”

★君上严明，臣下尽职

贞观十六年，太宗谓侍臣曰：“或君乱于上，臣治于下；或臣乱于下，君治于上。二者苟逢，何者为甚？”特进魏征对曰：“君心治，则照见下非。诛一劝百，谁敢不畏威尽力？若昏暴于上，忠谏不从，虽百里傒、伍子胥之在虞、吴，不救其祸，败亡亦继。”太宗曰：“必如此，齐文宣昏暴，杨遵彦以正道扶之得治，何也？”征曰：“遵彦弥缝暴主，救治苍生，才得免乱，亦甚危苦。与人主严明，臣下畏法。直言正谏，皆见信用，不可同年而语也。”

——《贞观政要·政体第二》

贞观十六年，太宗问侍臣：“或者君主乱于上，而大臣治于下；或者大臣乱于下，而君主治于上。这两者倘若碰上了，哪一种后果更为严重呢？”特进魏征答道：“君王用心管理国家,便能够明察臣下的过失,处罚一个人就能警诫上百人,谁还敢不畏惧威严尽力办事呢？倘若君主凶暴于上,臣子的忠谏根本不听从,虽有百里侯、伍子胥这样忠诚智慧的大臣在虞国、吴国,也挽救不了各自君王的祸患,而国家的灭亡也就跟着发生了。”太宗说:“如果一定是这样,那北齐的文宣帝是个昏庸残暴的君主,杨遵彦却用正确的方法扶助他治理好北齐,这怎么理解呢?”魏征说:“杨遵彦千方百计为昏君暴主救过补失,千方百计保全苍生,也仅仅免于国家的动乱,那也十分艰难辛苦了。这与国君严肃明智,臣子畏惧国法,并敢于直言劝谏,大家都得到国君的信用,是不可同年而语的。”

第三章　诚心求谏

★诚心求谏，匡正过失

太宗威容俨肃，百僚进见者，皆失其举措。太宗知其若此，每见人奏事，必假颜色，冀闻谏诤，知政教得失。贞观初，尝谓公卿曰："人欲自照，必须明镜；主欲知过，必藉忠臣。主若自贤，臣不匡正，欲不危败，岂可得乎？故君失其国，臣亦不能独全其家。至于隋炀帝暴虐，臣下钳口，卒令不闻其过，遂至灭亡，虞世基等，寻亦诛死。前事不远，公等每看事有不利于人，必须极言规谏。"

贞观元年，太宗谓侍臣曰："正主任邪臣，不能致理；正臣事邪主，亦不能致理。惟君臣相遇，有同鱼水，则海内可安。朕虽不明，幸诸公数相匡救，冀凭直言鲠议，致天下太平。"谏议大夫王珪对曰："臣闻，木从绳则正，后从谏则圣。是故古者圣主必有诤臣七人，言而不用，则相继以死。陛下开圣虑，纳刍荛，愚臣处不讳之朝，实愿罄其狂瞽。"太宗称善，诏令自是宰相入内平章国计，必使谏官随入，预闻政事。有所开说，必虚己纳之。

——《贞观政要·求谏第四》

太宗的神态威严而庄重，百官前来觐见，拘谨得无所适从。太宗得知这个情况以后，每当有人前来奏事，都留心和颜悦色，以求能够听到对方的真心话，从而了解政行的得失。贞观初年，太宗曾对王公大臣们说："一个人想看到自己的面容，必须要有一面明镜；一个国君想知道自己的过失，必须借助于忠臣。国君如果自以为贤能，臣子又不匡正，想不陷入危亡失败的境地，怎么可能呢？所以，国君失掉国，臣子也不能单独保全他的家。至若隋炀帝肆行暴虐，臣下一个个紧闭嘴巴不说话，终于使他什么过失也不知道，以至于灭亡。而虞世基等钳口不言的大臣，跟着也被杀死了。这前车之覆的情景离我们还不远，今后你们各位一看到事情有不利于民众的，一定要直言切谏，可不要有什么顾忌。"

贞观元年，唐太宗对侍臣说："正直的国君任用了奸邪的臣子，不能使国家达到治平；忠正的臣子侍奉邪恶的国君，也不能使国家达到治平；只有正直之君遇上忠正之臣，如同鱼得到水，这样天下就可以安定。我虽然不聪明，幸而有你们多次匡正补救，希望凭借你们耿直的进言，使天下达到太平。"谏议大夫王珪回答说："我们知道，木料得到绳墨加工就会变得平正，君主采纳谏诤就能变得圣明。所以古代圣哲之君一定有七八个直言敢谏的诤臣，如果有谁提了意见而不被采纳，他们就一个接一个地冒死去诤。您皇上敞开胸怀，能采纳樵夫渔夫的话，我们这批愚臣，处于这不讲忌讳的圣明时代，真愿意掏出自己的心，和盘托出自己的无知或偏见。”太宗称赞王珪的话对。下令从今以后宰相进宫筹商国家大事，一定让谏官跟随进去，让他参加接见，了解国家大事。如果有所陈说，一定虚心采纳。

★上昏下谀，怎能治理

贞观二年，太宗谓侍臣曰：“明主思短而益善，暗主护短而永愚。隋炀帝好自矜夸，护短拒谏，诚亦实难犯忤。虞世基不敢直言，或恐未为深罪。昔箕子佯狂自全，孔子亦称其仁。及炀帝被杀，世基合同死否？”杜如晦对曰：“天子有诤臣，虽无道，不失其天下。仲尼称：‘直哉史鱼，邦有道如矢，邦无道如矢。’世基岂得以炀帝无道，不纳谏诤，遂杜口无言？偷安重位，又不能辞职请退，则与箕子佯狂而去，事理不同。昔晋惠帝、贾后将废愍怀太子，司空张华竟不能苦诤，阿意苟免。及赵王伦举兵废后，遣使收华，华曰：‘将废太子日，非是无言，当时不被纳用。’其使曰：‘公为三公，太子无罪被废，言既不从，何不引身而退？’华无辞以答，遂斩之，夷其三族。古人有云：‘危而不持，颠而不扶，则将焉用彼相？’故‘君子临大节而不可夺也。’张华既抗直不能成节，逊言不足全身，王臣之节固已坠矣。虞世基位居宰辅，在得言之地，竟无一言谏诤，诚亦合死。”太宗曰：“公言是也。人君必须忠良辅弼，乃得身安国宁。炀帝岂不以下无忠臣，身不闻过，恶积祸盈，灭亡斯及！若人主所行不当，臣下又无匡谏，苟在阿顺，事皆称美，则君为暗主，臣为谀臣，君安臣谀，危亡不远。朕今志在君臣上下，各尽至公，共相切磋，以成治道。公等各宜务尽忠谠，匡救朕恶，终不以直言忤意，辄相责怒。”

——《贞观政要·求谏第四》

贞观二年，唐太宗对侍臣说：“贤明的君主时时想到自己的短处因而越来越好，昏昧的君主庇护自己的短处而永远愚昧。隋炀帝爱夸耀自己的长处，庇护自己的短处而拒绝规谏，臣子实在也难于犯颜忤旨。虞世基不敢直言，或者不能算很大的罪过。过去商朝的箕子假装疯狂来保全性命，孔子也说他仁。后来隋炀帝被杀，虞世基理应与他一起死吗？”杜如晦回答说：“天子身边有了诤臣，即使他本人无道昏悖，也不至于失掉天下。孔子说：‘正直的史鱼呀，国家有道他正直如箭，国家无道他还是正直如箭！’虞世基作为臣子，怎么能因为炀帝无道而忘了自己的职责，不去谏诤，就那么钳口不言呢？他偷安于重位，做着高官，又不能辞职请退，那么，他和箕子的装疯病而去职，事理就不一样了。当年晋惠帝和贾皇后准备废掉愍怀太子，身任司空的张华竟不能苦诤，却阿附主子意图以求自身的免祸。及至赵王伦起兵废掉贾后，派人责备张华，张华说：‘废太子的时候，我不是

隋炀帝

保持沉默，而是当时说的话没有被采用。’那个使者说：‘你身居三公之职，太子没有罪被废掉，诤谏既然未被采纳，为何自己不辞官隐退呢？’张华无言以对，使者杀死他，灭掉他家的三族人。古人说：‘国家危急而不扶持，倾颓而不匡救，那怎么用这种人来辅佐呢？’所以成语说：‘君子临大节是不可夺其志的’。张华既然在正直方面不能全其名节，说得再好听的话也不足以保全声誉，为臣之节这就坠失了。虞世基处在宰相之位，有向皇帝进言的机会，终于没有说一句批评时政的话，看来杀死也活该。”太宗说：“你说得很对，人君一定要有忠良来辅佐指教，这才能做到国泰民安。隋炀帝可不就因为下无忠臣，自己不问己过，而又恶积祸盈，走上灭亡之路。如若人主所行不适当，臣下又没有人前来点破，进行匡正，而是无原则地希求顺应皇上，遇事都唱一通颂歌，那么君主就是一位瞎了眼的主子；臣下就是一批善于献媚讨好的人。国君昏庸，臣子谄媚，国家危亡不要多长时间。我现在的志向在于使君臣上下齐心，各自尽到最公正之心，共同商量来实现天下大治。你们各人都务必要竭尽忠诚，直言规谏，匡救我的缺点和过失。我一定不会把你们直言规谏看成违逆旨意，动辄发怒责备。”

★己能受谏，再谏他人

房玄龄

贞观五年，太宗谓房玄龄等曰：“自古帝王多任情喜怒，喜则滥赏无功，怒则滥杀无罪。是以天下丧乱，莫不由此。朕今夙夜未尝不以此为心，恒欲公等尽情极谏。公等亦须受人谏语，岂得以人言不同己意，便即护短不纳？若不能受谏，安能谏人？”

——《贞观政要·求谏第四》

贞观五年，唐太宗对房玄龄说：“自古以来，帝王之中多有放纵情性，喜怒无常的，高兴时就任意赏赐无功的人，发怒时就乱杀无罪的人。因此，国家遭受损失，造成混乱，没有不是从这里开始的。我现在从早到晚，无时不把这件事放在心上，常常希望你们尽情地极力规谏。你们自己也应该听得进别人的意见，怎么能因为人家与自己意见不一就不加听纳、就给自己护短呢？一个人如果听不进别人的意见，又怎么能正确地给他人进谏呢？”

★臣下欲谏，先忧降罪

贞观十五年，太宗问魏征曰：“比来朝臣都不论事，何也？”征对曰：“陛下虚心采纳，诚宜有言者。然古人云：‘未信而谏，则以为谤己；信而不谏，则谓之尸禄。’但人之才器各有不同，懦弱之人，怀忠直而不能言；疏远之人，恐不信而不得言；怀禄之人，虑不便身而不敢言。所以相与缄默，俯仰过日。”太宗曰：“诚如卿言。朕每思之，人臣欲谏，辄惧死亡之祸，与夫赴鼎镬、冒白刃，亦何异哉？故忠贞之臣，非不欲竭诚。竭诚者，乃是极难。所以禹拜昌言，岂不为此也！朕今开怀抱，纳谏诤。卿等无劳怖惧，遂不极言。”

——《贞观政要·求谏第四》

贞观十五年，太宗问魏征说：“近来朝臣都不与我纵论是非，不发表己见了，这是为什么呢？”魏征回答说：“皇上您虚心听取各方面的意见，按理，应该有敢于直言的人。不过，古人说过：‘没有获得信任时，就去进言批评，对方会认为你在诽谤；获得了信任却不肯进言直谏，那就是占高位白受禄了。’然而人的才识器性，各有不同。懦弱的人，虽然怀着忠直之心，但不能说出来；被国君疏远的人，担心不受信任因而不敢说；心中只考虑个人俸禄的人，忧虑的是不利于自身，因而不敢说。所以，大家互相保持沉默，随波逐流，苟且度日。”太宗说：“的确像你说的这样。我常常想到：臣子们打算进谏时，总立刻想到有没有杀头之祸，跟在战场上冲锋陷阵没有什么不同。所以忠贞的臣子们，不是不想竭尽忠诚，而是非常为难。所以大禹听到善言就拜谢，难道不是为这个缘故吗？我现在敞开胸怀，采纳直言规劝，你们不要过分恐怖畏惧，就不敢极力进言。”

第四章 虚心纳谏

★厌而不去，是为最恶

贞观初，太宗与黄门侍郎王珪宴语，时有美人侍侧，本庐江王瑗之姬也，瑗败，籍没入宫。太宗指示珪曰：“庐江不道，贼杀其夫而纳其室，暴虐之甚，何有不亡者乎！”珪避席曰：“陛下以庐江取之为是邪，为非邪？”太宗曰：“安有杀人而取其妻，卿乃问朕是非，何也？”珪对曰：“臣闻于《管子》曰：齐桓公之郭国，问其父老曰：‘郭何故亡？’父老曰：‘以其善善而恶恶也。’桓公曰：‘若子之言，乃贤君也，何至于亡？’父老曰：‘不然。郭君善善而不能用，恶恶而不能去，所以亡也。’今此妇人尚在左右，臣窃以为圣心是之。陛下若以为非，所谓知恶而不去也。”太宗大悦，称为至善，遽令以美人还其亲族。

——《纳谏第五》

王珪

贞观初年，有一次太宗与黄门侍郎王珪一起随意闲谈，正好有一位被封为美人的宫女侍立在身旁，此人原是庐江王李瑗的小妾，李瑗谋反失败被杀后，她作为罪人亲属被抄没入宫。席间，太宗指着美人对王珪说：“庐江王荒淫无道，阴谋杀害了她的丈夫而将她占有。李瑗残暴淫虐到了极点，怎么会不灭亡啊！”王珪站起身离开席位严肃地问道：“皇上您认为庐江王娶她是正确的呢还是荒唐的呢？”太宗说：“哪里有杀了人却娶他的妻子，你却来问我对不对？是何道理？”王珪说：“我听说《管子》中记载：齐桓公到郭国去，问那里的百姓说：‘郭国是什么原因亡国的？’百姓说：‘因国君喜欢善良的人而讨厌邪恶的人。’桓公说：‘如果像你所说，就是一位贤德之君了，怎么会灭亡的呢？’百姓回答说：‘不是这样。郭君喜爱善良而不能信用，憎恶邪恶而不能打击，所以就招致亡国了。’现在这个美人还在陛下的左右，我暗自认为陛下是赞成庐江王的做法的。但陛下如果认为庐江王是错的，那就是知道邪恶而又不远离了。”太宗听了很以为不错，称赞王珪说得有理，立刻下令把这个美人送还她的亲属。

★牺牲自己，成全百姓

贞观七年，太宗将幸九成宫。散骑常侍姚思廉进谏曰：“陛下高居紫极，宁济苍生，应须以欲从人，不可以人从欲。然而离宫游幸，此秦皇、汉武之事，故非尧、舜、禹、汤之所为也。”言甚切至。太宗谕之曰：“朕有气疾，热便顿剧，故非情好游幸。甚嘉卿意。”因赐帛五十段。

——《贞观贞要·纳谏第五》

贞观七年，太宗将移住到九成宫，即隋代的仁寿宫去。散骑常侍姚思廉进谏说：“皇上您高居天下第一宝座，安宁养育天下百姓，应当使自己的需要适应万民的利益，而不能让万民来适应您个人的欲望。然而这种离开皇宫而四处游幸的事，本是秦皇汉武他们搞的一套，本来就不是尧舜禹汤的所作所为。”言辞非常恳切周到。太宗告诉他说：“我有气病，天气变热，病热就立即加重，所以，不是内心喜欢游玩。我非常赞赏你的诚意。”因而赏赐五十段帛给姚思廉。

★言辞虽激，亦非诽谤

贞观八年，陕县丞皇甫德参上书忤旨，太宗以为讪谤。侍中魏征进言曰：“昔贾谊当汉文帝上书云云‘可为痛哭者一，可为长叹息者六’。自古上书，率多激切。若不激切，则不能起人主之心。激切即似讪谤，惟陛下详其可否。”太宗曰：“非公无能道此者。”令赐德参帛二十段。

——《贞观政要·纳谏第五》

贞观八年，陕县县丞皇甫德参上书，触犯了太宗的意旨，太宗认为是故意诽谤。侍中魏征进言谏道：“当年贾谊当汉文帝之时，上书说了一大篇‘可为痛哭’，‘可为长叹息’的种种弊政。自古上书言事，通常多激烈而迫切的话，如果不激烈迫切，就不能打动人主的心。激烈迫切就栩似于诽谤，希望陛下仔细详察说的对与不对。”太宗说：“除你而外是没有人能够说出这番道理的。”于是赐给皇甫德参二十段帛。

★谏言有益，回报应得

贞观十七年，太子右庶子高季辅上疏陈得失。特赐钟乳一剂，谓曰："卿进药石之言，故以药石相报。"

——《贞观政要·纳谏第五》

贞观十七年。太子右庶子高季辅上奏章陈说时政得失。唐太宗特别赐给他一剂钟乳药，对他说："你进奏给我一篇针砭时弊的药石良言，为我治病，所以我赐给你一剂钟乳作为相报。"

★当面责问，阻退进言

贞观十八年，太宗谓长孙无忌等曰："夫人臣之对帝王，多顺从而不逆，甘言以取容。朕今发问，不得有隐，宜以次言朕过失。"长孙无忌、唐俭等皆曰："陛下圣化道致太平，以臣观之，不见其失。"黄门侍郎刘洎对曰："陛下拨乱创业，实功高万古，诚如无忌等言。然顷有人上书，辞理不称者，或对面穷诘，无不惭退。恐非奖进言者。"太宗曰："此言是也，当为卿改之。"

——《贞观政要·纳谏第五》

贞观十八年，太宗对长孙无忌等人说："要说人臣的侍奉君王，一般说来，都是顺承而不敢反对，甘言美词以求容身安位。现在我亲自发问，你们不得隐晦，应该一一给我指出有什么过失。"长孙无忌、唐俭等人都说："皇上您圣明的教化，使国家臻于太平，拿我们眼光来看，见不到有什么过失之处。"黄门侍郎刘洎对答说："陛下拨乱创业，确实功高万古，如无忌等人所说。但不久前有人上书，遇到言辞内容不合陛下心意，有时就当面追根盘问，弄得上书言事的人无不羞惭而退。这恐怕不是在奖励进言者吧。"太宗说："这话讲对了，我一定接受你的意见改正错误。"

★偏信小人，人心涣散

贞观五年，治书侍御史权万纪、侍御史李仁发，俱以告讦谮毁，数蒙引见。任心弹射，肆其欺罔，令在上震怒，臣下无以自安。内外知其不可，而莫能论诤。给事中魏征正色而奏之曰："权万纪、李仁发并是小人，不识大体，以谮毁为是，告讦为直，凡所弹射，皆非有罪。陛下掩其所短，收其一切，乃骋其奸计，附下罔上，多行无礼，以取强直之名。诬房玄龄，斥退张亮，无所肃厉，徒损圣明。道路之人，皆兴谤议。臣伏度圣心，必不以为谋虑深长，可委以栋梁之任，将以其无所避忌，欲以警厉群臣。若信狎加邪，犹不可以小谋大，群臣素无矫伪，空使臣下离心。以玄龄、亮之徒，犹不可得伸其枉直，其余疏贱，孰能免其欺罔？伏愿陛下留意再思。自驱使二人以来，有一弘益，臣即甘心斧钺，受不忠之罪。陛下纵未能举善以崇德，岂可进奸而自损乎？"太宗欣然纳之，赐征绢五百匹。其万纪又奸状渐露，仁发亦解黜，万纪贬连州司马。朝廷咸相庆贺焉。

——《贞观政要·纳谏第五》

贞观五年，治书侍御史权万纪和侍御史李仁发，都因告密、诬陷毁谤，多次被太宗召见。他们任意告发攻击别人，极尽欺蒙之能事，使得皇上震怒，而臣下无以自安。内外的人都知道不对，但没有谁能向太宗议论谏诤。给事中魏征严肃地上奏说："权万纪、李仁发都是小人，不识大体，认为诬陷诽谤是对的，揭发隐私才是正直，凡是被他们所告发攻击的人，都并非真是有罪。陛下掩盖他们的短处，对他们完全听信，他们就施展奸谋，对下拉拢对上欺瞒，干了许多无礼的事情，来博取鲠直的美名。他们诬陷房玄龄，斥退张亮，并不能整肃朝廷，却白白地损害了圣上的英明。路上的人，都纷纷指责议论。我私自猜测圣上的心意，一定不会认为他们谋虑深长，可以委以国家栋梁的重任，大概因为利用他们无所避忌的言行，好用来警诫督促群臣。然而，像这类奸回邪辟的小人，尤其不可以与他们谋划国家大事。群臣平素本来并没有什么矫伪欺诈之处，空使臣下离心。像房玄龄、张亮这样的人，尚且无从伸张其曲直是非，其余疏远卑贱的人员，谁能逃脱他们的欺罔陷害呢？切望皇上能留意，多多考虑这个问题。自从使用这两个小人以来，如果真有一条对国家有利的事，我臣子甘心受斧钺之诛，得不忠之名。皇上您纵不能举善崇德，怎么可以进用奸小来自损圣威呢？"太宗愉快地采纳了他的意见，赐给他五百匹绢。那个权万纪又渐渐暴露出自己的奸伪欺诈，李仁发也被绌退了，权万纪贬为连州司马。对此，朝廷上下都互相庆贺。

★人不自察,虚心受教

贞观十二年,太宗谓魏征曰:“比来所行得失政化,何如往前?”时曰:“若恩威所加,远夷朝贡,比于贞观之始,不可等级而言。若德义潜通,民心悦服,比于贞观之初,相去又甚远。”太宗曰:“远夷来服,应由德义所加。往前功业,何因益大?”徵曰:“昔者四方未定,常以德义为心。旋以海内无虞,渐加骄奢自溢。所以功业虽盛,终不如往初。”太宗又曰:“所行比往前何为异?”徵曰:“贞观之初,恐人不言,导之使谏。三年以后,见人谏,悦而从之。一二年来,不悦人谏,虽黾勉听受,而意终不平,谅有难色。”太宗曰:“于何事如此?”对曰:“即位之初,处元律师死罪,孙伏伽谏曰:‘法不至死,无容滥加酷罚。’遂赐以兰陵公主园,值钱百万。人或曰:‘所言乃常事,而所赏太厚。’答曰:‘我即位来,未有谏者,所以赏之。’此导之使言也。徐州司户柳雄于隋资妄加阶级,人有告之者,陛下令其自首,不首与罪。遂固言是实,竟不肯首。大理推是其伪,将处雄死罪,少卿戴胄奏法止合徙。陛下曰:‘我已与其断当讫,但当与死罪。’胄曰:‘陛下既不然,即付臣法司。罪不合死,不可酷滥。’陛下作色遣杀,胄执之不已,至于四五,然后赦之。乃谓法司曰:‘但能为我如此守法,岂畏滥有诛夷。’此则悦以从谏也。往年陕县丞皇甫德参上书,大忤圣旨,陛下以为讪谤。臣奏称上书不激切,不能起人主意,激切即似讪谤。于时虽从臣言,赏物二十段,意甚不平,难于受谏也。”太宗曰:“诚如公言,非公无能道此者。人皆苦不自觉,公向未道时,都自谓所行不变,及见公论说,过失堪惊。公但存此心,朕终不违公语。”

——《贞观政要·纳谏第五》

贞观十二年,太宗对魏征说:“近来我所做的事的得失及政治教化,比以前如何?”魏征回答说:“如果就恩泽声威所能达到,远处的外族前来朝贡的情况来说,与贞观初年相比是不能相提并论的。如果从德义与百姓暗中相通,民心高兴诚服来说,比贞观初年又相差很远。”太宗追问说:“远方夷人的向心倾慕,自然是德义所加的结果。以往德功业,怎么说反而更大呢?”魏征说:“以往四方未定,国家尚未统一,所以常常心存德义;近年来则因为海内无事,渐渐地越来越骄奢自满起来了。所以功业虽然盛大,终不如往年的深入人心。”太宗又说:“所做的事比以前有哪些不同?”魏征说:“贞观初年,担心别人不进言,引导大家规谏。三年以后,见有人进谏,能高兴采纳听从。最近一两年来,不喜欢别人劝谏,虽然努力听取和接受,而内心始终不高兴,确实有为难的样子。”太宗说:“请举出实例来,哪一桩事情上我是这样做的?”回答说:“即位之初,议处元律师这人死罪,孙伏伽进谏说:‘依法论罪,罪不当死,不允许随意滥加酷刑!’您当即赐给他兰陵公主的园子,值百万钱。有人对您说:‘他所说的是普通的事,赏赐也太多了。’陛下当时说:‘自我即位以来,没有进谏的人,所以赏赐他。’这就是引导大家进谏。徐州司户柳雄对隋朝留下的人,妄自给予俸禄等级,有人控告他,陛下就命令柳雄自己坦白,不坦白就给他定罪。柳雄始终坚持说是照实办理,竟然不肯坦白。大理寺推问,得其实情,果然伪报,将处柳雄以死刑,时任大理寺少卿的戴胄则认为依法只该判流放刑,您皇上当时说:'我已经给他判罪科刑,结了此案,就是该当处以死刑!'戴胄说:'您既认为不合适,才交给我们司法部门来管。罪不该死,不可滥施酷刑。'陛下很生气地派人去杀柳雄,戴胄拉住不放,反复达四五次,然后赦免了柳雄。于是对司法部门的人说:'只要能为我这样坚守法制,难道还怕有滥用刑罚杀人夷族的事?'这是愉快地从谏的好例。往年陕县县丞皇甫德参上书大忤圣意,您以为是存心诽谤朝廷。我当时奏称上书若不激切,就不能引起人主的注意,而激切就近似于诽谤。当时您虽听从了我的意见,赏了他二十段绢,可是心上还是很不平的。这表明已经难于听谏了。"太宗说:"的确如你说的,除了你是没有人能说出这些话的。人都苦于不能自己察觉毛病,你刚才未讲时,自认为所做的事没有变化,等到听你论说后,我的过失已很惊人。你只要保持这样的忠心,我终究不违背你的话。"

第五章 上下同心

★有福同喜，有难同当

贞观三年，太宗谓侍臣曰：“君臣本同治乱，共安危，若主纳忠谏，臣进直言，斯故君臣合契，古来所重。若君自贤，臣不匡正，欲不危亡，不可得也。君失其国，臣亦不能独全其家。至如隋炀帝暴虐，臣下钳口，卒令不闻其过，遂至灭亡，虞世基等寻亦诛死。前事不远，朕与卿等可得不慎，无为后所嗤！”

——《贞观政要·君臣鉴戒第六》

贞观三年，太宗对侍臣们说：“君臣从根本上说是同治乱、共安危的，若是君主能听取忠谏，臣下能进其直言，这就能做到君臣契合一致，自古以来就重视这一条。倘若国君自以为贤明，臣子又不匡正国君的过失，要想国家不危亡，是不可能的。国君丧失了国，臣子也不能单独保全自己的家。至于像隋炀帝残暴淫虐，臣子都闭口不言，终于使他不能知道自己的过失，这样便走向了灭亡。虞世基等大臣，也就丧身破家了。前事离我们不远，咱们君臣能不谨慎对待吗？可不要给后世留下笑柄。”

★敢于直谏，不避惩罚

贞观四年，太宗论隋日，魏征对曰：“臣往在隋朝，曾闻有盗发，炀帝令于士澄捕逐。但有疑似，苦加拷掠，枉承贼者二千余人，并令同日斩决。大理丞张元济怪之，试寻其状。乃有六七人，盗发之日，先禁他所，被放才出，亦遭推勘，不胜苦痛，自诬行盗。元济因此更事究寻，二千人内惟九人逗留不明。官人有谙识者，就九人内四人非贼。有司以炀帝已令斩决，遂不执奏，并杀之。”太宗曰：“非是炀帝无道，臣下亦不尽心。须相匡谏，不避诛戮，岂得惟行谄佞，苟求悦誉？君臣如此，何得不败？朕赖公等共相辅佐，遂令囹固空虚。愿公等善始克终，恒如今日！”

——《贞观政要·君臣鉴戒第六》

贞观四年，唐太宗谈论隋朝统治的时候，魏征答道：“我过去在隋朝，曾听说有盗窃案发生，炀帝派于士澄追捕。只要有可疑的人，他一律酷刑拷打，枉供屈招的有两千多人。隋炀帝就命令在同一天内全部杀掉。隋大理寺丞张元济觉得案情蹊跷，稍稍翻了一下供状，竟有六、七人在盗窃案发生的那天，原先就关押在别的地方，盗案发生后才放出来，可也被审问拷打，受不了痛苦，自己屈认行盗。张元济因此再进行查证，两千人内只有九个人当日去向不清楚。官人中有熟悉情况的，从九个人中又辨出四个不是贼子。有关部门因为炀帝已下令斩决，就不把真相上奏，结果把这二千人统统杀掉。”太宗说：“这不仅是隋炀帝暴虐无道，臣下们也不尽心办事。臣子应须对臣上进行匡谏，要不避杀头之祸去力诤，怎么能尽搞些顺旨阿情谄媚讨好以求荣进保身的勾当呢？隋家君臣是这么个样子，怎么能不失败呢？我依靠你们共同辅佐，就能使监狱空无一人。希望你们能善始善终，常像今天一样。”

★不忘过去，慎戒骄纵

贞观十四年，太宗以高昌平，召侍臣赐宴于两仪殿，谓房玄龄曰：“高昌若不失臣礼，岂至灭亡？朕平此一国，甚怀危惧，惟当戒骄逸以自防，纳忠謇以自正。黜邪佞，用贤良，不以小人之言而议君子，以此慎守，庶几于获安也。”魏征进曰：“臣观古来帝王拨乱创业，必自戒慎，采刍荛之议，从忠谠之言。天下既安，则恣情肆欲，甘乐谄谀，恶闻正谏。张子房，汉王计划之臣，及高祖为天子，将废嫡立庶，子房曰：‘今日之事，非口舌所能争也。’终不敢复有开说。况陛下功德之盛，以汉祖方之，彼不足准。即位十有五年，圣德光被，今又平殄高昌。屡以安危系意，方欲纳用忠良，开直言之路，天下幸甚。昔齐桓公与管仲、鲍叔牙、宁戚四人饮，桓公谓叔牙曰：‘盍起为寡人寿乎？’叔牙奉觞而起曰：‘愿公无忘出在莒时，使管仲无忘束缚于鲁时，使宁戚无忘饭牛车下时。’桓公避席而谢曰：‘寡人与二大夫能无忘夫子之言，则社稷不危矣！’”太宗谓征曰：“朕必不敢忘布衣时，公不得忘叔牙之为人也。”

——《贞观政要·君臣鉴戒第六》

贞观十四年，唐太宗因平定了高昌国，召见侍臣，在两仪殿设宴招待，太宗对房玄龄说：“高昌的国君如果不失掉臣下的礼仪，怎么会走到灭亡的地步？我平定了这样一个国家，心中更加感到危惧，只有力戒骄奢淫逸来提防自己，采纳忠直之言来匡正自己。罢黜奸佞，选用贤良，不拿小人的话来议论君子，用这种办法来谨慎守业，也许可以让国家获得安宁吧。”魏征进言说：“我看自古以来的帝王，他们在拨乱创业的时候，必定很谨慎，随时警诫自己，善于采纳平民百姓的意见，听从忠诚正直的建议。天下已安定，他们就恣意放纵欲望，喜欢听谄谗阿谀的奉承话，厌恶刚正的规谏。张子房是汉王刘邦的出谋划策的大臣，到刘邦当了皇帝时，打算废掉嫡子刘盈而立庶子刘如意为太子，张良说：‘现在这种事，不是动动嘴巴就可以争得了的了。’从此不再议政。何况皇上您功德盛高，拿刘邦来比，他是没法比的。即位十五年来，您圣德广被四海五洲，而今又平定了高昌，还能常常把国家安危放在心中，时时考虑进用忠良，广开言路，这真是天下的幸福啊！当年齐桓公对管仲、鲍叔牙说：‘何不起来给我祝酒呢？’鲍叔牙高举酒杯起身说：‘愿君王永远不忘逃亡在莒城时，愿管仲永远莫忘被捆绑于鲁困时，愿宁戚永远莫忘在车辕下喂牛时！’桓公起身离席致谢说：‘我与这两位能记住您这番话，那么国家必定安宁了！’”太宗对魏征说：“我一定不会忘记做布衣平民之时，你也不能忘记鲍叔牙的为人啊！”

鲍叔牙

第六章　选拔官吏

★选用人才，逐级分权

贞观二年，太宗谓房玄龄、杜如晦曰："公为仆射，当助朕忧劳，广开耳目，求访贤哲。比闻公等听受辞讼，日有数百。此则读符牒不暇。安能助朕求贤哉？"因敕尚书省，细碎务皆付左右丞，惟冤滞大事合闻奏者，关于仆射。

——《贞观政要·君臣鉴戒第六》

贞观二年，唐太宗对房玄龄、杜如晦说："你们身为仆射，应当为我分忧，协助我操劳国事，要耳听得远，眼看得宽，寻求察访贤明有智慧的人。近来听说你二人亲自审案断狱，一天达数百之多。这么做，读公文状纸还来不及，哪有功夫帮助我求贤选才呢？"于是下令尚书省：凡是细碎的事务都交付左右丞处理，只有冤屈疑难的重大案件应该上奏的，才交付仆射。

★人才不缺，唯恐遗漏

贞观二年，太宗谓右仆射封德彝曰："致安之本，惟在得人。比来命卿举贤，未尝有所推荐。天下事重，卿宜分朕忧劳，卿既不言，朕将安寄？"对曰："臣愚岂敢，但今未见有奇才异能。"太宗曰："前代明王使人如器，皆取士于当时，不借才于异代。岂得待梦傅说，逢吕尚，然后为政乎？且何代无贤，但患遗而不知耳！"德彝惭赧而退。

——《贞观政要·君臣鉴戒第六》

贞观二年，唐太宗对右仆射封德彝说："国家达到安定的根本，只在得到人才。近来命你举荐贤才，未曾见你推荐一个人。治理天下，事情极为繁重，你应分担我的忧虑与辛劳，你不举荐人，我将托付给谁呢？"封德彝说："我很笨，我怎么敢不尽心尽力呢？可是目前没有发现谁有奇才异能啊！"太宗说："前朝明智的君王，用人就如用器具一样，他们都

取才于当代,哪里有向异代借用人才的呢?国家事重,怎么能等到梦见傅说才去办事,碰上吕尚才给任命呢?况且,哪一个朝代没有贤能的人,只是担忧我们遗漏而不了解罢了!"封德彝很羞愧地退下。

★举贤荐能,品德第一

贞观三年,太宗谓吏部尚书杜如晦曰:"比见吏部择人,惟取其言词刀笔,不悉其景行。数年之后,恶迹始彰,虽加刑戮,而百姓已受其弊。如何可获善人?"如晦对曰:"两汉取人,皆行著乡闾,州郡贡之,然后入用,故当时号为多士。今每年选集,向数千人,厚貌饰词,不可知悉,选司但配其阶品而已。铨简之理,实所未精,所以不能得才。"太宗乃将依汉时法令,本州辟召,会功臣等将行世封事,遂止。

——《贞观政要·君臣鉴戒第六》

贞观三年,太宗对吏部尚书杜如晦说:"近来见吏部选用人才,只看其言词刀笔,不了解其德行。到数年之后,其劣迹才显露出来,虽然加以惩治,而百姓已经遭殃了,怎么做才能找到合适的人呢?"杜如晦回答说:"两汉时候选拔的人才,都是德行称著于乡间和闾里的人,先由州郡推荐上来,然后才选人任用,所以当时号称贤良人才多。现在每年选人,候选的会集一处,将近数千人,这些人表面忠厚,又以言词伪装,不可能完全了解他们,选拔人才的官署只是负责配给他们一定的官品罢了。量才择官、选拔人才的道理,实在没有精通,所以不能得到人才。"太宗于是将依汉朝的法令办,由本州征辟召选,正巧碰上功臣等将实行世封的制度,就搁置了这个问题。

★错用一人,祸害无穷

贞观六年,太宗谓魏征曰:"古人云,王者须为官择人,不可造次即用。朕今行一事,则为天下所观;出一言,则为天下所听。用得正人,为善者皆劝;误用恶人,不善者竞进。赏当其劳,无功者自退;罚当其罪,为恶者戒惧。故知赏罚不可轻行,用人弥须慎择。"征对曰:"知人之事,自古为难,故考绩黜陟,察其善恶。今欲求人,必须审访其行。若知其善,然后用之,设令此人不能济事,只是才力不及,不为大害。误用恶人,假令强干,为害极多。但乱世惟求其才,不顾其行。太平之时,必须才行俱兼,始可任用。"

——《贞观政要·君臣鉴戒第六》

贞观六年,太宗对魏征说:"古人讲过,君王应该为政府选用人才,不可轻率地见人就用。我皇帝现在每行一件事，就为天下所共知；每说一句话，就为天下所共听。用得正人，天下为善的人都从中得到鼓励；误用恶人，天下不善的人就将挤进政府。赏赐符合其付出的辛劳，无功之人自然退出；惩罚符合其所犯罪过，作恶的人就会有所戒惧。由此可见，赏罚不可轻易进行，用人更要谨慎从事。”魏征对答说：“知人善任这件事，从古以来就是很难的，所以在考核劳绩、决定贬降还是升迁时，要查看他的善恶。如今想找人才，必须仔细察访他的品行，如果了解到真是好的，然后才可任用。假如此人不会办事，只是才力不够，还没有什么大害处。错用了坏人，假使他能力强会办事，那危害就太多了。但在乱世只求有才能，可以不管品行。太平时候，必须才能品行都好，方可任用。”

★自我举荐，助长歪风

贞观十三年，太宗谓侍臣曰：“朕闻太平后必有大乱，大乱后必有太平。大乱之后，即是太平之运也。能安天下者，惟在用得贤才。公等既不知贤，朕又不可遍识，日复一日，无得人之理。今欲令人自举，于事何如？”魏征对曰：“知人者智，自知者明。知人既以为难，自知诚亦不易。且愚暗之人，皆矜能伐善，恐长浇竞之风，不可令其自举。”

——《贞观政要·君臣鉴戒第六》

贞观十三年，唐太宗对侍臣说：“我听说，国家太平过后一定会出现大乱，大乱之后一定出现太平。继大乱后就是太平的气数了。能够安定天下的人，在于得到贤才来使用。你们既然不知道贤才在哪里，我又不可能遍识天下的人，这样一天又一天地过去，没有得到贤才的办法。我现在打算让人自己举荐，这件事你们看怎么样？”魏征应对说：“知人者智，自知者明。知人既是很难的事，自知就更不容易了。而且愚昧低能的人，都自矜其能而瞧不起别人，那样做，恐怕会滋长浇薄争竞的坏风气，不能令人自荐。”

第七章　仁义施政

★仁义施政，国运昌盛

贞观元年，太宗曰："朕看古来帝王以仁义为治者，国祚延长，任法御人者，虽救弊于一时，败亡亦促。既见前王成事，足是元龟。今欲专以仁义诚信为治，望革近代之浇薄也。"黄门侍郎王珪对曰："天下凋丧日久，陛下承其余弊，弘道移风，万代之福。但非贤不理，惟在得人。"太宗曰："朕思贤之情，岂舍梦寐！"给事中杜正伦进曰："世必有才，随时听用，岂待梦傅说，逢吕尚，然后为治乎？"太宗深纳其言。

——《贞观政要·仁义第十三》

贞观元年，太宗说："我看自古帝王，凡用仁义来治理国家的，那么政权就能长期巩固；凡一味依仗法术来控制驾驭人的，虽能在短时期内收到一点救治时弊的效果，而国家的败亡也来得快。既已见到前代帝王的往事，足可以作为借鉴。如今打算专门拿仁义诚信来治理国家，希望革除近时的人情轻薄虚浮的风气。"黄门侍郎王珪回答说："天下丧乱凋残已经很久了，皇帝您承接在这丧败之后，弘扬仁德，移风易俗，实在是万代之福。不过，没有贤才就难以成功，关键在于得人呀。"太宗说："我思念贤人的心情，在梦中也没有忘记！"给事中杜正伦进言说："世上必有人才，随时可供任用，岂有等待梦见傅说，遇到吕尚，然后才来治理国家的呢？"太宗很同意他的意见。

★施以仁义，树立威信

贞观二年，太宗谓侍臣曰："朕谓乱离之后，风俗难移，比观百姓渐知廉耻，官民奉法，盗贼日稀，故知人无常俗，但政有治乱耳。是以为国之道，必须抚之以仁义，示之以威信，因人之心，去其苛刻，不作异端，自然安静。公等宜共行斯事也。"

——《贞观政要·仁义第十三》

贞观二年，唐太宗对侍从的大臣们说："我原来认为在乱离以后，民间风俗习惯很难改变，近来观察到百姓逐渐懂得廉洁和羞耻，官民都守法奉公，盗贼一天比一天少，因此可见百姓是没有长久不变的习俗的，只是政治有治乱善恶之分罢了。所以治国的根本，必须贯彻仁义之道，树立起政府的威信，顺应民心，废除苛刻的法令，不搞背离正道的东西，社会自然会平定安静。你们应该共同来做好这件事。"

★不施仁义，天下共反

贞观四年，房玄龄奏言："今阅武库甲仗，胜隋日远矣。"

太宗曰："饬兵备寇虽是要事，然朕唯欲卿等存心理道，务尽忠贞，使百姓安乐，便是朕之甲仗。隋炀帝岂为甲仗不足，以至灭亡？正由仁义不修，而群下怨叛故也。宜识此心。"

——《贞观政要·仁义第十三》

贞观四年，房玄龄向太宗汇报说："最近我查看了国家武库中存放的武器装备，比隋朝当年的储存可多得多啦！"

唐太宗说："整顿武备防止寇乱固然是国家不可忽视的要事，然而我最希望于诸位大臣的，就在于一心一意地治理好国家，务必尽忠竭虑，使百姓安乐，这就是我的铠甲兵仗。隋炀帝难道是因为铠甲兵仗不足，以至于灭亡？正是由于不修仁义，而下边的人们怨恨叛离的结果。你们应该理解我这个心意。"

★仁义布施,天下太平

贞观十三年,太宗谓侍臣曰:“林深则鸟栖,水广则鱼游,仁义积则物自归之。人皆知畏避灾害,不知行仁义则灾害不生。夫仁义之道,当思之在心,常令相继,若斯须懈怠,去之已远。犹如饮食资身,恒令腹饱,乃可存其性命。”王珪顿首曰:“陛下能知此言,天下幸甚!”

——《贞观政要·仁义第十三》

贞观十三年,唐太宗对侍从的大臣们说:“树大林深就有鸟飞来栖集,水域深广就会有鱼来游息,施仁行义的事多做些百姓就自动归顺。人们都知道避免灾害,害怕灾祸,就是不知道行仁义可以消除各种灾害。这仁义之道,应当放在心上常常思考,如果稍微放松,它就已经走远了。就好比饮食的有益于人体,要让肚皮总是饱着,这才能够保全自己的生命。”王珪叩头说:“陛下能知道这些道理,真是天下的大幸!”

第八章　公正无私

★唯才是举，不论亲疏

太宗初即位，中书令房玄龄奏言："秦府旧左右未得官者，并怨前宫及齐府左右处分之先己。"太宗曰："古称至公者，盖谓平恕无私。丹朱、商均，子也，而尧、舜废之；管叔、蔡叔，兄弟也，而周公诛之。故知君人者，以天下为公，无私于物。昔诸葛孔明，小国之相，犹曰'吾心如秤，不能为人作轻重'，况我今理大国乎？朕与公等衣食出于百姓，此则人力已奉于上，而上恩未被于下，今所以择贤才者，盖为求安百姓也。用人但问堪否，岂以新故异情？凡一面尚且相亲，况旧人而顿忘也！才若不堪，亦岂以旧人而先用？今不论其能不能，而直言其嗟怨，岂是至公之道耶？"

——《贞观政要·公平第十六》

太宗初即位时，中书令房玄龄进奏道："原来在秦王府中任职的旧官吏，至今还没得到好官爵的，都有点怨气，埋怨前太子宫中官员与齐王府的部下比自己先安排了官职。"太宗说："古时候所谓的大公无私，是指宽容公正而无私心。丹朱、商均，分别是尧和舜的儿子，而尧、舜却把他们废掉；管叔、蔡叔，是弟弟，被作为兄长的周公杀死了。由此可知，君临万民、统治天下的人，应该以天下为公，不能偏私于谁。从前诸葛孔明，只是小国的丞相，还说'我的心好像一杆秤那样公平，不能因人而言轻重'，何况我如今治理一个大国？我和你们诸位的衣食都来自全国百姓，而今是民力已奉献于上，而上恩未能普及于下民，我们之所以要选拔贤才，就是为着使百姓安饱。用人只问是否有能力胜任，怎能以新旧人事关系而不一样对待？凡是见过一面的人尚且感到亲近，何况对旧的下属怎会一下子忘掉！如若才干不能胜任，我又怎能因其旧交而优先使用呢？现在你不谈他们谁有什么能力，而只说他们有什么怨言，这难道是大公无私的原则吗？"

尧

★效法先贤，无偏无私

贞观二年，太宗谓房玄龄等曰："朕比见隋代遗老，咸称高善为相者。遂观其本传，可谓公平正直，尤识治体，隋室安危，系具存没。炀帝无道，枉见诛夷。何尝不想见此人，废书钦叹！又汉、魏已来，诸葛亮为丞相，亦甚平直，尝表废廖立、李严于南中，立闻亮卒，泣曰：'吾其左衽矣！'严闻亮卒，发病而死。故陈寿称：'亮之为政，开诚心，布公道，尽忠益时者，虽雠必赏；犯法怠慢者，虽亲必罚。'卿等岂可不企慕及之？朕今每慕前代帝王之善者，卿等亦可慕宰相之贤者，若如是，则荣名高位，可以长守。"玄龄对曰："臣闻理国要道，在于公平正直，故《尚书》云：'无偏无党，王道荡荡。无党无偏，王道平平。'又孔子称'举直错诸枉，则民服'。今圣虑所尚，诚足以极政教之源，尽至公之要，囊括区宇，化成天下。"太宗曰："此直朕之所怀，岂有与卿等言之而不行也？"

——《贞观政要·公平第十六》

贞观二年，唐太宗对房玄龄等人说："我近来见到隋代的旧臣遗老，都称赞高颖是善于做宰相的人，于是就去翻阅他的本传，此人真可说是公平正直，尤其在治国上能识大体，隋室的安危，跟他的生死很有关系。遇到隋炀帝这样的无道昏君，被冤枉诛杀。我何尝不想见到这样的人，不觉放下书来对他钦仰而叹息。再者，汉、魏以来，诸葛亮做丞相，也非常公平正直。他曾经上表把廖立、李严罢官放逐到南中，后来廖立听到诸葛亮逝世，哭着说：'我们大概要亡国了！'李严听到诸葛亮逝世，也发病而死。所以陈寿称扬道：'诸葛的从政，能开诚心而布公道，凡尽忠国家、有益时政的人和事，即使是自己的仇人也一定颁赏；凡触犯刑律、怠慢国事者，哪怕是自己的亲人也一定严惩。'你们诸位怎么可以不以此为榜样努力去做到呢？我现在常常羡慕古代帝王做得好的，你等各位也应该企慕古代宰相做得贤明的，若能如此，那么荣名高位，就可以永久地巩固住了。"房玄龄应答说："我听说治国的根本原则，就在于公平正直，所以《尚书》里有言：'不偏私，不结党，王家大道坦荡荡；不结党，不偏袒，王家大道平坦坦。'同时，孔子也说过：'把公平正直落实到不讲公平正直的地方，那么老百姓就心悦诚服了。'而今皇上所想到所提倡的，实在是抓住了清明政治的要害，找到了实行至公原则的大道，定然囊括宇内，化成天下，成就一番不朽的帝业。"太宗说："此正是我心中反复考虑的事情，哪能只跟你们说说而不去认真落实呢？"

★情有亲疏，义无分别

长乐公主，文德皇后所生也。贞观六年将出降，敕所司资送，倍于长公主。魏征奏言："昔汉明帝欲封其子，帝曰：'朕子岂得同于先帝子乎？可半楚、淮阳王。'前史以为美谈。天子姊妹为长公主，天子之女为公主，既加长字，良以尊于公主也，情虽有殊，义无等别。若令公主之礼有过长公主，理恐不可，实愿陛下思之。"太宗称善。乃以其言告后，后叹曰："尝闻陛下敬重魏征，殊未知其故，而今闻其谏，乃能以义制人主之情，真社稷臣矣！妾与陛下结发为夫妻，曲蒙礼敬，情义深重，每将有言，必俟颜色，尚不敢轻犯威严，况在臣下，情疏礼隔？故韩非谓之说难，东方朔称其不易，良有以也。忠言逆耳而利于行，有国有家者深所要急，纳之则世治，杜之则政乱。诚愿陛下详之，则天下幸甚！"因请遣中使赍帛五百匹，诣征宅以赐之。

——《贞观政要·公平第十六》

长乐公主——太宗第五女，是文德皇后长孙氏所生。贞观六年，准备下嫁给长孙冲为妻。太宗下令主办单位资送婚礼要双倍于长公主——即她的姑姑们。魏征知道后，就进谏说："当年汉明帝要封自己的儿子为王，说：'我的儿子怎么能和先帝的儿子相提并论？其爵禄可取楚王、淮阳王们的一半。'以前的史书上把这作为美谈。天子的姊妹称长公主，天子的女儿称公主，既加上一个长字，就意味着比公主要尊贵些，感情上虽有所不同，义理上不能有什么等级。如若让公主的礼仪超过了长公主，在道理上是说不过去的，实在希望陛下考虑一下。"太宗同意这个意见，于是退朝后把魏征的话告诉了皇后。皇后感叹说："曾经听说陛下尊重魏征，只是不知道是什么原因，现在听了他的劝谏，竟能用礼义克制国君的感情，可以称得上是正直的国家栋梁之臣啊！我和陛下结发为夫妻，承蒙陛下以礼相敬，情义深重。但我每当要进言，必定要等陛下心情好的时候。我尚且不敢轻易冒犯威严，何况作为臣下，情礼疏远间隔？所以韩非称游说是难事，东方朔说它不容易，确实如此。忠言逆耳却利于行事，对治理国家的人极为紧要；采纳它国家就太平，拒绝它政局就会混乱。真心希望陛下明白这一点，那么天下太幸运了！"于是请求派遣宫廷使者拿五百匹帛，到魏征家里去赐给他。

★举荐贤才,不避亲友

贞观初,太宗谓侍臣曰:“朕今孜孜求士,欲专心政道,闻有好人,则抽擢驱使。而议者多称‘彼者皆宰臣亲故’。但公等至公,行事勿避此言,便为形迹。古人‘内举不避亲,外举不避仇’,而为举得其真贤故也。但能举用得才,虽是子弟及有仇嫌,不得不举。”

——《贞观政要·公平第十六》

贞观初年,太宗对侍臣们说:“我现在一心一意征求人才,希望专心致志、集中精力地把国家治理好,一听说有合适的人选,就马上提拔出来予以任用,而那些七嘴八舌的议论却说我用的那些人都是朝廷大员的亲朋故友。我看你们各位出于公心,做事不必顾忌这类不负责任的言论,可以不受拘束地去做事。古人‘推荐自己的人不回避是亲戚,推荐外人不回避是仇人’,是因为推荐那些真正的贤人的缘故。只要能够提拔任用贤才,即使是自己的子弟以及有仇怨的人,也不能不推荐。”

第九章　诚信为本

★上级清明，下属正直

贞观初，有上书请去佞臣者，太宗谓曰："朕之所任，皆以为贤，卿知佞者谁耶？"对曰："臣居草泽，不的知佞者，请陛下佯怒以试科臣，若能不畏雷霆，直言进谏，则是正人，顺情阿旨，则是佞人。"太宗谓封德彝曰："流水清浊，在其源也。君者政源，人庶犹水，君自为诈，欲臣下行直，是犹源浊而望水清，理不可得。朕常以魏武帝多诡诈，深鄙其为人，如此，岂可堪为教令？"谓上书人曰："朕欲使大信行于天下，不欲以诈道训俗，卿言虽善，朕所不取也。"

——《贞观政要·诚信第十七》

贞观初年，曾有人上书请皇上斥退身边的奸佞小人，太宗对他说："我所任用的都是贤德之人，你可知道谁是奸佞小人吗？"那人说："我居住在荒僻村庄，的确不知道谁是佞臣。请陛下假装发怒来试一试身边的大臣们，如果不怕雷霆之怒，直言进谏，那就是正直的人；依顺心情迎合旨意，便是奸小了。"太宗对封德彝说："流水的清浊，就它的源头如何。国君是国家政治的源头，臣民好比是政治的水流。君王自己都在搞诈术了，要想臣下行为正直，那就好比是水源混浊而希望流水清澈，从道理上讲是办不到的。我常常以为魏武帝曹操言行多诡诈，很看不起他的为人，现在让我也这么做，怎么可以作为施行教化的办法？"又对上书那人说："我要使大信广行于天下，不愿意用诈术来引导臣民。你说的话虽有道理，我还是不能采纳啊。"

★君王主国，诚信为本

贞观十年，魏征上疏曰："臣闻为国之基，必资于德礼，君之所保，惟在于诚信。诚信立则下无二心，德礼形则远人斯格。然则德礼诚信，国之大纲，在于君臣父子，不可斯须而废也。故孔子曰：'君使臣以礼，臣事君以忠。'又曰：'自古皆有死，民无信不立。'文子

曰：'同言而信，信在言前；同令而行，诚在令外。'然而言而不信，言无信也；令而不从，令无诚也。不信之言，无诚之令，为上则败德，为下则危身，虽在颠沛之中，君子之所不为也。"

——《贞观政要·诚信第十七》

贞观十年，魏征上疏说："臣下听说，治国的根本在于依靠德行和礼制，君王所应坚持的，就在于谨守诚信。诚信树立起来了，臣子就无二心；德行礼制明确起来了，远方蛮夷也就有了行为规范。这么说来，德行礼制与诚信，便是建国的大纲了。对于君臣父子来说，这个大纲是不可以一时一刻弃置不用的。所以孔子说：'君王使唤臣子以礼，臣子事奉君王以忠。'又说：'自古人生皆有死，民无诚信则不立。'文子也说：'同样的说话而被信任的，信用在说话之前就讲求了；发令要有诚意，一定要执行，诚意在发令之后仍要坚持。'那么说到做不到，说话就没有信用；发令不执行，法令就没有诚意。没有信用的言语，没有诚意的法令，对国君来说就会败坏品德，对臣下来说就会招来杀身的危险，即使是在世道衰乱的时候，有德有才的人也不会这样做的。"

★邪恶善辩，倾覆国家

自王道休明，十有余载，威加海外，万国来庭，仓廪日积，土地日广，然而道德未益厚，仁义未益博者，何哉？由乎待下之情未尽于诚信，虽有善始之勤，未睹克终之美故也。昔贞观之始，乃闻善惊叹，暨八九年间，犹悦以从谏。自兹厥后，渐恶直言，虽或勉强有所容，非复曩时之豁如。謇谔之辈，稍避龙鳞；便佞之徒，肆其巧辩。谓同心者为擅权，谓忠谠者为诽谤。谓之为朋党，虽忠信而可疑；谓之为至公，虽矫伪而无咎。强直者畏擅权之议，忠谠者虑诽谤之尤。正臣不得尽其言，大臣莫能与之争。荧惑视听，郁于大道，妨政损德，其在此乎？故孔子曰"恶利口之覆邦家者"，盖为此也。

——《贞观政要·诚信第十七》

自从皇上登基政治清明至今已有十多年了，威加四海万邦来朝，仓库充实土地广阔，可是道德并未一天天加厚，仁义并未一天天普施，这是什么原因呢？就在于待下的心意还不够诚实守信，虽然开头几年还好，可是还看不到能坚持到底的希望啊。当初贞观初年，一听到好的批评建议就惊叹喜悦不已，随后八九年间，还能虚心听谏。从那以来，渐渐讨厌起直言来了，即使有时也接受那么一两条，终不似当年的豁达坦诚了。正直敢言的人，逐渐避免触犯君王；邪佞的小人，无所顾忌地施展花言巧语。认为同心同德的人是结党营私，认为攻击别人短处的人是大公无私；认为坚定刚直的人是独揽政权，认为忠诚正直的人是诽谤。说人家是结党营私，即使他忠实诚信也觉得可疑；说人家是大公无私，即使他弄虚作假也觉得没有过失。坚定刚直的人担心独揽政权的罪名，忠诚直言的人忧虑诽谤的过误。甚至于疑心作怪，觉得别人处处可疑，谣言传得太多，连亲人也会相信。所以正直的臣下不能尽力陈述自己的意见，大臣没有谁能和他们进行争辩。迷惑国君的视听，使理想的准则闭塞，妨碍施政，损害德行，恐怕就在于此吧？所以孔子说：“邪恶善辩的口才会倾覆国家”，大概就是针对这个情况而言的。

★施行五常，取信于民

贞观十七年，太宗谓侍臣曰：“《传》称‘去食存信’，孔子曰：‘民无信不立。’昔项羽既入咸阳，已制天下，向能力行仁信，谁夺耶？”房玄龄对曰：“仁、义、礼、智、信，谓之五常，废一不可。能勤行之，甚有裨益。殷纣狎侮五常，武王夺之。项氏以无信为汉高祖所夺，诚如圣旨。”

——《贞观政要·诚信第十七》

贞观十七年，唐太宗对侍从的大臣们说：“古书上说：‘宁可去掉粮食也要保持百姓对国家的信任’，孔子说：‘百姓不信任国家，便不能立国。’从前楚霸王项羽攻入咸阳，已经控制天下，如果能够努力推行仁信，谁又能夺取他的江山呢？”房玄龄说：“仁、义、礼、智、信，叫作五常，缺一不可。能坚持实行下去，一定久有好处。商纣王把五常不当回事，结果被周武王夺了天下。项羽因为不守信义，结果被汉高祖夺了天下。的确如您所说。”

项羽

第十章　勤俭节约

★节制私欲，崇尚节俭

贞观元年，太宗谓侍臣曰："自古帝王凡有兴造，必须贵顺物情。昔大禹凿九山，通九江，用人力极广，而无怨讟者，物情所欲，而众所共有故也。秦始皇营建宫室，而人多谤议者，为徇其私欲，不与众共故也。朕今欲造一殿，材木已具，远想秦皇之事，遂不复作也。古人云：'不作无益害有益。''不见可欲，使民心不乱。'固知见可欲，其心必乱矣。至如雕镂器物，珠玉服玩，若恣其骄奢，则危亡之期可立待也。自王公以下，第宅、车服、婚嫁、丧葬，准品秩不合服用者，宜一切禁断。"由是二十年间，风俗俭朴，衣无锦绣，财帛富饶，无饥寒之弊。

——《贞观政要·信约第十八》

贞观元年，太宗对侍臣们说："自古帝王若有所兴造，一定把顺乎民心放在第一位。当年大禹凿开九山，疏通九河，用的人力是极多的，然而人民没有怨恨情绪，是因为民心希望这么做，而为大家共同享有的缘故。秦始皇兴建宫室，而百姓多咒骂议论，是为了满足自己的私欲不和大家共同享有的缘故。我近来打算造个小殿子，材料已经准备好了，远远地想起了秦始皇的事，于是就不去造作了。古人说：'不要做无益的事来损害有益的事'。'不寻求那些满足私欲的东西使民心不乱。'可知见到那些能满足私欲的东西，其心必乱。至于各种雕镂刻削的器物，那些珍珠宝玉的装饰品、小玩意，如果随心所欲地奢豪浪费下去，那么国家危亡的日子也就指日来到了。从王公以下，住宅府第、车服、婚嫁、丧葬，都得按照品级，不应服用的应一概禁绝。"这样二十年间，社会风俗崇尚简朴，衣无锦绣，财帛富饶，没有饥寒之苦。

★勤俭节约，君王美德

贞观二年，公卿奏曰："依《礼》，季夏之月，可以居台榭。今夏暑未退，秋霖方始，宫中卑湿，请营一阁以居之。"太宗曰："朕有气疾，岂宜下湿？若遂来请，糜费良多。昔汉文将起露台，而惜十家之产，朕德不逮于汉帝，而所费过之，岂为人父母之道也？"固请至于再三，竟不许。

——《贞观政要·信约第十八》

贞观二年，公卿大臣上奏说："依照《礼记》所说，夏季最后一个月，可以居住在台上的楼榭里。如今夏暑尚未消退，秋季绵绵细雨刚刚开始，宫里低下潮湿，请营建一座楼阁来居住。"唐太宗说："我有气息不顺的毛病，怎适宜于住在低下潮湿的地方？但若听从大家的建议，花费太多。当年汉文帝准备建座露台，听说要花费十户中等人家的资财，就停止了。我的德行比不上汉文帝，而破费却要比他多，这哪里符合为民君上的原则呢？"大臣们坚持建议至于再三，太宗始终没有答应。

★节省民力，少事营造

贞观十六年，太宗谓侍臣曰："朕近读《晋书·刘聪传》，聪将为刘后起䳨仪殿，廷尉陈元达切谏，聪大怒，命斩之。刘后手疏启请，辞情甚切，聪怒乃解，而甚愧之。人之读书，欲广闻见以自益耳，朕见此事，可以为深诫。比者欲造一殿，仍构重阁，今于蓝田采木，并已备具，远想聪事，斯作遂止。"

——《贞观政要·信约第十八》

贞观十六年，唐太宗对侍从的大臣们说："我近来读《刘聪传》，刘聪准备给他的刘皇后建造䳨仪殿，廷尉陈元达痛切陈辞竭力劝谏，刘聪大怒，命令把陈元达斩首。刘后亲手写了奏疏替陈元达求情，在文辞上道理上都很恳切，刘聪这才息怒，心中十分惭愧。人们的读书识字，原就是为的多一些知识见闻来扩允自己的视听来有益于己啊。我看刘聪这件事，是可以引为深诫的。近来想造一座宫殿，再建一座阁楼，而且已经从蓝田采集了木料，一切都筹集好了，远远地想起刘聪这件事，这次兴作也就停止了。"

★丧葬风俗，不宜奢靡

贞观十一年，诏曰："朕闻死者终也，欲物之反真也；葬者藏也，欲令人之不得见也。上古垂风，未闻于封树；后世贻则，乃备于棺椁讥僭侈者，非爱其厚费；美俭薄者，实贵其无危。是以唐尧，圣帝也，谷林有通树之说；秦穆，明君也，橐泉无丘陇之处。仲尼，孝子也，防墓不坟；延陵，慈父也，嬴、博可隐。斯皆怀无穷之虑，成独决之明，乃便体于九泉，非徇名於百代也。洎乎阖闾违礼，珠玉为凫雁；始皇无度，水银为江海；季孙擅鲁，敛以玙璠；桓魋专宋，葬以石椁，莫不因多藏以速祸，由有利而招辱。玄庐既发，致焚如于夜台；黄肠再开，同暴骸于中野。详思曩事，岂不悲哉？由此观之，奢侈者可以为戒，节俭者可以为师矣。朕居四海之尊，承百王之弊，未明思化，中宵战惕。虽送往之典详诸仪制，失礼之禁著在刑书，而勋戚之家多流遁于习俗，闾阎之内或侈靡而伤风，以厚葬为奉终，以高坟为行孝，遂使衣衾棺椁极雕刻之华，灵辆冥器穷金玉之饰。富者越法度以相尚，贫者破资产而不逮，徒伤教义，无益泉壤，为害既深，宜为惩革。其王公以下，爰及黎庶，自今以后，送葬之具有不依令式者，仰州府县官明加检察，随状科罪。在京五品以上及勋戚家，仍录奏闻。"

——《贞观政要·信约第十八》

贞观十一年，唐太宗下令说："我听说死就是人生的终结，要人回归到自然；葬就是收藏，要让别人不再看到。上古的风俗，没有听说堆坟树立标记；后世的办法，才在棺椁上做功夫。讥刺僭越奢侈，并非吝惜花费太多；提倡节俭薄葬，是为了埋葬后免遭危害。所以唐尧是圣帝，葬在谷林，仅栽树作为标记；秦穆公是明君，葬在橐泉，并没有堆土成为丘陇。孔子是孝子，把双亲合葬在叫作防的地方，只有墓穴而不堆坟；延陵是慈父，嬴、博两地之间可以埋葬他的儿子。这都是怀着长远的考虑，做出英明的决断，是使尸体能够安然地葬在地下，并不是为了在百世之后获得美名。到了吴王阖闾时违背礼制，用珠玉做墓里的野鸭大雁；秦始皇荒淫无度，用水银做墓里的江河大海；季孙在鲁国擅政，敛尸体用玙璠之类的美玉；桓魋在宋国专权，墓葬建造石椁；这都是因为在墓里多藏财物而加速了灾祸，由于墓里有利可图而招致折辱。有的坟墓既经发掘，葬器都被焚烧在墓穴中；有的棺椁再被打开，

秦始皇

同尸骸暴露在旷野。仔细思量往事，岂不悲哀！由此看来，奢侈的人可以为鉴戒，节俭的

人可以为人师。我坐在帝王的尊位上，承接于百代之后的衰敝之期，天不亮就起床思考如何治理，深更半夜也常为之而操心畏惧。而今虽然送死的礼仪已经有明确规定，而失礼的活动也有了惩治的规定，然而功勋贵戚之家，多从俗奢华；里巷百姓之门，常伤风靡费。人们以厚葬来送终，用高坟来行孝，于是棺椁竟为雕刻，冥器皆饰金玉，富者超越法度来逞豪，贫者破产耗财而不足支用，白白地伤害了圣明的教化，又无益于九泉下的死者。为害如此之深，应当完全禁止。今后凡王公以下，直至黎民百姓，凡送葬的礼仪规格不依国家规定的，望州县官府详加检查，随其情节轻重加以惩罚。在京五品以上及勋戚之家，还要登录备案报告给我。”

第十一章　礼让谦恭

★谦逊待人，心怀畏惧

贞观二年，太宗谓侍臣曰："人言作天子则得自尊崇，无所畏惧，朕则以为正合自守谦恭，常怀畏惧。昔舜诫禹曰：'汝惟不矜，天下莫与汝争能；汝惟不伐，天下莫与汝争功。'又《易》曰：'人道恶盈而好谦。'凡为天子，若惟自尊崇，不守谦恭者，在身倘有不是之事，谁肯犯颜谏奏？朕每思出一言，行一事，必上畏皇天，下惧群臣。天高听卑，何得不畏？群公卿士，皆见瞻仰，何得不惧？以此思之，但知常谦常惧，犹恐不称天心及百姓意也。"魏征曰："古人云：'靡不有初，鲜克有终。'愿陛下守此常谦常惧之道，日慎一日，则宗社永固，无倾覆矣。唐、虞所以太平，实用此法。"

——《贞观政要·谦让第十九》

贞观二年，太宗对侍从大臣们说："人们总是认为，做天子的人可以任意地自我尊贵，无所畏惧。然而在我看来，作为天子的人正该谨慎小心，经常心怀畏惧。从前舜告诫禹说：'你只要不骄傲，天下就没有人和你争能；你只要不自夸，天下就没有人和你争功。'另外，《易经》上也说：'人事规律就怕满盈而喜欢谦退。'凡是作天子的，若只知自我尊贵，不知谦退，他自身若有不正确的地方，谁肯冒犯尊颜谏奏？我常思考讲一句话，做一件事，必定上畏皇天、下惧群臣。天虽高却能听得地面上的议论，怎能不畏惧？群臣公卿，时刻仰望着你的一举一动，怎能不惧怕？由此想来，一心只想着常谦退而常畏惧，还唯恐有不合天心不符民意的地方呢！"魏征说："古人讲：'做事情无不有个开始，但很少能够保持到结束。'希望陛下保持这个常谦常惧的准则，一天比一天谨慎，那么国家政权就可以永远巩固，绝无倾覆的危险了。唐尧虞舜之所以获得天下太平，其实就是靠了这一条。"

★不耻下问，虚怀若谷

贞观三年，太宗问给事中孔颖达曰："《论语》云：'以能问于不能，以多问于寡，有若无，实若虚。'何谓也？"颖达对曰："圣人设教，欲人谦光。己虽有能，不自矜大，仍就不能之人求访能事。己之才艺虽多，犹病以为少，仍就寡少之人更求所益。己之虽有，其状若无，己之虽实，其容若虚。非惟匹庶，帝王之德，亦当如此。夫帝王内蕴神明，外须玄默，使深不可知。故《易》称'以蒙养正；以明夷莅众'。若其位居尊极，炫耀聪明，以才凌人，饰非拒谏，则上下情隔，君臣道乖。自古灭亡，莫不由此也。"太宗曰："《易》云：'劳谦，君子有终，吉。'诚如卿言。"诏赐物二百段。

——《贞观政要·谦让第十九》

贞观三年，唐太宗问给事中孔颖达："《论语》里讲：'有才能的人去向没才能的人请教，知识多的人去向知识少的人请教，有才能好像显得没有，知识充实好像显得空虚。'是什么意思呢？"孔颖达对答说："圣人实行教化，要人谦逊退让，有才能不骄傲自大，仍旧找没才能的人力求了解他所知道的事。自己虽多才多艺，还害怕懂得太少，仍旧找才艺寡少的人讨教求得更多的知识。自己虽有，表现得却像无一样；自己虽充实，表现得却像寡少一般。不只是普通百姓，身为帝王的人，其德行也应当如此。说起帝王，心内藏着神明大智，外表则应保持冷静，使人深不可知。所以《易经》上有这样的话：用《蒙》卦的'愚'来滋养正道；用《明夷》卦的'晦'来君临天下。如果一个君王居于宝位，却处处炫耀聪明，以自己的才智去欺凌人，想方设法掩饰过错拒绝谏诤，那就会造成上下隔心，君恒乖异。自古国家的灭亡，没有不是因此而致的。"太宗说："《易经·谦卦》说：'勤劳谦退，君子保持到底，很吉利。'的确和你说的一般。"下令赐给孔颖达二百匹绢。

孔颖达

★居功不傲，礼贤下士

河间王孝恭，武德初封为赵郡王，累授东南道行台尚书左仆射。孝恭既讨平萧铣、辅公祏，遂领江、淮及岭南、北，皆统摄之。专制一方，威名甚著，累迁礼部尚书。孝恭性惟退让，无骄矜自伐之色。时有特进江夏王道宗，尤以将略驰名，兼好学，敬慕贤士，勤修礼让，太宗并加亲待。诸宗室中，惟孝恭、道宗莫与为比，一代宗英云。

——《贞观政要·谦让第十九》

河间王李孝恭在武德初年曾封为赵郡王，积功而官至东南道行台的尚书左仆射，执掌江南军政大权。李孝恭既已平定荆襄的萧铣集团和江淮的辅公祏集团，于是江淮与岭南的广大地区，都归他管辖。专制一方，有很高的威名，逐步迁升至中央礼部尚书。李孝恭为人谦逊礼让，没有骄傲自夸的神气。当时有特进江夏王李道宗，特别以军事才能驰名天下，同时好学，礼敬贤士，常常修行礼让。太宗一并对他们加以亲切待遇。皇室成员中，只有李孝恭、李道宗，无人可与他们并列，是一代皇族中的杰出人物。

第十二章　仁慈怜悯

★平息怨恨，随其所好

贞观初，太宗谓侍臣曰：“妇人幽闭深宫，情实可愍。隋氏末年，求采无已，至于离宫别馆，非幸御之所，多聚宫人。此皆竭人财力，朕所不取。且洒扫之余，更何所用？今将出之，任求伉俪，非独以省费，兼以息人，郗名将遂其情性。”于是后宫及掖庭前后所出三千余人。

——《贞观政要·仁恻第二十》

贞观初年，太宗对侍臣们说：“妇女们被关禁在深宫之中，其苦楚着实让人同情。隋代末期，到处派人选美，以致离宫别馆，并非君主去住宿的地方，也聚集了许多宫女。这都是耗竭百姓财力的行为，我从不效法。况且她们除了洒扫宫室之外，又有什么用处？现在我准备遣散她们，任随她们自己去择偶成婚。这样做，不仅是为了节省费用，也是为了让百姓得以生息，还让宫女各自满足心愿。”于是从后宫和掖庭宫先后放出宫女三千多人。

★君上失德，百姓无辜

贞观二年，关中旱，大饥。太宗谓侍臣曰：“水旱不调，皆为人君失德。朕德之不修，天当责朕，百姓何罪，而多遭困穷！闻有鬻男女者，朕甚愍焉。”乃遣御史大夫杜淹巡检，出御府金宝赎之，还其父母。

——《贞观政要·仁恻第二十》

贞观二年，关中干旱，闹大饥荒。太宗对侍臣说：“水旱不调和，都是因为国君丧失德行。我德行不好，苍天应当责罚我，百姓有什么罪过，却大受困苦！听说还有卖儿卖女的事情发生,我真同情他们。”于是派御史大夫杜淹等人巡行各地,检查灾情,拿出国库的金宝来赎回儿女,送还给他们的父母。

★真情流露,不避流俗

贞观七年,襄州都督张公谨卒。太宗闻而嗟悼,出次发哀。有司奏言:“淮阴阳书云:‘日在辰,不可哭泣。’此亦流俗所忌。”太宗曰:“君臣之义,同于父子,情发于中,安避辰日?”遂哭之。

——《贞观政要·仁恻第二十》

贞观七年,襄州都督张公谨去世了,太宗听到消息,很为感伤,到停丧处去致哀。掌礼官进言说:“按阴阳书所说,今天是辰日,不宜哭奠。这也是而今世俗所忌讳的。”太宗说:“君臣的情义,如同父子一样,衷情发自内心,怎么避忌辰日?”于是哭泣张公谨。

★爱护将士,鼓励士气

贞观十九年,太宗征高丽,次定州,有兵士到者,帝御州城北门楼抚慰之。有从卒一人病,不能进。诏至床前,问其所苦,仍敕州县医疗之。是以将士莫不欣然愿从。及大军回次柳城,诏集前后战亡人骸骨,设太牢致祭,亲临,哭之尽哀,军人无不洒泣。兵士观祭者,归家以言,其父母曰:“吾儿之丧,天子哭之,死无所恨。”太宗征辽东,攻白岩城,右卫大将军李思摩为流矢所中,帝亲为吮血,将士莫不感励。

——《贞观政要·仁恻第二十》

贞观十九年,太宗征伐高丽,驻扎在定州。有兵士来到,太宗亲自驾临州城北门楼安抚慰劳他们。有一个随从的士兵病重,不能随军前进了,太宗下令抬到床前,亲问病痛,又下令当地州县好好治疗他。因此将士们个个欣然,都愿前往出征。及至大军旧师驻到柳城,诏令收集前后阵亡将士的骸骨,设牛、羊、豕三牲隆重致祭,太宗亲自驾临祭祀处,哭泣为之尽哀,军中的人无不洒泪痛哭。凡看到这次祭祀大典的,回乡后告诉死者的父母,他们的父母说:“我们的儿子死了,有天子给他哭丧,即使死了,也没有什么遗憾了。”太宗征伐辽东,攻打白岩城,右卫大将军李思摩被乱箭射中,太宗亲自替他吮血,将士没有不受到感动鼓励的。

第十三章　谨慎爱好

★上行下效，上歪下斜

贞观二年，太宗谓侍臣曰："古人云'君犹器也，人犹水也，方圆在于器，不在于水。'故尧、舜率天下以仁，而人从之；桀、纣率天下以暴，而人从之。下之所行，皆从上之所好。至如梁武帝父子志尚浮华，惟好释氏、老氏之教；武帝末年，频幸同泰寺，亲讲佛经，百寮皆大冠高履，乘车扈从，终日谈论苦空，未尝以军国典章为意。及侯景率兵向阙，尚书郎以下，多不解乘马，狼狈步走，死者相继于道路。武帝及简文卒被侯景幽逼而死。孝元帝在于江陵，为万纽于谨所围，帝犹讲《老子》不辍，百寮皆戎服以听。俄而城陷，君臣俱被囚絷。庾信亦叹其如此，及作《哀江南赋》，乃云：'宰衡以干戈为儿戏，缙绅以清谈为庙略。'此事亦足以鉴戒。朕今所好者，惟在尧、舜之道，周、孔之教，以为如鸟有翼，如鱼依水，失之必死，不可暂无耳。"

——《贞观政要·慎所好第二十一》

贞观二年，太宗对侍从在身边的大臣说："古人说过：'君主好比器皿，百姓好比水；水的形态受器皿的制约，不决定于它自身。'所以尧、舜用仁义来统率天下，百姓跟着行仁义；桀、纣用暴力来统率天下，百姓跟着行暴力。下边所做，都跟从上边的喜好。比如梁武帝父子崇尚浮华，只爱好佛道教义，武帝末年公元540年前后频繁地驾临同泰寺，亲自讲授佛经，百官全都大冠高履，乘车跟随，整天谈论佛经，从没有把军国大事制度法令放在心上。到侯景领兵围攻宫廷时，尚书郎以下的官僚许多人不会骑马，仓皇奔逃，相继死在路上。武帝和萧纲最后被侯景幽禁迫害致死。梁元帝正在江陵，被西魏万纽于谨率兵围困，他仍在不停地讲授《老子》，百官都穿着军服在静听，不一会城被攻陷，君臣都被拘囚。庾信对他们这些行为也很叹息，他写的《哀江南赋》，就说：'宰相把战争视为儿戏，贵族把清谈当作国家大计。'这样的事情实在值得引为借鉴。我现在爱好的，只在于尧、舜的学说，周公、孔子的教化，我认为这好像鸟有翅膀，像鱼依水而游一样，失掉这些必然死去，不能一刻没有。"

★歪门邪道，不足挂齿

贞观四年，太宗曰："隋炀帝性好猜防，专信邪道，大忌胡人，乃至谓胡床为交床，胡瓜为黄瓜，筑长城以避胡。终被宇文化及使令狐行达杀之。又诛戮李金才，及诸李殆尽，卒何所益？且君天下者，惟须正身修德而已，此外虚事，不足在怀。"

——《贞观政要·慎所好第二十一》

贞观四年，太宗说："隋炀帝个性爱猜忌，专门相信谬理邪说，特别忌讳胡人，竟到了称胡床为交床，胡瓜为黄瓜，修筑长城以躲避胡人的地步。终于被宇文化及派遣的令狐行达所杀。另外炀帝诛杀李金才及诸李氏家族几乎杀尽，最终有什么益处？而统治天下的人，只要端正自身，修养品德就行了，此外的虚诞事情，不值得放在心上。"

★奇技淫巧，宜加劝诫

贞观七年，工部尚书段纶奏进巧人杨思齐至。太宗令试，纶遣造傀儡戏具。太宗谓纶曰："所进巧匠，将供国事，卿令先造此物，是岂百工诫无作奇巧之意耶？"乃诏削纶阶级，并禁断此戏。

——《贞观政要·慎所好第二十一》

贞观七年，工部尚书段纶奏请引见的巧匠杨思齐来到，太宗要求试试他的技能，段纶便命其创造木偶戏具。太宗对段纶说："工部所进召的巧匠将供奉国家事业之需，你却命令先制造这种戏具，这哪里符合官府工匠相告诫'不得制作奇巧古怪之物'的用意呢？"于是，颁诏降了段纶的品级，并禁止再演木偶戏。

第十四章　克制言语

★一言一行，影响深远

贞观二年，太宗谓侍臣曰："朕每日坐朝，欲出一言，即思此一言于百姓有利益否，所以不敢多言。"给事中兼知起居事杜正伦进曰："君举必书，言存左史。臣职当兼修起居注，不敢不尽愚直。陛下若一言乖于道理，则千载累于圣德，非止当今损于百姓，愿陛下慎之。"太宗大悦，赐彩百段。

——《贞观政要·慎言语第二十二》

贞观二年，太宗对侍从在身边的大臣说："我每天坐朝听政，每当要说一句话，总要思量一下这句话对百姓是否有利益，所以不敢多说话。"给事中兼知起居事杜正伦进言道："君主办什么事都得记录，讲什么话就记录在起居注里。我的职务要兼修起居注，不敢不尽到臣下的忠诚正直。陛下假如一句话违背义理，那就有损于圣上的大德千万年，不仅仅有损于当今的百姓，希望陛下谨慎这一切。"太宗非常高兴，赏赐他彩色绢帛一百段。

★天子之言，一言九鼎

贞观八年，太宗谓侍臣曰："言语者，君子之枢机，谈何容易？凡在众庶，一言不善，则人记之，成其耻累，况是万乘之主？不可出言有所乖失。其所亏损至大，岂同匹夫？我常以此为戒。隋炀帝初幸甘泉宫，泉石称意，而怪无萤火，敕云：'提取多少于宫中照夜。'所司遽遣数千人采拾，送五百舆于宫侧。小事尚尔，况其大乎？"魏征对曰："人君居四海之尊，若有亏失，古人以为如日月之蚀，人皆见之，实如陛下所戒慎。"

——《贞观政要·慎言语第二十二》

贞观八年，唐太宗对侍从的大臣们说："言语是涉及君子德行的关键，讲起话来怎能

草率随便？凡是庶民百姓，一句话讲得不好，就会被人家记住，使他受到耻笑损害，何况是作为万乘之主的君主，决不能讲出不妥当的话来。这样损害极大，岂能和普通人相比？我常以此为戒。隋炀帝刚到甘泉宫，泉水山石都称心如意，却奇怪怎么没有萤火虫，便发令说：'逮一些萤火虫来，放在宫中照明。'主管官吏立即派遣数千人去捕捉，送来五百车放在宫殿旁边。小事尚且如此铺张，何况那些大事呢？"魏征回答说："君主在四海之内地位崇高，假如言行有欠缺，古人认为就像日蚀月蚀一样，人人都能看见，实在就像陛下戒惧审慎的一样。"

★摒弃争辩，修养正气

贞观十六年，太宗每与公卿言及古道，必诘难往复。散骑常侍刘洎上书谏曰："帝王之与凡庶，圣哲之与庸愚，上下相悬，拟伦斯绝。是知，以至愚而对至圣，以极卑而对极尊，徒思自强，不可得也。陛下降恩旨，假慈颜，凝旒以听其言，虚襟以纳其说，犹恐群下未敢对扬，况动神机，纵天辩，饰辞以折其理，援古以排其议，欲令凡庶何阶应答？臣闻皇天以无言为贵，圣人以不言为德，老子称'大辩若讷'，庄生称'至道无文'，此皆不欲烦也。是以齐侯读书，轮扁窃议，汉皇慕古，长孺陈讥，此亦不欲劳也。且多记则损心，多语则损气，心气内损，形神外劳，初虽不觉，后必为累。须为社稷自爱，岂为性好自伤乎？窃以今日升平，皆陛下力行所至。欲其长久，匪由辩博，但当忘彼爱憎，慎兹取舍，每事敦朴，无非至公，若贞观之初，则可矣。至如秦政强辩，失人心于自矜，魏文宏材，亏众望于虚说。此才辩之累，皎然可知。伏愿略兹雄辩，浩然养气，简彼缃图，淡焉怡悦，固万寿于南岳，齐百姓于东户，则天下幸甚，皇恩斯毕。"太宗手诏答曰："非虑无以临下，非言无以述虑。比有谈论，遂至烦多。轻物骄人，恐由兹道。形神心气，非此为劳。今闻谠言，虚怀以改。"

——《贞观政要·慎言语第二十二》

贞观十六年，太宗每次与公卿大臣谈到古代治国之道，必定反复提出问题相诘问。散骑常侍（皇帝身边掌规谏的官职）刘洎上书劝说道："帝王和臣下之间，高尚睿智与平庸愚昧之间，上下相差太远，不可以伦辈相比。由此可知，用最愚昧者来对答圣明，用极卑贱的人来对答极尊贵的，自己纵然逞强，也达不到目的。陛下颁下恩泽的圣旨，给予慈祥的脸色，凝神倾听别人的言论，虚心接受别人的劝说，这样尚且担心群臣不敢当面陈述意见；何况启动您玄妙的思维，驰骋您天赐的辩才，用高妙的措辞来反驳对方的道理，援引古义来排斥臣下的异议，这样下去，还想要臣民用什么来应答您呢？臣下听说苍天以无言为尊贵，圣人以不言为美德，老子称颂'最有辩才的人就如愚人一般'，庄子称赞'精深的学说没有文彩装饰'，这都是主张人君无须在言辞上烦神。因此，春秋时齐侯读书，堂下工人轮扁私下议论说他读的是糟粕，汉武帝崇古尊儒，长孺讥讽其'内多欲而外施仁义’,这也是不希望劳神。而且多记事就会损伤心思,多说话就会损伤元气。内伤心思、元气,外伤形体、精神,即使起初不觉察,将来一定受损害。应该为国家爱惜自己,岂能为了兴趣损伤自己呢?如今天下升平,都是陛下大力治理国家实现的,想要它长久保持下去,不是依靠言辞通达善辩,只能忘掉那些好和厌恶,谨慎进行这方面的取舍,做每件事都踏踏实实,不要否定最高的原则,像贞观初年一样就行了。至于像秦始皇善于强辩,由于自傲而失去人心;魏文帝富于辩材,由于说空话失去众望。这是有口才和善辩的损害,可以非常清楚地知道。希望省去这类雄辩,修养最高的节操和正气,省略那些古代书籍,抑制自己的兴趣爱好,自己保持长寿像南山一样,治理国家像东户时代的太平盛世,那么百姓太幸运了,皇恩就遍及天下了。”太宗亲笔写诏书批复说:“不思虑,不可以治理国家;不说话,不可以阐述治国的谋略。近来和臣下谈论,因而造成繁剧过甚。轻视别人,态度骄傲,恐怕由此产生。形体、精神、心思、元气,不能如此烦劳。如今听到正直的言论,一定虚心改正。”

老子

第十五章　杜绝谗言

★防微杜渐，远离奸佞

贞观初，太宗谓侍臣曰："朕观前代，谗佞之徒，皆国之蟊贼也，或巧言令色，朋党比周。若暗主庸君，莫不以之迷惑，忠臣孝子所以泣血衔冤。故丛兰欲茂，秋风败之；王者欲明，谗人蔽之。此事著于史籍，不能具道。至如齐、隋间谗谮事，耳目所接者，略与公等：斛律明月，齐朝良将，威震敌国，周家每岁斫汾河冰，虑齐兵之西渡。及明月被祖孝征谗构伏诛，周人始有吞齐之意。高颖有经国大才，为隋文帝赞成霸业，知国政者二十余载，天下赖以安宁。文帝惟妇言是听，特令摈斥。及为炀帝所杀，刑政由是衰坏。又隋太子勇抚军监国，凡二十年间，固亦早有定分，杨素欺主罔上，贼害良善，使父子之道一朝灭于天性，逆乱之源，自此开矣。隋文既混淆嫡庶，竟祸及其身，社稷寻亦覆败。古人云'世乱则谗胜'，诚非妄言。朕每防微杜渐，用绝谗构之端，犹恐心力所不至，或不能觉悟。前史云：'猛兽处山林，藜藿为之不采；直臣立朝廷，奸邪为之寝谋。'此实朕所望于群公也。"魏征曰："《礼》云：'戒慎乎其所不睹，恐惧乎其所不闻。'《诗》云'恺悌君子，无信谗言。谗言罔极，交乱四国。'又孔子曰：'恶利口之覆邦家'，盖为此也。臣尝观自古有国有家者，若曲受谗谮，妄害忠良，必宗庙丘墟，市朝霜露矣。愿陛下深慎之！"

——《贞观政要·杜谗邪第二十三》

贞观初期，太宗对侍从身边的大臣说："我观察前代说人坏话、巧言巴结的小人，都是国家的害虫，有些人花言巧语、阿谀奉承，互相勾结。如果国君昏庸，没有不因此被迷惑的，忠臣孝子就要为此含冤受罪了。所以兰花正要茂盛，秋风却来败坏它；君王想要明察事理，奸邪小人蒙蔽他。这类事都记载在史册上，不能一一说明了。至于北齐、隋代年间诽谤诬陷的事，耳闻目睹，可以简略地说给你们听：斛律明月，是齐朝的良将，威名震撼敌国。北周每年冬天要砸破汾河上的封冰，就是担心他率兵西渡来进攻。等到明月被祖孝征诽谤诬陷构罪受诛杀，北周就开始产生吞并北齐的意图。高颎有经理国家的大才，赞助成就了隋文帝的霸业，执掌朝政二十多年，天下依靠他得到安宁。隋文帝偏听妇人的话，一味排斥他。到后来他被炀帝杀害，隋朝的法制政令就由此衰败了。还有隋太子杨勇治军理政，总共二十年里，本来也早就有了继承皇位的名分了，杨素欺骗国主，残害善

良，使他们父子之间的伦理关系一下子失去了先天的本性。叛逆祸乱的根源，从这里开始了。隋文帝已经混淆了嫡子和庶子的名分，致使灾祸殃及自身，国家不久也颠覆灭亡了。古人言：‘世道纷乱那么诽陷就横行’，确实不是虚说。我时时防微杜渐，以此禁绝谗言构罪的发生，仍然担心还没有尽心尽力，或者是还不能觉察它的苗头。前代史书说：‘猛兽居住山林，藜藿之类野菜因而无人敢去采摘；忠直的大臣立于朝廷，奸邪小人就会停止他们的阴谋。’这些实在是我所希望于诸位的。”魏征说：“《礼记》上说：‘在别人看不见的地方也要谨慎，在别人听不见的时候也要小心。’《诗经》说：‘平易近人的君子，不要听信谗言。谗言极不公正，只会搅乱天下。’另外，孔子还说‘讨厌那伶牙俐齿者覆灭国家’，大概就是对这些人说的。我曾经观察自古以来拥有国家的人，一旦曲意听信花言巧语，胡乱残害忠诚善良的臣子，必然会导致国家灭亡，宗庙成为废墟，人众会集的闹市冷落无人。望陛下特别谨慎这件事！”

隋文帝

★欺下媚上，亡国之风

贞观七年，太宗幸蒲州。刺史赵元楷课父老服黄纱单衣，迎谒路左，盛饰廨宇，修营楼雉以求媚；又潜饲羊百余口、鱼数千头，将馈贵戚。太宗知，召而数之曰：“朕巡省河、洛，经历数州，凡有所须，皆资官物。卿为饲羊养鱼，雕饰院宇，此乃亡隋弊俗，今不可复行。当识朕心，改旧态也。”以元楷在隋邪佞，故太宗发此言以戒之。元楷惭惧，数日不食而卒。

——《贞观政要·杜谗邪第二十三》

贞观七年，唐太宗巡幸蒲州。刺史赵元楷规定父老一律穿上黄纱单衣，在路边迎接拜谒，并大肆装饰官署，营建城楼雉堞用来献媚讨好；又偷偷地饲养了百多头羊、几千条鱼，准备馈送朝廷贵戚。太宗知道这事后，把他召来训斥道：“我巡察黄河、洛水一带，经历数州，大凡有什么需要，都取给于官府。你为我饲羊养鱼，雕饰宅院，装修屋宇，这是已亡的隋朝的恶劣习俗，现在不可以再这样做。你应当知道我的心思，改掉旧有的表现。”以前，赵元楷在隋朝巧言取媚不正派，所以太宗说这样的话警告他。赵元楷惭愧恐惧，几天不进食而死亡。

★近朱者赤，近墨者黑

贞观十年，太宗谓侍臣曰："太子保傅，古难其选。成王幼小，以周、召为保傅，左右皆贤，足以长仁，致理太平，称为圣主。及秦之胡亥，始皇所爱，赵高作傅，教以刑法。及其篡也，诛功臣，杀亲戚，酷烈不已，旋踵亦亡。以此而言，人之善恶，诚由近习。朕弱冠交游，惟柴绍、窦诞等，为人既非三益。及朕居兹宝位，经理天下，虽不及尧、舜之明，庶免乎孙皓、高纬之暴。以此而言，复不由染，何也？"魏征曰："中人可与为善，可与为恶，然上智之人自无所染。陛下受命自天，平定寇乱，救万民之命，理致升平，岂绍、诞之徒能累圣德？但经云：'放郑声，远佞人。'近习之间，尤宜深慎。"太宗曰："善"。

——《贞观政要·杜谗邪第二十三》

贞观十年，太宗对侍从在身边的大臣说："太子的辅导老师，自古以来难以选择。周成王幼年，以周公旦、召公奭为导师，周围都是贤士，足能增长仁义，政治安定，称为圣明君主。及至秦朝的胡亥，秦始皇宠爱他，赵高做他的教师，教授刑法。及至胡亥篡位，便诛杀功臣，残害亲戚，暴行不断，一转身之际就灭亡了。由此说来，人的善恶，确实是由其亲近和习染的东西而来的。我青少年时期所结交的人，只有柴绍、窦诞等，他们为人不属于正直、诚实、博学这三种有益的朋友之列。到了我登上这个宝座，管理国家，虽说比不上帝尧、帝舜的圣明，总还是避免了吴王孙皓、北齐高纬的暴虐。由此说来，人的品质好坏，又不是由于他所沾染的了。这是为什么呢？"魏征说："中等智能的人，可以和他一起从善，可以和他一起为恶；然而上等智能的人自然不会被熏染。陛下受命于天，平定敌寇的扰乱，拯救众民的性命，治理国家走上太平，柴绍、窦诞之流哪里就能影响圣上的大德？不过，经典上说：'放弃靡靡之音，远离巧言诬陷之人。'在自己所接近所习染的人事之间，尤其需要特别谨慎。"太宗说："好"。

★洁身自爱，青史留名

贞观十六年，太宗谓谏议大夫褚遂良曰："卿知起居，比来记我行事善恶？"遂良曰："史官之设，君举必书。善既必书，过亦无隐。"太宗曰："朕今勤行三事，亦望史官不书吾恶。一则鉴前代成败事，以为元龟；二则进用善人，共成政道；三则斥弃群小，不听谗言。吾能守之，终不转也。"

——《贞观政要·杜谗邪第二十三》

贞观十六年,太宗对谏议大夫褚遂良说:“你主掌撰修起居注之事,近来记录了我所做的事情,好的? 坏的?”褚遂良说:“史官的设置,理当记载君主的每项言行,好事自然必须记录,过失也不加隐瞒。”太宗说:“我现在认真办三件事情,也是希望史官不写我的过恶。一是要对照前代成功、失败的事实,作为鉴戒;二是要进用品德良好的人,共同办好政事;三是要废弃斥退那些小人,不听信谗言。我能够坚持下去,始终不会改变。”

第十六章　有过必改

★坚守本分，内心安定

贞观中，太子承乾多不修法度，魏王泰尤以才能为太宗所重，特诏泰移居武德殿。魏征上疏谏曰："魏王既是陛下爱子，须使知定分，常保安全，每事抑其骄奢，不处嫌疑之地也。今移居此殿，使在东宫之西，海陵昔居，时人以为不可。虽时移事异，犹恐人之多言。又王之本心，亦不宁息。既能以宠为惧，伏愿成人之美。"太宗曰："我几不思量，甚大错误。"遂遣泰归于本第。

——《贞观政要·悔过第二十四》

贞观年间，太子李承乾常常不遵循法令制度，魏王李泰因为有才能特别受到太宗器重，特意诏令李泰移居武德殿。魏征上疏劝谏说："魏王既然是陛下的爱子，陛下应当让他懂得自己特定的名分，常常保持安全，每件事抑制自己的骄作奢侈，不要处在嫌疑的位置上。现在移居这个宫殿，让他居住在太子东宫的西边；当年海陵王曾在这里居住，那时就有人认为不妥当。虽然时间流逝事情变化，还是应该提防人家为这事多有口舌。另外就魏王心里来说，也不宁静。既然他把恩宠当作畏惧，诚望您能成全他的美意。"太宗说："我几乎没有考虑到这些，这个错误太大了。"随后让李泰归返原先的住宅。

★当面责备，阻断谏言

贞观十八年，太宗谓侍臣曰："夫人臣之对帝王，多承意顺旨，甘言取容。朕今欲闻己过，卿等皆可直言。"散骑常侍刘洎对曰："陛下每与公卿论事，及有上书者，以其不称旨，或面加诘难，无不惭退。恐非诱进直言之道。"太宗曰："朕亦悔有此问难，当即改之。"

——《贞观政要·悔过第二十四》

贞观十八年，太宗对侍臣说："臣子对于帝王，总是顺承旨意，说话好听，取得欢喜。我现在想听听自己的过失，你们都可以如实发表意见。"散骑常侍刘洎回答说："陛下每次与大臣讨论事情，以及有人上书奏闻的时候，遇有意见不合心意的，陛下就当面追问责难，致使他们无不惭悔而退。恐怕这不是诱导直言的办法。"太宗说："你说的极是，我也后悔那样，应当立即改正它。"

第十七章　骄奢必败

★广施恩德，泽被后世

贞观十一年，侍御史马周上疏陈时政曰：

“臣历睹前代，自夏、殷、周及汉氏之有天下，传祚相继，多者八百余年，少者犹四五百年，皆为积德累业，恩结于人心。岂无僻王？赖前哲以免尔！自魏、晋以还，降及周、隋，多者不过五六十年，少者才二三十年而亡。良由创业之君不务广恩化，当时仅能自守，后无遗德可思。故传嗣之主政教少衰，一夫大呼而天下土崩矣。今陛下虽以大功定天下，而积德日浅，固当崇禹、汤、文、武之道，广施德化，使恩有余地，为子孙立万代之基。岂欲但令政教无失，以持当年而已！且自古明王圣主虽因人设教，宽猛随时，而大要以节俭于身、恩加于人二者是务。故其下爱之如父母，仰之如日月，敬之如神明，畏之如雷霆。此其所以卜祚遐长而祸乱不作也。”

——《贞观政要·奢纵第二十五》

贞观十一年，侍御史马周上疏论述时下应取的政策说：

“臣仔细察考前代历史，从夏朝、殷朝、周朝和汉朝统一天下的情况看，帝位的传袭相继承，时间长的八百多年，少的也有四五百年，都是积累业绩，用恩德感化人心的结果。这些朝代哪里是没有邪佞的君主，只不过依赖以前君王的开明睿智而幸免于难就是了！从魏、晋以来，及至北周、隋朝，时间长的不过六十年，短的只是二十年就灭亡了。确实是因为创业的君王没有致力于推广恩德教化，当时只顾保全自己，后世没有留下的恩德可供怀念。所以承传的后代君主，政治教化稍稍衰败，一个平民振臂一呼造反，就导致天下土崩瓦解了。现在陛下虽然凭巨大的功绩平定了天下，但是积累德行的时间短，确实应当考虑推崇禹、汤、文王、武王的德行，广泛地施行恩德教化，让恩德更多，为子孙建立万代的基业。怎能只希求政策教化的没有失误，仅仅保持当前就行了？况且古代开明的帝王和圣贤的君主，虽然是根据具体的人的不同情况，进行与之相应的教化，政令的宽厚和严厉随着时局的变化，但是总的方针是从事节俭自身、施恩百姓两个方面。那样的话在下的百姓爱戴他就像父母，景仰他就像日月，崇敬他就像神仙，畏惧他就像雷电。这是帝王传位久长，而祸乱不生的原因啊。”

★慎今追远，仔细考虑

今百姓承丧乱之后，比于隋时才十分之一，而供官徭役，道路相继，兄去弟还，首尾不绝。远者往来五六千里，春秋冬夏，略无休时。陛下虽每有恩诏，令其减省，而有司作既不废，自然须人，徒行文书，役之如故。臣每访问，四五年来，百姓颇有怨嗟之言，以陛下不存养之。昔唐尧茅茨土阶，夏禹恶衣菲食。如此之事，臣知不复可行于今。汉文帝惜百金之费，辍露台之役，集上书囊以为殿帷，所幸夫人衣不曳地。至景帝，以锦绣綦组妨害女工，特诏除之，所以百姓安乐。至孝武帝，虽穷奢极侈，而承文、景遗德，故人心不动。向使高祖之后即有武帝，天下必不能全。此于时代差近，事迹可见。今京师及益州诸处营造供奉器物，并诸王妃主服饰，议者皆不以为俭。臣闻昧旦丕显，后世犹怠，作法于理，其弊犹乱。陛下少处民间，知百姓辛苦，前代成败，目所亲见，尚犹如此，而皇太子生长深宫，不更外事，即万岁之后，固圣虑所当忧也。

——《贞观政要·奢纵第二十五》

现在百姓处于丧乱时代之后，人口只相当于隋朝的十分之一，但是供官差服徭役，一个接一个被征上路，哥哥离家弟弟才回来，前后相接不断。路程远的往返五六千里，春去秋回，冬去夏回，几乎没有休息的时间。陛下虽然常常降下恩诏，命令减省差役，但是有关部门既然不停止工作，自然需要用人，枉然下达诏令，照旧役使百姓。臣每次去访问，四五年来，百姓很有怨恨嗟叹的言语，认为陛下不存恤抚养他们。从前唐尧茅草盖房，土块作台阶，夏禹王衣食粗劣，这样的事，臣知道不可能再在今天来实行。汉文帝爱惜百金的费用，终止了露台的建筑，收集臣下上书用的布袋，用作宫殿帷幕，汉文帝所宠爱的夫人裙裳不能拖地。到了汉景帝，因为锦缎绦带有害女工，特颁诏书废除，所以百姓生活安乐。到了汉武帝，虽然穷奢极侈，但依仗文帝、景帝的恩德，因此人心没有骚动。当初如果高祖之后，就是武帝，天下必然不能保全。这些事距现代也还算近，事迹也清楚。现在京都和益州等处营造供奉皇室使用的物品，连同各位亲王及嫔妃公主们的服装饰品，议论的人都不认为是节俭。臣下听说拂晓而起求取显赫业绩，后代还会沦于无精打采，法律制定得尽管合理，其弊端还会招致祸乱。陛下年轻时生活在民间，知道百姓的辛苦；前代的成功与失败，亲眼目睹，尚且还是如此；而皇太子生长在深宫之中，不清楚墙外的事，那么您“万岁”（指去世）之后的事情，恐怕现在就应当在头脑中仔细考虑了。

★休养百姓，励精图治

往者贞观之初，率土霜俭，一匹绢才得粟一斗，而天下贴然。百姓知陛下甚忧怜之，故人人自安，曾无谤讟。自五六年来，频岁丰稔，一匹绢得十余石粟，而百姓皆以陛下不忧怜之，咸有怨言。又今所营勾者，颇多不急之务故也。自古以来，国之兴亡不由蓄积多少，惟在百姓苦乐。且以近事验之，隋家贮洛口仓，而李密因之；东京积布帛，王世充据之；西京府库亦为国家之用，至今未尽。向使洛口、东都无粟帛，即世充、李密未必能聚大众。但贮积者固是国之常事，要当人有余力而后收之。若人劳而强敛之，竟以资寇，积之无益也。然俭以息人，贞观之初，陛下已躬为之，故今行之不难也。为之一日，则天下知之，式歌且舞矣。若人既劳矣，而用之不息，倘中国被水旱之灾，边方有风尘之警，狂狡因之窃发，则有不可测之事，非徒圣躬旰食晏寝而已。若以陛下之圣明，诚欲励精为政，不烦远求上古之术，但及贞观之初，则天下幸甚。

——《贞观政要·奢纵第二十五》

以往贞观初年，全同减产贫乏，一匹绢才值一斗谷，但天下安居乐业。百姓知道陛下十分关心爱怜他们，所以每个人都自觉安定，竟然没有怨言。从贞观五六年以来，连年丰收，一匹绢值十多石粟，而百姓都以为陛下不关心爱怜他们，都有怨言，因为现在所兴办的事，很多是目前无关紧要的事情。自古以来，国家的兴亡不在于蓄积多少，只决定于百姓生活痛苦还是安乐。可拿近代的事证明这一点；隋朝贮粮洛口仓，却是李密接管它；东京洛阳积蓄布帛，却由王世充占有它；西京长安的官府国库储藏，也被我大唐使用，至今还没有用尽。如果原来洛口仓、洛阳没有粮食布帛，王世充、李密就不一定能够聚集大量人马。不过贮积本来是国家的正常事务，关键在于要等到百姓有宽余，然后征收才是。倘若百姓辛劳困苦而强制征收，最终是资助了敌寇，积累它没有益处。然而，以节俭来休养百姓，贞观初年，陛下已亲自这样做过了，所以今天再实行起来并不困难。如此实行一日，天下百姓就都知道这事了，就会载歌载舞。如果百姓已经劳顿，还不停地耗用，万一内地遭受水旱灾害，边疆有敌寇入侵的警报，狂恶之徒乘机作乱，就会有不测事件发生，那就不是圣上晚吃饭迟入睡就行了的啦。如果凭着陛下的圣明，真的要励精图治的话，不用老远地烦求往古的治图方略，只要做到贞观初年那样，那么天下就非常幸运了。

第十八章　贪心惹祸

★珍惜自己，爱惜百姓

贞观初，太宗谓侍臣曰："人有明珠，莫不贵重。若以弹雀，岂非可惜？况人之性命甚于明珠，见金钱财帛不惧刑网，径即受纳，乃是不惜性命。明珠是身外之物，尚不可弹雀，何况性命之重，乃以博财物耶？群臣若能备尽忠直，益国利人，则官爵立至。皆不能以此道求荣，遂妄受财物，赃贿既露，其身亦损，实可为笑。帝王亦然。恣情放逸，劳役无度，信任群小，疏远忠正，有一于此，岂不灭亡？隋炀帝奢侈自贤，身死匹夫之手，亦为可笑。"

——《贞观政要·贪鄙第二十六》

贞观初年，唐太宗对臣子训说："人们手中有颗明珠，没有不看重、珍惜的，如果拿来打鸟儿，难道不是很可惜的吗？何况人的性命比明珠更为贵重，看到了金银钱帛，就不怕法网，立即收受，这就是不爱惜性命。明珠是身外之物，都不可以用来打鸟儿，何况可以用宝贵的生命来争得财物吗？做大臣的人如果在各方面都忠诚、坦直，做对国家和人民有益的事情，那么官爵马上就会到来。如都不能用这种办法来求荣，而乱受钱物，赃贿一旦暴露，自身也就损伤，实在可笑。帝主也是这样。尽情放纵取乐、无限度征发劳役，相信小人，疏远忠诚正直的人，有其中的一种行为，哪有不灭亡的道理？隋炀帝无比奢侈却自以为贤明，结果死在普普通通的人手中，这也是很可笑的事情啊！"

★贪财受贿，不懂爱财

贞观二年，太宗谓侍臣曰："朕尝谓贪人不解爱财也。至如内外官五品以上，禄秩优厚，一年所得，其数自多。若受人财贿，不过数万。一朝彰露，禄秩削夺，此岂是解爱财物？规小得而大失者也。昔公仪休性嗜鱼，而不受人鱼，其鱼长存。且为主贪，必丧其国；为臣贪，必亡其身。《诗》云：'大风有隧，贪人败类。'固非谬言也。昔秦惠王欲伐蜀，不知其径，乃刻五石牛，置金其后，蜀人见之，以为牛能便金。蜀王使五丁力士拖牛入蜀，

道成。秦师随而伐之，蜀国遂亡。汉大司农田延年赃贿三千万，事觉自死。如此之流，何可胜记！朕今以蜀王为元龟，卿等亦须以延年为覆辙也。”

——《贞观政要·贪鄙第二十六》

贞观二年，太宗对侍臣说：“我曾经说过，贪财的人并不真正懂得爱财。例如内、外朝官五品以上的，俸禄优厚，一年所得到的，那数目本来就多。如果纳受别人的财物贿赂，不过得到几万。一旦暴露出来，俸禄就会被消除，这难道是懂得喜爱财物？看见小的收入却失掉了大的利益。从前公仪休生性喜欢吃鱼，但他不收别人送的鱼，他就能长久吃得上鱼。而且做国君的贪财，必定丧失他的国家；做臣下的贪财，必然要引来杀身之祸。《诗经·大雅·桑柔》上说：‘大风迅猛地刮着，贪赃枉法的人败坏法度。’确实不是荒谬的言论啊。古时候秦惠文王准备进攻蜀国，但不了解路途，于是就雕琢了五只石牛，把金子放在牛屁股后面，蜀国人见了认为牛能屙出金子，蜀国的国王便派出五名大力士凿开一条道，把牛拖回蜀国。道路凿成后，秦国的军队跟在后面来进攻，蜀国因此而灭亡。汉朝掌管国家财政事务的大司农田延年，收取赃物贿赂三千万，事情败露后自杀。像这样的人和事，哪里数得清！我今天以蜀国的国王为警戒，你们这些人也应该以田延年为前车之鉴啊。”

★奉公守法，保全自己

贞观四年，太宗谓公卿曰：“朕终日孜孜，非但忧怜百姓，亦欲仅卿等长守富贵。天非不高，地非不厚，朕常兢兢业业，以畏天地。卿等若能小心奉法，常如朕畏天地，非但百姓安宁，自身常得欢乐。古人云：‘贤者多财损其志，愚者多财生其过。’此言可为深诫。若徇私贪浊，非止坏公法，损百姓，纵事未发闻，中心岂不常惧？恐惧既多，亦有因而致死。大丈夫岂得苟贪财物，以害及身命，使子孙每怀愧耻耶？卿等宜深思此言。”

——《贞观政要·贪鄙第二十六》

贞观四年，唐太宗对王公臣子们说：“我整天都孜孜以求，不仅仅是怜悯百姓，而且也想让你们这些臣子长守富贵。天不是不高，地不是不厚，我时常兢兢业业，是因为敬畏天地。你们这些臣子如果能谨慎守法，就像我一样敬畏天地，不仅百姓可以安居乐业，就连你们自己也会欢乐常在。古人说：‘贤明的人财宝过多会消磨志向，愚蠢的人财宝过多会招惹是非。’这话可以作为深刻的警诫。如果徇私贪赃，不止破坏国法，损害百姓，即使事情尚未败露，内心里岂能不老是恐惧？恐惧过度，也会因此丧命。大丈夫怎能随便贪图财物，来危害身命，使得子孙常感到羞愧耻辱？你们应该好好深思这些话。”

★以身试法，咎由自取

贞观十六年，太宗谓侍臣曰：“古人云：‘鸟栖于林，犹恐其不高，复巢于木末；鱼藏于水，犹恐其不深，复穴于窟下。然而为人所获者，皆由贪饵故也。’今人臣受任，居高位，食厚禄，当须履忠正，蹈公清，则无灾害，长守富贵矣。古人云：‘祸福无门，惟人所招。’然陷其身者，皆为贪冒财利，与夫鱼鸟何以异哉？卿等宜思此语为鉴诫。”

——《贞观政要·贪鄙第二十六》

贞观十六年，唐太宗对臣子们说：“古人说：‘鸟儿栖歇于树林之中，总担心住的不够高，又再将鸟巢建到树梢上去；鱼儿躲藏在水中，总担心水不够深，又在洞穴之下建窝。可是他们被人们所捕获的原因，都是因为贪吃诱饵的缘故啊。’现在做大臣的接受任职，高高在上，拿的是很丰富的俸禄，应当竭诚尽忠，廉洁奉公，这样才能没有灾难而长保富贵啊。古人说：‘祸福无定，由人自取。’然而身遭灾祸的人，都是因为贪财求利，这和那些鱼儿鸟儿有什么不同呢？你们应该思考这些话，作为鉴戒。”

第三篇 《反经》智慧通解

★导读

唐朝开元盛世，出了一个大诗人李白，与其并耀于世的还有一个人，他就是李白的老师赵蕤。赵蕤不是以诗歌著称，而是出了一本奇书《反经》。

他依据万物正反相生这一原则，从另一个角度对历史的人和事进行考究，认为历代统治者用以治国安邦的法则不论多么完善和严密，都不可避免地会出现副作用。故而，赵蕤以其独到的精辟见解，提醒着当政者在制定以及实施法规之时不能忘记历史的教训。

在《反经》中，糅合儒、道、兵、法、杂、阴阳等诸子思想，以独特视角阐述王霸谋略、长短之术，内容丰富而又深刻，给予世人诸多警醒。全书以权谋政治和知人善任为中心，称赞王道伟治、文功武绩，斥责君德败坏，国破家亡，攻击世人虚伪，赞美教化为先。可以说，《反经》是对唐以前历史的多角度、全方位的审视，堪称历代政治创意与权谋的集成。

《反经》作为古时为政者的智谋全书，论证深刻，发人深省，对后人有极大的启发和教育意义。故有人说，为政者不但要读《资治通鉴》，更要读《反经》。

当然此书无论是对于为政还是其他各个行业的人所具有的借鉴和启示都是深远的。

第一章 修身之道：守诚持重，洁身自好

★看淡成败，宁静淡泊

《文子》曰："有功，离仁义者必见疑；有罪，不失人心者必见信。故仁义者，天下之尊爵也。"何以言之？

昔者楚共王有疾，召其大夫曰："不谷不德，少主社稷，失先君之绪，覆楚国之师，不谷之罪也。若以宗庙之灵，得保首领以没，请为'灵'，若'厉'。"大夫许诺。及其卒也，子囊曰："不然。夫事君者从其善，不从其过。赫赫楚国而君临之，抚征南海，训及诸夏，其宠大矣。有是宠也，而知其过，可不谓之'共'乎？"大夫从之。此因过以为功者也。

——《反经》

《文子》说："就算有功，如果失去了仁义，也必定会被怀疑；即使有罪，假如不失民心，也一定会受到信任。所以说，仁义是天下最宝贵的东西。"为什么这样说呢？

从前楚共王生了病，把大夫们召集到身边说："我没有什么德行也不事劳动，年少时就开始主持社稷，丧失了先君的优良传统，使楚国的军队遭到了巨大损失，这些都是我的罪过。假若由于祖宗的保佑，我能寿终正寝，我请你们给我加上'灵'或者'厉'的谥号。诸位大臣同意吗？"大夫们答应了共王的要求。等到共王死后，大夫子囊说："不能遵照大王的意思办。侍奉国君，应听从他正确的命令而不服从他错误的命令。楚国作为威名赫赫的大国，自从大王君临朝政之后，抚慰征讨南方各国，训诫中原各国，天下无不归附，可见其所受苍天恩宠的程度呀！有这么大的恩宠，却能自知其过，这还算不上'共'吗？"大夫们听从了子囊的意见。这是有过错反而受到尊敬的例子。

春秋末年，晋国有一个当权的贵族叫智伯。他虽然名叫智伯，其实一点都不聪明，相反，却是个蛮横、不讲道理、贪得无厌的人。他自己的封地本来不小，却还嫌不够，有一次，他平白无故地向魏宣子索要土地。

魏宣子也是晋国一个贵族，他很反感智伯的这种行为，不愿意给他土地。他的一个谋士叫任章，对宣子说："您最好给智伯土地。"宣子不理解，问："我为什么要白白地送土地给他呢？"任章说："大王如果听我的，可以使您免受战争之危。"宣子听从了他的意见。

魏宣子的下属们纷纷说："智伯是个不讲道理、贪得无厌的人。对于这种人，应该出

兵惩治他，如果把土地给他，就只会助长他的贪欲，他将来必然还会来索要。宣子居然听从了任章的话，真是不智啊。”

宣子割让了一大块土地给智伯。智伯尝到了不战而获的甜头，接下来，便又伸手向赵国要土地。赵国不肯答应，他便派兵围困晋阳，企图灭亡赵国。这时，韩、魏联合，趁机从外面打过去，赵在里面接应，这样里应外合，内外夹攻，智伯便灭亡了。

这时，人们就此事问任章，任章说：“智伯无理求地，一定会引起邻国的恐惧，邻国都会讨厌他；他利欲熏心，一定会不知满足，而到处伸手必然会引起整个天下的不满。宣子给了他土地，他就会更加骄横起来，以为别人都畏惧他，他也就更加轻视他的对手，而更肆无忌惮地骚扰别人。那么，他的邻国就会因为害怕他而联合起来攻打他，那他便不能这样长久下去了。”

任章又接着说：“《周书》上讲的‘将要打败他，一定要暂且给他一点好处；将要夺取他，一定要暂且给他一点甜头’，说的就是这个道理。所以，我说还不如如他所愿给一点土地。再说，宣子现在不给他土地，他就会把宣子当作他的进攻目标，向宣子发动进攻。宣子还不如让天下人都与他为敌，使智伯成为众矢之的。”

人们听了任章的话，都为他的思维和智慧所叹服。

当碰到其他人向自己平白无故地索要东西时，大都会生气地拒绝，这样做的直接后果就是树立了敌人，甚至遭到他的进攻。拥有非凡智慧的人，都能够先满足索取者的无理要求，使其骄纵放肆，引起众怒，然后寻求和联合其他受害的人合力攻之。

★立身从政，把持根本

由此言之，夫立身从政，皆有本矣；理乱能否，皆有迹矣。若操其本行，以事迹绳之，譬如水之寒、火之热，则善恶无所逃矣。

——《反经》

由此说来，立身从政，都有赖以实行的根本；政治清明或者昏乱，臣下的贤和不贤，也都有迹象表现出来。如果能把持住根本，以办事的迹象去考察，那么就像水是凉的、火是热的一样，人的善恶就遮掩不住了。

明太祖朱元璋死前写下遗诏，要将帝位传给孙子朱允炆。这个二十一岁的年轻皇帝接到手的，是一根充满利刺的权杖，这些利刺不是别人，而是他的二十几个辈尊位高的皇叔，他们一个个都被封为藩王，坐拥强权。新皇帝要想保住自己的帝位，必须削夺这些藩王的权利，别的藩王倒还好说，最使朱允炆感到棘手的是燕王朱棣。

朱棣作为朱元璋的第四个儿子，生性坚毅沉稳，机智多谋，既英勇善战，又能以诚待人，在创建大明王朝的斗争中屡立战功，颇为朝野所重，连朱元璋也对他另眼看待。由于前面的三位兄长俱已死去，所以如今诸王之中以他为长，若能先将这根利刺拔掉，其他诸

王自然会乖乖地俯首。于是，一道削藩的诏书下到北平。

接到诏书后朱棣轻蔑地一笑，他十一岁被封为燕王，二十一岁就藩北平，至今已近二十年。北平曾是元朝的故都（大都），朱元璋建国之后，把国都定在南京，原大都城改称“北平府”。这里便成了偏远的边城，被驱赶的元蒙残部还不断地前来袭扰。朱元璋之所以将他封到这里，是将保国安民的重任交给了他。他果然不负众望，不但多次击退了元蒙的侵犯，还多次率部出征，深入沙漠腹地，将蒙古人赶到大漠之北，他的实力也因此得到极大扩张。

朱元璋

朱棣满以为朱元璋会将帝位传给他的，当年朱元璋也曾有过这个意思，没想到最后交给了朱允炆，这使他不得不对这个侄子称臣，对此他耿耿于怀。

朱棣一点也看不上这个嘴上没毛的年轻皇帝，生于深宫之中，长于文人之手，拉不得弓，骑不得马，不辨善恶贤愚，满脑子装的都是子曰诗云，说的是迂谈腐论，哪里有一点帝王的气魄和治国的能力？他正等着朱允炆应付不了的时候来收拾残局呢！可没想到这小子一出手就这么熟练。

但朱棣明白，他现在还不能公开同朱允炆抗衡，于是便托病不出，留在王府内，秘密训练士兵。不料此事被人告发，朝廷派来使臣查问。

使臣们来到北平，刚进城就发现北平街头有一疯汉，蓬头垢面，衣衫褴褛，在大街闹市之上，边走边狂呼乱喊；走到酒楼饭铺门前，便闯进去，夺了酒肉便吃，同时还胡说八道；吃饱了，喝足了，便倒在街头之上呼呼大睡，有时从早睡到晚也不觉得觉多。这个疯汉，便是燕王朱棣。当时北平城内外，都传言说朱棣疯了。

使臣忙将朱棣护送到王府，并亲自前去探病。时值六月盛夏，天气炎热，人们赤膊摇扇，还是挥汗如雨，他却围炉而坐，一边烤着火，一边还哆嗦着叨咕：“太冷了，太冷了！”朝廷的使臣信以为真，也没有查出什么破绽，就回南京复命去了。朝廷便不再追究，把精力转向了对付其他藩王身上。

1399 年 7 月 7 日，朱棣突然发动叛乱，逮捕了驻在北平的朝廷大臣。此时，他的病态病容一扫而光，当众宣布道：“我哪里有病，完全是迫于奸臣陷害，不得不如此。”接着兴兵南下，经过三年内战，终于在 1402 年攻下南京，推翻了朱允炆政权，朱棣登基称帝，这便是大名鼎鼎的明成祖了。永乐元年（1403 年）正月改北平为北京，经大肆扩建宫殿、坛庙后，永乐十九年（1421 年）明朝正式迁都北京。

在自己没有做好充分准备时，为了不使对手将主要精力集中起来对付自己，特别是在遇到紧急事件时，一方面可以通过装疯卖傻来蒙骗对手的视听，以求自保；另一方面也要暗中积极筹划准备。一旦时机成熟，便可公开与对手进行斗争。

朱棣

★谦和有度，进退得法

《左传》曰："无傲礼。"《曲礼》曰："毋不敬。"然古人以傲为礼，其故何也？欲彰于人德者耳。何以言之？昔侯嬴为大梁夷门监，魏公子闻之，乃置酒大会宾客。坐定，公子从车骑，虚左，自迎夷门侯生。侯生引公子过市，及至家，以为上客。侯生谓公子曰："今日嬴之为公子亦足矣。嬴乃夷门抱关者也，而公子亲枉车骑。稠人广众之中，不宜有所过，今公子故过之。然嬴欲就公子之名，故久立公子车骑市中，以观公子，公子愈恭。市人皆以嬴为小人，而以公子为长者，能下士也。"

——《反经》

《左传》说："没有（人）以傲慢为礼。"《曲礼》上说："不要以不敬的态度对人。"然而，古人中还是有以傲慢为礼的，这是什么原因呢？这是想把对方的高尚品德展示在众人面前。为什么这样说呢？从前，侯嬴做大梁夷门的守门人。魏公子信陵君听说他是个贤者，就大宴宾客。等宾客都落座后，信陵君率领一队车马，空着车中左边的客位，亲往夷门迎请侯嬴。侯嬴引导信陵君的车马从繁华的街市通过，然后来到信陵君府中，并被当作最尊贵的宾客。侯嬴对信陵君说："今天我为公子做了不少事。本来我是东门看守大门的人，然而公子屈尊驾车迎接我。而且稠人广众之中，本不宜通过车马，可是我故意让你去了一趟（人多的）集市。我这是为了宣扬你礼贤下士的美名，所以才故意让你和你的车马在集市中等候那么长时间，使人们观察你的反应，你的态度更加谦恭。集市上的众人都以为我是倨傲的小人，而把你看作是位品德高尚、礼贤下士的君子。"

信陵君

宋高宗时，宋将苗傅和刘正彦发动叛乱，企图逼迫高宗允许隆祐太后垂帘听政。援救皇帝的军队向京城进发，宰相朱胜非为保护皇帝，终于从中说服苗、刘投降。

皇帝下诏书把苗、刘封为淮南两路制置使，给他们统帅军队的权力，希望他们赶快去上任。苗、刘的部属张逵为他们出谋划策，要求皇帝给他们立铁契为证。

朝中大臣都很反对，自古以来哪有臣下向皇上要权还要立证据的？都想和苗、刘争辩，朱胜非却毫不迟疑满口答应了。大臣都说他傻，看他怎么向皇上交差，怎么处理此事。

退朝后，苗、刘带着书信到朱胜非府上要求按事先说好的办理此事。朱胜非叫他的助手拿笔来奏请皇上允许赐给铁契，并命令他属下的官吏详细查一下过去有关此事的旧例，以按照过去的方法来操办。苗、刘非常高兴地走了。

第二天临上朝的时候，苗傅的侍从官傅宿去敲朱胜非的府门，说有急事要见朱胜非，朱叫他进去。傅宿说："昨天得到批准的旨意，赐给苗、刘二将以铁契，这是不寻常的庆典，今天能举行吗？"

朱胜非接过傅宿拿来的通知，协助办事的官吏都过来围观这个通知，忽然朱胜非环顾这些官吏们，问道："叫你们查一下过去的旧例，查到了吗？"回答说："没有先例可查。"又问："按照过去的方法制造铁契，你们知道如何做了吗？"回道："不知道。"朱胜非说："那么这样的话能给他们铁契吗？"官吏们都笑了，傅宿也笑了，说："已经得到了。"于是他就回去了。苗、刘从此不再提立铁契的事。

对于对方提出的无理要求，不妨先答应，然后一步步地走下去，让他自己觉得无法办到。这样，他们自己就不强求了。假如想出一番大道理来与他们辩论，反倒就像用火苗来烤炮筒一样，使它温度升高，最终爆炸，从而把小人激怒。

第二章　处世之道：掌握命运，取舍有度

★一忍而忍，天下归己

《物志》上说："君子知道吃亏实际是有益处的，所以有一份功能得到两份赞誉；小人不知道占便宜是一种损失，结果形象被损害了。由此看来，所以不夸功的实际上才是真正的夸功，不争名利者实际上才是名利双收，对敌让步的实际上战胜了敌人。正因如此，郤至善于抬举别人，实际已压倒别人；王叔喜欢跟别人争高低，最后被迫出逃他国；蔺相如用引车回避的办法战胜了廉颇；寇恂因为不和贾复争斗，得到了比贾复贤明的美誉。物极必反，这就是君子常说的'道'。"

——《反经》

富弼是北宋仁宗时宰相，字彦同。因为大度，上至仁宗，下至文武官员都称他品行优良。

富弼年轻的时候，因聪明伶俐，巧舌如簧，常常在无意之间得罪一些人，事后，他自己也深为不安。经过长时期的自省，他的性格逐渐变得宽厚谦和。所以当有人告诉他某某在说你的坏话时，他总是笑着回答："你听错了吧，他怎么会随便说我呢？"

一次，一个穷秀才想当众羞辱富弼，便在街心拦住他道："听说你博学多识，我想请教你一个问题。"

富弼知道来者不善，但也不能不理会，只好答应了。

众人见富才子被人拦在街上，都涌过来看热闹。

秀才问富弼："请问，欲正其心必先诚其意，所谓诚意即毋自欺也，是即为是，非即为非。如果有人骂你，你会怎样？"

富弼想了想，答道："我会装作没有听见。"

秀才哈哈笑道："竟然有人说你熟读四书，通晓五经，原来纯属虚妄，富彦同不过如此呀！"说完，大笑而去。

富弼的仆人埋怨主人道："您真是难以理解，这么简单的问题我都可以对上，怎么您却装作不知呢？"

富弼说道："此人乃轻狂之士，若与他以理辩论，必会言辞激烈，气氛紧张，无论谁把谁驳得哑口无言，都是口服心不服。书生心胸狭窄，必会记仇。这是徒劳无益的事，又何

必争呢?”

仆人却始终不理解自己的主人为何如此胆小怕事。

几天后,那秀才在街上又遇见了富弼。富弼主动上前打招呼。秀才不理,扭头而去;走了不远,又回头看着富弼大声讥讽道:“富彦同乃一乌龟耳!”有人告诉富弼那个秀才在骂他。

“是骂别人吧!”

“他指名道姓骂你,怎么会是骂别人呢?”

“天下难道就没有同名同姓之人吗?”他边说边走,丝毫不理会秀才的辱骂。秀才见无趣低着头走开了。

富弼当了宰相后常教育子孙说:“忍”之一字,是办好一切事情的窍门。家族要想和睦,一定要注意这个字。倘若一个清正节俭的人再加上这一“忍”字,做任何事都会势如破竹,没有能难住他的。大凡朝廷用人,唯才是举;但在任用宰相时,又以“大度”二字衡量。所谓相者,要有天地之气魄,能容万物。如果不能忍,何异于青蛙?一触即跳,一跳便叫,不知如何是好。

忍一时,风平浪静。俗话说:“‘忍’字头上一把刀,遇事不忍祸先招。”历来有不忍的领导者,冲冠一怒,气贯长天,比如项羽,终难免乌江岸上,一剑成鬼雄。历来有忍之领导者,却不多见,比如刘邦,一忍百忍,天下终姓刘。相信这会给当今领导者诸多启示。

★知进知退,有张有弛

孔子曰:“死生有命”,又曰“不得其死”,又曰“幸而免”者。夫死生有命,其正理也;不得其死,未可以死而死也;幸而免者,可以死而不死也。此皆性命三势之理也。

推此以及教化,则亦如之。人有不教化而自成者,有待教化而后成者,有虽加教化而终不成者。故上智与下愚不移,至于中人,则可上可下。推此以及天道,则亦如之。

——《反经》

唐朝郭子仪平定安史之乱的事迹人尽皆知,但这位功极一时的大将在为人处世上却极为小心谨慎,与他在千军万马中叱咤风云、指挥若定的风格迥然不同。

唐肃宗上元二年(761年),郭子仪被封为汾阳郡王,住进了位于长安亲仁里的金碧辉煌的王府。令人奇怪的是,堂堂汾阳王府每天总是门户大开,任人出入,丝毫不加管束,与别处官宅门禁森严的情况毫不相同。客人来访,郭子仪便无所忌讳地请他们进入内室,并且命姬妾侍候。有一次,一位将军离京赴职,前来王府辞行,看见他的夫人和爱女正在梳妆,叫郭子仪递这拿那,竟同使唤仆人一般。儿子们觉得父亲身为王爷,这样子总是不太好,一齐来劝谏父亲应分个内外,以免遭人耻笑。

郭子仪笑着说:“你们根本不知道我的目的。我的马吃公家草料的有五百匹,我的部

郭子仪

属、仆人吃公家粮食的有一千人。可以说现在我是位极人臣，受尽恩宠了。但是，谁能保证没人正在暗中算计我们呢？如果我修筑高墙，关门闭户，和朝廷内外不相往来，假如有人与我结下怨仇，诬陷我有造反之心，我就百口莫辩了。现在我无所隐私，不使流言蜚语有滋生的余地，就是有人想用谗言诋毁我，也没有借口了。”

几个儿子听了这一席话，都对父亲的深谋远虑深感佩服。

中国历史上有很多有大功于朝廷的文臣武将，但大多数的下场都不好。郭子仪历经玄宗、肃宗、代宗、德宗数朝，身居要职达六十年，虽然在宦海也几经沉浮，但总算保全了自己和子孙，最后以八十多岁的高龄寿终正寝，给几十年戎马生涯画上了一个完美的句号。这不能不归功于他的这份谨慎。

悬崖勒马、江心补漏确实是对危局的补救措施，但毕竟此时已处于进退两难的尴尬境地，骑虎之势已成，身不由己，至此悔之晚矣。假如人不能在权势头上猛退，到头来难免像山羊触藩一般弄得为灾祸所困。所以，领导者为人处世要胸中有数，不要贪恋功名利禄，不要做无准备之事。做事要随机应变，随势之迁而调整。做事是为了成功，一股劲猛进不可取，犹犹豫豫也不可取，知进知退，有张有弛，处进思退才是行事的方法。

★谨慎自律，居安思危

由此观之，是知天下者非一人之天下也，天下人之天下也。所以王者必通三统，明天命所受者博，非独一姓也。昔孔子论《诗》，至于“殷士肤敏，裸将于京”，喟然叹曰：“富贵无常。不如是，王公其何以诫慎，民萌其何以劝勉！”《易》曰：“安不忘危，存不忘亡。”是以身安而国家可保也。故矣。惧而思诫，乃有国之福者矣。

——《反经》

勤于政事，是成就一个有作为的封建君王的基本条件。综观历代比较英明杰出的帝王，特别是那些开国创业之君，一般都是兢兢业业，勤于政事。如果连勤政都做不到，那就必然陷于荒淫嬉戏怠惰而难以自拔，朝政因之委与他人，于是重臣擅权，宦官干政，轻则导致朝纲紊乱，大权旁落；重则引来内忧外患，身败国亡。

平民皇帝明太祖朱元璋是个勤政的典范。他从征讨杀伐中夺得江山，深知皇权来之不易。为了防止大权旁落，他登位以后便果断废除丞相制，改由六部（吏、户、礼、兵、刑、工）长官直接向皇帝汇报，由皇帝亲自裁决，使得皇权与相权集于一身，大小政务均亲自处理，断不假手他人。往往天不亮就起床批阅公文，直到深夜才得以休息，甚至吃饭时还在思考政务。每思得一事，就顺手写在纸上，缝在衣服上，以至事情记多了，挂得满身都是，上朝时再把它们一一处理了当。以洪武十七年九月的收文为例，从十四日至二十一日，八天内共收到内外诸司奏扎一千六百六十件，计三千三百九十一事，平均每天要批阅二百多件奏札，处理四百多件事，其政务的辛劳可以想见。侍臣怕他操劳过度，劝他："陛下励精图治，天下苍生之福，但圣体过劳，宜多加保重。"而朱元璋却说："我难道好劳而恶安吗？以往天下未定，我饥不暇食，倦不暇寝，激励将帅平定天下；现在天下已定，四方无事，难道可以高居宴乐了吗？自古以来，人勤则国家兴，人怠则国家衰，我怎么敢暇逸呢？"他把勤政放到关系国家兴衰存亡的高度来认识，所以能自觉坚持，甘之如饴。

清圣祖玄烨（康熙），则更是一生勤政，业绩辉煌。他在位六十一年，铲除权臣，刷新朝政、平定三藩、开拓疆域、稳定海疆、繁荣经济，采取了一系列富国强民安邦的措施，而这一切都是他亲手予以制定颁发的。诚如他自己所说："朕听政三十年，夙兴夜寐，有奏即答，或有紧要事，辄秉烛裁决。"即使"右手病，不能写字，用左手执笔批旨，断不假手于人"。几乎是"日御门听政，临决万机，不遑夙夜"。御门听政，本来是封建帝王处理国家大事的一项基本手段，历代均沿袭此制。但往往只有开国君王能够身体力行，持之以恒；而继承之君大都沉于深宫，耽于酒色，很少会见朝臣。像明宪宗朱见深在位二十三年，仅在成化七年召见过大学士万安等一次，说了几句话即退朝；明武宗朱厚照在位十六年，游荡南北各地，平时很少会见朝臣；明神宗朱翊钧在位四十八年，也仅仅会见大臣几次；明熹宗朱由校昏庸最甚，在位七年，一次也未曾召见大臣。如此疏于朝政，皇权均由宦官代理，内阁、六部形同虚设，朝政能不昏庸腐朽？而康熙吸取明代皇帝怠于政事，以致大臣、官员皆畏太监的教训，坚持实行御门听政制度，视此为勤政、理政，强化君主专制的有力措施。从康熙六年康熙亲政起，正式设立"起居注"官，记载皇帝的政事、起居、事迹、言行、活动，每月一册，从中可见康熙治政之辛勤，忙碌非同一般。每天御门听政的时间安排在大清早，往往四五鼓（约早晨四五点钟）就得起身，"未明求衣，辨色视朝，日与大小臣工率作省成，用熙庶绩"。即使在瀛台、玉泉山、南苑以及晚年经常驻跸的畅春园，也都坚持听政不辍。甚至远出巡行，旅途劳顿，只要回到北京，次日即照常御门，使听政不致中断。三次东巡，六次南巡都是如此。只有遇到忌辰、祭祀，或因病因事，或天气骤冷骤热，下雨、灾祸等特殊原因，才停止听政。作为一个日理万机的万乘之尊，几十年如一日，坚持早朝听政，亲断朝务，这在历代封建皇帝中是并不多见的。正因为康熙能终生坚持勤政听政，而且在听政中能虚心采纳臣言，善于归纳正确意见，才使得康熙一朝清明整肃、发达昌盛，成为中国封建王朝著名的"盛世"而永垂史册。

作为封建社会的最高统治者之所以能做到勤于政事，是与他们谨慎自律的个人品质分不开的；而这种谨慎自律，又往往来源于对客观形势的深刻认识和对政治权势的强烈欲求。他们从历代王朝兴亡更替的严酷事实中认识到谨慎奋进以兴、骄纵奢侈必亡。为了保证得之不易的江山世代相传,必须对自己严加约束,谨慎从事,而不能轻易放纵,贪欢误国。相信这会给现代领导者许多管理启示。

★命运无常,荣辱不惊

天道性命,圣人所希言也。虽有其旨,难得而详。然校之古今,错综其纪,乘乎三势,亦可以仿佛其略。何以言之?

荀悦云:“凡三光、精气变异,此皆阴阳之精也,其本在地而上发于天。政失于此,而变现于彼,不其然乎?”

——《反经》

天道性命之理,圣人很少谈论它们。其中虽然有深意,但很难说得清楚具体。然而考察古往今来错综复杂的记载,凭借“三势”,也可以知道个大概。为什么这样说呢?

荀悦曾说:“凡日、月、星辰与精气的变化,这都是阴阳之气的精华。它的根源本是在地,向上生发而到达天上。国家政治有失误,异变就会在天地间显现,难道不是这样吗?”

清末黎元洪在湖北时,一直位于张彪之下。张彪是张之洞的心腹,又娶了一个张之洞心爱的婢女,人称“丫姑爷”。张彪嫉贤妒能,对黎元洪极其反感,加之当时报纸亦赞扬黎元洪而贬低张彪,张彪心怀不满,常在张之洞面前进谗言,对黎元洪大加诋毁。

张之洞

张彪不仅进谗言,还以上级的职位,百般羞辱黎元洪,想让黎元洪不能忍受耻辱而离开军队。他的手法非常恶劣,据传曾经在军中让黎元洪罚跪,并当着士卒的面,将黎的帽子扔在地上。黎元洪忍受着百般欺辱,脸上毫无怒容,张彪对他也没有办法。

然而,黎元洪亦非甘为人下的主。他明知张彪欺侮自己,却不与之争锋,而是“平敛锋芒,海涵自负,绝不自显头角,以防异己者攻己之隙”。

后来,张之洞任命张彪为镇统制官,但军事编制和部署训练却要依靠黎元洪的协助。张彪不懂军事,黎元洪呕心沥血,为之训练将士。成军之日,张之洞前往检查,见颇有条理,就当面夸奖黎元洪,黎元洪却谦虚说:“凡此皆张统制之部署,某不过执鞭随其后耳,何功之有?”

张彪听了黎元洪这话,心中十分感激,二人关系逐渐融洽起来。1907 年 9 月,张之洞任军机大臣,东三省将军赵尔巽补授湖广总督。

赵尔巽鄙视张彪,要以黎元洪取代张彪,黎元洪坚持不肯。同时,黎又面见张彪,将此事告之于他,建议他致电张之洞,让张之洞帮助其渡过难关。张彪一听,心中大惊,立即让其夫人进京活动，后来张之洞来函，才保全了他的职位。张彪对黎元洪十分感激，张之洞亦认为黎元洪颇有诚心。

张之洞极看重黎元洪的“笃厚”，叹喟：“黎元洪恭慎，可任大事。”

实际上，黎元洪心里明白，虽然张之洞已离开了湖北，进京当军机大臣，但仍可影响到湖广总督的态度。如果黎元洪在张之洞离鄂之后，即取其宠将职位而代之，不但有忘恩负义的嫌疑，甚至会对自己的前途造成影响。

因此黎元洪通过“忍”以及帮助张彪，使张彪改变了对自己的态度，这样，等于在湖北又多了一个助手，有利于增强自己的实力，在关键时刻能够帮自己的忙。

1911 年 10 月上旬，湖广总督易人，此人对黎元洪极不信任，但此时黎元洪与张彪关系早已改善，因此并未影响到黎元洪的官职。

精明人处世，在做事的过程中都会忍耐，需要的时候，在辱骂面前不仅挺得住，还能笑脸相迎。为了达到自己的目的，天大的屈辱，都可以忍一忍，不能把面子看得太重，骂我也好，打我也罢，只要益于前途，都没什么关系。

第三章　用才之术：因才择用，驭才有道

★观人之德，用人之长

夫人才能参差，大小不同，犹升不可以盛斛，满则弃矣。非其人而使之，安得不殆乎？

——《反经》

古人曰："夫人才能参差，大小不同，犹升不可以盛斛，满则弃矣。非其人而使之，安得不殆乎？"意思是说，人的才能大小是不同的，就像用升无法盛下斗中的东西一样，盛不下就会溢出来，那就是浪费。用了不该用的人，没有危险是不可能的。

在历史上，有许多因用人不当而失策的，在当今社会，同样也存在这样的问题，因为把不合适的人放在了重要位置而使事业在不知不觉中受到了损失。为什么会这样？除了个别领导纪律观念淡薄，私心作怪之外，一个重要的原因就是领导干部疏于"量才"。如何正确"量才"，可以看以下几点：

观其德。有人把人分为四种类型：德才兼备、有德无才、有才无德、无德无才。"德者，才之帅也"，认识一个人，考察一个干部，不能只看其才，还要观其德。从大的方面讲，作为党的干部要胸怀远大理想，志趣高尚，对百姓要关心其冷暖，对事业要无比忠诚。从小的方面讲，一个有德的干部还应有好的品性，虚怀若谷，心胸宽阔方可担当大任。品行恶劣、心胸狭窄的人，对上阿谀奉承，对下疲于应付，凡事工于心计，稍不如意便打击报复，对这样的人应当警惕。无才的人是不能选的，因"才"失"德"同样是最可怕的。

用其长。俗话说："尺有所短，寸有所长。"用人者必须要懂这个道理，用人谋事的第一要素是善用人的长处。有的领导一旦发现下属某个方面有不足之处，便哀叹"朽木不可雕也"，随即"打入死牢，永不录用"。这种用人观是非常片面的。"人非圣贤，孰能无过"，任何人都有优缺点，也不可能各个方面都精通，我们不能因为某一方面的缺点就否定一个人的一切。可用之才只要在所从事的领域有所擅长，这个人就不失为可用之才。

审其志。《人物志》上说："夫精欲深微，质欲懿重，志欲弘大，心欲谦小。"一个人内心深处如果没有永久的观念，做事就会马马虎虎，有头无尾，为人处事也是不行的，可能就是虚伪的，不着边际，不是扎扎实实地安身立命，老老实实地做事做人，而是随波逐流，胸无志向。这样的人一旦重用，轻则会把工作搞得一塌糊涂，重则会给党的事业造成不可挽救的损失。

兴旺发达是党的事业所需要的，能否得民心顺民意，领导干部是一个很重要的因素。因

此,选人用人直接关系到各项工作的成败得失。各级组织人事部门和领导干部应该当好“伯乐”,“慧眼”识英才,不断健全和规范用人机制,让有才之士更好地发挥自己的聪明才智。

如何识别人才、吸收人才、使用人才、激励人才及保留人才是摆在每一个企业主管面前的关键难题。

世界上通行的识别人才的标准已广为流传。由此看出,考核人才分为两个尺度,即是否尊重遵守企业文化,是否工作热情高、责任感和工作能力强。根据这两个尺度将人才分为四类,双高的自然留用;双低的自然淘汰;对那些尊重遵守公司文化、工作热情高、责任感强但工作能力偏低的,通行的做法是给他们指出公司对他们的期望和要求,帮助他们提高能力,给以使用;对不尊重不遵守企业文化、工作热情低、工作责任感差但工作能力强的员工,通行的做法是给他们以激励的鞭策,加强沟通。如果实在不行,那也没有办法,只能放弃。

★因事用人,合理搭配

夫人才能参差不齐,大小不同,犹升不可以盛斛,满则弃矣。非其人而使之,安得不殆乎?

故伊尹曰:“智通于大道,应变而不穷,辨于万物之情,其言足以调阴阳,正四时,节风雨。如是者,举以为三公。”故三公之事常在于道。

“不失四时,通于地利,能通不通,能利不利,如是者举以为九卿。”故九卿之事常在于德。

“通于人事,行犹举绳,通于关梁,实于府库,如是者,举以为大夫。”故大夫之事常在于仁。

“忠正强谏而无有奸诈,去私立公而言有法度,如是者,举以为列士。”故列士之事常在于义也。故道德仁义定而天下正。

——《反经》

人的才能参差不齐、大小各不相同,就像用升无法盛下斗中的东西一样,盛不下就会溢出来,溢出来则弃之于地。选用人才也是如此,用了不该用的人,如何能不误事呢?

成汤的辅相伊尹说:“心智若能与天道相通,能应对事物的变化,了解万物发展的规律,言论足以协调阴阳,端正四时,节制风雨。这样的人,可以让他做三公。”所以,三公的首要任务是不懈地研究社会和自然的变化规律。

“顺应四时,精通地利,能把堵塞的环节疏通,能把不利之物变为有利。这样的人可以推举他做九卿。”所以,九卿的职责是发展经济、建设道德体系。

“通达人情世故,行为正派,了解地形地利,充实国家的府库,这样的人可以推举为大夫。”所以,大夫的职责是推行仁政。

“忠心正直,犯颜直谏,没有奸诈之心,言谈合乎法规,这样的人推举他做列士。”所以,列士的职责是常行仁义。道、德、仁、义确立之时,就是天下大治之日。

曹玮在秦州任职很长时间,累次上书,请求皇上另外派人接替他。宋真宗便询问王旦:“谁可以代替曹玮呢?”王旦就推荐了李及,真宗同意了。

众人都十分疑惑，大家都认为王旦是老糊涂了。因为李及虽然谨慎、忠厚、行为检点，但并非驻守边疆的将才，为将者要有勇有谋、精明能干才行。韩亿将大家的意见告诉了王旦，王旦并不回答什么。

伊尹

等李及到了秦州上任，将吏们多看不起他，但不久发生了一件事，使大家对他的看法有所改观。屯戍禁军中有个士兵大白天在街上抢劫妇女的银钗，官吏们抓住他，将他押到李及面前。当时，李及正在看书，将那人叫到面前，略略加以审问，那人便服罪。李及也不再与下面的官吏商量，马上命令将他斩首，然后又像刚才那样看起书来，将吏们都惊叹佩服。

不久，李及的声望就传到了京师，韩亿听到后，又去见王旦，将李及的事讲给王旦听，并且称赞王旦有识人之明。

王旦笑着说："戍边的士兵干违反军纪的事，将他斩首，这只是一般的事，有什么值得惊异的？我之所以使用李及，并非因为这个原因。因为曹玮在秦州七年，羌人都畏惧他、佩服他。曹玮处理边疆事宜，已经做到尽善尽美。假使派其他人去，必然会自作聪明，大大地改变曹玮的治理措施，败坏曹玮开创的良好局面。之所以要派李及去，只是因为他稳重忠厚，一定会谨守曹玮的事业罢了。"韩亿越发叹服王旦的见识与气度。

用人要讲究搭配，不但要注意人才之间性格、年龄上的互补性，更要注意知识和才能的互补。如果一个地方或一项工作已经由一个足智多谋、敢想敢干的人才治理得井井有条了，在考虑派谁继任的时候，切忌再派一个聪明能干的人去管理，因为他会改变前任的政策，使一个地方产生动荡；而若采用无为而治的方针，派一个谨慎忠厚的继任者，他会沿用前任的政策，使这个地方继续发展。

★知才善用，贵在察心

臣闻主将之法，务览英雄之心。然人未易知，知人未易。汉光武聪听之主也，谬于庞萌；曹孟德知人之哲也，弊于张邈。何则？夫物类者，世之所惑乱也。故曰：狙者类智而非智也，愚者类君子而非君子也，戆者类勇而非勇也。亡国之主似智，亡国之臣似忠，幽莠之幼似禾，骊牛之黄似虎，白骨疑象，碔砆类玉。此皆似是而非也。

——《反经》

驾驭将领的方法，务必洞察英雄们的内心世界。然而，人却是不容易被了解的，想了解人也很难。汉光武帝刘秀是个很善于听其言辨其人的皇帝，却在庞萌身上栽了跟头；曹操算是知人善任的高手，可还是上了张邈的当。这是为何呢？原因在于，事物之表面相似，实质却不同，是很容易迷惑人的。所以诡诈之人貌似聪明其实并不聪明；愚鲁之人貌似正人君子其实不是君子；莽撞之人看似很勇敢，其实并不是。历史上的亡国之君大多给人一种颇有智慧的印象；亡国之臣常常表现出忠心耿耿的样子。莠草的幼苗与禾苗相似，黑黄相间的牛皮类似虎皮，白骨很像象牙，色泽像玉的石头很容易与玉石相混淆。这都是似是而非、以假乱真的情况。

在刘备三顾茅庐之时，诸葛亮就制定了一套方案：占荆州，据蜀地，东联孙权，北拒曹操，以待时机统荆州之兵，进据宛洛；率益州之师，出击秦川，以复兴汉室。诸葛亮出山之后，就是据此蓝图辅佐刘备的。

建安十三年（208 年），曹操在平定北方后率军南下，企图消灭刘备，吞并江南。刘备与孙权无奈之下联兵抗曹，与曹军相遇于赤壁。

曹军初战不利，将大军撤回长江北岸驻扎。经过充分准备，孙刘联军想采用火攻曹军。诸葛亮在召开军事会议分配任务时说："此次我孙刘联军用火攻突袭曹营，曹军必定大败……最后，曹操必经华容道逃走。所以，这里必须派遣一位勇猛的大将把守。"说罢，诸葛亮便给张飞、赵云、马超、刘丰、刘琦等战将一一分配任务，唯独对身边的关羽置之不理。

关羽

关羽忍耐不住，高声斥问："我历经征战，从不落后，这次大战，却不用我，这是为何？"诸葛亮说："关将军休怪，我本想派你把守一个最重要的关口，但一想却不合适。"关羽很不高兴地问："为何不合适呢？"

诸葛亮说："想当初，你身居曹营，曹操对你多方关照。这次曹操惨败后必从华容道逃走，若叫你去把守，你恐会念及旧情放他走吧？"关羽看了一眼刘备说："军师多心了，我已经替曹操斩颜良，诛文丑，解白马之围，这早已报答了曹操。若再遇曹操，决不手软。"诸葛亮仍以言相激，关羽最终立下了军令状。

众将皆不解，议论纷纷，有的说：“干吗对关将军如此啊！大家都没有立军令状嘛。”有的说：“既然怕关将军放了曹操，换个将军不就是了，为什么还要用他呢？”也有的说：“关羽杀了曹操会落个不义之名，若不杀曹操回来后则当受军法处置。这样可怎么结局？军师今天怎么这么糊涂啊！”

果然不出诸葛亮所料，在赤壁之战中曹操大败，仓皇出逃。一路上又遭到赵云、张飞的伏击，最后仅余二十七骑，狼狈不堪地来到华容道。突然，一声炮响，关羽横刀立马带兵挡住了去路。曹操吓得魂不附体，忍不住地跪地乞求饶命，并且提起当年厚爱关羽之事，其随从也一个个跪地乞求。关羽乃一代豪杰，最终念及当初曹操对他的关照，起了恻隐之心，放走了曹操。

关羽两手空空回到军营，诸葛亮要对他施以军法，经刘备及众将一再求情，才免了关羽死刑，令他戴罪立功。

事后，有人问诸葛亮：“在赤壁之战中派关羽守华容道，白白放走了曹操无疑是错误的做法。您为什么还要这样做呢？”诸葛亮笑一笑说：“曹操是中原群龙之首，若杀之，北方便会四分五裂继续战乱，东吴便会乘机向北发展，一旦发展壮大，定会掉过头来吞并我们。若不杀曹操，其主力在赤壁之战中已遭重创，一时无力南侵，还能牵制孙吴。这样，则可乘机占领荆州，进军巴蜀，正符合三国鼎立的设想。所以，曹操是不可杀的。”

接着，他又说：“那么该派谁守华容道呢？张飞坦率急躁，捉操后是定斩不饶的；赵云忠贞不二，捉操后也绝不会放走的。唯独关羽，乃当代英雄，不但义重如山，还曾受操厚恩，捉操后定会释放。放了敌将该当斩首怎么办呢？关羽是主公二弟，人缘又好，也是斩不了的。”

后人每每说到此，都不由得赞扬说：“诸葛亮智绝，关羽义绝。”诸葛亮的“捉放曹”完全达到了预期的目的，实在是高屋建瓴、精妙绝伦之策，不愧为贤相的典范，杰出智慧的化身。

孙悟空是众徒弟中最难驯服的一个，但他为什么对唐僧俯首听命、唯命是从呢？因为唐僧会念紧箍咒。虽说唐僧不会腾云驾雾，又不会什么变化，但他却掌握了管住孙悟空的法宝。诸葛亮作为中华民族杰出的政治家、军事家和外交家，在驭人方面，他不仅善于用人之长，还能巧妙地利用下属的缺点，洞察下属内心的真实世界，让他们如同戴上了金箍的孙悟空，即使本领再大，也得听他调遣。

★求全责备，用人所忌

孔子曰：“人之过也，各于其党。观过，斯知仁矣。”何以言之？

太史公云：“昔管仲相齐，九合诸侯，一匡天下。然孔子小之曰：‘管仲之器小哉！岂不以周道衰，桓公既贤，而不勉之至王，乃称霸哉？’”

虞卿说魏王曰：“夫楚亦强大矣，天下无敌，乃且攻燕。”魏王曰：“向也，子云‘天下无敌’；今也，予云‘乃且攻燕’者。何也？”对曰：“今谓马多力则有之矣，若曰胜千钧则不然者，何也？夫千钧非马之任也。今谓楚强大则有矣，若夫越赵魏而开兵于燕，则岂楚之任哉？”

由是观之，夫管仲九合诸侯，一匡天下，而孔子小之；楚人不能伐燕，虞卿反以为强大，天下无敌，非诡议也，各从其党言之耳。不可不察。

——《反经》

孔子说："人的层次、境界各不相同，人的错误也是各种各样的。什么样的人就犯什么样的错误。观察某人所犯的错误，就知道他的品行了。"为什么这样说呢？

司马迁说："过去管仲辅佐齐桓公，曾九次会盟天下诸侯，使天下得以匡正，可孔子还是小看他，说：'管仲的器量太小了！周室王朝日益衰微，齐桓公既然贤能，却为何不劝勉齐桓公称王天下，而仅仅做天下的霸主呢？'"

虞卿在游说魏王时说："楚国很是强大，天下无敌，正准备攻打燕国。"魏王说："你刚说楚国天下无敌，又说它准备攻打燕国，是什么意思？"虞卿回答说："假如有人说马很有力气，这是对的；但假如有人说马可以负载千钧重物，这是不对的。为什么呢？因为负载千钧之重不是马的能力所及。现在说楚国强大是对的，假如说楚国能够越过赵、魏两国去和燕国开战，那怎能是楚国能做到的呢？"

由此看来，管仲九次会盟天下诸侯，而孔子仍然小看他；楚国不能越过魏国去攻打燕国，而虞卿反而认为楚国强大，天下无敌。这些并不是不负责的说法，而是根据他们各自的地位和所处的形势来说的。

正所谓人非圣贤，孰能无过。问题是如果这个人的错误是很严重的、很要命的，对于上司有很强的侵犯，那么，是不是所有的上司都能够用好这样的人呢？

要知道，一个人的成功，往往要借用外力的帮助。不管他如何有才干、有魄力，如果想干一番大事，并且，不被人所嫉妒陷害，在人世的艰难险阻中时时保全自己，单凭自己一人的力量是远远不够的。所以，不管这个人有过什么样的过错，都应该能用则用，能宽则宽，这样，才真正能团结一切可以团结的力量，立于不败之地。

在宋朝秦桧当权的时候，势大如山，手眼通天，和他结交的人往往都能身居高位。无论是天南海北，只要当官的看见秦桧的一封手书，无不起立恭迎，无条件地照信上所说办理。

有一次，有一个扬州的读书人拿着一封秦桧的荐书，去求见扬州太守，那人意思是："给我个什么官做，您看着办吧。"

这封信写得八面玲珑，其人也举止有度。但是不巧的是，这个扬州太守和秦桧有旧，而且从一些细小的地方，看出这个读书人有一点紧张，这个太守又十分机智，终于看出这封信是一封"伪书"，是这个读书人自己造的假。

可是单从这封信上，什么也看不出来。于是，这个太守想了一个高明的办法，叫差人和这个读书人连同那封信一起带回京师，面见秦桧。

读书人心想，这下完了，不料秦桧问明了情况，竟然立刻把他送到太学当中，报了一个名。用现在的话说，就是公费让他念研究生。

这个读书人自然是喜出望外，其他人当然都摸不着头脑，于是就问秦桧这是怎么回事，秦桧说："一个普普通通的读书人，居然有胆量敢假造我秦桧的书信，这个人必定不是

平常人,必定有过人本领。如果不用一个官位来束缚他,他绝不会甘于人下,就会北走胡、南走越,为我们的敌国服务去了。这样一个有本领的人为敌国服务,可是我国的大患啊。”众人这才明白,秦桧是用一个“公费的研究生”,束缚住了一个有大本领的人,减少了一个强敌。

陈平有大才,而且长得非常漂亮,漂亮得有点过头,就像现在的一些新新人类一样,很不招老成的人喜欢,而且,他的品质就不是很好,重女色、重玩乐。

他本来给楚霸王项羽做事,因为有了过错,楚霸王不能容他,于是就来投奔当时的汉王刘邦。刘邦也是一个道德上很不怎么样的君主,但是,他非常善于用人,他的用人的策略即是大胆使用,坚持用而不疑的原则。他从不偏听偏信,更不轻易怀疑所用之人。陈平弃楚投汉,刘邦视其有才,便大胆使用,封为都尉,兼掌护军,出入和自己同坐一辆车子。

可是,刘邦帐下的诸位将官,看见陈平初来乍到就骤得贵官,不禁大哗,你一言,我一语,无非说是陈平初来乍到,连是不是诈降都不知道,心迹未明,怎么能够被刘邦引为亲近呢,这不是不辨贤奸吗?这种私议,果然传入了汉王的耳中,可是刘邦不但不以为意,而且对待陈平更加好了。这便是汉王过人处。刘邦整顿兵马,指日东行。

陈平代汉王部署一切,他急切筹备,限令非常严格,众将故意向陈平行贿,乞稍宽限时日,陈平从不拒绝,往往直受不辞。这可中了众将的圈套。

众将共推周勃灌婴出头,向刘邦道:“陈平虽美如冠玉,恐徒有外貌,没什么真正的才能。臣等听说他在家时,有逆人伦,居然和嫂子通奸。现在掌了军队的实权,又多受诸将贿金。这样的人,实为不法乱臣,请大王明察!”

刘邦

刘邦听了这样的话,也不免疑心起来,就把推荐陈平来汉营的魏无知召了来,当面诘责道:“你推荐的陈平,说他可用。可是我听说‘盗嫂受金’,行止不端,你难道不是荐举非人吗?”魏无知一听,不慌不忙地说道:“臣推荐陈平,只是看重陈平的大才。大王对他的品质有质疑,那可不是今日之要务啊。现在,楚汉相拒,全仗着奇谋取胜,对于为人处世的细枝末节,可不能太过分地要求啊。大王只要察看陈平的计划是否可采用就行了,至于什么盗嫂受金等事,您就不用去管了。如果陈平实无智能,我甘愿领罪!”

刘邦听着,觉得有点道理,于是等魏无知回去之后,又召见陈平,责问他受金盗嫂的事。陈平也不隐讳,直接答道:“臣本是楚王的官吏,项羽不能任用臣,所以我弃楚归汉。我这一路上受尽艰难,只剩得孑然一身,来投奔大王。如果不受一点贿赂的金银,连我的生活都成问题,又怎么给您献策?大王如以为臣言可用,不妨任臣行事；否则，那些贿金都在此，我一分也没花，我把它们都交给您，只要您准我回乡为农就行了！”

果然是大才！

收贿收得如此光明正大的，从古至今，恐怕陈平也算是第一人了。

刘邦到底会用人，一听此话，立刻起身向陈平请求原谅，更加厚赐陈平。不久，就把陈平的官升为扩军中尉，监护诸将。这样，诸将才不敢再说陈平的坏话了。

这样看来，陈平在刘邦那里得到了高官，于是引起部下诸将的不满，而刘邦却没有轻信这些话，而是亲自做了一番调查后，更加信任和重用了。刘邦不是不知道陈平的缺点，但是他能用陈平的优点，对其他置之不理，这样使陈平十分感动，矢志不渝，曾六出奇计，为汉朝立了大功。

第四章　成事之谋：因时而度，因势而为

★随时而变，因机而发

随时而变，因机而发，用谋如此，做事亦如此。

——《反经》

汉王刘邦在汉中时，韩信为他出谋献策，说道："你现在手下的军兵都是从崤山东边来的，他们都踮着脚向东翘首张望，盼着能够东归回到家乡，现在可以趁着军兵们望归的这股锐不可当的气势，率领军队东进，一定能突破项羽对我们的包围去争夺天下。"

东汉光武帝刘秀带领军队向北方行进。人马走到蓟地（在今北京市西南），听到探事人回来说："邯郸方面有军队向这里开来了。"刘秀听了后，就想着向南撤退，他就召集全体文武官员谋士来商量办法。

刘秀

耿弇首先说道："我们的军队里多是南边人，现在来到这里是不可以再退回去的。你的老乡彭宠正在渔阳当太守，我的父亲现正在上郡做太守，调集这两地的军兵，能有上万人马，有这些人马就不必担心邯郸来的军队了。"刘秀的官员们不听耿弇的话。因此刘秀就率军撤退了，南归后，他手下的文武官员谋士都各自解散了。

都是军队撤退，为什么会出现不同的结局？人们在议论此事，有人回答说："孙子兵法说：'对正向其本国撤退的敌军，不要去阻拦它。'西楚霸王项羽却派章邯、司马欣、董翳三员大将率军到秦地去封锁、阻拦汉王军队的归路，激起了汉军兵将们的愤怒，士气锐不可当。这等于替汉王做了一次战斗动员。

孙子兵法还说：'诸侯在自己的地盘上同敌人打仗，这样的地区叫散地。'汉光武帝刘秀把人马从北方又退回南方，是进入了散地，部下没有了斗志，只有散伙，各奔前程了。

军队撤退事件是一样的,刘邦成功了,刘秀却失败了。”

东汉末年,汉献帝在位时李傕等人追赶劫持汉献帝,把汉献帝困在了曹阳城(现今的河南省陕县西)。在此情况下,沮授就去劝说袁绍道:“袁将军你祖上四代都是位列三公,居为台辅大臣,世代都有奉行忠义济世的美好名声。现在天子被逼得四处流亡,朝廷的宗庙被摧毁破坏,社会动荡不安,国家岌岌可危。我观察各州各郡,对外声称自己是义军,实际他们表面上打着义军的旗号,暗地里在为自己的私利谋划,招兵买马,扩充自己的实力,心怀鬼胎,干的是见不得人的勾当,没有一点为国为民的思想。”

“袁将军你现在所统治的冀州地区各州各县已经基本安定无事,而且兵强马壮,将领和士兵都听从你的指令。你可以把汉献帝接来,把国都定在邺都,挟持天子,以汉献帝的名义号召各路诸侯,招兵买马扩充自己实力,讨伐那些不服从朝廷的叛逆者,这样一来,还有哪个敢和你对抗呢?如果不马上决定行动,一定会有人捷足先登,先下手了。要知道机会是不可错失的,机不可失,时不再来,希望你早点下决心。”袁绍不听。后来魏武帝曹操把汉献帝接到自己那里去,袁绍被打败了。

南北朝时,梁武帝萧衍举行了起义,杜思冲让萧衍去迎接南康王(南康王是指萧宝融,南齐朝的皇帝,南康,即现在江西省的赣州市),然后定都襄阳,正其名。梁武帝没有听从他的建议。

萧衍

有一位叫张弘策的人说:“现在对南康王放手不管,别人就会得到手中,他就会挟持天子来号令诸侯,将军你就得前往称臣,听从别人的调遣,这难道是你举事的目的吗?”

梁武帝萧衍说:“假如我们的事业不能成功,目的不能实现,就应该和鲜花和野草一同被烧掉,和敌人同归于尽;假如我们的事情能够成功,谁又敢不听从我们呢?难道只能无所作为听从别人的指使,投入他人的账下,看他们的脸色行事吗?”

梁武帝萧衍也不听张弘策的话,率军南下攻克了建业,占据了长江以南的广大地区,创建了梁朝——南朝的第三个政权。

诸葛亮也说过,范蠡能弃富贵而扬名天下,虞卿把弃相印作为一种功绩;太伯三次让位被看成是仁义,战国时燕国易王的儿子燕哙把大权交给了别人而招致祸乱;古时尧舜禅让被尊为圣人,西汉末年孝哀帝任用好人王莽被视为愚蠢;周武王推翻殷朝被称为正义之举,王莽夺了西汉的政权被认为是篡权夺位;齐桓公重用管仲而称霸春秋,秦二世重用赵高而亡国。

从上文中领导者可以得到这样的启示:许多事件表面看来类似,但各自的实际情形却是不同的。事在人为,聪明的领导者能取得成功,糊涂的领导者只会招来祸乱和灾害。

★迂回战术，麻痹目标

夫损益殊途，质文异政，或尚权以经纬，或敦道以镇俗。是故前志垂教，今皆可以理违。何以明之？

——《反经》

战国时，魏惠王送给楚怀王一个美人。这美人年方二八，身材苗条，体态婀娜，很是讨人喜爱，楚怀王非常喜欢她。楚怀王的夫人郑袖，见新来的美人姿色出众，远胜自己，妒意油然而生，决心使她离开楚王。宫中有人知道了郑袖的想法，不相信地说："郑袖年老色衰，还想与新美人争宠，真是个大傻瓜，也不自己估量一下自己的能力。大王现在正宠爱新美人，她若嫌弃新美人，大王一定很生气，到那时离开楚王的恐怕是她郑袖了。"

郑袖见楚怀王这么喜欢这位美女，就装作比楚怀王更喜欢她的样子。华丽的衣服，精致的首饰，美人想要什么，郑袖便毫不犹豫地送什么给她，结果，美人对郑袖很感激。郑袖还时常对楚怀王说："大王新得的这位美人，真是貌若天仙，举世无双！"说得楚怀王心花怒放。

楚怀王见妻妾相处和睦，互相称赞，感到十分心满意足。他说："夫人知道我喜爱新来的美人，她就比我更喜爱她。这种态度，只有孝子奉养双亲、忠臣侍候君主时才会有啊！"把郑袖着实称赞了一番，同时，他也更加宠爱新美人了。

郑袖看到楚怀王觉得自己并不妒忌新来的美人，认为时机已经成熟。于是，她告诉新美人说："大王非常喜欢你的容貌，只是有点儿讨厌你的鼻子，如果你见大王时经常捂住鼻子，大王就会更加长久地宠爱你了。"

新美人以为郑袖是关心自己，对郑袖向来是言听计从，这次也就听从了。以后每次见楚怀王的时候，新美人都捂着鼻子。

刚开始的几天，楚怀王还没在意，时间长了，他不禁觉得很奇怪。有一回，楚怀王私下里问郑袖："你知道新美人见寡人时常常捂住鼻子是什么原因吗？"

郑袖故意吞吞吐吐地说："我……不知道。"

楚怀王见了，觉得其中必有缘故，就不停追问。郑袖装作迫不得已的样子说："她曾经说，她讨厌大王身上的气味。"

楚怀王听了大怒，一拳打在桌子上，骂道："这个小贱人，胆敢如此无礼！"从此，他开始疏远新美人，连续两天没召见她。

接下来的一天，楚王让郑袖陪他到花园游玩，郑袖便悄悄地叫卫兵去知会新美人，说楚王紧急召见她。当新美人慌张地跑来，捂着鼻子拜见楚王时，楚王不觉勃然大怒，命令卫兵："把这贱人的鼻子给我割掉！"

可怜新美人，由于糊里糊涂地被割掉了鼻子，从此不能再见楚王。被蒙在鼓里的她，仍然以为郑袖是最关心她的人。楚王当然也不会知道自己中了毒计，从此，他又经常和郑袖在一起了。

从上述故事中，当今领导者可以得到这样的启示：有些领导者在与对手做斗争时，仅仅知道一味地以硬碰硬，而不知道迂回曲折，不懂得借助外力，结果往往是收效不大，甚至会自取灭亡。有心智的领导者则能先围绕着目标转几圈，设法亲近目标，麻痹目标，找准时机，借外力制之。

★先适后取，伺机而动

昔先王当时而立法度，临务而制事，法宜其时则理，事适其务故有功。今时移而法不变，务易而事以古；是则法与时诡，而事与务易，是以法立而时益乱，务无而事益废。此圣人之理国也，不法古，不修今，当时而立功，在难而能免。

由是言之，故知若人者，各因其时而建功立德焉。

何以知其然耶？桓范曰：“三皇以道治，五帝用德化。三王由仁义，五伯用权智。”

五帝以上久远，经传无事，惟王霸二盛之类，以定古今之理焉。

夫王道之治，先除人害，而足其衣食。然后教以礼仪，而威以刑诛，使知好恶去就。是故大化四凑，天下安乐。此王者之术。

霸功之大者，尊君卑臣，权统由一，政不二门，赏罚必信，法令著明，百官修理，威令必行。此霸者之术。

——《反经》

从前先王根据时势建立政治制度，根据需要制定政策，政策和制度适宜合理，国家才能治理好，事业才会有成绩。时势与需要变了，制度和政策还要死搬已经过时的那一套，使制度与时代、需要与政策脱节，这样一来，制度再严明也只是徒增混乱而已，政策再繁多也是劳而无功。所以圣人治国，一不法古，二不迎合世俗。因时变法，只注重实效。这样，遇到繁难也容易解决。

由此可见，像商鞅这些人，都明白要想建功立业，富国强兵，就应该顺应时代，跟上时代，否则只能被淘汰。

怎么知道这种做法就是对的呢？桓范说：“三皇以道治理天下，五帝用德化育天下，三王用仁义教导人民，春秋五霸用权术和智谋成就霸业。”

五帝以前的事已太久远，经传上也没有确切的记载，唯有“王道”和“霸道”盛传于世，只好用它们的利弊得失作为我们讨论古往今来治国的经验教训了。

王道的统治，是认为在铲除祸害人民的社会恶势力，让人民丰衣足食后，就应该进行文明礼貌、伦理道德的教育。然后通过建立法规、刑罚来树立国威，让人民群众分清善恶，弃恶从善。由此可见，最伟大的盛世，是在多种因素下，举国上下同心协力，才使普天之下呈现出一片安乐平和的景象。这是王者的治国艺术。

成就伟大霸业的人主,君尊臣卑,权力独揽,政策法令统一,赏罚法令分明,百官各司其职,有法必依。这是霸主的治国之术。

赵简子在晋阳被中行寅和范吉射两家的军队包围,经过一番苦战,他把中行氏和范氏两家消灭,当上了晋国的执政大臣。战后,晋阳城外留下了大量中行氏和范氏两家军队建筑的营垒。

赵简子派尹铎去治理晋阳,临行前对他说:“你到了晋阳后把那些营垒给我拆平了。我不久就会去晋阳巡视,我不想再见到它们。”

尹铎到了晋阳以后,没有听从命令,不但没有拆除那些营垒,反而把它们增高了。

人们议论起来,说:“这尹铎不是找死吗?赵简子最恨中行氏和范氏两家了,以前还差点死在这两家手里。常言道,爱屋及乌,这恨乌也不会不及屋呀!赵简子看到晋阳的营垒眼珠子都红了,恨不得一夜之间全部拆完。现在尹铎却把营垒增高了,真是傻瓜。”

赵简子

过了不久,赵简子到晋阳巡视,在郊外远远地就望见了营垒,他勃然大怒,说:“哼!尹铎欺骗了我!”于是赵简子命令就驻扎在城外,并派人进城去把尹铎抓来杀掉。

“慢!”谋士孙明劝阻道,“据臣下来看,尹铎非但不该杀,反而应该受到奖励!”

“哼!尹铎违反了我的命令,你为什么还说他应该受到奖赏呢?”赵简子气呼呼地问。

“尹铎私自增高营垒,确实是有违您的命令。但他这样做的意思本来是说,遇见享乐之事就会恣意放纵,遇见忧患之事就会励精图治,乃人之常理。如今主公见到营垒,就会想到了晋阳之围,更何况是其他人呢?这说明只要是有利于国家和主公的事情,即使加倍获罪,尹铎也宁愿去做。而顺从命令取悦于您,是平常人都能做到,更何况尹铎呢?他明知违反您的命令可能会获罪被杀,但他却仍违背了您的命令,正是让主公保持忧患之心啊!希望您能好好考虑一下。”

赵简子听了孙明的话,觉得很有理,便转怒为喜,说:“啊呀!多亏了先生的话,我几乎要犯一个大错误了!”于是,就进城按使君主免于患难的赏赐标准,奖励了尹铎。

平庸的人只知道顺从,对领导的安排一味听从;圆滑的人,善于见风使舵,天天看着领导的脸色行事,从而让领导高兴;真正有智谋、有思想的人,则可以逆着领导仍然让他高兴。这样的人,才是高人之中的高人。

★巧妙安排,借力使力

韩子曰:"夫说之难也,在知所说之心可以吾说当之。说之以厚利,则见下节而遇卑贱,必弃远矣;说之以名高,则见无心而远事情,必不收矣。事以密成,语以泄败,未必其身泄之也,而说及其所匿之事,如是者身危。贵人有过端,而说者明言善议以推其恶者身危。贵人或得计而欲自己为功,说者与知焉则身危。强之以其所不为,止之以其所不能已者身危。"又曰:"与之论大人,则以为间己;与之论细人,则以为鬻权。论其所爱,则以为借资;论其所憎,则以为尝己。顺事陈意,则曰怯懦而不尽;虑事广肆,则曰草野而居侮,此不可不知也……彼自智其计,则勿以其失当之;自勇其断,则勿以其敌怒之。"

——《反经》

明朝中后期,政治上经常出现宦官专权的情况。几个宦官围在皇上周围,上欺皇帝,下压群臣,导致政治黑暗。朝中一些忠良的大臣对宦官痛恨异常,总想找机会惩办这些皇上身边的走狗。

明武宗时,大将杨一清奉旨带兵讨伐安化王,宦官张永随军出征。朝中有忠臣对杨一清说:"张永和刘瑾是皇上身边最为势大的两个大宦官,刘瑾最坏,他们互相争宠、明争暗斗,矛盾存在已久,将军可否借此次出兵之机,为朝廷除去一害?"

杨一清想了一阵说:"诸位放心,不出几日,我定然让刘瑾的狗头搬家。"众臣对此深表怀疑,说:"刘瑾是皇上目前最宠信的宦官,二人形影不离,想惩办他,可非一件容易的事情。杨将军用兵如神、骁勇善战我们非常佩服,只是这宫廷政治斗争险象环生,将军如此夸下海口,恐怕太过于轻视此事,不要到时难以完成,还落得个自身难保。请将军三思而后行,不要大意才是。"杨一清只是笑而不语。

后来,杨一清领军出征。过了几天,皇上果然下旨把刘瑾抓了起来,并将其带到南京执行死刑。大臣们不知道其中缘故,等杨一清一回朝,就忙问是怎么回事。

杨一清说:"我领军出征后,假称刘瑾想借我带兵讨伐安化王之机发动内乱,第一个目标就是要诛杀张永,因为张永是个很有权势的宦官,总与刘瑾作对。张永听信了我的话。我见达到了挑拨离间的目的,就从袖中取出两封奏书,一封是有关平定宁夏贼乱的事,一封是揭露刘瑾阴谋发动政变的事。"

杨一清又说:"我嘱咐张永说:'你率军回京,去见皇帝时,先把有关宁夏平叛的奏书递上,这时皇上一定公开问你一些问题,你就跪请皇上屏退左右侍官再说,然后交上揭露政变的奏书。'张永问:'如果皇上不相信该当如何是好?'我对张永说:'别人的话能不能使皇上相信,这不好说,若是你讲话必定有效。所以在你讲话的时候,一定要理清头绪,要考虑周到。万一皇上还不相信你,你可以叩头请皇上立即召来刘瑾,收缴他的兵器,并劝皇上登上城门观察考验刘瑾。接着你可对皇上说,若刘瑾没有反叛的念头,可以杀掉我去喂狗。然后再叩哭泣。这样皇上对刘瑾反叛的事定会相信是真的,并会大为愤怒。杀了刘瑾,你就会被重用,那时你就可以把刘瑾犯下的错误及其后果通通矫正过来。吕强、张承业和你乃是千年不遇的三个大德大才之人,只盼望你赶快行事,不能耽误片刻。'"

众臣听后都说:"将军不但在战场上智勇双全,惩办起奸臣来,也是能欺能诈呀,哈哈哈哈……真英雄也。"

从上文中领导者可以得到这样的启示:铲除对手有很多种办法,大多数情况下,人们只知道用自身的力量,最多是调动自身周围的资源去打击对手,结果往往不尽如人意,自己遭到损失不说,同时也未必能顺利除掉对方。智慧的领导者则善于利用自身之外的势和力,巧妙安排矛盾,消灭对手于无声无息之中。

第四篇　《了凡四训》智慧通解

导读

明代袁了凡所著的《了凡四训》，是在社会上广泛流行的一本劝善书。该书一经问世，便受到人们的喜爱，成为人们修身立命的理论指导。该书主要阐述“命由我作，福自己求”的思想；讲述“趋吉避凶”的方法；强调命运掌握在自己手中，只要积善累德，谦恭卑下，感格上天，就能够求福得福，善报无尽。该书糅合了儒佛道三家的思想学说，运用因果报应、福善祸淫之理，阐明忠孝仁义、诸善奉行以及立身处世之学。

《了凡四训》，顾名思义，该书由四部分组成，分别是“立命之学”“改过之法”“积善之方”和“谦德之效”。四篇文章来自袁了凡不同的著作，其中“立命之学”是袁了凡晚年总结人生经验，训诫儿子的《立命篇》；“改过之法”和“积善之方”是他早年著作《祈嗣真诠》中的两篇“改过第一”和“积善第二（又名《科第全凭阴德》）”，“谦德之效”是他晚年所做的《谦虚利中》。四篇文章各自独立成文，而义理又一以贯之，强调命由我作，善恶报应之理。

第一章　改变命运，把握自己

★人生需要一技之长

余童年丧父，老母命弃举业学医，谓可以养生，可以济人，且习一艺以成名，尔父夙心也。

——《了凡四训》

了凡先生自称在其童年之时父亲就不幸去世了，只得与母亲相依为命，父亲的过早离世使家境陷入困顿。孔子即是三岁丧父，十七岁丧母，命途坎坷；佛教禅宗的六祖慧能也是幼年丧父，家庭困苦。禅宗的宗经宝典《六祖坛经》中记载："此身不幸，父又早亡，老母孤遗，移来南海，艰辛贫乏，于市卖柴。"家庭的不幸往往能造就古代贤人对命运的深刻思索。了凡先生的童年时期，为了维持生计，母亲要求他放弃考取功名，改学医术，这样既可以养家糊口，又可以悬壶济世，治病救人。古时读书之人始终是以步入仕途、兼济天下为人生最高旨趣的。《论语·子张》中"子夏曰：'仕而优则学，学而优则仕。'"可为明证。不过科举进士并非易事，其路途可谓漫长而艰辛。《儒林外史》中，穷书生范进，二十岁开始应考，屡试不第，直到五十四岁才考中秀才。后世有人讥讽科举考试"赚得英雄尽白头"。从生存的角度考虑，学医不失为一个切实可行的办法。并且习得一技之长，技艺精湛而成为一代名医，这也是他父亲生前的夙愿。其实，治病救人与读书救国在古往今来的知识分子的心目中往往是有相通之处的。古有"不为良相，便为良医"之说。宋朝名相范仲淹的志向就是做宰相和医生，言唯有此二者能救人，后来果然位列朝班，却能居庙堂之高，虑江湖之远，"先天下之忧而忧，后天下之乐而乐"。近代知识分子、新文化运动旗手鲁迅早年也是远渡东瀛、立志习医以救国民，后又弃医从文，投身到唤醒国人精神与灵魂的战斗中去。从治疗人的躯体和生命到心怀家国天下，这是中国历来知识分子们内在所具有的精神品格。

★谦恭者得贵人

后余在慈云寺，遇一老者，修髯伟貌，飘飘若仙，余敬礼之。

——《了凡四训》

了凡先生为什么会到寺院来，表面似乎是偶然和巧合，其实历来古代的知识分子们大都喜欢流连于寺院。古刹的清幽往往是居住读书的绝佳环境。宋代大诗人苏东坡曾有《宿蟠桃寺》诗云：“板阁独眠惊旅枕，木鱼晓动随僧粥。”清晨四时许，寺院内便会打板催起进行早课，随后还有过堂吃饭。古代文人和僧人常有交往，诗歌唱和，书画过从。当然，也有不甚融洽的，如僧人嫌恶落魄文人寄居寺中，白吃白住，便故意等吃完饭再敲打过堂的云板，这在历史上也是有此趣闻典故的。

在人生的行进道路上，经常会遇到一些令人生发生转折和改变的人。了凡先生在慈云寺便碰见了这样一位老人。慈云寺隐喻着佛教的慈悲，《大智度论》卷二七称：“大慈与一切众生乐，大悲拔一切众生苦。”给予欢乐叫“慈”；怜悯众生，拔除苦难叫“悲”。这是菩萨的重要特征之一。老人长得相貌魁伟，仙风道骨，更有一捧长长的胡须。大凡异人必有异相，古代形容伟人往往把他们描述得魁伟奇异，孔子就很高大，《史记》上说，孔子成年后“长九尺六寸，人皆谓之长人而异之”；其相貌也很奇特，“生而首上圩顶，故因名曰丘云”。所谓的圩顶，据《索引》的解释，就是“顶如反宇。反宇者，若屋宇之反，中低而四旁高也”。孔子的头顶是中间低而四边高，不可谓不奇。古人还以长髯为美，胡须可以说是男子仪表不俗的象征，道家仙人的模样往往就是鹤发童颜、长髯飘飘。如《汉书》称汉高祖刘邦“美须髯”，《三国志》也说关羽“美须髯”，诸葛亮曾直接以“髯”代称之。了凡先生见到此老者一派飘飘欲仙的模样，不敢怠慢，连忙行礼以示恭敬。

古代评论人往往数言便能传神，不落实际。宋玉在《登徒子好色赋》中形容东邻之女的美貌时说：“增之一分则太长，减之一分则太短；著粉则太白，施朱则太赤。”魏晋时的嵇康，时人谓之“若玉山之将倾”，《世说新语·赏誉》中赞时人王衍为“琼林玉树”，谓王恭“濯濯如春日柳”等。

★人生要有正确的选择和方向

语余曰：“子仕路中人也，明年即进学，何不读书？”余告以故，并叩老者姓氏里居。曰：“吾姓孔，云南人也。得邵子皇极数正传，数该传汝。”余引之归，告母。母曰：“善待之。”试其数，纤悉皆验。余遂启读书之念，谋之表兄沈称，言：“郁海谷先生，在沈友夫家开馆，我送汝寄学甚便。”余遂礼郁为师。

——《了凡四训》

老人告诉了凡先生，其仕途比较发达，命里官运亨通。并且明年就能考取秀才，对了凡先生拥有做官的命却不读书求取功名感到很奇怪。了凡先生如实相告，转述了母亲的意愿；同时，他恭敬地向老人询问尊姓大名以及来自何处。老人告诉了凡先生，自己本姓孔，乃云南人，已经得了邵雍邵康节皇极数术的真传，并且运数上正应该传授给了凡先生。

这里有必要简单介绍一下我国传统文化的一个重要组成部分——易学。从起源上看，《周易》的成书过程是“人更三圣（或四圣），世历三古”，即上古伏羲画八卦，中古周文王重为六十四卦，作卦辞，周公作爻辞，下古孔子作“十翼”以解经。《周易》本为占筮之书，这是无可争议的事实。但易学的内容却不仅仅限于占卜未来，预测吉凶。孔子做《易传》，站在人文的立场对《易经》所反映的巫术文化进行了创造性的转化，吸取先秦儒家、道家、阴阳家等学说的思想资料，建立了一个包括天道、地道、人道在内的广大的哲学思想体系。对于《周易》的预测功能，一般存在两种截然相反的态度，一种是无限夸大其有效性，认为一切皆在卦中，是不可改变的定数；另一种是全盘否定其合理性，斥为迷信荒诞。这两种态度都是建立在对易学的错误理解的基础上，均不足取。民国高僧太虚大师站在佛教的角度上对《周易》曾有过“《周易》之道，贵迎其变而求其理，避其凶而趋其吉耳”的一番评价，或许可以帮助我们正确认识和对待易学和易理。人生活在世间，在不能抉择事物之原的情况下，顺自然之节而求其条理，通其度数，以服务于人的实践活动，是正当的，但依然不得不在“自然”与“惑乱”面前处于被动的地位。佛法的出世间法则不然，它是“不以生化为美，不以能生能化为真”，而是“解其得生之天枢，析其成变之惑元”，从而达到“无生、知变”的境界，得到真正的自由。这也就是本文最终所得出的结论——“命自我立”。

了凡先生此时年仅十五岁，却有此奇遇，并非完全是机缘巧合，他能对陌生的老者礼敬有加，是很重要的因由，说明他谦逊知礼，诚心待人，具有很好的根器和气禀。了凡先生听了孔姓老人的一番言语后，将他延请至家中，向母亲做了禀报，母亲着他好好善待老人。其后，了凡先生试探了老人的术数，尽皆应验，分毫不差。于是便升起了读书的意念。家中只有寡母，只好找到表兄沈称与之商量。表兄思考之后对他说：知道有位名叫郁海谷的私塾先生正在沈友夫家授课教学，可以送了凡先生去那里跟随寄读，也十分便利。于是，了凡先生便拜郁海谷先生为师开始读书。

★知命而为

自此以后，凡遇考校，其名数先后，皆不出孔公所悬定者。独算余食廪米九十一石五斗当出贡，及食米七十一石，屠宗师即批准补贡，余窃疑之。

——《了凡四训》

儒家思想中有“知命”的思想，《论语》中孔子曾经受到当时一些隐者的讥讽，认为他“知其不可而为之”。这里，儒家思想是指每个人都有他应该做的，每个人所能够做的，就是一心一意尽力去做我们知道应该做的事，而不要计较成败，这就是儒家“知命”的思想。知命就是承认世界本来客观存在的必然性，不为外在成败而萦怀牵累，做到这一点，也就能“永不言败”，也就是儒家所谓的君子。“不知命，无以为君子”。

了凡先生这里则是流于宿命的思想，因为从此以后，凡是遇到考试，他的结果名次都如孔先生所事先算定的一样，不出所料。命运流转似乎已经毫无悬念。只唯独在推论了凡先生做廪生领取到国家九十一石五斗粮食就能出贡一点上，第一次出现了差池。因为当了凡先生领到米粮七十余石时，就被当时掌管一省教育的姓屠的提学批准补贡，这一点似乎算得不甚准确。

★有妄念不成圣人

云谷问曰：“凡人所以不得作圣者，只为妄念相缠耳。汝坐三日，不见起一妄念，何也？”

——《了凡四训》

云谷禅师对此颇为惊异，认为了凡先生悟性极高，定力非凡。于是便问道：“凡夫俗子们之所以不能成佛称圣，就是因为妄想、了别、执着等念头纠缠于心，无法止定，而你在这里整整静坐了三天三夜，不见你起心动念，这是什么原因呢？”所以佛陀可以是圣人，圣人即是对宇宙人生的真相以及事物的因果道理通达明了的人。佛教称释迦牟尼为“觉者”，就是觉悟了的人，佛陀觉悟了万法无自性，从缘而起。觉悟了生死轮转不息，截断生死之流，而实无生灭。佛陀是以智慧得解脱的觉悟了的人，是人而非神。凡夫对于宇宙人生是迷误的，佛教提倡觉悟人生、智慧了脱。儒家也强调内圣外王，但儒家也不轻言称圣。孔子就很谦逊，他的弟子子贡在他生前称赞他是“固天纵之将圣”（《论语·子罕》），说上天注定要孔子成为圣人，孔子却否认这种说法。孔子罕言圣，也轻易不称人以仁，《论语·公冶长》中孟武伯问孔子，子路、冉求、公西赤有没有仁德。孔子说仲由可以负责兵役和军政工作，但至于他有没有仁德不知道，“由也，千乘之国，可使其治其赋也，不知其仁也”；冉求可以做千户人口的县长、百辆兵车大夫的总管，但有没有仁德不晓得，“求也，千室之邑，百乘之家，可使为之宰也，不知其仁也”；公西赤可以穿着礼服立于朝廷之上接待外宾，办理交涉，至于他有没有仁德也不晓得，“赤也，束带立于朝，可使与宾客言也，不知其仁也”。可见孔子对其弟子一一加以褒扬和点评之后，对于是否可以称仁这一点还是谨慎和缄默的。因为成为圣人是要对内心进行修炼的事情，绝非外在技能或技艺达到多高超的水准的问题。

佛教认为妄念即是虚妄不实的心念，亦即无明或迷妄之执念。此系因凡夫心生迷误，不知一切法的真实之义，内心时时刻刻遍计勾画、颠倒妄想，产生迷误虚妄情境，生出错误思考和心念。据《大乘起信论》载，此妄念能搅动平等之真如海，而现出万象差别之波浪，若能远离，则得入觉悟之境界。所以说妄念是我们心中不断升起和牵扯的念头。念念不断、烦恼无尽。如果能追溯到烦恼妄念产生的源头，我们定会会心而笑，因为原来是空无一物，庸人自扰之。

★超越命运

问其故？曰：“人未能无心，终为阴阳所缚，安得无数？但惟凡人有数：极善之人，数固拘他不定；极恶之人，数亦拘他不定。汝二十年来，被他算定，不曾转动一毫，岂非是凡夫？”

——《了凡四训》

对于云谷禅师的讥笑，了凡先生忙问其故。云谷禅师说：人不能没有妄想心，人无法避免自己起心动念，即以虚妄颠倒之心去分别诸法之相。由于心的执着而无法如实知见事物，产生谬误的分别。《楞伽经》中说：“妄想自缠，如蚕作茧。”又说：“一切众生，从无始来，生死相续，皆由不知常住真心性净明体。用诸妄想，此想不真，故有轮转。”人心念的妄想实在是作茧自缚，辗转生成无量无边烦恼，反而使得原本清净的心性陷入命运的流转，为命运所拘。怎样才能使得自己不囿于定数？其实只有平凡庸碌的人才会为生命定数拘束住而无法超越。没有妄念的人堪称英雄豪杰，他们是能超越命运的。正如佛教中的六道轮回：即地狱、畜生、饿鬼、人、天、阿修罗等，有善恶等级之别。众生由其未尽之业，故于六道中受无穷流转生死轮回之苦，称为六道轮回。而佛陀是智慧解脱，跳出六道轮回的。

云谷禅师接着说：极善的人，福德随其行善而日渐增长，所以他的命运就不是定数，极恶的人，其原本可能有的福德反而随着他的造恶而日趋折损，所以他的命运也不能被

算定，这一切都要看他们的造业。而了凡先生自从被孔先生算定命数以后，二十年来完全没有做任何努力而为命运所拘，不曾转动命运丝毫，实为命数所转。说到这个“转”字，《六祖坛经》中有一段记载可以给我们的人生态度和思维方式提供一些启迪，说唐代有位僧人名号法达，七岁出家，常常念诵《法华经》，已经念诵《法华经》三千部。于是便来参访六祖慧能，态度十分傲慢和自负，而慧能大师却一语点破他，说他是“心迷法华转，心悟转法华”。法达顿然悔悟，感激悲泣，知道自己从过去到现在实在是没有转动法华经，而是被法华经转动了，诵经陷入了执着的心念，行为流于事物的表相。这就是有名的“诵经三千部，曹溪一句亡”。只有口诵经文而心能行其义，才能够转得经文，如果口诵经文而心不能行其义，其实是被经文所转。了凡先生为命数所拘，心不能转物，不能有丝毫动弹，所以云谷禅师说他是个标准的凡夫。《孟子·尽心上》也说：“行之而不著焉，习矣而不察焉，终身由之而不知其道者，众也。”整日里如此作为却不知其所以，习惯了也不知道为什么会这样，一生都从这条大路上走过去，却不了解人生之道，这样的人是一般的人。在还未遇到云谷禅师之前，了凡先生就是这样的人，虽然知道了自己的命运走向，却不知所以然。

★命由我作，福自己求

余问曰：“然则数可逃乎？”曰：“命由我作，福自己求。诗书所称，的为明训。我教典中说：求富贵得富贵，求男女得男女，求长寿得长寿。夫妄语乃释迦大戒，诸佛菩萨，岂诳语欺人？”

——《了凡四训》

了凡先生听了这番话以后，向云谷禅师请教：“人难道可以逃脱命运的安排吗？”云谷禅师告诉他：命运是由我们自己造作的，与别人不相关；福报是要自己去求来的。《诗经·大雅》的《文王》中有：“无念尔祖，聿修厥德。永言配命，自求多福。”说的是我们应当牢记祖先而不要遗忘，努力进德修业。配合天命，自己多多追求福气。所谓“命由我作”是要求人要通达明了，知道人一生的甘苦顺逆，怨天尤人是徒劳无益的，要躬身反省，是否自己造作不善，只有明白了这个道理，才能在此基础之上改过从善，这就是古圣先贤著述中所说的“福自己求”，我们应当去仔细体会和玩味。这确实是古之明训，虽然完全肯定和了解命运，但命运是可以改变和改造的。求富贵可以得到富贵，求生男生女、求长寿延年都可以得到。这似乎是说佛教是“有求必应”，这样理解则又陷入了迷信和功利主义，应该说我们要相信通过弃恶向善、修炼自我、广种福田，一定会有所回报，得到你的愿望。佛经《大佛顶首楞严经观世音菩萨圆通章》中有“我得佛心，证于究竟，能以珍宝，种种供养，十方如来，傍及法界，六道众生，求妻得妻，求子得子，求三昧得三昧，求长寿得长寿，如是乃至，求大涅槃，得大涅槃。”佛教不会欺骗众生，佛家的大戒就是反对以妄语来欺诳他人。《金刚经》中有：“须菩提，如来是真语者、实语者、如语者、不诳语者、不异语

者。”佛说法是真实的，不说假话，说的是老实话，实实在在，是什么样子就说什么样子。不诳语，是不打诳语；不异语，是没有说过两样的话。

佛家有“戒、定、慧”三学，广义而言，凡善恶习惯皆可称之为戒，如好习惯称善戒（又作善律仪），坏习惯称恶戒（又作恶律仪），有防非止恶的功用。在家男女所受持之五种制戒，即：杀生、偷盗、邪淫、妄语、饮酒。所谓妄语即欺诳他人，作不实之言，包括两舌、恶口、妄言、绮语等。《大乘义章》卷七曰：“言不当实，故称为妄。妄有所谈，故名妄语。”五戒、十戒中都有妄语戒，可见佛家对妄语行为的严禁。妄语戒本身也有大小之分，不得圣道而自言得圣道乃是大妄语者，小妄语者则是说其他一切不实的言语。

★反省自己

“若不反躬内省，而徒向外驰求，则求之有道，而得之有命矣，内外双失，故无益。”

因问：“孔公算汝终身若何？”余以实告。云谷曰：“汝自揣应得科第否？应生子否？”余追省良久，曰：“不应也。科第中人，有福相，余福薄，又不能积功累行，以基厚福；兼不耐烦剧，不能容人；时或以才智盖人，直心直行，轻言妄谈。凡此皆薄福之相也，岂宜科第哉。”

——《了凡四训》

不论是求内在的德行，还是求外在的资生之具，我们都要反躬内省去探求，人需要经常的反省，只有反省才能进步，才能充实自己的德行，而不是向外攀缘，向外求驰。《道德经》第十二章说：“五色令人目盲；五音令人耳聋；五味令人口爽；驰骋畋猎令人心发狂；难得之货令人行妨。是以圣人为腹不为目，故去彼取此。”纵横世间，只是为了贪图一时的畅快，在追求中迷失，使自己的清净本心因为过分的激动而狂乱。这样就不能向内探求，认识自我，而是被外力牵扯，心为形役。这样的寻求是迷失方向的，一旦求之不得，会认为“求之有道，而得之有命”，陷入悲观绝望，是会内外双失，了无益处。

云谷禅师又问孔先生为了凡先生所算的一生流年。了凡先生具实相告，如哪一年得科第，命中算定无子等。云谷禅师反问道：你自己扪心自问，你是否应该得科第？你是否应该有儿子？了凡先生开始内省和反思，良久之后，说：实在是不应该能中科举的人。中科举的人都有福相，而自己却十分福薄，又不能够积累功德善行，使自己的福德的根基更加牢厚，加之又不愿意做过于繁琐的事情，不能包容别人，心胸狭窄。又经常凭借自己的聪明才智处处压人、鲁莽任性地轻易乱说，且语言刻薄，这些都是福德浅薄的表现。如此这般怎么能适合考取功名呢？

★和气仁爱,保惜精神

云谷曰:"岂惟科第哉。世间享千金之产者,定是千金人物;享百金之产者,定是百金人物;应饿死者,定是饿死人物;天不过因材而笃,几曾加纤毫意思。即如生子,有百世之德者,定有百世子孙保之;有十世之德者,定有十世子孙保之;有三世二世之德者,定有三世二世子孙保之;其斩焉无后者,德至薄也。汝今既知非,将向来不发科第,及不生子之相,尽情改刷;务要积德,务要包荒,务要和爱,务要惜精神。从前种种,譬如昨日死;从后种种,譬如今日生。此义理再生之身。"

——《了凡四训》

云谷禅师说:难道仅仅是考功名这件事吗?世上享有大富大贵、拥有千万钱财的人,他就是千金人物,是他过去修福得来的福报。过去世修大福,今生就得大福报,过去世修小福,今生就得小福报。被饿死的是没有修福报的,且过去造业深重,自作自受。上天对待一切都是公平公允的,顺应自然的因果报应,没有加入一丝一毫的成分。好比子孙繁衍,祖宗有百世之德的,必定有百世的子孙传承。祖上有十世的福德的,就有十世的子孙传承。祖上有三世两世福德的,就有三世两世的子孙传承。现在,了凡先生既然知道了自己的过失,就应该把这些因为过失而表现出来的不能考取功名以及没有子嗣等想象洗刷和纠正过来,务必要积善积德,务必要拓开心量,包容一切,务必要和气慈爱,务必要保惜精神,不可喝酒熬夜。

佛教中提倡发愿,有如世人的立志,一切菩萨于因位时所应发起的四种广大之愿,又作四弘愿、四弘行愿、四弘愿行、四弘誓、四弘。有关四弘愿之内容与解释,散见于诸经论,然各经所举颇有出入。《六祖坛经》中:众生无边誓愿度,谓菩萨誓愿救度一切众生。烦恼无尽誓愿断,谓菩萨誓愿断除一切烦恼。法门无量誓愿学,谓菩萨誓愿学知一切佛法。佛道无上誓愿成,谓菩萨誓愿证得最高菩提。能发大愿,何愁不能超越命数。昨日种种,如水东流,不再想它;今后种种,改过自新,超越命数,再生义理之身。

★了解和顺,顺应天命

"夫血肉之身,尚然有数;义理之身,岂不能格天。《太甲》曰:'天作孽,犹可违;自作孽,不可活。'诗云:'永言配命,自求多福。'"

——《了凡四训》

血肉之身就是指我们现在的身体,是父母所生之人身。它是无法离开妄想、分别、执着，而落在命数里，所以是能够被推算的。义理指适于理的道。《成实论·众法品》曰："佛法皆有义理，外道法无义理。"把以前不善的观念、行为都改正过来，使之与义理相应的身体，这个身体就称作义理之身。如此展开的合理合道的人生则是能够超越命数的。

《诗经·大雅·文王》上又说："我们永远要与天命相配行事，则福禄就会自己来。"《尚书·太甲》篇上也说过："天降的灾害还可以躲避，自作的罪孽，逃也逃不了。"《诗经》上说，趁着雨还没下，云还没起来，赶紧将门窗修整好。只有认识到天命和自然变化的道理，才能未雨绸缪、适得其所。孔子曰："吾十有五而志于学。三十而立，四十而不惑，五十而知天命，六十而耳顺，七十而从心所欲，不逾矩。"（《论语·为政》）孔子五六十岁就认识到天命并顺乎天命。宋代哲学家张载《正蒙·诚明》里说："形而后有气质之性，善反之则天地之性存焉"，将人性分为"天地之性"和"气质之性"两部分。所谓"天地之性"是天赋予人的本性。例如人性之善，仁义道德等，是永恒不变的。而每个具体的人表现出的"气质之性"，却有美恶、智愚之差别。每个人只要善于反省自己，那么就能保留"天地之性"。同样，我们也必须不断的改正血肉之身，以无限接近义理之身，这样才能感通于天。个人修养若此，治理国家也是同样道理，都要了解和顺应天命。《孟子·公孙丑上》说："仁则荣，不仁则辱。今恶辱而居不仁，是犹恶湿而居下也。如恶之，莫如贵德而尊士，贤者在位，能者在职。国家闲暇，及是时明其政刑，虽大国必畏之矣。"说的是国家的诸侯卿相们如果实行仁政，就会得到荣耀；如果实行不仁之政，就会遭受屈辱。最好是以德为贵而尊敬士人，使有德行的人居于相当的官位，有才能的人担任一定的职务；国家无内忧外患，趁这个时候修明政治、法典，纵使强大的邻国也一定会畏服于它。这些措施才是真正的合于天命的。

★人生因果轮回

孔先生算汝不登科第，不生子者，此天作之孽，犹可得而违；汝今扩充德性，力行善事，多积阴德，此自己所作之福也，安得而不受享乎？

——《了凡四训》

孔先生所算定的了凡先生今生不能得取功名，命中注定也没有儿子，这是过去世中所造之业的结果，这是天作之孽。但天命算定并非一成不变的，它是可以挽回的。儒家思想认为人应该做他该做的事，这是由于在道德上认为是正确的事便这样做了，并非出于道德强制之外的考虑。孟子主张"性善"，人性中有种种善的成分，他说"人皆有不忍人之心。……今人见孺子将入于井，皆有怵惕恻隐之心"，提出人有四端，"恻隐之心，仁之端也；羞恶之心，义之端也；辞让之心，礼之端也；是非之心，智之端也。人之有是四端也，犹其有四体也"，并认为"凡有四端于我者，知皆扩而充之矣"。所以说应当多做善事，发挥本性。并且不求人知，为自己造福，"善欲人见，不是真善"，若为名利而行善，则又落于

执着。这也是人的修养的体现。古代真正有大德的贤能，往往能隐居深山，韬光养晦。机缘成熟之时，则能为国为民，建功立业。三国时诸葛亮虽高卧隆中，却能受任于败军之际，奉命于危难之间，辅佑蜀国。梁朝陶弘景虽身处方外，却被誉为“山中宰相”，俨然朝廷决策人物。

自己使得自我的德性得以扩充，一生多造善业，自己所造的福德哪有自己不享受的道理？中国自古就有善恶因果报应之说，如《易经》中有：“积善之家，必有余庆。”佛教传入后，业的思想与因果报应观念相结合而被视作一种业力，这种业力连接着过去、现在、未来三世，这是一种因果通三世的思想，“欲知前世因，今生受者是；欲知来生事，今生作者是”。

对于因果，佛家的解释是：“因者能生，果者所生，有因则必有果，有果则必有因。是谓因果之理。”佛经中还说：“菩萨畏因，众生畏果。”菩萨明因识果，故而能预先断除恶因，如此能消灭罪障，功德圆满最终成佛；而众生却常作恶因，无所顾忌，恶因既种，却又无时无刻不在思量免去恶果，这就好比人立于烈日之下，已是无处避逃，却想方设法使自己没有影子的譬喻，终究是徒劳无功的。

★登记所为，扬善除恶

云谷出功过格示余，令所行之事，逐日登记。善则记数，恶则退除，且教持准提咒，以期必验。

——《了凡四训》

“功过格”是道教中道士自记善恶功过的一种簿册。善言善行为“功”，记“功格”；恶言恶行为“过”，记“过格”。修真之士，自记功过，自知功过多寡。“功”多者得福，“过”多者得咎。道教以此作为道士自我约束言行、积功行善的修养方法。《抱朴子·内篇·对俗》具体规定：“人欲地仙，当立三百善；欲天仙，立千二百善。若有千一百九十九善，而忽复中行一恶，则尽失前善，乃当复更起善数耳。故善不在大，恶不在小也。”道士自记功过当是仿效宋儒而来。

云谷禅师的“功过格”有准百功、准五十功、准三十功、准十功、准五功、准三功、准一功，其中“准一功”的具体内容有：赞一人善，掩一人恶，劝息一人争，见杀不食，闻杀不食，为己杀不食，阻人一非为事，葬一自死禽类，济一人饥，留无归人一宿，救一人寒，救一细微湿化之属命，做功课荐沉魂，放一生，散钱粟衣帛济人，施药一服，饶人债负，施行劝济人文书，还人遗物，诵经一卷，不义之财不取，礼忏百拜，代完纳债负，诵佛号千声，让地让产，讲演善法谕及十人，劝人出财做种种功德，兴事利及十人，拾得遗字一千，饭一僧，护持众僧一人，不拒乞人，接济人畜一时疲顿，见人有忧善为解慰，不负托财物，建仓平，修造路桥，疏河掘井，修置三宝寺院，造三宝尊像及施香烛灯油等物，施茶、施棺等一切方便

事。下俱以百钱为一功。

还有准百过、准五十过，准三十过、准十过、准五过、准三过、准一过，其中“准一过”为:没人一善。役人畜不怜疲顿。唆人一斗。不告人取人一针一草。见人忧惊不慰，心中暗举恶意害人。遗弃字纸。助人为非一事。暴弃五谷天物。见人盗细物不阻。负一约。醉犯一人。见一人饥寒不救济。诵经差漏一字句。僧人乞食不与。拒一乞人。食肉五辛诵经登三宝地。食一报人之畜等肉及杀一细微湿化属命，覆巢破卵。背众受利伤用他钱。负贷，负遗，负寄托财物。因公恃势乞索巧索取人一切财物。废坏三宝尊像及殿宇器用等物，小出大入。贩卖屠刀渔网等物。下俱以百钱为一过。

第二章　改过有法，建立信心

★改过要有羞耻心

但改过者，第一，要发耻心。思古之圣贤，与我同为丈夫，彼何以百世可师？我何以一身瓦裂？耽染尘情，私行不义，谓人不知，傲然无愧，将日沦于禽兽而不自知矣。世之可羞可耻者，莫大乎此。孟子曰：“耻之于人大矣。”以其得之则圣贤，失之则禽兽耳。此改过之要机也。

——《了凡四训》

改过之法，第一是要有羞耻心。羞耻心是改造命运的开端和关键，也是改造命运的动力。了凡先生反问自己：“想想古时候的圣贤，与我同样为七尺丈夫，为什么他们能做到为百世所效法，而我为何一事无成?”了凡先生的优点即在于他对于自己的过失，丝毫都不隐瞒，能正确地去看待。他把自己的过失总结为：第一，沉溺于世俗感情。佛法告诉我们要远离五欲六尘，五欲即指财、色、名、食、睡五种欲望，六尘即指色尘、声尘、香尘、味尘、触尘、法尘。这五欲六尘能使我们在心里涌现好、坏、美、丑、高、下、贵、贱等分别妄想，能衍生种种执着或烦恼，能令善心衰減，从而污染清净之心。所以，每天生活在五欲六尘中的人们，应当时时返观自省，放下尘情，恢复自性清净。

了凡先生所说的第二个过失为：偷偷做出不义之事，还以为别人不知道，面无愧色，一天天沦为禽兽自己却毫无察觉和意识。即自己还缺乏“知耻之心”。中国古代圣贤十分重视“知耻”。孔子曾说：“行己有耻，使于四方，不辱君命，可谓士矣。”又说：“好学近乎知，力行近乎仁，知耻近乎勇。”孟子说；“人不可以无耻，无耻之耻，无耻矣。”又说：“耻之于人大矣。”人活在世上，从积极方面说要“立志”，从消极方面说要“知耻”。从伦理学意义上看，耻，是对人的道德行为的一种社会评价，是人们对那些不履行自己的义务、损害他人与集体利益、违背社会公德和违反国家法律，有损国格等行为的批评与谴责，是社会对自我道德行为的贬斥和否定。知耻，是人对这种行为的羞耻之心、羞耻之感，是人们基于一定社会认可的是非观、善恶观、荣辱观而产生的自觉的求荣免辱之心。是人们一种为维护自身尊严强烈的道德上的反省和自律。人们以这种羞耻感来鞭挞自己，克服缺点，修正错误。羞耻心是人类情绪之精华，正是因为有了羞耻心的存在，才阻止了人类免

于堕落,进而促进人类积极向上。由此可见,羞耻感是道德主体实施道德行为的情感基础,道德主体以此来导引自己的行为,取荣舍辱,以获得社会的认同。我们在学习、工作中,一旦落后,要能知耻;倘若做昧了良心、违背仁义的事,也要知耻;自己、集体、国家若受到侮辱,更要知耻。这样,知耻就能给人上进的力量,能让人更清楚地看待自身和周遭的世界。我们应当把无羞耻之心看作是人生最大的耻辱,那样就能落实于行动,知过必改,受辱必雪,也就不会有自取其辱的事了。

★改过要发畏心

第二,要发畏心。天地在上,鬼神难欺,吾虽过在隐微,而天地鬼神,实鉴临之,重则降之百殃,轻则损其现福,吾何可以不惧?

——《了凡四训》

改过之法的第二是要发畏心。“畏”是害怕之意,且含有恭敬的意味。《论语》中云:“君子有三畏:畏天命;畏大人;畏圣人之言。小人不知天命而不畏也,狎大人,侮圣人之言。”君子敬畏天命,敬畏处于高位的人,更敬畏圣人的言语;而小人不知天命而不畏,不尊重在上位的人,蔑视圣人的话。“畏”的情绪是对个体自身的良知的呼唤的一种表现。“良知”是人类所固有的判断是非善恶的本能,同时也是一切高尚行为诸如“人道、博爱、奉献”等的伦理学基石。知道畏惧,就是能够感应良知,明白什么该做,什么不该做,这样才能产生诚敬之心。在现实生活中,每一个人对于父母、老师或是尊长,皆应有敬畏之心,既敬爱又害怕。正因为有“畏”,才会言行举止三思而后行,使之符合于“应当”。

了凡先生言道,天地在上,鬼神难欺,人们认为自己是在暗地里犯下的过错,可是天地鬼神全部能够明察秋毫,重者会降下各种祸殃,轻微者也会减损其现世的福泽,怎么能够不害怕呢?就是说,我们纵使是在很隐秘的地方,没有人看到的地方,做一点小小的过失,天地鬼神也能够看得清清楚楚,并给以惩罚。其实用因果缘起的思想来看,起心动念及所为,它们产生的后果,“如影随形”,不会因外人看不看得到或个人意愿而改变或消失。在我国古代,就有上天崇拜、祖先崇拜等思想,把“天”“帝”看作是外在于人、支配人、控制人的力量,并对世人赏善罚恶,从而使人生起敬畏心。早在殷商时代,上帝在人们心中就有很大的权威,它既是风雪雨露、打雷闪电等自然现象的主宰,又是世间人事祸福、成败吉凶的支配者。《卜辞通纂》中记载:“今二月帝不令雨”“帝降其谨”,《汤诰》曰:“天道福善祸淫”;西周时期,人们更多地用“天”去称至上神,赋予“天”更大的权威,《泰誓》说:“惟天惠民”“天矜于民,民之所欲,天必从之”。随着历史的发展,这一观念逐渐渗透在中国人的思想中,形成一种传统观念。

★改过要发勇心

第三，须发勇心。人不改过，多是因循退缩。吾须奋然振作，不用迟疑，不烦等待。小者如芒刺在肉，速与抉剔；大者如毒蛇啮指，速与斩除，无丝毫凝滞，此风雷之所以为益也。

——《了凡四训》

改过之法，第三是要发勇心。

了凡先生认为，人们不能改掉自身的过错，多数是由于拖沓和畏难退缩的缘故，因此必须发奋振作，当机立断，不可优柔寡断，不可消极等待。罪过这东西，小的像钻进肉中的芒刺，应该尽快剔除；大的像手指被毒蛇咬啮，为防止毒汁扩散，应当赶紧斩断手指，不能有丝毫迟疑。《论语》有云：“君子不重，则不威；学则不固。主忠信，无友不如己者。过，则勿惮改。”“君子之过也，如日月之食焉。过也，人皆见之；更也，人皆仰之。”有了过失就应当及时改正，不可因畏难而苟安。二程也曾说：“学问之道无他也，知其不善，则速改以从善而已。”

★不可妄动，三思后行

又闻而不怒，虽谗焰熏天，如举火焚空，终将自息；闻谤而怒，虽巧心力辩，如春蚕作茧，自取缠绵，怒不惟无益，且有害也。其余种种过恶，皆当据理思之。此理既明，过将自止。

——《了凡四训》

假如我们听到诽谤的话，要能做到充耳不闻。任由进谗之人如何巧言令色，也不起心动念，心中不起一丝涟漪。那么飞短流长即使汹涌得如同冲天的火焰一样燃烧，也终将在空中渐渐熄灭、自我焚尽。假如我们听到诽谤的话，就立刻怒发冲冠，即使极力辩解安慰，也终究如同春蚕吐丝，作茧自缚，自寻烦恼。可见，发怒不但百无益处，而且十分有害。其他种种过失，道理也是一样，都应当根据情理平心静气地思考，道理一旦明白开悟，身上的过错自然就能随之改掉。

了凡先生以前脾气是不太好的，遇到有人憎恨、毁谤他时，无法接受，睚眦必报；而现在则是不同于往昔，逐渐能够心胸放开、宽厚容忍了。

这也体现了佛教关于处理人我是非的关系上的一个重要的规范:“忍辱”。“八风不动心,无忧无污染”,利衰、毁誉、称讥、苦乐八风,都不能改变事物本来的状况,所以,心没必要为之所动生起喜怒哀乐之情。

以上几段,就是了凡先生所论述的从情理的角度去改过。概括而言,就是不可妄动,“三思而后行”,这对我们今天的生活也有很实际的指导意义。

第三章　积善有方，必有福报

★积善之家，必有余庆

《易》曰："积善之家，必有余庆。"

——《了凡四训》

《易经》说："积累善行的家庭，必定有很多吉庆之事。"该句在《易经》中的完整表述是："积善之家，必有余庆；积不善之家，必有余殃。"详细论述人世祸福与善恶行为的因果关系。古人认为人世祸福的发生，与人们的善恶行为有着必然的因果联系。"祸福无门，惟人自召。"祸福不是毫无缘由地降临在世人身上，人的善恶行为才是自身得福得祸的直接诱因。即使不现报在自己身上，也会报应在自己的后代身上。善有善报，恶有恶报，所以人们不可不谨慎行事。

★何谓真善，何谓假善

何谓真假？昔有儒生数辈，谒中峰和尚，问曰："佛氏论善恶报应，如影随形。今某人善，而子孙不兴；某人恶，而家门隆盛。佛说无稽矣。"

中峰云："凡情未涤，正眼未开，认善为恶，指恶为善，往往有之。不憾己之是非颠倒，而反怨天之报应有差乎？"

众曰："善恶何致相反？"

中峰令试言。

一人谓："詈人殴人是恶，敬人礼人是善。"

中峰云："未必然也。"

一人谓："贪财妄取是恶，廉洁有守是善。"

中峰云："未必然也。"

众人历言其状，中峰皆谓不然。因请问。中峰告之曰："有益于人，是善；有益于己，

是恶。有益于人，则殴人、詈人皆善也；有益于己，则敬人、礼人皆恶也。是故人之行善，利人者公，公则为真；利己者私，私则为假。又根心者真，袭迹者假。又无为而为者真，有为而为者假。皆当自考。”

——《了凡四训》

什么叫作真善、伪善？从前，有几个读书人，参见中峰和尚并质询佛教的善恶报应之理。佛家讲善恶报应，就像影子跟着身体一样，十分快捷灵验。这也是与佛教的因果说相联系的。因是能生，果是所生，有因则必有果，有果则必有因。这就是所谓的因果之理。佛教讲因果，有世间和出世间两种。所谓世间因果，即“苦”和“集”二谛。苦是果，集是因。佛教认为人生是苦的，这种苦果，是因为过去生中造了业因（集），由于业力的牵引，所以感受人生的苦果。所谓出世间因果，即“灭”和“道”二谛。灭（涅槃）是果，道是因。佛教认为要摆脱人生的痛苦，就要遵照佛陀的教法去修道，断除烦恼；以修道为因，将来证得涅槃（灭）正果。因果报应是佛家的重要学说，一般所说的“报应”，只是偏指做恶事得恶果而言。

这几个读书人从看到的社会现实出发，对佛教的善恶报应理论予以诘难。他们举例说，现在有某人行善，他的子孙并不兴旺。某人是作恶的，但他的家庭事业却很发达。由此他们认为佛家善恶报应的说法是没有根据的无稽之谈。而佛教的善恶报应之说，是与佛教的三世说相匹配的。“善恶之报，如影随形。三世因果，循环不失。”佛教认为，存在过去现在未来“三世”，《因果经》说：“欲知过去因者，见其现在果。欲知未来果者，见其现在因。”可见人们现在所受的祸福，是以前世的善恶为因的；而现在的善恶，又会成为后世的因。

中峰和尚不直接为“善恶报应”的理论作辩解，而是论述何为真善、伪善。中峰和尚说：“一般人的世俗情见没有洗涤清净，因此还没有打开正知、正见的眼睛，常常有将真善视为恶，将真恶视为善的情况发生。不怪自己是非颠倒，却反过来埋怨上天的报应有了差错。”佛典认为，人们以无常为常，以苦为乐，反于本真事理就有颠倒妄见。也正应了那句话，“假作真时真亦假”。

大家迷惑不解，进而问道：“善恶怎么会被弄反呢？”

中峰和尚就让他们试着举几个例子。

一个人说道：“骂人打人是恶，敬爱人、礼敬人是善。”

中峰和尚说：“未必都是这样。”

一个人说道：“不择手段地贪爱钱财是恶，操守清白是善。”

中峰和尚说：“未必都是这样。”

大家纷纷将自己的看法提出来，但中峰和尚都认为未必如此。

所以众人就向中峰和尚请教。中峰和尚告诉他们说：“做有益于别人的事，是善；做有益于自己的事，是恶。”春秋末年，剑客要离由伍子胥推荐给吴王，被派去刺杀在卫国避难的公子庆忌。要离为了取得庆忌的信任，行前请吴王杀掉自己妻儿，断己右手，然后假装出逃卫国。到了卫国后，又在庆忌面前大骂吴王，又向庆忌假献破吴之策，与庆忌结为好友。后乘庆忌不备，将其刺死。不知对于剑客要离为了别人，而杀妻断手又要作何评价？

只要对别人有益,即使是打人骂人也是善。“周瑜打黄盖”,为了获得整个战局的胜利,这也可以说是善了。当时曹操率兵八十万,攻打东吴。在强敌压境的形势下,东吴大将黄盖向主帅周瑜献计,愿受皮肉之苦以往曹营诈降,然后伺机实施火攻,击退曹军。周瑜采纳此计。当周瑜召集众将议事时,黄盖故意大讲曹操不可打,要周瑜弃甲倒戈降曹。周瑜佯装大怒,令人把黄盖拖翻杖脊五十,使得曹操对黄盖投降深信不疑。后在东吴和曹操决战时,黄盖以献东吴粮船为名,前往曹营诈降。而实际却指挥装有引火物的船只来到曹营,顺风点燃这些船只,成功地实行了火攻,大败曹操。

如果只是对自己有益,那么即使恭敬人、礼敬人,也都是恶。秦二世时,丞相赵高阴谋篡位,但又恐怕群臣不服,于是在未动手夺权时先试一下自己的威信。他特地叫人牵来一只鹿献给二世,并当着群臣的面“指鹿为马”,大臣们都畏惧赵高,所以有的人不敢作声,有些人为了讨好赵高,便歪曲事实,随声附和说献上的是马。由此看来这些“指鹿为马”的大臣虽然恭敬赵高,但其行径却实实在在的是“恶”。

所以,人们做善事,能利益别人的就是出于公心,出于公心就是真善。大禹治水,三过家门而不入,是为至公。“外举不避仇,内举不避子”的祁黄羊也是大公无私之人。春秋晋平公时,南阳地方缺了个长官,便征求大夫祁黄羊的意见,祁黄羊推荐了解孤。晋平公很惊奇,问他;“解孤不是你的仇人吗?你为什么要推举他?”祁黄羊坦然答道:“大王您问我的是谁可以胜任南阳的长官,并没有问谁是我的仇人。”晋平公觉得有理,就委任解孤为南阳长官。解孤到任后,为地方办了不少好事,受到百姓的普遍好评。不久,晋廷要增加一个中军尉,晋平公又请祁黄羊物色,祁黄羊推荐了祁午。晋平公听了就说:“你推举儿子,不怕别人说闲话吗?”祁黄羊答道:“大王问谁可做中军尉,没有问祁午是不是我的儿子。”孔子听到了上面两件事后称赞道:“善哉,祁黄羊之论也,外举不避仇,内举不避子,祁黄羊可谓公矣。”这不能不说是一种大公无私的美德。历史上无数的民族英雄,如岳飞、文天祥、戚继光等等,他们那种为了国家和人民的利益,不屈不挠,历尽磨难,以身殉国的“公”“忠”精神,在中国历史上熠熠生辉。

而只想自己得到利益的就是私,出于私心的就是伪善。而且发自内心、自觉的行善是真善,模仿别人、做表面文章的是伪善。为善而不求任何回报的是真善,为了某种目的而求回报的是伪善。

像这些道理,都需要自己认真地分辨、考察。

★何谓阴德,何谓阳善

何谓阴阳?凡为善而人知之,则为阳善;为善而人不知,则为阴德。阴德,天报之;阳善,享世名。名,亦福也。名者,造物所忌:世之享盛名而实不副者,多有奇祸;人之无过咎而横被恶名者,子孙往往骤发。阴阳之际微矣哉。

——《了凡四训》

什么叫作阴、阳？凡是做善事而被大家知道的，就是阳善；做善事而别人不知道的，就是阴德。有了阴德，上天会给予报偿的；阳善，则会给人带来好的名声，名声也是一种福泽。但是名声也是造物主所忌讳的；世上那些享有盛名，而实际上名实不相符的人，常常会遭受意想不到的灾祸；那些没有什么过错，却意外无辜地背上恶名的人，他的子孙往往突然地飞黄腾达起来。阴阳之间的关系实在是太微妙了。阴阳观念，是中国哲学的一对重要范畴，指元气中相互矛盾的两种基本势力或事物相互对立的两个方面。阴阳观念早在先秦时就已经形成，其原义为日照的向背。后来词义逐渐丰富，阳代表积极、进取、刚强等阳性特性，以及具有这些特性的事物。阴代表消极、退守、柔弱等阴性特性，以及具有这些特性的事物。《易·系辞》提出了“一阴一阳之谓道”的命题，对阴阳的相互对立、相互依存、相互转化作了哲学意义上的概括。老子以“万物负阴而抱阳”的命题最先说明了阴阳的普遍性。阴阳观念作为一种朴素的唯物主义思想和朴素的辩证法思想，对于我国古代的天文、历数、医学的发展起过很大的作用。

★什么是对，什么是错

何谓是非？鲁国之法，鲁人有赎人臣妾于诸侯，皆受金于府。子贡赎人而不受金。孔子闻而恶之曰：“赐失之矣。夫圣人举事，可以移风易俗，而教道可施于百姓，非独适己之行也。今鲁国富者寡而贫者众，受金则为不廉，何以相赎乎？自今以后，不复赎人于诸侯矣。”

子路拯人于溺，其人谢之以牛，子路受之。孔子喜曰：“自今鲁国多拯人于溺矣。”

自俗眼观之，子贡不受金为优，子路之受牛为劣，孔子则取由而黜赐焉。乃知人之为善，不论现行而论流弊；不论一时而论久远；不论一身而论天下。现行虽善，而其流足以害人，则似善而实非也；现行虽不善，而其流足以济人，则非善而实是也。然此就一节论之耳。他如非义之义，非礼之礼，非信之信，非慈之慈，皆当抉择。

——《了凡四训》

什么叫作对、错？在春秋时代，鲁国的法律规定，鲁国人如果能从别国诸侯那里把被俘过去做臣妾的人赎回来，都可以得到官府的赏金。但是子贡把被俘虏的人赎回来，却没有接受官府的赏金。孔子听到以后，很不高兴地说：“子贡做得不对啊。凡是圣贤的人做任何事情，目的是可以改变不良的风俗，对百姓产生教化的作用，并不只是为了满足自己的心理而去行事。现在鲁国富人少而穷人多，如果领了赏金就被指责为不廉洁，变成贪财的人，那么谁还愿意去赎人呢？恐怕从今以后，不会再有人向诸侯赎人了。”

子路救了一个溺水的人，那人就送他一头牛以作为酬谢，子路接受了。孔子高兴地说：“从此以后，鲁国就会有很多人去拯救掉到水里的人了。”

从世俗的眼光看来，子贡不接受赏金是优，而子路接受赠牛是劣。但是孔子却肯定、赞赏子路，而否定、责备子贡。因此可知人们行善，不能只看他当时的行动效果，还要看将来是否会产生弊端；不能只看一时的效应，还要用长久的目光看待；不能只看个人的得失，还要看对天下大众的影响。当时的行为虽好，而它所造成的影响却足以贻害他人，那么看起来好像是善行而其实并非如此；当时的行为虽不好，而它的影响却会为别人带来好处，那么虽然看起来不像是善行而其实已经是了。当然这些只是就一件事来讨论而已。其他情况，比如看似不义的义举，看似不合乎礼数而实际上却合乎礼数的举动，看似不讲信用而实际上却合乎忠信原则的举动，看似缺乏慈爱而实际上却大慈大悲的行为等，都应当加以辨别。

★什么是偏，什么是正

何谓偏正？昔吕文懿公初辞相位，归故里，海内仰之，如泰山北斗。有一乡人醉而詈之，吕公不动，谓其仆曰："醉者勿与较也。"闭门谢之。逾年，其人犯死刑入狱。吕公始悔之曰："使当时稍与计较，送公家责治，可以小惩而大戒。吾当时只欲存心于厚，不谓养成其恶，以至于此。"此以善心而行恶事者也。

——《了凡四训》

什么叫作偏、正？有一个好心而做了恶事的例子。从前吕文懿公刚辞掉宰相的职位，回到故乡，因为他为官清廉、公正，所以受到人们的敬爱与尊重，就像对泰山、北极星一样。一位同乡的人喝醉酒后辱骂他，但他不为之所动，对他的仆人说："喝醉酒的人，不要和他计较。"于是关起门来不予理睬。过了一年，那个人因犯了死罪而被捕入狱。吕公才懊悔地说："假使当时稍微与他计较一下，送到官府惩治，可以通过小小的惩罚而让他有所规诫。我当时只想心存仁厚，没想到反而纵容了他的恶习，以致到了今天这个地步。"所以，对于不良的行为要及时制止。"千里之堤，溃于蚁穴。"要防微杜渐，以便防患于未然。

★正中偏与偏中正

又有以恶心而行善事者。如某家大富，值岁荒，穷民白昼抢粟于市。告之县，县不理，穷民愈肆，遂私执而困辱之，众始定。不然，几乱矣。故善者为正，恶者为偏，人皆知之。其以善心行恶事者，正中偏也；以恶心而行善事者，偏中正也，不可不知。

——《了凡四训》

也有出于恶心而做了善事的。例如，有一家富人，时值荒年，穷人于光天化日之下在街市上强抢粮食。这家富人就告到县衙，县衙置之不理，穷人更加肆无忌惮，于是他便私下叫人把这些抢粮食的人抓起来羞辱、责罚，抢粮的民众才安定下来。如若不然，就要酿成大乱了。

所以善事是正，恶事是偏，这个大家都知道。那些以善心而做了恶事的人，是正中偏；那些以恶心而做了善事的人，是偏中正，这些道理不可不知道。

★什么叫半，什么叫满

何谓半、满？《易》曰："善不积，不足以成名；恶不积，不足以灭身。"《书》曰："商罪贯盈，如贮物于器。"勤而积之，则满；懈而不积，则不满。此一说也。

——《了凡四训》

什么叫作半、满？《易经》上说："如果没有积累善行，就不能够成名；如果不积累恶行，也不会造成杀身之祸。"《尚书》上说："商纣王的罪恶，就像以绳穿钱，穿满了一贯，好像把东西装满了容器一样。"古代骄奢淫逸的帝王，所以被民众抛弃，就是因为他们日积月累的罪恶罄竹难书。秦始皇实行文化专制政策，"焚书坑儒"，严刑峻法，穷奢极欲，挥霍无度。为了满足其奢侈欲望，建造阿房宫及骊山墓，大兴土木。大规模地巡幸全国，使人民的租赋徭役异常繁重。他死后不久，便爆发了陈胜、吴广起义，秦王朝二世而亡。隋炀帝在位期间，营建东都洛阳，修建宫殿和西苑。并开掘运河，开辟驿道，常四出巡游，所到之处，恣意糜费挥霍。徭役苛重，穷兵黩武。各地农民起义不断，后被禁军将领宇文化及等缢杀于江都。

勤加积累，自然就会满了；懈怠而不去积累，那就不会满。这是半善、满善的一种说法。"泰山不让寸壤，故能成其大；河海不择细流，故能就其深。"任何事物的成长都是由小变大，由弱变强，所以力量的积累至为重要。《道德经》中也说："合抱之木，生于毫末；九层之台，起于累土；千里之行，始于足下。"

★什么是大，什么是小

何谓大小？昔卫仲达为馆职，被摄至冥司，主者命吏呈善恶二录。比至，则恶录盈庭，其善录一轴，仅如箸而已。索秤称之，则盈庭者反轻，而如箸者反重。仲达曰："某年未四十，安得过恶如是多乎？"

曰："一念不正即是，不待犯也。"

因问轴中所书何事，曰："朝廷尝兴大工，修三山石桥，君上疏谏之，此疏稿也。"

仲达曰："某虽言，朝廷不从，于事无补，而能有如是之力。"

曰："朝廷虽不从，君之一念，已在万民；向使听从，善力更大矣。"

故志在天下国家，则善虽少而大；苟在一身，虽多亦小。

——《了凡四训》

什么叫作大、小？从前有位卫仲达在翰林院任职。有一次他的魂魄被摄到阴曹地府，在那里接受审判。卫仲达到达阴曹地府后，阎王让鬼吏把他的善恶记录呈上来。等到这两份册子送上来，关于他的恶事的记录堆满了庭院，不可胜计，而关于善事的记录却只有一小卷轴，仅如筷子般大小。拿秤来称量，发现盈庭的恶的记录反而轻；而如筷子般大小的善事记录的卷轴反而重。卫仲达不解，于是说道："我还不到四十岁，怎么会有那么多的过失、罪恶？"

阎王说："只要一个念头不正，就是罪过，不一定要等你犯了以后才算。"卫仲达又问那个卷轴中所记录的是什么事。阎王回答说："朝廷曾想要大兴土木，修建三山石桥，你上疏劝阻此事，免得劳民伤财，这卷轴中是你的奏疏草稿。"

卫仲达说："我虽然说了，但朝廷并没有采纳，于事无补，竟然会有这么大的功德。"

阎王说："朝廷虽然没有听从你的建议，但你的这个念头是为千万的老百姓着想；如果朝廷听从你的建议，那么善的功德就更大了。"

★什么是难，什么是易

何谓难易？先儒谓克己须从难克处克将去。夫子论为仁，亦曰先难。必如江西舒翁，舍二年仅得之束脩，代偿官银，而全人夫妇；与邯郸张翁，舍十年所积之钱，代完赎银，而活人妻子，皆所谓难舍处能舍也。如镇江靳翁，虽年老无子，不忍以幼女为妾，而还之邻，此难忍处能忍也。故天降之福亦厚。凡有财有势者，其立德皆易，易而不为，是为自暴。贫贱作福皆难，难而能为，斯可贵耳。

——《了凡四训》

什么叫作难行、易行的善？儒家先圣说，要克制自己的私欲，就要从难克除的地方做起。孔夫子在论述"为仁"的问题时，也说要先从最难的地方做起。一定要像江西的一位舒老先生，拿出两年所挣得的教书的酬金，代替别人偿还欠给官府的田赋，从而不致使别人夫妇被拆散。又如河北邯郸的张老先生，拿出十年的积蓄，代人交还赎金，而救还了别人的妻儿。这都是将难以割舍的东西施舍给别人。比如江苏镇江的靳老先生，虽然年老没有儿子，但还是不忍心纳幼女为妾，而将其送还。这些都是在难以忍耐的情况下而能够克制自己，上天必定会降给他们丰厚的福泽。凡是有财有势的人，要想行善立德都很容易，容易而不去做，那是自暴自弃。贫贱的人要行善修福报是很难的，艰难而能去做，这就十分可贵了。

★什么叫作与人为善

何谓与人为善？昔舜在雷泽，见渔者皆取深潭厚泽，而老弱则渔于急流浅滩之中，恻然哀之。往而渔焉，见争者皆匿其过而不谈；见有让者，则揄扬而取法之。期年，皆以深潭厚泽相让矣。夫以舜之明哲，岂不能出一言教众人哉？乃不以言教而以身转之，此良工苦心也。

——《了凡四训》

什么叫作与人为善？从前舜在雷泽，看见打鱼的人都选潭深鱼多的地方，而年老体弱的渔夫便只能在水流湍急的浅滩中捉鱼。舜看到后，很悯恻哀怜他们。于是他自己也去打鱼，看见有人争抢，对于他们的行为不加评判；看见有彼此谦让的，他就加以赞赏宣扬并效法他们。过了一年，大家都把潭深鱼多的地方相互谦让出来。当时以舜的聪明睿智，难道不能说几句话来教导大家吗？这是因为他不用言语教导，而是以身作则来转变人们的思想行为，这真是用心良苦啊。孔子讲“其身正，不令而从；其身不正，虽令不从”（《论语·子路》）。以身作则，以自己的实际行动为别人做出榜样。要求别人遵守的，自己首先遵守；要求别人不做的，自己首先不做，处处起模范作用，是有修养的体现。

★什么叫作爱敬存心

何谓爱敬存心？君子与小人，就形迹观，常易相混，唯一点存心处，则善恶悬绝，判然如黑白之相反。故曰：君子所以异于人者，以其存心也。君子所存之心，只是爱人敬人之心。盖人有亲疏贵贱，有智愚贤不肖；万品不齐，皆吾同胞，皆吾一体，孰非当敬爱者？爱敬众人，即是爱敬圣贤；能通众人之志，即是通圣贤之志。何者？圣贤之志，本欲斯世斯人，各得其所。吾合爱合敬，而安一世之人，即是为圣贤而安之也。

——《了凡四训》

什么叫作爱敬存心？君子与小人，从表面现象看来，常常容易混淆。只有这一点存心，善恶相差悬殊，如同黑与白那样截然相反。所以说：君子所以与一般人不同，就在于他们的存心。君子所存的心，只有爱人敬人的心。尽管人有亲疏贵贱、智愚贤不肖，千差万别，但都是我们的同胞，都是一体的，难道不是我们应当敬爱的吗？《论语·子路》中说“君子和而不同”，“和而不同”也就是既能保持个性，又能与自己嗜好不同、意见不一的人调和相处。庄子更进一步，要“齐万物”，认为万物是等同、齐一、没有差别的。庄子从道

生万物出发，把万物视为道“物化”的暂时形态。在他看来万物的形态变动不居，并非真实的存在，它们循环变易，复归于道。因此，事物没有质的稳定性，从道的观点来看，事物之间并不存在大小、长短、久暂的差别，差别的出现完全是人们主体赋予的。

爱敬众人，就是爱敬圣贤；能够与众人心心相通，也就是与圣贤心心相通。为什么呢？圣贤的心意，本来就是要世界上的人，都能够安居乐业，各得其所。我普遍爱敬世人，使他们安泰，那也就是代替圣贤使他们安泰。

★什么叫作成人之美

何谓成人之美？玉之在石，抵掷则瓦砾，追琢则圭璋。故凡见人行一善事，或其人志可取而资可进，皆须诱掖而成就之。或为之奖借，或为之维持，或为白其诬而分其谤，务使成立而后已。

——《了凡四训》

什么叫作成人之美？玉本来是在石头里面，抛弃不顾也就与瓦砾无异，如果精心雕琢就成了贵重的圭璋。“玉不琢，不成器；人不学，不知道。是故古之王者，建国君民，教学为先。”璞玉不经过一番琢磨，就成不了贵重的玉器。同样，人不经过一番教育，就不懂得政治和伦常的大道理。所以，自古帝王要建立国家，统治人民，首先要从教育方面着手。并且“君子成人之美，不成人之恶”，所以只要见别人做一件善事，或是这个人的志向有可取的地方，很有前途，都要引导和扶助而极力成就他。或是称赞鼓励，或是协助扶持，或是为他辩白诬陷，分担诽谤，总之一定要使他有所成就方才罢手。

第四章 厌恶盈满，爱好谦虚

★什么叫作劝人为善

何谓劝人为善？生为人类，孰无良心？世路役役，最易没溺。凡与人相处，当方便提撕，开其迷惑。譬犹长夜大梦，而令之一觉；譬犹久陷烦恼，而拔之清凉，为惠最溥。韩愈云："一时劝人以口，百世劝人以书。"较之与人为善，虽有形迹，然对症发药，时有奇效，不可废也。失言失人，当反吾智。

——《了凡四训》

什么叫作劝人为善？人生在世，谁能没有良心？而人在尘世中庸庸碌碌，最容易沉迷堕落。

因此，凡是与人相处，应当设法指点提醒对方。譬如在长夜漫漫的梦境中，令其醒觉过来；譬如长久地沉陷于烦恼之中，而把他拔出烦恼，使其清凉自在，这样做的恩惠最为广博。韩愈说："一时劝人以口，百世劝人以书。"这种劝人为善和与人为善相比较，虽然形迹显露于外，但是对症下药，时常会有奇特的效验，所以不可以废除。如果有失言失人的情形，也就是有的人可以和他交谈却不与他交谈，有的人不可以和他交谈却和他交谈。《论语·雍也》中记载孔子之言说："中人以上，可以语上也；中人以下，不可以语上也。"所以就有注云："圣人之道，精粗虽无二致，但其施教，则必因其材而笃焉。"也就是要注意到各人资质的不同因材施教。

如果不能很好地处理"失言失人"的问题，那是因为自己智慧不够，应当反省自己。

★什么叫作救人危急

何谓救人危急？患难颠沛，人所时有。偶一遇之，当如恫瘝在身，速为解救。或以一言伸其屈抑，或以多方济其颠连。崔子曰："惠不在大，赴人之急可也。"盖仁人方哉！

——《了凡四训》

什么叫作救人危急？艰难困苦的情况，是人们时常会遇到的。如果偶然遇到处于困

境中的人，就像自己感同身受一样，赶快替他解救。或者说句话为他申辩冤屈，或者想方设法救济他的困苦。崔子说："恩惠不在大，只要能够救人于危急就可以了。"这真是仁德之人所说的话啊！

★什么叫作兴建大利

何谓兴建大利？小而一乡之内，大而一邑之中，凡看利益，最宜兴建。或开渠导水，或筑堤防患；或修桥梁，以便行旅；或施茶饭，以济饥渴；随缘劝导，协力兴修，勿避嫌疑，勿辞劳怨。

——《了凡四训》

什么叫作兴建大利？小在一乡之中，大到一县之内，凡是对大家有利的事，最应该去做。"勿以善小而不为。"或者开渠导水，或者筑堤防患；或者修建桥梁，以方便通行；或施舍茶饭，以解除饥渴；一有机会就劝导大家，齐心协力兴建公益，不必避免嫌疑，不要害怕辛劳。

★什么叫作舍财作福

何谓舍财作福？释门万行，以布施为先。所谓布施者，只是舍之一字耳。达者内舍六根，外舍六尘，一切所有，无不舍者。苟非能然，先从财上布施。世人以衣食为命，故财为最重。吾从而舍之，内以破吾之悭，外以济人之急。始而勉强，终则泰然，最可以荡涤私情，祛除执吝。

——《了凡四训》

什么叫作舍财作福？佛门的诸多善行中，以布施最为重要。佛教认为"布施"具有无上功德，是一种把福利施于他人、累积功德以求个人解脱的修行方法。小乘佛教将"布施"分作"财施""法施"两种。"财施"指将各种财物布施予人，目的在破除个人的吝啬和贪心，以免除未来世的贫困；"法施"指向人说法传教，目的使人成就解脱之智。大乘佛教将"布施"与大慈大悲的教义相联系，用于普度众生，故"布施"的对象遍及一切有情，并把它纳入大乘佛教的修习方法"六度"之中。"六度"，意为使人们由生死此岸到达涅槃彼岸的六种途径和方法。

所谓布施，就只是一个舍字。明白通达的人内可以舍掉眼、耳、鼻、舌、身、意六根，外可以舍掉色、声、香、味、触、法六尘，所有的一切，没有舍不得的。外无所攀缘的万法，内心又无一识生起。庄子亦有“吾丧我”的观念，出自《庄子·齐物论》。“吾”是我，真我；丧为忘，忘我为去除自我偏见或意识。指忘记自我，与自然和社会融为一体的境界。如果不能做到这一点，就先从布施财物上做起。世人靠衣食维持生存，所以将财物看得最重。我却将财物舍掉，内可以破除我的吝啬之心，外可以救人于危急。一开始可能会有些勉为其难，最终则会泰然处之。这样最有助于洗涤干净自己的私心，去除执着贪吝的念想。

★什么叫作护持正法

何谓护持正法？法者，万世生灵之眼目也。不有正法，何以参赞天地？何以裁成万物？何以脱尘离缚？何以经世出世？故凡见圣贤庙貌，经书典籍，皆当敬重而修饬之。至于举扬正法，上报佛恩，尤当勉励。

——《了凡四训》

什么叫作护持正法？法是万世生灵的眼目。没有正法，怎么可以去参与天地的造化？怎么可以使天地万物有序地化育生长？怎么可以挣脱尘世的束缚？怎么可以经理世务，超脱虚幻的世间束缚？所以凡是看到圣贤的庙宇形象，经书典籍，都应当敬重，而加以修缮整理。至于弘扬正法，报答佛祖超度的恩德，尤其应当劝勉鼓励。

★什么叫作敬重尊长

何谓敬重尊长？家之父兄，国之君长，与凡年高、德高、位高、识高者，皆当加意侍奉。在家而侍奉父母，使深爱婉容，柔声下气，习以成性，便是和气格天之本。出而事君，行一事，毋谓君不知而自恣也。刑一人，毋谓君不知而作威也。事君如天，古人格论，此等处最关阴德。试看忠孝之家，子孙未有不绵远而昌盛者，切须慎之。

——《了凡四训》

什么叫作敬重尊长？家庭中的父兄，国家的君长，以及凡是年事高、德行高、职位高、识见高的人，都应当小心服侍。古代社会家国同构，家庭与国家、社会的结构是相同的。君、臣、民是古代传统的社会结构，它不过是放大了的家庭结构。“君主”相当于社会中的“家长”，居统治地位，负责发号施令；“臣”为社会里的“家属”，负责执行君主的命令、管理人民；“民”则为社会中的“家奴”，为社会的最底层。“身修而后家齐，家齐而后国治，国治而后天下平。”自身修养好了，家政治理好了，国家也就能治理好了。所以服侍好父母才能侍奉好君主。在家里服侍父母，要和颜悦色，柔声下气，养成习惯，以成本性，这就是和气感通上天。在外事奉君王，每做一件事情，不要以为君王不知道就恣意妄为。每刑讯一个人，不要以为君王不知道而作威作福。侍奉君王就像侍奉上天一样，这方面与人的阴德关联最为密切。试看忠孝的人家，子孙没有不连绵不断而且兴隆昌盛的。所以，一定要格外谨慎小心。

古代中国深受“三纲五常”思想的影响。“三纲五常”来源于先秦儒家“君君、臣臣、父父、子子”的伦理思想和仁义道德的说教，董仲舒为论证其合理性和永恒性，用“天人感应论”给“三纲五常”披上了神学外衣。认为君臣、父子、夫妻之义，皆取于阴阳之道。君为阳，臣为阴；父为阳，子为阴；夫为阳，妻为阴。天之道就是阳尊阴卑，阳贵阴贱，阳永远处于主导地位，阴永远处于从属地位。臣侍君、子侍父、妻侍夫是天经地义。因为“君为臣纲”是第一纲，君主秉天意而行事，所以，君主依天意而行事谁也不能违背。事君如事天，否则，上违天意，下抗君主，违背“五常”，必遭惩罚。董仲舒宣布：天不变，道亦不变。因此，“三纲五常”依据天意永远也不能改变，这就使“三纲五常”固定化，系统化，神学化了。“三纲五常”学说是儒家宗法等级思想和宗法等级制度的最直接、最典型的表现。

董仲舒

★什么叫作爱惜物命

何谓爱惜物命？凡人之所以为人者，惟此恻隐之心而已；求仁者求此，积德者积此。《周礼》：“孟春之月，牺牲毋用牝。”孟子谓君子远庖厨，所以全吾恻隐之心也。故前辈有四不食之戒，谓闻杀不食，见杀不食，自养者不食，专为我杀者不食。学者未能断肉，且当从此戒之。

——《了凡四训》

什么叫作爱惜物命？人之所以算作是人，就是因为人有恻隐之心。求仁的就是要求这些，积德的也是要积这些。恻隐之心集中反映了孟子的道德起源论和人性论。孟子认为，人生来的本性中，就有善的因素。他说：“人性之善也，犹水之就下也，人无有无善，水无有不下。”在他看来，人性本身是善的，这是一种天生的本性，恻隐之心人人具有。孟子还进一步认为恻隐之心是“仁义”的开始，他把“恻隐之心”“羞恶之心”“辞让之心”“是非之心”叫作“四端”。“四端”如能发展起来，就形成了“仁”“义”“礼”“智”“四德”。“四德”是“四端”的发展。有了“四德”人就具有了善心。那么为什么有些人不仅不善，反而凶狠残暴？他认为那是因为这些人不注意善的方面，不注意培养和扩大善的结果，也就是没有发扬恻隐之心的结果。

《周礼》上说：“早春的时候，祭祀用的牲畜不要用母的。”孟子说，君子应当远离厨房，这就是为了要保全我们的恻隐之心。所以前辈就有四不食的禁忌，说的是听到宰杀的声音不食，看到宰杀的场面不食，自己喂养的不食，专门为我而宰杀的不食。后来的人们无法断绝吃肉，不妨先从这几条开始禁戒做起。

第五篇 《冰鉴》智慧通解

★导读

《冰鉴》，作者曾国藩，是一部鉴人识人之专著。

《冰鉴》集中国历代相术之大成，是中国古代相术流派中“书房派”的代表作。冰鉴，取其以冰为镜，能察秋毫之义。和江湖上流传的相书不同之处就在于重神而兼形，特别强调人的精神和气质。据说曾国藩但凡用人，必要先看其相。《清史稿·曾国藩传》上说：“国藩为人威重、美须髯，目三角有棱，每对客，注视移时不语，见者悚然，退则记其优劣，无或爽者。”

曾国藩以一介儒生，由科举入仕途，遂至青云直上，出将入相。究其原因，应当说，除了他拥有的那套在人事官场应付裕如的“绝学”《挺经》之外，再就是他总结出来并屡试不爽的官场“识人术”——《冰鉴》。正是这套识人术，使他在很短的时间，就在门下罗织了一大批俊彦才杰，如李鸿章、李瀚章、左宗棠、郭嵩焘、彭玉麟、沈葆桢、江忠源等等。这些俊彦才杰，不仅帮助曾国藩成就一代伟业，而且各有建树，名垂史册。正所谓“宁可不识字，不能不识人”。

《冰鉴》一书对后世影响颇大，蒋介石的相人之法，就得益于《冰鉴》。他在安排重要人事时，也常常观察其相貌颜色，以决定用否。蒋纬国在担任三军大学校长期间，该书曾被指定为学生的重要参考书。该书曾在大陆绝迹几十年，近年被整理出版，受到读者青睐。

第一章 通过面相、骨相察人品性和才质

★骨相察神

语云:“脱谷为糠,其髓斯存。”神之谓也。“山骞不崩,惟石为镇。”骨之谓也。一身精神,具乎两目;一身骨相,具乎面部。他家兼论形骸,文人先观神骨。开门见山,此为第一。

——《冰鉴》

俗话说:“去掉稻谷的外壳,就是没有精髓的谷糠,但稻谷的精华——大米,仍然存在着,不因外壳磨损而丢失。”这个精华,就是人内在的精神状态。山峰表面的泥土虽然经常的脱落流失,但却不会倒塌破碎,正是因为坚硬如钢铁的岩石在那里支撑着,使它得以保持稳固。这就相当于人的骨骼。一个人的精神状态都集中在他的两个眼睛上,一个人的骨骼丰峻与否,都集中呈现在面部。像除文人之外的社会各阶层人士,既要看他们的内在精神状态,又要他们的体势情态。作为以文为主的读书人,主要看他们的精神状态和骨骼是否丰峻。一个人的精神状态和骨骼形貌,犹如两扇大门,而其命运就如同大门外面的一座高山,只要打开精神和形骸的门,就能测知人的内心世界。这是识人的第一要诀。

俗话说:“山岳表面的泥土虽然经常脱落流失,但山岳却不会倒塌破碎,因为它的主体部分是硬如钢铁的岩石,不会被风吹雨打去。”这里所说的“镇石”相当于支撑人的身体构架的坚硬部分——骨骼。

曾国藩所言的“骨”,并不是现代人体解剖学意义上的骨骼,而是专指与“神”相配,能够传“神”的那些头面上数量不多的几块骨。“骨”与“神”的关系也可以从“形”与“神”的关系上来理解,但“骨”与“神”之间,带有让人难以捉摸、难以领会的神秘色彩,一般读者往往难于把握,只有在实践中自己去多加体会。对此古代医书中记述道:骨节像金石,欲峻不欲横,欲圆不欲粗。瘦者不欲露骨,肥者不欲露肉,骨与肉相称,气与血相应。骨寒而缩者,不贫则夭。日角之右,月角之左,有骨直起,为金城骨,志向高远。印堂有骨,上至天庭,名天柱骨,从天庭贯顶,名伏犀骨,毅力顽强。面上有骨卓起,名颧骨,主威严。颧骨相连入耳,名玉梁骨,主寿考。自臂至肘为龙骨,欲长与大;自肘至腕名虎骨,欲短而

且细。骨欲峻而舒，圆而坚，直而应节，紧而不粗，皆坚实炎相也。颧骨人鬓，名“驿马骨”，左目上曰“日角骨”，右目上曰“月角骨”，骨齐耳为“将军骨”，碗日圆谓“龙角骨”，两沟外曰“巨鳌骨”，额中正两边为“龙骨”。骨不耸兮且不露，又要圆清兼秀气。骨为阳肉为阴，阴不多兮阳不附。若得阴阳骨肉均，少年不贵终身富。骨耸者夭，骨露者无，立骨软弱者寿而不乐，骨横者凶，骨轻者贫贱，骨露者愚俗，骨寒者穷薄，骨圆者有福，骨孤者无亲。又云：“木骨瘦而表黑色，两头粗大，主多穷厄；水骨两头尖，富不可言；火骨两头粗，无德贱如奴；土骨大而皮粗厚，定主多福；金骨坚硬，有寿无乐。或有旋生头角骨者，则享晚年福禄，或旋生颐额者，则晚年至富也。”

曾国藩所言的“神”，并非日常所言的“精神”一词，它有比“精神”内涵广阔得多的内容，它是由人的意志、学识、个性、修养、气质、体能、才干、地位、社会阅历等多种因素构成的综合物，是人的内在精神状态。俗话说，人逢喜事精神爽，而这里所论的“神”，不会因人一时的喜怒哀乐而发生大的变化，貌有美丑，肤色有黑白，但这些都不会影响“神”的外观，换句话说，“神”有一种穿透力，能越过人貌的干扰而表现出来。比如人们常说“某某有艺术家的气质”，这种气质，不会因他的发型、衣着等外貌的改变而完全消失。气质，是“神”的构成之一。从这里也可看出，“神”与日常所言的“精神”并不一样。

一个人的“神”主要集中在两只眼睛里，一个人的骨骼丰俊与否，主要体现在一张面孔上。像工、农、兵、商等类人士，既要考察他们的精神状态，也要考察他们的体势情态；读书人则主要是考察他们的“神”和“骨”。神和骨就像两扇大门，命运就像巍巍立于门外的大山。考察“神”“骨”，犹如打开两扇大门，山势的起伏昂藏自然尽收眼底。两扇大门——“神”和“骨”——是从外表考察人物的第一要诀。

神是一种气质性的东西，能在后天的环境中发生变化。可能来自磨炼，也可能来自阴阳的调和。读书到相当程度，他头面上的气质与其他人有不同，仿佛若有光，这是神的一种表现。在经历事务中成长，历经风雨事变的考验，气质神态又有不同，这也是神的一种表现。神是藏于形之内的，形也就是容貌，尤其是眼睛。神与眼睛的关系就像光与太阳。神通过眼睛外观出来，犹如光从太阳里放射出来普照外物，但神是藏于目之中的，犹如光本身就存在于太阳内部一样。因此曾国藩用八个字来讲：“一身精神，具乎两目。”

总之，“神”并不能脱离具体的物质东西而空空地存在，它肯定有所依附，这就是说“神”为“形”之表，“形”为“神”之依，“神”是蕴含在“形”之中的。

在古代，读书人是为数不多的一部分，他们的思想很复杂，心眼也多。比如说水泊梁山那一百零八个草莽英雄，真正的读书人只有军师吴用等几个，其他英雄是大块吃肉、大碗喝酒的，怎么想就怎么说，怎么想就怎么做。但吴用就不一样，当卢俊义为晁盖报仇以后，宋江要推卢俊义坐头把交椅，吴用是反对的，但他不说，使个眼神，黑旋风李逵就跳出来了。吴用也许考虑自己的身份，带头反对，不给卢俊义面子；但从另一方面来讲，他不出面，至少不会得罪卢俊义。万一宋江要死命坚持晁盖临死前的诺言——谁为他报仇，谁就坐头把交椅——那卢俊义还是要坐的，吴用自己不出面，两人都不会得罪，何乐而不为呢？李逵、武松等血性汉子就不会有这么多心眼了。

读书读进去了，就在心里积储了一种气功态。换句话说，读书人长期在练气功，气质与常人也有不同。但他们中也有心怀邪念的小人，也有落井下石、拐骗别人妻女财物声名的不义之士，在文儒雅士、谦谦君子的文明面纱掩盖下，该如何识别呢？

这就要看骨相察神。这一点大家都知道，心有所动，眼睛会流露出变化，这其实就是在由眼睛察神。不论神光内敛，锋芒外显，神所传递的心性正邪、智慧愚笨都掩盖不了，一如云层厚积中的阳光，区别仅在于会不会鉴别。

这就是曾国藩讲的“文人先观神骨，开门见山，此为第一”，犹如大门与门外的大山，门一打开，山势的幽深伏藏、奇伟雄姿自然一目了然。察神，相当于推开大门，门一开，事业与才能就能预测出来了。

曾国藩是科举出身，行军打仗也多从文人中选拔将领，因而一生结识的读书人无数。“一身精神，具乎两目；一身骨相，具乎面部”这句话简简单单平平实实，却是他一生经历的结晶。后世文人推崇曾国藩，仅此就足以理解一些文人的敬佩之心了。

“神”正其人正，“神”邪其人奸。观察个人的“神”，可以辨别他的忠奸贤肖。平常所说的“人逢喜事精神爽”，是不分品质好坏而人所共有的精神状态。这里谈及的“神”与“精神”一词不完全一样，它发自于人的心性品质，集中体现在面部，尤其是两只眼睛里，即曾国藩所说的“一身精神，具乎两目”。

曾国藩本人在60岁时，已深感神不足，气血亏损过度。除年龄因素外，与他常年不敢怠情公务和学习有关。临死前第三天，他在日记中写道：

余精神散漫已久（知大限将至），凡遇应了结文件，久不能完，应收拾文件，久不能检，如败叶满山，全无归宿。通籍三十余年，官至极品，而学业一无所成（太过谦虚），德行一无所成，老大徒伤，不胜悚惶惭赧。

如果一个人的“神”平和端庄，“神”定，表明他道德高尚，对上级忠心耿耿，不会肆意叛主，也不会因周遭事物的变化而随意改变节操和信仰，敢于坚持正确的东西，意志很坚定。

如果一个人的“神”侵邪偏狭，“神”挫，其品格卑下，心怀邪念，容易见异思迁，随便放弃自己的道德情操而趋利。这种人平常善于掩饰自己，往往在准备充分、形势成熟后才显出本性，而不会轻易发难，不打无准备之仗，是大奸大贼一类的人，比如王莽。

《资治通鉴》里讲，王莽的姑姑是皇后娘娘，几个叔伯也都贵为将军公侯，但他的老爸王曼死得太早。孤儿寡母的，虽然生活不成问题，但在族人中受到的冷落和排斥，给王莽造成了极大的心理压力，这也许是他日后篡夺王位的叛逆性格的最初原因。王莽稍稍懂事以后，就开始勤奋学习。王安石讲：贫者因书而富，富者因书而贵，贵者因书而守成。王莽渐渐以一个谦让恭俭、不侍享乐的进步青年形象出现在族人面前，穿戴得像一个克己修身的儒生，不仅对母亲和亲长极其孝顺（古时候孝敬父母师长是最大的美德，许多人因此而做官），而且气度豪迈，与朝野的光明俊伟人士交往结纳，深得时人的赞誉。王莽也因此平步青云，很快做上了大司马，时年38岁。他更加注意自己的形象和声誉。母亲生了病，其他大臣派夫人来探视。一个穿着粗布衣服、妆饰与一般仆妇无多大区别的妇人出来迎接她们。那些夫人们以前都听说过王莽家居生活比较简朴，还不以为意，当那个妇人自称是王莽的妻子时，众夫人惊得眼睛铜铃大。

新升任司空的彭宣看到王莽之后，悄悄对大儿子说："王莽神清而朗，气很足，但是神中带有邪狭的味道，专权后可能要坏事。我又不肯附庸他，这官不做也罢。"于是上书，称自己"昏乱遗忘，乞骸骨归乡里"。用鉴别人才的"神"来分析，"神清而朗"，指人聪明秀出，不是一般的人；神有邪狭之色，说明为人不正，心中藏着奸诈意图。王莽可能也感觉到了彭宣看出一些什么，但抓不到把柄，恨恨地同意了他的辞官，却又不肯赏赐养老金。

王莽专权篡位后，正像彭宣所说中的，奸诈虚伪终于袒露于天下。如果王莽得势之前，有当权的人能发现他的心怀险诈，也许历史会是另一个样子。这就说明骨相可以察一个人的神邪。相比之下，曾国藩是骨相察人的高手。曾国藩慧眼识江忠源的故事广为人们所称颂。

江忠源

江忠源（1812~1854），字常孺，号岷樵，湖南新宁人。本是读书人，后成为湘军中很有代表性的文人勇将。1848 年开始办团练，比洪秀全领导的太平天国金田起义（1851 年）还早三年，而曾国藩本人是 1853 年才开始办团练的。江忠源办团练，是为镇压新宁县的青莲教起义。青莲教首领雷再浩率众起事，江忠源率乡里团练（不算正规军队），一役即将雷再浩剿灭。由此授七品知县，往浙江任职。

江忠源本在湖南偏僻山中读书，因参加科举考试到了北京，以同乡晚辈的身份去拜见曾国藩（当时曾国藩已是二品官员，而江忠源只是一个普通的待进科举的读书人）。见面后，两人谈得很投机，曾国藩也赏识江忠源的才华。江忠源告辞时，曾国藩目不转睛地看着他离去，直到他出到门外。曾国藩对左右人说："这个人将来会立名天下，可惜会悲壮惨节而死。"后来的史实印证了曾国藩察人的正确。

太平军在广西起义后，1852 年，江忠源带兵进驻广西，奔赴广西副都统乌兰泰帐下，准备阻击节节胜利的太平军。曾国藩知道后，从北京给江忠源写信，坚决反对他投笔从戎，认为他"读书山中"，投笔从戎，"则非所宜"。他还动员朋友劝阻江忠源，认为"团练防守"即为文人本分，他率兵去广西，就是"大节已亏"。曾国藩为什么要坚决反对江忠源投笔从戎，旁人以为是他"爱人以德"，不愿江忠源文员夺武弁之制，但是否与他认为江忠源"当会悲壮惨节而死"有关呢？

江忠源与太平军的第一次作战，即大告成功。他率军在广西蓑衣渡设伏，重创太平军，太平军早期领袖南王冯云山即牺牲于此役。江忠源因此以善带兵而名闻朝廷。似乎与后来八路军在平型关设伏、重创日军而名震华夏一样。江忠源所率部众也是第一支出省作战的湘军。

由于江忠源追击太平军有功，军功累积，由七品知县迅速升迁至安徽巡抚（官级三品）。

1854年，太平天国勇将、翼王石达开率兵迎战曾国藩湘军。江忠源防守庐州，被太平军围困，城破，江忠源苦战力竭后，溺水悲壮而死。

曾国藩是根据什么来判断江忠源会“立名天下，当悲壮惨节而死”，现在已无从考证；但可以肯定的是，注视良久，肯定与察神有关，可见“文人先观神骨”意义非常。

任何一位领导人，在考察人物方面都有其独特的禀赋。不如此，不足以成就事业。一个人的力量毕竟有限，领导人必须会鉴别人才，然后才能组建强有力的核心智慧首脑，带领他们沿着正确方向前进。

纵观古今人物，身为团体领导人，唯有曾国藩留下了一套鉴别人才的非常系统的学问《冰鉴》。唐代的袁天罡，宋代的陈传，都是鉴别人物的高手，但他们都不是世俗中人，偏僧偏道，游于山水之间，过着神仙似的生活。而曾国藩秉承“兼善天下”的思想，从未打算要归隐山林，秉承他祖父鼓励他的竭心尽血效忠朝廷的思想，从而留下了一套鉴人的学问。

曾国藩这套鉴别人才的学问，影响不小，与民间流传的相学也区别甚大。相学是静态考察，易流于机械主义，而且宣扬命运天授思想，看不到个人努力的作用，还从面相中定人一生富贵。人的富贵荣华，受家庭、历史条件、个人奋斗等多种因素影响，仅凭相貌来定，少掉了许多依据，正确性是不足为论的。曾国藩鉴别人才，一个核心思想是从他的相貌、言语、行动特征来考察其思维和做事的方法，从而判断他才能的大小；以此确定他适合担任什么工作。

这样的思想才是考察人物、鉴别人才的正道，今天的领导人要善于从中汲取精华，领会其精髓。

★观骨察人

骨有九起：天庭骨隆起，枕骨强起，顶骨平起，佐串骨角起，太阳骨线起，眉骨伏犀起，鼻骨芽起，颧骨若不得而起，项骨平伏起。在头，以天庭骨、枕骨、太阳骨为主；在面，以眉骨、颧骨为主。五者备，柱石之器也；一，则不穷；二，则不贱；三，则动履稍胜；四，则贵矣。

——《冰鉴》

九贵骨有几种不同的长势：天庭骨丰隆而起是贵相，枕骨充实显露为贵相，顶骨平正而突兀是贵相，佐串骨的贵相是骨峰斜上插向发际，其状如角。太阳骨直线上升为贵相，眉骨的贵相是棱而不露，隐然若犀牛角之平伏。鼻骨的贵相是像芦笋竹那样峻拔而挺直。颧骨的贵相是有力有势，不露不陷。顶骨以平伏厚实，不显不露为贵。头部的骨相主要看天庭骨、枕骨、太阳骨这三处关键部位。面部的骨相，主要看眉骨，颧骨这两处起关键作用的部位。如果以上五种骨相完全具备，此人必定是国家栋梁之材。如果以上五种骨相只具备一种，此人就不会贫穷。如果以上五种骨相能具备三种，只要有所作为，就

会渐渐发达起来。如果能具备其中的四种,此人一定会显贵。

骨相是人的精神外显,有自然流露和勉强抖擞之别。凡属自然者,出于真诚,无意作态,因此气终不绝,流露持久,其“神”自然有余,所以称为“续”。而勉强者,故意造作,缺乏真诚,因此底气不足,抖擞短暂,其“神”自然不足,所以称为“断”。

“凡精神抖擞处,易见”,这是说,精神一旦振作起来,不论是真情流露的,还是故意造作的,当它显现时,都能看到它的振作;但这并不是一个人“神”的真实情况,这一种状态是不全面的、片面的,必须结合另一种状态——“断处”,才能发现“神”的真实状况,自然流露与勉强振作的区别,应在动态中,才能准确区分,即在“断续之处”去进一步鉴别真假。看看曾国藩对九贵骨的分析:

一为颧口骨。面部左右两边、眼尾下方突起的骨叫颧骨,共有两块。

二为驿马骨。驿马骨即颧骨势入“天苍”的骨,共两块,颧骨不入“天苍”,则叫作驿马骨未成。

三为将军骨。即耳骨,也是两块。

四为日角骨。左眉上方隐隐突起的骨叫作日角骨,一块。左眼为日,所以其上方的骨叫日角骨。

五为月角骨。右眉上方隐隐突出的骨叫作月角骨,一块。右眼为月,所以其上方的骨称月角骨。

六为龙宫骨。围绕双眼突出的骨叫作龙宫骨,共两块。

七为伏犀骨。由鼻上一骨直线向上,到额部“天庭”,再由“天庭”直贯到头顶(一说脑后)的一段骨,一块。——其状如隐伏的犀角,故称。

八为巨鳌骨。两耳后耸起直到脑后的大骨叫巨鳌骨,共两块。

九为龙角骨。又称辅骨,为两眉眉尾上方斜入“边地”稍高似角的骨。

“九贵骨”各有所主,各有所势,基本情况是:

颧口骨——显示威严

驿马骨——显示尊严

将军骨——显示勇武

日角骨——显示智慧

月角骨——显示机敏

龙宫骨——显示毅力

伏犀骨——显示勤勉

龙角骨——显示果断

总的来说,“九贵”以丰隆而圆润为贵。如能参考人的神、精、筋、骨、气、色、仪、容、言等多方面来分析其“骨”相,则更有准确性。

水有清浊之分,人有智愚贤不肖之别。古人就用“清”与“浊”来区分人的智愚贤不肖,《冰鉴》自然也会很重视“清浊”。中国古代哲学观有天人合一,人与自然同一的思想,相学的“清浊”就相当于从“人合于自然”的方式来评判人的行为举止,区分人的智愚贤不肖测知人的骞达命运。

清，如水的清澈明澄，用在人身上，就是清纯、清朗、澄明、无杂质的状态，与人的端庄、豁达、开明风度相配，常与“秀”连之，称为“清秀”。

浊，如水的浊重昏暗，用在人身上就是昏沉、糊涂、驳杂不纯的状态，与粗鲁、愚笨、庸俗、猥琐、鄙陋相配，常与“昏”连用，称为“昏浊”。

从这儿可以看出，清与浊是相对应的一组概念，说明人是聪明还是愚笨，智慧还是鲁钝，在评判人的命运时，清者贵，浊者贱。

观骨识人，骨有九起，各有清浊之分。关于清浊愚贤，孔子与鲁哀公具体谈到了人才辨识的问题。

孔子说：“人可分为五品：有庸人，有士，有君子，有贤人，有大圣。”鲁哀公问孔子道：“请问如何行事就算是庸人呢？”孔子回答他说：“我所说的庸人，嘴里说不出有道理的话，心里不知思虑，不懂得选择贤能善良的人把自己托付给他让他分担自己的忧困；行动没有目的，不知道该在什么地方停下来；每天都在忙于选择事物，却不知道什么东西可贵，盲目跟从外物的驱使，却不知自己应该有个什么归宿，放任利欲侵害自己的本性，心情日趋败坏，像这样行事，就算得上是庸人了。”哀公说：“好。请问如何行事算是士呢？”孔子回答说：“我所说的士，虽然不能穷尽各种道术，但总要有所遵循，虽然不能事事做得尽善尽美，但总要能够落实。所以士对于知识并不求多，而是追求所掌握的知识达到精神的程度。他们对于言语也不求多，而是追求使自己讲的话精当，他们还不妄求多做，而是追求用最恰当的方式来做事。所以对于他们，知识既然已经取得了，言语既然已经说出来了，行为既然已经发生了，就好像是性命、肌肤不可改变一样。因此，富贵并不足以替他增加什么，卑贱也不足以损害他什么，能够这样行事的，就称得上是士了。”

于是哀公又问孔子如何行事才算是君子。孔子回答说：“我所说的君子，说话讲求忠信，但内心并不以道德高人一等自居；行为讲求仁义，但并不露出得意的神色；思考问题明白练达，但言辞并不锋芒毕露，这样就让人觉得谁都能够比得上他似的，这就算是君子了。”尔后，孔子又向哀公讲了贤人的标准，就是“行动合乎规矩，又不觉得本性受到压抑，言语足以为天下效法但却能保证自己不为人言所伤，掌握着天下的财富，但却没有不义之财，恩惠遍及天下而自己又不用为贫困所忧虑，能做到这些，就算得上贤人了”。接着孔子又向哀公讲述了大圣的标准，他说：“我所说的大圣，是通达大道、有无限的应变能力、明了万物情性的人。大道，就是借以变化而造就出万物的法则；情性，就是生来如此，难以变换的本性。所以，他要做的，是辨别天地间的万物，他对事物的明察洞悉就好比是日月，他还要像风雨一样普施于万物。他的态度虽说是平平和和，但他的行为是不可仿效的，就好像是天的儿子，他的行为是人们不可理解的，百姓们浅薄，所以不可能认识到他所从事的事情，这样的人，就叫作大圣了。”

孔子对于人物的这段品评，最基本的一个标准就是看人能不能以及在何种程度上能够识大体。以此为根据，孔子把人分为庸人、士、君子、贤人、大圣五个层次。应当看到，在这些层次之间固然有精有粗的差别，更有大道与小道的差别。其实，在孔子看来，鉴别人的标准与一个人自我修养的标准是一致的。孔子树立起这个一般的对人的衡量标准，实际上在于他期望人们对于人生都有一种理性的自觉。

所以晋代的思想家葛洪就认为，招纳贤才，重用能人，是所有领导者的第一要务。“要渡大江大海，而舍弃渡船，那是必不能成功的；要治理天下，使国家兴旺，而舍弃贤良之士的辅佐，要成就大业则是没有任何可能的；大鹏鸟要高飞翱翔九霄，凭借的就是翅膀的力量；龙要飞上天空，借助于云雾的支持，所以招贤重用人才，是人主的第一要务，立功名建立不朽的事业，则是英俊杰出之士的追求。倘若一个人想治国安邦，却不注意招揽人才，不重用人才，那么，就如同要走远路而放走千里之骏马一样愚笨可笑。”

治国安邦，立功成事，必然依靠智力，依靠人才，所以，招贤用才，是“人主之要务”。能否尊重知识，尊重人才，使用好的干才，是衡量任何领导者的重要标志。

作为领导，你总是无时无刻承受着来自各方面的威胁。这些绝大多数都是隐性的，都是你很难体察到的，而且多数来自你的同僚。许多同僚对你的态度很和顺，有说有笑，你甚至把他们当作了自己最亲近的人，把自己的所有情况，包括欢乐和悲伤，喜好和憎恶，都毫无保留地告诉了他们。但是，这些人往往并不会对你报以真心。反而透彻明晰地了解你，而后洞悉你的弱点并作为打垮你的利器，从而把作为他们的潜在威胁的你清除掉，这才是他们的目的。所有的一切都是一个圈套。直到你被他们打得落花流水，地位全无，一直沉浸在畅想之中的你才会如梦初醒。

无论是在政界，还是在商界，明里拉帮结派，互帮互助，暗地里却互相拆台使绊的现象此起彼伏。如果你想成为一个成功的领导人，那么你就要有能力洞察别人对你是不是明里赔笑，暗里动刀。要记住，这个世界并不是充满着温馨怡人的亲情和友情，还有许多时间和场合里充满着伪善和欺骗。不要将自己的底细轻易地向人兜售出去，那样会被居心不良的人当成击败你的利器。

围绕在你周围的有很多人，都表现得对你非常友善，肝胆相照，并且信誓旦旦地要和你一起合作，共同创造一片新天地。面对这种情况，你也许会无所适从，因为你无法确定哪一个是真的，哪一个是假的。但是，如果你真正地观察体验，真假还是很容易鉴别出来的：

1.对方在倾听你的诉说的时候是报以真诚的同情和感慨呢，还是目光闪烁，有时会出现若有所思的样子呢？如果是后者，那么对方很有可能是一个居心叵测的人。当然，这需要你去仔细观察他的言行并注视他的眼睛。

2.仔细地回想一下，当你有意无意地想结束自己倾诉的时候，他是不是很巧妙地利用一些隐蔽性极强的问题重新打开你的话匣子呢？而且你随后所说的内容又恰恰是容易被别人利用的东西。

3.如果你偶然得知有人总是在不经意之中向你所亲近的人打听一些有关于你的消息，那么你最好疏远他们。

4.有些笑容并不是很自然，而像是从脸皮上挤出来的。有时你觉得并没有丝毫可笑的地方，而对方却能够笑起来，这种人也要适当地多加小心注意。

5.如果有些东西你觉得实在忍不住，不吐不快，那么你要尽量找一个自己亲近的人诉说一番，比如你的父母、妻子甚至孩子。这会缓解你心中的郁结，减少情绪上的大起大落，更显城府。

总之，无论通过什么样的骨相来察人，关键在于真正发现人的一技之才，识别真正的人才。

★容貌察人

貌有清、古、奇、秀之别，总之不必须看科名星与阴骘纹为主。科名星，十三岁至三十九岁随时而见；阴骘纹，十九岁至四十六岁随时而见。二者全，大物也；得一亦贵。科名星见于印堂眉彩，时隐时见，或为钢针，或为小丸，尝有光气，酒后及发怒时易见。阴骘纹见于眼角，阴雨便见，如三叉样，假寐时最易见。得科名星者早荣，得阴骘纹者迟发。二者全无，前程莫问。阴骘纹见于喉间，又主生贵子；杂路不在此格。

——《冰鉴》

人的相貌有清秀、古朴、奇伟、秀美的分别。这四种相貌主要以科名星和阴骘纹为主去辨别。科名星，在十三岁到三十九岁这段时间随时都可以看到，阴骘纹，在十九岁到四十六岁这段时间也可随时看到。阴骘纹和科名星这两样都具备的话，将来不会是一般的人物，能够得到其中一样，也会富贵。科名星显现在印堂和眉彩之间，有时会出现，有时又隐藏不现，形状有时像钢针，有时如小球，是一种红光紫气，在喝酒之后和发怒时容易看见。阴骘纹出现在眼角之处，遇到阴天或下雨天便能看见，像三股叉的样子，在人快要睡着的时候最容易看见。有科名星者，少年时就会发达荣耀，有阴骘纹者，发迹的时间要晚一些。两者都没有的话，前程就别问了。另外，阴骘纹若现于咽喉部位，主人喜得贵子。若阴骘纹出现在其他部位，则不能这样断定，属其他杂格。

从理论上讨论，分人为“容”与“貌”两部分，是可行的，而且是必要的，有利于理清鉴别、考察人物这种特殊活动的行为脉落和层次，为研究鉴别人才的工作提供一种参考。在实践这种活动时，基于经验和综合判断，不排除天分和人类的某些神秘感觉因素，佛学中统之为“缘”。这可以用来解释一种现象：虽知他为一人才，终不能为我所用；另一种情况是，在我这儿总不能体现他的才能，做不好许多本可以做好的事，换到其他处，却有如神助，办事顺畅淋漓如行云流水而有功。这种现象可以找到许多解释理由，如时机、环境等。

貌合两仪而论，当是指头面上的形象状貌，包括口、鼻、耳、目、眉等。貌应该是容的一个构成部分，由于人的精、气、神主要体现在面部，因此把“貌”单列出来与“容”并行而论。细分，貌也包括两个方面。一是构成貌的具体眼、耳、鼻、口、眉，是静态的貌；二是动态的貌，它构成人的情态。

分人为容与貌两方面，使考察人物的活动更严谨，更有层次，能克服泛泛而论的缺陷，也不致流于宿命论主义。

和谐为美。容貌如果和谐，配合有情，也是美的。容貌的美天然生成，但考察人物不以身体四肢容貌的长短肥瘦为标准，美丽修长固然让人心悦，但人物的有用性，多在才，少赖貌。因此，能两兼其美，才貌双全，固然最好，然而难求；二者不可兼得时，宁可才有余。自古红颜多薄命,有其社会历史性,更多是因为人的占有与劫掠欲望;生有红颜而不欲自救自助者,其薄命结果在今天是另一种责任和悲剧。

胸腹手足,耳目口鼻,不论大小美丑圆缺,相顾相生,互相搭配,就是好的。这合于自然之理,人为天地所生,其自然本性、动物属性虽有改变,但始终不会消失(比如春天是动物的发情期,而人的春情萌动也在这个季节最盛,强奸、乱性、偷情,春季的比例高于其他三季)。匀称、配合有情是自然美的法则,也适用于人。反之,如背如凑,林林总总,则不足论了。容、貌各部位挤压拼凑,破和谐的原则,纷纭杂乱,不佳,也不足论。

另有一种奇貌。孔子生得丑,鼻孔上翻,不合于美的原则,因此虽盛名隆于当世,却始终未被重用。这里有一个美与才的问题。又有许多人生得英俊美丽,才名双全。因此,貌的美丑不能做鉴人标准。可惜许多用人者,拂不去心中的美丑情愫,爱屋及乌,情入脊里,不能广纳天下豪士,故其事功败垂成,不能全终。而历代开国雄豪,则纳名士不拘小节,故可成其万世之功。现在虽不以兵政逐鹿天下,而人才的道理,商场如战场,根本原理与法则都是相同的。乱世用奇,治世用正,以奇始,以正合,始终是不变的。

从鉴别人物角度分,容以七尺为期,当是指人的整个身体,包括头、颈、胸、背、腰、腹、臀、乳与四肢手足。细分,容有两个方面的内容,一指身体的静态表现(如前所述),二指身体的动态表现,如言谈举止,喜怒哀乐。通过身体的静态表现(容的静态),可以发现人外在的美,这是一种装饰,可悦人一时之乐;通过身体的动态表现(容的动态),可以发现人的心性品质能力,这是鉴别人才的主要根据,虽不易知,但可说人一世之乐。

从外貌鉴别人才,"整"是其规律的不二法门。整,不指人长短漂亮英俊,而是人的身体部位均衡、匀称、协调与否。在国画中,各图位匀称是美的,而奇峰险水、布局奇异的,也是美的,关键在它的整体风骨情调有无妙的神韵,人才之道同理。

用人讲究乱世用奇,治世用正;兵法上也有奇正结合之说,鉴别人才时也有奇正全偏的区别。在容贵整的三种表征之外,另有一种以奇为贵的特例。鉴人察性,除了用一般的原则方法之外,奇人异士又是一种奇特的例证,不合于常情常理。

传说中,黄帝长着一副龙颜,颛顼载牛而出,帝喾重列长齿,尧身长十尺、眉分八彩,舜眼睛重瞳,禹耳朵洞三孔,商汤臂生两肘,武王眼睛如阳斧高举,周公背驼如偻,皋陶生有马口,孔子反羽。以上被古称为十二圣人的,无不生有奇相,因此其贵非常。在《三国演义》里,也演用了这种说法,刘备两耳垂肩,双手过膝,关羽身高九尺,面如重枣,曹操也是一幅勇武奇相。这些说法究竟有多大的可信度,已无从考证,旨且对普通大众而言,也无须考证,旨在证实一种说法:以奇为贵。

手长于身,身过于体,是奇相;罗纹满身,胸含秀骨,是奇相;但二者都不少得"精气神妙",精气神足,体态饱满,照古人之说,不封侯王宰相,也可高中状元。

负重高官,行路有如重负在背,沉稳有力,坚实稳健,不疾不徐,而无大山压顶之绝望吃力态,也是好的,是担当重任的象征。这种任重道远的类比取象手法,涵盖了中国古人思维方式的结晶。鼠行好利,道理同一。行步像老鼠一样细碎快速,无声而疾,急速匆忙,左顾右盼,目光闪烁不定,稍有声响,即如惊惶鼠窜。这种人是生性好利之人,不是重义气重朋友的汉子。从做人来看,好小利之人,往往心怀鬼胎,走起路来碎步匆忙,贼眼

顾盼碎步不怕,怕的是加上贼眼顾盼,“鼠行好利”,实在是绝妙好词,传神之语。

我们对于人的观察通常都是从其外貌开始的,所以外貌的好坏常常决定于人们对他的印象。但作为一个重要岗位上的领导者就要力争摆脱这种以貌取人的传统方式,而应该从人才的本质去认识。

根据容貌识别取人,就会因为不能任用子羽这样的人而犯过失;根据言辞识别取人,就会因为信任宰予这样的人而犯过失。说明识别选人要察其实,不可以容貌、言语来作为标准。

观察评定一匹好马,往往因为它表面上瘦弱而错认为是一匹劣马;评价一位有真才实学的人,往往因为贫穷和没有地位而错误地认为不可取。说明识才要重实质,而不可只看表面现象。

澹台灭明,武城人,字子羽,比孔子小三十九岁。他长得丑陋,欲拜孔子为师,孔子看了他那副尊容,认为难以成才,不会有大出息,因子羽是他的学生子游介绍来求学的,孔子虽看不起他,还是收留为弟子。他在孔子那里学了三年左右,孔子才知他是个貌丑而才高德隆的人,所以说“以貌取人,失之子羽。”子羽学成后,曾任鲁国大夫,后来南下楚国,他设坛讲学,培养了不少人才,成为当时儒家的南方的一个有影响的学派。

俗话说,透过表象才能看到实质。我们观察到,真正勇敢的人表面上看来是怯懦,真正聪明的人表面上看来很愚笨。严冬来到,霜雪降落之后,这才看出松柏生命力的旺盛来。所以看人要看本质:最正直的好像弯曲,最灵巧的好像笨拙。都睡着了,那瞎子也不会被人看出是瞎子;都沉默了,那哑巴也不会被人看出是哑巴。你的仁义可以打动君子之心,财利可以打动贪人之心。识别品德高尚与低下的人,只需以义、利即可。在大事和难事面前,要看其如何处理。在不利和有利境遇下,要看其胸怀是否开阔。碰到高兴和愤怒的事情要看其修养是否良好。遇到那些应该做还是不应该做的事情时,要看识别和见解能力。意指要通过观察行为来识别人才。

★面相识人

目者面之渊,不深则不清。鼻者面之山,不高则不灵。口阔而方禄千钟,齿多而圆不家食。眼角入鬓,必掌刑名。顶见于面,终身钱谷,出贵征也。舌脱无官,橘皮不显。文人不伤左目,鹰鼻动便食人,此贱征也。

——《冰鉴》

眼睛就像面部的两方深潭,如果没有深邃含蓄清幽状态,那么神就不清,也少灵气。鼻就像面部的高山,如果没有挺立高拔的气势,也缺少秀美山岳的灵敏之气。口唇宽阔,方正,必能身居高位,享受国家俸禄,牙齿细碎圆润如美丽洁白贝壳的贝齿,必定能四方有食,不必屈守家中。眼角秀长斜插入鬓的,必能掌生杀大权,在司法机关任高职。谢顶并与额头连成圆圆一片的，终身富有，所谓“十秃九富”是也。这些都是地位显贵尊荣的象征。舌头大、又意思传不清的，必定没有高官之运；面部皮肤如橘皮的人也不会显达。文人不能伤左眼的文曲星，像老鹰一样的鹰钩鼻者为人凶狠，动辄食人。这些都是卑贱的特征。

曾国藩认为，一个人头部圆圆，一定富贵；眼睛流露善意，心底必定慈悲；眼睛横竖，性情刚烈；眼珠暴突，性情凶恶；眼睛斜视不语，心怀妒忌不满，近距离细看则神情内藏不露。性情温柔的人容貌平和，脸色青蓝的人多遭困顿，脸色红黄不改的人一定荣昌，面上有黑白色，疾病不断，面土紫色，福禄晚至，面上赤红色，必有犯官作乱之事。眉毛平直如一字，仁义之人。鼻头尖薄，定是奸险孤贫之人，鼻头圆圆，好似截筒，定居高位。眼珠黑如点漆，富贵聪明。四字口，朱红唇，日月二角朝向天仓，此是公侯之相。眉毛高翘，两耳耸起，官运亨通。

仪表，可以显示一个人的性情、能力、福泽等等。因此，每一个器官都有许多形容词，因其人的身分不同，形容词的含义亦会发生极大甚至截然相反的变化。

古人认为人的面相脸型与人的成就具有密切关系。清朝举人会试三科不中，而年龄渐长，苦生计艰难，需要俸禄来赡家时，可申请“大挑脸”，则纯然以貌取人，而以一字为评，长方为“同”字脸，圆脸为“田”字脸，方脸为“国”字脸，这都是能挑中的好脸；而冷落的则有上丰下锐的“甲”字脸，反之即为“由”字脸，上下皆锐则为“中”字脸，均不能重用。

就相貌来看人，最要紧的是“五官端正”。端正即是匀称之意，“五短身材”之所以相法上目为贵格，就在匀称。就五官的个别而言，在男子眉宁粗勿淡，眼宁大勿细，鼻宁高勿塌，口宁阔勿小，耳宁长勿短，当然要恰如其分，过与不及，皆非美事。

明建文二年(公元1400年)策试中试举人有个叫王良的对策最佳，但以其貌不扬，被抑为第二，原本第二的胡靖擢为第一。后来惠帝亡国，倒是王良以死殉国，而胡靖却投靠了永乐皇帝，做了高官。明英宗对朝臣的相貌也特别看重，天顺时，大同巡抚韩雍升为兵部侍郎，英宗发诏让大学士李贤举荐一个与韩雍人品相同的人继任。李贤举荐了山东按察使王越。王越人长得身材高大，步履轻捷，又喜着宽身短袖的服饰，英宗见后很是满意，说：“王越是爽利武职打扮。”后来王在边陲果然颇有战功。

古人认为，好的面色是：面相有威严，意志坚强，富有魄力，处事果断，无私正直，疾恶如仇；秃发谢顶，善于理财，有掌管钱物的能力；观颧高耸圆重，面目威严，有权有势，众人依顺；颧高鼻丰并与下巴相称，中年到老年享福不断；颧隆鼻高，脸颐丰腴，晚年更为富足；颧骨高耸，眼长而印堂丰满，脸相威严，贵享八方朝贡；

识面认为不好的脸色是：颧高面脸颐消瘦，做事难成，晚年孤独清苦。颧面而鬓发稀疏，老来孤独；颧高鼻陷，做事多成亦多败。薄脸皮的人常常会被误认为高傲，或者低能。这些误解更增加了薄脸皮者在人际交往中的困难。因此，他们在处理问题时常常不敢大胆行事，宁愿选择消极应付的办法。他们对工作往往但求无过，不求有功，怕担风险。然而，脸皮薄的人并非一无是处。一般说来，脸皮薄者的为人倒是比较坚定可靠的。他们是好部下，好朋友，在特定的狭小范围内，还可以充任好骨干。

人类对事物的一般认识过程是：首先是感官接受了外界事物，然后心里有了印象，接

着发出声音加以评论,最后才表现为人的外表反应。所以我们可以说从貌知其音,再知其心气,最后看清他的内心世界。我们从以下方面可做一些参考。

(1)一个心质诚仁的人,必定会展现出温柔随和的貌色。

(2)一个心质诚勇的人,必定会展示出严肃庄重的貌色。

(3)一个心质诚智的人,必定会展示出明智清楚的貌色。

通过相貌和表情来了解人,是“识人”的一种辅助手段。但是,把它绝对化,把“识人”变成以貌取人,就会错识人才,乃至失去人才。

三国时,东吴的国君孙权号称是善识人才的明君,但却曾“相马失于瘦、遂遗千里足”。周瑜死后,鲁肃向孙权力荐庞统。孙权听后先是大喜,但见面后却心中不悦。因为庞统生得浓眉掀鼻、黑面短髯、形容古怪,加之庞统不推崇孙权一向器重的周瑜,孙权便错误地认为庞统只不过是一介狂士,没什么大用。于是,鲁肃提醒孙权,庞统在赤壁大战时曾献连环计,立下奇功,以期说服孙权,而孙权却固执己见,最终把庞统从江南逼走。鲁肃见事已至此,转而把庞统推荐给刘备。谁知,爱才心切的刘备,也犯了同样的错误。他见庞统相貌丑陋,心中也不高兴,只让他当了个小小的县令。有匡世之才的庞统,只因相貌长得不俊,竟然几处遭到冷落,报国无门,不得重用。后来,还是张飞了解了他的真才后极力举荐,刘备才委以副军师的职务。

孙权

一向慧眼识珠的曹操,也有以貌取人的错举。益州张松过目不忘,乃天下奇才,只是生得额镬头尖,鼻偃齿露,身短不满五尺。当张松暗携西川四十一州地图,千里迢迢来到许昌打算进献给曹操时,曹操见张松“人物猥琐”,从而产生厌烦之感;加之张松言辞激烈,揭了自己的短处,便将张松赶出国门。刘备乘虚而入,争取到了张松,从而取得了进取西川军事上的优势。如果曹操不是以貌取人,而是礼待张松,充分发挥其才识,那样恐怕会是另一种结果。

晋代学者葛洪在《抱朴子・外篇》中深有感触地说:看一个人的外表是无法识察其本质的,凭一个人的相貌是不可衡量其能力的。有的人其貌不扬,甚至丑陋,但却是千古奇才;有的人虽堂堂仪表,却是“金玉其外,败絮其中”的草包,倘以貌取人,就会造成取者非才或才者非取的后果。

同样,现代企业的领导者,要真正识别人才,就需要对个人进行全方位的审察,看其是否具有相当的能力,是否有发展前途。如果不注重一个人的学识、智慧、能力等方面的培养与使用,不注重其专长的发挥,不是通过其对某些问题的看法来衡量他的判断能力、表达能力、驾驭语言的能力,而是仅凭一个人的相貌如何来判断其能力的大小,甚至由此来决定人才的取舍,那么,必将导致人才的被埋没。

★观眼辨人

古者论神，有清浊之辨。清浊易辨，邪正难辨。欲辨邪正，先观动静。静若含珠，动若水发；静若无人，动若赴的，此为澄清到底。静若萤光，动若流水，尖巧喜淫；静若半睡，动若鹿骇，别才而深思；一为败器，一为隐流，均之托迹二清，不可不辨。

——《冰鉴》

古人通过不断的研究和观察，把神区别为清与浊两种。清与浊是比较容易区别的，但邪与正却不容易区分，因为邪与正都是托身于清之中的。考察一个人神的邪正，要从动静两种状态入手。

眼睛处于安静状态时，目光安详沉稳而有光，宛如晶莹玉亮的明珠，含而不露；处于运动观物状态时，眼中光华生辉，精气闪动，犹如春水之荡清波。或者眼睛处于安静状态时，目光清莹明澄，静若无人；处于运动状态时，锋芒内蕴，精光闪射，犹如飞射而出的箭，直中靶心。以上两种表现，澄澈明亮，一清到底，属神正的状态。

眼睛处于安静状态时，目光像萤火虫的光，一点柔弱却又闪烁不定；处于运动状态时，目光又像流动的水，虽然清澈，但游移不定，没有归宿。以上两种目光，一种属于尖巧和伪善的神情，一种属于奸心内萌的神情。处于安静状态时，眼睛似睡非睡，似醒非醒；处于运动状态时，又像受惊吓的鹿，总是惶恐不安的样子。以上两种神态，一是聪明而不行正道的表现，一是深谋内藏、又怕别人窥探的表现。前一组神情多是品德欠高尚、行为欠端正的表现，后一组神情多是奸心内萌、深藏不露的表现。这两种状态都属于奸邪神情，由于二者都混迹在清莹之中，因此必须仔细、正确地区分。

对于眼睛，古人认为，下列眼貌为好：

目秀而长，比君王；目长如寸，可辅佐圣主；目如凤鸾，必做高官；龙睛凤目，必享重禄；目光威烈，众人归顺；目尾上翘，福禄不断；目大而光，收成丰登；目短眉长，田粮厚丰；眼睛黑而眼眶阔，灵性活而知识博；目光如电，贵不可言；眼似虎盼，神圣不可冒犯；黑白分明，人必聪慧。

概括地说，眼形宜长、宜秀，眼光宜明、宜亮，眼神宜严、宜威。形长、形秀则仕途坦荡，高官厚禄；眼明清亮则禀性聪慧，正直善良，威严、神圣则众人依附，威不可犯。

观目认为不好的眼貌为：目头破缺，家产枯竭；目露面白，沙场不测；眼如鸡目，其人性急狠毒；形如三角，恶劣之辈；目如卧弓，其人必是奸雄；眼窝深凹，其人诡诈好妒；红眼金睛，不认六亲；目细深长，执拗不良。

概括地说，眼形怪黠，其人必奸；眼细深长，脾性执拗，禀性邪狭；双眼暴赤，性格焦躁，无情寡义。

对于不同的眼睛表现出来的神态，要善于观察和判别。下面就介绍几种观眼识人的方法。

其一，观眼识心术

一个人的眼睛不能掩盖心里的邪恶念头：心胸纯正，眼神就清澈、明亮；心胸不正，眼睛就昏暗，有邪光。意即从一个人的眼睛，可以清清楚楚地分辨一个人的品质高下，心术正邪。

观察一个人的善恶，再没有比观察他的眼睛更好了。因为眼睛不能掩盖一个人的丑恶。心正，眼睛能明亮；不正则昏暗。听一个人说话时，注意观察他的眼睛。这个人的善恶能往哪里隐藏呢？

1.眼睛闪闪发光，表明对方精神焕发，是个有精力的人，对会谈很感兴趣。

2.目光呆滞黯然，说明这是个没有斗志而索然无味的人。

3.目光飘忽不定，表示这是个三心二意或拿不定主意抑或紧张不安的人。

4.目光忽明忽暗，说明他是个工于心计的人，已听得不耐烦了。

5.目光炯然，表明这是个有胆识的正直的人。

6.主动与人进行交换视线的人，说明他的心胸坦率。

7.不敢正视或回避别人的视线，表明此人是个内心紧张不安或言不由衷，有所隐藏的人。

其二，观眼识城府

1.在人们发怒或激动的时候，眨眼的频率就会加快。有时频繁而又急速的反应总是和内疚或恐惧的情感有关。眨眼也常被作为一种掩饰的手段。

2.两眼安详沉稳，是内心沉稳有主见。两目敏锐犀利，生机勃勃是有朝气，目光清明沉静，但杀机内藏，锋芒外露，是有胆识之人，如射者瞄准目标，一发中的。

3.目光有如流动的水，虽然澄清却游移不定则见于奸人，两眼似睡非睡，似醒非醒，是细谋深算。

4.眼神清，如水的清澈明澄，表示此人清纯、清朗、澄明、无杂质，端庄、豁达、开明。

5.眼神浊，如水的浊重昏暗，昏沉、糊涂、驳杂不纯的状态，粗鲁、愚笨、庸俗、猥琐、鄙陋。

6.两眼似睡非睡，似醒非醒，这是一种细谋深算的神情，目光总是像惊鹿一样惶惶不安，是深谋图巧又怕别人窥见他的内心的神情。

7.如果谈话时，对方完全不看你，便可视为他对你不感兴趣或无亲近感。

其三，观眼识情意

1.当他不愿意把自己所想传达给对方时，多半会发生凝视对方的行为。

2.对方若久久凝视你而不移开视线的话，很可能有什么心事要向你诉说。

3.对方眼睛左右、上下转动而不专注时，多半是为了不使你担心，而不将真相说出。眼睛左右、上下转个不停。这个样子很让人讨厌，在撒谎。

4.对方眼睛滴溜溜地转动，表示你一有机会就会见异思迁。

5.乜斜对方的眼光，是表示拒绝、轻蔑、迷惑、藐视等心理。乜斜而略带笑的眼神，表示对对方怀有兴趣。

6.竞争对手互相之间都用蔑视的眼神看对方。

7.对方眼神发亮略带阴险时对方一定处于对人不相信,处于戒备中。

8.对方做没有表情的眼神表示心中有所不平或不满。懦弱的人会出现无表情的眼神。

其四,观眼识心理

如果你注意看正在说话的人的眼睛或视线,将会发现很有趣的事情。留意一下初次见面的人在看着我们时的眼神,就能了解到这些人有各种不同类型的性格。怀有好意或敌意的时候,或者漠不关心的时候,随着他心理状态的变化,眼睛便随之变化。

1.视线朝下者即胆小怯懦的证据

当你看着对方的眼睛时,对方把视线悄悄地往下移,是因为他意识到,你在年龄上、在社会地位上都是他的长辈、上司,或者意识到,你是他的强大对手,与你谈话时,多半会带有一种紧张感。

2.温和而内向的人,视线若左右游移即表示拒绝

和前述很相似,但视线并非朝下,而是左右穿梭游移,表现出他拒绝对方之意,而且无意识中表现出对对方不怀好意的信息。例如男性向女性搭讪时,她要是对那个男人没有好感,就会表现出左右游移的眼神来。

3.视线直视即敌对的表现

直视着对方,一动也不动的眼神,含有非常深切的意味。受到某种强大的打击,或者怀有强烈的敌对心理时,就会出现这种眼神。

4.视线飘移不定即表示内心不安

望着天似的呆滞的眼神,常见于情绪低落的时候,表示失去安定感,或者在思考某些事。对诸事漠不关心时也常会出现这种表情。

5.视线向上是自信的表现

说话时视线稍稍向上的人,大多是对自己的地位能力有极大的自信。性格也较外向。在政治家中,这种视线是相当普遍的。公司重要人物有这种眼神的人也相当多。属于领导人物或管制他人的工作者,他们的视线总是容易往上扬。

其五,观眼识好恶

眼睛中的神采如何,眼光是否坦直、端正等等,都可以反映出对方的心地、人品、德行、情感。

第一次见面,对方的眼睛就滴溜溜地乱转,由此便可略知一二了。

躲闪对方目光的人,缺乏足够的自信心,怀有自卑感,性情懦弱。

遇到陌生人,不能主动地上前去搭讪;总是被动地与别人相识,而且在打招呼时躲闪着对方目光的人,一般来讲较拘谨,在处理问题时缺乏自信心,常有自卑感。

★察人外形

五行有合法，木合火，水合木，此顺而合。顺者多富，即贵亦在浮沉之间。金与火仇，有时合火，推之水土者皆然，此逆而合者，其贵非常。然所谓逆合者，金形带火则然，火形带金，则三十死矣；水形带土则然，土形带水，则孤寒老矣；木形带金则然，金形带木，则刀剑随身矣。此外牵合，俱是杂格，不入文人正论。

——《冰鉴》

五行之间具有的相生、相克、相仇三种关系，这种关系叫作“合”；“合”又有顺合与逆合之分。木生火，火生土，土生金，金生水，水生木，这种辗转相生就是顺合。相貌外形归入顺合中的人中多会致富，但是却不会尊贵，即使偶然尊贵，也总是浮浮沉沉、升升降降，难于保持长久。金以火为仇敌，因为火能克金，但是，有时火与金又相辅相成，金无火炼不成器。类而推之，火仇水，水仇土，土仇木，木仇金等等之间的关系都是这样，这就是逆合。形貌上带有这种逆合的人就会非常高贵。在逆合之相中，如果是金形带有火形，便非常高贵，相反，如果是火形带有金形，到了 30 岁就会死亡；如果是水形人带有土形之相，那么就会一辈子孤苦伶仃；如果是木形人带有金形之相，便会非常尊贵，相反，如果是金形人带有木形之相，那么就会有刀剑之灾，杀身之祸。其余以此类推。至于除此之外的那些牵强的说法，都是杂格，不能归入文人的正统理论。

古人根据金、木、水、火、土五行的性质和象征意义，用类比取象的方法，把人的形体相貌以五种来概括，即是金形，木形，水形，火形，土形，这与美术上对人头部的分类有共通之处。美术上把脸部分为八种：目字形，国字形，田字形，甲字形，申字形，风字形，由字形，全在于其认识问题的出发点不同，但本性一样。

古代哲学认为，宇宙万物都由金木水火土五种元素构成，人既然是宇宙中的精华，万物中的灵长，其构成元素也是金木水火土，当然也该合自然之性，因而说：“禀五行以生，顺天地之和，食天地之禄，未尝不由于五行之所取，辨五行之形，须尽识五行之性。”

这个思想成为古代人才学的理论依据，因此在《五行象说》中讲道：

夫人受精于水，故禀气于火而为人，精合而神生，神生而后形全，是知全于外者，有金、木、水、火、土之相，有飞禽走兽之相。

这段表明，中国古人不知凭什么知道生物最初来源于水中，“人受精于水”这个思想可不简单。达尔文等西方生物学家论证的生命来自水中，比中国古人对此的论断迟了好几百年。

照达尔文的生物进化论，人既然源自动物，则脱不得自然生物的属性，因此用飞禽走兽比拟人形，也无不可。三国时的名医华佗仿五禽而成的“五禽戏”，是锻炼身体的好方法。但古代相术把飞禽走兽与人形和相关性说得神乎其神，奥妙无穷。

根据五行的分类，各种形态类型的分述如下。

1.金形人

形貌：面额和手足方正轻小，如一块方金，骨坚肉实。肤色：白色。声音：圆润亢亮。性格：刚毅果决，睿智机敏。有诗证曰：“部位要中正，三停又带才，金形人入格，自是有名扬。”

2.木形人

形貌：瘦直挺拔，如笔直大树，仪态轩昂，面部上阔下尖，眉目清秀，腰腹圆满。肤色：青色（白中透青）。声音：高畅而洪亮。性格：温和，宽仁。有诗证曰：“棱棱形瘦骨，凛凛更修长，秀气生眉眼，须知晚景光。”

3.水形人

形貌：圆满肥胖，肉多骨少，腰圆背厚，眉粗眼大。肤色：略黑。声音：缓急不定。性格：情感丰富，富有想象力，聪明机智，多变。有诗证曰：“眉粗并眼大，城廓要圆团；此相名真水，平生福自然。”

4.火形人

形貌：头额窄下巴宽，鼻子高大而露孔，毛发较少。肤色：赤色。声音：燥烈。性格：情感激烈，性格暴躁，直来直去。有诗证曰：“俗识火形貌，下阔上头尖，举止全无定，颐边更少髯。”

5.土形人

形貌：敦厚壮实，背隆腰圆，肉轻骨重，五官阔大圆肥。肤色：黄色。声音：浑厚悠长。性格：仪态安详，举止缓慢而稳重，冷静沉着，但城府很深，难于测度；待人宽厚，讲信用。有诗证曰：“端厚仍深重，安详若泰山，心谋难测度，信义重人间。”

这五种类型的人，是五行的推衍，天下所有人的形貌不外乎来自于此。

人的容貌举止是人的美丑善恶中非常明显地表现出来的外在的东西，但是其中也有天命人事的因素隐藏其中。《孔子家语》中说：“澹台子羽有君子的容貌，但是他的行为举止却与其容貌不相般配。”《论语》中说：“子张的为人高不可攀了，但是难以带领人一同进入仁德。”澹台灭明及颛孙师二人的威仪举止肯定有过人之处，但是孔子有以貌取人、失之子羽的感叹，曾子有子张难与共入仁德的感慨。这就是天命有相但人事上却不努力的原因；如果不是孔子，别人怎能知道这层道理。后代靠相貌观人察事的人很多，而且特别注重容貌。年青的纨绔子弟大都是打扮美丽妖冶，身穿奇装异服，而面貌态度，行为举止，像柔弱女子一般。这样的人，人见人爱，但是处朋友则有始无终，不欢而散；一起共事则少有成功，想和性格刚毅、言语迟钝的人一起共事是太难了！而且还有运用内史叔服所谓下体丰满必有后代的说法观人察士的事例：如唐朝李勣派遣将领，必选面有福相之人。曾国藩亦常审视属员随从是否面有福相，并以此决定任职的大小。

容貌举止察人，尤其是一个人的头部更为重要。

头为人的神明之府，人的智慧都集中在头部。所以观头识人智慧应该说是比较科学的。

1.四方型：或称实业家型，运动家型。这种头面型的特征：前额上部方形，方下巴，身体亦随之有方形的趋向。这种头面型造成的是大将领、实业家、运动家、飞行家、探险家。

这种头面男子较多,女子较少。这种人精力充沛,生性活泼,喜运动,好冒险,不受拘束,好自由,喜户外生活。这种人不爱谈理论,而讲求实际,却有建设性。他们的身体很能耐劳、吃得苦中苦。他们的缺点,就是不喜欢读书,智力懒惰,不善思考问题,所以他们只好用他们的手及身体,实地去做或执行思想家所计划的事情。

2.长方型:头窄、长脸、有点儿长方形,这种头面型的人,擅长外交手腕,喜交际,友善和气,态度温和有礼,很聪明,机警。这种人欲达到目的,决不动武力,而用他的机智、外交手腕、计谋。这种人女性较少。这种人做一个外交家、推销员很合适。但这种人的缺点是缺乏魄力和执行力,且不善理财。

3.圆脸型:英国著名相家柏里先生在分析头面时,发现这种头面型圆的人,其身体也圆,其为人处事也是四面圆通,八面玲珑。这种人永远是乐观的,对一切都感到安然惬意。所以,这种人永远是和气、幽默、可亲的。这一种人天性爱好享乐,爱吃贪睡,结果身体愈胖愈不免懒惰。这种人如果是女性,则还要加上聪明伶俐,讨人喜欢这一优点。这种人擅长管理行政,很有理财的才能。当我们提到某某商业界富豪、某某工业巨头、某某银行董事长,就会联想到一个脸孔圆圆的,肚子大大的胖子形象。

4.椭圆型:或称鹅蛋型。这种人若是男性,则很稳重,多思考,少说话,心里很明朗,做事一丝不苟。讨人喜欢,宜做行政、经理之职业。这种人的缺点是自私心重,死爱面子,经不住外来打击。这种人若是女性,聪明过人,爱读书,好艺术,会管理家务,为人温和,讨人喜欢,宜做教师、医生、文秘等职业。这种人的弱点是头脑简单,心胸狭窄,易冲动。

5.三角形:或称智慧型,理想型,艺术型。这种人的头面型是前额高而宽,下巴尖,脸型如一个倒三角形。这种人智力灵活,好深思,善推理,爱钻书本,富于创造力,生性聪明,足智多谋。这种人的弱点是体质弱,缺乏活力,户外活动过少,不惯于体力劳动,容易冲动。发明家、设计家、文学家、教育家、评论家、思想家多属于此种类型。

6.残月型:这种头面型的特征是,前额后倾,鼻梁高,唇部突出,下巴短而后缩,如"("型。这种面型的人,智力极佳,思想极快,行动敏捷,善观察,富创造力,喜进取。他的个性可以用一个"快"字来表示。所以,他的缺点就不免过于性急,欠深思熟虑,常常妄动。故有云:"面中仰而人不义,盖其人常妄动的缘故。"这种人,言多而直爽,故易失言。这种人虽然反应快,但都是5分钟热情,缺乏持久性,而且易冲动,易发动。

7.反残月型:这种人的头面型特性是,前额突出,眼眉部分平坦,鼻子低,唇部短缩,下巴突出,如")"型。这种头面型的人与前面残月型的头型正相反,他的个性可以用一个"慢"字来表示。思想、行动皆缓慢,一切吞吞吐吐,不急进,性情固执,想法不切实际,缺乏创造力。但是,这种人却因此养成一种谨慎,不盲从,不冲动的性格来。这种人处世镇静从容,理想重于感情,一切三思而后行,不轻举妄动,动则有收效。故相书云"面中凹而机谋深"。故这种人惹祸少,能忍耐,有持久力,态度温和,随遇而安,都是其优良的性格。

8.平直型:这种头面型的人数较多。它的特征是:前额平直,鼻梁平直,嘴与下巴也平直,上下成"|"线型。这种人的性格常常在深思及盲动之间,所以易趋于犹豫不决。其心境常处于平静如湖水,有时也如波翻滚,左右摇摆不定。这种人如鼻梁骨突出一些,是智慧的象征,事业成功多于失败。但如鼻梁骨陷塌,鼻孔上扬,则往往是愚昧型,事业失败

多于成功，或者是一生碌碌无为，灾难频频。

9.缩额型：额头后倾，眼眉高挑，高鼻梁，嘴唇短缩，而下巴长而突出，如一个“∠”型。这种人因前额后倾，所以思维敏捷，智商高，下巴长而突出，所以行为慎重。他的性格是重实际，有魄力，善谋略。这种人是一个领袖人才，组织力强，雄辩家。其弱点是易趋专制，固执己见，怀疑心重。假如你是一位未婚的先生，要去追求这种头面型的小姐，你最好要有耐心，不妨多花些时间。因为这个小姐或者已属于你，只是她还没找到行动的时机而已。

10.啄额型：这种头面型的人的特征是，前额突出，眼眉平坦，鼻子低平，嘴唇突出，下巴短缩。这种人的行动快于思想，故不易于先有周密的计划而后行动，常常不免轻率疏忽，所以每每行动后再后悔。这种人不大重实际，重理想，人也聪明能干，口才好，常常也会做几件成功的事业，令人夸赞。但是，这种人易于冲动，缺乏忍耐力，领悟性较弱。假使读者诸君想恋爱早日成功，奉劝你去寻找这样的对象，成功率很大。

依据容貌举止辨别君子小人的说法，宋瑾也有所论述：

(1)站立要像乔木松柏一样，端坐要如华山泰岳一样，前进要像太阳一样朗朗正正，意气垂豫，不疾不徐；后退要如流水一般，步履轻盈、态度安详，既不颠蹶，也不悖逆，这样的人是高居上位的君子之相。站立时容貌端肃像斋戒一样，端坐时容貌如同参祭祀一样，拜见高贵显荣之人时，不自觉地浩浩落落，步履轻飘；辞别孤立无援、贫寒微贱士人时，不自觉地依依不舍，步履徘徊，这样的人是身处下位的君子。

(2)在众人瞩目的地方，落座时故意作庄严肃穆状，于稠人广众之中，进退举止，故意装作安然舒泰，一拱手一作揖都显现出骨头软、屁股大者，是身居上位的小人。

(3)站立落座都不端正，手脚不停地摇摆，进见时则惊慌张皇、举止失措，退去时则急走快跑，形象慌张，肩也耸，背也摇，是身居下位的小人。

第二章　从须眉和声音判断人的富贵与贫贱

★须眉识人

"须眉男子"，未有须眉不具可称男子者。"少年两道眉，临老一付须。"此言眉主早成，须主晚运也。然而紫面无须自贵，暴腮缺须亦荣：郭令公半部不全，霍骠骁一副寡脸。此等间逢，毕竟有须眉者，十之九也。

——《冰鉴》

人们常说"须眉男子"，是将须眉作为男子的代名词。事实上也的确如此，还没有见过既无胡须又无眉毛而能称为男子的。人们还常说"少年两道眉，临老一付须"。这两句话则是说，一个人少年时的命运如何，要看眉毛，而晚年运气怎么样，则以看胡须为主。但是也有例外，脸面呈紫气，即使没有胡须，地位也会高贵；两腮突露者，就算胡须稀少，也能够声名显达：郭子仪虽然胡须稀疏，却位极人臣，名满天下；霍去病虽然没有胡须，只是一副寡脸相，却功高盖世。但这种情况，不过只是偶然碰到，毕竟有胡须有眉毛的人，占百分之九十以上。

古人以留长须为美事。苏东坡有一嘴胡须，以至于宋神宗有时会称他苏大胡子。其他有"美髯公"之称的人也不少，关羽、水泊梁山上的朱仝，都如此。今天的时尚发生变化，留胡须的只占极少数。能见诸文字记载的大概有康笑宇先生。在康先生的漫画集《一笑了之》序中，有署名"野夫"先生的赞词："深林大都，往往有奇士藏焉。某年春，初识康党生，遥看……顶发全秃而须毛横生，俨然古代画传中虬髯公鲁智深一辈人物，不禁心中暗自喝彩。据先哲前贤们的看法，貌之高古者必胸多奇气，形之险峻者则心深丘壑……"康先生的一虬红髯想来是不假的，为大都中的奇士；而于野夫先生的笔意中，也可看出野夫先生胸中奇气可嘉。

胡须和眉毛是古人"丈夫气概"的标志，故无须眉不足以称男子。从古代医学来看，须属肾，肾属水，性阴柔而近水，故下长而宜垂；眉属胆，胆属火，性阳刚而近火，故上生而宜昂。古人认为，"须"是山上松柏，象征一个人的生命力，故可显示其强弱。胡须漂亮光洁，一尘不染，生命力强旺；枯黄稀落，昏暗晦滞，生命力就虚弱衰亡。生命力与承受力是

苏东坡

相通的。

从审美来看，眉以疏朗、细平、秀美、修长、滋润为佳，形如一弯新月。如果眉毛细软、平直，宽长，象征着一个人聪明、尊贵、身健体康而长寿。如果眉毛粗硬、浓密而散乱，促生攒缩的，象征一个人愚顽，身体不健康。因此，眉有日月之华彩、山峦之花木的作用。少年两道眉，一个人的健康、个性、秀美、聪明、威严都通过眉毛来显示，进而可以判断其成就高低、事业成败。眉毛生得好的，显得英俊秀挺，聪明伶俐，能给人留下睿智，聪明的深刻印象。

中国医学认为："须"属肾。性阴柔而近水，故下长而宜垂。为什么一个人晚运和胡须有关系呢？其原因大概是这样的，大凡胡须丰满美丽者，是因为肾水旺、肾功能强。而肾旺是一个人身体健康和精力旺盛的重要原因和必不可少的条件。身体健康，精力旺盛，意志力常常也很坚定，工作起来很得心应手。经过日积月累，到了中晚年，事业就有所成。再者，在传统社会中，以多子多孙为贵。肾是生命系统的根本，肾水旺，肾功能强，自然容易多子，多子就容易多孙，而多子多孙意味着多福，至少当时的人这么认为。所以说"须主晚运"。

人的眉毛，胡须都只是人体毛发这个整体中的两个部分。既然是整体中的一个部分，那就应该相顾相称，均衡和谐。眉虽主早成，仍要须苗大丰美，否则难以为继，不能善始善终，即便有成，也怕是维持不了多久。再说，眉强须弱，毕竟有失匀称，面相便不和谐。“其貌不扬”就这样形成了。胡须虽主一个人的老来运气，但还是需要得到眉毛的照应。不然，就如同久旱的秧苗，迟迟才有雨露浇灌滋润，其果实也不会丰满。总之，阴阳须和谐，须眉要相称。

曾国藩认为，眉须要宽广清长，双分入鬓，或如悬犀，新月之样，首尾丰盈、亮居额中，乃保寿成官。

古人云：翠眉入鬓，位至公卿。眉如弯弓，衣食不穷。眉高耸起，威权禄厚。眉毛长垂，高寿无疑。眉毛润泽，求官易得。眉如初月，聪明超越。眉长过目，忠直有禄。眉毛细起，不贤则贵。眉角入鬓，为人聪俊。眉如弯弓，性善不雄。眉如高直，身当清职。眉清高长，四海名扬。眉清有彩，孤腾清高。眉交不分，早岁归坟。眉如扫帚，恩情不久。眉短于目，心性孤独。眉如新月，如善贞洁。红黄之气，荣贵喜庆。眉不盖眼，财离人散。眉骨棱高，长受波涛。眉散浓低，一世孤贫。眉毛相连，寿命难全。眉毛生毫，寿命坚牢。眉头纹破，坎坷多难。眉毛过目，兄弟和睦。眉毛中断，兄弟分散。短促不足，分散孤独。眉毛逆生，兄弟不和。眉头婆婆，女少男多。眉秀神和，必享清福。眉毛纤细，重重伎艺。眉中黑子，必有伎俩。眉如新月样，名誉播四方。眉长于目，兄弟五六。眉如扫帚，兄弟八九。与目同等，兄弟一两。短不及目，兄弟不足，纵有一双，也非同腹。

上为禄，下为官，宁可有禄而无官，莫教有官而无禄。有禄无官，主富，有福有寿。贫贱，财散人离，纵有五官，亦主贫寒，却有寿。若官禄双全，五福俱全之相。须发拳卷，可作贫穷之汉，则为弓兵祇候，死凶之相也。

髭须黑而清秀者，贵而富。滋润者，发福。干燥者，蹇滞。劲直若，性刚不聚财。柔者，性柔。赤者，孤克。又曰卷发赤须，贫困路途。黑而光泽，富贵无穷。

夫眉者，媚也，为两目之华盖，一面之表仪，且谓目之英华，主贤愚之辨也。故眉欲细平而阔，秀而长者，乃聪明也。若夫粗而浓，逆而乱，短而蹙者，性又凶顽也。若眉过眼者，富贵；短不覆眼者，乏财；压眼者，穷；逼昂者，气刚；卓而竖者，性豪；眉垂眼者，怯懦；眉头交者，贫薄，妨兄弟；眉逆生者，不良，妨妻子；眉骨棱起者，凶恶多滞；眉中黑子者，聪贵而观；眉高居额中者，大贵；眉中生白毫者，多寿；眉上多直理者，富贵；眉上多横理者，贫苦；眉中有缺者，多奸诈；眉薄如无者，多狡佞。

诀曰：眉高耸秀，威权禄厚；眉毛长垂，高寿无疑；眉毛润泽，求官易得；眉交不分，早岁归坟；眉如角弓，性善不雄；眉如初月，聪明超越；重重如丝，贫淫无守；弯弯如蛾，好色虽多；眉长过目，忠直有禄；眉短于目，心性孤独；眉头交斜，兄弟各家；眉毛细起，不贤则贵；眉角入鬓，为人聪俊；眉具旋毛，兄弟同胞；眉毛婆婆，男少女多；眉覆眉仰，两目所仰；眉若高直，身当清职。

在很多场合，人的眉毛所传递的信息也是丰富多彩的。据说日本有一群为配角的团体，其中有一名演员，他的剃光眉毛为特征而做出的表情，颇受观众欢迎，可见眉毛对于一个人的表情是何等的重要，因为他那张没有眉毛的脸部能给人一种强烈的刺激而印象深刻。

关于眉毛所表现的身体语言基本上有五种形态，第一是表现恐惧、惊吓的眉毛上耸型，第二是表现愤怒的眉角拉下型，第三是困窘，不愉快时，表现不赞成意思的眉毛并拢型，第四为做出询问表情的斜弯型，第五则系充满亲切，表示同意时的迅速上下动作型。

将这些形态，加以各种组合，做出变化时其数量之多诚令人吃惊。某心理学家曾经请一位著名演员进行实验，发现单凭眉毛动作，便能演出十种以上的表情。无怪乎相学上称“看眉毛见人心”实非无稽之谈。

“紫须剑眉，声音洪壮”，这样的配合叫金形得金局。“蓬然虬乱，尝见耳后”，是气宇轩昂、威德兼具之相。此二者本为佳相，如能配清奇的神和骨，乱世可成霸才，治世能为良将。

★闻声识英才

人之声音，犹天地之气，轻清上浮，重浊下坠。始于丹田，发于喉，转于舌，辨于齿，出于唇，实与五音相配。取其自成一家，不必一一合调。闻声相思，其人斯在，宁必一见决英雄哉！

——《冰鉴》

人的声音，跟天地之间的阴阳五行之气一样，也有清浊之分，清者轻而上扬，浊者重而下坠。声音起始于丹田，在喉头发出声响，至舌头那里发生转化，在牙齿那里发生清浊之变，最后经由嘴唇发出去，这一切都与宫、商、角、徵、羽五音密切配合。识人的时候，听人的声音，要去辨识其独具一格之处，不一定完全与五音相符合，但是只要听到声音就要想到这个人，这样就会闻其声而知其人，所以不一定见到他的庐山真面目才能看出他究竟是个英才还是庸才。

闻声辨人，可以判断一个人的心胸、职业、身高等情况。

心胸宽广、志向远大的，声音有平和广远之志，而且声清气壮，有雄浑沉厚之势。身短声雄的人，自然不可小视。从身高来看，身高的，由于丹田距声带、共鸣腔远，气息冲击的距离加长，力量弱化，因此声音显得清细弱，振荡轻；身矮的，往往声气十足，因为距离短，气息冲击力大，声带与共鸣腔易于打开。如果受过发声练习的人，又当别论。

从生理学和物理学的角度看，声音是气流冲击声带，声带受到振动而引起空气振动而产生的，是一种生理现象，也是一种物理现象。人的社会属性，使人的声音又结合了精神和气质的属性。古人讲，心动为性——“神”和“气”——性发成声，意思是讲，声音的产生依靠自然之气（空气），也与内在的“性”密不可分。声音又与说话者当下的心理活动密切相关，大小、轻重、缓急、长短、清浊都有变化，这与人的特性也是息息相关的，这就是闻声辨人的基础。

人的声音各有不同，有的洪亮，有的沙哑，有的尖细，有的粗重，有的薄如金属之音，有的厚重如皮鼓之声，有的清脆如玉珠落盘、字正腔圆，有的人身材矮小，声音却非常洪

亮，即日常所说的“声音若洪钟”，有的人生得高大魁梧，说起话来却细声细气，有气无力。古人对这些情况加以总结归纳，得出了一些规律。

中国古代鉴别人才的理论中，对声音有很多的论述，这里摘录几段，供读者参考。“夫人之有声，如钟鼓之响，器大则声宏，器小则声短。神清则气和，气和则声润泽而圆畅也。神浊则气促，气促则声焦急而轻嘶也。故贵人之声，多出于丹田之中，与心气相通，混然而外达。丹田者，声之根也；舌端者，声之表也。夫根深则表重，根浅则表轻，是知声发于根，而见于表也。若夫清而圆，坚而亮，缓而烈，急而和，长而有力，勇而有节。大如洪钟腾韵，龟鼓振音；小如玉水飞鸣，琴弦奏曲。见其色则猝然而后动，与其言则久而后应，皆贵人之相也。”

“小人之言，皆发于舌端之上，促急而不达；何则？急而嘶，缓而涩，深而滞，浅而燥大。火则散，散则破，或轻重不均，嘹亮无节，或睚眦而暴，繁乱而浮；或如破钟之响，败鼓之鸣；又如寒鸦哺雏，鹅鸭哽咽；或如病猿求侣，孤雁失群；细如蚯蚓发吟，狂如青龟夜噪；如犬之吠，如羊之咩，皆浅薄之相也。男有女声孤贫贱，女有男声亦妨害。然身大而声小者凶，或干瀑而不齐者谓之罗网。大小不均，谓之雌雄。或先迟而后急，或先外而后迟，或声未止而气先绝，或心未举而色先变，皆贱之相也。夫神定手内，气和于外，然后可以接物，非难言有先后之叙，而辞色亦不变也，苟神不安而气不合，则其声先后之叙，辞色挠矣，此不美之相也。夫人禀五行之形，则气声亦先五行象也。故土声深厚，木声高唱，火声焦烈，木声缓急，金声和润。又曰声轻者断事无能，声破者作事无成，声浊者谋运不发，声低者鲁钝无文。清冷如渊中流水者极贵，发音洪亮，自觉如瓮之响音，五福全备。”

实际上，现代生理学和物理学已经证明，声音的生理基础由肺、气管，喉头、声带，口腔、鼻腔三大部分构成，声音发生的动力是肺，肺决定气流量的大小，音量的大小主要由喉头和声带构成的颤动体系统决定，音色主要取决于由口腔和鼻腔构成的共鸣器系统。声音是物体震动空气而形成的，声音是听觉器官——耳的感觉。声音的音量有大小之分、音色的美丑之别，另有音高、音长之分。

人类的声音，由于健康状况不同，生存环境不同，先天禀赋不同，后天修养不同等等而有很大差异。所以声音不仅在一定程度上表现着一个人的健康状况，而且还在一定程度上表现着一个人的文化品格——他的雅与俗、智与愚、贵与贱（这里指人格修养）、富与贫。

以声音来判断人的心性才能，尚有许多未知的空白，而且可信度有多高，也尚未得定论，但其中的奥妙，是值得研究的。基本原则并不是悦耳动听，洪亮高亢。曾国藩的要求是“自成一家，不必一一合调”。这几个字中的人生经验，实非语言文字所能详述，但从中是可以决断天下英雄豪杰的。

《礼记》中谈到内心与声音的关系。《礼记·乐记》云：“凡音之起，由人心生也。人心之动，物使之使也。感于物而动，故形于声。声相应，故生变。”对于一种事物由感而生，必然表现在声音上。人外在的声音随着内心世界变化而变化，所以说：“心气之征，则声变是也。”

不但声音与气能结合，也和音乐相呼应。因为声音会随内心变化而变化，所以：

(1)内心平静声音也就心平气和。

(2)内心清顺畅达时,就会有清亮和畅的声音。

(3)内心渐趋兴盛之时,就有言语偏激之声。

这样不就可以从一个人的声音判断一个人的内心世界吗?有关这方面知识,《逸周书·视听篇》讲到四点值得研究:

(1)内心不诚实的人,说话声音支支吾吾,这是心虚的表现。

(2)内心诚信的人,说话声音清脆而且节奏分明,这是坦然的表现。

(3)内心卑鄙乖张的人,心怀鬼胎,因此声音会阴阳怪气,非常刺耳。

(4)内心宽宏柔和的人,说话声音温柔和缓,如细水长流,不紧不慢。

人的声音,如同人的心性气质一样,各不相同。通过人的声音而判断人的心性气质,这样一来,人的聪慧愚笨、贤能奸邪就可以判断出来了!成年人固然可以通过声音判断人的道德品行,即使婴儿小孩,精血虽未充实完备,但是其才气性情的美好丑恶,也很容易被有识之士看破。《春秋左氏传》记载鲁昭公二十八年,伯石刚生下来时,子容的母亲去告诉婆母说:"大伯母生了一个儿子!"婆母要去看望,走到厅堂时,听到伯石的声音便掉头而回,说:"是豺狼一样的声音!狼子野心昭然若揭,这恐怕要亡掉羊舌氏家族了!"于是没有看望伯石,而后来伯石果然帮助祁盈覆灭了羊舌氏宗族。听声察音的说法,古人很少谈及,很难准确地解释,但是我们大家都熟知的事实是:男人心性气质刚强,所以声音就舒缓粗壮;女子心性气质柔和,所以声音就温润和蔼、美丽媚人;年龄大的人心力已衰耗殆尽,所以其声音就松弛和缓;而婴儿幼童心气刚刚充实饱满,所以其声音就迅疾爽脱,其他的以此类推,也可以大致了解了。

不仅声音可以帮助我们观察人、了解人,就是那些被人调弄演奏的乐器也可以反映出调弄、演奏者的心理状态;声音从人的喉舌发出,而乐器的声音则由人的手弹拨打击乐器而产生,人的喉舌虽然与乐器有很大的不同,但是产生声音的原始的、内在的动力则是一样的。《论语》记载孔子在卫国时打击磬石,有人身背草编的筐子走过孔家门口,说道:"这个击磬的人很有心事啊!"过了一会这人又说道:"庸鄙浅陋啊!怎么那样固执呢?大概是没有人了解自己吧!击磬的声音深切激越,但表达的感情则是浅显平易。"

人生于天地之间,其声音各有不同,有的洪亮,有的沙哑,有的尖细,有的粗重,有的薄如金属之音,有的厚重如皮鼓之声。有的清脆如玉珠落盘字正腔圆,有的人身材矮小,声音却非常洪亮。即日常所说的"声如洪钟"。有的人生得高大魁梧,说起话来却细声细气,有气无力。古人对这些情况加以总结归纳,得出了一些规律。人类的声音,由于人与人不同,健康状况不同,生存环境不同,先天禀赋不同,后天修养不同等等而有很大差异,所以声音不仅在一定程度上表现着一个人的健康状况,而且还在一定程度上表现着一个人的文化品格——他的雅与俗、智与愚、贵与贱(这里指人格修养)、富与贫。

既然如此,那么声音便和人的命运(过去和现在的生存状况,和未来的生存前景)有一定关系。但是如果说声音能够决定人的命运,则未免虚妄不实。成功的歌唱家,一般都有苦学苦练的经历,但是如果天赋不高,单靠苦学苦练,是不会成为歌唱家的,不过声音对人的命运的意义不能过分夸大。不少政治上身居高位的大人物,其讲话、演说的声音，实在令人不敢恭维，而其命运却不能算不佳。

以人的声音来判人的命运，是否正确，尚可以讨论。不管是否合规律，重要的还在于“闻声相思”，一个“思”字，说明识人仍不可呆板行事，当得视具体情况而定。

古人曰：“君子不以言举人，不以言废人”，即是说，聪明的人不因其能言善辩而举用他，也不因其不善言辞或说话过错而废弃他。在对人的认识和考察中，此话是极其正确而又有其深刻意义的。

首先，言实不符是许多人的重要特点。

孟子说：“口能言之，身能行之，国宝也；口不能言，身能行之，国器也；口能言之，身不能行，国用也；口言善，身行恶，国妖也。”孟子把言行关系总结出四种情况，至少说明人之言行不尽相符。当然，应该承认，语言表达能力是人的能力的重要方面。但同时也应该承认，世上言实不符者也大有人在。有的人志大才疏，谈论志向，夸夸其谈，大有“燕雀安知鸿鹄之志”的超然之风，但一经付诸实践，却“眼高手低”，毫无建树。岂独建树，甚至连一般的工作都搞不好。这类人正如宋朗刘义庆所说：“志大而才短，名重而识暗。”还有的人“口蜜腹剑”。唐朝天宝年间出了一个宰相，名曰李林甫，此人极擅当面捧场，说尽好话，而背后又极尽诬陷诽谤之能事。世人称之为“口有蜜，腹有剑”，并因其“口蜜腹剑”而遗臭万年。可是，虽其遗臭万年，现今不少人却并不引以为戒悖，“口蜜腹剑”者都大有人在。还有的人假装伪善，博取名望，不以多干实事、艰苦立业为本，专以沽名钓誉为业，“三斤重鸭子，二斤半嘴”。听其宏论，令人五体投地，虽说不是“才高八斗，学富五车”，但也确是个出类拔萃的人物。可是，如果认真考其学问，促之以行，其“满腹经纶”便立刻变为满腹“草包”了。当然，也有不少人“大巧若拙”“大智若愚”，“讷于言而敏于行”。

由此可见，言实不符是社会上比较普遍的现象，既有言过其实者，也有实过其言者。所以，古人说：“呐呐寡言者未必愚，喋喋利口者未必智。鄙朴忤逆者未必悖，承顺惬可者未必忠。田中兔丝，如何可络！道边燕麦，何尝可获！……皆谓有名无实也。”

不仅言实不符比较普遍，而且就“言”之本身，也各有不同。有实言，有谎言，还有前后相悖之言。实言者，说话实事求是，不务虚名，不夸其词，是可信之谈；谎言者，为达到某种目的或歪曲事实，或掩盖无能，或诽谤正义，或恶意欺骗，或夸大其词，使人误听其言而信其实；前后相悖之言者，完全据其个人需要，信口雌黄，今日黑为白，明日白为黑，莫衷一是，前后相悖。

正因为言各有别，且言实不符，中国历代以来，许多人听言十分谨慎，不轻易“以能言巧辩授官”。汉时，汉文帝游上林苑，张释之从行。文帝询问上林苑禽兽薄的情况，上林尉及其属官皆不能对，而管理虎圈的啬夫却对答甚详。为此，文帝因上林尉的不称职而想拜啬夫为上林令。这时，张释之提醒文帝，在任用人时，要注意其实际才能与道德的优劣，不能单凭能言善辩授官。文帝以为释之说得很对，接受了他的建议。

所以，领导者识人，尤要十分谨慎，切不可轻言举人，而要根据言行综合评估。

★声音之异辨才

声与音不同。声主“张”，寻发处见；音主“敛”，寻歇处见。辨声之法，必辨喜怒哀乐；喜如折竹，怒如阴雷起地，哀如石击薄冰，乐如雪舞风前，大概以“轻清”为上。声雄者，如钟则贵，如锣则贱；声雌者，如雉鸣则贵，如蛙鸣则贱。远听声雄，近听悠扬，起若乘风，止如拍琴，上上。“大言不张唇，细言不露齿”，上也。出而不返，荒郊牛鸣；急而不达，深夜鼠嚼；或字句相联，喋喋利口；或齿喉隔断，喈喈混谈：市井之夫，何足比数？

——《冰鉴》

声和音似乎是密不可分，实际上差别不小，是两种不同的物质。声产生于发音器官的启动之时，是空气振动之初的状态，可以在发音器官启动的时候听到它，音产生于发音器官的闭合之时，是声在空气中传播的混响状态，可以在发音器官闭合的时候感觉到它。辨识声相优劣高下的方法很多，但是一定要着重从感情的喜怒哀乐中去细加鉴别。欣喜之声，宛如翠竹折断，其情致清脆而悦耳；愤怒之声，宛如平地一声雷，其情致悲愤而强烈；悲哀之声，宛如击破薄冰，其情致破碎而凄切；欢乐之声，宛如雪花在空中飘飘飞舞，其情致宁静轻婉。它们都由于一个共同的特点——轻扬而清朗。如果是刚健激越的阳刚之声，那么，像钟声一样洪亮沉雄，就高贵；像锣声一样轻薄浮泛，就卑贱；如果是温润文秀的阴柔之声，那么，像鸡鸣一样清朗悠扬，就高贵；像蛙鸣一样喧嚣空洞，就卑贱。远远听去，刚健激越，充满了阳刚之气。而近处听来，却温润悠扬，而充满了阴柔之致，起的时候如乘风悄动，悦耳愉心，止的时候却如琴师拍琴，雍容自如，这乃是声中之最佳者。俗话说，“高声畅言却不大张其口，低声细语牙齿却含而不露”，这乃是声中之较佳者。发出之后，散漫虚浮，缺乏余韵，像荒郊旷野中的孤牛之鸣；急急切切，咯咯吱吱，断续无节，像夜深人静的时候老鼠在偷吃东西；说话的时候，一句紧接一句，语无伦次，没完没了，而且嘴快气促；说话的时候，口齿不清，吞吞吐吐，含含糊糊，这几种说话声，都属于市井之人的粗鄙俗陋之声，有什么值得跟以上各种声相比的地方呢？

古有《论声》篇云：夫人之有声，如钟鼓之响，器大则声宏，器小则声短。神清则气和，气和则声润，深重而圆畅也。神浊则气促，气促则声焦急而轻嘶。故贵人之声，多出于丹田之中，与心气相通，混然而外达。丹田者，声之根也；舌端者，声之表也。夫根深则表重，根浅则表轻，是知声发于根，而见如表也。若夫清而圆，坚而亮，缓而烈，急而和，长而有力，勇而有节。大如洪钟腾韵龟鼓振音；小如玉水飞鸣，琴弦奏曲。见其色则猝然而后动，与其言久而后应，皆贵人之相也。

小人之言，皆发于舌端之上，促急而不达。何则？急而躁，缓而涩，深而滞，浅而燥。火大则散，散则破，或轻重不均，嘹亮无节，或睚眦而暴，繁乱而浮；或如破钟之响，败鼓之鸣；又如寒鸦哺雏，鹅鸭哽咽；或如病猿求侣，孤雁失群；细如蚯蚓发吟，狂如青龟夜噪；如

犬之吠，如羊之咩，皆浅薄之相也。男有女声音贫贱，女有男声亦妨害。然身大而声小者凶，或干瀑而不齐者谓之罗网。声大小不均，谓之雌雄。声或先迟而后急，或先急而后迟，或声未止而气先绝，或心未举而色先变，皆贱之相也。无神定于内，气和于外，然后可以接物，非难言有先后之叙，而辞色亦不变也。苟神不安而气不合，则其声先后之叙，辞色挠矣，此不美之相也。大人禀五行之殂，则气色亦其五行象也。故土声深厚，而木声高唱，火声焦烈，水声缓急，而金声和润。又曰声轻者断事无能，声破者作事无成，声浊者谋运不发，声低者鲁钝无文。清泠如江中流水者极贵，发音浏亮，自觉如瓮之响声，主五福备。

辨声识人，古本秘籍《灵山秘叶》中有四句话，很值得我们借鉴：

察其声气，而测其度；

视其声华，而别其质；

听其声势，而观其力；

考其声情，而推其征。

这四句话中大有学问。中国古文微言大义特点，由此可窥其一斑。以上 32 个字至少讲明了这几个问题：一、由声音中蕴含的气充沛与否，充沛的分数轻重平衡，可以测知他的气概胸襟；二、由声音的音色音质协调悦耳与否，可以测知他的性情爱好与品德，这里重在一个“和谐”，不以悦耳动听为唯一标准；三、由声音的势态，可以测知他的意志刚健与否，声势高壮的，其意志力必然坚强，为人坚定有力，声势虚弱的，为人软尚，少主见；四、由声音中所包含的感情，可以测知其当下的心情状态。“如泣如诉”是一种，“如怨如慕”又是一种，“情辞慷慨，声泪俱下”又是一种，此种分类，不一而足，这里不做细论。

《灵山秘叶》的四个观点，这里着重探讨声中所含的喜怒哀乐之情。人的喜怒哀乐之情，必会在声音中有所体现，即使人为掩饰，也会有些特征。前面孔子和郑子产识别声音就是很经典的例证。这是观察人物内心世界的一个可行途径。同时结合考察眼神、面色、说话态度的变化，真实度更高。辨别声音，必须考察喜怒哀乐之情。

“喜如折竹”，欢喜的声音像青竹折裂时一样清脆悦耳，有天然柔和协美之动感，而无尘世人为聒噪的污染。这样的声音有自然纯朴之美，不虚饰，不造作，是真性情的坦率表露，自然大方，不俗不媚，有雍容之态。

“怒如阴雷起地”，愤怒时，突然爆发出来的洪亮响声，如雷霆振于空中，击在地上，气势豪壮，强劲有力，但以“阴”盖头，则没有暴躁戾气，反而呈容涵大度之态，不是带破坏性五雷轰顶之势。

“哀如石击薄冰”，哀恸时，声音如同薄冰破碎时发出的。薄冰虽然容易破碎，但声音却清脆明亮，不散不乱，不啼不躁，也不扰人耳力，虽然是悲凄苦楚之象，但不峻不急，不厉不烈，有“发乎情，止乎礼仪”之势。这样的态度也是雍容华贵、无小家子气的。

“乐如雪舞风前”，风扬雪飘，漫空银雨，放眼望去，冰天雪原，玉树琼枝，山川大地，银白世界，是何等的美妙姿态。这已古人见惯了、而今人再难欣赏到的冬日美景了。高兴时，借音乐伴舞，声音如雪花漫舞之姿，轻而不狂，美而不淫，飘而不荡，奔而不野，是天下至纯至美的轻灵飘逸的潇洒态。又如女子临池兴舞，衣袂飘飘，长带曳曳，美不胜情。

以上四种,声情并茂,纯朴自然,清脆明朗,是至情至性之人的表征。

观察一个人说话,能发现他的思想、性格等多种特征。

就如赤壁之战前,面对曹操强大的军事力量,孙权集团内部产生了两种意见:一是投降,一是抗战。为什么会有这种差别呢?盖因为人的思想和看问题的立场不一样,可归纳为五种情况:

(1)有的人从感情上讲,不愿意投降,比如孙权。

(2)有的人经分析后,认为打败曹操还是有可能的,也不投降,比如周瑜。

(3)有的人经分析后,认为打不过曹操,但由于投降也是死,不投降也是死,不如死马当活马医,打了再说,因而也不投降,比如孙权的父母妻儿。

(4)还有许多人,经分析后,认为打不过曹操,为保个人性命和一家老小的安全,就准备投降,比如张昭。

(5)也许还有一种人,既不说打(也可能说),也不说不打,抱的主意是打一打再看,打胜了会成为主战派中的一员,打不过时投降也不迟。

为什么周瑜分析对了,而张昭等人却分析错了呢?这就是人在思想和认识上的差别造成的。由于生活环境、个人遭遇和学习内容的不同(尤其是在青少年时期),人们会形成不同的思想体系和思维定式,进而影响到人的信仰、爱好、认识、生活、性格等各个方面,从而造成各种差异:有的重情感,有的重理智,有的重理念,有的重实证,再加上智力不足、经验不足、外界干扰等因素,人就会得出不同的分析结果。

以一个人的言谈还可以看出其心性品质优劣,虽有不少伪饰和掩盖成分,但结合其他因素可以对一个人进行综合考察。言谈识人主要有以下几种:

1.夸夸其谈的人

这种人侃侃而谈,宏阔高远却又粗枝大叶,不大理会细节问题,琐屑小事从不挂在心上。优点是考虑问题宏博广远,善从宏观、整体上把握事物,大局观良好,往往在侃侃而谈中产生奇思妙想,发前人之所未发,富于创见和启迪性。缺点是理论缺乏系统性和条理性,论述问题不能细致深入,由于不拘小节而可能会错过重要的细节,给后来的灾祸埋下隐患。这种人也不太谦虚,知识、阅历、经验都广博,但都不深厚,属博而不精一类的人。

2.义正言直的人

这种人言辞之间表现出义正言直、不屈不挠的精神,公正无私,原则性强,是非分明,立场坚定。缺点是处理问题不擅变通,为原则所驱而显得非常固执。但能主持公道,往往得人尊崇,不苟言笑而让人敬畏。

3.抓住弱点攻击对方的人

这种人言辞锋锐,抓住对方弱点就严厉反击,不给对方回旋的机会。他们分析问题透彻,看问题往往一针见血,甚至有些尖刻。由于致力于寻找、攻击对方弱点,有可能忽略了从总体、宏观上把握问题的实质与关键,甚至舍本逐末,陷入偏执与死胡同中而不自拔。在用人时,应考虑他在"大事不糊涂"方面有几成火候,如大局观良好,就是难得的粗中有细的优秀人才种子。

4.速度快、辞令丰富的人

这种人知识丰富，言辞激烈而尖锐，对人情事理理解得深刻而精当，但由于人情事理的复杂性，又可能形成条理层次模糊混沌的思想。这种人做力所能及的工作，完全可以让人放心，一旦超出能力范围，就显得慌乱，无所适从。接受新生事物的能力强，反应也快。

5.似乎什么都懂的人

这种人知识面宽，随意漫谈也能旁征博引，各门各类都可指点一二，显得知识渊博，学问高深。缺点是脑子里装的东西太多，系统性差，思想性不够，一旦面对问题可能抓不住要领。这种人做事，往往能生出几十条主意，但都打不到点子上去。如能增强分析问题的深刻性，做到驳杂而精深，直接把握实质，会成为优秀的、博而且精的全才。

6.满口新名词、新理论的人

他们接受新生事物很快，捡到新鲜言辞就能在日常生活中运用，而且有跃跃欲试、不吐不快的冲动。缺点是没有主见，不能独立面对困难并解决之，易反复不定，左右徘徊，比较软弱。如能沉下心来认真研究问题，磨炼意志，无疑会成为业务高手。

7.说话平缓宽恕的人

这种人性格宏度优雅，为人宽厚仁慈。缺点是反应不够敏捷果断，转念不快，属于细心思考、长考型人才，有恪守传统、思想保守的倾向。如能加强果敢之气，对新生事物持公正而非排斥态度，会变得从容平和，有长者风范。

8.讲话温柔的人

这种人用意温润，性格柔弱，不争强好胜，权力欲望平淡，与世无争，不轻易得罪人。缺点是意志软弱，胆小怕事，雄气不够，怕麻烦，对人事采取逃避态度。如能磨炼胆气，知难而进，勇敢果决而不犹豫退缩，会成为一个外有宽厚、内存刚强的刚柔相济人物。

9.喜欢标新立异的人

这种人独立思维好，好奇心强，敢于向权威说不，敢于向传统挑战，开拓性强。缺点是冷静思考不够，易失于偏激，不被时人理解，成为孤独英雄。可利用他们的异想天开式的奇思妙想做一些有开创性的事。

第三章　从精气神观察人的命运

★抖擞处见情态

凡精神，抖擞处易见，断续处难见。断者出处断，续者闭处续。道家所谓"收拾入门"之说，不了处看其脱略，做了处看其针线。小心者，从其做不了处看之，疏节阔目，若不经意，所谓脱略也。大胆者，从其做了处看之，慎重周密，无有苟且，所谓针线也。二者实看向内处，稍移外便落情态矣，情态易见。

——《冰鉴》

考察人物的精神，那种故意振作、抖擞的状态是比较容易识别的，而那种看起来似乎是故意振作抖擞，却又可能是真的精神抖擞充沛状态，就难于识别了。精神不足，会在故意振作之后中断，如滴水一般，从滴水处中断；精神充足，却如长江大河，滔滔不绝，自然流蕴而不断竭。道家修身炼气所讲的"收拾入门"的说法，用在考察人物的精神上，就相当于是：在行动时，要看他潇洒豪放的气概有几分真，几分假，几分做作，几分自然；在静心安坐时要考察他的细致周密、平心静气状态，静中是否有浮躁。

小心谨慎的人，要从他力所不及、无力完成的事中去考察，表面上是小心之人，却处处表现得思考不周密细致，仿佛是由于疏忽造成的损失，这就是表面细心、实质上粗心、心思欠周密的人。大胆豪放的人，要从他能完成的事情中去考察。表现上是粗枝大叶的人，在行动中却处处留心细节，任何蛛丝马迹都不放过，不轻率行事，不随意举动，事情得以成功，实质上是他粗中有细、不轻率贸进的缘故。粗细二种表现实际上是从外部表现来考察人物的内心本性。如果内心本性外露得比较明显，就属于情态，情态是比较容易识别的。

1838 年，曾国藩 27 岁中进士。后还乡，按理当去拜谢老师汪觉庵。临去时他带了一把雨伞，进门便放在汪家的神龛旁。告辞时，他起身便走，刚到槽门口，突然对汪觉庵说，"我忘了带伞。"汪老师连忙去把伞取了过来。曾国藩接过伞，连声谢也没说，就走了。曾国藩的鲁钝情态，由此可见；但其内在情态和精神，更可见一个人的本质。

对曾国藩的鲁钝倔强，梁启超评议如下：

文正固非有超群绝伦之天才，在当时诸贤杰中，称最钝拙；其所遭值事会，亦终身在

拂逆之中。然立德、立功、立言并三不朽,所成就震古烁今而莫与京者,其一生得力在立志自拔于流俗,而困而知,而勉而行,历百千艰阻而不挫屈,不求近效,铢积寸累,受之以虚,将之以勤,植之以刚,贞之以恒,帅之以诚,勇猛精进,艰苦卓绝,如斯而已,如斯而已!吾以为使曾文正今而犹壮年,则中国必由其手而获救矣!

曾国藩在文、武、经学方面的成就足以震古烁今,梁启超送给他的挽联中讲道:

武乡可拟,汾阳可拟,姚江亦可拟,潇湘衡岳,闲气独钟,四十年中外倾心,如此完人空想象;

相业无双,将略无双,经术又无双,蒋阜秦淮,巨星无陨;廿六载门墙回首,代陈遗疏剧悲哀。

联中把他的相才比作诸葛亮,将略比作唐代郭子仪,经术比作明朝王阳明,又称他"相业""将略""经术"在中国历史上无双。这种誉词虽过夸大,但也足见曾国藩对当时和后世的影响。

彭玉麟送给他的挽联,没有把他看作神话了的圣人,比较质朴亲切:

为国家整顿乾坤,耗完心血,只手挽狂澜,经师人师,我待考文廿载;

痛郯城睽违函文,永诀温颜,鞠躬真尽瘁,将业相业,公是法乡一流。

彭玉麟

由此可见,天分不高,才思鲁钝的人,只要坚持不懈地努力,一定能取得成就。而且,鉴人者应注意的是,天分高不高,才思是否敏捷,不可随意妄断。比如曾国藩,也许他属天分奇高、大智若愚的人,只是未在日常中表现出来。他的老师也不大会鉴别人才,至少没有看到学生的长处。庸医可误人,庸师亦会误人,识别人才是任何一位老师、与人打交道的人的必备课程。鉴人者应学习曾国藩的丈人,不依他人的评判为标准。言不妄发,性不妄躁,既是做人的标准,也是鉴人的标准。

情态可以分为多种,我们常说的坏人,有奸、邪、佞、贼等,这些人也可以说是有一定之才的人,否则他们就不会被重用。

而且这些人还有一项特殊的本事,那就是他们非常非常善于隐蔽自己,保护自己。甚至可以说,他们有一项比仁人志士更为优长的才能,那就是善于权变,没有任何原则,没有任何操守,没有任何良心地来变化自己,只要能达到自己的目的,什么事都能做出来。他们为恶、为邪时的善于决断、善于寻找机会,其意志力、隐忍的能力,可以说出那些行仁、有良心、有贤能的人不知要超过多少倍。所以古代的一位圣人曾因此而号召那些志士仁人,要"行善如行恶"。因为这样的原因,奸、邪、佞、贼之人都往往能够成功。他们把自己的刀子磨得很利,所以杀起人来不留后患,锐不可当,因而也往往成功。东汉时的贼臣梁冀那样的贼臣、恶臣，竟然把持东汉的朝政近三十年。

正是由于这样的特殊的才能和特殊的权变之术，辨奸邪、识贼佞，似乎比识贤举能更为艰难。

魏明帝曹睿时侍中大夫刘晔是一个善于巧诈之人。因为他的才智过人，魏明帝很器重他。一次明帝想伐蜀国，朝臣内外都劝谏认为不可。明帝就把刘晔召入内室以议，刘晔就顺着明魏的意图说："蜀国可伐。"从内室出来之后，朝臣们问刘晔，刘晔则顺着诸朝臣的意见说："蜀国不可伐。"当时军中领军杨暨，也是魏明帝所亲重的大臣，他对刘晔也很敬重。他认为绝对不能伐蜀。他就去问刘晔，刘晔就对他说"蜀不可伐。"与杨暨的意见相合。后来魏明帝把杨暨召入内室议伐蜀之事，杨暨就切谏不能伐蜀。明帝就说："看来你是个书生，不懂兵事。"杨暨说："如果我的话陛下不信，侍中刘晔是你的谋臣，却常常说蜀不可伐。"明帝就说："他对我说蜀可伐。"杨暨就说："可以把刘晔召来对质。"刘晔来之后，魏明帝就问刘晔。刘晔当着杨暨的面一句话也不说。魏明帝就支走了杨暨，单独与刘晔谈。刘晔则反过来责怪魏明帝："讨伐别的国家，这是大谋，我从你这儿知道一些国家大谋，常恐睡觉说梦话泄漏出去，怎么能把伐蜀的真实情况告诉别人呢？况且打仗的事情是诡诈之道，大兵未发，越机密越好。陛下向外显露，臣下恐敌国早已知道了。"魏明帝于是认为刘晔说得有道理，也不责怪他内外说话不一致为不忠。刘晔出来之后，见到杨暨则对杨暨说："你知道钓大鱼吗？钓中大鱼，你不能径直就去拉它，而是要放开钓线，随着它跑，然后徐致而牵之，那样大鱼就不会挣脱而跑掉，皇帝之威要比大鱼更难对待！你虽然是一个直面诤谏的忠臣，但你的计谋不足采纳，我希望你能深思其中的道理。"把个杨暨也讲得毫无谴责他之情，只有谢他开导之意。

后来就有人对魏明帝："刘晔是个不尽心的人，他最善于窥视陛下的倾向而顺从于你。陛下可以试着观察刘晔，你用反意来问刘晔，如果他的回答都是顺从你本来的趋向，那他善于窥你的心意的事情就可以显露了。"魏明帝就用这一招来试刘晔，发现果然如其所言。从此便开始疏远刘晔。刘晔从此郁闷而发疯，忧郁而死。

由这个故事看，刘晔是一个佞臣，他不仅可窥测皇帝的心态，而且善于辞令，工于心计，什么事情都可以被他处理得圆转而周到，可以说是滴水不漏。所以连宋代的司马光也认为刘晔是明智权计之士，只是没有德性，没有操守。

佞谀之人和谗邪之人，靠的都是嘴上的功夫。但两者之间又有区别。谗邪之人直接就能致他人死地，所以毁人。佞谀之人从来都不直接以毁人为目的。佞谀之人求的是利，如果有利于己，他是不会去毁掉的，如果于己无利，毁掉也没有得益。佞谀之人的手段是不断地阿顺主子，使其忘掉危险，从而使其处于危亡之境，誉而危之，人一般很难觉察，厚待人而害之，人一般不怀疑。所以佞谀之人把人害了，被害的人还不怨恨他，使人处于败亡之地，败亡者也不以他为仇敌。隐真情藏实意是佞谀之人获取成功的巧妙本领。谗邪之人以直接毁人为目的，因为他毁人，所以被毁害之人也反过来毁害他，这样就会众叛亲离。相比较而言，佞谀之人比谗邪之人危害更大。

世界之大，无奇不有，前面所说的这些奸、邪、佞、贼，在做臣子的中间有，在人群中也有。当今世界生活中的用人，并非用以为臣，但是，这种人还是有的，对于每个用人的人来说，对每个从事人事工作的人来说，对这四种人必须有所明辨，方能与事业有利，于国家有利。

辨识奸、邪、佞、贼这样的人，不仅要准确了解他的表现方式和形态，而且要把握他们善于隐蔽自己的种种手段。辨奸邪、远佞人，还必须心里明白什么是贤能之士，贤能之士的概念明确了，奸、邪、佞、贼就能比照出来。同时也可以用这本书中所讲的识人的四种方法来加以鉴别：观之以德；观之以形，以通其神；使之以事，试之以能；考之以绩，责之以实。魏明帝对刘晔这样的佞臣，不就是试出来的吗。

★情态观人精神

容貌者，骨之余，常佐骨之不足。情态者，神之余，常佐神之不足。久注观人精神，乍见观人情态。大家举止，羞涩亦佳；小儿行藏，跳叫愈失。大旨亦辨清浊，细处兼论取舍。

——《冰鉴》

容貌是人的骨的余韵与外部显现，常常能弥补骨的不足；情态则是神的余韵与外在表现，常常能弥补神的不足。久久审视，应主要观察人的精神状态；短暂一见，主要观察人的情态。大家高人之态，即便有女儿家似的羞涩，也不失为佳相。像小孩儿一样哭哭啼啼，又叫又跳，愈是掩饰造作，愈使人觉得虚伪粗俗。审视情态，也应首先分辨清浊，近观细审时，还要兼论取舍存留，方可大处着眼，细处定性。

在人们的交往来去中，有的人彼此相见时机多，有的人则是匆匆见面，匆匆分手，再无相见的机会。互赏互识的，则相互怀念，却又为终不能再聚而叹怀；目不识丁的，则擦肩而过，彼此再无印象；因而，识与不识的，都错过了一段机缘。

考察情态，目的即在于，用人者在彼此短短相见过程中，确定人物的心性才能品质。曾国藩视刘铭传从大厅里经过，就辨识出他的大将气度，是几十年阅历经验所致，偷不得半点机巧。人们也不乏这种经验，乍见之下，就喜欢上了他，认为是一个人才，这就是从人的情态得出的结论。

容貌不同于人们常言中的容貌，前面已有细述，这里不再赘言。把情态理解为神的流露和外现，有一定道理，而且情态应是人内心欢悦痛楚的面部表现。如果一身精神不足，要由情态来补充，佐以优雅洒脱、清丽绝俗、优美端庄、气度豪迈、冷艳飘扬之态，当然别有一番风姿。以《红楼梦》中的林黛玉论，一身病态，精神自然是不足的，虽得珍贵药物调养，仍然回天乏力；但她身上的冰雪聪明，弱态娇美，凄苦轻扬，却别是一种美丽。这是情态者，神之余的一种。

知人、识人最主要的当然是在知人心、识人性，所以，知人、识人是个心理学问题。在社会上用人，不能把人弄到实验室里进行研究。用人不能像对待家具那样，喜欢了就用，不喜欢了就放弃，能用则用，不能用则废。因为，道理很简单，凡人都是大活人，各有其七

情六欲，又各有其志。凡人在的地方，他多少都会对周围的事物抱有态度，施加影响，有他的作用和反作用。所以识人的心理学，是一种相当复杂的社会心理学。

大凡在识人、知人方面非常成功的人，都是这方面的大心理学家。这些人洞明世事，通达人情，所以往往不用特别的长期观察，就能对一个人做出判断。譬如东汉末年的时候，桥玄见到曹操，就对曹操说："天下将乱，非命世之才不能济事。能安天下的人，非你莫属。我所见的天下名士很多，但没有一个人能与你相匹配的。你要善于自持，以待时机。我自己已经老了，愿意把妻子、儿女托付于你。"而于此时，曹操只是一个任侠放荡的公子少年，还没有任何名气和功绩。能于一个人物未发迹之时度出这个人物的才能和未来的业绩，说明桥玄独具慧眼。有史书记载，桥玄在当时以识人而有名，"严明有才略，长于人物"。

中国古代像桥玄这样善于识人的人，大有人在。正是在这些人的实践和经验积累下，识人已变成了类似于鉴赏艺术作品那样，变成了一门艺术。

古人说："美好者，不祥之器"。意思是说事物过于美好完善了，必定会带来毁坏的结果。聪明人知道得很清楚，如果他位居高官，又住居豪华，就肯定会招来嫉妒陷害之心，因此，防患于未然之术目的是不给嫉妒陷害之人以机会，是一种明智的防患之术。

古语说："狡兔三窟"，狡猾的兔子为了避免受到伤害，都为自己预备好三个藏身的窝。这是齐人冯谖为孟尝君巩固政治地位而准备的策略。人们在追求利益时，要考虑到失败的一面，损失的一面，两者兼顾，方能周全。怎么办呢？用最大的努力去争取好的结果，同时做好失败的心理准备和物质准备，以及应变措施。这样就能以不变应万变，永远立于不败之地。

看一个人的作为，可以从其身处安乐的态度来判断。遇喜不可忘忧，这才是有作为者的态度。宋真宗时，陈晋公陈恕作三司使，总揽天下财计。宋真宗命令他将宫廷内外府库中的钱财、粮食全部统计一下上报给他。陈恕当即答应，但却未统计上报。拖了很久，真宗屡次催促，陈恕始终没有上报。真宗命令军相去质问他。陈恕回答说："天子还很年轻，如果他知道府库这样充实，我怕他会生出奢侈之心。"陈恕报忧不报喜，确有远见。

实际上，遇喜不忘忧策略告诉人们要为自己准备好后路，要对付政敌，谋求生存在谋事或决策之时，要多准备几手以防意外和不测，不能孤注一掷，甚至坚持一条路走到底。《易·即济·象》说："君子以思患而预防之。"《易·系辞下》也指出："君子安而不忘危，存而不忘亡，治而不忘乱。是以身安而国家可保也。"具体方法是"为之于其未有，治之于其未乱。"即趁灾难没发时预防它，趁危难不明显时消灭它。特别是功高的臣子一定要功成身退。过去《老子·九章》说："富贵而骄，自遣其咎。功成身退，天之道也。"

懂得防患于未然战术的人们常常能从各种灾祸的征兆中看出不祥苗头。唐代时，李义琰曾为唐朝宰相，他的住所没有像样的房舍，他的弟弟为他买了建房的木料。李义琰知道这件事后，对弟弟说："让我担任国家的宰相，我已经感到非常惭愧，怎么可以再建造好的房舍，从而加速罪过和祸害的到来呢！"其弟说："凡是担任地方丞、尉官职的，尚且护建住宅房舍，你位居宰相，地位这么高，怎么可以在这样狭小低下的宅舍中呢？”李义琰回答：“人们希望中的事情很难完全实现，两件事物不可能同时兴盛。已经处于显贵的官位，又要扩建自己的居室宅舍，如果不是有美好的品行，必然遭到祸害。”他最终没有答应建房。

有人在谈到欲望对人的影响时指出，对欲望放纵，随心所欲却有一定的节制，这是通达的人。对欲望放纵而有时会超过界线，这是个偏差的人。对欲望放纵却不知节制，这是毫无正经，傲慢无礼，纯荡的人。当你身处欲望的边缘时，一定不要忘记这个道理。

★面部气色识人

色忌青，忌白。青常见于眼底，白常见于眉端。然亦不同：心事忧劳，青如凝墨；祸生不测，青如浮烟；酒色惫倦，白如卧羊；灾晦催人，白如傅粉。又有青而带紫，金形遇之而飞扬，白而有光，土庚相当亦富贵，又不在此论也。最不佳者：“太白夹日月，乌鸟集天庭，桃花散面颊，颊尾守地阁。”有一于此，前程退落，祸患再三矣。

——《冰鉴》

人的面部气色忌青色，也忌白色，青色常常出现在眼的下方，白色常常出现在眉梢的附近。但是青色和白色出现在面部，又有不同的情况：如果是由于心事忧劳而面呈青色，这种青色一定既浓且厚，状如凝墨；如果是遇到飞来的横祸而面呈青色，这种青色则一定轻重不均，状如浮烟；如果是由于嗜酒贪色而疲惫倦怠面呈白色，这种白色一定势如卧羊，不久即会散出；如果是由于遇到大灾大难而面呈白色，这白色一定状如枯骨，充满死气。还有，如果是青色中带有紫气，这种气色出现在金形人的面部，此人一定能够飞黄腾达；如果是白润光泽之色，这种气色出现在金形兼土形人的面部，此人也会获得富贵。这些都是特例，就不在此论述了，而最为不佳的气色为以下四种：白色围绕眼圈，此相主丧乱，黑色聚集额尖，此相主参革；赤班布满两颊，此相主刑狱，浅赤凝结地阁，此相主凶之。”以上四相，如果仅具其一就会前程倒退败落，并且接连遭灾遇祸。

“惨择之情在于色”，即通过对一个人“色”的观察，可以看出他情感的表现。因色是情绪的表征，色悦者则其情欢，色沮者则其情悲。

色，主要是指人的面色：“夫声畅于气，则实存貌色；故诚仁，必有温柔之色；诚勇，必有矜奋之色；诚智，必有明达之色。”气流的通畅发出了声音，一个人的性格则会在相貌和气色上有所流露。所以，仁厚的人必有温柔的貌色；勇敢的人必有激奋的气色；智慧的人必有明朗豁达的面色。

“色”，就人体而言，指肤色，或黑或白，且有无光泽，古人认为，“色”与“气”的关系是流与源的关系，“色”来源于“气”，是“气”的外在表现形式，“气”是“色”之根本，“气”盛

则“色”佳，“气”衰则色粹。如果“气”有什么变化，“色”也随之变化。古人合称为“气色”，大家知道，人生病，其“气色”不佳，就是“气色”之说的一种表现。

人一生要经历漫长的路程，大致说来有四个时期：幼年时期，青年时期，壮年时期，老年时期。在各个阶段，人的生理和心理发育和变化都有一定差异，有些方面甚至非常显著。表现在人的肤色上则有明暗不同的各种变化。这就如同一株树，初生之时，色薄气雅，以稚气为主；生长之时，色明气勃；到茂盛之时，色丰而艳；及其老时，色朴而实。人与草木俱为天地之物，而人更钟天地之灵气，少年之时，色纯而雅；青年之时，色光而洁；壮年之时，色丰而盛；老年之时，色朴而实，这就是人一生几个阶段气色变化的大致规律。人的一生不可能有恒定不变的气色，以此为准绳，就能辩证看待人气色的不同变化，以“少淡、长明、壮艳、老素”为参照，可免于陷入机械论的错误中去。

一般来讲，仁善厚道之人，有温和柔顺之色；勇敢顽强之人，有激奋亢厉刚毅之色；睿智慧哲之人，有明朗豁达之色。

齐桓公上朝与管仲商讨伐卫的事，退朝后回后宫。卫姬一望见国君，立刻走下堂一再跪拜，替卫君请罪。桓公问她什么缘故，她说：“妾看见君王进来时，步伐高迈，神气豪强，有讨伐他国的心志。看见妾后，脸色改变，一定是要讨伐卫国。”

第二天，桓公上朝，谦让地引进管仲。管仲说：“君王取消伐卫的计划了吗？”桓公说：“仲公怎么知道的？”管仲说：“君王上朝时，态度谦让，语气缓慢，看见微臣时面露惭愧，微臣因此知道。”

齐桓公与管仲商讨伐莒，计划尚未发布却已举国皆知。桓公觉得奇怪，就问管仲。管仲说：“国内必定有圣人。”桓公叹息说：“白天来王宫的役夫中，有位拿着木杵而向上看的，想必就是此人。”于是命令役夫再回来做工，而且不可找人顶替。

不久，东郭垂到来。管仲说：“是你说我国要伐莒的吗？”他回答：“是的。”管仲说：“我不曾说要伐莒，你为什么说我国要伐莒呢？”他回答：“君子善于策谋，小人善于臆测，所以小民私自猜测。”管仲说，“我不曾说要伐莒，你从哪里猜测的？”

他回答：“小民听说君子有三种脸色：悠然喜乐，是享受音乐的脸色；忧愁清静，是有丧事的脸色；生气充沛，是将用兵的脸色。前些日子臣下望见君王站在台上，生气充沛，这就是将用兵的脸色。君王叹息而下呻吟，所说的都与莒有关。君王所指的也是莒国的方位。小民猜测，尚未归顺的小诸侯唯有莒国，所以说这种话。”

第四章　刚柔并济才能无往不胜

★刚柔五常之别

五常之别，列为五德。是故温直而扰毅，木之德也；刚塞而弘毅，金之德也；原恭而理敬，水之德也；宽栗而柔立，土之德也；简畅而明砭，火之德也。虽体变无穷，犹依乎五质。

故其刚柔明畅贞固之徵，著乎形容，见乎声色，发乎情味，各如其象。故心质亮直，其仪劲固；心质休决，其仪进猛；心质平理，其仪安闲。夫仪动成容，各有态度。直容之动，矫矫行行；休容之动，业业跄跄；德容之动，颙颙卯卯。

——《冰鉴》

五常的区别，分列为五种品质。因此温和直率而驯顺果决，属于木德；刚强诚实而弘大坚毅，属于金德；朴实恭敬而端肃有礼，属于水德；宽厚庄严而柔顺坚定，属于土德；简直顺畅而明识砭割，属于火德。虽然人的材德类型众多，变化无穷，仍然根本于这五种本质。

刚强柔和，明白流畅，坚贞稳固的征象，显露于人的形貌容姿，外现于人的言语声色，发自人的内在情感，给予它们的表现相似。因此，心性忠亮耿直，其仪容坚定有力；心性简素决断，其仪容奋进勇猛；心性坦然和顺，其仪容安详闲适。仪容的变化，相应有各种不同的状貌举止。姿容端直的举动，勇武刚强；姿容美善的举动，谨慎庄重，行步有节；姿容肃穆的举动，恭敬威严，气宇轩昂。

“五行”乃金、木、水、火、土五种物质，代表世间万物，是道家阴阳学说的主要理论，其源头可以上溯到《周易》。《周易》中的八卦中的阴爻和阳爻，是阴阳思想的体现和符号。照郭沫若的解释，阴爻象征女性生殖器，阳爻象征男性生殖器，这已是阴阳文化的一种表现了。阴阳也就代表着各个相互对立的矛盾体，比如里与外，上与下，热与冷，太阳月亮，白天晚上……八卦代表八个方位，这八个方位与五行联系。五行为金、木、水、火、土，木属东方，为震卦；金属西方，为乾卦；水属北方，为坎卦；火属南方，为离卦；土属坤卦，为中央。

阴阳学说至少可追溯到夏朝。八卦中的阴阳爻首先出现在夏朝的占书《连山》里。《连山》早于《周易》，但早已失传。《山海经》中讲道：伏羲氏时代，有龙马出黄河，背上背着"河图",又有神龟出洛水,背上背着"洛书";伏羲氏得到"河图""洛书"后,根据它们上面的图样画成八卦;夏朝的人就根据此做成占书《连山》。又传说黄帝得到"河图""洛书"后,商朝人根据此做成占书《归藏》;列山氏得到后,周朝人据此做成《周易》。但只有《周易》流传了下来。

《史记》中又记载:周文王被商纣王拘禁起来后,闲着无事,演绎出了周易八卦。

五行学说的产生,则至今没有定论。易学界认为五行学说当与阴阳学说产生在同一时代,史学界则认为是孟子,哲学界则认为是西周,最早见于《尚书》。

五行环环相生,像生物链一样永不停止,形成一种太极圈,金能生水,相当于露珠凝于铁具上;水能生木,木有水方可以生长;木能生火,燃木成火之意;火能生土,灰烬积累成土;土能生金,金产于土矿之中。

五行又两两互克,形成一个互相制约、势力均衡的体系。金克木,金属刀具能砍伐树木;木克土,树木破土而出,根渗入土深处;土克水,水被土挡住;水克火,火被水浇灭;火克金,火能熔金。

五行生克的道理中又有深刻的辩证法。金能克木,但金太弱,木太强,金反而会被木欺侮。木能克土,但土硬木嫩,木反而生长不起来。土能克水,但水多土少,土反而被冲走。水能克水,火多水少,水反而助火势,如煤中含水。火能克金,但如金众火弱,火反而被熄灭。五行相生,但如果势力反差悬殊,环环相生会成反克。水能生木,但水多了,木反而会泡死,即所谓的水众木漂。木能生火,木太旺,火反而无法生成。火能生土,火多了反而会燥土。土能生金,土多金埋,金反而被埋没。金能生水,金多水少,水反而没有用途。

五行生克的原理很复杂,但以以上四种生克关系为基本,因此就乱中有序了。通过刚柔五行来辨识人才,可以客观地看待一个人的方方面面,辩证地识人。

识人当辨刚柔。切勿"外宽内忌"。用人容人,大多数人是懂的,自诩有容人之量者,也大有人在。但是,有这样一类人,表面上有"海纳百川"之量,实际上却是"小肚鸡肠";表面上待人宽容,而实际上待人忌妒,即所谓"外宽内忌"。

外宽内忌危害极大,首先,它易使人产生离心倾向。因为,外宽内忌,表面上宽容,实际上妒忌,最终必定为人所看破,而其阴谋权术一旦为人看破,必致离心离德,甚至反目为仇。三国时,袁绍身边聚集的一大群"智囊",如郭嘉、田丰、许攸、沮授等,都是当时有名的谋士,但由于袁绍"外宽内忌",不能积极采用他们的良策,致使他们不少人心灰意冷,终于走上了弃袁投曹的道路。即使有几个忠心不变者,到头来也都成了袁绍的刀下鬼。随着田丰、沮授的下狱,许攸等人才的流失,在军事力量对比的天平上,袁绍也失去了关键性的砝码。

其次,外宽内忌,易使谄谀者乘机作乱。外宽内忌的权术,不仅智士明了,谄谀小人更是"心中有数",他们既知领导者嫉贤,必趋而进谗,以投领导所好;既知领导者心胸不宽,必诽谤于人,制造嫌隙,使领导者疏贤。袁绍不用良才,不听忠言,确使一些拍马逢迎小人乘机钻营作乱。

最后,外宽内忌也必浪费人才。因其表现宽容,常使一些贤能之士远来"投靠",而其必然容留以示"宽容"。一旦容留下来,却又因"内忌"而不予重用,以至闲置奉养,正所谓

“取之至宽，而用之至狭”。如此而“投靠”者越多容留者越多，闲置者也越多，造成人才大量“堆积”浪费，领导者甚至不以为耻，反以为荣，自诩为“人才库”，并借此大肆宣传，以扬其“爱才”之名，而实质上却是忌才之错，毁才之罪。

其实，外宽内忌也必害于自己。因为，外宽内忌的假象不可能长久，而一旦为众人识破则必不自保。《水浒》里有一白衣秀士王伦，初上梁山，便为寨主，于开辟这块“根据地”可谓有功，然而心胸狭小，却又装出“大度容人”之态，当晁盖、吴用等人投靠他时，表面热情，内里忌妒，终被林冲火并，生前虽未做多少有害于人生和人道的事情，却成为自己狭窄心胸的牺牲品。可见，“宽容”之态不可装，“内忌”之心不可有，否则，既害别人，也害自己，更害事业。

★刚柔相济之法

五行为外刚柔，内刚柔，则喜怒、跳伏、深浅者是也。喜高怒重，过目辄忘，近“粗”。伏亦不伉，跳亦不扬，近“蠢”。初念甚浅，转念甚深，近“奸”。内奸者，功名可期。粗蠢各半者，胜人以寿。纯奸能豁达，其人终成。纯粗无周密者，半途必弃。观人所忽，十得八九矣。

——《冰鉴》

五行是人的阳刚和阴柔之气的外在表现，即是所谓的“外刚柔”。除了外刚柔，还有与之相应的内刚柔。内刚柔指人的喜怒哀乐感情、激动与平静两种情绪、深浅不一的心机城府。遇到令人高兴的事情，就乐不可支，遇到令人愤怒的事情，就怒不可遏，而且事情一过就忘得一干二净。这种人阳刚之气太盛，性情接近于“粗”。平静的时候没有一点张扬之气，激动的时候也昂扬刚壮不起来，这种人阴柔之气太盛，性情接近于“蠢”。遇到事情，初一考虑，想到的很浅，然而一转念，想到的却非常深入和精细。这种人阳刚与阴柔并济，接近于“奸诈”。凡属内藏奸诈的人外柔内刚，遇事能进能退，能屈能伸，日后必有一番功业和名声可以成就。既粗又蠢的人，刚柔皆能支配其心，使他们乐天知命，因此寿命往往超过常人。纯奸的人——即大奸大诈者，胸襟开阔，能藏丘壑，遇事往往以退为进，以顺迎逆，这种人最终会获得事业的成功。那种外表举止粗鲁，心思也粗枝大叶的人，只是一味地刚，做起事来必定半途而废。以上这一些，也就是“内刚柔”往往被忽略，而且一般察人者十有八九都会忽略这一点。

外刚柔，从外貌形象来判断、识别人物，虽有一些道理，但理由毕竟欠充分，未免含有荒谬的成分，准确性也令人怀疑。如果察人者水平不够，阅历不深，见识不够，错误多多。内刚柔要求从内外结合的角度来考察人物，是鉴别人才的必然途径。许多的聪明人士对自己的鉴人能力很有自信，实际上是一种错误，或者偏信自己的感觉，或者以己观人，错误自然不少；但因他们聪明，有“生而知之”的天赋（或多或少），也能正确识别一些人才，也正因为此，使他们从自信滑向自负。曾国藩从不敢过誉自己的鉴人才能，世间聪明人士良多，而曾国藩却当世一人，莫不是满招损、谦受益的缘故。

内刚柔,今天人所共知的词是精神世界。听到这个解释,对古代文化了解不多的读者可能会哑然失笑。精神世界由外部喜怒哀乐等感情形式表现出来,察人者即可循流探源,知人心性品质才能了。内刚柔可粗分为喜怒、跳伏、深浅三种外部表现。

外刚柔和内刚柔的结合形成了十二种人的性格特点。对此,刘邵做了更深入的剖析,现分别说明如下:

(1)强毅之人,这种人狠强刚戾又平和,不以狠强为警惕,而以柔顺为挠弱,与唐突之心相抵抗;这种人可以进行总体规划,但不能仔细观察其细微之处。

(2)柔顺的人,宽恕容忍而又优柔寡断,不根据事物整体情况加以考虑,遇事常强加忍之,这种人可以应付一般事情,却不是办大事的人。

(3)雄悍之人,对待事情勇敢奋起,但往往对事物缺乏警惕性;这种人可以克服困难,却不能遵守规定。

(4)惧慎的人,畏惧、谨慎小心地对待事情,但性格过于软弱,而且猜疑心强,所以这种人可以保住自己,却不能树立节义。

(5)凌厉的人,对待事情专断,常以雄辩的外在表现,掩盖其内在专断之心;这种人可以坚持正义,却不能使众人心服而依附之。

(6)辩博之人,这种人能言善辩,对语言泛滥不加以警惕,因而在理论上可以讲得头头是道,但在实践上却一窍不通。

(7)弘普的人,博爱而又周到融洽,但在交际上往往广结朋友,不注重选择对象;这种人可以抚慰众人,却不能端正风俗。

(8)狷介的人,廉洁而能激浊扬清,不怕道路狭窄继续走自己要走的路,对于好、坏界限清楚,以弘普为污浊而增益其拘谨之心;这种人可以固守节操,最终却往往走不通。

(9)休动之人,一味地攀登与超越,以沉静为停滞而增果锐之心;这种人可以进趋在前,却不能容忍自己居于别人之后。

(10)沉静的人,前思后想而考虑周密,遇事反映较为迟钝,这种人可以深谋远虑,却不能敏捷而速达。

(11)朴露之人,质朴诚实,不以其诚实作为做人的一种标准,却用奸诈手段来表露其诚实,这种人可以确立信用,却不能衡量事情之轻重。

(12)韬谲之人,足智多谋,不以其谋略之离正为警惕,以忠贞为愚直而贵其浮虚之心;这种人可以佐助事务而不能矫正违邪。

刘邵对上述十二种人的剖析,非常的细腻与传神,其实我们的四周(包括自己)就有许多此类的人,读者不妨仔细去观察与琢磨。老子说:知人者智,自知者明;胜人者力,自胜者强。一个人在一生当中最大的敌人就是自己,任何人如果能认识自己,了解自己,已经非常困难,更何况自己的长短之处被认识之后,能够进一步扬长弃短、肯定自己、纠正缺点、改善自己那就更困难了,所以老子才会说"自知者明""自胜者强"。

刚柔相济,长短互补,文武合璧,众力相辅,形成一个整体性的人才优化组合,这是从事物"总体性联系"考虑的优化,是为完成某项复杂任务而需要多种人才、多方面协调配合的整体性优化。

关于整体性优化的用人之道，早在公元前542年子产管理政事时已有记载。他根据冯简子、公孙挥、子大叔、裨谌四人的不同专长，组成了一个既各自分工、又相互合作、协调一致的政府领导班子，是历史上影响很广的优化组合的一例。管仲在回答齐桓公提出如何组建国家最高领导班子问题时说，应该让隰当“大行”管理外交，宁戚当“大司田”管理内政，王子城父当“大司马”管军事，宾胥无当“大司理”管刑法，东郭牙当“大谏”主参谋，再加上他自己协助桓公统一领导，这里讲的也是由各方面人才组成的优化组合。三国时曹操派技艺不同、性格各异、平时意见往往不合的张辽、乐进、李典三人守合肥，就是有刚有柔、刚柔相济，有勇有谋、文武合璧的优化组合。

选拔人才，要坚持实践标准，一定要选拔有实践经验、有实战指挥能力的人担任将帅要职，这是中国古代兵家与兵学家一贯提倡的思想。《韩非子·显学》根据历史经验教训，特别是公元前260年秦赵长平之战赵括覆军40多万的教训，提出了“宰相必起于州部，猛将必发于卒伍”的名言。

我们一般都容易被夸夸其谈的人所迷惑，以为他怎么样说就能怎么样做；还以为这种人确有才华。其实，古人就知道“言过其实，不可大用”的道理。“言过其实，不可大用”这句话是三国刘备在白帝城托孤时给诸葛亮评马谡的一句话。马谡是马良之子，幼读兵书，很受诸葛亮的赏识。诸葛亮在南征孟获时就听取他攻心为上的战略。但刘备却认为他夸夸其谈，言过其实，不可委以重任。诸葛亮当时并没有把刘备的话听进去。后来街亭失守，才想起当年刘备的话，但已铸成大错，只好挥泪处斩。

当然，在打江山夺天下的过程中或战乱频繁的情况下，“猛将必发于卒伍”可以做到，而在天下已定的和平时期，客观上不具备战争的条件，“猛将必发于卒伍”就比较难办。但这话的实质是重视实践、重视实战能力。因此在和平时期将帅的选拔，仍可以通过实际的比赛、考试及平时治军的实绩来决定取舍。总之是要坚持实践标准，选取有真才实学，实际能力的人。

历史表明，在“坐江山”、治天下的和平时期，将帅选拔的通病，也是军国之大忌，是“亲旧恩幸”，“坐取武爵”，“素不知兵”，一战即溃。故历代兵家与兵学家无不大声疾呼用兵乃生死之地，将帅非恩幸之任。如唐高宗时太学生魏元忠在给皇上的奏议里提出：“大将为戎，以智为本。今之用人，类将家子，或死事扳儿，进非于略，虽竭力尽诚，不免于倾败，若之何用之？”（《历代名臣奏议》卷二三六）孝武帝时路思令上疏说：兵戎是国家大事，“戎之有功，在于将帅，比年以来，将帅多贵宠子弟，军帐统领，亦皆故义托附”。这些贵戚子弟没有经过战争的实践与实际训练，平时趾高气扬，以为自己能攻善战，其实，一旦真正打仗，就“怖惧交怀，雄图锐气，一朝倾尽”，平时的威风一点儿也没有了。宋御史中丞贾昌朝在给皇上的奏议里也谈到过这一问题，说在“太宗时，将帅率多旧人，犹能仗威灵，禀成算，出岫御寇，所向有功”。赵宋王朝是我国历史上兵力最弱的一个王朝，原因当然很多，但在用人方面的“亲旧恩幸之弊”不能不是其中一个重要原因。明皇朝覆灭也如此。如福王时兵部侍郎吕大器疏劾马士英指出：“其子以童臭而都督，妹夫以手不寸铁而总兵。”后世当引以为戒不要被一个浮滑的人所迷惑，不要被他的夸夸其谈打动，一定考察他的实际才能，尤其是，一定要任用诚实的人。在现代的经营活动中，同样存在着很浮滑的管理人员，他们只知道夸夸其谈，却发挥不了实际的作用。在人际交往中也一样，有些朋友除了浮夸还是浮夸，实在成不了气候，若与他们打交道，一定要小心提防才对。

现代经营者从中当得到不少启发：不该用的人就不用，该用的人，不管他的用途究竟如何，大小如何，都要大胆使用。这是古人的智慧结晶，应是现代人好好掌握的原则之一。

企业中常常发生因为用了不该用的人才而招致损失的事。有一个著名女企业家，在她创业之初，就曾遭遇过这种事情。当时她想创办一个鞋厂，就招聘了几个著名的鞋匠，把其中一个肯想肯干的年轻鞋匠任命为经理。她对他们很放心，投下资金，放手让他们去干。可是结果，她发现事情给弄得很滑稽。厂子没有办起来，却给弄成了一个手工作坊。原来，那个经理根本不懂现代经营之道，以为鞋厂就是制鞋的手工作坊。女企业家啼笑皆非，只好重新聘用经理，而让原来那个经理重新做鞋匠。新上任的经理是个工商学院大学毕业生，管理果然有一套，厂子很快办起来，并且督促开发出一些新的品种，逐步开拓了业务。而那些鞋匠，包括原来被任命经理的鞋匠，这时都发挥出了才干，干得很好。这个女企业家就此得出结论，要各尽其才，大才大用，小才小用。

★刚毅柔顺之才

是故强毅之人，狠刚不和。不戒其强之搪突，而以顺为挠，厉其抗。是故可以立法，难与人微。柔顺之人，缓心宽断。不戒其事之不摄，而以抗为刿，安其舒。是故可与循常，难与权疑。雄悍之人，气奋勇决。不戒其勇之毁跌，而以顺为恇，竭其势。是故可与涉难，难与居约。惧慎之人，畏患多忌。不戒其懦于为义，而以勇为狎，增其疑。是故可与保全，难与立节。凌楷之人，秉意劲特。不戒其情之固护，而以辨为伪，强其专。是故可以持正，难与附众。

——《冰鉴》

坚强刚毅的人，狠戾刚愎不柔和，不对自己强硬冒犯别人引以为戒，反而以柔顺为软弱，更加亢奋抵触竞进不止。因此这种人可以设立法制让人遵行，却难以体察机微。温柔和顺的人，迟缓宽容缺乏决断，不对自己不知治理事务引以为戒，却以刚毅奋进为伤害，安于无所作为，因此这种人可以遵守常道，难以权变释疑。勇武雄悍的人，意气风发勇敢果断。不对勇悍造成的毁害失误引以为戒，反而视和顺忍耐为権弱，尽势任性。因此这种人可以与人共赴危难，难以处穷守约。谨慎戒惧的人，畏事多忌，不对自己不敢伸张正义引以为戒，却把勇敢作为轻忽，增加犹疑畏惧。因此这种人可以保命全身，难以树立节义。凌厉刚正的人，坚劲耿介，不以自己固执主观为戒，反而以辩驳为虚伪，增强其主观专断。因此这种人可以坚持正义，难以随俗附众。

认识人的方法，本来就是从明显处知道其隐蔽处，而一个人的内心状态与外表有着密切的关系。刘邵从阴阳的角度去解释聪明，内向为阴，外向的人为阳。如果阴阳结合，则事事都能处理得恰如其分，事事通顺就成为聪明的人了。

刘邵的《人物志》涉及识人的方法和用人的道理,刘邵主要是为了解决当时政治上据其才当其官的问题,讲求聪明,是要德行和聪明,才能授官任职为谋福利。

《人物志》的理论体系,包括阴阳五行,即前面所说的“含元一以为质”“禀阴阳以立性”“系五行而著形”。

刘邵以为,人物之中,除圣人外,多为偏德、偏才或依似无恒之类的人,所以存在着拘抗两种情形,或者“拘者不逮”,或者“抗者过之”,孔子所说“不得中行而与之,必也狂狷乎。狂者进取,狷者有所不为”。亦是说的这个道理。

人本来以阴阳之气来确立性情,阴气太重则失去刚,而阳气太重则失去柔。太柔则处事小心谨慎,不敢大刀阔斧;太刚是亢奋者,常超越了一定的度。这两种人各有长短,或者说各有优缺点。因此“善有所章,而理有所失”。

不同刚柔的人心情表现有:

(1)心性忠诚正直的人,就会表现出刚正不屈的仪态。

(2)心性善良的人,就会表现出进取严谨的仪态。

(3)心性有条不紊的人,必定表现出泰然自若的仪态。

有的人看人,善恶过于分明,不能辨刚柔。他们或者见人一善则各方面都善;见人一恶,则各方面皆恶;或者以印象看人,其为善者,恶也为善;其为恶者,善也为恶;或者把整个人群简单地划分为“善”“恶”两类,要么就是善人,要么就是恶人,非善即恶,非恶即善,无有其他;或者心中只容得善人,见不得半点“恶”意,眼里揉不得半粒沙子。这样一来,眼中的善人就很多,因为毫无缺点的人是几乎没有的;即使是东郭先生这样的“大善人”也不能称之为“善”,因为他滥行仁慈,救助被人追逐的中山狼,几乎被狼吃掉;而且,伪君子也乘虚而入,因为只要“伪善”,则一切皆善,就算是入了“善”门,即使是以后有“恶”的时候,也无所谓。

其实,善恶过于分明是极不符合现实的。因为,任何人都有其优点和缺点,即使是再好的人,也自有其不足,再恶的人也仍有其可用之处,即使是谋财害命的罪犯还可能对其父母双亲十分孝敬。《水浒》里的时迁虽然偷鸡摸狗,却杀富济贫,充满正义感;“八仙”之一的吕洞宾是个好美色的浪荡神,却是位为人间排忧解纷、救苦救难的好神公;《红楼梦》里的薛宝钗深知礼义,洁身自好,但却是个八面玲珑的巧伪人;明朝李梦阳为文力倡拟古,反对改革,为官却力劾奸宦,气慑邪道,虽屡受谪而不屈,以风节动一时;宋朝贤相寇准、吕蒙正,才智正人,刚正不阿,但是生活上却最尚奢华。寇准好夜宴,连马厩、厕所也要用蜡烛照明,蜡泪凝地成堆。吕蒙正好吃鸡舌,鸡毛堆积成山;可见,“人无完人”是为至理,“善恶过于分明”确为妄谈。

所以,唐朝颇有名望的宰相魏征特别提出,要“爱而知其恶,憎而知其善”,意即喜爱一个人,必须同时知其缺点和弱点,憎恨一个人,必须同时知其优点和长处,只有这样,才能更全面地了解一个人,更恰当地任用一个人。

刚毅之人,可能“开拓”意识更强;柔顺之人,可能“老实”肯干,这两种人都是非常难得的,是知人、识人乃至考察人首先必弄清的问题。

多数人认为,勇于开拓创新是一种良好的品质。但是,开拓,必须具备三个特点:首先,它必须是勇于创新、革除旧弊、积极进取;其次,它必须顺应社会发展规律和经济发展规律，并且在法律允许的范围内进行；再次，必须从实际出发思考问题、处理问题，具有全局观念和长远观念。这三点缺一不可。如果缺乏创新，则根本无“开拓”可谈；虽有创新，而违法乱纪，则是破坏性的有害行为，而不是“开拓”；而如果既有创新，又能合法，但不切合实际，也只能是“空谈”，无法实现。所以，考察一个人的开拓精神，必须从上述三点入手。不具备上述三个特点的“开拓精神”，只可弃，不可取。

“老实”似乎与开拓对立，尤其是近期，商品经济迅速发展以后，“老实”近乎“无能”的代名词。其实，对“老实”也应做具体分析。世上有三种“老实”人：一是，老老实实从实际出发，按科学态度办事的老实人；二是性格内向，不善言谈交际，却精于独立思考、刻苦钻研的老实人；三是不善思考、不善用巧，只知埋头苦干，所谓“老黄牛”式的老实人。这三种“老实”人，其实都是各种管理工作和业务工作所需要的。前两种自不必说，即使是后一种“老黄牛”，也是我们目前乃至今后各项事业、各种工作所必需的。首先，“老黄牛”有埋头苦干精神。他一步一个脚印，脚踏实地，勇往直前，既不左顾右盼，也不投机取巧，他最有希望达到事业的目的地。其次，“老黄牛”有坚韧不拔的毅力。他既不怕雨打泥滑、坡陡路险；也不怕风吹日晒、荆棘丛生，总是任劳任怨，艰苦负重。有一首咏牛诗云：“渴饮颍川水，饿啃关门月。黄金如何种，我力终不歇。”十分形象地描述了“牛”的韧劲。而这种韧劲正是一切事业成功的必要条件。

其实，开拓与老实并不矛盾，开拓如果离开按科学规律办事的老实态度，离开刻苦钻研的精神，离开一步一个脚印的努力，任何进取都是无效的。只有老老实实，脚踏实地，又开拓进取，积极创新，才是今天社会最需的人才。

特别提示：

本书在编写过程中，参阅和使用了一些报刊、著述和图片。由于联系上的困难，和部分作品的作者（或译者）未能取得联系，对此谨致深深的歉意。敬请原作者（或译者）见到本书后，及时与本书编者联系，以便我们按照国家有关规定支付稿酬并赠送样书。

联系电话：010-80776121　联系人：马老师